Design

des 20. Jahrhunderts

Design
des 20. Jahrhunderts

Charlotte & Peter Fiell

TASCHEN
KÖLN LONDON MADRID NEW YORK PARIS TOKYO

Umschlagvorderseite: Alvar Aalto, Vase *Savoy*, 1936
Buchrücken: Eero Aarnio, Sessel *Ball* oder *Globe*, 1963–1965

Design: Claudia Frey, Köln
Umschlaggestaltung: Angelika Taschen, Claudia Frey, Köln
Produktion: Ute Wachendorf, Köln
Deutsche Übersetzung: Katrin A. Velder, New York
Lektorat und Redaktion: Redaktionsbüro Christiane Blaß, Susanne Husemann, Köln

Printed in Germany
ISBN 3-8228-0813-X

Inhalt

»Mit welchen Dingen du dich auch beschäftigst, du wirst immer merken, dass den guten und nützlichen auch Schönheit gegeben ist.«
Baldassare Castiglione, *Il libro del cortegiano*, 1528

Im 20. Jahrhundert hat Design in Kultur und Alltag stets eine wichtige Rolle gespielt. Die vielseitige Disziplin umfasst dreidimensionale Objekte, Gebrauchsgrafik und integrierte Systeme von der Informationstechnologie bis hin zur Stadtplanung. Design – im weitesten Sinn definiert als die Konzeption und Gestaltung aller künstlich hergestellten Produkte – kann ein Mittel zur Verbesserung der Lebensqualität sein.

Der Ursprung des Designs geht auf die industrielle Revolution zurück. Bis zu diesem Zeitpunkt wurde alles in Handarbeit gefertigt, wobei Konzeption und Herstellung eines Objekts meist in einer Hand lagen. Die neuen industriellen Herstellungsmethoden und das Prinzip der Arbeitsteilung brachten eine Trennung von Design (Konzeption und Gestaltung) und Herstellung mit sich. Damals wurde das Design jedoch noch als einer von vielen miteinander verbundenen Aspekten der mechanischen Produktion gesehen. Das moderne Design ist eine Weiterentwicklung von Ideen der Designer des 19. Jahrhunderts, insbesondere von Reformern wie **William Morris**, der versuchte, Theorie und Praxis miteinander zu verbinden. Wegen seiner handwerklichen Produktionsmethoden musste dieser Versuch weitgehend scheitern, doch seine neuen Ideen hatten großen Einfluss auf die Entstehung der **Moderne**. Es sollte noch bis zum Anfang des 20. Jahrhunderts dauern, bis das moderne Design sich wirklich entfalten konnte. **Walter Gropius** gehörte zu denen, die Designtheorie mit der Praxis verbanden. 1919 gründete er das **Bauhaus** mit der Absicht, die Kluft zwischen sozialem Idealismus und wirtschaftlicher Entwicklung zu überbrücken und eine angemessene Reaktion auf die sich entwickelnde technologische Kultur zu ermöglichen. Ziel des modernen Designs, das vom Bauhaus gefördert und gelehrt wurde, war die Herstellung von Produkten, die intellektuelle, praktische, kommerzielle und ästhetische Belange miteinander verbanden. Obgleich das Bauhaus neue Denkweisen hervorbrachte, konnte es nur vereinzelt Ideen entwickeln, die für die erfolgreiche Verbindung von Designtheorie und industrieller Fertigung notwendig waren. Die hier erarbeiteten Prinzipien sollten später in dem 1937 von **László Moholy-Nagy** gegründeten New Bauhaus in Chicago und an der 1953 gegründeten **Hochschule für Gestaltung, Ulm**, weiter entfaltet werden. Beide Lehranstalten lieferten wichtige Beiträge zur Idee der Einheit von Designtheorie und -praxis bei industriellen Produktionsmethoden.

Durch die wachsende Komplexität des Designprozesses sind die Produkte, Stile, Theorien und Philosophien des Designs im Laufe des 20. Jahrhunderts immer vielschichtiger geworden. Beim Industriedesign wird die Beziehung zwischen Idee, Gestaltung und Herstellung durch eine Reihe miteinander verbundener spezieller Vorgänge, an denen u. a. Modellbauer, Marktforscher, Materialexperten, Ingenieure und Produktionstechniker beteiligt sind, immer komplizierter. Die aus diesem facettenreichen Prozess resultierenden Designprodukte sind nicht von einzelnen Designern geschaffen, sondern gehen auf Teams zurück, in denen jeder seine eigenen Vorstellungen vom Endprodukt hat. Die beispiellose Pluralität des Designs im 20. Jahrhundert ist jedoch auch geprägt von einem sich ständig ändernden Verbraucherverhalten, neuen Geschmacksrichtungen, unterschiedlichen kommerziellen und ethischen Voraussetzungen bei den Erfindern/Designern/Herstellern, sowie vom technischen Fortschritt und letztlich auch von nationalen Trends.

»Design ... ist Ausdruck der Fähigkeit des menschlichen Geistes, seine Grenzen zu überschreiten.«
George Nelson, *The Problems of Design*, 1957

Designgeschichte sollte ihren Gegenstand immer im Kontext des jeweiligen sozialen, wirtschaftlichen, politischen, kulturellen und technologischen Umfelds betrachten. Im Laufe des 20. Jahrhunderts führten die Wirtschaftszyklen der westlichen Staaten entweder zu einer größeren Beliebtheit von Gegenständen, die Design gegenüber dem »Styling« betonen, oder umgekehrt. Das Styling ist zwar oft ein ergänzendes Element innerhalb einer Designlösung, doch handelt es sich um zwei völlig unterschiedliche Disziplinen. Styling beschäftigt sich mit der Behandlung von Oberflächen und ihrer Erscheinung, mit den expressiven Seiten des Produkts. Design dagegen befasst sich vorrangig mit der Lösung von Problemen; es ist meist allumfassend und konzentriert sich auf das Wesentliche, strebt nach Vereinfachung. In Zeiten des wirtschaftlichen Abschwungs steht meist der **Funktionalismus** (Design) im Vordergrund, während Anti-Rationalismus (Styling) in Zeiten wirtschaftlichen Wohlstands Vorrang hat.

Das Interesse von Firmen an wettbewerbsfähigen Produkten hat im 20. Jahrhundert immer stärker die Entwicklung und Vielfalt des Designs und die Karrieren einzelner Designer bestimmt. Einige sind bei großen Unternehmen angestellt, andere arbeiten in Beratungsfirmen oder als Selbständige. Viele agieren lieber außerhalb der Zwänge des industriellen Prozesses und bevorzugen eine Produktion, bei der es hauptsächlich um den persönlichen Ausdruck geht. Design ist schließlich nicht nur ein Vorgang der mechanischen Herstellung, sondern auch ein Medium, das Ideen, Einstellungen und Werte vermitteln und aufzeigen kann, wie die Dinge nach Ansicht von Individuen, Unternehmen, Institutionen oder gar Nationen sein könnten bzw. sollten. Design als Kommunikationsmittel gibt Einblick in Charakter und Denkweise des Designers und in seine Vorstellungen darüber, was wichtig ist in der Beziehung zwischen Gegenständen (der Designlösung), Benutzern/Konsumenten und dem Designprozess einerseits und der Gesellschaft andererseits. Daher entwickelt dieses Buch keine einheitliche Designtheorie oder -ideologie. Vielmehr betont es den pluralistischen

Charakter und den Ansatz, das Design als Debatte zu begreifen zwischen den unterschiedlichen Ansichten über die Rolle der Technologie und der industriellen Herstellung, über die Vorrangigkeit des Nutzens, der Schlichtheit und Erschwinglichkeit gegenüber Luxus und Exklusivität, sowie über die Rolle von Funktion, Ästhetik, Ornament und Symbolik bei Gebrauchsobjekten.

Dieser Überblick über das Design des 20. Jahrhunderts stellt Konzepte, Stile, Bewegungen, Designer, Schulen, Firmen und Institutionen vor, die die Entwicklung von Designtheorie und -praxis geprägt, die Entwicklung innovativer Formen und Materialien, technischer Mittel und Prozesse gefördert und den Geschmack, die Stilgeschichte der angewandten Kunst in Kultur und Gesellschaft allgemein beeinflusst haben. Dabei werden berücksichtigt: das Design von Möbeln, Textilien, Glas, Keramik, Metall sowie Produkt- und Grafikdesign. Architektur und Innenarchitektur werden nur am Rande erwähnt. Das Gleiche gilt für Industriedesign, dem ein zweiter Band mit gleichnamigem Titel gewidmet sein wird. Bei dem Folgeband wird es insbesondere um die Bereiche Transport, Militär, Medizin, Schwerindustrie, Sport und Schutzausrüstungen gehen.

Geographisch befasst sich das Buch hauptsächlich mit Europa und Nordamerika. Die Vielfalt des Themas erforderte eine entschiedene Auswahl. Die Beiträge sollen jedoch repräsentativ für die mannigfachen Strömungen im Design der vergangenen einhundert Jahre stehen. Die Einträge sind alphabetisch geordnet, Querverweise sind im Text fett gedruckt und zeigen die Wechselbeziehungen zwischen Designern, Schulen, Herstellern, Bewegungen und Stilrichtungen auf. Eine Zeitleiste am Ende des Buches macht historische Parallelen von Stilen und Bewegungen deutlich. Ziel war es, auf begrenztem Raum so viele Fakten wie möglich unterzubringen. Wo sich persönliche Meinungen und unbewusste Parteilichkeiten eingeschlichen haben, werden diese hoffentlich erkannt.

Mit der Darstellung der Vielfalt des Designs soll außerdem demonstriert werden, dass die von Designern und Herstellern vertretenen Vorstellungen und Werte immer nur bedingt gültig sind und ständigen Veränderungen unterliegen. Das gilt grundsätzlich für alle Designlösungen. Sie sind von Natur aus zeitgebunden, da sich die Bedürfnisse und Interessen von Designern, Herstellern und der Gesellschaft selbst ständig verändern, und trotz der Autorität und des Erfolgs bestimmter Designlösungen gibt es stets einen noch besseren Weg.

Katalog

Von Aalto bis Zsolnay

Alvar Aalto · Eero Aarnio · AEG · Ästhetische Bewegung · Agitprop · Otl Aicher · Anni Albers
Josef Albers · Franco Albini · Don Albinson · Studio Alchimia · Alessi · Emilio Ambasz · Anti
Design · Ron Arad · Junichi Arai · André Arbus · Archizoom Associati · Art déco · Art nouveau
Artemide · Arts-&-Crafts-Bewegung · Charles R. Ashbee · Erik Gunnar Asplund · Sergio Asti
Gae Aulenti · Avantgarde · Mackay Hugh Baillie Scott · Giacomo Balla · Ercole Barovier · Sau
Bass · Helmut Bätzner · Bauhaus · Hans Theo Baumann · Herbert Bayer · BBPR · Aubre
Beardsley · Henry Beck · Peter Behrens · Mario Bellini · Ward Bennett · S. H. Benson's · Hendri
Petrus Berlage · Lucian Bernhard · Harry Bertoia · Fulvio Bianconi · Max Bill · Siegfried Bing
Biomorphismus · Misha Black · Cini Mariani Boeri · Theodor Bogler · Osvaldo Borsani · Mari
Botta · Marianne Brandt · Andrea Branzi · Braun · Marcel Breuer · Neville Brody · Carlo Bugatt
· California New Wave · George Carwardine · A. M. Cassandre · Anna Castelli Ferrieri · Livic
Pier Giacomo & Achille Castiglioni · Wendell Castle · Don Chadwick · Pierre Chareau · Serg
Ivan Chermayeff · Chermayeff & Geismar · Pietro Chiesa · Antonio Citterio · Clarice Cliff · Nig
Coates · Wells Coates · Luigi Colani · Gino Colombini · Joe Colombo · Compasso d'Oro
Terence Conran · Coop Himmelb(l)au · Hans Coper · Hans Coray · Corporate Identity · Cra
Revival · Cranbrook Academy of Art · Walter Crane · Riccardo Dalisi · Darmstädte
Künstlerkolonie · Daum Frères · Lucienne Day · Robin Day · Georges de Feure · Michele D
Lucchi · William De Morgan · De Pas, D'Urbino & Lomazzi · De Stijl · Dekonstruktivismus
Paolo Deganello · Christian Dell · Donald Deskey · Desny · Deutscher Werkbund · Eric
Dieckmann · Niels Diffrient · Nanna Ditzel · Tom Dixon · Dresdener Werkstätten fü
Handwerkskunst · Christopher Dresser · Henry Dreyfuss · Nathalie du Pasquier · Raoul Dufy
Charles & Ray Eames · Charles Eastlake · Tom Eckersley · Otto Eckmann · École de Nancy
Egon Eiermann · Jan Eisenloeffel · Harvey Ellis · August Endell · Ergonomi Design Gruppen
L. M. Ericsson · Hartmut Esslinger · Willy Fleckhaus · Paul Follot · Piero Fornasetti · Norma
Foster · Kaj Franck · Jean-Michel Frank · Josef Frank · Paul Theodore Frankl · Margueri
Friedlaender-Wildenhain · Frogdesign · Adrian Frutiger · Richard Buckminster Fuller
Funktionalismus · Futurismus · Eugène Gaillard · Émile Gallé · Abram Games · Garouste
Bonetti · Malcolm Garrett · Antonio Gaudí y Cornet · Norman Bel Geddes · Frank O. Gehry
Gesamtkunstwerk · Eric Gill · Ernest Gimson · Stefano Giovannoni · Alexander Hayden Girar
Giorgetto Giugiaro · Milton Glaser · Glasgow School · Global Tools · Edward William Godwi
William Golden · Kenneth Grange · Michael Graves · Eileen Gray · Greene & Greene · Vittor
Gregotti · April Greiman · Walter Gropius · William H. Grueby · Grünes Design · Grupp
Strum · Hans Gugelot · Guild of Handicraft · Hector Guimard · Gutes Design · Werkstätte
Hagenauer · Ambrose Heal · John Heartfield · Jean Heiberg · Poul Henningsen · Frederi
Henri Kay Henrion · René Herbst · Herman Miller · High-Tech · Matthew Hilton · Hochschu
für Gestaltung, Ulm · Josef Hoffmann · Hans Hollein · Victor Horta · Vilmos Huszár
Independent Group · Institute of Design, Chicago · International Style · Massimo Iosa Ghin
Paul Iribe · Maija Isola · Arata Isozaki · Johannes Itten · Arne Jacobsen · Jacob Jacobsen · Pier
Jeanneret · Charles A. Jencks · Georg Jensen · Jakob Jensen · Philip Johnson · Jugendstil · Fi
Juhl · Wilhelm Kåge · Kartell · Edward McKnight Kauffer · Frederick Kiesler · King–Mirand
Rodney Kinsman · Toshiyuki Kita · Kitsch · Poul Kjaerholm · Kaare Klint · Knoll Internationa

Archibald Knox · Mogens Koch · Jakob & Josef Kohn · Jurriaan Jurriaan Kok · Konstruktivismus · Henning Koppel · Yrjö Kukkapuro · Shiro Kuramata · René Lalique · Nils Landberg · Gerd Lange · Jack Lenor Larsen · Carl Larsson · Le Corbusier · Yonel Lébovici · Pierre-Émile Legrain · Jules-Émile Leleu · Liberty & Co. · Stig Lindberg · Otto Lindig · Vicke Lindstrand · El Lissitzky · Josep Lluscà · Loetz · Raymond Loewy · Adolf Loos · Ross Lovegrove · Wassili & Hans Luckhardt · Charles Rennie Mackintosh · Arthur Heygate Mackmurdo · Vico Magistretti · Louis Majorelle · John Makepeace · Kasimir Malewitsch · Robert Mallet-Stevens · Angelo Mangiarotti · Gerhard Marcks · Enzo Mari · Maurice Marinot · Javier Mariscal · Sven Markelius · Dino Martens · Bruno Mathsson · Herbert Matter · Ingo Maurer · Alberto Meda · Richard Meier · David Mellor · Memphis · Alessandro Mendini · MetaDesign · Ludwig Mies van der Rohe · Moderne · Børge Mogensen · László Moholy-Nagy · Carlo Mollino · Monotype Corporation · William Morris · Jasper Morrison · Koloman Moser · Serge Mouille · Olivier Mourgue · Gabriele Mucchi · Alphonse Mucha · Bruno Munari · Peter Murdoch · Keith Murray · Museum of Modern Art · George Nakashima · George Nelson · Richard Neutra · Marc Newson · Marcello Nizzoli · Isamu Noguchi · Jean Nouvel · Novecento · Eliot Fette Noyes · Antii Nurmesniemi · Hermann Obrist · George Edgar Ohr · Josef Maria Olbrich · Olivetti · Omega-Werkstätten · Organisches Design · Jacobus Johannes Pieter Oud · Giuseppe Pagano · Sven Palmqvist · Bernhard Pankok · Verner Panton · Bruno Paul · Pierre Paulin · Dagobert Peche · PEL · Jorge Pensi · Pentagram · Charlotte Perriand · Gaetano Pesce · Giancarlo Piretti · Flavio Poli · Gio Ponti · Pop-Design · Ferdinand Alexander Porsche · Post-Industrialismus · Postmoderne · Robert Propst · Jean Prouvé · Otto Prutscher · A.W.N. Pugin · Jean-Émile Puiforcat · Quasar (Nguyen Manhkhan'n) · Jens Quistgaard · Ernest Race · Radical Design · Dieter Rams · Omar Ramsden · Paul Rand · Heinz & Bodo Rasch · Rationalismus (Italien) · Eric Ravilious · Lilly Reich · Lucie Rie · Richard Riemerschmid · Gerrit Thomas Rietveld · Jens Risom · Alexander Rodtschenko · Gilbert Rohde · Charles Rohlfs · Aldo Rossi · François-Eugène Rousseau · Royal College of Art · Roycrofters Workshop · Jacques-Émile Ruhlmann · Gordon Russell · Eero Saarinen · Eliel Saarinen · Lino Sabattini · Richard Sapper · Timo Sarpaneva · Raymond Savignac · Carlo Scarpa · Tobia & Afra Scarpa · Xanti Schawinsky · Secession (Wien) · Semiotik · Gustave Serrurier-Bovy · Shaker · Peter Shire · Gustav Siegel · Jutta Sika · Silver Studio · Bořek Šípek · Peter & Alison Smithson · Ettore Sottsass · George Sowden · Mart Stam · Standardisierung · Philippe Starck · Warwara Stepanowa · Gustav Stickley · Gunta Stölzl · Marianne Straub · Streamlining · Bill Stumpf · Nikolai Suetin · Gerald Summers · Superstudio · Surrealismus · Schweizer Schule · Martin Székély · Kazuhide Takahama · Roger Tallon · Wladimir Tatlin · Walter Dorwin Teague · Giuseppe Terragni · Michael Thonet · Matteo Thun · Louis Comfort Tiffany · Total Design · Jan Tschichold · Wolfgang Tümpel · Oscar Tusquets Blanca · Masanori Umeda · Josef Urban · Utility furniture · Henry van de Velde · Theo van Doesburg · Harold van Doren · Dirk Van Erp · Paolo Venini · Robert Venturi · Vereinigte Werkstätten für Kunst im Handwerk · Victoria & Albert Museum · Massimo Vignelli · Vitra · Wchutemas · Charles F. A. Voysey · Wilhelm Wagenfeld · Otto Wagner · George Walton · Kem Weber · Hans J. Wegner · Bruno Weil · Daniel Weil · Wiener Werkstätte · Tapio Wirkkala · Frank Lloyd Wright · Russel Wright · Sori Yanagi · Marco Zanini · Marco Zanuso Sr. · Hermann Zapf · Eva Zeisel · Zsolnay

Hugo Alvar Hendrik Aalto studierte von 1916 bis 1921 Architektur an der Technischen Hochschule in Helsinki. Die folgenden beiden Jahre arbeitete er als Ausstellungsgestalter und unternahm ausgedehnte Reisen durch Mitteleuropa, Italien und Skandinavien. 1923 eröffnete er sein eigenes Architekturbüro in Jyväskyla, das er später nach Turku (1927–1933) und schließlich nach Helsinki verlegte (1933–1976). Im Jahr 1924 heiratete er die Designerin Aino Marsio (1894–1949) und gemeinsam experimentierten sie fünf Jahre lang mit der Formung von Holz. Diese Versuche führten in den 30er Jahren zu Aaltos revolutionärem Stuhldesign. 1929 entwickelte er mit Anderen die Ausstellung zu Turkus 700-Jahrfeier. Das war seine erste vollständige, moderne Arbeit, die in Skandinavien öffentlich präsentiert wurde. Zu seinen berühmtesten architektonischen Projekten zählt Aaltos eigenes Wohnhaus in Turku (1927), eines der ersten Beispiele der skandinavischen **Moderne**, die Viipuri Bibliothek (1927–1935), das Paimio Tuberkulose-Sanatorium (1929–1933) und der finnische Pavillon der New Yorker Weltausstellung (1939).
Nachdem er 1929 zu Sperr- und Schichtholz als Arbeitsmaterialien übergegangen war, untersuchte Aalto gemeinsam mit Otto Korhonen, dem technischen Direktor einer Möbelfabrik in der Nähe von Turku, Techniken zum Kleben von Furnier und Möglichkeiten der Sperrholzformung. Diese Experi-

Alvar Aalto

1898 *Kuortane, Finnland*
1976 *Helsinki*

◂◂ Vase *Savoy Modell Nr. 3031* für Karhula (später von Iittala produziert), 1936

◂ Stuhl *Paimio Modell Nr. 41* für Huonekalu-ja Rakennustyötehdas (später von Artek produziert), 1930–1931

▲ Armlehnstuhl *Modell Nr. 31* für Huonekalu-ja Rakennustyötehdas (später von Artek produziert), 1930–1931

mente brachten Aaltos technisch innovativste Stühle hervor, den *Nr. 41* (1931–1932) und den Freischwinger *Nr. 31* (1932), die entweder gleichzeitig oder in direkter Verbindung mit den Plänen für das Paimio Sanatorium entstanden. Die Entwürfe zeigten der internationalen Avantgarde den neuen Trend hin zum Sperrholz als Arbeitsmaterial und machten Aalto zu einem der herausragenden Designer dieses Jahrhunderts. Der Verkaufserfolg seiner Möbelentwürfe, wie z. B. des L-förmigen Stapelhockers (1933), veranlasste Aalto und seine Frau 1935 dazu, die Firma Artek zu gründen.

Aalto hielt seine Lösung für das uralte Problem der Verbindung vertikaler und horizontaler Elemente für seinen wichtigsten Beitrag zum Möbeldesign. Die mit Korhonen entwickelte Lösung für gebogenes Holz, das Aalto »die kleine Schwester der Säule in der Architektur« nannte, ließ eine direkte Anbringung der Stuhlbeine an der Unterseite des Sitzes zu, ohne dass zusätzlich Rahmen oder Stützen nötig waren. In dieser Technik folgten seine Möbelserien *L-Leg* (1932–1933), *Y-Leg* (1946–1947) und *Fan-Leg* (1954).

Aaltos Design besticht durch die Verwendung organischer Formen, wie z. B. in seiner bekannten *Savoy*-Vase aus dem Jahr 1936. Die ursprünglich »Eskimoerindens skinnbuxa« (Lederhosen der Eskimofrauen) genannte und

▲ Teewagen *Modell Nr. 98* für Artek, 1935–1936

▲ Hocker *Modell Nr. 60* für Huonekalu-ja Rakennustyötehdas (später von Artek produziert), 1933

► Hocker mit Y-Beinen für Artek, 1946–1947

von Iittala hergestellte Vase soll von den Formen der Fjorde seiner finnischen Heimat inspiriert sein. Aalto war der Auffassung, dass Design sich den menschlichen Bedürfnissen anpassen sollte, und er lehnte künstlich hergestellte Materialien wie Stahlrohr für Möbel ab, weil sie in seinen Augen den menschlichen Lebensbedingungen widersprachen.
In den 30er und 40er Jahren wurde Aaltos Werk in Großbritannien und den USA geschätzt, und die Philosophie dieses Gründervaters des **Organischen Designs** hatte großen Einfluss auf Gestalter der Nachkriegszeit, wie z. B. **Charles & Ray Eames**. Als Gegner der befremdlichen Maschinenästhetik und des rigorosen Rationalismus im Design der **Moderne** stellte Aalto fest: »Das beste Standardisierungskommittee der Welt ist die Natur selbst, aber in der Natur findet sich Standardisierung hauptsächlich in Verbindung mit den kleinstmöglichen Teilen, den Zellen. Das Ergebnis sind Millionen flexibler Kombinationen, in denen man niemals Stereotypen findet.« (zitiert in Andrei Gozak, *Alvar Aalto vs. the Modern Movement*, Helsinki 1981, S. 78)
Nach Aaltos Meinung sollte das Design nicht nur funktionellen Ansprüchen gerecht werden, sondern auch den psychologischen Bedürfnissen des Benutzers genügen, was für ihn am besten durch die Verwendung natürlicher Materialien, insbesondere Holz, erreicht werden konnte. Er beschrieb diesen Werkstoff als ein »forminspirierendes, zutiefst humanes Material« (Göran Schildt, *Alvar Aalto Sketches*, Cambridge, Mass. 1987, S. 77). Aaltos zukunftsweisende organische Designs stellten nicht nur eine neue Formensprache zur Verfügung, sie repräsentierten für die allgemeine Öffentlichkeit auch die akzeptable Seite der Moderne.
1952 heiratete Aalto die Architektin Elissa Mäkiniemi, mit der er bis zu seinem Tode zusammenarbeitete. Zu Ehren von Leben und Werk des Designers zeigte das **Museum of Modern Art, New York**, drei Ausstellungen in den Jahren 1938, 1984 und 1997.

▾ Hocker *Modell Nr. X601 & X600* mit Fächerbeinen für Artek, 1954

▲ Sessel *Ball* oder
Globe für Asko,
1963–1965

Eero Aarnio studierte bis 1957 am Institut für Industrielle Kunst, Helsinki. 1962 richtete er sein eigenes Design-Büro ein und arbeitet seither hauptsächlich als Innenarchitekt und Industriedesigner, daneben als Fotograf und Grafikdesigner. Er entwarf anfangs in Handarbeit hergestellte Möbel aus Naturmaterialien, wie z. B. den Korbstuhl *Jattujakkare*. In den 60er Jahren experimentierte er mit Fiberglas, was zu seiner bekanntesten Designserie führte, einschließlich der Sessel *Ball* oder *Globe* (1963–1965) und *Pastille* (1967–1968), für den er 1968 vom ADI (Associazione per il Disegno Industriale) ausgezeichnet wurde. Diese kühnen, mit der Tradition brechenden Sitzmöbel, zu denen auch der hängende Plexiglassessel *Bubble* (1968) gehört, vermittelten mit ihren auffallenden Raumfahrt-Designs den Zeitgeist der 60er Jahre. Aarnio machte sich das kurzlebige Wegwerf-Ethos der Pop-Kultur jedoch nicht zu Eigen. Seine Entwürfe sind vielmehr von Internationalismus und Individualismus geprägt und werden gleichzeitig dem traditionell skandinavischen Hang zu Qualität und Haltbarkeit gerecht. Aarnio sieht optimistisch einer Zeit entgegen, in der »die persönliche Fertigung der Vergangenheit und die Roboterherstellung der Zukunft einander die Hände reichen« (A. Lee Morgan, *Contemporary Designers*, London, 1985, S. 10).

Eero Aarnio

geb. 1932 *Helsinki*

▲ Sessel *Pastille* für Asko, 1967–1968

AEG

gegründet 1883
Berlin

Emil Rathenau (1838–1915) erwarb das Patent für Thomas Edisons Glühbirne, nachdem er sie 1881 bei der Pariser »Exposition Internationale d'Electricité« gesehen hatte, und gründete zwei Jahre später die Deutsche Edison Gesellschaft DEG. Die Firma wurde später in AEG (Allgemeine Elektricitäts-Gesellschaft) umgetauft und der Jugendstil-Designer **Otto Eckmann** angestellt, um den Firmenkatalog für die Pariser »Exposition Universelle« von 1900 zu entwerfen.

Die AEG ernannte 1907 den Architekten und Designer **Peter Behrens** zum künstlerischen Leiter der Firma und beauftragte ihn mit der Entwicklung der ersten umfassenden Corporate Identity. Für diesen Auftrag veränderte Behrens nicht nur das Firmenlogo der AEG, er entwarf auch eine einheitliche Serie von Elektrogeräten, wie z. B. Kessel, Uhren und Ventilatoren, aber auch die Fabrikgebäude zur Herstellung dieser Waren.

Betriebsingenieur Michael von Dolivo-Dobrowolsky erkannte, dass der Schlüssel zur erfolgreichen Massenherstellung qualitativ hochwertiger

▲ **Peter Behrens**, Entwurf für die AEG Turbinenhalle in Belin, 1908

► **Peter Behrens**, Leuchten für die AEG, ca. 1908

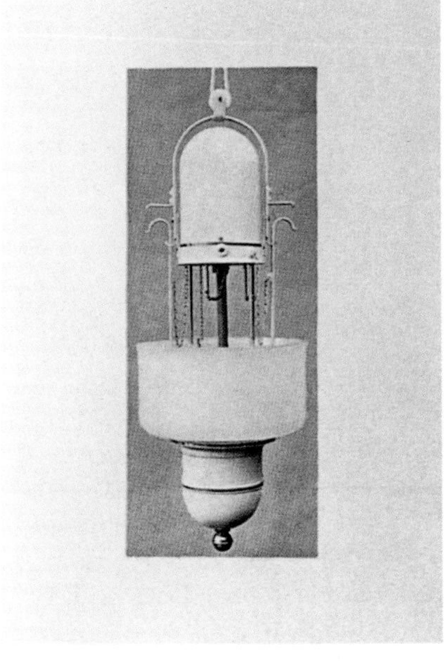
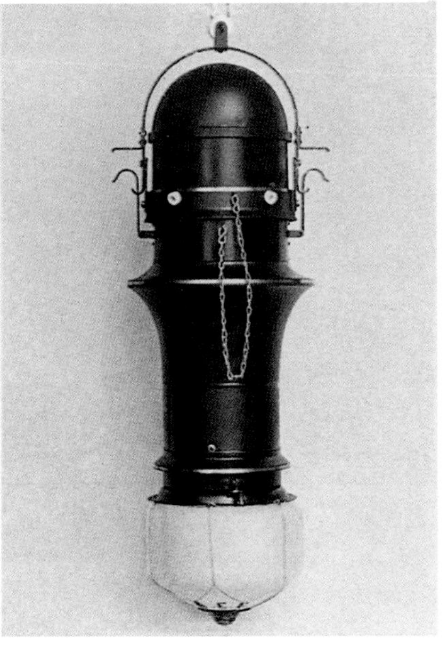

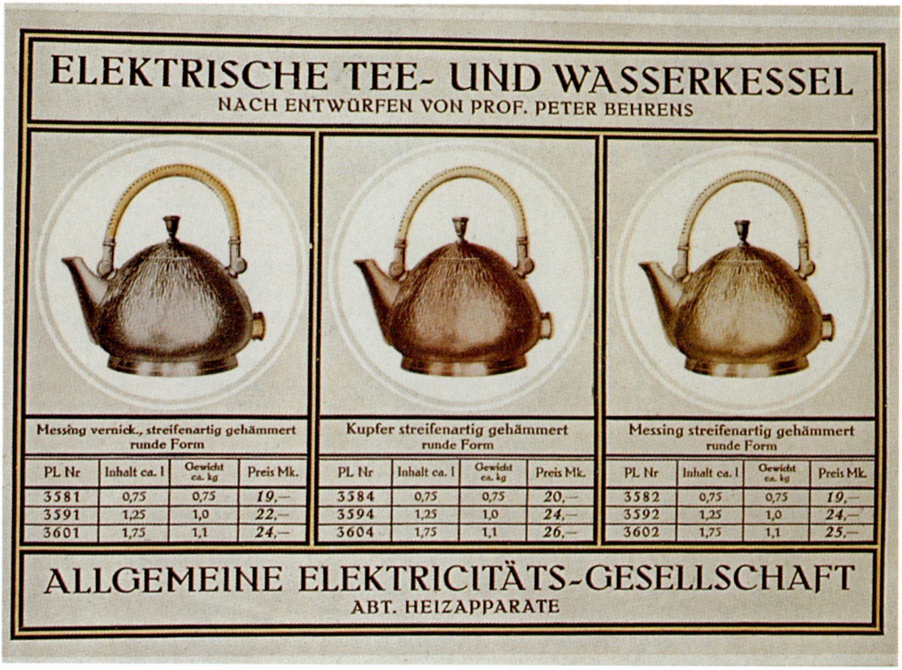

▲ **Peter Behrens**, Werbebroschüre für Kessel der AEG, ca. 1910

Güter in der Standardisierung austauschbarer Komponenten lag, die auf mehrere Produkte anwendbar sind. Diese Standardisierung von Produkten und die von der AEG angewandten modernen Herstellungsmethoden spiegelten die Ideale des **Deutschen Werkbunds** wider, den Behrens 1907 mitgegründet hatte.

Heute kennt man die AEG als große, nach wie vor designorientierte Firma, die gute Elektrogeräte herstellt.

► **Peter Behrens**, Elektrischer Kessel für die AEG, 1909

Aesthetic Movement

Ästhetische Bewegung

Großbritannien

▾ **Thomas Jeckyll**, Kaminschutz für Barnard, Bishop & Barnard, ca. 1880

Die Ästhetische Bewegung ging aus einer früheren britischen Kunstbewegung – aus einer Kombination der Neugotik und des Queen Anne Revival – hervor. Diese früheren Stilrichtungen wurden mit orientalischen Einflüssen vermischt, u. a. von Bruce Talbert (1838–1881) und Thomas Jeckyll (1827–1881), so dass ein anglo-orientalischer Mischstil entstand. Die Designer der Ästhetischen Bewegung, wie z. B. **E. W. Godwin** und **Christopher Dresser**, waren inspiriert von japanischen Holzschnitten und Waren aus dem Orient und dem Mittleren Osten, die von Firmen wie **Liberty & Co.** importiert wurden, und sie wollten durch klare, schlichte Formen das Design erneuern. Für eine progressive Mittelschicht wurde der Ästhetizismus zum Lebensstil, und Liberty & Co. verbreitete den Stil nicht nur durch ihre Einrichtungsgegenstände, sondern auch durch die Vermarktung lose fließender Damenkleider im Stil der Ästhetischen Bewegung. Das »Pfauen-Zimmer«, das James Abbot McNeill Whistler (1804–1903) und Thomas Jeckyll für F. R. Leylands Londoner Wohnung entworfen hatten (1876–1877) und das sich heute in der Freer Gallery in Washington befindet, zeigt den Ästhetizismus in seiner exotischsten Form. Die größten Verfechter des Ästhetizismus waren zweifellos Oscar Wilde (1854–1900) und **Aubrey Beardsley**, die im *Fin-de-Siècle* das »l'art-pour-l'art«-Prinzip zelebrierten. Der Ästhetizismus, dessen Symbol die Sonnenblume war, fand auch seine Ausprägung in den USA, vor allem in den Arbeiten der Herter Brothers und **Louis Comfort Tiffanys**, sowie in Frankreich in den Werken von **François-Eugène Rousseau**. Die Bewegung hatte außerdem einigen Einfluss auf zwei sehr unterschiedliche Design-Stile: auf das **Art nouveau** durch ihre Verwendung von Naturmotiven und auf die **Moderne** durch den Einsatz stilisierter japanischer Elemente.

▼ Vitrine aus Ebenholz, 1870er Jahre

▸ **Sergej Wassiliewitsch Chekhonin**, Propagandateller für die Staatliche Porzellanmanufaktur, Petrograd, 1919

Agitprop

Russland

Der Begriff Agitprop leitet sich von dem russischen Begriff *agitatsiya propaganda*, »Agitationspropaganda« ab: sie verband die Strategien der Agitation und der Propaganda. Agitation bedeutete die Verwendung politischer Slogans und Halbwahrheiten, die die breite Masse dazu bringen sollten, sich mit ihren Problemen abzufinden, während Propaganda verstanden wurde als Förderung wissenschaftlicher Argumente zur politischen Überzeugung der Intelligenz. Die Kommunistische Partei eröffnete 1917 das *Agitprobyuro* (Büro für Agitation und Propaganda) zur Entwicklung von staatlich geförderter Kunst und Design, später Agitprop genannt. Unter Verwendung vorrevolutionärer Schablonen dekorierten Designer wie Sergej W. Chekhonin (1878–1936), **Kasimir Malewitsch**, Maria W. Lebedewa (1895–1942) und Nikolai Suetin Porzellan mit Slogans und Motiven von politischen Plakaten. Natan Altman (1889–1970) entwarf futuristische Agitprop-Gebäude und Denkmäler für den Uritskij Platz in St. Petersburg anlässlich des ersten Jahrestages der Revolution. 1919 nahm Wassily Ermilow (1884–1968) an verschiedenen Agitprop-Projekten für Plakate, Eisenbahndekorationen und Club-Einrichtungen teil. Agitprop sollte öffentliche Unterstützung für die Revolution mobilisieren und die grandiosen Projekte, z. B. **Wladimir Tatlins** berühmtes konstruktivistisches *Pamiatnik III emu Internatsionalu* (Denkmal für die Dritte Internationale) von 1919–1920 in Petrograd, spiegelten die Sehnsucht nach einer neuen Weltordnung.

Otl Aicher studierte von 1946 bis 1947 Bildhauerei an der Akademie der Bildenden Künste, München. 1948 eröffnete er in Ulm sein eigenes Grafikatelier, das 1967 nach München und schließlich 1972 nach Rotis im Allgäu verlegt werden sollte. In den 50er Jahren formulierte Aicher mit **Hans Gugelot** und Dieter Rams eine in sich geschlossene, rationale Design-Ästhetik für **Braun**. Zwischen 1949 und 1954 war er an der Gründung und Weiterentwicklung der **Hochschule für Gestaltung, Ulm**, beteiligt, der einflussreichsten deutschen Designschule der Nachkriegszeit. 1952 heiratete er die Mitbegründerin Inge Scholl. Aicher hielt von 1954 bis 1965 im Fachbereich für visuelle Kommunikation in Ulm Vorlesungen und war Gastprofessor an der Yale University. Von 1962 bis 1964 war er Rektor der Hochschule für Gestaltung. Seine Vorträge und Publikationen zur Designtheorie wurden wegen ihrer Förderung des utopischen Ideals und letztendlich des **Radical Designs** wichtig. Obwohl Aicher hauptsächlich Corporate Identities entwarf, ist er durch seine Piktogramme für die Olympischen Spiele in München 1972 weithin bekannt geworden.

Otl Aicher

1922 *Ulm*
1991 *Rotis*

▲ Piktogramme, entworfen für die Olympischen Spiele in München, 1972

Anni Albers

1899 Berlin
1994 Orange, Connecticut, USA

Von 1916 bis 1919 studierte Anni Fleischmann unter Martin Brandenburg in Berlin Design, danach für ein Jahr an der Kunstgewerbeschule, Hamburg. 1922 schrieb sie sich beim Bauhaus ein, wo sie unter Georg Muche (1895–1987), **Gunta Stölzl** und Paul Klee (1879–1940) Textildesign studierte. Sie begann 1929/1930, in den Textilwerkstätten am Bauhaus in Weimar und später in Dessau zu unterrichten, und war die erste Textildesignerin, die mit Cellophan webte. 1925 heiratete sie den Künstler und Designer **Josef Albers**, der im selben Jahr Meister des Bauhaus-Grundkurses wurde. Nachdem das Ehepaar 1933 in die USA ausgewandert war, hatte Anni Albers bis 1949 eine Assistenzprofessur für Kunst am Black Mountain College in North Carolina inne. Außerdem arbeitete sie als selbständige Textildesignerin von handgewebten und maschinell gefertigten Stoffen. Albers war der Überzeugung, dass Qualität in der Herstellung und strenge formale Prinzipien dem modernen Kunsthandwerk ästhetische Ausstrahlung und zeitlosen Reiz verleihen kann. Sie entwarf ab 1959 für **Knoll International** und ab 1978 für Sunar Serien abstrakter, geometrischer Textilien, die die Struktur der Stoffe betonten. 1961 verlieh das American Institute of Architects Anni Albers eine Goldmedaille für handwerkliches Können.

◂ Wandbehang
Nr. 175, 1925

Josef Albers unterrichtete als Grundschullehrer von 1905 bis 1913 in Westfalen. In den darauf folgenden zwei Jahren studierte er an der Königlichen Kunstschule, Berlin, sowie bei Jan Thorn-Prikker an der Kunstgewerbeschule in Essen, an der er später selbst drei Jahre lang unterrichtete. Von 1919 bis 1920 war er an der Akademie der Bildenden Künste in München eingeschrieben, und zwischen 1920 und 1933 studierte und lehrte er am **Bauhaus** in Weimar und Dessau. Nachdem er 1921 den Einführungskurs absolviert hatte, half er beim Aufbau der Werkstatt für Glasmalerei, die er ab 1923 leitete. Albers unterrichtete den Bauhaus-Grundkurs »Form« und machte 1925 als erster Schüler seinen Meisterabschluss. Im selben Jahr heiratete er die Textildesignerin Anni Fleischmann und 1928 wurde er Direktor der Tischlerwerkstatt. Als das Bauhaus 1933 von den Nationalsozialisten geschlossen wurde, wanderte Albers in die USA aus und unterrichtete während der folgenden 16 Jahre am Black Mountain College in North Carolina. Von 1950 bis 1960 war er Direktor des Fachbereichs für Design an der Yale University in New Haven und von 1953 bis 1954 zusätzlich Gastprofessor an der **Hochschule für Gestaltung, Ulm**. Seine Arbeiten waren zwar zeitweise eklektisch, doch grundsätzlich durch einfache, abstrakt geometrische Formen und den Einsatz weniger Materialien gekennzeichnet.

Josef Albers

1888 *Bottrop*
1976 *New Haven, Connecticut, USA*

▲ Teeglas der Jenaer Glaswerke Schott & Gen. und Porzellanfabrik Meißen für das Bauhaus in Dessau, 1926

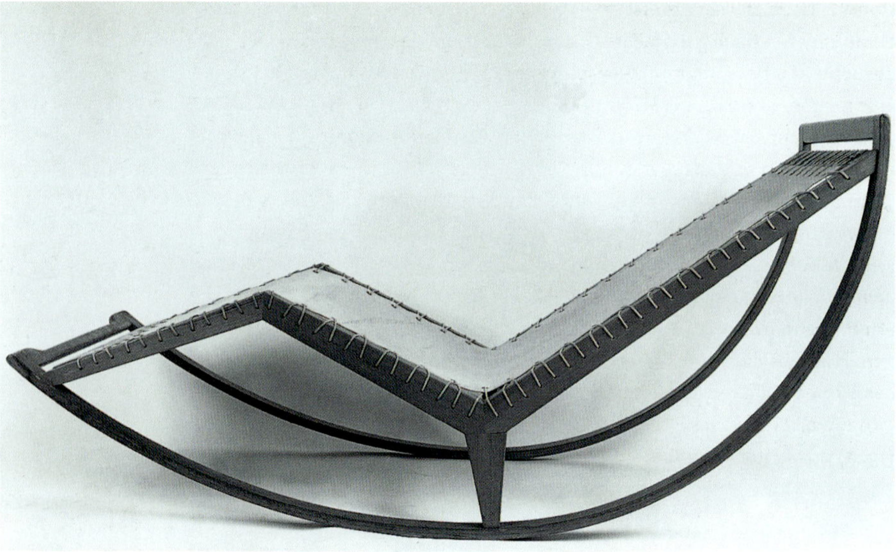

Franco Albini

1905 *Robbiate, Italien*
1977 *Mailand*

Franco Albini studierte am Politecnico di Milano Architektur und machte 1929 seinen Abschluss. Bis 1930 arbeitete er in **Gio Pontis** Atelier, wo er den Rationalisten Edoardo Persico (1900–1936) kennenlernte. Im selben Jahr eröffnete er seine eigene Design- und Architekturfirma, zu der noch drei Partner hinzukommen sollten: Franca Helg (geb. 1920) im Jahr 1952, zehn Jahre darauf Antonio Piva (geb. 1936) und 1965 sein Sohn, Marco Albini (geb. 1940). Sein einflussreiches hängendes Bücherregal von 1940, das der Inbegriff des italienischen **Rationalismus** war, diente auch als Raumteiler und war damit besonders innovativ. Albini war nicht nur als Innenarchitekt angesehen, auch als Stadtplaner war er einer der herausragenden italienischen Rationalisten. Von 1945 bis 1946 arbeitete er als Redakteur der Zeitschrift *Casabella* und unterrichtete von 1963 bis 1977 Architekturentwurf am Politecnico di Milano. Er erhielt 1955, 1958 und 1964 den Preis **Compasso d'Oro**. Albinis Designs liegt eine strukturelle Logik zugrunde, die sich auch in den Herstellungsmethoden wiederfindet. Seine Korb- und Rohrstühle, die er in den 50er Jahren gemeinsam mit Helg entwarf, weisen eine hohe Sensibilität für das Material auf. In Gemeinschaftsarbeit mit Helg und Bob Noorda (geb. 1927) entwarf Albini 1962 eine komplette neue Ausstattung für die Mailänder U-Bahn.

▲ Schaukelliege
Modell Nr. PS16 für
Carlo Poggi, 1956

Don Albinson

geb. 1915 *Sparta, Michigan, USA*

Don Albinson studierte zunächst in Schweden, bevor er die **Cranbrook Academy of Art** in Michigan und die Yale University in New Haven, Connecticut besuchte. An der Cranbrook Academy besuchte er **Charles Eames**' Kurse in Industrie- und Produktdesign. 1946 trat er dem Eames-Office bei und arbeitete an der Entwicklung von Charles und Ray Eames' Stuhlreihen aus geformtem Sperrholz mit. Die beiden behandelten Albinson wie ihren eigenen Sohn und er wohnte ein halbes Jahr mit in ihrer Wohnung in Los Angeles. Als wichtiges Mitglied des Eames-Office half Albinson bei der Entwicklung vieler Möbeldesigns für **Herman Miller**, insbesondere der Stühle der *Aluminium Group* aus dem Jahr 1958. Zu Albinsons Know-how gehörte das Wissen um Produktionsprozesse und Konstruktionstechnik; zahlreiche Innovationen in Eames' Entwürfen gehen auf sein Können zurück. Er verließ ca. 1959 das Eames-Office und wurde 1964 Chef der Designentwicklung bei **Knoll International**. Sein erstes Projekt für Knoll war der erfolgreiche Stuhl *Albinson* (1965) aus Gussaluminium und Polypropylen.

◂ Stapelstühle *Albinson Modell Nr. 1601* für Knoll International, 1965

Studio Alchimia

gegründet 1976
Mailand

▲ Kollektionen *Olli* und *Soli*, 1988

► Schrank aus der Serie *Mobile Infinito* (Griffe von Ugo la Pietra, Füße von Denis Santachiara, Figuren von Andrea Branzi, Flaggen von Kazuko Sato und magnetische Verzierungen u. a. von Francesco Clemente, Sandro Chia und Enzo Cucchi), 1981

Studio Alchimia wurde 1976 von dem Architekten Alessandro Guerriero (geb. 1943) ins Leben gerufen, ursprünglich als Galerie zur Präsentation experimenteller Arbeiten, die in ihrer Gestaltung nicht von industriellen Fertigungsprozessen eingeschränkt wurden. Der Begriff Alchemie im Namen des Studios war eine gezielte Anspielung, die die wissenschaftliche Grundeinstellung der **Moderne** verspottete. Alchimia wuchs zu einem einflussreichen Design-Studio mit Beiträgen von **Ettore Sottsass**, **Alessandro Mendini**, **Andrea Branzi**, Paola Navone (geb. 1950), **Michele De Lucchi** u. a. heran. Die ironisch *Bau.Haus 1* und *Bau.Haus 2* betitelten Kollektionen von 1978 bzw. 1979 bezogen sich auf die Populärkultur und letztendlich auf den **Kitsch**. Während der 80er Jahre war Mendini Hauptvertreter des Studios, und seine Re-Designs klassischer Möbel, so z. B. der Stühle *Superleggera* von **Gio Ponti** und *Wassily* von **Marcel Breuer**, machten sich über die Überheblichkeit des **Guten Designs** und somit des guten Geschmacks lustig. Mendinis Serie *Mobile Infinito* (Unendliches Möbel) von 1981 erlaubte verschiedene Kombinationsmöglichkeiten der dekorativen Elemente, was kreative Interaktion förderte. Das Design von Studio Alchimia war politisch motiviert, elitär und bewusst intellektuell und daher für die zweite Phase des italienischen **Radical Designs** ausschlaggebend, die in der Popularisierung des **Anti-Designs** der 80er Jahre gipfelte.

◂ **Alessandro Mendini & Giorgio Gregori**, Vase *Manici*, hergestellt von Zabro für Alchimia, 1984

▴ **Alessandro Mendini**, Stuhl *Scivolando*, hergestellt von Gavina für Alchimia, 1983

Alessi

gegründet 1921
Omegna, Italien

▲ **Michael Graves**, Kessel, Zuckerdose und Milchkännchen für Alessi, 1985

FAO (Frattelli Alessi Omegna) wurde 1921 von Giovanni Alessi im italienischen Omegna gegründet. Etwa 1935 trat Alessis Sohn Carlo (geb. 1916) der Firma als Designer bei und während dieser Zeit entfernte sie sich zugunsten industrieller Fertigung von ihren kunstgewerblichen Ursprüngen. Carlo Alessi wurde 1945 Geschäftsführer und entwarf im selben Jahr sein Kaffeeservice *Bombé*. Aufgrund der Knappheit von Nickelsilber und Messing begann Alessi, rostfreien Pressstahl zu verwenden und beauftragte bekannte Designer mit dem Produktdesign, um wettbewerbsfähig zu bleiben. In den späten 70er Jahren, als Carlo den Firmenvorsitz übernahm, begann Alessi mit der Herstellung limitierter Auflagen von signierten Serien international bekannter Designer und Architekten, darunter **Ettore Sottsass** und **Richard Sapper**. 1983 wurde die Tochterfirma Officina Alessi für Produkte mit experimentellem Design aufgebaut und Carlos Sohn Alberto initiierte das Projekt *Tea and Coffee Piazza*, für das elf Architekten, unter ihnen **Michael Graves**, **Robert Venturi**, **Aldo Rossi**, **Hans Hollein** und **Richard Meier** Service in limitierten Auflagen entwarfen. Dieses als Werbekampagne erdachte Projekt der »Architektur en miniature« brachte Alessi internationale Anerkennung als einer der führenden Vertreter der **Postmoderne**.

Emilio Ambasz schloss 1966 sein Architekturstudium an der Princeton University ab und unterrichtete dort, bis er 1967 an die **Hochschule für Gestaltung, Ulm**, wechselte. Anschließend nahm er für kurze Zeit eine Professur in Princeton an. Schon 1967 hatte er das avantgardistische Institute of Architecture and Urban Studies in New York mit gegründet. Von 1970 bis 1976 war er dann Design-Kurator am **Museum of Modern Art, New York**, wo er 1972 die bahnbrechende Ausstellung »Italy: The New Domestic Landscape« organisierte. Wenig später baute er sein eigenes Design-Studio auf, 1977 erst als Emilio Ambasz & Associates, dann 1981 als Emilio Ambasz Design Group, beide in New York. Ambasz ist weithin berühmt für seine Schriften zu Design-Themen, doch er ist ebenso bekannt für einige Sitz- und Beleuchtungsdesigns, wie z. B. die erfolgreichen Sitzsysteme *Vertebra* (1977) und *Dorsal* (1981) und die Beleuchtungsserie *Logotec* (1981). Als Architekt entwarf er das Center for Applied Computer Research and Programming, Las Promesas, Mexiko (1975), das Grand Rapids Art Museum, Michigan (1975), das Museum of American Folk Art, New York (1980), sowie das Gewächshaus des Botanischen Gartens in San Antonio, Texas (1982). Nach Ambasz' Ansicht sollte Design nicht nur funktionalen Anforderungen genügen, sondern auch von poetischer Form sein, um unseren metaphysischen Bedürfnissen zu entsprechen – eine Philosophie, die zweifellos u. a. von **Charles Rennie Mackintosh** beeinflusst ist.

Ambasz erklärt die Verschiedenheit von europäischem und amerikanischem Design als Folge zweier unterschiedlicher historischer Anschauungen: »Europa strebt ewig nach Utopia, dem Mythos vom Ende. Der Mythos Amerikas ist Arkadien, der ewige Anfang.« (Ann Lee Morgan, *Contemporary Designers*, London 1985, S. 25). Er erwartet von Designern die Verknüpfung von Vergangenheit und Zukunft in ihren Arbeiten. Sie sollten »dem Pragmatischen poetische Form« verleihen (ebd.).

Emilio Ambasz

geb. 1943 *Resistencia, Argentinien*

▼ **Emilio Ambasz & Giancarlo Piretti**, Bürostuhl *Vertebra* für Castelli und Krueg, 1977

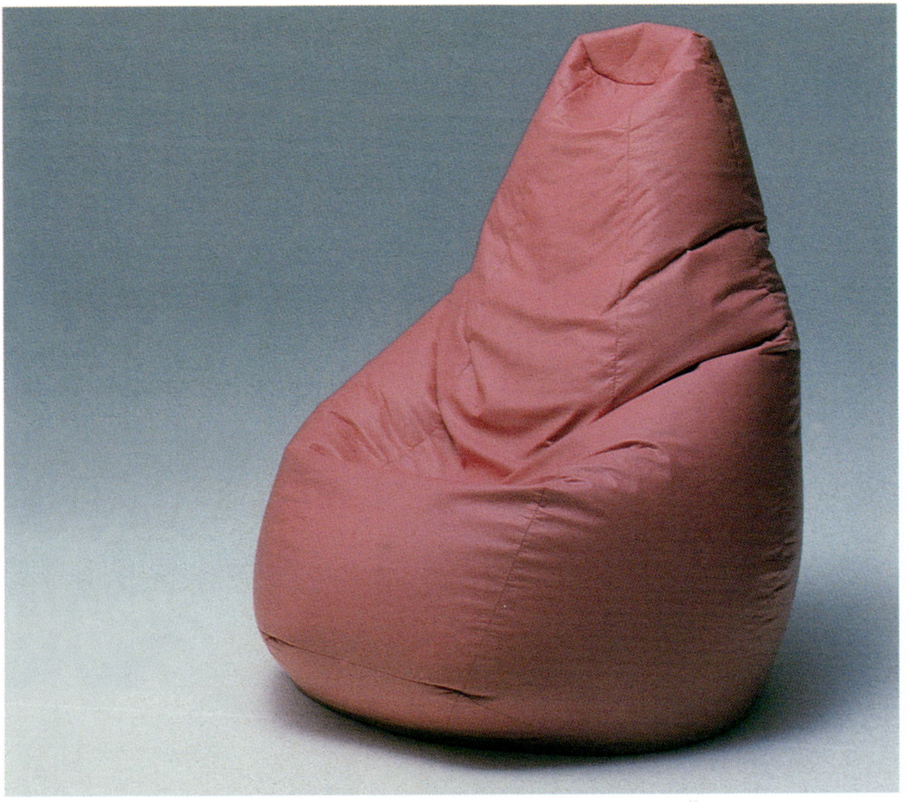

Anti-Design

Anti-Design versucht, dem individuell kreativen Ausdruck im Design Gültigkeit zu verleihen, wobei es die rationalen Prinzipien der **Moderne** ablehnt. Eine der ersten Strömungen, die sich bewusst dem Anti-Design widmeten, war der Surrealismus und er beeinflusste in den 40er Jahren den Turiner Barock anti-rationalistischer Designer wie **Carlo Mollino**. Doch erst in den späten 60er Jahren wurde Anti-Design zu einer wichtigen Erscheinung der **Avantgarde**, als sich in Italien mehrere **Radical-Design**-Gruppen gründeten. Nach Ansicht von Gruppen wie **Archizoom**, **Superstudio**, UFO, **Gruppo Strum** und 9999 lag die Moderne nicht mehr mit der Avantgarde auf einer Linie und war keine treibende Kraft in der Kultur mehr, da sie von merkantilen Interessen zu einer offensichtlichen konsumorientierten Marketingstrategie verwandelt worden war.

Die Anti-Design-Bewegung stand der fortschrittlichen Technologie und dem Konsumdenken höchst kritisch gegenüber, setzte ihnen ein »Design der

▲ **Piero Gatti, Cesare Paolini & Franco Teodoro**, *Sacco*, 1968

◂ **Guido Drocco & Franco Mello**, Kleiderständer *Cactus* für Gufram, 1972

▲ **Alessandro Mendini**, Sofa *Kandissi* für Studio Alchimia, 1978

Vernachlässigung« entgegen und versuchte, mit provokanten Entwürfen – z. B. den »Superstrukturen« von Superstudio oder Archizooms *No-Stop City* – zu demonstrieren, dass ein zu weit getriebener Rationalismus letztlich in die Absurdität führt. **Global Tools**, eine Schule für Gegen-Architektur und -Design, wurde 1974 zur Erforschung einfacher nicht-industrieller Techniken offiziell gegründet und sollte individuelle Kreativität fördern. Das Ende der ersten Anti-Design Phase der 70er Jahre kam ein Jahr später mit der Auflösung von Global Tools. Zu diesem Zeitpunkt kamen viele mit der Bewegung verbundene Designer, z. B. **Alessandro Mendini** und Ugo La Pietra (geb. 1938), zu der Auffassung, dass radikales Gegen-Design keine Zukunft habe. Doch innerhalb von drei Jahren wurde der Feldzug des Anti-Designs von anderen mit dem **Studio Alchimia** verbundenen Designern erneut aufgenommen, die den vorherrschenden Konservativismus Mitte der 70er Jahre ablehnten und versuchten, dem Design wieder Spontaneität, Kreativität und Bedeutung zu verleihen.

Beim Studio Alchimia wurden funktionale Aspekte des Designs von politischen Inhalten, ironischen Zitaten aus der Massenkultur und bewussten Anlehnungen an frühere Stilrichtungen abgelöst. Studio Alchimia behauptete: »Es gibt heute einen Bedarf an distanzierten, sehr distanzierten Objekten, die unter den Menschen und in der Welt existieren sollten als Signale unserer Berufung zum Zauber des Gedankens, wie Bojen in einem stürmischen Meer der Modernität. Paradoxe, einzigartige, isolierte, vollständige und selbst definierte Objekte«.

In den frühen 80er Jahren, als in Italien **Memphis** aufkam und in Amerika Kritiker der Moderne wie **Charles Jencks** nach »Elementen, die gemischt, nicht rein sind ..., unordentlicher Vitalität vor offensichtlicher Einheit« (M. Collins & A. Papadakis, *Post-Modern Design*, London 1989, S. 49) verlangten, entwickelte sich Anti-Design mit seiner Befreiung der Dekoration um ihrer selbst willen zu einem wiedererkennbaren internationalen Stil: der **Postmoderne**. Während des Booms der 80er Jahre, als viele Konsumenten mehr Wert auf das Prestige von Designermarken legten, konnte Anti-Design in den vorherrschenden Designtrend eindringen.

▸ **Alessandro Mendini**, Stuhl/ Tisch *Zabro* für Zanotta, 1984

Ron Arad

geb. 1951 *Tel Aviv*

Ron Arad studierte von 1971 bis 1973 an der Kunstakademie in Jerusalem und zog anschließend nach London, wo er dann bei Peter Cook von der Architectural Association studierte. Nach seinem Abschluss 1979 war er für kurze Zeit bei einer Architekturfirma angestellt, dann eröffnete er One Off, sein eigenes Büro für Architekturdesign mit angeschlossenem Ausstellungsraum. Das zuerst in Covent Garden, später in Chalk Farm, London, gelegene Büro/Studio war Forum für die Ausstellung eigener Möbeldesigns sowie für Arbeiten anderer britischer Avantgarde-Designer, zu denen **Tom Dixon** und Danny Lane (geb. 1955) gehörten.

Arads erste Möbel, wie z. B. der Stuhl *Rover* (1981), verbanden Materialien des **High-Tech**, wie Gerüststangen, mit *objets trouvés*, wodurch poetische, postindustrielle »Ready-mades« entstanden. Die in den 80er Jahren entstandenen Designs aus weniger kantigem Stahl, wie z. B. die Serie *Big Easy* (1988–1989), waren weniger provisorisch in der Konstruktion und basierten auf arbeitsintensiven Techniken, was sie in der Herstellung kostspielig machte. Absichtlich distanziert von serienmäßig produzierten Möbeln, waren solche Designs eher »Kunstmöbel«, die Arad internationale Anerkennung brachten und die Aufmerksamkeit etablierter Hersteller erregten. Obgleich Arad vor allem für seine Möbel bekannt ist, hat er doch auch einige wichtige Inneneinrichtungen gestaltet, einschließlich des Foyers der Oper Tel Aviv (1990). Einige der kommerziell erfolgreichsten Designs von Arad sind in den 90er Jahren entstanden, so z. B. sein *Bookworm*-Regal aus dem Jahr 1997, von dem **Kartell** 1000 Kilometer hergestellt hat. Zu den weiteren neuen Designs für Kartell zählen seine Stühle *Tom Vac* aus vakuumgeformtem Aluminium und *Fantastic Plastic Elastic*, beide von 1998.

▾ Stapelstuhl (Prototyp) *Tom Vac*, 1997

▲ Sessel *Little Heavy*
für One Off, 1989

◂ Stoff *Melted Off Contour*, 1958 (ab 1988 von Nuno Corporation hergestellt)

Junichi Arai

geb. 1932 *Kiryu/Gunma, Japan*

Junichi Arai entwickelte einige der technisch interessantesten und experimentellsten Textilien der 80er und 90er Jahre. Anfangs konzentrierte sich Arai auf stark strukturierte, gewebte Stoffe, die eine Reihe ungewöhnlicher Materialien aufwiesen, wie beispielsweise Zelluloid, Aluminiumband und Metallfasern. Später wandte er sich mehr technisch orientierten Designs zu, die eine Reihe neuartiger Materialien und Prozesse nutzten, wie z. B. sein *Nuno me Gara* (Gewebtes Muster), ein Stoff von 1983. Arai arrangierte und fotokopierte verschlungene Stoffstreifen aus unterschiedlichen Webarten, scannte die daraus entstandenen Strukturmuster und machte daraus seine gewebten Jacquard-Designs. Andere Textilien, unter ihnen *Melted Off Contour*, entworfen 1958, aber erst dreißig Jahre später hergestellt, sind ebenso innovativ. Hier wurde ein patentierter Prozess angewandt, bei dem Polyesterfilm im Vakuumverfahren mit einer Aluminiumauflage bezogen wird. Die Aluminiumschicht wird anschließend in einer schwachen Alkalilösung aufgelöst, wodurch ein feines Konturmuster entsteht. Seit der Schließung seiner Firma Anthologie im Jahr 1987 verkauft Arai seine Arbeiten als selbständiger Designer in seinem Tokioter Laden Nuno. Zudem beliefert er Firmen wie Issey Miyake, Comme des Garçons u. v. a. mit Textildesigns.

André Arbus

1903 *Toulouse*
1969 *Paris*

André Arbus studierte zuerst an der École des Beaux-Arts, Toulouse, und machte dann eine Lehre als Möbeltischler. Ab 1925 kam er mit der Société des Artistes Décorateurs in Kontakt, stellte in ihrem Salon und im Salon d'Automne aus und nahm an der Pariser »Exposition Internationale des Arts Décoratifs et Industriels Modernes« von 1925 teil. Arbus eröffnete seine eigene Werkstatt, Époque, 1930 in Paris. Wie bei **Jacques-Émile Ruhlmann** und **Jules-Émile Leleu** folgten seine Innenausstattungen und Möbeldesigns dem **Art-déco**-Stil und verwendeten luxuriöse Materialien und exotische Hölzer. Einige seiner Stücke waren zwar mit aufgemalten Motiven verziert, die von Marc Saint-Saëns ausgeführt wurden, doch insgesamt findet sich in Arbus' Werk weniger Ornamentik als vielmehr eine Klarheit der Form. 1926 entwarf Arbus eine Lounge für das Linienschiff *Île-de-France* und baute 1935 beim Palais de la Nouveauté eine Abteilung für Innenarchitektur, Les Beaux Métiers, auf. Zwei Jahre darauf stellte er bei der Pariser »Exposition Internationale des Arts et Techniques dans la Vie Moderne« eine Innenausstattung im **Moderne**-Stil aus. Ende der 30er Jahre wandte sich Arbus der Architektur zu. Seine wichtigste Auftragsarbeit war das Ministerium für Landwirtschaft in Paris (1937). Er übernahm die Innengestaltung von drei weiteren Linienschiffen, der *Bretagne*, der *Provence* und der *France*.

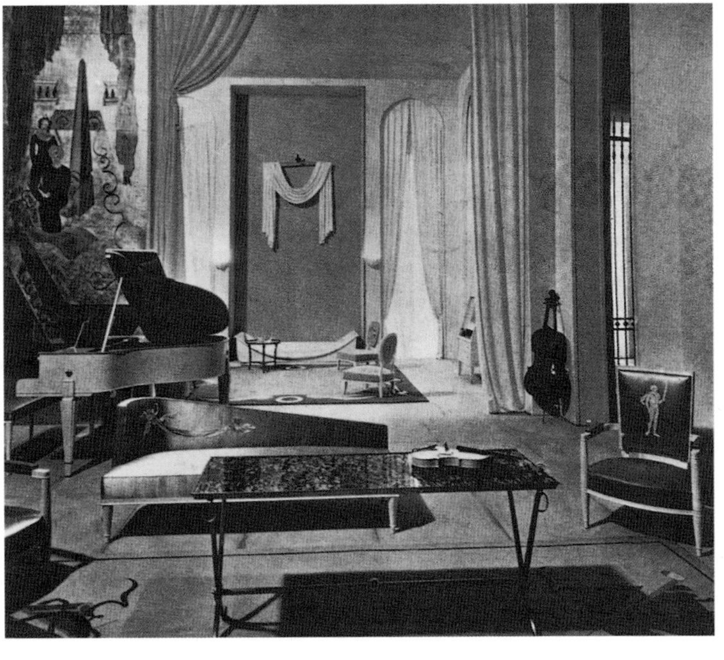

▸ Musikzimmer, entworfen für die »Exposition Internationale des Arts et Techniques dans la Vie Moderne« in Paris, 1937

Archizoom Associati

1966–1974
Florenz

Die Firma Archizoom Associati wurde 1966 in Florenz von **Andrea Branzi**, **Paolo Deganello**, Gilberto Corretti (geb. 1941) und Massimo Morozzi (geb. 1941) gegründet und nach der britischen Architektengruppe Archigram und deren Zeitschrift *Zoom* benannt. Archizoom entwickelte radikale architektonische Pläne, wie *Wind City* (1969) und *No-Stop City* (1970), um u. a. zu demonstrieren, dass ein ins Extrem getriebener **Rationalismus** unlogisch und somit anti-rational wird. Archizoom stellte fest: »Das Endziel moderner Architektur ist die Abschaffung der Architektur selbst.« (A. Branzi, *The Hot House; Italian New Wave Design*, London, 1984, S. 73–74). 1966 und 1967 organisierte Archizoom gemeinsam mit **Superstudio** in Pistoia und Modena zwei Ausstellungen von »Superarchitettura«. 1968 stießen Dario (geb. 1943) und Lucia Bartolini (geb. 1944) zu der Gruppe, die von 1971 bis 1973 über Modedesign arbeiteten. Außerdem stellten sie mehrere wichtige Möbeldesigns her, einschließlich der Serie *Dream Beds* (1967), der Sitzgruppe *Safari* (1968), des Sofas *Superonda* (1966) und des Stuhls *Mies* (1969), die alle von der Populärkultur und dem **Kitsch** inspiriert waren und sich gleichzeitig über das hochgestochene **Good Design** lustig machten. Archizoom war 1972 im Teil »Counterdesign as Postulation« der denkwürdigen Ausstellung »Italy: The New Domestic Landscape« im **Museum of Modern Art, New York**, vertreten.

◄ **Dario Bartolini**, Lampe *Sanremo*, produziert von Poltronova für Archizoom Associati, 1968

▼ **Archizoom Associati**, Wohnlandschaft *Safari* aus Einzelteilen für Poltronova, 1968

Art Deco

Art déco

gegründet ca. 1925
Paris

◂ **Jacques-Émile Ruhlmann**, der Große Salon, Hôtel du Collectionneur, 1925

▾ **Edgar-William Brandt**, Stehlampe *La Tentation*, ca. 1925 (Ständer von E.-W. Brandt, Schirm von Daum Frères)

Art déco war eigentlich keine Design-Bewegung, sondern ein internationaler Dekorationsstil, der in den 20er Jahren in Paris aufkam. Elemente dieses Stils waren vorher schon in den Arbeiten der **Wiener Werkstätte**, des italienischen Möbeldesigners **Carlo Bugatti** und der russischen Konstruktivisten anzutreffen.

Art déco löste den **Art-nouveau**-Stil der Jahrhundertwende ab, der mit seiner ahistorischen Haltung an natürlichen Formen orientiert war, und bezog seine stilistischen Merkmale aus verschiedenen Quellen, einschließlich der Zivilisation der alten Ägypter, der afrikanischen Stammeskunst, des Surrealismus, des Futurismus, des **Konstruktivismus**, des Klassizismus, der geometrischen Abstraktion, der Populärkultur und der **Moderne**. Führende Verfechter des neuen Stils, wie z. B. **Jacques-Émile Ruhlmann**, traten für eine Rückbesinnung auf handwerkliche Ideale ein und benutzten exotische Hölzer und luxuriöse Materialien wie Chagrinleder und Perlmutt für ihre Designs. Die Abhängigkeit von Privatkunden, vor allem von den französischen Modeschöpfern Paul Poiret und Jacques Doucet, und die Unvereinbarkeit mit industrieller Produktion machten Art déco zu einer relativ kurzlebigen Erscheinung, die von fortschrittlicheren Designansätzen überholt werden sollte.

Die 1925 in Paris abgehaltene »Exposition Internationale des Arts Décoratifs et Industriels Modernes« schloss auch **Le Corbusiers** Pavillon de l'Esprit Nouveau ein, Ruhlmanns Hôtel du Collectionneur sowie weitere Exponate von bekannten Art-déco-Designern wie Pierre-Émile Legrain. Vom Titel dieser denkwürdigen Ausstellung wurde schließlich auch die Bezeichnung Art déco übernommen. Von Anfang an prägte der Art-déco-Stil die Arbeiten von Designern wie **René Lalique**, Jean Dunand (1877–1942) und Edgar-William Brandt (1880–1960) sowie die Kreationen von Modernisten

◂ **Emory Seidel**, Kerzenhalter für Roman Bronze Works in New York, ca. 1930

▸ **Ernest Boiceau**, ein Paar Deckenfluter, ca. 1930

▸ **Edgar-William Brandt**, schmiedeeiserner Kaminschutz *Le Paon*, 1926

wie **Eileen Gray**, **Pierre Chareau** und **Robert Mallet-Stevens**. Sogar Designer, die der Moderne nahe standen, unter ihnen Le Corbusier und **Jean Prouvé**, waren zeitweise von der Üppigkeit des Art déco inspiriert.

Nach 1925 fand sich der Stil in den Arbeiten vieler Designer, zunehmend auch in Großbritannien und den Vereinigten Staaten. Besonders in Amerika kam die Stilrichtung gut an und Designs wie **Paul Frankls** Möbel mit dem Namen *Skyscraper* (Wolkenkratzer) und William van Alens Chrysler Building (1928–1930) in New York – wohl der Inbegriff von Art-déco-Architektur – schienen das Streben der Nation einzufangen.

In Großbritannien war Art déco gemäßigter als andernorts und drückte sich in der Architektur und dem Produktdesign von **Wells Coates** zurückhaltend aus. Der Stil wurde in Großbritannien auch häufig für Kinos verwendet, besonders in denen der Firma Odeon, die in der Leinwand-Welt des Art déco z. B. Boudoirs und verchromten Glamour im Hollywood-Stil zeigten. In den 30er Jahren wurde der Stil aufgrund seiner Verbindung zur Traumwelt des Hollywood-Lifestyles immer populärer und wurde schließlich von den großen Herstellern aufgegriffen. Obwohl Bakelit schon 1907 in den USA entwickelt worden war, sollte es bis in die späten 20er Jahre dauern, bis dieser Kunststoff für die Massenproduktion genutzt werden konnte. Der skulpturale Art-déco-Stil war für die Formungseigenschaften dieses neuen Werkstoffs außerordentlich gut geeignet und in den 30er Jahren wurden Radiogehäuse im Art-déco-Stil und zahlreiche andere Gegenstände aus Bakelit in Serie produziert. Art déco wurde durch die Herstellung von Kitschobjekten, die mit der hohen handwerklichen Kunstfertigkeit der früheren französischen Art-déco-Objekte wenig gemein hatten, immer mehr verunstaltet. Schließlich wurde der Stil durch den Ausbruch des Zweiten Weltkriegs beendet, da seine Abhängigkeit von Dekoration und seine maximalistische Ästhetik nicht mehr haltbar waren.

In den 60er Jahren wurde Art déco sowohl auf dem Sammlermarkt als auch von jungen Designern, die von der Moderne enttäuscht waren, wieder höher bewertet. Durch ihre eigenwilligen Arbeiten, die wie jene ihrer Vorgänger im Übermaß schwelgten, griffen postmoderne Designer wie **Robert Venturi**, **Hans Hollein** und **Charles Jencks** den Art-déco-Stil in den 80er Jahren erneut auf.

▾ **Jean Dunand**, Schlangenvase, ca. 1913

▲ **René Prou**, Sekretär,
ca. 1929

▲ **Reuben Haley**,
Vase *Ruba Rombic*
für Consolidated
Lamp & Glass,
ca. 1928

Art nouveau war ein ahistoristischer Dekorationsstil, der in den 1880er Jahren aufkam und von der voraufgegangenen britischen **Arts-&-Crafts-Bewegung**, auch als »New Art« bekannt, inspiriert war. In den 1890er Jahren führten **Charles Rennie Mackintosh** und einige Designer wie **Josef Maria Olbrich**, die der Wiener **Secession** nahe standen, abstrakte, naturalistische, geschwungene Formen ins Design ein, während andere, wie **Hermann Obrist** und **August Endell**, Peitschenschlagmotive entwarfen.
Einer der wichtigsten Vertreter des Art nouveau war der belgische Architekt **Victor Horta**, dessen Maison Tassel in Brüssel (1892–1893) eines der ersten architektonischen Beispiele dieses Stils war. Bei diesem Haus wurden auf innovative Weise schmiedeeiserne Elemente sowohl für die Konstruktion als auch zur Dekoration verwendet. Die stielartigen Säulen, die sich in spiralförmigen Ranken verzweigten, führten zu dem Begriff »Horta-Linie«. In Frankreich wurde dieser Stil als »Style Guimard« bekannt, was auf die gewundenen, ineinander verschlungenen Formen von Hector Guimard Bezug nimmt, die dieser vor allem bei den gusseisernen Eingängen zur Pariser Métro

Art Nouveau

Art nouveau
gegründet 1895
Paris

► **Émile Gallé**, Vase aus Kameenglas mit Herbstzeitlosendekor, 1899

(ca. 1900) verwendete. Dort wurde auch die Bezeichnung »Le Style Moderne« zur Beschreibung des Art nouveau benutzt, während in Deutschland der Begriff **Jugendstil** geprägt wurde. In Spanien, insbesondere in Katalonien, blühte der Art-nouveau-Stil durch die Arbeit von **Antonio Gaudí y Cornet** und seiner Anhänger auf. Sie bezeichneten Art nouveau im allgemeinen als »Modernismo«, während in Italien die Bezeichnung »Stile Liberty« benutzt wurde – eine Anerkennung der Rolle, die das Londoner Kaufhaus **Liberty & Co.** für die Verbreitung des Stils spielte.

◂ **Eugène Gaillard**,
Ständer für
J. P. Christophe,
ca. 1901–1902

▸ **Victor Horta**,
Treppenhaus
des Maison Tassel
in Brüssel, 1893

NEW-ENGLAND
Mertens, vander Heyden & Cie

Émile Gallé und andere der **École de Nancy** nahe stehende Designer entwarfen bedeutende Möbel und Glasobjekte im Art-nouveau-Stil. Die sinnliche Linienführung und die gestreckten floralen Formen, an denen man Art nouveau erkennt, waren direkt von der Natur abgeleitet und gingen nicht auf frühere Stile zurück. So waren auch die abstrahierten, bauchigen Formen von **Louis Comfort Tiffanys** *Favrile*-Vasen der Natur selbst nachempfunden. Diese Herangehensweise der Designer der 1890er Jahre hängt mit den vorausgegangenen wissenschaftlichen Arbeiten über die Natur zusammen, wie z. B. Charles Darwins Schrift *On the Origin of Species*, erschienen 1859, die botanischen Illustrationen Ernst Haeckels (1834–1919) und die hervorragenden fotografischen Pflanzenstudien Karl Blossfeldts (1865–1932) aus dem späten 19. Jahrhundert.

Mit seiner rigorosen Ablehnung des Historismus kann Art nouveau als erster wirklich moderner internationaler Stil bezeichnet werden. Aufgrund seiner ornamentalen Motive wurde er jedoch untrennbar mit der Dekadenz des *Fin-de-Siècle* verbunden und folglich Anfang des 20. Jahrhunderts stilistisch von der Maschinenästhetik und der Vorliebe der Avantgarde für einfache, geometrische Formen, die sich für die industrielle Produktion besser eignen, überholt.

▲ **Friedrich Adler**, Kaffeeservice für die Metallwarenfabrik Orion, 1904

◄ **Paul Hankar**, Ladenfassade »New-England« in Brüssel, ca. 1900

◂ **Émile Gallé**,
Tisch *Libelle*,
ca. 1900

◂ **Vico Magistretti**,
Lampe *Chimera*
für Artemide, 1966

Artemide

gegründet 1959
Mailand

Ernesto Gismondi (geb. 1931) gründete Artemide 1959 als Lampen- und Möbelfirma. **Vico Magistrettis** Tische *Demetrio 45* (1963) und *Stadio* (1966), sowie seine Stühle *Selene* und *Gaudí* (1969 und 1970), die zunächst aus verstärktem Kunststoff und später aus ABS-Kunststoff hergestellt wurden, zählten zu Artemides ersten Erfolgen. Design von solch hoher Qualität verhalf Kunststoff zu größerer allgemeiner Akzeptanz als guter Werkstoff und weckte zunehmend das internationale Interesse an italienischem Design. Von Artemide stammen auch viele bedeutende Lampendesigns, insbesondere Gianfranco Frattinis (geb. 1926) und **Livio Castiglionis** schlangenartige Lampe *Boalum* (1969), Vico Magistrettis Stehlampe *Chimera* (1966) und **Richard Sappers** Schreibtischlampe *Tizio* (1972). Als Förderer des progressiven Designs stellte Gismondi für die Premiere der **Memphis**-Collection 1981 Ausstellungsfläche in seinen Räumen zur Verfügung. Weiterhin produzierte Artemide Beleuchtungsdesigns von **Michele De Lucchi**, **Enzo Mari**, **Ettore Sottsass** und Santiago Calatrava (geb. 1951). Die Produkte der Firma sind weltweit in über einhundert Museen vertreten.

Arts & Crafts Movement

Arts-&-Crafts-Bewegung

Großbritannien

Die britische Arts-&-Crafts-Bewegung war eine lose verbundene Gruppe progressiver Architekten und Designer, die die Reformierung des Designs und letztlich der Gesellschaft durch eine Rückbesinnung auf das Handwerk zum Ziel hatte. Designer des 19. Jahrhunderts, unter ihnen **William Morris**, waren von den Auswirkungen der Industrialisierung und der Fülle überladener maschinell hergestellter Produkte abgestoßen und traten für ein einfacheres, ethisch geprägtes Design und Herstellungskonzept ein.
Ihr Misstrauen gegenüber der industriellen Produktion, die aus erfahrenen Handwerkern »Lohnsklaven« gemacht hatte, führte zu dem Versuch, das traditionelle Kunsthandwerk durch Design und Herstellung hochwertiger, d. h. nützlicher und schöner Waren, wieder aufleben zu lassen.
Die erste Phase der britischen Arts-&-Crafts-Bewegung war von den Präraffaeliten und dem von ihnen popularisierten mittelalterlichen Eskapismus beeinflusst – die Künstler Dante Gabriel Rossetti (1828–1882), Edward Burne-Jones (1833–1898) und Ford Madox Brown (1821–1893) stellten Entwürfe für Morris & Co. her – sowie von der späten Neugotik, wie sie von dem Architekten George Edmund Street (1824–1881) praktiziert wurde. Den größten Einfluss hatten jedoch die reformerischen Ideen von **Augustus Pugin** und John Ruskin (1819–1900). William Morris war mit der Gründung von Morris, Marshall & Faulkner & Co. im Jahre 1861 (ab 1874 Morris & Co.) einer der ersten, der versuchte, ihre Theorien in die Praxis umzusetzen. Morris trat für schlichtes, volkstümliches Kunsthandwerk ein. Die frühen Verfechter der Arts-&-Crafts-Bewegung versuchten nicht, die industrielle, auf Gewinn ausgerichtete Produktion zu reformieren; ihr Kunsthandwerk sollte vielmehr Demokratie und gesellschaftlichen Zusammenhalt fördern. Morris, der in einer zügellos kapitalistischen Gesellschaft arbeitete, war engagierter Sozialist mit der utopischen Vision, dass das Handwerk sowohl für den Hersteller als auch für den Verbraucher

▾ **Walter Crane**, Stoff *The Orange Tree* für Jeffrey & Co., 1902 (neu herausgebracht von Arthur Sanderson & Sons)

▲ **William De Morgan**, Lüsterplatte mit Galeonenmotiv, ca. 1880

▸ **Charles Voysey**, Gewebter Stoff, ca. 1900

◂ **Charles Voysey**, Uhr aus Aluminium und Kupfer *Tempus Fugit*, ca. 1895

moralische Erlösung bringen könne. Die Arbeitsteilung schwächte nach seiner Auffassung das Wohl des Arbeiters und die Künste insgesamt. Morris konnte die Mechanisierung der Arbeitsvorgänge nur dann akzeptieren, wenn dabei hochwertige Objekte entstanden und der Arbeiter entlastet wurde, nicht aber wenn nur die Produktivität erhöht wurde. Das Paradox bestand darin, dass die bei Morris & Co. und anderen Firmen hergestellten Gegenstände in der Fertigung kostspielig und daher den Reichen vorbehalten waren.

Die Designer der zweiten Arts-&-Crafts-Phase, William R. Lethaby (1857–1931), **Arthur Heygate Mackmurdo** und **Charles R. Ashbee**, waren inspiriert von Morris' und Ruskins Engagement für ein ethisches Design und ihrem Glauben an die soziale Bedeutung von Kunsthandwerk und Gemeinschaft und gründeten Verbände wie The Century Guild (1882), die St George's Art Society (1883) und die Art Workers' Guild (1884) zur Herstellung von Objekten ihres reformierten Designs. Die Bezeichnung »Arts & Crafts« wurde erst 1888 geprägt, als Mitglieder der Art Workers' Guild die Arts & Crafts Exhibition Society gründeten.

Die Designer der zweiten Phase, wie z. B. **Charles Voysey** und Ashbee, stellten zunehmend fest, dass Morris' Vision von gut gestalteten, weithin erhältlichen Produkten ohne den Einsatz von Mechanisierung nicht möglich war.

Ashbee, ein Kritiker dieser Auffassung, kam dennoch der Verwirklichung des Traums der Bewegung vom »ländlichen Ideal« am nächsten, als er seine **Guild of Handicraft** 1902 nach Chipping Campden verlegte. Zu dem Zeitpunkt hatte die Arts-&-Crafts-Bewegung bereits durch die schon in den 1890er Jahren begonnene Arbeit von **Ernest Gimson** und Sidney (1865–1926) und Ernest Barnsley (1863–1926) in Pinbury enge Verbindungen mit der Cotswolds-Region. Ab etwa 1910 entwarf **Gordon Russell** in Broadway Möbel im Arts-&-Crafts-Stil, doch da Qualität auch erschwinglich sein sollte, war die Produktion schon 1926 fast vollständig mechanisiert. Später leitete Russell die **Utility** Möbelproduktion, und die Moralvorstellungen der Arts-&-Crafts-Bewegung waren bei der Entwicklung dieses vom Staat subventionierten Programms äußerst wichtig. Auch **Liberty & Co.** und Heal & Sons, die beide ihre eigenen Designstudios hatten und Arts-&-Crafts-Möbel und Metallarbeiten vertrieben, spielten eine große Rolle bei der Verbreitung des Arts-&-Crafts-Stils. Die zweite Phase der Bewegung, die manchmal als »New Art« bezeichnet wird, kann in gewisser Hinsicht als britische Version des kontinentaleuropäischen **Jugendstils** bzw. des **Art nouveau** gesehen werden und blieb bis zum Ausbruch des Ersten Weltkriegs 1914 populär. Die Tugenden der Schlichtheit, Zweckmäßigkeit und Angemessenheit, die von der Arts-&-Crafts-Bewegung propagiert wurden, und ihre grundsätzliche Anschauung, dass Design als demokratisches Werkzeug für soziale Veränderung genutzt werden könne und solle, übten großen Einfluss auf die frühen Verfechter der **Moderne** aus. Durch die dem **Craft Revival** nahe stehenden Designer konnte sich der Arts-&-Crafts-Stil im ganzen 20. Jahrhundert behaupten.

▼ **Sidney Barnsley**, Kleiderschrank, ca. 1911

◂ **Hugh Garden**, Vase *Teco* für die Gates Pottery, ca. 1900

Arts & Crafts Movement

Arts-&-Crafts-Bewegung
USA

Viele Designer in Amerika waren inspiriert vom britischen Arts-&-Crafts-Stil und der Demonstration, dass ein Eintreten für traditionelle volkstümliche Formen einen Nationalstil hervorbringen kann. Die von **William Morris** und **Charles R. Ashbee** vertretene Idee der ländlichen Künstlergemeinschaften gefiel amerikanischen Designern wie **Gustav Stickley**, Charles P. Limbert (1854–1923) und Elbert G. Hubbard (1856–1915), die von der zunehmenden Industrialisierung ihres Landes Abstand zu gewinnen suchten.

Gustav Stickley bereiste 1898 Europa und lernte dort unter anderem Charles R. Ashbee und **Charles Voysey** kennen. Nach seiner Rückkehr baute er in Syracuse, New York, seine eigene Werkstatt auf und begann 1901 mit der Veröffentlichung seiner außerordentlich einflussreichen Zeitschrift *The Craftsman*. Sein rustikales Möbeldesign beruhte zwar auf den volkstümlichen Formen der Gründerjahre, doch trat er für Ehrlichkeit und Schlichtheit des Designs ein, da er in der »Dekadenz die natürliche Fortsetzung einer übermäßigen Verfeinerung« sah.

Den amerikanischen Designern gefiel an der Bewegung weniger die Betonung des Handwerks als vielmehr die ihr zugrunde liegenden sozialen und demokratischen Aspekte. Der Architekt William L. Price (1861–1916) war

► **William Gates** (zugeschrieben), Tonvase der Gates Pottery unter dem Markennamen Teco, ca. 1910

beispielsweise so beeindruckt von William Morris' utopischem Roman *News from Nowhere* (1889–1890), dass er 1901 in Moylan, Philadelphia, die Rose Valley Community gründete. Das Projekt hatte die Verwirklichung des Arts-&-Crafts-Ideals einer sozial ausgeglichenen ländlichen Gemeinschaft zum Ziel, in der Mitglieder »Freude in der Arbeit« gewannen und zusammen an der Abschaffung sozialer Ungerechtigkeit arbeiteten. Die sozialen Freiheiten, die die Bewegung bot, zogen viele Frauen an, zumal sie sich für Gleichberechtigung und Bildung der Frau einsetzte. Viele dieser Gemeinschaften waren jedoch aufgrund der Schwierigkeiten, die dem Versuch der Verbindung von Qualität und Erschwinglichkeit innewohnen, nur von kurzer Dauer. Allein die **Roycrofters**-Gemeinschaft, die 1893 von Elbert G. Hubbard ins Leben gerufen wurde, war kommerziell erfolgreich. 1906 hatten die Roycrofters-Werkstätten vierhundert Angestellte, und die Gemeinschaft betrieb sogar einen Gasthof für Touristen und potentielle Kunden.

▼ Titelseite der Zeitschrift *The Craftsman*, 1904

Architekten und Designer in Kalifornien, die mit der Arts-&-Crafts-Bewegung verbunden waren, fanden auch Inspiration im spanisch-mexikanischen Erbe des kalifornischen Staates, sowie in der japanischen Kunst und im Missions-Stil. Charles und Henry **Greene** verbanden auf elegante Weise diese Stilrichtungen in ihren Designs für die Häuser reicher Kunden. Auch **Frank Lloyd Wright**, der größte Architekt und Designer, der sich in den Vereinigten Staaten des Arts-&-Crafts-Stils bediente, verband westliche mit asiatischen Einflüssen. Seine lang gezogenen, niedrigen Prairie-Häuser harmonierten aufgrund seiner meisterhaften Handhabung natürlicher Materialien hervorragend mit ihrer Umgebung. Wrights Pionierarbeit auf dem Gebiet des **Organischen Designs** verband Arts & Crafts mit der **Moderne** und beeinflusste spätere Generationen von Designern in den USA und Europa nachhaltig.

Charles R. Ashbee

1863 *Isleworth, London*
1942 *Godden Green/ Kent, Großbritannien*

▲ Silberschale mit geschwungenen Henkeln und Löffel für die Guild of Handicraft, 1901

► Silberkelch mit Deckel für die Guild of Handicraft, ca. 1900

Nach einem Geschichtsstudium in Cambridge ließ sich Charles R. Ashbee bei G. F. Bodley (1827–1907) zum Architekten ausbilden. Als zentrale Figur der britischen **Arts-&-Crafts-Bewegung** war Ashbee so sehr von John Ruskin (1819–1900) und **William Morris** beeinflusst, dass er 1888 bei der Toynbee Hall im Osten von London die Guild and School of Handicraft eröffnete. Zwei Jahre später zog die Institution in das Essex-House in Mile End um. Doch schon 1902 wollte Ashbee das Arts-&-Crafts-Ideal von der ländlichen Gemeinschaft in die Wirklichkeit umsetzen und siedelte die Institution nach Chipping Campden in der Cotswolds-Region um. Die Entfernung von London verhinderte jedoch den Erfolg des Unternehmens und es meldete 1908 Konkurs an. Nachdem er schon 1898 den Verlag Essex House Press zur Publikation handgedruckter Bücher gegründet hatte, veröffentlichte Ashbee 1906 *A Book of Cottages and Little Houses* sowie 1909 *Modern English Silverwork*. Weithin bekannt ist Ashbee jedoch vor allem wegen seiner silbernen Bestecke mit spiralförmigem, organischem Dekor, die die Metallarbeiten von **Liberty & Co.** und der Wiener **Secession**, und somit letztlich den **Art-nouveau**-Stil stark beeinflussten. Eine Anzahl von Gebäuden, die Ashbee entworfen hatte, entstanden in Budapest, Sizilien und London. Von 1915 bis 1919 war Ashbee Professor für Englisch an der Universität Kairo, und die vier folgenden Jahre arbeitete er an Restaurierungsprojekten in Jerusalem.

Erik Gunnar Asplund

1885 *Stockholm*
1940 *Stockholm*

Erik Gunnar Asplund studierte von 1905 bis 1909 an der Kungliga Konsthögskolan, Stockholm, und schlug zunächst eine Künstlerlaufbahn in der Malerei ein. Er konzentrierte sich aber ab 1909 mehr auf Architektur und eröffnete schließlich sein eigenes Büro in Stockholm. 1917 wurde er Redakteur der Zeitschrift *Teknisk Tidskrift Arkitektur* und erntete noch im selben Jahr für seine in der Stockholmer Liljevalchs-Kunstgalerie gezeigten Inneneinrichtungen einiges Lob.

Von 1911 bis 1930 gestaltete er Architektur und Möbel im neoklassizistischen Stil, wie z. B. seinen Stuhl *Senna* aus dem Jahr 1925, der für eine öffentliche Bibliothek gedacht war. Für die Stockholm-Ausstellung 1930 der Svenska Sljödföreningen, ein Ereignis, das internationale Anerkennung erhielt, wurde er zum leitenden Architekten berufen. Sein für diese Ausstellung entworfenes Restaurant »Paradiset« war der erste Bau des **Internationalen Stils** in Schweden. In seinen Entwürfen verband Asplund die **Moderne** mit dem skandinavischen Klassizismus. Von 1931 bis 1940 war er Professor für Architektur an der Kungliga Konsthögskolan in Stockholm.

▲ Restaurant »Paradiset« bei der Ausstellung »Stockholmsutställningen«, 1930

Sergio Asti studierte von 1947 bis 1953 am Politecnico di Milano Kunst und Architektur. Nach der Eröffnung seines Ateliers in Mailand 1953 arbeitete er selbständig an Entwürfen für Innengestaltungen, Ausstellungen, Möbel, Beleuchtungen, Glas, Keramik und elektrische Geräte u. a. für Brionvega, Poltronova, **Knoll International**, **Venini** und **Kartell**. Im selben Jahr begann Asti, mit Kunststoff zu experimentieren, und im Jahr darauf entwarf er einige skulpturale, organische Klinken, die für ihre plastischen Qualitäten Anerkennung fanden. Im Jahr 1956, in dem er auch seinen bekannten Siphon für Saccab entwarf, wurde er Gründungsmitglied von ADI (Associazione per il Disegno Industriale). In den folgenden beiden Jahren entwarf er die ersten Acrylharzlampen für Kartell. Für seine innovativen Konsumgüter und Möblierungen, die mit ihren schnittigen Formen besonders typisch für das italienische Design der Nachkriegszeit waren, gewann Asti 1955, 1956, 1959, 1962 und 1970 **Compasso-d'Oro**-Preise.

Sergio Asti

geb. 1926 *Mailand*

▸ Glasierte Tonvase *Ruota* für Knoll International, 1972

Seit ihrem Abschluss am Politecnico di Milano 1954, wo sie Architektur studiert hatte, unterhält Gae Aulenti ihr eigenes Mailänder Studio, in dem sie Möbel und Inneneinrichtungen u. a. für **Knoll International** und **Olivetti** entwirft. Zu ihren Designs zählen auch Leuchten für Stilnovo und **Artemide**. 1980 gestaltete Aulenti in Paris die Innenräume des Musée d'Orsay und arbeitete an einem Projekt für das Musée d'Art Moderne im Centre Georges Pompidou. Aulentis Designs wohnt eine Originalität und stille Eleganz inne, die aus ihrer Überzeugung stammt, dass der Raum durch die Innenarchitektur, nicht durch darin befindliche Objekte definiert sein sollte. Obgleich die Fromsprache ihrer Designs für Raumgestaltungen und Objekte modern ist, lehnt Aulenti sterile, geometrische Formalismen ab und setzt sich statt dessen für eine menschlichere Form der **Moderne** ein. Aulenti ist eine der sehr wenigen Designerinnen ihrer Generation, die es zu internationaler Bekanntheit gebracht haben.

Gae Aulenti

geb. 1927 *Palazzolo della Stella, Italien*

◂ Lampe *La Ruspa* für Martinelli Luce, 1969

▾ Couchtisch für Fontana Arte, 1980

Avant-garde

Avantgarde

Mit dem französischen Begriff »avant-garde« werden Architekten, Designer, Künstler, Schriftsteller und Musiker bezeichnet, deren Techniken und Konzepte dem anerkannten Kunstschaffen voraus sind. Obwohl das Avantgarde-Design traditionell nur einen geringen Anteil der industriellen Serienproduktion ausmacht, hat es großen Einfluss auf die Designgeschichte. Aufgrund der fehlenden Akzeptanz ihrer Arbeiten bewegten sich die Avantgarde-Designer im 20. Jahrhundert außerhalb der industriell vorherrschenden Trends und es dauerte manchmal Jahre, bis Geschmack und Einstellung des breiten Publikums aufholten. **Marcel Breuers** innovative Metallrohrmöbel aus den 20er und frühen 30er Jahren fanden zu seiner Zeit nicht annähernd so viel Anerkennung wie in den 60er und 70er Jahren. Die Avantgarde ist immer der Mode voraus und hat neue Stilrichtungen zur Folge. Das **Organische Design** der Nachkriegszeit z. B. übte stilistischen Einfluss auf den **Biomorphismus** der 50er aus. Avantgarde-Arbeiten werden häufig mit dem Adjektiv »neu« bezeichnet: New Art, **Art nouveau**, New Wave, um das zukunftsweisende Programm der Avantgarde zum Ausdruck zu bringen. Die meisten der wichtigsten theoretischen und praktischen Neuerungen im Design des 20. Jahrhunderts gehen auf das Talent und die Vision der Avantgarde zurück.

▾ **Marcel Breuer**, Tisch *Modell Nr. B27* und Stuhl *Modell Nr. B46* für Thonet, 1928 und 1928–1929

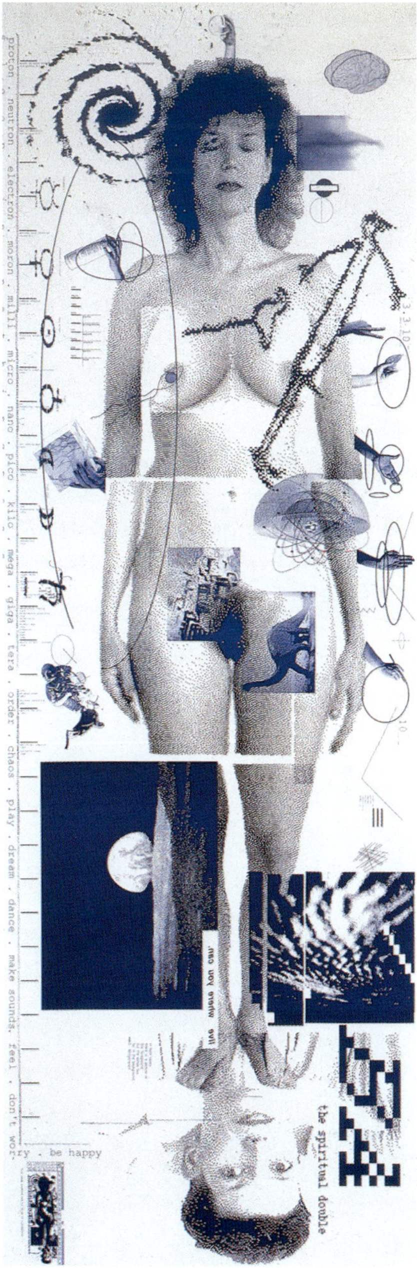

◂ **April Greiman**, Posterbeilage für *Design Quarterly*, 1986

Mackay Hugh Baillie Scott

1865 *Ramsgate/Kent, Großbritannien*
1945 *London*

Mackay Hugh Baillie Scott stammte aus einer wohlhabenden schottischen Aristokratenfamilie. Er studierte kurz am Cirencester Agricultural College, doch 1886 begann er eine Lehre bei dem Architekten Major Charles E. Davis in Bath. 1889 zog er auf die Isle of Man und studierte an der School of Art in Douglas bei **Archibald Knox**. Von der keltischen Kunst beeinflusst, arbeitete er mit Knox an Entwürfen von Eisenarbeiten und Glasfenstern. Seine ersten Hausentwürfe waren aus Fachwerk und übernahmen den »Old English«-Architekturstil der **Arts-&-Crafts-Bewegung**, wie er z. B. von Norman Shaw (1831–1912) ausgeführt wurde.

In Baillie Scotts »Red House« in Douglas (1892–1893) dienten neuartige Faltwandschirme der Abtrennung von Räumen und 1894 beschrieb er in einem Artikel in *The Studio* sein Idealhaus, das nur aus »einfachen Backsteinen und weißer Tünche« bestehen sollte. Er zeigte Möbel, Metallarbeiten und Tapetenentwürfe bei der Ausstellung der Arts & Crafts Society von 1896 und gestaltete im selben Jahr das Manxman-Klavier. Besonders auf dem europäischen Festland wurde er zu einem der bedeutendsten Vertreter der Arts-&-Crafts-Bewegung und Großherzog Ernst Ludwig von Hessen-Darmstadt erteilte ihm den Auftrag, die Innengestaltung und Möbel für seinen Darmstädter Palast zu entwerfen. Die fertigen, weiß getäfelten Räume waren von überraschender Einfachheit, während die eigens angefertigten, funktionalen und zugleich schönen Möbel mit ihren edlen Einlegearbeiten das Programm visuell unterstützten. Baillie Scott erhielt anschließend weitere Aufträge aus Deutschland und entwarf das Raumdesign für das Gewächshaus der Kronprinzessin von Rumänien. Als nach dem Zweiten Weltkrieg der volkstümliche Arts-&-Crafts-Stil aus der Mode kam, machte sich Baillie Scott in den 20er und 30er Jahren den Neo-Georgian-Stil zu Eigen.

▾ Stuhl, wahrscheinlich für John P. White, Pyghtle Works, ca. 1905

Giacomo Balla

1871 Turin
1958 Rom

Bevor er Schülern wie Gino Severini (1883–1966) Unterricht in der Malerei erteilte, studierte Giacomo Balla an der Albertina-Akademie in Turin. Während seines Aufenthalts in Paris von 1900 bis 1901 wurde er stark vom Divisionismus beeinflusst. 1910 schloss er sich den Futuristen an und unterzeichnete das *Manifest der futuristischen Malerei* sowie das *Technische Manifest der futuristischen Malerei*; ab 1912 stellte er mit der Gruppe aus. Später ging er nach Düsseldorf, wo er die Innenausstattung des – inzwischen zerstörten – Löwenstein-Hauses übernahm, und von 1913 bis 1914 stellte er bemalte Möbel für dessen Einrichtung her. Im Jahr 1913 erklärte er: »Balla ist tot«, ließ alle seine Gemälde versteigern und wandte sich dem Design zu. Später entwarf er Kleidungsstücke und schrieb das *Futuristische Manifest zur Herrenbekleidung*, das nach praktischer Kleidung verlangte, die »dynamisch« sein sollte. Um 1918 entwarf er sein Futuristisches Haus in Rom, das sich mit seinen knallbunt bemalten Stanzmöbeln bewusst von der Vergangenheit distanzierte. Zusätzlich gestaltete er 1921 ein futuristisches Interieur für den Tanzsaal Bal Tik-Tak. Gemeinsam mit seinen Kollegen, den Futuristen Fortunato Depero (1892–1960) und Enrico Prampolini (1894–1956) stellte Balla bei der Pariser »Exposition Internationale des Arts Décoratifs et Industriels Modernes« von 1925 bunte Wandbehänge aus. Balla entfernte sich in den späten 30er Jahren vom Futurismus zugunsten einer abstrakteren Designform.

▲ Design *Paravent*, 1916–1920

► Vase *Vetro parabolico* mit Luftbläschen für Barovier & Toso, ca. 1961

Ercole Barovier

1889 Murano, Italien
1974 Venedig

Schon seit dem 14. Jahrhundert war die Familie Barovier in der Glasherstellung tätig. 1878 errichteten Benvenuto Barovier (1855–1932) und seine beiden Brüder, Benedetto (1857–1930) und Giuseppe (1863–1942), auf der Insel Murano eine Fabrik, die als Fratelli Barovier bekannt wurde und Glaswaren herstellte, die von Vorlagen aus dem 16. Jahrhundert inspiriert waren. Benvenutos Sohn, Ercole Barovier, gründete 1919 seine eigene Werkstatt, Artisti Barovier, die später in Barovier e. C. umbenannt wurde. In den 20er Jahren verhalf er der Glasherstellung in Murano zu einem Aufschwung und produzierte 25 000 Designs für dekorative wie funktionale Glasobjekte. Er experimentierte mit verschiedenen Techniken und Farben und entwickelte dabei neue Oberflächen, so z. B. das steinartige »vetro gemmato«, das rauhe »vetro barbarico« und sein bekanntestes Patchwork-Glas »vetro parabolico«. In den 30er Jahren entwickelte er ein Glas mit eingelagerten Luftbläschen, »vetro rugiada«. Sein Sohn Angelo trat 1947 der Firma bei und gemeinsam produzierten sie gestreiftes Glas aus farbigen Glasstäben, das den Namen »vetro a fili« trägt. 1936 übernahm Ercole die Leitung der Firma Fratelli Barovier, die als Barovier & Toso bekannt wurde, nachdem Piero Toso sein Nachfolger geworden war.

Saul Bass

1920 *New York*
1996 *Los Angeles*

Bevor Saul Bass als Grafikdesigner im Art Department von Warner Brothers anfing, studierte er von 1936 bis 1939 an der Art Students League in New York. Warner Brothers hielt an der Tradition der Filmindustrie fest, die sich für die Filmreklame einer Mischung aus Fotografie und Illustration bediente. Der konservative grafische Ansatz der Firma beruhte auf Illustrationen und sollte Elemente des Films abbilden, nicht jedoch seinen Inhalt in der Werbung preisgeben. Da Bass von dieser Methode enttäuscht war, verließ er die Firma 1946 und zog nach Los Angeles. Dort arbeitete er für verschiedene Werbefirmen und 1949 entwarf er eine Zeitschriftenwerbung für den Film »Champion«, die mit allen Konventionen der Filmgrafik brach: die Leinwand blieb ganz schwarz und zeigte nur ein kleines Halbtonbild des Logos sowie den Filmtitel wirkungsvoll mitten auf der Seite.

In den 50er Jahren arbeitete Bass als selbständiger Designer und entwickelte eine vereinfachte, symbolische Designsprache, die sich bemühte, zu Werbezwecken alle wesentlichen Merkmale eines Films zu vermitteln. Er entwarf visuell wirkungsvolle und emblematische Plakate mit Papierschnitten für zwei Filme von Otto Preminger: »The Man with the Golden Arm« (1955) und »Anatomy of a Murder« (1959). Preminger war so beeindruckt von der Aussagekraft der Bilder, dass er Bass bat, mit seinen kraftvollen Grafiken die Vorspänne für seine Filme zu entwerfen, die von Soundtracks begleitet werden sollten. Damit leistete er einen entscheidenden Beitrag zur Trickgrafik. Die visuelle Wirkung von Bass' Designarbeiten war überaus groß und spiegelte den Zeitgeist hervorragend wider. Die Abstraktion seiner Posterdesigns setzte sich in seinen Arbeiten im Bereich des Corporate Design fort, mit dem sich Bass in den 70er Jahren befasste.

▾ Filmplakat für »The Man with the Golden Arm« (Der Mann mit dem goldenen Arm), 1955

Helmut Bätzner
geb. 1928 *Stuttgart*

Bevor sich Helmut Bätzner für ein Architekturstudium an der Technischen Hochschule in Stuttgart einschrieb, absolvierte er eine Tischlerlehre. Von 1962 bis 1963 studierte er in Rom und war anschließend bis 1966 Dozent an der Werkkunstschule in Krefeld. In Verbindung mit Plänen für das Badische Staatstheater in Karlsruhe entwickelte er zwischen 1964 und 1965 den ersten serienmäßig produzierten einteiligen Kunststoffstuhl für die Firma Bofinger. Dank seines fünfminütigen Herstellungszyklus' und der minimalen Nachbehandlung wurden seit seiner Einführung 1966 über 120 000 dieser Stühle produziert. Der durch den so genannten »prepreg«-Prozess in einer zweischaligen beheizten 10-Tonnen-Presse druckgeformte Stapelstuhl *Bofinger* wurde zum Vorbild für viele Gartenstühle aus Plastik.
Seit 1964 arbeitet Bätzner als freischaffender Architekt und Designer. Zu seinen Projekten gehören die Psychiatrische Klinik Karlsruhe und das Verwaltungsgebäude der Rheinisch-Westfälischen Technischen Hochschule in Aachen.

▲ Stuhl *Modell Nr. BA 1171* für Bofinger, 1964–1966

Bauhaus

1919–1933 *Weimar, Dessau & Berlin*

Obgleich **Walter Gropius** zum Leiter der 1908 von **Henry van de Velde** gegründeten Kunstgewerbeschule in Weimar vorgeschlagen worden war, wurde sie 1915 geschlossen, bevor er seine Stelle antreten konnte. Gropius hielt jedoch seine Kontakte zu Weimars zweiter Kunstschule, der Hochschule für Bildende Kunst, aufrecht. Als Soldat im Ersten Weltkrieg war Gropius zum Antikapitalisten geworden. Er identifizierte sich mehr mit dem Ideal des Kunsthandwerks der Helgar Werkstätten als mit dem **Deutschen Werkbund** und dessen Glauben an die industrielle Produktion. An der Front entwickelte Gropius seine »Vorschläge zur Gründung einer Lehranstalt als künstlerische Beratungsstelle für Industrie, Gewerbe und Handwerk«. Im Januar 1916 wurden seine Empfehlungen zur Zusammenlegung der Kunstgewerbeschule mit der Hochschule für Bildende Kunst zu einer interdisziplinären Schule für Kunsthandwerk und Gestaltung an das Großherzoglich Sächsische Staatsministerium geschickt.

Gropius wurde 1919 offiziell zum Leiter des neuen Staatlichen Bauhauses in Weimar ernannt und noch im selben Jahr wurde das Bauhaus-Manifest veröffentlicht. Dem Bauhaus ging es um eine Kunstschulreform und damit verbunden um eine Vereinigung der Künste. Für Gropius war die Konstruktion, das »Machen« ein wichtiges soziales, symbolisches und intellektuelles Unterfangen und die Lehre des Bauhauses war geprägt von dieser Sichtweise. Der Lehrplan schloss einen einjährigen Vorkurs ein, in dem die Studenten die Grundprinzipien von Gestaltung und Farbenlehre lernten. Nach dem Abschluss dieses Grundkurses verteilten sich die Studierenden auf die in zwei Gebäuden untergebrachten Werkstätten, wo sie jeweils mindestens ein Kunsthandwerk erlernten. Diese Werkstätten sollten sich selbst durch private Auftragsarbeiten finanzieren. Die Lehrenden waren Meister, manche von ihnen Mitglieder der örtlichen Zünfte, die Studenten waren Lehrlinge.

▼ **Fritz Schleifer**, Plakat für die Bauhaus-Ausstellung in Weimar, 1923

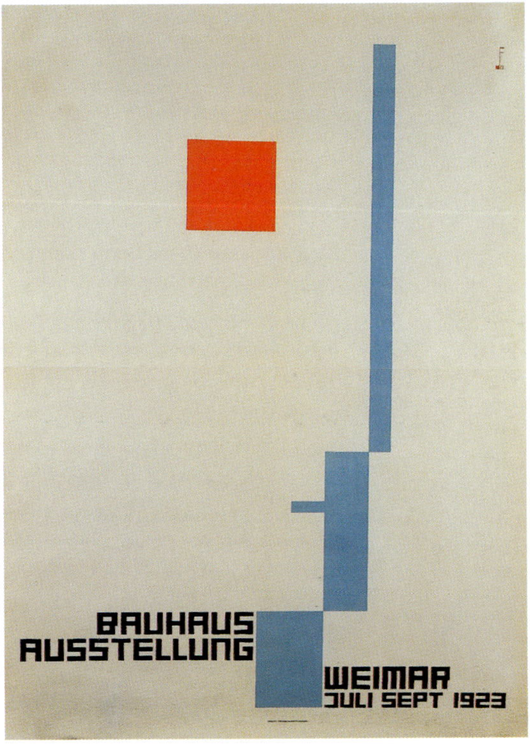

▸ **Gyula Pap**, Armleuchter, hergestellt in der Metallwerkstatt in Weimar, 1922–1923

Im ersten Bauhaus-Jahr stellte Gropius drei Künstler ein: **Johannes Itten**, der für den Vorkurs verantwortlich war, Lyonel Feininger (1871–1956) und **Gerhard Marcks**. Zu diesen Lehrkräften kamen später weitere Expressionisten: Ende 1919 Georg Muche (1895–1987), dann 1921 Paul Klee (1879–1940) und Oskar Schlemmer (1888–1943) sowie ein Jahr später Wassily Kandinsky (1866–1944). Der charismatische Itten spielte in der frühen Phase des Bauhauses die wichtigste Rolle.

Ittens Unterricht, der oft mit Atemübungen und Gymnastik begann, beruhte auf »Intuition und Methode« oder »subjektiver Erlebnisfähigkeit und objektivem Erkennen«. Er glaubte, dass Materialien auf ihre inneren Qualitäten hin untersucht werden sollten und ermunterte seine Studenten, Konstruktionen aus *objets trouvés* zu erstellen. Des Weiteren lehrte Itten die Theorien der Form, Farbe und des Kontrastes sowie Kunstgeschichte. In Übereinstimmung mit Gropius war Itten überzeugt, dass es für die Raumkomposition Naturgesetze gab, die denen der musikalischen Komposition ähnlich waren, und die Studenten lernten die Bedeutung elementarer geometrischer Formen wie Kreis, Quadrat und Kegel. Wie Kandinsky versuchte Itten, das Geistige wieder in die Kunst einzubeziehen.

Itten und Muche waren beide große Mazdaznan-Anhänger und versuchten, diese Lehre beim Bauhaus einfließen zu lassen. Man schor sich die Köpfe, trug weite, mönchsartige Kutten, hielt einen vegetarischen Speiseplan mit viel reinigendem Knoblauch und regelmäßigen Fastenzeiten ein und führte Akupunktur und heiße Bäder durch. Doch dieses sektenähnliche Abenteuer der Meditation und des Rituals untergrub Gropius' Autorität und brachte die Studentenschaft gegen ihn auf. Schließlich kam es zu Auseinandersetzungen zwischen Gropius und Itten und Letzterer verließ 1923 das Bauhaus, was dem Ende der expressionistischen Phase der Schule gleichkam. **Josef Albers** und **László Moholy-Nagy** wurden zu Ittens Nachfolgern berufen. Sie behielten zwar das Konzept der Vorklasse bei, lehnten aber seine Ideen zur individuellen kreativen Entwicklung ab und verfolgten eine industriellere Arbeitsweise, bei der sie mit Studenten Fabriken besuchten. Aufgrund Ittens

► **Lena Bergner**, Entwurf für einen Schlafzimmer-teppich, 1928

STAATLICHES BAUHAUS
AUSSTELLUNG
JULI SEPT
1923
WEIMAR

▲ **Walter Gropius**, Schulgelände für das Bauhaus in Dessau, 1925–1926

eigenwilliger Lehrmethoden und der sozialistisch ausgerichteten Haltung der Schule ist es nicht verwunderlich, dass das Bauhaus als staatliche Institution in Weimar politisch angefochten wurde. Die Landesregierung verlangte auf Druck der örtlichen Zünfte, die Angst hatten, die Bauhaus-Studenten würden ihren eigenen Mitgliedern die Arbeit wegnehmen, eine Ausstellung zu organisieren, um die Fortsetzung der staatlichen Unterstützung zu rechtfertigen. Die 1923 abgehaltene Ausstellung zeigte nicht nur Bauhaus-Werke, sondern auch Designs von **De Stijl**, wie z. B. **Gerrit Rietvelds** Stuhl *Rot/Blau* von 1918–1923. Der Einfluss von De Stijl auf das Bauhaus war bedeutend und in der Tat hielt auch **Theo van Doesburg** in Weimar Vorlesungen. Eine andere Entwicklung, die bei der Ausstellung von 1923 sichtbar wurde, war das neue Image, das sich das Bauhaus gegeben hatte: Die Grafik dieser Phase war bewusst modern und verwendete die »Neue Typographie«, die von De Stijl und dem russischen **Konstruktivismus** inspiriert war. Obwohl die bedeutende Ausstellung von der internationalen Kritik, insbesondere aus den Vereinigten Staaten, gelobt wurde, konnte sie die Ängste vor Ort nicht zerstreuen. Als nach den Wahlen zum dritten thüringischen Landtag 1924 die Rechtsparteien die Mehrheit erlangten, kündigte sich das Ende des

◄ **Joost Schmidt**, Plakat für die Bauhaus-Ausstellung in Weimar, 1923

Bauhauses in Weimar an. 1925 war Gropius gezwungen, das Bauhaus, das zu dem Zeitpunkt schon als Brutstätte des Kommunismus und der Subversion galt, anderenorts neu aufzubauen.
Die Schule wurde nach Dessau verlegt, wo die amtierenden Sozialdemokraten und der liberale Bürgermeister ihrer Fortsetzung und ihrem Erfolg politisch sehr viel offener gegenüberstanden. Der neue industrielle Standort, der Darlehen aus den Vereinigten Staaten unter dem Dawes-Plan erhielt, konnte dem Bauhaus die finanzielle Unterstützung bieten, die es so bitter nötig hatte. Die Gelder wurden unter der Voraussetzung zur Verfügung gestellt, dass die Schule sich durch die Produktion und den Verkauf ihrer Designs zum Teil selbst tragen würde. Ein neues, den Bedürfnissen der Schule angepasstes Gebäude konnte errichtet werden und so zog das Staatliche Bauhaus 1926 in das gerade fertig gestellte neue Hauptquartier in Dessau, das Walter Gropius entworfen hatte. In einem Wäldchen in der Nähe errichtete man eine Reihe Meisterhäuser von schlichtem, geometrischem Design, die als Vorbilder für Wohnbauten der Zukunft dienen sollten. Das Dessauer Bauhausgebäude mit seiner äußerst rationalen Fertigbaustruktur kennzeichnete einen wichtigen Wendepunkt der Schule vom Kunstgewerbe zum industriellen **Funktionalismus**. Die Meister wurden von nun an Professoren genannt und waren nicht mehr mit den Zünften verbunden und die Schule

▼ **Marcel Breuer**, *Lattenstuhl*, hergestellt in der Möbelwerkstatt in Weimar, 1922–1924

▲ **Marcel Breuer**, Stuhl *Wassily Modell Nr. B3*, Bauhaus Dessau, 1926

begann mit der Vergabe ihrer eigenen Zeugnisse. Gropius war inzwischen vom Sozialismus desillusioniert und zu der Überzeugung gelangt, Henry Fords industrieller Kapitalismus könne für die Arbeiter von Vorteil sein und das Bauhaus müsse zum Überleben auch eine industrielle Grundlage für das Design schaffen.

Mit der Überzeugung, dass durch die Anwendung der Prinzipien des Funktionalismus eine bessere Gesellschaft entstehen könne, wurden nun Bauhaus-Designs für die industrielle Produktion konzipiert und eine bewusste Maschinenästhetik angewendet. Mit finanzieller Unterstützung von Adolf Sommerfeld setzte Gropius im November 1925 seinen langjährigen Plan, eine GmbH zu gründen, in die Realität um. Die Bauhaus GmbH sollte für die Produkte der Schule werben und sie verkaufen. Es wurde ein von **Herbert Bayer** entworfener Katalog herausgebracht, der die Bauhaus-Produkte abbildete. Der Verkauf dieser Waren lief allerdings alles andere als gut. Dies lag größtenteils an der Strenge der Produktästhetik, doch es gab noch ein weiteres Problem: Obgleich die Güter aussahen, als seien sie maschinell hergestellt, war die Mehrzahl in Wirklichkeit für die industrielle Produktion ungeeignet. Das Bauhaus gab eine Reihe von Lizenzen an andere Manufakturen ab, doch sie brachten nicht die Einkünfte, die sich Gropius erhofft hatte.

1928 versuchte Gropius, die Leitung des Bauhauses an **Ludwig Mies van der Rohe** abzugeben, damit er sich selbst wieder mehr dem Design widmen könnte, doch dieser lehnte ab. Schließlich erklärte sich der Schweizer Architekt Hannes Meyer (1889–1954), der zum Professor der im April 1927 eröffneten Architekturabteilung ernannt worden war, bereit, die Leitung an der Schule zu übernehmen, die nun auch »Hochschule für Gestaltung« hieß. Der Kommunist Meyer hatte die Leitung bis Juli 1930 inne. Er glaubte, dass Form von Funktion und Kosten bestimmt werde und Produkte dadurch für Verbraucher der Arbeiterklasse praktisch und bezahlbar blieben. Meyer bemühte sich, Vorlesungen der Bereiche Wirtschaft, Psychologie, Soziologie, Biologie und Marxismus in den Lehrplan aufzunehmen, schloss die Theatergruppe und organisierte die anderen Werkstätten neu, um die Schule von der kostspieligen »künstlerischen Seite« der Vorjahre zu befreien. Unter Meyers Leitung wurde das Bauhaus-Design wissenschaftlicher; die früheren konstruktivistischen Einflüsse verschwanden fast gänzlich. Zur gleichen Zeit wurde das Bauhaus auch politischer, da das Schulgebäude als Zentrum für die politischen Aktivitäten einer Gruppe marxistischer Studenten genutzt wurde. 1930 gab es eine kommunistische Zelle von 36 Studenten, die negative Pressestimmen hervorrief. Auf Initiative von Gropius und Kandinsky

▼ **Karl Hermann Haupt**, Entwurf für einen Kasten mit Deckel, 1923

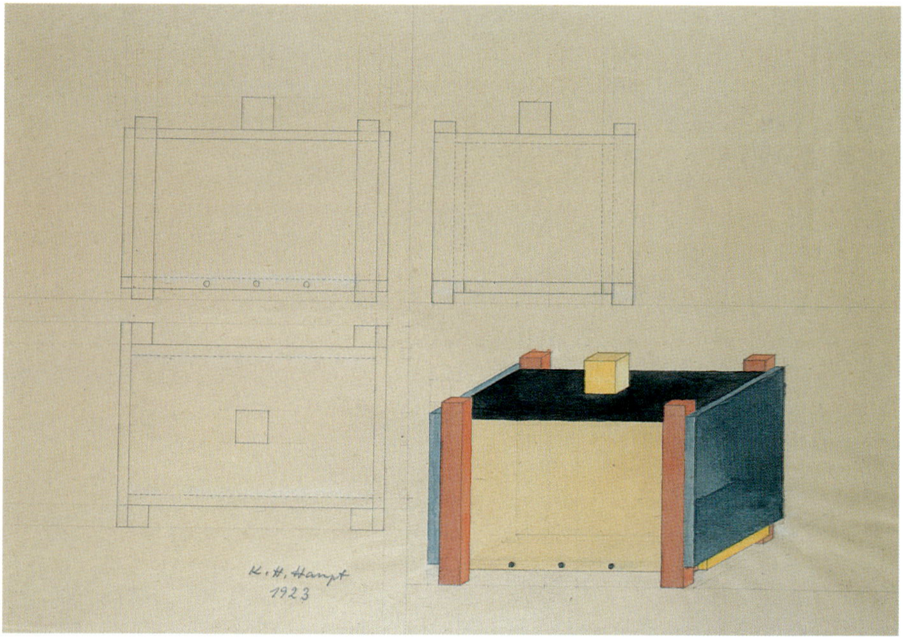

▸ Bauhaus-Tapetenmusterbuch, 1930

entließ die Dessauer Stadtverwaltung Meyer, als man herausfand, dass er für streikende Bergleute Gelder zur Verfügung gestellt hatte.
Unter dem Druck, das Bauhaus zu seiner Rettung zu entpolitisieren, übernahm Mies van der Rohe seine Leitung. Er schloss die Schule umgehend, erneuerte die existierenden Satzungen, eröffnete sie wieder und zwang die 170 Studenten dadurch, sich neu zu bewerben. Fünf Studenten, die Meyer nahe gestanden hatten, wurden ausgeschlossen. Ein neuer Lehrplan wurde aufgestellt und die Teilnahme am Vorkurs war nun freiwillig. Das Studium der Architektur erhielt einen größeren Stellenwert, wodurch das Bauhaus praktisch zu einer Architekturschule wurde. Die Werkstätten für die angewandten Künste bestanden zwar weiter, doch hatten sie nunmehr die Auflage, nur noch Produkte zu liefern, die industriell hergestellt werden konnten. Unter Mies van der Rohe setzte sich die Architekturtheorie eine Zeit lang gegen die Politik durch und er stellte gemeinsam mit seiner Partnerin **Lily Reich** das neue, apolitische Programm »Bau und Ausbau« vor. Im Oktober 1931 erzielten die Nationalsozialisten, die die Schule schon vorher hatten schließen wollen, einen Sieg mit 19 von 36 Sitzen im Rat der Stadt Dessau. Am 22. August 1932 wurde ein Antrag angenommen, der die Schließung des Bauhauses vorsah. Daraufhin eröffnete Mies van der Rohe

die Schule als private Anstalt in Berlin, doch die Institution wurde von ihrer politischen Vergangenheit eingeholt, als die Nazis in der Stadt an die Macht kamen. Die Gestapo stürmte das Gelände der Schule auf der Suche nach belastender kommunistischer Literatur und riegelte das Gebäude ab. Die Schule wurde geschlossen. Am 19. Juli 1933 trafen die Meister zusammen und beschlossen, das Bauhaus aufzulösen. Das war das offizielle Ende dieser bemerkenswerten Institution.
Viele der Bauhaus-Meister, so z. B. Mies van der Rohe, **Marcel Breuer**, Walter Gropius und Josef Albers wanderten in die USA aus, um der Verfolgung zu entgehen. 1937 wurde László Moholy-Nagy Leiter des kurzlebigen New Bauhaus in Chicago. Im Jahr darauf wurde am **Museum of Modern Art, New York**, eine Retrospektive des Bauhaus-Designs abgehalten und die Schule galt zunehmend als eine der wichtigsten Design-Institutionen des 20. Jahrhunderts. Der Funktionalismus im Design des Bauhauses hatte wesentlichen Einfluss auf die spätere Praxis des industriellen Designs und bot das philosophische Fundament, auf dem sich die **Moderne** entwickeln sollte. Das Bauhaus hatte außerdem tief greifende und weit reichende Auswirkungen auf die Art, wie Design von da an gelehrt wurde. Das machte sich besonders an der **Hochschule für Gestaltung, Ulm**, bemerkbar.

▼ **Wilhelm Wagenfeld**, Teeservice für die Jenaer Glaswerke Schott & Gen., ca. 1930

Hans Theo Baumann

geb. 1924 *Basel*

Hans Theo Baumann studierte in Dresden und Basel Kunst und Gestaltung und eröffnete 1955 sein eigenes Atelier. Seitdem ist er spezialisiert auf das Design von Keramik- und Glasobjekten mit einfachen, unverzierten geometrischen Formen, die er durch Abrundung der Ecken skulptural abschwächt. Seine Entwürfe sind visuell zugleich elegant und robust. Zu seinen bekanntesten Kunden zählen Rosenthal, Thomas, **Daum**, Arzberg, Süssmuth und Schönwald. Seine Keramiken und Gläser, wie das Tafelservice *Brasilia* von 1971 für Arzberg, brachten ihm internationale Anerkennung. Von Baumann stammen außerdem Textilien, Möbel und Leuchten, die von ähnlich reduzierter Ästhetik sind. Seine Arbeiten wurden 1979–1980 am Kunstgewerbemuseum in Köln bei einer Einzelausstellung präsentiert und nahmen an der Ausstellung »Design Since 1945« im Philadelphia Museum of Art teil.

▲ Speiseservice *Brasilia* für Arzberg, 1971

Herbert Bayer

1900 *Haag am Hausruch, Österreich*
1985 *Montecito, Kalifornien, USA*

Herbert Bayers erste typographische Arbeiten entstanden während seiner einjährigen Designlehre im Linzer Büro von Georg Schmidthammer. Er schloss die Lehre 1920 ab und verbrachte das folgende Jahr im Atelier von Emanuel Margold (1889–1962) in Darmstadt. Von 1921 bis 1923 belegte er am Weimarer Bauhaus Kurse in Wandmalerei bei Oskar Schlemmer (1888–1943) und Wassily Kandinsky (1866–1944). Anschließend widmete er sich für ein Jahr der Malerei und reiste nach Berchtesgaden und Italien. Nach seiner Rückkehr nach Deutschland im April 1925 wurde er Lehrer und Jungmeister am Bauhaus in Dessau. Bis 1928 leitete er die neue Druckerei- und Reklamewerkstatt, die später als »Werkstatt für Typographie und Werbedesign« bekannt wurde. In dieser Stellung war Bayer nicht nur für sämtliche Reklamematerialien des Bauhauses zuständig, sondern gestaltete auch die Bauhaus-Buchreihe. Von besonderer Wichtigkeit ist die von Bayer eingeführte Schrift aus Kleinbuchstaben ohne Serifen für die Bauhaus-Grafik und seine Anregung, Fotos im Werbedesign zu verwenden. Ab 1928 leitete Bayer das Berliner Atelier der Werbefirma Dorland und war später für das Ausstellungsdesign der deutschen Abteilung bei der Pariser »Exposition de la Société des Artistes Décorateurs« im Jahr 1930 zuständig. 1938 emigrierte Bayer in die Vereinigten Staaten und entwarf noch im selben Jahr den Katalog für die Ausstellung »Bauhaus 1919–1928« am **Museum of Modern Art, New York**. Bis 1945 war er Direktor von Dorland International und von 1946 bis 1956 Berater der Container Corporation of America. Ab 1946 war er auch an der Gestaltung des Aspen Cultural Center in Colorado, USA, beteiligt. Des Weiteren arbeitete er als Designberater für viele andere amerikanische Firmen, einschließlich der Atlantic Richfield Company und der General Electric Company. 1975 zog er nach Montecito im amerikanischen Bundesstaat Kalifornien.

▾ Katalogeinband für die Ausstellung »Staatliches Bauhaus in Weimar 1919–1923«, 1923

▸ Plakat für die Ausstellung »50 Jahre Bauhaus« in Stuttgart, 1968

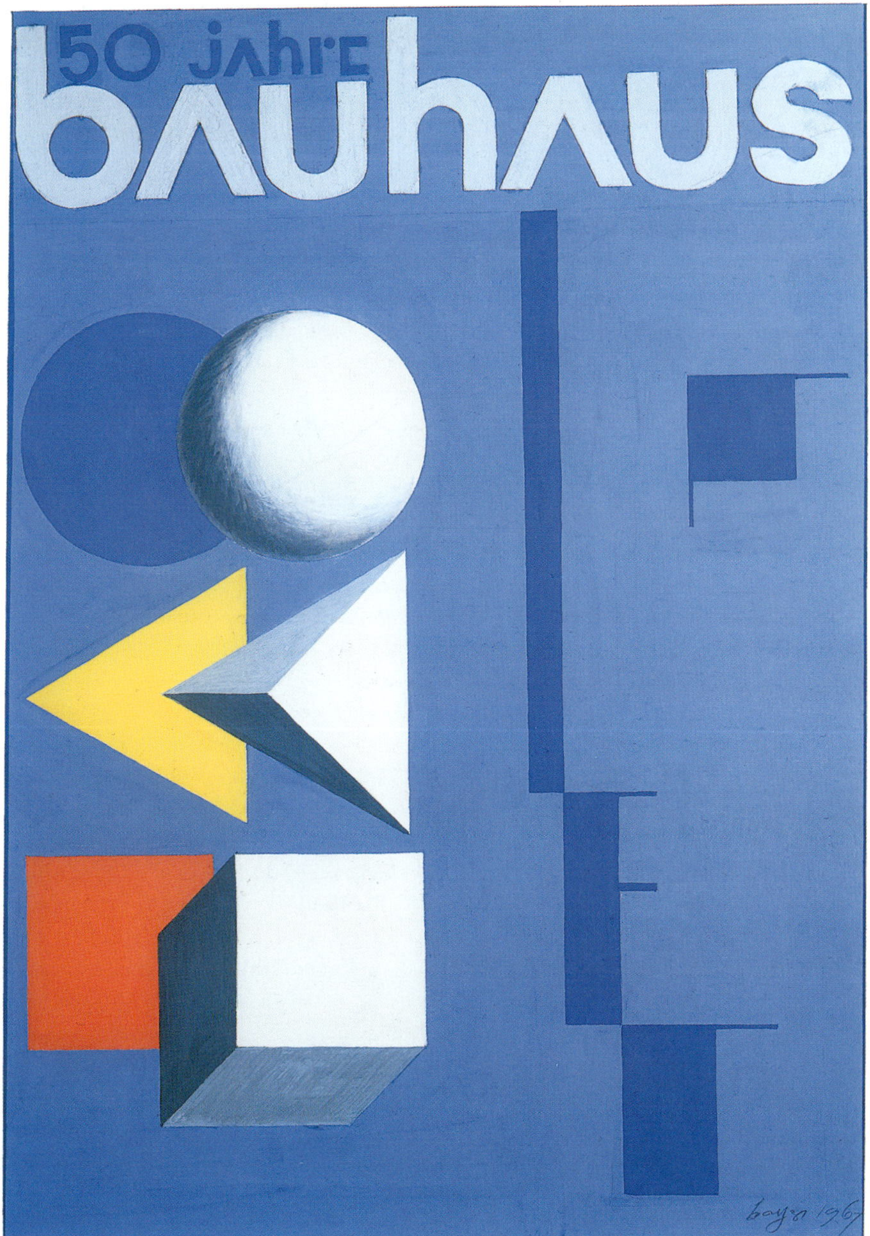
50 jahre
bauhaus
bayer 1967

BBPR

gegründet 1932
Mailand

BBPR, eine der führenden Architektengruppen des italienischen Rationalismus, wurde 1932 von Gianluigi Banfi (gest. 1945), Lodovico Barbiano di Belgiojoso (geb. 1909), Enrico Peressutti (1908–1976) und Ernesto Rogers (1909–1969) gegründet. 1935 wurde BBPR Mitglied des CIAM (Congrès International d'Architecture Moderne) und vier Jahre darauf eröffneten die Partner im ehemaligen Mailänder Kloster Chiostri delle Benedettine di San Simpliciano aus dem 16. Jahrhundert ein Atelier. Im Zweiten Weltkrieg starb Banfi in einem Konzentrationslager und Rogers wurde in der Schweiz interniert, doch nach dem Krieg gründeten die drei überlebenden Partner die Gruppe BBPR neu und übernahmen eine führende Rolle bei der Verbreitung des **Rationalismus**. Die Firma arbeitete in den Bereichen Architektur (insbesondere an der Torre Velasca in Mailand von 1950 bis 1951, fertiggestellt 1958), Stadtplanung, Gebäuderestaurierung, Ausstellungs- und Produktdesign. Zwischen 1954 und 1964 entwarf BBPR für Arflex Möbel mit einer neuartigen Latex-Schaumpolsterung und für **Olivetti** die Büromöbel *Spazio* (1956) und *Arco* (1960) aus Metall. BBPR war auch eine intellektuell treibende Kraft, denn seine Mitglieder hatten in Italien und im Ausland wichtige Lehraufträge inne. Peressutti lehrte an der Architectural Association in London, am Massachusetts Institute of Technology und an den Universitäten Princeton und Yale von 1950 bis 1962, während Rogers am Politecnico di Milano einen Lehrstuhl innehatte.

▲ Armlehnstuhl *Urania* für Arflex, 1954

▲ ► Stuhl *Elettra* für Arflex, 1954

Aubrey Beardsley fertigte im Laufe seiner nur etwas über sechs Jahre dauernden künstlerischen Karriere Hunderte von Schwarzweißillustrationen im **Art-nouveau**-Stil an, obgleich er offenbar nur zwei Monate eine künstlerische Ausbildung genossen hatte. Seine oft sehr gewagten Arbeiten spiegelten die Dekadenz des *Fin de Siècle* und machten ihn schon früh bekannt. 1894 wurde er Artdirector der Zeitschrift *The Yellow Book*. Sein geschmeidiger Zeichenstil für die Publikation war sowohl exotisch als auch erotisch. Während seine frühen Illustrationen für *Morte d'Arthur* von den Holzschnitten Edward Burne-Jones' (1833–1898) beeinflusst waren, war sein Stil in den Entwürfen für Oscar Wildes *Salomé* grotesker und sinnlicher. Die explizite Erotik seiner späteren Bilder für *The Rape of Lock* und *Lysistrata* forderten die vorherrschenden Moralvorstellungen heraus und sicherten ihm nachhaltigen Ruhm. Beardsleys erotische Illustrationen und Grafiken für die Theaterwerbung sollten schockieren und erfüllten so ihren Zweck, die Aufmerksamkeit des Publikums zu erwecken. Seine übertriebenen und gequälten Formen waren nicht nur für den Art-nouveau-Stil beispielhaft, sondern übten auch auf spätere Grafikdesigner großen Einfluss aus.

Aubrey Beardsley

1872 Brighton, Großbritannien
1898 Mentone, Frankreich

◂ Einband von *The Yellow Book*, 1894

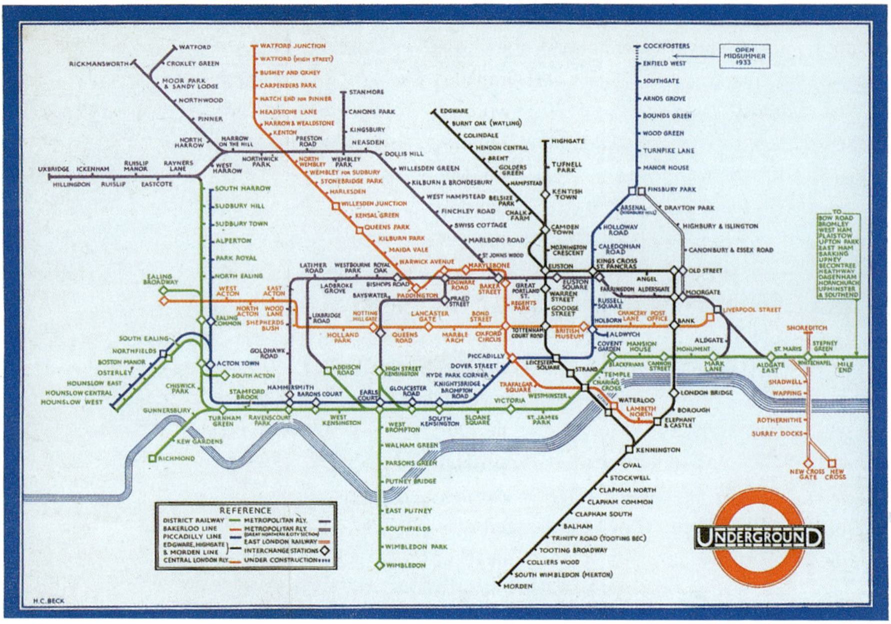

Henry Beck

1903–1974

Ab 1909 war der Werbeleiter für London Underground, Frank Pick, für die Auftragserteilung im Grafikdesign zuständig. Er gab Designern wie Edward Johnson (1872–1944) und **Edward McKnight Kauffer** Aufträge, doch die wichtigsten grafischen Arbeiten für die Firma wurden von Henry Beck ausgeführt, der Technischer Zeichner gelernt hatte. Die Pläne für die Londoner U-Bahn wurden immer komplizierter, und die Karten aus den 20er Jahren waren schwer zu entziffern, da sie versuchten, die tatsächlichen geographischen Positionen der Linien und Haltestellen zu zeigen. 1933 gestaltete Beck die Pläne anhand eines Schaubildes neu, aus dem die räumlichen Relationen der Bahnhöfe untereinander hervorgingen, nicht jedoch ihre geographischen Entfernungen voneinander. Diese geniale schematische Karte nutzte Farbsymbolik und beruhte auf einem achteckigen Gitter, auf dem die Linien und Haltestellen entweder in rechten Winkeln oder zu 45° aufeinander trafen, was große visuelle Klarheit mit sich brachte. Die Einbeziehung der Themse verlieh der Karte zudem eine unverwechselbare Londoner Identität.

▲ Londoner U-Bahn-Plan für London Transport, 1933

Peter Behrens

1868 *Hamburg*
1940 *Berlin*

Von 1886 bis 1889 studierte Peter Behrens an der Kunstgewerbeschule in Hamburg, an der Kunstschule in Karlsruhe und an der Düsseldorfer Akademie. Ab 1890 arbeitete er als Maler und Grafikdesigner in München, wo er von der **Jugendstil**-Bewegung beeinflusst wurde. Während dieser Zeit produzierte er farbige Jugendstil-Holzschnitte, -Illustrationen und -Bucheinbände und wurde 1893 zum Gründungsmitglied der Münchner Sezession, einer progressiven Gruppe ausstellender Kunsthandwerker. 1896 reiste Behrens nach Italien und gründete später gemeinsam mit **Hermann Obrist, August Endell**, **Bruno Paul**, **Richard Riemerschmid** und **Bernhard Pankok** in München die **Vereinigten Werkstätten für Kunst im Handwerk** zur Herstellung handgefertigter Alltagsgegenstände. 1898 arbeitete Behrens für die Zeitschrift *Pan* und entwarf seine ersten Möbel. Er war von 1899 bis 1903 aktives Mitglied der von Großherzog Ernst Ludwig von Hessen-Darmstadt ins Leben gerufenen **Darmstädter Künstlerkolonie**. Dort entstand auch sein erstes Gebäude, das Haus Behrens, das als **Gesamtkunstwerk** Möbel und sogar Glasarbeiten umfasste, die speziell für dieses Projekt entworfen worden waren. Das Haus bedeutete einen wichtigen Wendepunkt für Behrens, der sich nun vom Jugendstil entfernte und ein sachliches Design bevorzugte. Ab 1902 unterrichtete Behrens für ein Jahr lang die Meisterklassen am Bayerischen Gewerbemuseum in Nürnberg und stellte bei der »Esposizione Internazionale d'Arte Decorativa Moderna« in Turin aus. Anschließend war er bis 1907 Direktor der Kunstgewerbeschule in Düsseldorf. Dann veranlasste die kommerzielle Bedeutung der »Industriekunst« den Leiter der **AEG**, Emil Rathenau, dazu, Peter Behrens auf Initiative von Paul Jordan (dem Direktor der AEG Fabriken) zum künstlerischen Leiter der Firma zu ernennen. Zum ersten Mal stellte eine Firma einen Designer für die gesamte Gestaltung in allen Firmenbereichen an. In dieser Position entwarf Behrens Arbeiterunterkünfte sowie Fabrikgebäude, einschließlich der AEG-Turbinenfabrik in Berlin aus Beton, Stahl und Glas (1908–1909), die als eine der ersten Manifestationen der

▼ Dose aus Steingut für Reinhold Hanke, ca. 1903

NORDFAÇADE DES
HAUSES BEHRENS

modernen Industriearchitektur überaus einflussreich war. Neben der Architektur übernahm Behrens auch das Design von elektrischen Geräten wie Kesseln, Ventilatoren und Uhren, die standardisierte, austauschbare Bestandteile einschlossen, mit denen die Produktionsvorgänge rationalisiert werden konnten. Behrens war außerdem für die Grafiken der Firma zuständig und schuf eine ausdrucksstarke, einheitliche Corporate Identity. Kurz nach seinem Arbeitsantritt bei AEG gründete Behrens gemeinsam mit Peter Bruckmann (1865–1937), **Josef Maria Olbrich**, Fritz Schumacher (1869–1947), Richard Riemerschmid und Hermann Muthesius (1861–1927) im Oktober 1907 den **Deutschen Werkbund**. Von der britischen **Arts-&-Crafts-Bewegung** inspiriert, versuchte der Deutsche Werkbund, das handwerkliche Können wieder aufleben zu lassen und auf die industrielle Produktion anzuwenden. Als Pioniere der **Moderne** waren sich die Mitglieder des Deutschen Werkbunds bewusst, dass Standardisierung und der damit verbundene sachliche Ansatz im Design notwendig waren, wenn industriell hergestellte Güter die gleiche hohe Qualität besitzen sollten, die auch handwerklich gefertigte Gegenstände auszeichnete. Noch im selben Jahr eröffnete Behrens in Berlin ein großes Büro für Architektur und Design und

▲ Pokalgläser für Rheinische Glashütte AG (ursprünglich für das Haus Behrens entworfen), 1900–1901

◄ Nordfassade des Hauses Behrens auf der Mathildenhöhe, Darmstadt, 1901

▸ Elektrischer Wecker *Synchron* für die AEG, ca. 1930

arbeitete bis 1910 mit **Walter Gropius**, von 1908 bis 1911 mit **Ludwig Mies van der Rohe** und von 1910 bis 1911 mit **Le Corbusier** zusammen. Das produktive Büro erhielt zahlreiche Bauaufträge, wie z. B. die deutsche Botschaft in St. Petersburg (1911–1912), und realisierte über die folgenden Jahre viel Industriedesign. Nach dem Ersten Weltkrieg entfernte sich Behrens' Architekturstil vom »abgeschliffenen Klassizismus« und wurde zunehmend vom Expressionismus beeinflusst, was an seinem Entwurf des Frankfurter Bürogebäudes für die IG Farben Höchst (1920–1925) unschwer zu erkennen ist. 1926 entwarf Behrens New Ways, ein Haus in Northampton für den britischen Industriellen Wynne Bassett-Lowke, das erste vollständige Beispiel moderner Architektur in Großbritannien. In den 30er Jahren arbeitete Behrens im **International Style**. Des Weiteren gestaltete er Porzellan für Franz Anton Mehlem, Bonn, sowie für die Gebrüder Bauscher, Weiden, Glas für die Rheinische Glashütte in Köln-Ehrenfeld und geometrisch gemustertes Linoleum für die Delmenhorster Linoleum-Fabrik. Von 1922 bis 1936 leitete er die Architekturabteilung an der Wiener Akademie der Bildenden Künste, wo er Meisterklassen unterrichtete. Später wurde er Leiter des Fachbereichs für Architektur an der Preußischen Akademie der Künste in Berlin, eine Stellung, die er bis zu seinem Tode innehatte. Behrens, einer der ersten Industriedesigner überhaupt, war der einflussreichste deutsche Designer des 20. Jahrhunderts. Seine einfachen, praktischen und rationalen Design-Lösungen spielten für die Entstehung und Verbreitung der Moderne eine wichtige Rolle.

Mario Bellini

geb. 1935 *Mailand*

Mario Bellini studierte bis 1959 am Politecnico di Milano Architektur und war nach seinem Abschluss von 1961 bis 1963 Direktor für Design bei La Rinascente, der einflussreichen italienischen Warenhauskette. Danach gründete er mit Marco Romano ein Architekturbüro und eröffnete 1973 das Studio Bellini in Mailand. Seit 1963 ist er Hauptberater für Design bei **Olivetti** und zu seinen Designs für die Firma zählen der Taschenrechner *Divisumma 18/28* von 1973 und die Schreibmaschinen *Praxis 35* und *Praxis 45* aus dem Jahr 1981. Von 1969 bis 1971 war er Präsident der ADI (Associazione per il Disegno Industriale) und ein Jahr darauf stellte er bei der Ausstellung »Italy: The New Domestic Landscape« am **Museum of Modern Art, New York** einen mobilen Kleinst-Lebensraum mit dem Namen *Kar-a-Sutra* aus. Daraufhin erhielt er von dem Kraftfahrzeughersteller Renault 1978 eine Stelle als Berater für Forschung und Design. Während der 70er Jahre organisierte Bellini Workshops zur Untersuchung des komplexen Verhältnisses zwischen Menschen und Artefakten, ein Gedanke, von dem all seine Arbeiten durchdrungen sind. Bellini war von 1986 bis 1991 Redakteur der Zeitschrift *Domus* und ist seit 1979 Mitglied des wissenschaftlichen Rates für die Designabteilung der Mailänder Triennale. Er hatte ab 1962 für drei Jahre einen Lehrstuhl als Design-Professor beim Istituto Superiore del Disegno Industriale in Venedig inne, war ab 1982 für ein Jahr Professor für Industriedesign an der

▼ Rechenmaschine *Programma 1a* für Olivetti, 1965

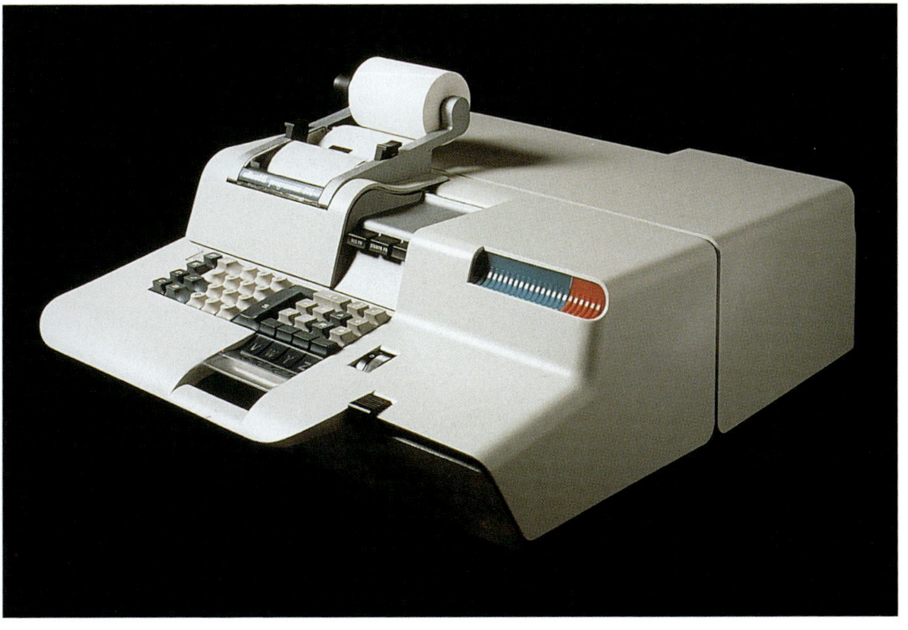

▲ Armlehnstuhl *Cab* und Stuhl *Cab* für Cassina, 1982 und 1976

Hochschule für angewandte Kunst in Wien und schließlich von 1986 bis 1991 Professor für Industriedesign an der Domus Academy in Mailand. Zudem war Bellini an vielen anderen Hochschulen Gastprofessor, einschließlich des **Royal College of Art, London**. Zu seinen bedeutendsten Möbeldesigns gehört die Sitzgruppe *Le Bambole* für B&B Italia (1972), der Stuhl *Cab* für Cassina (1976) und das Bürositzmöbelprogramm *Figura*, das er 1985 gemeinsam mit Dieter Thiel für **Vitra** entwarf. Weiterhin hat er Beleuchtungskörper für Flos, **Artemide** und Erco sowie Audiogeräte für Yahama und Brionvega gestaltet. Bellini erhielt zahlreiche Auszeichnungen für sein Design, darunter sieben Mal den Preis **Compasso d'Oro**.

▸ Junggesellen-wohnung mit Wohn-/Eßzimmer und Arbeitszimmer, ca. 1952

Ward Bennett

geb. 1917 *New York*

Schon im Alter von vierzehn Jahren arbeitete Ward Bennett als Modezeichner für Saks Fifth Avenue und später für Joe Junior, bevor er sich 1937 für ein Studium an der Porto Romano Kunstschule in Florenz einschrieb. Bis 1938 studierte er noch an der Académie de la Grande Chaumière in Paris und arbeitete außerdem mit dem Bildhauer Constantin Brancusi (1876–1957) zusammen. Nach seiner Rückkehr in die Vereinigten Staaten zog er zunächst nach Los Angeles und später nach San Francisco, wo er als Schaufensterdekorateur arbeitete. Von 1940 bis 1943 diente er in der U. S. Armee und studierte anschließend in New York bei Hans Hoffmann (1880–1966) Malerei. Er machte sich mit der 1947 übernommenen Raumgestaltung des Penthouses für Harry Jason in New York einen Namen. Bis 1950 arbeitete er in **Le Corbusiers** Design-Büro in Paris und errichtete nach seiner Rückkehr nach New York ein eigenes Büro für Innenarchitektur. Er übernahm Projekte zur Raumgestaltung in Amerika, Italien und Großbritannien für Geschäftskunden die wie Chase Manhattan Bank und Privatkunden wie die Familien Rockefeller und Agnelli. Angeblich hat Bennett die niedrige »Konversationsmulde« und das U-förmige Sofa erfunden. Seine Innengestaltung ist zudem für Raumteiler aus Vitrinen und japanischen Stellwänden bekannt. Im Laufe seiner Karriere führte Bennett über einhundert Möbel- und Textildesigns für Brickel Associates in New York aus. Des Weiteren entwarf er Geschirr, Glas und Bestecke für Tiffany & Co., New York. Von 1962 bis 1963 war er Gastprofessor an der Yale University und ab 1969 für zwei weitere Jahre Assistenzprofessor am Pratt Institute, New York. Bennett verwendete als Material häufig Industrieabfall, wie z. B. Telefonmasten, in seinen Designs und gilt als einer der Erfinder des **High-Tech**-Stils.

S. H. Benson's

gegründet 1893
London

Die Werbeagentur S. H. Benson's wurde 1893 auf Anraten John Johnsons, Besitzer der Firma Bovril Ltd., von Samuel Herbert Benson ins Leben gerufen. Außer für Bovril, dem ersten Kunden der Agentur, gestaltete S. H. Benson's auch Grafiken für Colman's, Rowntree und vor allem für Guinness. Durch das Talent bekannter Künstler und Trickzeichner wie **Abram Games**, **Tom Eckersley**, Tom Purvis (1888–1959), H. M. Bateman (1887–1970) und John Gilroy (1898–1985) war S. H. Benson's eine der ersten Firmen, die in der Werbung Humor einsetzte. Von 1928–1969 entwarf John Gilroy Poster für Guinness mit so bekannten Slogans wie »My Goodness My Guinness«, »Guinness for Strength« und »Guinness is Good for You«, auf denen witzige Figuren wie der Guinness-Pelikan vorkamen, die die britische Öffentlichkeit in den 20er und 30er Jahren sofort wiedererkannte. Während des Zweiten Weltkriegs erschienen zwanglose Kriegsthemen auf den Plakaten von S. H. Benson's. Die Bildsprache war typisch britisch und für die Identitätsbildung der angepriesenen Produkte von großer Wichtigkeit. Die Grafikentwürfe der Firma zeigten erstmalig, dass Werbung mehr sein kann als reine Abbildung des Gegenstands: Die Aufmerksamkeit des Publikums konnte durch Humor länger gebannt werden und die Produktassoziation war dadurch stärker. Die Arbeit von S. H. Benson's hatte auf das spätere Werbedesign und die Etablierung von Marken enormen Einfluss.

▼ **John Gilroy**, Plakat *My Goodness My Guinness* für Guinness, 1936

► Kaffeegedeck aus Preßglas für die Glasfabrik Leerdam, 1926

Vor seinem Studium bei Gottfried Semper (1803–1979) an der Bauschule der Eidgenössischen Technischen Hochschule, Zürich, von 1875 bis 1878 wurde Hendrik Petrus Berlage an der Kunstakademie in Amsterdam ausgebildet. Danach arbeitete er für den Neugotik-Architekten Petrus Cuypers (1827–1921). Er eröffnete 1889 sein eigenes Architekturbüro in Amsterdam und wandte sich vom Historismus ab zugunsten von Schlichtheit und Offenheit der Konstruktion. Wenn auch die Amsterdamer Börse (1897–1903) im Einzelnen von der Romanik beeinflusst war, so war dieses Projekt doch ein Vorbote des holländischen Expressionismus. Auf einer Reise nach Amerika 1911 war Berlage von **Frank Lloyd Wright** und Louis Sullivan (1856–1924) beeindruckt und stellte ihre Arbeiten nach seiner Rückkehr Architekten in der Schweiz und in den Niederlanden vor. 1911 zog Berlage nach Den Haag und von 1914 bis 1919 leitete er die Bauabteilung von W. H. Müller & Co. Später arbeitete er als freier Architekt und unterrichtete ab 1924 an der Technischen Hochschule in Delft. 1928 nahm er an der ersten Tagung des CIAM (Congrès International d'Architecture Moderne) teil. Wenngleich die Arbeiten von Berlage **De Stijl** beeinflussten, sind sie doch eher als Manifestationen des Expressionismus denn der Moderne zu verstehen.

Hendrik Petrus Berlage

1856 *Amsterdam*
1934 *Den Haag*

Lucian Bernhard

1883 *Stuttgart*
1972 *New York*

Bevor er 1901 nach Berlin zog, studierte Lucian Bernhard an der Akademie der Kunst in München. In Berlin entwarf er kommerzielle Plakate und verwendete dafür eine abgerundete Serifenschrift, dick umrandete Bilder und eine reduzierte Farbpalette. Seine Plakate waren von den Grafiken zweier britischer Künstler beeinflusst: William Nicholson (1872–1949) und James Pryde (1869–1941), die unter dem Namen »Beggarstaffs« in England arbeiteten. Bernhard fertigte einen seiner ersten Entwürfe für ein Preisausschreiben zum Design einer Werbung für Priester-Zündhölzer an. Der auffällige, prämierte Beitrag (1905) mit seiner fetten Beschriftung und der Beseitigung überflüssiger Details konnte Bernhard einen Namen machen. Er war einer der Hauptvertreter des deutschen Plakatstils, bei dem vereinfachte Bilder vor einen einfarbigen Hintergrund gesetzt wurden und nur ein kurzer Werbetext oder der Firmenname hinzukam. Außerdem war Bernhard führend im Design des Sachplakats, das das Werbeobjekt mit seinem Markennamen präsentierte, jedoch keine Angaben zu dessen Vorzügen machte. 1909 half Bernhard bei der Gründung des Sammlermagazins *Das Plakat* (später unter *Gebrauchsgraphik* bekannt), das seine Plakate abdruckte und die Bernhardsche Antiqua-Schrift verwendete, die er zuvor für Bauer, Frankfurt, entwor-

▾ Plakatlithografie mit Schuhwerbung für Stiller, ca. 1908

▲ Plakatlithografie mit Zündkerzenwerbung für Bosch, 1914

fen hatte. 1914 entwarf Bernhard bunte, gewagte Werbeplakate und Verpackungen für Zündkerzen von Bosch. Während seiner Zeit in Berlin gehörte er zu einer Gruppe von Grafikdesignern, darunter Hans Rudi Erdt (1883–1918) und Julius Gipkens (1883–1960er), die regelmäßig Entwürfe an die Druckerei Hollerbaum & Schmidt einreichte, die für ihre progressive Sachplakatwerbung bekannt war. 1920 war Bernhard der erste Professor für Plakatdesign an der Akademie der Künste in Berlin. Drei Jahre später zog er nach New York, wo er ein Designstudio eröffnete, und führte gleichzeitig sein Berliner Büro weiter. In den Vereinigten Staaten entwarf er mehrere Schriften für American Type Founders (im Laufe seiner Karriere gestaltete er rund 36 neue Schriftarten) und viele Embleme und Plakate sowie Werbung, vor allem für Amoco. Zudem versuchte er sich als Bühnenbildner und übernahm Aufträge im Bereich der Innenarchitektur. Die Firma Contempora wurde 1928 von Bernhard zusammen mit den emigrierten Designern Paul Poiret (1879–1944) und **Bruno Paul** sowie dem amerikanischen Künstler Rockwell Kent (1882–1971) gegründet.

Harry Bertoia

1915 *San Lorenzo, Italien*
1978 *Bally, Pennsylvania, USA*

Harry Bertoia kam 1930 mit seiner Familie als Emigrant aus Italien in die USA. Nachdem er 1936 die Cass Technical High School in Detroit abgeschlossen hatte, studierte er ein Jahr lang an der Kunstschule der Detroit Society of Arts and Crafts und war anschließend noch bis 1939 Stipendiat an der **Cranbrook Academy of Art**, Michigan. Dort baute er die Metallwerkstatt, die 1933 geschlossen worden war, wieder auf und unterrichtete ab 1939 als Leiter des Fachbereichs. 1943 musste die Werkstatt ihre Arbeit aufgrund kriegsbedingter Materialkürzungen wieder einstellen. Für kurze Zeit arbeitete Bertoia in Cranbrooks Fachbereich für Grafik. Sein Schwiegervater, William Valentiner, Direktor des Detroit Institute of Arts, war ein Anhänger der abstrakten Kunst. Zweifellos beeinflusste er Bertoias Abwendung von seinem früheren fließenden Stil zugunsten einer »hard-edge« Abstraktion. Nachdem Bertoia 1943 nach Venice in Kalifornien gezogen war, entwickelte er gemeinsam mit **Charles & Ray Eames** bei der Evans Products Company Techniken zur Formung von Sperrholz. Nach dem Zweiten Weltkrieg war er für kurze Zeit bei der Eames'schen Plyformed Products Company angestellt.

▸ Stuhl *Diamond Modell Nr. 421LU* für Knoll International, 1950–1952

Nach wiederholten Vertragsstreitigkeiten verließ er jedoch die Firma und begann seine Arbeit bei Knoll. Bertoia nahm 1946 die amerikanische Staatsbürgerschaft an und zog nach Bally, Pennsylvania, in die Nähe der dortigen Knoll-Fabrik. Innerhalb von vier Jahren baute er sein eigenes Design- und Bildhauerstudio auf und fertigte Entwürfe für Knoll. Obgleich die innovativen Drahtgittersessel, die er 1951 für Knoll entworfen hatte, fast vollständig in Handarbeit hergestellt wurden, waren sie ein solcher kommerzieller Erfolg, dass Bertoia sich mit den daraus bezogenen Tantiemen ganz seiner Bildhauerkarriere widmen konnte. Im Bereich der Plastik ist Bertoia hauptsächlich für seine frei stehenden Metallobjekte bekannt, von denen einige durch Berührung, andere mittels im Wind beweglicher Teile Klänge erzeugen. Die Architectural League of New York prämierte 1954 einen von der Manufacturers Hanover Trust Company in Auftrag gegebenen Wandschirm von Bertoia mit einer Goldmedaille; außerdem erhielt er 1973 einen Preis des American Institute of Architects sowie 1975 von der American Academy of Letters. Bertoias Entwürfe beschäftigen sich nicht nur mit funktionalen Aspekten, sondern sind wie seine Plastiken auch Auseinandersetzungen mit Form und Raum.

▲ Kaffeeservice (Prototyp, hergestellt während der Zeit an der Cranbrook Academy), ca. 1937–1943

Fulvio Bianconi

1915 *Padua*
1996 *Mailand*

Fulvio Bianconi zog als Kind mit seiner Familie nach Venedig. In seiner Jugend arbeitete er in einem Glasatelier in Madonna dell'Orto und studierte später an der Accademia di Belle Arti und dem Liceo Scientifico in Venedig. Zunächst arbeitete er als Glasmaler und fertigte zusätzlich Portraits von Touristen in den Hotels von Venedig, um Geld zu verdienen. 1935 zog er nach Mailand, wo er für Visconti di Modrone Parfümfläschchen entwarf. Vier Jahre später war er für Motta tätig und wurde nach dem Zweiten Weltkrieg bei dem Parfümhersteller Gi Vi Emme angestellt, wo er Parfümflakons und Grafiken gestaltete und eine Wandmalerei für den Speisesaal der Firma anfertigte. 1948 lernte Bianconi **Paolo Venini** kennen, dessen Glasatelier ihn beschäftigte. Noch im selben Jahr stellte Venini die von Bianconi gestalteten, verspielten Glasfiguren im Stil der Commedia dell'Arte bei der Biennale von Venedig aus. Bianconi entwarf noch bis 1951 Figuren für Venini, ebenso wie seine berühmte und oft kopierte Taschentuch-Vase *Fazzoletto*. Zu den Designs für Venini gehören die bunten, karierten und gestreiften Gefäße namens *Pezzato* (gestückelt) und *A Spicchi* (in Scheiben geschnitten), die bei der IX. Triennale in Mailand ausgestellt wurden. Ab 1951 entwarf Bianconi als selbständiger Designer Glaswaren, die von einer Reihe von Manufakturen, einschließlich Cenedese und Danese, produziert wurden. Während der nächsten zehn Jahre gestaltete er für Venini weitere biomorphe Gefäße mit vom abstrakten Expressionismus inspirierten Motiven sowie das Gefäß *Scozzese* mit einem Schottenmuster. In den 60er Jahren entwarf Bianconi auch eine Vase mit einer eingeschlossenen Spirale für Vistosi, die 1964 bei der XIII. Triennale von Mailand einen Preis erhielt, sowie eine Reihe von Vasen, die als *Informali* bekannt wurden. Seine Arbeiten wurden im Laufe der 70er Jahre immer skulpturaler und in jüngster Zeit machte Bianconi Entwürfe für die Schweizer Glasmanufaktur Hergiswil. Im Laufe seiner langen Karriere arbeitete Bianconi auch als Grafikdesigner für HMV, Pathé, Fiat und Pirelli sowie für die Verlage Mondadori und Garzanti.

◄ Gestreifte Flasche mit Stöpsel für Venini, ca. 1950

▼ Vase *Pezzato* für Venini, 1951

Max Bill

1908 Winterthur, Schweiz
1994 Berlin

Max Bill lernte an der Kunstgewerbeschule in Zürich von 1924 bis 1927 das Silberschmieden und während dieser Zeit waren seine Entwürfe von Kubismus und Dada beeinflusst. Danach studierte er zwei Jahre lang am Dessauer **Bauhaus** Kunst und übernahm die funktionalistische Designtheorie der Schule. Nach Abschluss seines Studiums ging Bill zurück nach Zürich und arbeitete dort als Maler, Architekt und Grafikdesigner. Er wurde zum führenden Vertreter des **Konstruktivismus** innerhalb der Schweizer Grafikschule und gestaltete in den 30er Jahren Grafiken für das Züricher Geschäft Wohnbedarf. Schon 1930 hatte er sein eigenes Architekturbüro aufgebaut und entwarf als Mitglied des SWB (Schweizerischer Werkbund) das Gut Neubühl in der Nähe von Zürich (1930–1932) im modernen Stil. 1931 übernahm er **Theo van Doesburgs** Konzept der »konkreten Kunst«, das die Ansicht vertrat, dass Universalität nur durch Klarheit möglich sei. In den folgenden Jahren arbeitete Bill auch als Bildhauer und wurde Mitglied verschiedener Kunstorganisationen, z. B. der Gruppe Abstraction-Création in Paris, der Allianz (Association of Modern Swiss Artists), des CIAM (Congrès International d'Architecture Moderne) und der UAM (Union des Artistes Modernes). Als er sich 1944 dem Industriedesign zuwandte, entstanden seine bekanntesten Produkte: eine Wanduhr aus Aluminium (1957),

◂ *Ulmer Hocker*, 1954 (neu herausgebracht von Zanotta)

▲ Wanduhr *Modell Nr. 32/0389* für Junghans, 1957

hergestellt von Junghans, und der minimalistische *Ulmer Hocker* (1954). Bill war für die Einrichtung der deutschen Auszeichnung und Ausstellung »Die gute Industrieform« zuständig und war Mitbegründer der **Hochschule für Gestaltung, Ulm**, im Jahr 1951, wo er die ersten fünf Jahre lang Rektor und Leiter der Fachbereiche Architektur und Produktdesign war. In Ulm trat Bill für einen geometrischen Formalismus im Bauhaus-Stil ein, da er der Überzeugung war, dass Produkte, die auf mathematischen Gesetzen beruhten, von größerer ästhetischer Reinheit waren und dadurch allgemein anziehender wirkten. Dieser Ansatz wurde von **Hans Gugelot** weiter verfolgt, als er den Fachbereich Produktdesign der Schule übernahm, und hatte besonders auf seinen Schüler **Dieter Rams** großen Einfluss. Nachdem er Ulm verlassen hatte, eröffnete Bill 1957 in Zürich sein eigenes Atelier und konzentrierte sich auf Skulptur und Malerei. Er war Baumeister des Pavillons »Ausbilden und Schaffen« bei der Schweizer Nationalausstellung von 1964 und wurde im selben Jahr Ehrenmitgleid des AIA (American Institute of Architects). Obgleich der geometrische Formalismus, für den sich Bill und viele andere Vertreter der **Moderne** einsetzten, als Mittel zur Erlangung größerer Universalität gedacht war, verhinderten seine Strenge und das Fehlen »menschlicher« Eigenschaften eine weiterreichende Akzeptanz.

▲ Haupteingang zu Siegfried Bings Pavillon de l'Art Nouveau für die »Exposition Universelle« in Paris von 1900 (Malereien von Georges de Feure)

Bis zum Ausbruch des Deutsch-Französischen Kriegs arbeitete Siegfried Bing in einer Keramikfabrik in Hamburg. Wie Arthur Liberty in London zwei Jahre zuvor, eröffnete er 1877 ein orientalisches Kaufhaus in Paris als Reaktion auf die Nachfrage nach Asiatika, vor allem aus Japan, die im Zuge des **Ästhetizismus** an Beliebtheit gewannen. Er freundete sich mit dem Designer **Louis Comfort Tiffany** an und verkaufte dessen Glasartikel. 1895 eröffnete Bing seinen einflussreichen Laden »L'Art Nouveau« an der Rue de Provence Nr. 22, wo er neben importierter orientalischer Kunst u. a. Designs von **Émile Gallé** und **René Lalique** anbot. Der Begriff **Art nouveau** wurde von Bings Geschäft übernommen, das sich für den ahistorischen, internationalen Stil engagierte. Bing verkaufte auch von W. A. S. Benson (1854–1924) entworfene Textilien und Metallarbeiten an **Liberty & Co.** und Morris & Co. Großen Erfolg erzielte er im Jahr 1900, als er bei der »Exposition Universelle et Internationale de Paris« seinen Pavillon de l'Art Nouveau präsentierte. Der Pavillon bestand aus sechs von **Georges de Feure**, **Eugène Gaillard** und Edward Colonna (1862–1948) gestalteten Räumen. Die beiden Interieurs von de Feure wurden in *The Studio* besonders gelobt, woraufhin Bing ihm 1903 eine Einzelausstellung widmete. Außerdem verkaufte Bing Arbeiten von Künstlern wie Henri de Toulouse-Lautrec (1864–1901) und Édouard Vuillard (1868–1940) sowie von den Designern Alexandre Charpentier (1856–1909) und Auguste Delaherche (1857–1940) und Buntglasfenster von Pierre Bonnard (1867–1947), die von Tiffany hergestellt wurden. Eine Zweigstelle von »Maison de L'Art Nouveau« wurde 1887 von John Getz in New York eröffnet und schon 1900 verkaufte Bing amerikanisches Design wie **Grueby**-Keramik in Europa. Bings Sohn Marcel übernahm 1905 die Leitung des Geschäfts, was Siegfried Bing erlaubte, sich ganz dem Antiquitätenhandel zu widmen.

Siegfried Bing
1838 *Hamburg*
1905 *Vaucresson bei Paris*

▾ Werbung für Maison de l'Art Nouveau, ca. 1900

Biomorphism

Biomorphismus

Im Gegensatz zum **Organischen Design**, das versucht, das abstrakte Wesen der Natur wiederzugeben, kopiert und verzerrt der Biomorphismus häufig die Formen der Natur zu rein dekorativen Zwecken. Er ist nicht nur für bestimmte Stilrichtungen des 20. Jahrhunderts typisch, sondern findet sich auch im Barock und dem Rokoko. Im späten 19. Jahrhundert wurden wichtige Fortschritte in den Naturwissenschaften gemacht. Die Natur wurde für Designer wie **William Morris** und **Christopher Dresser** zu einem Lexikon des Designs. Um 1900 drückte sich ein allgemeines Interesse an der Botanik in biomorphen Formen aus, die die mit dem **Art nouveau** verbundenen Designer übernahmen. Dazu gehörten geschwungene, rankenartige Motive, lang gestreckte Pflanzenformen und eine eigenartige Verschmelzung naturalistischer Elemente. Als der Art-nouveau-Stil von **Art déco** und **Moderne** abgelöst worden war, kam der Biomorphismus im Design erst wieder in den 40er Jahren auf, als die biomorphen Möbel von **Carlo Mollino** und seiner Anhänger im so genannten Turiner Barock das Ausdrucksvermögen von Holz bis an die Grenzen trieben. **Avantgarde**-Designer in Amerika, wie **Charles & Ray Eames,** entwickelten dagegen zur gleichen Zeit ein Design-Vokabular, das von Natur aus organisch war. Die Formen ihrer Produkte, z. B. des Stuhls *LCW* aus dem Jahr 1945, wiesen ein solides Verständnis menschlicher Elemente auf, einschließlich der Ergonomie. Diese Art Design war so einflussreich, dass viele Trenddesigner biomorphe Formen, vor allem asymmetrische, verwendeten. Und so sind es auch diese oft biomorphen **Kitsch**-Formen, die man am ehesten mit dem Stil der 50er Jahre verbindet. In den 90er Jahren kam das Organische Design erneut auf, gemeinsam mit seiner Nebenerscheinung, dem Biomorphismus. Dies ist besonders im Kraftfahrzeugdesign offensichtlich, wo der Trend in Richtung progressiver organischer und an der Vergangenheit orientierter biomorpher Formen geht, die an die 50er Jahre erinnern.

▸ Vase *Deep Sea*, hergestellt von Amphora, ca. 1900

▾ **Carlo Graffi & Franco Campo**, Armlehnstuhl, ca. 1955

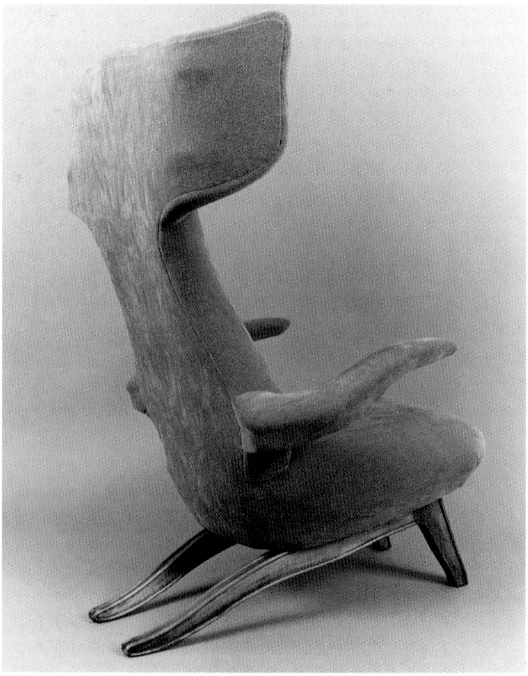

Misha Black

1910 *Baku, Aserbaidschan*
1977 *London*

Misha Black emigrierte 1912 mit seinen Eltern nach Großbritannien. Er studierte eine Zeit lang an der Central School of Arts & Crafts in London, war auf dem Gebiet des Designs und der Architektur aber eigentlich Autodidakt. 1928 begann er mit der Gestaltung von Ausstellungsständen, gefolgt von einer Reihe Cafés in London und Manchester für Kardomah. Black eröffnete sein Studio Z 1930 und begann drei Jahre später mit Milner Gray (geb. 1899) seine Arbeit bei der Bassett-Gray Group of Artists and Writers, die 1935 zum Industrial Design Partnership wurde. Das war die erste fachübergreifende Design-Beratungsfirma in Großbritannien und ihr wichtigster Entwurf waren die Fernsehgeräte und Radios für Ekco. Black wurde Mitglied bei Artists' International Association und unterstützte aktiv die Anti-Kriegs-Haltung der Gruppe. 1938 wurde er zum Sekretär von MARS (Modern Architecture Research Group) ernannt und ab 1940 war er fünf Jahre lang als Ausstellungsgestalter beim Informationsministerium angestellt. Mit Milner Gray gründete Black 1943 die Design Reseach Unit und zwei Jahre darauf die Design Research Group. Black trug entscheidend zu der Ausstellung »Britain Can Make It« 1946 bei, in der seine berühmte Präsentation »What Industrial Design Means« den Designprozess anhand der Gestaltung eines Eierbechers darstellte. Er war außerdem 1951 an der Ausstattung des »Festival of Britain« beteiligt. Als Professor für Industriedesign am **Royal College of Art, London**, versuchte Black von 1959 bis 1975, die Lehre von Design und Technik miteinander zu verbinden, aus der sich eine wichtige Spezialdisziplin entwickelte.

▲ **Misha Black & Ronald Armstrong**, Kochtopf-Satz aus rostfreiem Stahl für Ernest Stevens, 1958

Nach ihrem Studium am Politecnico di Milano 1951 arbeitete Cini Mariani Boeri bis 1963 im Designbüro von **Marco Zanuso** und eröffnete anschließend ihr eigenes Atelier in Mailand. Ab Mitte der 60er Jahre entwarf sie Möbel für den italienischen Hersteller Arflex, z. B. den Monoblocksessel *Bobo* (1967) und die Sitzschlange *Serpentone* (1971), beide aus Polyurethanschaum. Die Schlange kann durch Hinzufügung weiterer Module unendlich fortgesetzt werden. Nach Experimenten mit Plastik fing Boeri 1966 an, ABS-Spritzgusskunststoff zur Herstellung von Koffern für Franzi einzusetzen. Ihre Tischserie *Lunario*, die 1970 für Gavina entworfen worden war, wurde später von **Knoll** hergestellt. Die Designerin gestaltete außerdem von 1972 bis 1983 Ausstellungsräume für Knoll und die Firma stellte 1976 ihre Sitzkollektion *Brigadier* vor. Drei Jahre darauf erhielt sie den Preis **Compasso d'Oro** für ihre Möbelserie *Strips* (1972) aus Steppdecken, die sie gemeinsam mit Laura Griziotti (geb. 1942) entworfen hatte. Von 1980 bis 1983 unterrichtete Boeri am Politecnico di Milano und an der University of California in Berkeley. Sie erhielt dann den Auftrag, für die Misawa Company, Tokio, Fertighäuser zu entwerfen. Gemeinsam mit Tomu Katayanagi entwickelte sie 1987 den Glasstuhl *Ghost* aus einem Stück für Fiam und gestaltete weiterhin Leuchten für **Artemide**, Arteluce, Stilnovo und Venini.

Cini Mariani Boeri

geb. 1924 *Mailand*

▲ Sessel *Bobo* für Arflex, 1967

Theodor Bogler

1897 *Hofgeismar*
1968 *Maria Laach*

Theodor Bogler war einer der ersten Schüler, die das **Bauhaus** 1919 aufnahm, und er arbeitete ab 1920 in der Töpferwerkstatt in Dornburg an der Saale nahe Weimar, einer Nebenstelle der Schule. Seine glasierten Teekannen aus Ton aus dem Jahr 1923, die in der Werkstatt als Prototypen hergestellt wurden, waren für die Serienproduktion gedacht, und ihre einfach geformten Komponenten (Griffe, Tüllen und Deckel) ließen vier Variationsmöglichkeiten zu. Von 1923 an leitete Bogler die Werkstatt ein Jahr lang mit **Otto Lindig** und trat für die Entwicklung des Industriedesigns ein. Im selben Jahr entwarf er für die Serienproduktion eine Mokkamaschine aus Keramik, die leicht auseinander zu nehmen war und von der Ältesten Volkstedter Porzellanfabrik hergestellt wurde. Bogler entwarf auch Küchenbehälter aus Ton, die von der Steingutfabrik Velten-Vordam produziert wurden, deren künstlerischer Leiter er 1925 wurde und für die er zahlreiche Produkte gestaltete. Seine Keramiken wurden in der Bauhaus-Ausstellung 1923 gezeigt und in den Publikationen *Staatliches Bauhaus, Weimar, 1919–1923* (1923) und *Neue Arbeiten der Bauhaus Werkstätten* (1925) abgebildet. Auch nach seinem Eintritt in den Benediktinerorden 1932 produzierte Bogler von 1934 bis 1938 einige Entwürfe für die HB-Werkstätten von Hedwig Bollhagen, Marwitz und von 1936 bis 1948 für die Staatliche Majolika-Manufaktur, Karlsruhe.

▲ Teekanne aus Ton für die Keramikwerkstatt des Bauhauses in Dornburg, 1923

Osvaldo Borsani

1911 *Mailand*
1985 *Mailand*

Als Sohn des Kunsthandwerkers Gaetano Borsani, der bei der ersten Monza Triennale 1927 die Silbermedaille gewonnen hatte, studierte Osvaldo Borsani am Politecnico di Milano, wo er 1937 seinen Abschluss machte. Danach arbeitete er in der Werkstatt seines Vaters, dem Arredamento Borsani in Varedo, ehemals Atelier Varedo. 1953 gründete Osvaldo gemeinsam mit seinem Zwillingsbruder Fulgenzio die Möbelmanufaktur Tecno. Anfangs produzierte Tecno nur die Entwürfe von Osvaldo Borsani, doch später wurden auch die Designs anderer Gestalter umgesetzt, wobei Osvaldo Hauptdesigner blieb. Das Firmenzeichen von Tecno, das aus einem großen T bestand, war in Zusammenarbeit mit Robert Mango (geb. 1920) entworfen und erstmalig bei der Mailänder Triennale 1954 benutzt worden. Für diese Triennale baute Osvaldo ein kleines Haus im Park und möblierte es mit seinem auf 468 verschiedene Positionen einstellbaren Sessel *P40* sowie mit seinem Sofa *D70*, das in eine Liege verwandelt werden kann (beide 1954). Solch flexible Designs sollten der Nachfrage nach Platz sparenden Möbeln für Nachkriegswohnungen entsprechen. Borsanis Klappstuhl *S80* (1954) aus Sperrholz war leicht und ähnlich innovativ. 1956 eröffnete die Firma Tecno ihren ersten Laden auf der Via Montenapoleone in Mailand, wo sie ihr ausgewogenes Produktsortiment verkaufte. Osvaldo Borsani erklärte: »Unsere Produkte sind nicht Konsequenz plötzlicher genialer Eingebung, sondern miteinander verknüpft; unsere Kollektionen sind, ohne plötzlichen Launen zu folgen, immer wieder erweitert und aufeinander abgestimmt worden.« Gemeinsam mit sieben anderen Designern baute Borsani 1966 die Designzeitschrift *Ottagono* auf, die einem internationalen Publikum italienisches Design nahe bringen sollte. 1968 schließlich entwarf Borsani mit Eugenio Carli (geb. 1923) das weiße Bürosystem *Graphis*, das das Büroambiente neu definierte. Zwei Jahre später errichtete Borsani das Centro Progetti Tecno für die Gestaltung und Entwicklung von Auftragsmobiliar.

▼ Sofa *Modell Nr. D70* für Tecno, 1954

Mario Botta

geb. 1943 *Mendrisio, Schweiz*

Mario Botta machte im Architekturbüro von Tita Carloni und Luigi Camenischi von 1958 bis 1961 eine Lehre als technischer Zeichner. Im Anschluss daran studierte er drei Jahre lang am Liceo Artistico in Mailand und entwarf während dieser Zeit ein Haus für Geistliche in Genestretta, das eine sehr geometrische Form hatte. Von 1964 bis 1969 studierte Botta am Istituto Universitario di Architettura in Venedig und arbeitete 1965 im Pariser Büro von **Le Corbusier** und im Studio von Jullian de la Fuente und José Oubrerie in Venedig. Er eröffnete 1969 sein eigenes Büro für Gestaltung und Architektur in Lugano, lernte Louis Kahn (1901–1974) kennen und beschäftigte sich mit dem Design des neuen Palazzo dei Congressi Laurea all'UIA in Venedig. In den 70er Jahren arbeitete Botta hauptsächlich an Architekturprojekten, so u. a. am Gebäude der Staatsbank in Fribourg sowie an zahlreichen anderen Häusern, z. B. seinem gestreiften Haus in Ligornetto. In den 80er Jahren wandte Botta seine Aufmerksamkeit dem Möbeldesign zu. Sein Stuhl *Seconda* von 1982 und sein Lehnstuhl *Quinta* von 1986, die beide von Alias hergestellt wurden, sind typische Beispiele des kurzlebigen »Matt-Black«-Stils. Die harten grafischen Linien dieser Designs in Verbindung mit ihrer gut gelösten geometrischen Struktur weisen auf Bottas Hintergrund als Zeichner und Ingenieur hin. Seine Stehlampe *Shogun Terra* von 1985 für **Artemide**, die an einen Totempfahl erinnert, hat eine kühne geometrische Form, die durch die schwarzweißen Streifen noch unterstrichen wird. Sie ist eine elegante Bestätigung seiner These »Geometrie ist Ausgewogenheit«. Bottas Werk kann als »Neo-High-Tech« bezeichnet werden und ist bemerkenswert, weil es für eine komplexere, sachlichere Seite der **Postmoderne** steht.

▾ Stuhl *Seconda* für Alias, 1982

▸ Stehlampe *Shogun Terra* für Artemide, 1985

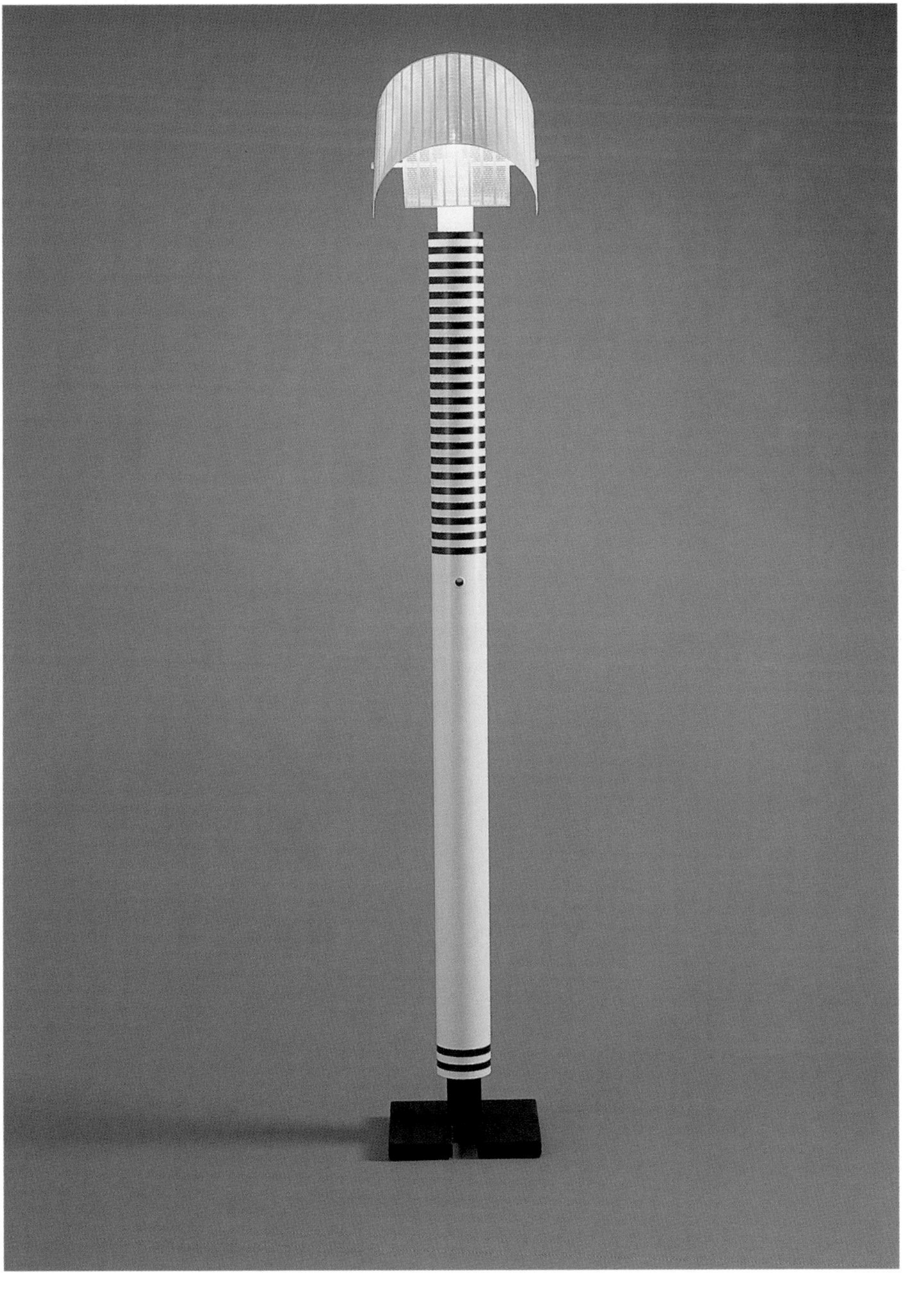

BAUHAUS

◂ Aschenbecher mit Messing- und Nickelauflage für die Metallwerkstatt des Bauhauses in Weimar, 1924

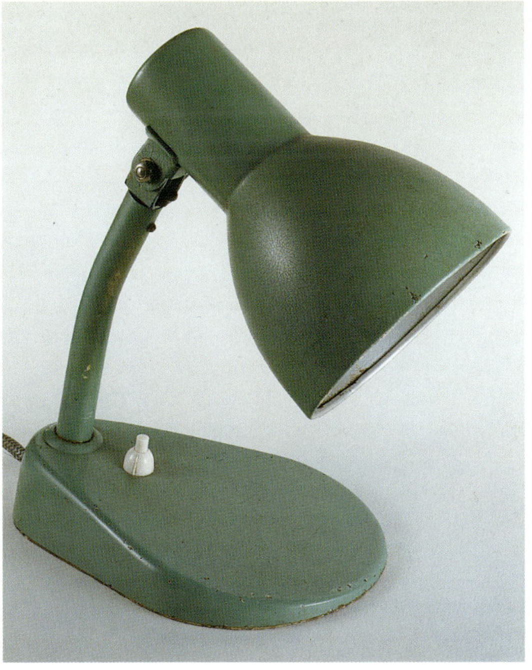

◂ Tischlampe *Kandem* für Körting & Mathiesen, 1928

Marianne Brandt schrieb sich 1924 beim Staatlichen **Bauhaus** in Weimar ein. Dort absolvierte sie eine Lehre in der Metallwerkstatt, die zu jener Zeit von **László Moholy-Nagy** geleitet wurde. Nach ihrer Gesellenprüfung wurde Brandt stellvertretende Leiterin der Werkstatt und organisierte Projekte in Zusammenarbeit mit den Beleuchtungsfirmen Körting & Mathiesen AG (Kandem) in Leipzig und Schwintzer & Gräff, Berlin. Beim Bauhaus arbeitete sie mit anderen Metallarbeitern, wie z. B. **Christian Dell** und Hans Przyrembel (1900–1945), und entwarf 1928 als Teil eines Klassenprojekts gemeinsam mit Hin Bredendieck (geb. 1904) die Lampe *Kandem*. Das folgende Jahr war Brandt Meisterassistentin in der Metallwerkstatt am Dessauer Bauhaus und arbeitete dann im Architekturbüro von **Walter Gropius** in Berlin. Sie kehrte anschließend nach Chemnitz zurück und wandte sich der Malerei zu. Während dieser Zeit versuchte Brandt, Lizenzen für ihre Produkte an das Kaufhaus Wohnbedarf zu vergeben. Von 1949 bis 1951 unterrichtete sie an der Hochschule für Bildende Künste in Dresden, danach bis 1954 am Institut für angewandte Kunst in Ost-Berlin und reiste in dieser Zeit auch nach China, wo sie für die DDR-Regierung eine Ausstellung zum Industriedesign ausstattete.

Marianne Brandt

1893 *Chemnitz*
1983 *Halle/Saale*

Andrea Branzi

geb. 1938 *Florenz*

Bevor er mit **Paolo Deganello**, Gilberto Corretti (geb. 1941) und Massimo Morozzi (geb. 1941) die **Radical-Design**-Gruppe **Archizoom** gründete, studierte Andrea Branzi in seiner Heimatstadt Florenz Architektur. Nach ihrer Gründung 1966 produzierte die Gruppe viele Möbelstücke im **Anti-Design**-Stil, die überaus einflussreich waren, so z. B. die **Kitsch**-Sitzgruppe *Safari* (1968) und den ironisierenden Stuhl *Mies* (1969). Branzi arbeitete außerdem an Archizooms Architekturentwürfen wie der *No-Stop City* und veröffentlichte von 1972 bis 1975 viele theoretische Schriften in der Zeitschrift *Casabella*. 1973 eröffnete Branzi sein eigenes Designstudio in Mailand und stellte 1976, 1978 und 1980 bei der Biennale von Venedig aus. Mit **Michele De Lucchi** und Paola Navone (geb. 1950) organisierte er 1977 die historische Ausstellung »Il Disegno Italiano degli anni 50« am Centrokappa in Naviglio, Mailand, die den Beitrag des italienischen Designs der Nachkriegszeit neu einordnete und dadurch beachtliche Auswirkungen auf das italienische Design der gesamten 80er Jahre hatte. 1979 ließ sich Branzi in Mailand nieder und stellte mit **Studio Alchimia** aus. Zu seinen Designs der 80er Jahre gehören das Sofa *Century* (1982), das Regal *Magnolia* (1985) sowie Keramiken für **Memphis**. In den 90er Jahren entwarf er rationalere Möbel für Zanotta, z. B. den Stuhl *Niccola* (1992). Von 1982 bis 1983 war er Professor für Industriedesign an der Università di Palermo und wurde dann zum Direktor der Mailänder Designschule für Postgraduierte, der Domus Academy, berufen. Über die folgenden vier Jahre war Branzi Redakteur der Zeitschrift *Modo* und für kurze Zeit Geschäftsführer der Design-Zeitschrift *Domus*. 1985 entwarf Branzi seine Möbelserie *Animali Domestici* und veröffentlichte zwei Jahre später ein Buch mit demselben Titel. In dieser Publikation argumentierte Branzi, dass eine neue Beziehung zwischen den Menschen und ihrer Umwelt vonnöten sei und man seine Möbel ruhig wie Haustiere ansehen dürfe. 1987 erhielt er den Spezialpreis des **Compasso d'Oro** verliehen, der seinen Beitrag zum Design würdigen sollte. Er leitet seit 1991 die Domus Design Agency in Tokio und nahm von 1991 bis 1993 am »Citizen-Office«-Projekt des Vitra Design Museums teil.

▾ Stuhl *Animali Domestici* für Zabro-Zanotta, 1985

▲ Aluminiumvasen
aus der Serie
Amnesie für die
Design Gallery
Milano, 1991

Braun
gegründet 1921
Frankfurt/Main

Der in Ostpreußen geborene Ingenieur Max Braun (1890–1951) gründete mit 31 Jahren in Frankfurt eine Firma zur Herstellung von Treibriemenverbindungen und wissenschaftlichen Apparaten. 1923 begann er mit der Produktion von Teilen für die gerade entstehende Radioindustrie und als 1925 die Herstellung von Plastikkügelchen möglich war, war er unter den Ersten, die aus diesem neuen Material mittels selbst gebauter Pressen Teile wie Skalen und Einstellknöpfe herstellten. Die Firma zog 1928 in ein zweckmäßiges, modernes Fabrikgebäude in der Idsteiner Straße in Frankfurt und produzierte im Jahr darauf ihre eigenen Radios, die zu den Ersten zählten, die Empfänger und Lautsprecher in einer Einheit verbanden. Als die Warenpalette 1932 erweitert wurde, brachte Braun ebenfalls zuerst kombinierte Radio-Phonographen auf den Markt. 1936 entwickelte sie ihr erstes Batterie betriebenes Radio und gewann ein Jahr später für »außergewöhnliche Errungenschaften bei Phonographen« einen Preis der Pariser »Exposition Internationale des Arts et Techniques dans la Vie Moderne«. Schon 1947 wurden Radios und die Taschenlampe *Manulux* von Braun in Serie hergestellt und 1950 entwickelte die Firma ihren ersten elektrischen Rasierapparat, den *S50*. Dieser Rasierer hatte einen beweglichen Schneideblock, der mit einer dünnen Stahlrasierfolie bezogen war – ein System, das heute noch verwendet wird. Im selben Jahr brachte Braun sein erstes Haushaltsgerät, den *Multimix*, auf den Markt. Nach dem Tod des Gründers Max Braun 1951 wurde die Firma von seinen beiden Söhnen, Artur (geb. 1925) und Erwin (geb. 1921) übernommen, die ein sachliches, systematisches Designprogramm einführten, und seit 1952 führt Braun das heute noch verwendete Warenzeichen. Ein Jahr später fand Erwin eine Vermarktungsmöglichkeit der unverwechselbaren Radios, die »ehrliche, unauffällige und praktische Geräte« mit moderner Ästhetik waren. 1954 wur-

▼ **Hans Gugelot & Gerd Alfred Müller**, Elektrorasierer *Sixtant SM 31* für Braun, 1962

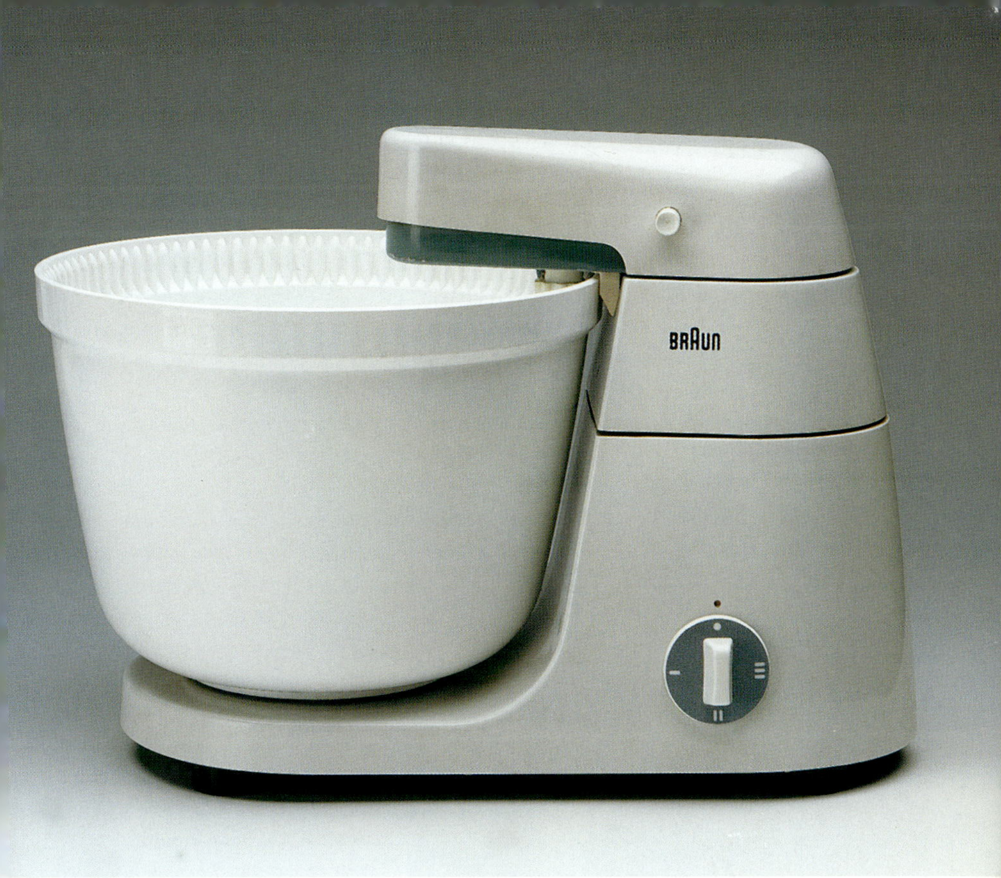

▲ **Gerd Alfred Müller**, Küchenmaschine *KM3* für Braun, 1957

den Professor **Wilhelm Wagenfeld** und Designer wie Fritz Eichler (1911–1991), die mit der **Hochschule für Gestaltung, Ulm**, verbunden waren, beauftragt, die Radios und Phonographen der Firma neu zu gestalten. Schon ein Jahr später wurde die neue Braun-Serie bei der Düsseldorfer Radiomesse vorgestellt und stieß auf internationale Anerkennung. 1956 wurde unter Eichlers Leitung eine hauseigene Design-Abteilung eingerichtet. In dieser Position baute er einen einheitlichen Stil für die Firma auf, der auf geometrischer Schlichtheit, Nützlichkeit und Funktionalität für den Designprozess beruhte. Der Braun-Stil wurde nicht nur für das Design von Produkten angewandt, sondern auch auf allen Gebieten des **Corporate Design**, einschließlich Verpackung, Firmenzeichen und Werbung. Zusätzlich beauftragte Eichler andere mit der Hochschule für Gestaltung in Verbindung stehende Designer wie **Otl Aicher**, **Hans Gugelot** und **Dieter Rams** mit dem Entwurf eleganter, schlichter Produkte. Zu den beachtenswerten Designs dieser Periode zählen

Eichlers und Artur Brauns Serien von Radios und Phonographen sowie der *Phonosuper SK4* (1955) von Dieter Rams und Hans Gugelot, den man auch »Schneewittchensarg« nennt. Rams entwarf außerdem das tragbare Radio *Transistor 1* (1956), das Taschenradio *T3-T4* (1958) sowie das erste aus Komponenten zusammengesetzte Hifi-System *Studio 2* (1959), die alle zum internationalen Ruf der Firma Braun beitrugen. 1955 kam Gerd Alfred Müller (geb. 1932) zum Designteam bei Braun und wurde für eine Reihe von Brauns bekanntesten Designs der späten 50er Jahre verantwortlich, einschließlich des Mehrzweckmixers *KM3* (1957), der der Inbegriff der schmucklosen, sachlichen Ästhetik war, die mit dem deutschen Nachkriegsdesign gleichgesetzt wurde. Dieter Rams wurde 1961 Produktdesigner der Firma und später Direktor der Abteilung für Produktdesign. Das **Museum of Modern Art, New York**, eröffnete 1964 eine neue Designgalerie mit einer Ausstellung von Brauns gesamter Produktpalette und ein Jahr später, mit dem kommerziellen Erfolg, nahm die Firma in Kronberg/Taunus in der Nähe von Frankfurt den Bau einer neuen Firmenzentrale in Angriff. In den folgenden Jahren stellte Braun eine Reihe von bahnbrechenden Designs vor, wie beispielsweise das Feuerzeug *Permanent* (1966), das ein elektromagnetisches Teil anstelle des traditionellen Drehzylinders hatte, den elektronischen Taschenrechner *ET22* (1976) und den ersten Radiowecker (1977). Die Firma Gillette aus Boston erwarb 1967 einen Mehrheitsanteil an der Braun AG. Ein Jahr danach wurden die Braun-Preise für Design und Technik ins Leben gerufen. Die Firma selbst erhielt den ersten Corporate-Design-Preis bei der Hannover Messe 1983 für »beispielhafte Konzeption in Produktdesign, Information und Präsentation«. 1990 stellte Braun die Fertigung von Hi-Fi-Geräten ein und konzentrierte sich auf Produkte für die Körper-

▼ **Roland Ullmann**, Rasierapparat *Flex Integral 6550 Ultra Speed* für Braun, 1998

▲ **Dietrich Lubs**, digitaler Radiowecker *ABR 314 df time control* für Braun, 1997

pflege, wie z. B. den *Silk-épil EE1* Epilierer (1989), die sehr erfolgreiche Rasierapparatserie *Flex Control* (1990) und die elektrische Zahnbürste *Plak Control D5* (1991) sowie mehrere Fönmodelle. In den 90er Jahren brachte Braun auch innovative Kaffee- und Küchenmaschinen, Handrührgeräte, Bügeleisen und Wecker auf den Markt. 1996 führte die Firma das Infrarot-Thermometer *Thermoscan* ein und begab sich damit auf den Diagnosegerätemarkt. Der Erfolg des Unternehmens beruht sicherlich darauf, dass ihre Produkte von Designern, Ingenieuren sowie Marketingexperten den Grundprinzipien des Designs entsprechend gemeinsam entwickelt werden. Es nutzt Innovationen im Design für technische, zweckmäßige Entwicklungen und besitzt innerhalb des Designteams eine Tradition der Fortschrittlichkeit. Die ausgeprägte ästhetische Klarheit der Braun-Produkte ist Folge der logischen Ordnung aller Elemente und der Suche nach harmonischer, unauffälliger Einheitlichkeit.

Marcel Breuer

1902 *Pécs, Ungarn*
1981 *New York*

Marcel Lajos Breuer erhielt 1920 ein Stipendium für ein Studium an der Akademie für Bildende Künste in Wien. Da er jedoch von der Hochschule enttäuscht war, blieb er nur kurze Zeit dort und suchte sich dann in einem Wiener Architekturbüro Arbeit. Von 1920 bis 1923 studierte er am Staatlichen **Bauhaus** in Weimar, absolvierte erst den Grundkurs, um anschließend seine Tischlerlehre und die Gesellenprüfung zu machen. Während seiner Lehrzeit entwarf Breuer den *Afrikanischen Stuhl* (1921) und den *Lattenstuhl* (1922–1924). Nach Abschluss seiner Studien ging er nach Paris, um in einem Architekturbüro zu arbeiteten. Bei seiner Rückkehr im darauf folgenden Jahr wurde Breuer Jungmeister und Leiter der Tischlerwerkstatt am Bauhaus, das zu dem Zeitpunkt schon nach Dessau umgezogen war.
Dort entwarf er seinen ersten Stuhl aus Stahlrohr, den *B3* (1925), wobei die innovative Wahl des Materials angeblich von seinem gerade angeschafften Adler-Fahrrad inspiriert war. Breuer entwarf in der Folge eine ganze Reihe Stahlrohrmöbel, einschließlich Stühle, Tische, Hocker und Schränke, die von der Firma Standard-Möbel in Berlin hergestellt und vertrieben wurden. Stahlrohr bot viele Vorteile: geringe Kosten, Hygiene und eine Beständigkeit des Materials, das ohne Federung komfortabel war. Am Bauhaus gestaltete Breuer auch die Inneneinrichtung und Möblierung des neuen Schulgebäudes und der Meisterhäuser. Sein Stuhl *B3* oder *Wassily* war ursprünglich für

▾ Stuhl *Modell Nr. ti 2* und Hocker *Modell Nr. ti 13* für das Bauhaus in Dessau, 1924

Wassily Kandinskys Wohnung entworfen worden. Doch Breuer kreierte nicht nur standardisierte Einrichtungen, 1926 entwarf er auch ein kleines, standardisiertes Metallhaus und ein Jahr später das Hausprojekt *Bambos*. Im selben Jahr fertigte er eine Grafik an, die die Evolution der Sitzmöbel darstellte. Die Reihe endete mit seinem entmaterialisierten Ideal vom Sitzen auf »federnden Luftsäulen«. Breuer unterrichtete noch bis April 1928 am Bauhaus und leitete die folgenden drei Jahre seine eigene Architekturfirma in Berlin, bei der der frühere Bauhaus-Student Gustav Hassenpflug (1907–1977) angestellt war. In dieser Zeit entwarf Breuer weiterhin Möbel, Innenausstattungen und Warenhäuser; seine Gebäude blieben hingegen unausgeführt. Der **Deutsche Werkbund** beauftragte ihn mit der Gestaltung der deutschen Abteilung bei der Ausstellung der »Société des Artistes Décoratifs Français« im Jahr 1930. Als es wegen der Rezession 1931 wenig Arbeit gab, schloss Breuer sein Berliner Büro und bereiste Südfrankreich, Spanien, Griechenland und Marokko. Im nächsten Jahr beendete er seine erste Auftragsarbeit im Bereich der Architektur, das Harnischmacher-Haus in Wiesbaden, und gestaltete den Möbelladen Wohnbedarf in Zürich. Zwei Jahre später entwarf er mit Alfred (geb. 1903) und Emil Roth (1893–1980) die Doldertaler Häuser,

▲ Armlehnstuhl *Modell Nr. B35* für Gebrüder Thonet, 1928–1929

▲ Schreibmaschinentisch (Variante von *B21*) für Gebrüder Thonet, ca. 1928

zwei experimentelle Wohnblocks in Zürich für Sigfried Giedion (1888–1968), den Gründer der Firma Wohnbedarf. Zwischen 1932 und 1934 entwickelte Breuer eine Reihe biegsamer Möbel unter Verwendung eines patentierten Konstruktionsverfahrens mit flachen Stahl- und Aluminiumbändern. Diese Metallmöbelserie wurde von Embru hergestellt und von Wohnbedarf verkauft. Er besuchte 1933 und 1934 die Schweiz und arbeitete mit Farkas Molnár und Josef Fischer in Budapest an nicht ausgeführten Architekturprojekten. Um der Verfolgung durch die Nationalsozialisten wegen seiner jüdischen Abstammung zu entgehen, emigrierte Breuer 1935 nach London, wo er anfangs mit dem Architekten F. R. S. Yorke (1906–1962) zusammenarbeitete. Gemeinsam führten sie mehrere Architekturaufträge durch, darunter Häuser in Sussex, Hampshire, Berkshire und Bristol sowie den Gane Pavillon in Bristol (1936), der aus Holz und Stein der Gegend bestand (im Gegensatz zur Bauhaus-Ästhetik von Stahl und Glas). Breuer und Yorke entwarfen außerdem das »Civic Center for the Future«, das allerdings nicht realisiert wurde. Als Leiter der Designabteilung bei Jack Pritchards Firma Isokon entwarf Breuer von 1935 bis 1937 fünf Schichtholzmöbel, die im

► Stuhl *Wassily Modell Nr. B3* für Standard-Möbel und Gebrüder Thonet, 1925–1927

Grunde Übertragungen seiner früheren Metalldesigns waren. Diese Isokon-Entwürfe spiegelten die Popularität von **Alvar Aaltos** voraufgegangenen Sperrholzmöbeln, die 1933 in Großbritannien ausgestellt worden waren. Als er drei Jahre später in London war, entwarf Breuer auch für Heal & Sons eine Reihe von Schichtholzmöbeln. 1937 zog Breuer in die Vereinigten Staaten, wo ihm **Walter Gropius** eine Professur an der Designschule der Harvard University in Cambridge, Massachusetts, angeboten hatte. Sie gründeten gemeinsam ein Architekturbüro in Massachusetts und entwarfen den Pennsylvania Pavillon bei der New Yorker Weltausstellung von 1939 sowie mehrere Privathäuser, einschließlich Gropius' eigenen Wohnhauses. 1941 gaben Gropius und Breuer ihre Partnerschaft auf und Breuer errichtete sein eigenes Architekturbüro, das er 1946 nach New York verlegte. In den späten 40er und 50er Jahren entwarf er rund 70 Privathäuser und baute sich selbst 1947 ein Haus in New Canaan, Connecticut. Das **Museum of Modern Art, New York**, initiierte im selben Jahr eine Wanderausstellung seines Werks und lud ihn im folgenden Jahr ein, auf dem Museumsgelände ein preiswertes Haus zu bauen, das den Bedürfnissen einer amerikanischen Durchschnittsfamilie entspreche. Breuer möblierte sein Objekt mit erschwinglichen Stanzmöbeln aus Schichtholz. 1953 arbeitete er mit einem Team an der Gestaltung des neuen UNESCO-Gebäudes in Paris und entwarf das

▼ Armlehnstuhl für Isokon Furniture Company, 1936

▸ Stuhl *Modell Nr. 301*, hergestellt von Ebru für Wohnbedarf, 1932–1934

Warenhaus De Bijenkorf in Rotterdam. Drei Jahre später gründete er Marcel Breuer and Associates in New York. In dieser Zeit arbeitete er wie **Le Corbusier** vorrangig mit Beton. Er nutzte dieses Material auf sehr skulpturale, innovative Weise für seinen Entwurf des monumentalen Whitney Museum of American Art in New York (1966). Breuer war einer der Hauptvertreter der **Moderne** und die dauerhafte Anziehungskraft seiner demokratischen Möbeldesigns, wie der Stuhl-Ikone *B3* und der äußerst erfolgreiche Freischwinger *B32* oder *Cesca* (1928), bezeugt ebenso seine Stilsicherheit wie Kenntnis der Produktionsmethoden.

Neville Brody

geb. 1957 *London*

Bevor er von 1976 bis 1979 am Londoner College of Printing Grafikdesign studierte, nahm Neville Brody an einem Kurs für bildende Kunst teil. Im Anschluss daran entwarf er für verschiedene Schallplattenfirmen Plattencover, darunter Stiff Records. 1981 wurde er zum Artdirector der Musikzeitschrift *The Face*. Durch die Verwendung experimenteller, postmoderner Schriften entwickelte Brody die ganz persönliche Identität dieses Magazins. Er schuf eine neue, unkonventionelle Ausdrucksweise in der Grafik, die visuell unruhig und voll jugendlicher Vitalität war. Seine Schriftbilder zerlegten Buchstaben in ihre Einzelteile und enthielten symbolische Anspielungen. Von 1983 bis 1987 produzierte Brody Designs für das Londoner Programmheft *City Limits* sowie für die Zeitschriften *New Socialist* und *Touch*. 1986 verließ er *The Face* und wechselte zu der Zeitschrift *Arena*. Zwei Jahre später veranstaltete das Londoner **Victoria & Albert Museum** eine Retrospektive seiner Arbeiten. Etwa 1986 entfernte sich Brody auch von seinem früheren groben »New-Romantic«-Grafikstil, der immer öfter kopiert wurde. Stattdessen wandte er sich der Produktion von Grafiken am Apple-Macintosh-Computer zu, die von den elektronischen Medien beeinflusst waren. Hierzu gehören z. B. die in den 90er Jahren für die Zeitschrift *Fuse* entstandenen Bilder.

► Plakat für »Fuse 94 Fuse Lab Conference and Exhibition« am Royal College of Art, London, 1994

◄ Titelseite für die Zeitschrift *Fuse*, 1994

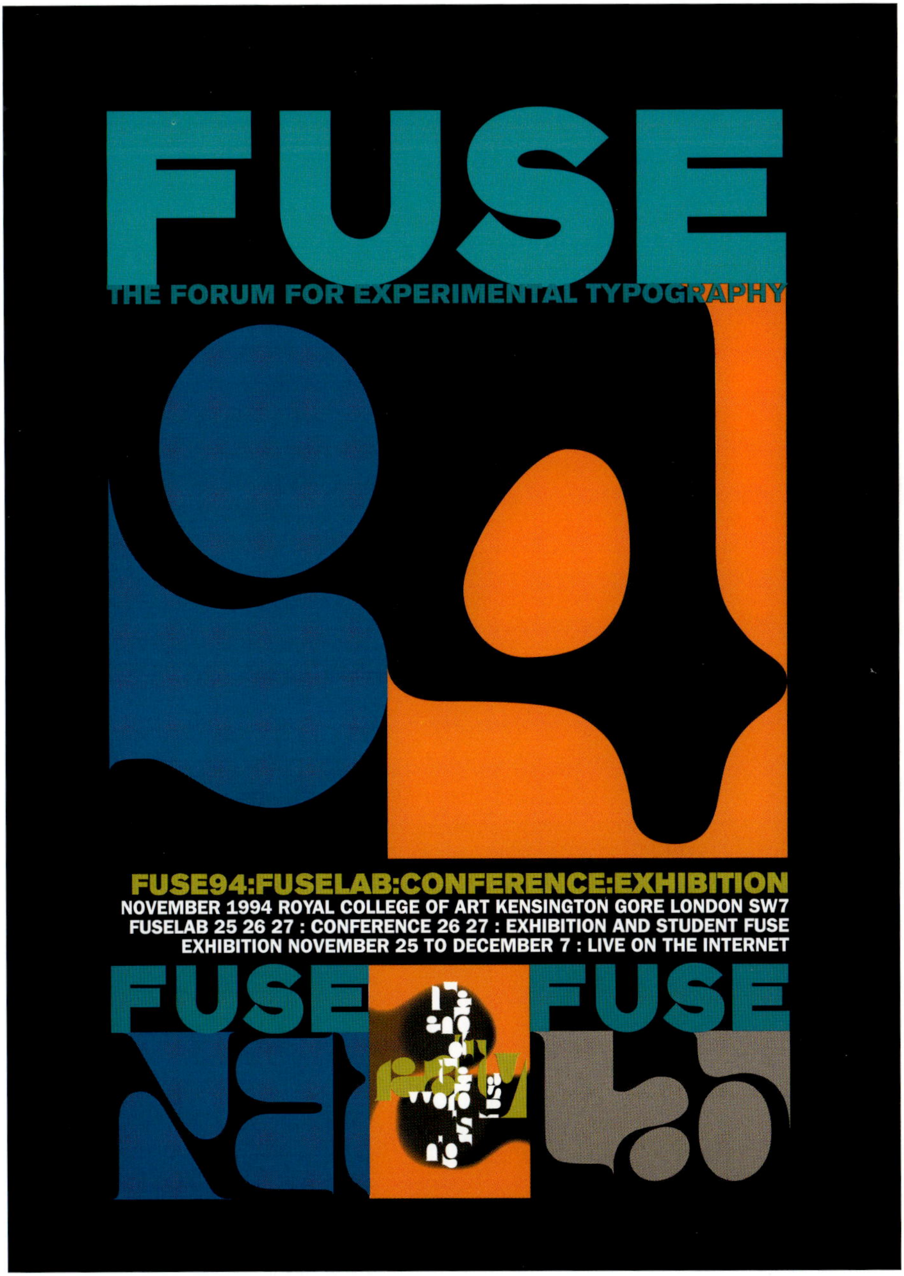
FUSE
THE FORUM FOR EXPERIMENTAL TYPOGRAPHY
FUSE94:FUSELAB:CONFERENCE:EXHIBITION
NOVEMBER 1994 ROYAL COLLEGE OF ART KENSINGTON GORE LONDON SW7
FUSELAB 25 26 27 : CONFERENCE 26 27 : EXHIBITION AND STUDENT FUSE
EXHIBITION NOVEMBER 25 TO DECEMBER 7 : LIVE ON THE INTERNET
FUSE
FUSE

Carlo Bugatti

1855 *Mailand*
1940 *Molsheim, Frankreich*

▼ Stuhl *Cobra*, entworfen für das *Schnecken*-Zimmer bei der Turiner Ausstellung, 1902

Carlo Bugatti studierte an der Accademia di Belle Arti di Brera in Mailand und an der École des Beaux-Arts in Paris. Er entwarf seine ersten bekannten Möbelstücke 1880 für seine Schwester Luigia anlässlich ihrer Heirat mit dem Künstler Giovanni Segantini (1858–1899). Seine Designs aus den 1880er Jahren waren oft asymmetrisch geformt und mit bemaltem Pergament bezogen und sie wiesen häufig japanische Elemente auf. 1888 eröffnete Bugatti seine eigene Tischlerwerkstatt mit Raumgestaltungsbüro in Mailand. Um die Jahrhundertwende begann er, seine Möbel mit Quasten und Metalleinlegearbeiten zu verzieren. 1900 stellte er seine Arbeiten auf der »Exposition Universelle« in Paris aus und erhielt eine Silbermedaille. Im selben Jahr entwarf er Möbel für den Khediven-Palast in Istanbul sowie in London eine einheitliche Innenausstattung für den First Lord of Battersea Cyril Flowers, die als frühes Beispiel eines **Gesamtkunstwerks** von Interesse ist. Zwei Jahre später erhielt er eine Ehrenurkunde bei der »Esposizione Internazionale d'Arte Decorativa Moderna« in Turin für seine Gestaltung von vier Innenräumen, einschließlich des außergewöhnlichen *Schnecken*-Zimmers. Dieser Raum mit dem biomorphen Stuhl *Cobra* (1902) garantierte Bugatti einen internationalen Ruf als exzentrischer und eigenwilliger Designer. 1904 verkaufte er seine Dekorationsfirma in Mailand an De Vecchi und zog nach Paris. Dort baute er seine eigene Tischlereiwerkstatt auf und verkaufte seine Möbeldesigns über das Kaufhaus Bon Marché. Er entwarf ferner Silberbestecke, die von A. A. Hébrard produziert, 1907 erstmalig ausgestellt und später bei der Ausstellung »Salon des Artistes Décorateurs« gezeigt wurden. In Paris verbrachte Bugatti die meiste Zeit mit Malen. Seine Söhne waren ebenfalls sehr erfolgreich auf ihren Gebieten: Ettore (1881–1947) als Autodesigner und Rembrandt (1885–1916) als Bildhauer, der Tierbronzen herstellte.

California New Wave

Der Begriff California New Wave bezieht sich auf den einflussreichen, postmodernen Grafikstil, der in den 80er Jahren von Designern an der amerikanischen Westküste entwickelt wurde. Gestalter wie **April Greiman** und Lucille Tenazas schufen einen Stil, bei dem verschiedene Schichten von modernen Schriftarten wie Garamond und Baskerville mit collageartigen Bildern kombiniert wurden. Grafiken im Stil des California New Wave sind von den neuen elektronischen Medien inspiriert. Sie vermitteln den Eindruck von durch diverse Schichten gefilterten Botschaften, sodass dabei eine dreidimensionale Qualität bzw. visuelle Tiefe entsteht. Mit Software von Apple Macintosh kreierten die Designer des California New Wave eine hybride Bildsprache mit versteckten Informationen und die scheinbar zufällige Plazierung der collageartigen Bilder verlieh ihren Arbeiten eine frische Lebendigkeit. California New Wave geht auch auf den Grafikdesigner Rudy VanderLans (geb. 1955) und seine Frau Zuzana Licko (geb. 1961) zurück, die im Jahr 1982 gemeinsam die großformatige Grafikzeitschrift *Émigré* herausbrachten.

▲ **April Greiman**, Plakat für das Southern California Institute – Arc Admissions, 1993

George Carwardine

1887–1948

▲ Arbeitsleuchte *Anglepoise* für Herbert Terry & Sons, 1932

George Carwardine war Kraftfahrzeugingenieur und auf Entwürfe von Radaufhängungen spezialisiert. 1932 patentierte er das Design einer Schreibtischlampe namens *Anglepoise*. Dieser innovative Entwurf mit variablen Einstellungsmöglichkeiten beruhte auf dem Prinzip der ständigen Anspannung bei menschlichen Gliedern, wobei die Federn der Lampe ähnlich funktionierten wie Muskeln. Das Patent für die Lampe, die fünfzig Jahre lang in hohen Auflagen bei der englischen Manufaktur Herbert Terry in Redditch produziert wurde, wurde 1937 vom norwegischen Beleuchtungsdesigner **Jacob Jacobsen** erworben, dessen eigene sehr erfolgreiche Lampe *Luxo 1001* aus dem selben Jahr von Carwardines Entwurf beeinflusst war. Carwardines *Anglepoise*, die danach in Norwegen hergestellt und unter anderem Namen verkauft wurde, war Vorbild für Generationen von Arbeitslampen.

Der als Adolphe Jean Édouard-Marie Mouron geborene Cassandre studierte von 1918 bis 1921 bei Lucien Simon (1861–1945) und René Menard (1862–1930) an der Académie Julian in Paris Malerei. Sein erster großer Plakatentwurf für das Pariser Möbelgeschäft Au Bûcheron erschien 1923. Das dynamische Bild eines muskulösen Holzfällers bei der Arbeit vor einem Hintergrund ausdrucksvoller geometrischer, strahlenartiger Ebenen ist auf eindringliche Weise im **Art-déco**-Stil gehalten. Cassandre war ein wichtiges

A. M. Cassandre

1901 *Charkow, Ukraine*
1968 *Paris*

▼ Plakat für Chemin de Fer du Nord, 1927

Mitglied der **Avantgarde** im Paris der 20er Jahre und war mit den Künstlern Robert Delaunay (1885–1941) und Fernand Léger (1881–1955), dem Dichter Guillaume Apollinaire (1880–1918) und dem Komponisten Erik Satie (1866–1925) befreundet. Seine Arbeit war vom Kubismus und dem modernen Industriedesign beeinflusst und ab 1923 arbeitete er unter dem Pseudonym A. M. Cassandre. Er machte sich mit seinen Eisenbahnplakaten für die Compagnie des Chemins de Fer du Nord, z. B. der Werbung für den Zug *Étoile du Nord* von 1927, einen Namen, gründete mit Charles Loupot (1898–1962) und Maurice Moyrand die Werbeagentur und Designberatungsfirma Alliance Graphique Internationale und trat 1930 der UAM (Union des Artistes Modernes) bei. Im Laufe seiner Karriere entwarf Cassandre mehrere hundert Plakate, einschließlich derjenigen für den Aperitif Pivolo (1924), die Zeitung *L'Intransigeant* (1925), für Pernod (1934), Dubonnet (1934) und das Linienschiff *Normandie* (1935). Cassandres Arbeitsmethode ging immer vom Text und der Wahl einer Schrift aus, auf die dann die grafischen Elemente des Plakats abgestimmt wurden, wobei er stets stark geometrische Formen einsetzte. Er war der Ansicht, dass es die Aufgabe des Plakatdesigners sei, Aussagen zu vermitteln, aber nicht selbst zu formulieren. Cassandre bereiste mehrfach die Vereinigten Staaten und entwarf neben Grafiken auch Bühnenbilder, die wie seine Plakate sehr monumental wirkten. Die hochstilisierte und typische Art-déco-Schrift *Bifur* geht auf Cassandre zurück und wurde 1929 von der Typengießerei Deberny & Peignot herausgebracht, ebenso wie drei weitere Schriftentwürfe: *Acier Nord* (1930) und *Peignot* (1936) als Textschriften und schließlich *Cassandre* (1968). Cassandre leitete neben seiner Lehrtätigkeit von 1934–1935 an der École des Arts Décoratifs seine eigene kleine Designschule, zu deren Absolventen **Raymond Savignac**, Bernard Villemot (1911–1989) und André François (geb. 1915) gehörten. 1963 entwarf er das berühmte YSL-Monogramm für Yves Saint Laurent. Fünf Jahre später nahm sich Cassandre das Leben.

▾ Plakat für die French Line, ca. 1930

◂ Kunststofftisch aus Spritzguß *Modell Nr. 4300* für Kartell, 1982

Anna Castelli Ferrieri

geb. 1920 *Mailand*

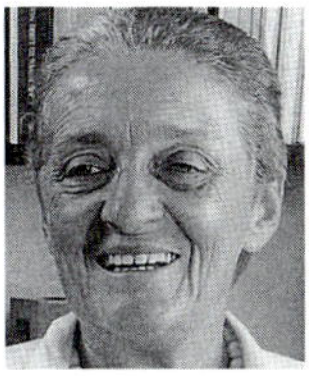

Anna Ferrieri studierte von 1938 bis 1943 bei **Franco Albini** am Politecnico di Milano und arbeitete später eine Zeit lang in dessen Studio. 1943 heiratete sie den Chemieingenieur Giulio Castelli, der 1949 die Firma für Kunststoffprodukte **Kartell** gründete. Sie war Gründungsmitglied des Movimento Studi per l'Architettura in Mailand und eröffnete dort 1946 ihr eigenes Architekturbüro. Im folgenden Jahr war sie Redakteurin der Zeitschrift *Casabella-Costruzioni*, sowie fünf Jahre lang italienische Korrespondentin für die Londoner Zeitschrift *Architectural Design*. 1952 trat sie dem Istituto Nazionale di Urbanistica bei und wurde vier Jahre später Gründungsmitglied von ADI (Associazione per il Disegno Industriale). Von 1959 bis 1973 arbeitete sie zusammen mit Ignazio Gardella (geb. 1905) an Architekturprojekten. 1965 wandte sie ihre Aufmerksamkeit dem Industriedesign zu und nahm ein Jahr später die Arbeit als Designberaterin bei Kartell auf, wo sie Gegenstände aus hochmodernem Kunststoff entwarf. Ihr beispielhaftes, zylindrisches Behältersystem *4953–54–55–56* aus spritzgussgeformtem ABS-Kunststoff (1969) konnte gestapelt und kombiniert werden und bot dadurch flexiblen Stauraum. Für den Hocker *4830* von 1979 verwendete Castelli Ferrieri einen Rahmen, der Metallrohr mit dem ABS-Kunststoff verband, während der Sitz aus steifem, gedehntem Polyurethan geformt war. Zu ihren anderen bedeutenden Designs gehören ihr zusammenklappbarer Tisch *4300* (1982) und der Tisch *4310* (1983) aus verbessertem Technopolymer. Als Expertin für Kunststofftechnologie wurde Anna Castelli Ferrieri zur Designdirektorin von Kartells hauseigenem Designatelier Centrokappa ernannt.

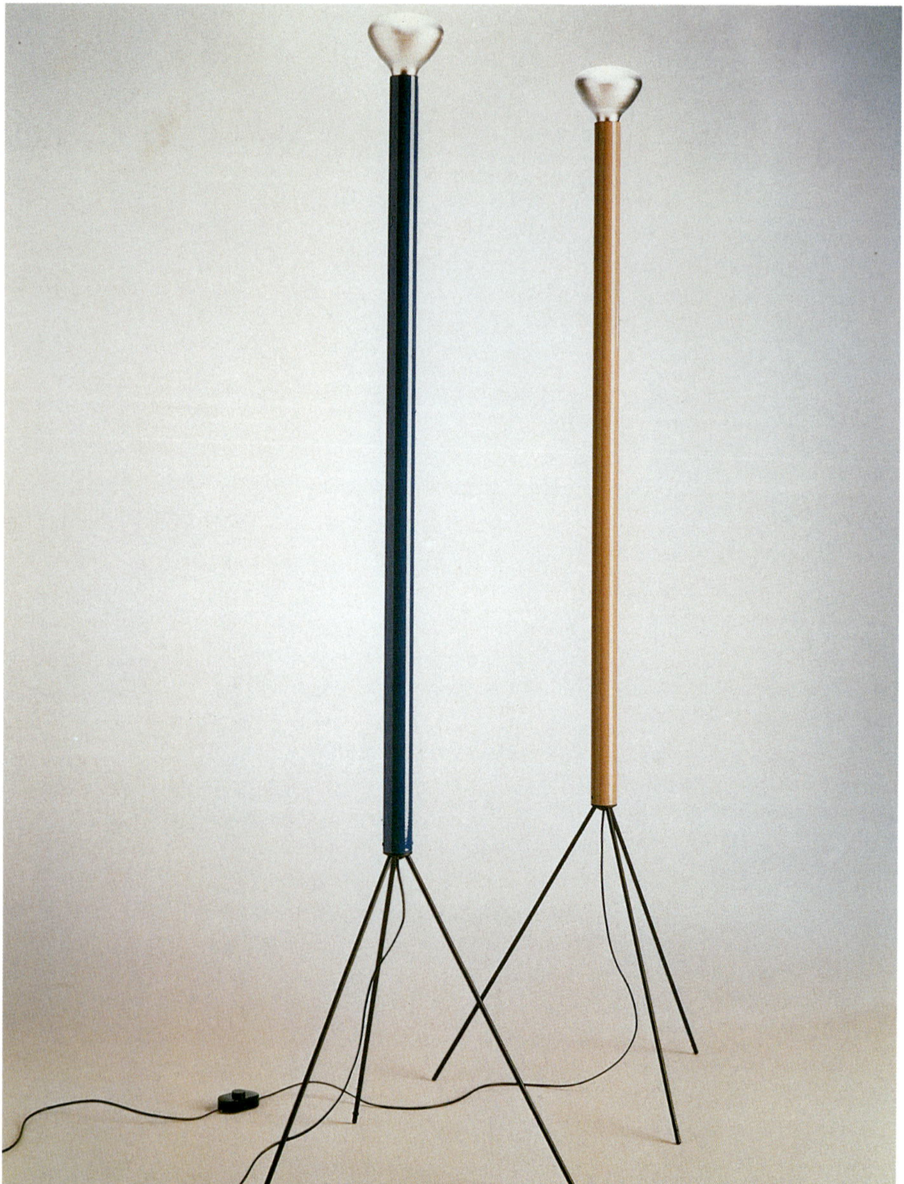

▲ **Achille & Pier Giacomo Castiglioni**, Stehlampe
Luminator für Gilardi und Artform, 1955

► **Achille Castiglioni**, ausrichtbare
Tischlampe *Gibigiana* für Flos, 1980

Livio, Pier Giacomo & Achille Castiglioni

Livio Castiglioni

1911 *Mailand*
1979 *Mailand*

Der älteste der Brüder Castiglioni, Livio, studierte am Politecnico di Milano Architektur und machte 1936 seinen Abschluss. Zwei Jahre später eröffnete er gemeinsam mit Pier Giacomo und Luigi Caccia Dominioni (geb. 1913) ein Atelier, in dem sie Bestecke aus Silber und Aluminium entwarfen. Ihr auffälligstes Design war *Phonola* (1939), das erste italienische Radio aus Bakelit, das die Zukunft des Radiodesigns, bislang hauptsächlich auf Holzverkleidungen beschränkt, verändern sollte. Das Design erhielt eine Goldmedaille bei der VII. Mailänder Triennale von 1940, auf der die Gestalter auch eine ganze Ausstellung von Radios organisierten. Von 1940 bis 1960 arbeitete Livio für die Firma Phonola als Designberater, danach bis 1964 für Brionvega. Von 1959 bis 1960 war er Präsident der ADI (Associazione per il Disegno Industriale). Des Weiteren entwarf er viele audiovisuelle Präsentationen und arbeitete mit seinen jüngeren Brüdern an mehreren Beleuchtungsprojekten. Sein bekanntestes Design, die schlangenartige Lampe *Boalum* (1970), wurde gemeinsam mit Gianfranco Frattini (geb. 1926) ausgeführt. Pier Giacomo und Achille Castiglioni machten ihre Abschlüsse am Politecnico di Milano 1937 bzw. 1944. Achille stieß dann zum Designstudio seiner älteren Brüder an der Piazza Castello, das in den Nachkriegsjahren Aufträge zur Stadtplanung und Architektur übernahm und sich mit Ausstellungsgestaltung und Produktdesign beschäftigte. Die Brüder waren überaus aktiv und halfen bei der Etablierung der Mailänder Triennale, des **Compasso d'Oro** und der ADI. Als Livio 1952 aus der Partnerschaft austrat, produzierten die beiden jüngeren Brüder bis zu Pier Giacomos Tod im Jahr 1968 weiter gemeinsame Entwürfe. Sie gestalteten die Ausstellung »Colori e forme nella casa d'oggi« in der Villa Olmo in Como, wo sie zum ersten Mal ihre »Ready-made«-Designs von 1957 präsentierten: den Hocker

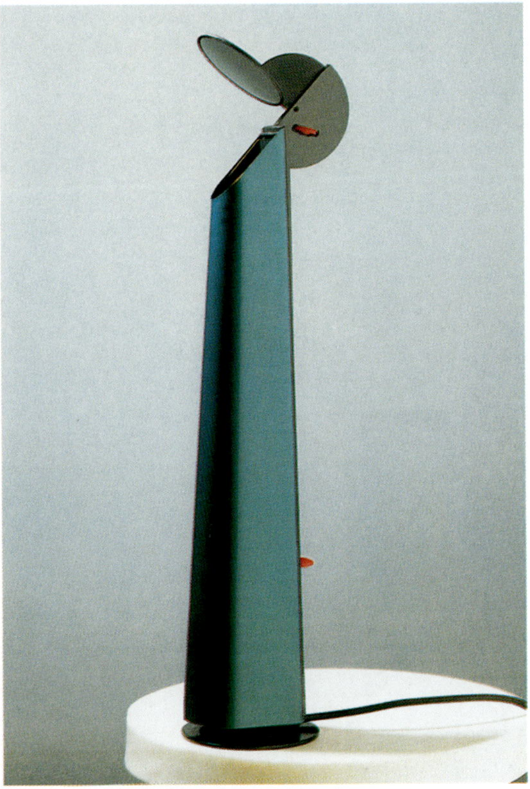

Pier Giacomo Castiglioni

1913–1968 *Mailand*

▼ **A. & P. G. Castiglioni**, Ready-made-Hocker *Sella*, 1957

▼▶ **A. & P. G. Castiglioni**, Ready-made-Hocker *Mezzadro*, 1957 (beide von Zanotta)

Mezzadro mit einem Traktorsitz und den Telefonhocker *Sgabello per Telefono*, der wie der Hocker *Sella* mit einem Fahrradsattel ausgestattet ist. Die Brüder Castiglioni schufen jedoch auch weniger radikale Designs, wie z. B. den Neo-Liberty-Sessel *Sanluca* (1959) für den Möbelhersteller Dino Gavina, dessen Mailänder Firmenbüros sie 1963 gestalteten. Weitere beachtenswerte Kreationen von Pier Giacomo und Achille Castiglioni sind die Schreibtischlampen *Tubino* (1951) und *Taccia* (1962) und die Stehlampen *Luminator* (1955) und *Arco* (1962). 1966 entwarfen sie den Sitz *Allunaggio*, der von der ersten Mondlandung inspiriert war. Auf der langen und namhaften Kundenliste stehen **Kartell**, Zanotta, Brionvega, Bernini, Siemens, **Knoll**, Poggi, Lancia, Ideal Standard und Bonacina.
Nach dem Tod von Pier Giacomo arbeitete Achille weiter im Industriedesign und schuf so bekannte Werke wie die Tischlampe *Lampadina* (1972) und die ausrichtbare Tischlampe *Gibigiana* (1980) für Flos sowie ein Essig-und-Öl-Set von 1980–1984 für Alessi. Die Brüder hatten großen Einfluss auf die folgende Generation italienischer Designer, denn Pier Giacomo unterrich-

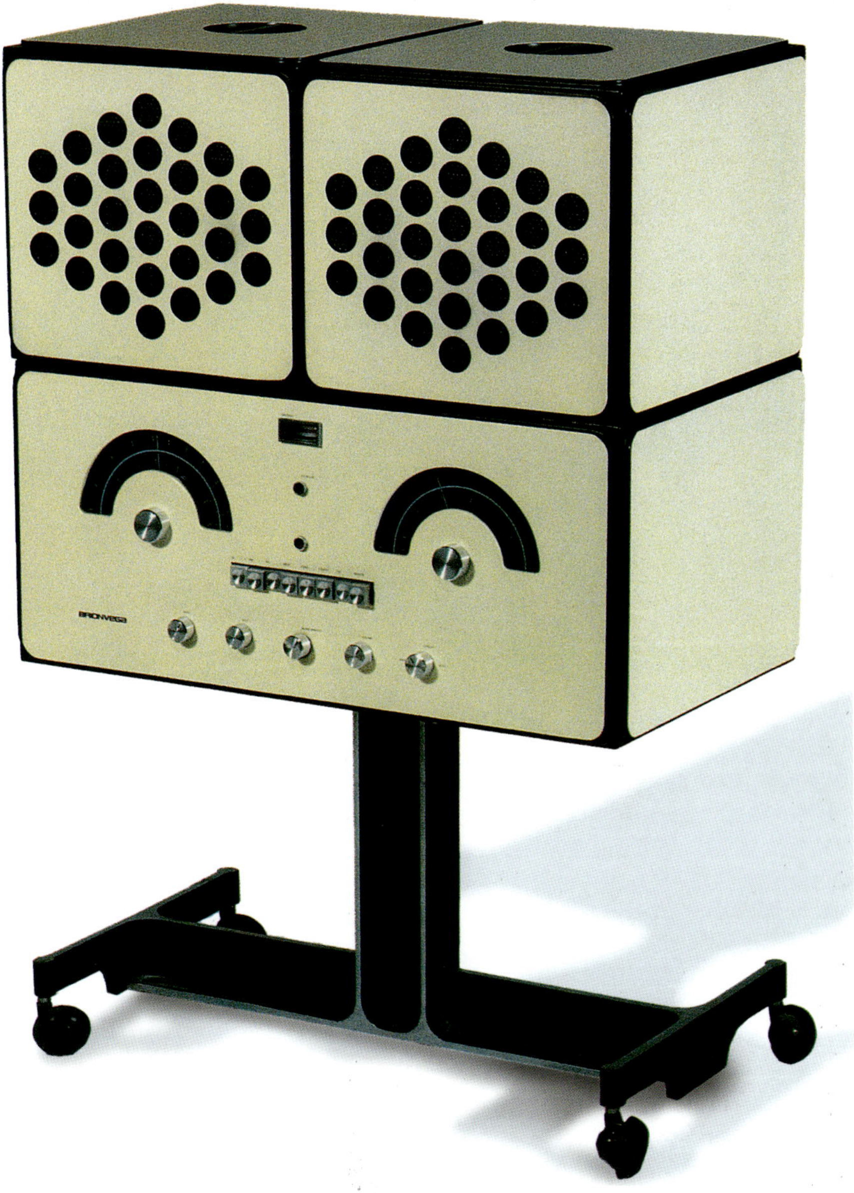

▲ **Achille & Pier Giacomo Castiglioni**, Stereo-Radiogrammophon mit Lautsprechern für Brionvega, 1966

Achille Castiglioni
geb. 1918 *Mailand*

tete von 1946 bis 1968 am Politecnico di Milano und Achille war von 1970 bis 1977 Professor für künstlerisches Industriedesign sowie von 1977 bis 1980 Professor für Innenarchitektur und -design am Politecnico di Torino. Zudem war Achille Castiglioni erst von 1981 bis 1986 Professor für Raumgestaltung am Politecnico di Milano und später auch Professor für Industriedesign. Im Laufe seiner langen Karriere, die sich über ein halbes Jahrhundert hinzog, wurde Achille Castiglioni mit acht Compassi d'Oro und zahlreichen anderen Designpreisen ausgezeichnet. Wenngleich die Designsprache, die er und seine Brüder propagierten, im **Rationalismus** fußte, fand sie doch durch ironischen Humor und skulpturale Form ihren Ausgleich, eine ungewöhnliche Erscheinung im Design, die »rationaler Expressionismus« genannt wurde. Gekoppelt mit der auffällig einheitlichen Qualität seiner Designs, die sowohl strukturell innovativ als auch ästhetisch ansprechend waren, machte dies Achille Castiglioni zu einem der wichtigsten italienischen Designer des 20. Jahrhunderts.

◂ **Livio Castiglioni & Gianfranco Frattini**, Lampe *Boalum* für Artemide, 1969

▲ **Achille Castiglioni**,
Essig-und-Öl-Set
AC01 für Alessi, 1980

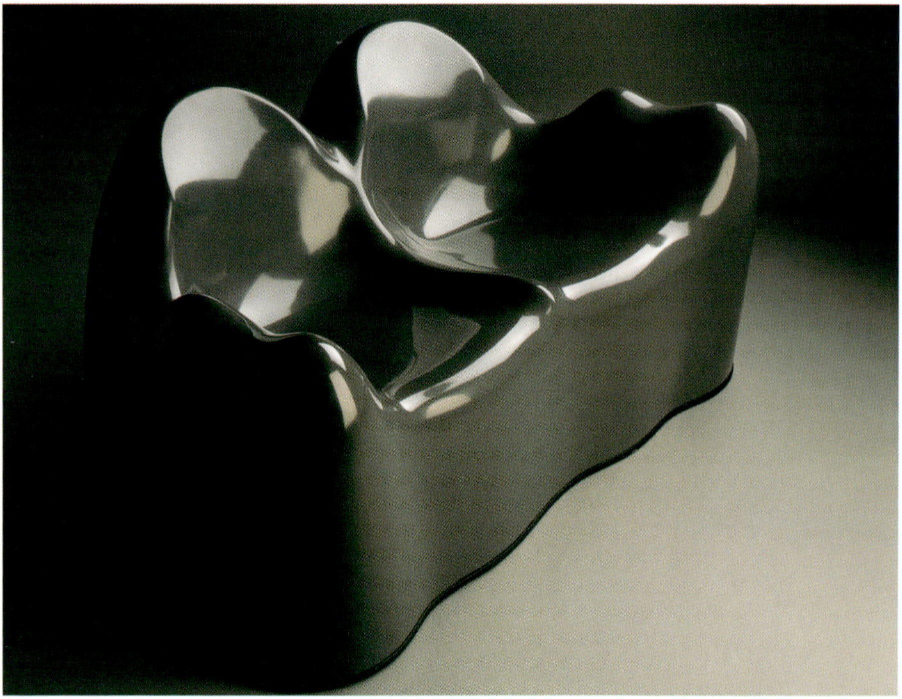

Wendell Castle

geb. 1932 *Emporia, Kansas, USA*

Wendell Castle studierte an der University of Kansas Bildhauerei. Seine kurzzeitigen Experimente mit Glasfaser in den 60er Jahren beeinflussten die organischen Sitzmöbelserien *Castle* und *Molar* (beide 1969). Letztere war von der Form von Backenzähnen inspiriert. Ab etwa 1970 widmete sich Castle dem Entwurf und der Herstellung von Möbeln aus Schichtholz, wie z.B. den *Two-Seater love-seat* (1979). Ab 1976 schuf er Möbel aus massivem Holz, für die er Trompe-l'œil-Schnitztechniken meisterhaft anwandte, wie z. B. bei seinem *Coatrack with Trench Coat* oder dem *Chair with Sports Coat* (beide von 1978). 1980 gründete Castle eine Schule zur Ausbildung von Kunsthandwerkern für den Werkstoff Holz, den Wendell Castle Workshop, und konzentrierte sich dann auf ein vom **Art déco** inspiriertes Design. Die Produkte bestanden aus exquisit verarbeiteten, exotischen Materialien und Castle hatte vor, »dort zu beginnen, wo **Jacques-Émile Ruhlmann**, der letzte der großen *ébénistes*, aufgehört hatte«. Mitte der 80er Jahre fand er zu einem eher expressionistischen Stil. Die Oberflächen seiner späteren Arbeiten, wie bei dem Schreibtisch und Stuhl *Dr. Caligari* (1986), waren bemalt oder gebeizt, ihre Formen eher symbolistisch.

▲ Sofa *Molar* für Beylerian, 1969

◂ **Don Chadwick & Bill Stumpf**, Bürostuhl *Aeron* für Herman Miller, 1992

Don Chadwick

geb. 1936 *Los Angeles*

Don Chadwick studierte an der University of California in Los Angeles Industriedesign und machte 1959 seinen Abschluss. Anschließend arbeitete er im Architekturbüro von Victor Gruen & Associates und eröffnete dann 1964 sein eigenes Designbüro in Los Angeles. Zu seinen ersten Entwürfen gehörten Geräte für Luftaufnahmen und für die Raumfahrtindustrie. Zehn Jahre später entwarf er das Sitzmöbelsystem *Modular Seating* für **Herman Miller**, bei dem kaltausgehärtetes Polyurethan verwendet wurde. Mit dem früheren stellvertretenden Leiter der Abteilung für Designforschung bei Herman Miller, **Bill Stumpf**, gründete Chadwick im Jahr 1977 eine Firma, die Designagentur Chadwick, Stumpf & Associates in Winona, Minnesota. Zu den bemerkenswertesten Designs des Büros gehören hochmoderne Bürotische und -sitzmöbel für Herman Miller, wie beispielsweise das Schreibtischsystem *C-Forms* (1979), ergonomische Sitzmöbelprogramme wie *Ergon* (1970–1976) und *Equa* (1984) sowie der höchst innovative Bürostuhl *Aeron* (1992), bei dem Sitz und Rückenlehne aus atmungsaktivem Polyestergewebe bestehen.

Pierre Chareau

1883 *Bordeaux*
1950 *Easthampton, Massachusetts, USA*

Pierre Chareau arbeitete von ca. 1899 bis 1914 in Paris als Zeichner für die britische Möbelfirma Waring & Gillow. 1919 eröffnete er sein eigenes Design- und Architekturbüro für Möbel und Leuchten. Er gestaltete auch Inneneinrichtungen, wie z. B. eine Arbeits- und Schlafzimmerausstattung für die Pariser Wohnung von Annie Dalsace. Noch im selben Jahr wurden diese Suiten, einschließlich ihrer eigens angefertigten Einrichtung, im Salon d'Automne ausgestellt. Im Salon des Artistes Décorateurs stellte er das erste Mal 1922 aus und da er sich nunmehr als legitimes Mitglied der Pariser **Avantgarde** sah, legte er eine Sammlung von Arbeiten u. a. von Modigliani, Braque, Klee, **Raoul Dufy**, Ernst und Mondrian an. Ein Jahr später entwarf Chareau zusammen mit Fernand Léger (1881–1955) und **Robert Mallet-Stevens** die Kulissen für Marcel L'Herbier's Film *L'Inhumaine*. Bei La Boutique, Chareaus eigenem 1924 eröffnetem Geschäft, arbeitete er mit dem Metallarbeiter Louis Dalbert zusammen und stellte die gefertigten Werke im selben Jahr auf der Ausstellung »Groupe des Cinq« aus. Zudem präsentierte Chareau seine Möbel und Inneneinrichtungen 1925 bei der »Exposition Internationale des Arts Décoratifs et Industriels Modernes« in Paris, wo er auch den holländischen Architekten Bernard Bijvoet (1889–1979) kennenlernte. Später sollte Chareau mit Bijvoet einige Auftragsarbeiten übernehmen, so z. B. das Clubhaus in Beauvallon (1926) für Émile Bernheim und die revolutionäre Stahl- und Glaskonstruktion der Maison de Verre in Paris

▾ Seidenstoff *Les Cigares*, 1929–1930

▲ Bürotisch *Modell Nr. MB 744*, 1927

(1928–1933), entworfen für Jean und Annie Dalsace. 1925 entwarf Chareau die Möbel für das Atelierhaus, das **Le Corbusier** für Jacques Lipchitz gebaut hatte. Ende der 20er Jahre entfernten sich Chareaus Designs vom traditionellen französischen *décorateur*-Stil und wurden ausgesprochen modern. Zweifellos von Le Corbusier beeinflusst, waren seine Raumgestaltung sowie seine Architektur nun als »Wohnmaschinen« gedacht, seine Möbel sollten als »Ausrüstung« dienen. Chareau verließ die Société des Artistes Décorateurs 1929 und wurde Gründungsmitglied der UAM (Union des Artistes Modernes). Während der Wirtschaftskrise der 30er Jahre blieben die Aufträge spärlich; doch schon 1936 sollte er beim Salon d'Automne zusammenklappbares Schulmobilar ausstellen. Seine letzte französische Auftragsarbeit bestand 1939 aus dem Design von Möbeln aus Kisten, die für in den Kolonien eingesetzte Soldaten bestimmt waren. Im Herbst 1940 emigrierte Chareau nach Amerika. In New York arbeitete er für den französischen Kulturattaché und arrangierte Ausstellungen über Balzac und Daumier. Eines seiner letzten Projekte war die Umwandlung einer Wellblechhütte in ein Wochenendhaus für den Künstler Robert Motherwell (1915–1991) in East Hampton, Long Island.

Serge Ivan Chermayeff

1900 *Grosny, Aserbaidschan*
1996 *Wellfleets, Massachusetts, USA*

Serge Ivan Chermayeff emigrierte 1910 nach Großbritannien und ließ sich in London nieder. Gemeinsam mit **Paul Follot** leitete er von 1928 bis 1931 das Modern Art Studio der Möbelfirma Waring & Gillows. Ein Jahr darauf beendete er seine Ausbildung zum Architekten und führte von 1931 bis 1933 ein eigenes Design- und Architekturbüro. Mit dem Architekten Erich Mendelsohn (1887–1953) entstanden der Pavillon De La War in Bexhill-on-Sea (1933–1936), das Nimmo House in Chalfont-St-Giles (1934–1935) und das Levy House in London (1935–1936). 1937 machte sich Chermayeff erneut selbständig und wurde Mitglied von MARS (Modern Architectural Research Group). Während der 30er Jahre war Chermayeff einer der Vorreiter des **Internationalen Stils** in Großbritannien und er entwarf Radiogehäuse aus Bakelit für Ekco sowie Stahlrohrmöbel für **PEL**. Er emigrierte 1939 in die Vereinigten Staaten, war dort zunächst als Stadtplaner und Architekt beschäftigt und wurde 1940 Direktor der Designabteilung des **Institute of Design, Chicago**. Von 1942 bis 1946 war Chermayeff Leiter des Fachbereichs für Kunst am Brooklyn College in New York und kehrte 1946 an das Institute of Design in Chicago zurück, dessen Präsident er wurde.

▲ Entwurf für ein Arbeitszimmer, 1928–1929

Chermayeff & Geismar

gegründet 1960
New York

Ivan Chermayeff (geb. 1932), Sohn von **Serge Ivan Chermayeff**, studierte von 1950 bis 1952 an der Harvard University, danach zwei Jahre am **Institute of Design, Chicago**, und schließlich ein weiteres Jahr an der School of Art and Architecture der Yale University, wo er Thomas Geismar (geb. 1932) kennenlernte. Gemeinsam mit Robert Brownjohn (1925–1970) gründeten sie 1956 ein Atelier für Grafikdesign namens Brownjohn, Chermayeff & Geismar. Zwei Jahre später gestalteten sie eine Auslage für den amerikanischen Pavillon bei der Brüsseler Weltausstellung, die aus Bildern von Fragmenten des amerikanischen Alltags bestand. 1960 eröffneten Ivan Chermayeff und Thomas Geismar das Designbüro Chermayeff & Geismar und nahmen Aufträge im Grafikdesign an. Dazu gehörten z. B. über einhundert **Corporate-Design**-Programme für Kunden wie die Chase Manhattan Bank, Xerox, Mobil Oil und das **Museum of Modern Art, New York**. Ihr abstraktes Firmenzeichen für die Chase Manhattan Bank (1960) diente als Prototyp für ähnliche Aufträge und ebnete den Weg für größere Abstraktion im Bereich der Unternehmens-Logos. Die Firma übernahm auch die Gestaltung der amerikanischen Präsentation auf den Expos '67 sowie '70 und entwarf 1987 das Firmenzeichen von NBC, den berühmten regenbogenfarbenen Pfau. Die Geschäftsphilosophie des Betriebs beruht auf dem Prinzip, zunächst zu verstehen, worum es geht, und dann eine den Bedürfnissen entsprechende, maßgeschneiderte Lösung zu finden. Wenngleich das Unternehmen angeblich keinen besonderen Hausstil besitzt, weist seine Arbeit doch Verwandtschaft mit der geometrischen Abstraktion, dem Minimalismus, Dada und der Pop Art auf. Die typischen Designs sind klar, direkt und vielschichtig, sie wecken Erinnerungen, sind oft überraschend und befinden sich doch im Einklang mit dem Zeitgeist. In Verbindung mit der gleichmäßigen Qualität ihrer innovativen Produkte macht dies Chermayeff & Geismar zur vielleicht einflussreichsten Grafikdesignfirma Amerikas, wenn nicht der ganzen Welt.

▼ **Tom Geismar**, Logo für Graphics Arts USA, 1963

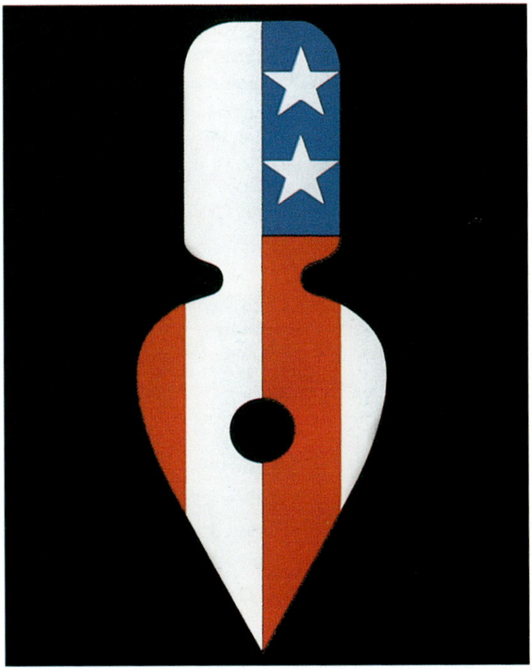

Pietro Chiesa

1892 *Mailand*
1948 *Paris*

Bevor er eine Lehre im Atelier des Möbel- und Raumgestalters Giovan Battista Gianotti absolvierte, studierte Pietro Chiesa in Grenoble und Turin. 1921 eröffnete er sein Atelier, die Botega di Pietro Chiesa in Mailand, wo er hauptsächlich Entwürfe in seinem Lieblingsmaterial Glas produzierte. Vier Jahre später stellte er seine Arbeiten bei der Pariser »Exposition Internationale des Arts Décoratifs et Industriels Modernes« aus und arbeitete dann mit Gustavo Pulitzer an einem Entwurf für die Glasur der italienischen Kriegsschiffe *Saturnia*, *Vulcania*, *Conte Grande* und *Conte di Savoia*. Chiesa gründete 1927 gemeinsam mit **Gio Ponti**, Michele Marelli, Tomaso Buzzi, Emilio Lancia und **Paolo Venini** den Verband »Il Labirinto« zur Herstellung qualitativ hochwertiger Möbel im **Novecento**-Stil. Die Vereinigung, deren Ziel es war, den Einfluss der dekorativen Künste auf Wohnräume zu erweitern, präsentierte ihre Arbeiten bei der III. Biennale von Monza. Chiesas Beiträge bestanden aus monochromen, geometrischen Mustern und Opalglas. Die Botega di Pietro Chiesa ging 1933 in der Firma Fontana Arte auf, die von Gio Ponti und Luigi Fontana neu gegründet worden war. Anfangs konzentrierte sich Fontana Arte auf das Design und die Herstellung von Möbeln, einfachen Instrumenten und Glas, wobei die Firma später eher für ihre Beleuchtungsdesigns bekannt wurde. Als künstlerischer Leiter des Unternehmens entwarf Chiesa rund 1500 Prototypen. Er zersplitterte, formte und schliff das Glas, als handele es sich um ein wertvolles Material, und schuf damit raffinierte Designs, wie z. B. den Glastisch *2633* von 1933. Chiesa war einer der Hauptvertreter des italienischen **Art déco** und so wurden seine Arbeiten oft ausgestellt, z. B. bei der Biennale von Monza von 1923, 1925, 1927 und 1930, der Biennale von Venedig (1924 und 1925), der »Exposición Internacional de Barcelona« (1929 und 1930) und den Ausstellungen dekorativer Kunst in Paris (1935 und 1937), Berlin (1937) und Buenos Aires (1938). Wenngleich die von ihm erfundenen Formen vom Konzept her einfach waren, besaßen sie doch eine gewisse Monumentalität, was seine Stehlampe *Luminator* aus dem Jahr 1936 besonders gut veranschaulicht.

▾ Stehlampe *Luminator* für Fontana Arte, 1936

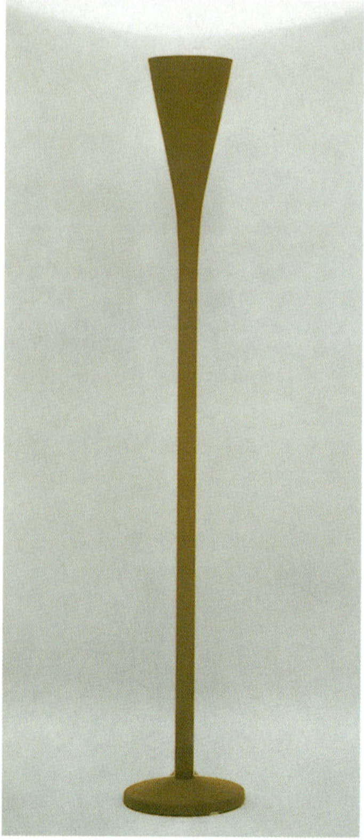

◂ **Antonio Citterio & Glen Oliver Löw**, *Modell Nr. AC1* aus der *Citterio Collection* für Vitra, 1990

Antonio Citterio

geb. 1950 *Meda, Italien*

Antonio Citterio studierte bis 1972 am Politecnico di Milano Architektur und machte 1972 seinen Abschluss. Noch im selben Jahr eröffnete er in Lissone ein eigenes Studio, dem Paolo Nava 1973 beitrat. Diese Zusammenarbeit sollte bis 1981 dauern. Überdies war er mit Gregotti Associati an der Restaurierung der Brera in Mailand beteiligt. 1981 eröffnete er sein eigenes, unabhängiges Büro und arbeitete ab 1987 mit seiner Frau, der amerikanischen Architektin Terry Dwan (geb. 1957) zusammen. Ihr Designbüro Citterio-Dwan übernahm den partiellen Wiederaufbau der Pinacoteca di Brera sowie die Gestaltung von Ausstellungsräumen für B&B Italia, **Vitra** und einiger Ladenlokale für Esprit. Zudem entwickelte Citterio-Dwan ein Büromöbelsystem für **Olivetti**. Unter anderem hat Citterio im Laufe seiner Karriere Leuchten und Möbel für **Artemide**, **Kartell**, B&B Italia, Flexform und Moroso entworfen. Sein bemerkenswertestes Design ist ein Bürositzmöbelsystem, die *Citterio* Collection (1990), entworfen mit Glen Oliver Löw für Vitra, das anatomisch abstützt, ohne die Bewegungsfreiheit einzuschränken. Citterio ist Mitglied der ADI (Associazione per il Disegno Industriale) und hat an der Domus Academy gelehrt. Er erhielt 1979 und 1987 **Compasso-d'Oro**-Auszeichnungen.

Clarice Cliff

1899 *Tunstall/ Staffordshire, Großbritannien*
1972 *Newcastle-under-Lyme, Großbritannien*

Clarice Cliff begann schon im Alter von dreizehn Jahren, im Atelier des Töpfers Lingard Webster zu arbeiten und Tonkeramiken von Hand zu bemalen. Sie nahm außerdem an Malereikursen der School of Art in Tunstall teil und arbeitete eine Zeit lang für Hollinshead & Kirkham in Tunstall, wo sie sich Lithografietechniken zur Dekoration von Keramik aneignete. Vier Jahre lang war sie in der Töpferei von A. J. Wilkinson (Royal Staffordshire Pottery) in Stoke-on-Trent beschäftigt, einem wichtigen Zentrum der Töpferindustrie, und dort lernte sie auch ihren späteren Ehemann Colley Shorter kennen, der die Firma leitete. Sie belegte ein Jahr lang Abendkurse in Malerei an der School of Art in Burslem und eröffnete 1926 bei A. J. Wilkinson ihr eigenes Atelier zur Dekoration von Keramik, wo sie alte Prototypen aus der nahen Newport Pottery (einer Nebenstelle von A. J. Wilkinson) mit handgemalten, farbenfrohen **Art-déco**-Mustern verzierte. Von 1929 bis 1935 war Cliff bei der Newport Pottery angestellt und fertigte eine bunte Keramikserie, die als *Bizarre* bekannt wurde. Die Designerin wurde derart erfolgreich, dass andere Maler angeworben wurden, um die Designs in ihrem eigenwilligen Stil auszuführen, so z. B. ihre späteren Serien *Fantasque* und *Biarritz*. 1934 kehrte sie zu Wilkinson zurück und überwachte als künstlerische Leiterin der Firma die Herstellung und Verzierung der *Bizarre*-Designs, die von Künstlern wie Paul Nash (1889–1946), Dame Laura Knight (1877–1970), Duncan Grant (1885–1978) und Vanessa Bell (1879–1961) angefertigt wurden. Auf dem Höhepunkt der Popularität von *Bizarre* gegen Mitte der 30er Jahre beschäftigte die Werkstatt rund 150 Künstler. Cliff kombinierte die Traditionen der Ateliertöpferei mit dem zeitgenössischen Art-déco-Stil, was zu einem bunten, stark geometrischen Mischdesign führte.

▾ Vase *Bizarre* für die Newport Pottery, ca. 1930

▸ Sessel *Tongue* für SCP, 1989

Nigel Coates

geb. 1949 *Malvern/ Worcestershire, Großbritannien*

Nigel Coates studierte an der Architectural Association in London von 1972 bis 1974 Architektur und lehrte dort ab 1979 selbst für ein Jahrzehnt. Gemeinsam mit Doug Branson (geb. 1951) gründete er 1985 Branson Coates Architects und hat seither an zahlreichen Projekten mitgewirkt, einschließlich an Läden für Jasper Conran (1986), Katherine Hamnett (1988) und Jigsaw (ab 1993) sowie an der Erotic Design Exhibition des Design Museums (1997), der Ausstellung Powerhouse::UK (1998) und einer neuen Galerie im Geffrye Museum (1998), alle in London. Weiterhin hat Coates viele Architekturprojekte in Japan übernommen. Neben seinem Engagement in Architektur und Raumgestaltung hat Coates mehrere beachtenswerte Möbeldesigns produziert, einschließlich des Hockers *Genie* (1988), der Sammlung *Noah* (1988), dem Sessel *Tongue* (1989) und der Reihe *Gallo* (1989) für SCP und Poltronova sowie Vasen für Alessi (1990) und einer Reihe von Schaufensterpuppen für Stockman (1994). Seine ausdrucksvollen Entwürfe sind voller sexueller Anspielungen und besitzen eine Sensibilität für die Großstadt, die Coates' Bewunderung der Lebendigkeit und des Chaos der Metropolen spiegeln. 1995 wurde Coates zum Professor für Architectural Design an das **Royal College of Art, London,** berufen.

Wells Coates

1895 *Tokio*
1958 *Vancouver*

Wells Coates wurde in Tokio geboren, wo sein kanadischer Vater als Missionar tätig war. Seine Mutter war Schülerin der Architekten Louis Sullivan (1856–1924) und **Frank Lloyd Wright** in Chicago. Von 1913 bis 1915 studierte Wells Coates an der University of British Columbia in Vancouver Ingenieurwesen, doch sein Studium wurde vom Ausbruch des Ersten Weltkriegs unterbrochen und er wurde als Infanterist eingezogen. Später war er Pilot, kehrte nach dem Krieg an die University of British Columbia zurück und machte 1921 seinen Abschluss. Anschließend zog er nach Großbritannien und promovierte 1924 als Ingenieur an der University of London. Von 1923 bis 1926 war er bei der Zeitung *Daily Express* als Journalist tätig und für kurze Zeit einer ihrer Korrespondenten in Paris. In dieser Zeit sah er Design als Motor für soziale Veränderungen und schrieb von einer humanistischen Warte aus. 1928 entwarf er in London Stoffe für die Crysede Textile Company und Raumausstattungen mit Sperrholzelementen für die Fabrik der Firma in Welwyn Garden City. Ab 1931 war Coates Berater für Jack Pritchards Betrieb Isokon, der auf Sperrholzprodukte spezialisiert und ein Vorreiter der britischen Moderne war. Noch im selben Jahr erhielt Coates von Pritchard den Auftrag, die Siedlung Lawn Road Flats in Hampstead zu gestalten, die seither ein richtungsweisendes Beispiel der britischen **Moderne**-Architektur ist. 1933 war Coates Mitbegründer von MARS (Modern Architecture Re-

▾ Schreibtisch
für PEL, 1933

search Group) und baute Design-Gesellschaften mit Patrick Gwynne (1932) bzw. David Pleydell-Bouverie (1933) auf. Ab 1932 entwarf er eine Serie von Bakelitradios für Ekco, zu denen auch sein berühmtes rundes Radio *Ekco AD65* von 1934 zählt. Diese Geräte waren für die industrielle Herstellung gedacht und gehörten zu den ersten modernen Produkten, die Käufern in Großbritannien zur Verfügung standen. Nach dem Zweiten Weltkrieg arbeitete Coates in Vancouver und entwarf Flugzeuginnenausstattungen für De Havilland und BOAC. In den 50er Jahren gestaltete er Gehäuse für Fernsehgeräte.

▾ Radio *Ekco AD65* für E. K. Cole, 1934

Luigi Colani

geb. 1928 *Berlin*

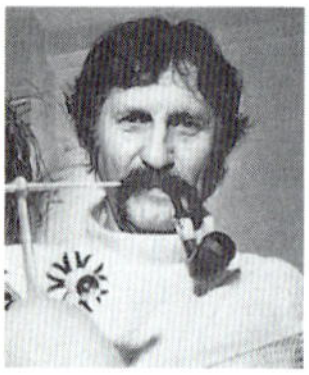

1946 studierte Luigi Colani Bildhauerei und Malerei an der Hochschule der Bildenden Künste in Berlin. Zwei Jahre später ging er zum Studium der Aerodynamik nach Paris und testete Fahrzeugkonzepte für Auto- und Motorradzeitschiften. Von 1952 bis 1953 erforschte Colani für den kalifornischen Flugzeughersteller Douglas geeignete Materialien zur Anwendung bei Hochgeschwindigkeiten. Nach seiner Rückkehr nach Europa im Jahr 1954 arbeitete er u. a. für Alfa Romeo, Lancia, Volkswagen, BMW, Thyssen, Boeing, Rosenthal, Villeroy & Boch und Rockwell (NASA). Die organischen Formen seines Teeservices *Drop* aus Porzellan (1970) für Rosenthal fußten auf ergonomischen und funktionalen Überlegungen und sein farbiges, vielseitig nutzbares *Sitzgerät* (1971–1972) aus Plastik für Erwachsene und *Zocker* (1972) für Kinder ist für sein Interesse an Material und Funktion charakteristisch. 1973 wurde das Colani Design Center in Japan gegründet. Colani siedelte zehn Jahre später dorthin um. Er entwarf 1993 für VOBIS Computer und zwei Jahre später errichtete er ein Colani Design Centre in Lünen. Seine innovativen Designs haben zwar organische Formen, die aus einem tiefen Verständnis von Ergonomie und Aerodynamik hervorgehen, doch sind sie auch verspielt.

▲ Glasfaser-Stühle *Körperform* für Fritz Hansen, 1971–1973

Gino Colombini

geb. 1915 *Mailand*

Gino Colombini arbeitete von 1933 bis 1952 im Architekturbüro von **Franco Albini** und entwarf Geschäfts- und Wohnhäuser sowie Möbel. 1949 wurde er zum technischen Leiter des neuen Plastikherstellers **Kartell** ernannt, für den er viele Produkte für den alltäglichen Gebrauch entwarf. Hierzu gehören ein Teppichschläger (1957), ein Melkeimer (1958), eine Zitronenpresse (1958), eine Lunchbox für Kinder (1958), eine Waschschüssel (1957) und diverse Eimer und Kehrschaufeln (1956–1957). Diese neuartigen und funktionalen Entwürfe gehörten zu den Ersten, die das Potential von Plastik als Material für die Massenherstellung nutzten. Für seine einflussreichen Designs für Kartell erhielt Colombini 1955, 1957, 1958, 1959 und 1960 **Compasso-d'Oro**-Preise.

▲ Zitronenpresse aus Kunststoff für Kartell, 1958

Joe Colombo

1930 *Mailand*
1971 *Mailand*

▲ *Optic*-Wecker für Alessi, 1970

► Tischleuchte *Acrilica* für O-Luce, 1962

Cesare »Joe« Colombo wurde bis 1949 an der Accademia di Belle Arti di Brera in Mailand zum Maler ausgebildet und studierte anschließend bis 1954 am Politecnico di Milano Architektur. 1951 wurde er Mitglied des Movimento Nucleare, das gerade von Sergio D'Angelo (geb. 1931) und Enrico Baj (geb. 1924) gegründet worden war. Die folgenden vier Jahre war Colombo als Maler und Bildhauer des abstrakten Expressionismus aktiv und stellte seine Werke mit anderen Gruppenmitgliedern in Mailand, Como, Brescia, Turin, Palermo, Verviers, Venedig und Brüssel aus. Gegen Ende 1955 wurde Colombo Mitglied der Art Concret Group, gab jedoch 1958 die Malerei auf, um sich einer Designkarriere zu widmen. Vorher hatte er an einer Ausstellung für die X. Mailänder Triennale von 1954 mitgewirkt und die Keramikdesigns der Internationalen Treffen in Albisola dokumentiert. Für diese Triennale schuf Colombo auch drei Sitzgruppen für Außenanlagen, die mit einer »schreinähnlichen« Präsentation von Fernsehgeräten kombiniert waren. Nach dem Tod seines Vaters im Jahr 1959 musste Colombo den Familienbetrieb, der Elektrogeräte herstellte, weiterführen. Er begann, mit neuen Konstruktionsverfahren, Herstellungsmethoden und Materialien zu experimentieren, zu denen auch verstärkte Plasten gehörten. 1962 eröffnete Colombo sein eigenes Designbüro in Mailand, das sich auf Architektur- und Raumgestaltungs-Projekte spezialisierte, meist für Berghütten und Skihotels. Diese frühen Designs zeigen sein Interesse an Strukturen mit stark skulpturalen Eigenschaften. 1964 erhielt Colombo den Preis IN-Arch für seine Raumgestaltung eines Hotels in Sardinien (1962–1964), bei der er

auch Deckenleuchten aus Plexiglasprismen verwendete, die das Licht streuen. Gemeinsam mit seinem Bruder Gianni entwickelte Colombo diese Idee in seinem Design für die Lampe *Acrilica* (1962). Sein erstes Design für **Kartell** war der Stuhl *No. 4801* (1963–1964), der aus drei Sperrholzelementen bestand, die zusammengefügt wurden. Die fließenden Formen dieses Stuhls waren ein Vorgeschmack auf seine späteren Designs mit Plastik, wie z. B. den Stuhl *Universale No. 4860* (1965–1967), der die erste Sitzgelegenheit für Erwachsene aus Spritzguss-Plastik (ABS) war. Weiterhin produzierte Colombo innovative Designs für Möbel, Leuchten, Glas, Türklinken, Pfeifen, Wecker und Armbanduhren. Er gestaltete eine professionelle Kamera, die *Trisystem* (1969), eine Klimaanlage für Candy (1970), Serviertabletts für Alitalia (1970) sowie einen ergonomischen, motorbetriebenen Zeichentisch (1969). Seit Beginn seiner Karriere hatte Colombos Interesse den Wohnsystemen gegolten. Sein früher modularer Container *Combi-Centre* von 1963 ist ein Beispiel dafür. Diese Vorliebe für Möbelsysteme führte zu Entwürfen wie seinem *Additional Living System* (1967–1968) und den Stühlen *Tube* (1969–1970) und *Multi* (1970), die alle variabel zusammengefügt werden konnten und dadurch eine breite Auswahl flexibler Sitzpositionen ermöglichten. Sie reflektierten

▸ Der *Central living block* des *Wohnmodells 1969*, gezeigt bei der Ausstellung Visiona I für Bayer, 1969

▲ Sessel *Elda* für
Comfort, 1963

somit Colombos Hauptziel im Design, die Anpassungsfähigkeit. Seine zukunftsweisendsten Designs waren jedoch die integrierten Mikrowohnwelten. Hierzu gehörten sein Visiona-Lebensraum der Zukunft, der bei Bayers Visiona-Ausstellung von 1969 gezeigt wurde und aus einem »Barbarella-artigen« Raumfahrtinterieur bestand, in dem Möbel zu Strukturelementen wurden und umgekehrt. Traditionelle Möbelstücke wurden durch funktionelle Einheiten wie z. B. die Sitzblöcke *Night-Cell* und *Central-Living* sowie die *Kitchen-Box* ersetzt, um so einen dynamischen, multifunktionalen Lebensraum zu schaffen. Für seine eigene Wohnung entwarf Colombo die Einheiten *Roto-living* und *Cabriolet-Bed* (beide 1969), gefolgt von *Total Furnishing Unit* (1971), einem überaus einflussreichen »Uniblock«-Design. Die *Total Furnishing Unit*, die bei der Ausstellung »Italy: The New Domestic Landscape« am **Museum of Modern Art, New York**, 1972 gezeigt wurde, sollte eine komplette Wohnmaschine darstellen und setzte sich aus vier verschiedenen Teilen zusammen: Küche, Schrank, Bad und Schlafzimmer – alles auf 28 Quadratmetern. Colombo entwarf Produkte für O-Luce, **Kartell**, Bieffe, **Alessi**, Flexform und Boffi und erhielt 1967 und 1968 Preise der ADI (Associazione per il Disegno Industriale) sowie den Preis **Compasso d'Oro** im Jahr 1970. Seine erstaunlich fruchtbare und ruhmreiche Karriere wurde 1971 auf tragische Weise beendet, als Colombo im Alter von nur 41 Jahren an Herzversagen starb.

▾ Lampe *Spider* für O-Luce, 1965

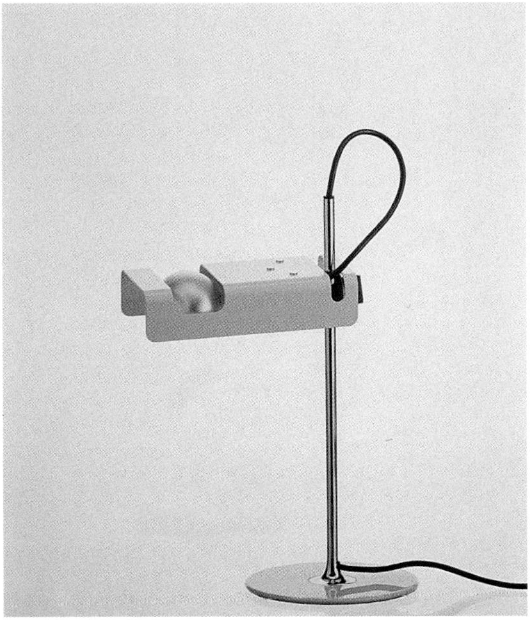

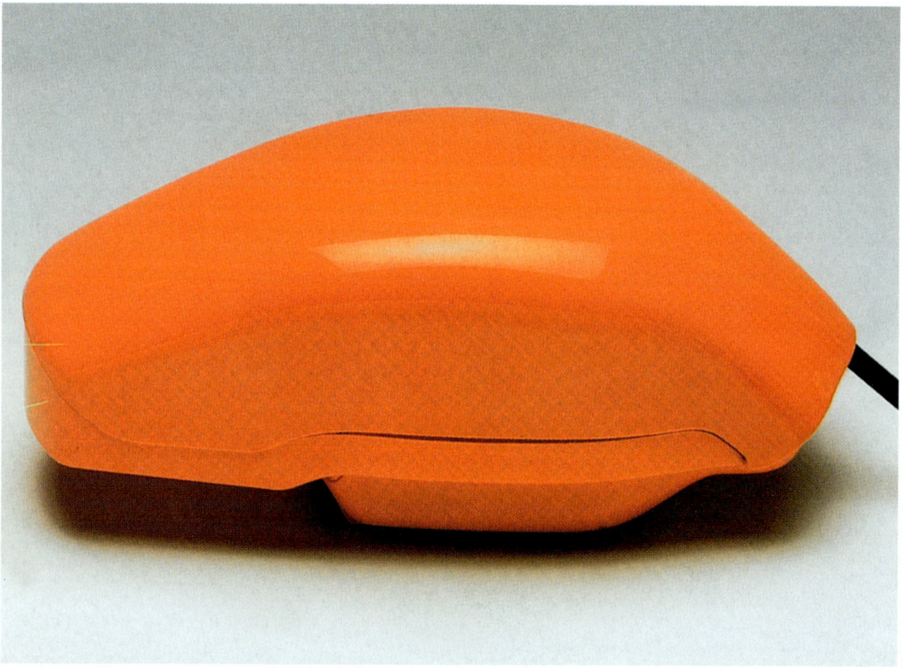

Compasso d'Oro

erstmals vergeben
1954 *Mailand*

Die Auszeichnung Compasso d'Oro wurde 1954 von Aldo Borletti, dem Eigentümer des Kaufhauses La Rinascente ins Leben gerufen. Laut Borletti sollte sie »Industrielle und Kunsthandwerker ermutigen, ihr Produktionsniveau hinsichtlich der Technologie sowie der Ästhetik anzuheben«. Anfangs wurde nur das Design von Objekten ausgezeichnet, die von La Rinascente vertrieben wurden. Ab 1959 half die ADI (Associazione per il Disegno Industriale) bei der Organisation des Preises und übernahm 1967 vollständig seine Verwaltung. Der Verband erweiterte Umfang und Art der teilnahmeberechtigten Produkte und sicherte dadurch die internationale Anerkennung des Compasso d'Oro. Zu den bedeutendsten Gewinnern des Preises gehören **Marcello Nizzoli** für die Schreibmaschine *Lettera 22* für Olivetti (ausgezeichnet 1954) und für die Nähmaschine *Mirella* für Necchi (1957), **Marco Zanuso** und **Richard Sapper** für das Fernsehgerät *Doney 14* für Brionvega (1962) sowie das Telefon *Grillo* für Siemens (1966), **Achille** und **Pier Giacomo Castiglioni** für ihren Staubsauger für R. E. M. (1957) und **Mario Bellini** für das Plattenspieler/Radiogerät *Totem* für Brionvega (1979).

▲ **Marco Zanuso & Richard Sapper**, Telefon *Grillo* für Siemens, 1966

▸ Habitat-Geschäft, frühe 70er Jahre

Terence Conran

geb. 1931 *London*

Terence Conran studierte bei Eduardo Paolozzi (geb. 1924) an der Central School of Arts & Crafts in London von 1949 bis 1950 Textildesign. Danach entwarf er ein Jahr lang am Rayon Industry Design Centre in London Textilien und gestaltete ab 1951 für das Design- und Architekturbüro von Dennis Lennon & Associates in London Inneneinrichtungen. Im Jahr darauf ließ er sich unter dem Namen Conran & Co. als selbständiger Möbel- und Textildesigner nieder und entwarf für Edinburgh Weavers, John Lewis Partnership sowie Simpsons of Piccadilly. Conran eröffnete nach einem weiteren Jahr mit Ian Storey eine erfolgreiche Kette preiswerter Restaurants mit dem Namen »Soup Kitchen«. Mit John Stephenson gründete er 1956 die Conran Design Group, die später als Conran Associates bekannt wurde. Acht Jahre später begann Conran mit dem Verkauf von Möbeln und Interior Design-Objekten: der erste Habitat-Laden eröffnete an der Fulham Road in London. Er entwickelte das Konzept des »Lifestyle«-Verkaufs: formschöne, moderne Haushaltsgegenstände zu günstigen Preisen. Von 1982 bis 1986 finanzierte die Conran Foundation das Boilerhouse Project am **Victoria & Albert Museum** und half 1989 beim Aufbau des Design Museums in London.
Im Laufe der 80er Jahre erwarb Conran mehrere Firmen, die gemeinsam mit Habitat und Next die gewaltige Storehouse Group bildeten. 1990 trat er aus Storehouse aus und erwarb zwei Jahre darauf den Conran Shop, das Herzstück der Firma, wieder zurück. In den 90er Jahren eröffnete Conran zahlreiche Restaurants und wurde zum führenden Gastronom Londons.

◄ **Wassily Kandinsky**, Kaffeetasse und Untertasse für die Staatliche Porzellanfabrik in Petrograd, 1921

► **Nikolai Suetin**, *Schreibtischgarnitur* für die Staatliche Porzellanfabik in Petrograd, 1923

Constructivism

Konstruktivismus

Russland

Der Begriff Konstruktivismus bezieht sich auf eine Strömung, die ihre Anfänge in russischer Kunst, Design und Architektur hat. Vor dem Ersten Weltkrieg waren für die russische wie auch für die europäische **Avantgarde** Kubismus und **Futurismus** Inspirationsquellen. Nach der Revolution von 1917 allerdings fand die russische Avantgarde neue Ausdrucksformen, die dem sowjetischen Bestreben nahe standen, das kapitalistische System mit der Gesellschaft zugute kommenden Formen der Produktion und Verteilung von Waren abzulösen. Künstler wie **Wladimir Tatlin**, **Kasimir Malewitsch**, **Alexander Rodtschenko**, Wassily Kandinsky (1866–1944), Naum Gabo (1890–1977), Antoine Pevsner (1886–1962) und **El Lissitzky** setzten sich für eine Designästhetik ein, die in Verbindung mit der industriellen Produktion stand. Die Veröffentlichung zweier Manifeste 1920, *Das Programm der Gruppe der Konstruktivisten* von Alexei Gan, **Warwara Stepanowa** und Rodtschenko und *Ein realistisches Manifest* von Pevsner und Gabo, kündigten das Aufkommen des Konstruktivismus an. Die Konstruktivisten wollten mit der angewandten Kunst eine soziale Ordnung schaffen und sie schufen nützliche »Produktionskunst«. Die politische und wirtschaftliche Unsicherheit, die die Revolution mit sich brachte, erlaubte den Konstruktivisten nur wenige groß angelegte Projekte. Ihre Arbeit konzentrierte sich hauptsächlich auf die Bereiche Ausstellungsdesign, Keramik und Grafik. Die Keramik war häufig mit suprematistischen Motiven – geometrische Formen auf einfachem weißen Hintergrund – dekoriert und wirkte dynamisch und modern.

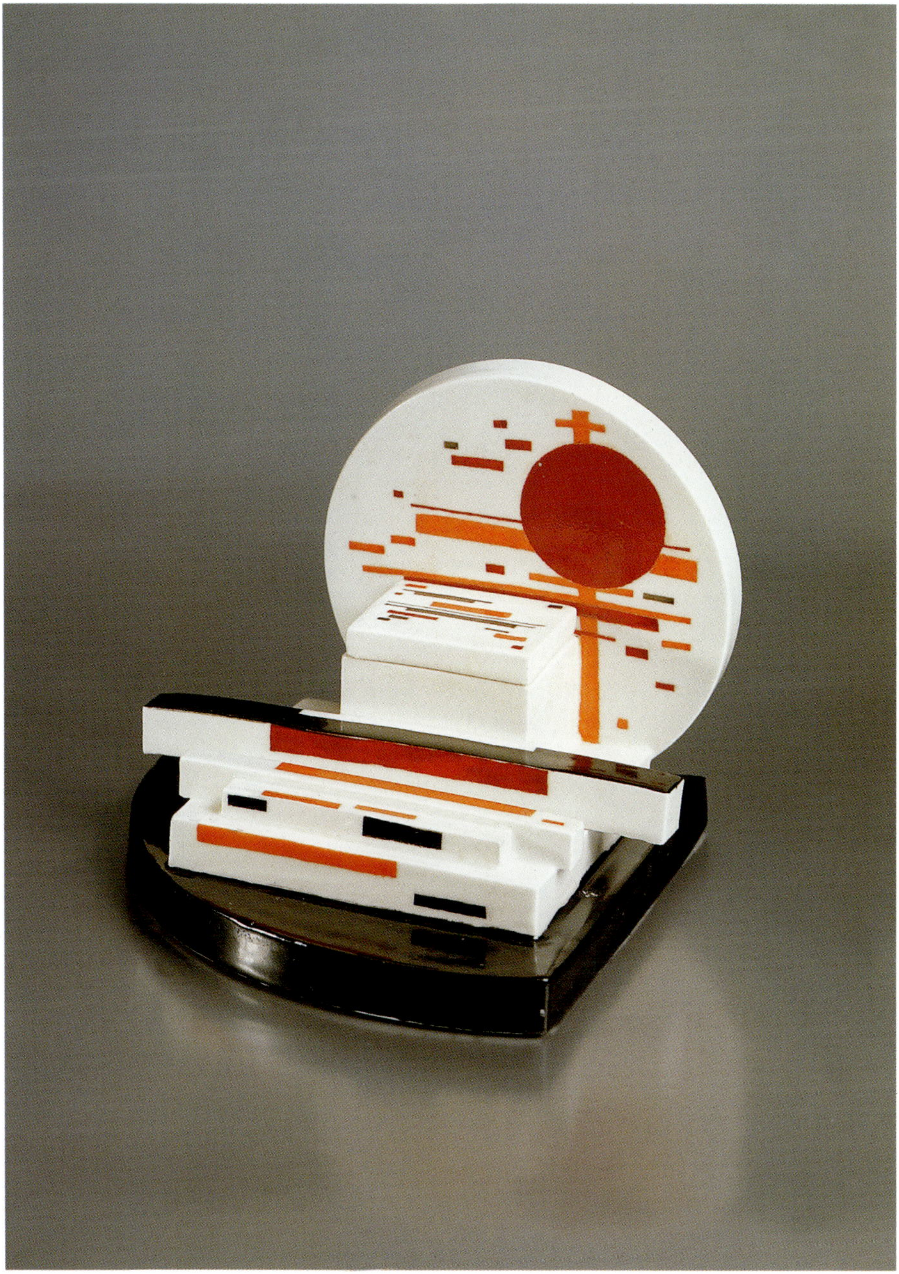

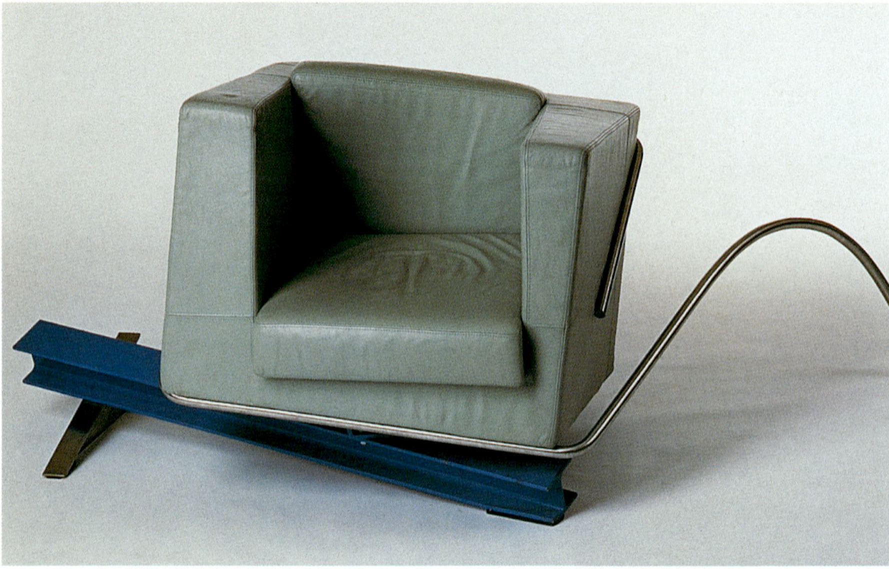

Coop Himmelb(l)au

gegründet 1968
Österreich

Coop Himmelb(l)au wurde 1968 von Wolf D. Prix (geb. 1942) und Helmut Swiczinsky (geb. 1944) in Wien gegründet und erforschte zunächst unter Einfluss von **Hans Hollein** und der Haus-Rucker-Co. die Idee der pneumatischen Raumkonstruktion. 1975 begann Coop Himmelb(l)au mit der Gestaltung »offener Strukturen«, bei denen es sich hauptsächlich um Lofts handelte, die sich durch schräge, verwinkelte Formen von traditionellen Gebäudetypen absetzten. Das Atelier erhielt den Berliner Förderpreis für Baukunst für die Bar Roter Engel in Berlin, die es 1981 ausgestattet hatte. In den 80er Jahren trat Coop Himmelb(l)au für den **Dekonstruktivismus** ein, bzw. wie Prix und Swiczinsky es nannten, die »offene Architektur«. 1988 nahm Coop Himmelb(l)au an der Ausstellung »Deconstructive Architecture« am **Museum of Modern Art, New York**, teil. Den ersten großen Auftrag erhielt die Firma von der Spanplattenfabrik Funder in Kärnten (1988–1989). Die Arbeit von Coop Himmelb(l)au, die als »Aktionsarchitektur« bezeichnet werden kann, war unter den Exponaten bei der Ausstellung »Architects Art« an der Gallery of Functional Art in Los Angeles von 1990 vertreten. Im selben Jahr wurde Wolf D. Prix Professor für Architektur an der Hochschule für Angewandte Kunst in Wien. Das Interesse von Coop Himmelb(l)au an der Unterwanderung der Moderne zeigt sich deutlich bei dem Stuhl *Vodöl* (1989), bei dem es sich um eine Neugestaltung von **Le Corbusiers** *Grand Confort* von 1928 handelt.

▲ Stuhl *Vodöl* für Vitra, 1989

◂ Gefäß, ca. 1972

Hans Coper

1920 *Chemnitz*
1981 *Somerset, Großbritannien*

Hans Coper studierte zunächst Textiltechnik und wanderte 1939 von Deutschland nach Großbritannien aus. 1946 sah er die Atelierkeramiken von **Lucie Rie** in ihrer Töpferei an der Albion Mews in London und gründete mit ihr eine Arbeitsgemeinschaft. Copers eigene Töpferarbeiten waren von orientalischen Produktionstechniken und Formen beeinflusst. Seine Gefäße wurden ab 1950 in den Berkeley Galleries in London und 1955 im Röhsska Konstslöjdmuseet in Göteborg ausgestellt. Vier Jahre später zog Coper nach Digswell in Hertfordshire und begann mit der Herstellung von Keramikarbeiten, die sich an der primitiven Kunst und der Kunst der Kykladen orientierten. Coper, ein Bewunderer der Skulpturen von Henry Moore (1898–1986) und Constantin Brancusi (1876–1957), verlieh seinen Arbeiten ähnliche Monumentalität. Von 1961 bis 1969 unterrichtete er an der Camberwell School of Arts & Crafts, zog 1966 zurück nach London und lehrte bis 1975 am **Royal College of Art, London**. Seine schönen, an Totempfähle erinnernden Gefäße verringerten die Kluft zwischen Kunst und Design. Copers und Lucie Ries Werk führte zu einem Wiederaufleben der Ateliertöpferei.

◂ Stapelstuhl *Landi* für P. & W. Blattmann, 1939 (neu herausgebracht von Zanotta als *2070 Spartana*)

Hans Coray

1906 *Wald, Schweiz*
1991 *Zürich*

Bis 1929 studierte Hans Coray Literaturwissenschaft und wurde 1931 Oberschullehrer in Aarau und Zuoz. Zwischen 1932 und 1938 setzte er sein Studium fort und konzentrierte sich nun auf Design, Astrologie, Theologie und Graphologie. Er entwarf in dieser Zeit auch Metallarbeiten und schuf Stuhlmodelle. 1938 gestaltete er den leichten Stuhl *Landi* aus gestanztem Aluminium für die »Schweizerische Landesausstellung« in Zürich 1939. Die Perforation dieses Stuhls verringerte nicht nur sein Gewicht, sie machte ihn auch für die Benutzung im Freien ideal, da Wasser problemlos abfließen konnte. Er wurde zuerst ab ca. 1939 von P. & W. Blattmann hergestellt und 1971 von Zanotta als *2070 Spartana* wieder neu aufgelegt. 1941 nahm Coray in Zürich an einem Kurs für Metallarbeiten teil und war ab 1945 als freier Designer, Künstler und Kunsthändler tätig. Während des Zweiten Weltkriegs gestaltete er verschiedene Ausstellungen für Schweizer Chemiekonzerne und schuf in den späten 40er Jahren eine Anzahl von Möbeln aus Aluminium, Stahlrohr und Holz, die bei Wohnbedarf verkauft wurden. Er entwarf in den frühen 50er Jahren weitere Stühle und wandte sich danach ausschließlich der bildenden Kunst zu. Corays Skulpturen, meist aus Metall, wurden zwischen 1950 und 1985 in Zürich, 1951 in Bern und 1981 in Köln ausgestellt.

Corporate Identity

Unter Corporate Identity versteht man das einheitliche Erscheinungsbild von Firmen, Marken und Produkten, das sich von anderen Angeboten auf dem Markt abgrenzt. Hierzu gehört auch die Vereinheitlichung von Verpackungsdesign. Das Firmenlogo spielt dabei eine zentrale Rolle, es erscheint üblicherweise auf allen Selbstdarstellungen des Unternehmens, vom Briefpapier bis hin zur Werbung. Einige designorientierte Firmen oder Marken wie **Braun** gehen ganzheitlich an die Corporate Identity heran und setzen für den gesamten Betrieb ein streng eingehaltenes Designprogramm ein, das neben der Form ihrer Produkte auch die Gestaltung ihrer Büros und Fabriken einschließt. **Peter Behrens** war der erste Designer, der ein solches Programm entwickelte, als er 1907 künstlerischer Berater der Firma **AEG** wurde. Er benutzte eine integrierte Designsprache für die Produkte und Grafiken der Firma sowie für Unterkünfte ihrer Arbeiter und für ihre Fabriken. All das trug wesentlich zu der unverwechselbaren Identität der AEG bei. Aufgrund der fortschreitenden Globalisierung der heutigen Märkte nutzen im 20. Jahrhundert kommerzielle Unternehmen verstärkt die universelle Sprache des Corporate Design, um überzeugender konkurrieren zu können.

▲ **Raymond Loewy Associates**, Firmenlogo für Shell, 1967 und BP, 1938; **Landor Associates**, Firmenlogo für Alitalia, 1969 und Spar, 1970.

Der Ursprung des Craft Revival kann bis zur Mitte des 19. Jahrhunderts zurückverfolgt werden, als Design-Reformer wie John Ruskin (1819–1900) und **William Morris** infolge der beispiellosen Industrialisierung in Großbritannien für die Erhaltung bzw. das Wiederaufleben traditionellen Kunsthandwerks eintraten. Der Erfolg der Firma Morris & Co., die handgearbeitete, volkstümliche Waren produzierte und verkaufte, inspirierte die folgende Generation von Designern, die der **Arts-&-Crafts-Bewegung** nahe standen, wie beispielsweise **Charles Voysey**, **Charles R. Ashbee** und **Arthur Heygate Mackmurdo**. Im Laufe der 1880er Jahre gründeten einige Mitglieder der Bewegung Zünfte, z. B. die Art Workers' Guild, die Century Guild und die **Guild of Handicraft**. Spätere Designer der in der Cotswolds-Region angesiedelten Bewegung wie **Ernest Gimson**, Sidney (1865–1926), Edward Barnsley (1863–1926) und **Gordon Russell** machten sich für eine strengere, auf Funktionalität ausgerichtete Form der Volkstümlichkeit stark. Designer des Arts-&-Crafts-Stils in Amerika ergriffen ebenfalls die Initiative für eine Rückkehr zur Volkstümlichkeit des Designs und zur traditionellen Handarbeit, indem sie den »Mission«-Stil hervorbrachten. Ab Mitte des 20. Jahrhunderts, als die industriellen Herstellungsmethoden immer neue Möglichkeiten boten, wurden Design und Produktion wieder stärker voneinander getrennt. Um diesem Trend entgegenzuwirken, haben **John Makepeace** und **Wendell Castle**, zwei der wichtigsten Vorkämpfer des heutigen Craft Revival, das Kunsthandwerk durch ihre Arbeit als Designer-Hersteller und durch ihre Schulen für Holzkunsthandwerker am Leben erhalten. Während der 80er Jahre wurde der Craft Revival in der **Postmoderne** stilistisch verwirklicht. Designer wie Fred Baier (geb. 1949) kombinierten technische Vollendung mit bizarren Formen und kreierten so Gegenstände, die ganz das Gegenteil der »gutbürgerlichen Möbel« waren, für die Morris und Ruskin eintraten.

◂ **John Makepeace**, Stuhl *Millennium 3*, 1988

▾ **Fred Baier**, *Megatron*-Etagere, 1986

Cranbrook Academy of Art

gegründet 1927
Bloomfield Hills, Michigan, USA

Der wohlhabende Pressezar George G. Booth erwarb 1904 im Detroiter Vorort Bloomfield ein Gut, das unter dem Namen Cranbrook bekannt wurde. Booth war von den Idealen der Design-Reformer des 19. Jahrhunderts inspiriert. 1922 wurde die Bloomfield Hills School für Grundschüler zugänglich gemacht. Booths Besuch der American Academy in Rom im selben Jahr regte ihn dazu an, in Amerika eine ähnliche Institution aufzubauen. Er beauftragte 1924 den finnischen Architekten **Eliel Saarinen** mit der Weiterentwicklung der Cranbrook Educational Community und daraufhin wurden zwei weitere Schulen eröffnet. Drei Jahre später autorisierte Booth den Vorstand der Cranbrook Foundation, eine Schule für Kunst und Gewerbe aufzubauen, die auch als Akademie für bildende Künste fungieren sollte und in Anlehnung an europäische Designschulen neben dekorativer Kunst Fächer wie Architektur, Malerei und Bildhauerei lehrte. Die Academy wurde 1932 offiziell gegründet und Saarinen zu ihrem ersten Vorsitzenden ernannt. Wie beim **Bauhaus** unterstützte das Lehrerkollegium in Cranbrook aktiv den Ideenaustausch zwischen den verschiedenen Ateliers und Werkstätten und förderte rationale Designpraktiken. Während der 30er Jahre gehörten **Frank Lloyd Wright** und **Le Corbusier** zu den Gastprofessoren der Cranbrook Academy und der Bildhauer Carl Milles (1875–1955), die Keramikerin Maija Grotell (1899–1973) sowie die Textildesignerinnen Loja Saarinen (1879–1968) und Marianne Strengell (geb. 1909) gehörten zum ständigen Kreis der Lehrenden. Zu den berühmten Absolventen der Cranbrook Academy zählen **Ray Eames**, Florence Knoll (geb. 1917) und **Jack Lenor Larsen** sowie **Charles Eames** und **Harry Bertoia**, die gemeinsam mit **Eero Saarinen** in den 30er Jahren auch zum Kollegium gehörten. In der Zeit zwischen den Weltkriegen machte sich die Cranbrook Academy einen Namen als bedeutendste Designschule Amerikas. Booths Vision lebt bis zum heutigen Tag weiter und die Cranbrook Academy ist zwar klein, aber dennoch ein wichtiges künstlerisches und akademisches Zentrum.

▾ Auswahl von Objekten von Gestaltern an der Cranbrook Academy of Art, 40er und 50er Jahre (Harry Bertoia: Stuhl *Diamond*, Eero Saarinen: Stuhl *Grasshopper*, Ray Eames: Stoff *Cross Patch*, Charles & Ray Eames: Wandschirm, Charles Eames & Eero Saarinen: Kommode und Bank, Maija Grotell und Leza McVey: Keramik).

▸ Vase mit zwei Henkeln für Maw & Co., 1892

Walter Crane

1845 Liverpool
1915 Horsham/ Sussex, Großbritannien

Walter Crane, der Sohn eines Porträtmalers, ging anfänglich bei einem Holzschnitzer in die Lehre, begann jedoch 1863, für den Verleger Edmund Evans Kinderbücher zu gestalten und zu illustrieren, die in hohen Auflagen verkauft wurden. In den 1870er Jahren war Cranes Illustrationsstil von der Arbeit William Blakes (1757–1827), den Präraffaeliten und der japanischen Kunst beeinflusst. Ab 1867 gestaltete er Keramik, die von Wedgwood hergestellt wurde, Kacheln für Maw & Co. und Pilkington's sowie Tapeten für Jeffrey & Co. In dieser Zeit schuf er auch Stickereimuster für die Royal School of Needlework und einen Wandteppich für Morris & Co. Crane trug als Raumgestalter zur Dekoration der Londoner Wohnung des griechischen Sammlers A. A. Ionides am Holland Park Nr. 1 bei und gestaltete 1877 den Mosaikfries für den Arabischen Saal im Leighton House in London. 1884 wurde er Mitbegründer der Art Workers' Guild und zwischen 1888 und 1889 deren Meister. Er half weiterhin beim Aufbau der Arts & Crafts Exhibition Society 1888 und war mehrere Jahre ihr Vorsitzender. Von 1893 bis 1896 war er Designdirektor der Manchester School of Art und von 1897 bis 1898 Direktor des **Royal College of Art, London**. In den 1890er Jahren schrieb er eine Anzahl wichtiger Bücher über angewandte Kunst, z. B. *The Decorative Illustration of Books* (1896) und *Line and Form* (1900). Ironischerweise hatten Cranes **Arts-&-Crafts**-Designs großen Einfluss auf die Designer des **Art nouveau**, obgleich er selbst diesem Stil sehr kritisch gegenüberstand.

▸ Bank *Mariposa* für Zanotta, 1989

Riccardo Dalisi

geb. 1931 *Potenza, Italien*

Nachdem Riccardo Dalisi 1957 sein Architekturstudium an der Università di Napoli abgeschlossen hatte, wurde er dort Professor für Architektur. In den frühen 70er Jahren hatte er Verbindungen zur **Radical-Design**-Bewegung in Neapel und experimentierte mit der so genannten »tecnica povera«, d. h. er stellte Designergruppen zusammen, die gemeinschaftlich mit jungen Leuten in den ärmeren Stadtvierteln arbeiteten. Solche »Do-it-yourself«-Aktivitäten sollten die persönliche Kreativität und den individuellen Ausdruck im Design fördern. Diese Projekte waren Grundlage für die **Anti-Design**-Debatte und führten 1973 zum Zusammenschluss der Designschule **Global Tools** als Gegenbewegung. Als Mitbegründer von Global Tools war Dalisi einer der einflussreichsten Verfechter des Anti-Designs der späten 60er und 70er Jahre und schrieb mehrere Bücher zu diesem Thema, darunter 1969 *L'Architettura della Imprevedibilità* (Unvorhersehbare Architektur) und 1974 *Architettura d'Animazione* (Beseelte Architektur). Er organisierte Minimal Arts mit Filippo Alison (geb. 1930) und veröffentlichte 1979 ein Buch über **Antonio Gaudí y Cornet**, das die expressiven Tendenzen in dessen Architektur und Design würdigte. In den 80er Jahren entwarf Dalisi Möbel in limitierten Auflagen für Zanotta, darunter den Stuhl *Pavone* (1986) und die Kaffeemaschine *Caffettiera Napoletana* (1987–1988) für Alessi.

Darmstädter Künstlerkolonie

1899–1914
Darmstadt

Großherzog Ernst Ludwig von Hessen war der letzte Herrscher des ehemals unabhängigen Staates Hessen-Darmstadt, der 1871 Teil des neuen Deutschen Reichs wurde. Wahrscheinlich von der Gründung der **Vereinigten Werkstätten für Kunst im Handwerk** in München um 1897 inspiriert, baute er während seiner Regierungszeit (1892–1918) ab 1899 auf der Mathildenhöhe in Darmstadt eine Künstlerkolonie auf, die sich das Ziel gesetzt hatte, dem Herzogtum Hessen-Darmstadt eine Designreform und neue künstlerische Kreativität zu bringen. Zu den ersten Mitgliedern der Künstlerkolonie zählten die Designer **Josef Maria Olbrich**, **Peter Behrens**, Hans Christiansen (1866–1945), Paul Bürck (1878–1947) und Patriz Huber (1878–1902). Die Kolonie bestand anfangs aus einem zentralen Ateliergebäude und sieben Künstlerhäusern, darunter das von Peter Behrens als **Gesamtkunstwerk** konzipierte Haus Behrens, bei dem jedes Element der Innenausstattung, von den Möbeln bis hin zu den Gläsern, eigens für dieses Projekt entworfen worden war. Olbrich entwarf ähnliche Wohnhäuser für sich und Hans Christiansen. Bei der Pariser »Exposition Universelle« im Jahr 1900 stellte die Kolonie ihr Darmstadt-Zimmer aus und zeigte ein Jahr später »Ein Dokument Deutscher Kunst« auf der Mathildenhöhe. Anlässlich der letzteren Ausstellung wurden mehrere Gebäude in der Kolonie errichtet, darunter ein von Olbrich entworfener Ausstellungssaal. Obwohl diese Ausstellung die Anerkennung der Kritiker fand, hatte sie nicht den kommerziellen Erfolg, den sich Großherzog Ernst Ludwig erhofft hatte. Zwischen 1899 und 1914 entwarfen insgesamt 23 Künstler in der Kolonie Möbel, Schmuck, Glas, Keramik und Bestecke. Zu den bekanntesten Designs gehören

▼ **Josef Maria Olbrich**, Plakat zur Ausstellung »Ein Dokument deutscher Kunst« an der Darmstädter Künstlerkolonie, 1901

▲ Vernissage der Ausstellung in der Künstlerkolonie, 15. Mai 1901

Bestecke von Ernst Riegel (1871–1939) und Theodor Wende (1883–1968). Viele Designer der Kolonie wurden in Alexander Kochs Zeitschriften *Innen-Dekoration* und *Deutsche Kunst und Dekoration* vorgestellt und durch diese Veröffentlichungen konnten sie ein breites Publikum erreichen. Bis zu seinem Weggang 1903 unterrichtete Behrens den jährlich vierwöchigen »Meisterkurs in angewandter Kunst« am Bayerischen Gewerbemuseum in Nürnberg. Danach wurden die Kurse von **Richard Riemerschmid**, Paul Haustein (1880–1944) und Friedrich Adler (1878–ca. 1942) übernommen. Die Kolonie errichtete 1906 eine Keramikfabrik und 1908 eine Glasfabrik, in denen mit industriellen Produktionsmethoden experimentiert wurde. Die Darmstädter Künstlerkolonie hatte direkten Einfluss auf die Gründung der **Wiener Werkstätte** im Jahr 1903 und war das wichtigste Zentrum für innovatives Design in Deutschland vor dem Ersten Weltkrieg.

Jean Daum (1825–1885) wurde in Bischwiller am Oberrhein geboren und zog später nach Nancy, wo er in der 1875 gegründeten Glasfabrik Verrerie Sainte-Catherine mitarbeitete. Die Firma geriet bald in finanzielle Schwierigkeiten und da Jean Daum als Teilhaber mit haftbar war, versuchte er durch den Ankauf der gesamten Fabrik, die er in Verrerie de Nancy umbenannte, seine Verluste auszugleichen. Seine Söhne Auguste und Antonin kamen 1879 bzw. 1887 zur Verwaltung der Finanzen und der Produktion hinzu. Zu Beginn unterschied sich das von der Verrerie de Nancy hergestellte Glas, darunter Uhrgläser, Trinkgläser und Flachglas, wenig von dem anderer Manufakturen. Doch die Daums konnten eine Reihe von Designern und Kunsthandwerkern für sich gewinnen, die innovativere Designs für sie schufen. In den 1890er Jahren wurde Glas im Stil des **Art nouveau** hergestellt, das zwar der Arbeit von **Émile Gallé** ähnelte, doch weniger ausdrucksvoll und technisch raffiniert war. Ein Atelier für Verzierungen existierte ab 1891, wurde von Eugène Damman geleitet und sollte bald 50 Arbeiter beschäftigen, zu denen Émile Wirtz, Amélric Walter, Jacques Gruber, Henri Bergé und Eugène Gall zählten. Die Fabrik hatte insgesamt 300 Angestellte und zwei der erfolgreichsten Bereiche

Daum Frères

gegründet 1878 *Nancy, Frankreich*

◂ Vasen aus Kameenglas, ca. 1900

▲ Vasen aus Kameenglas, ca. 1900

waren die Herstellung von gravierten oder erhaben geschliffenen Vasen sowie Lampenschirmen aus Glas. Letztere wurden für die eigenen Beleuchtungskörper sowie die von **Louis Majorelle** und später Edgar-William Brandt (1880–1960) gefertigt. 1893 stellte die Firma ihre ersten geätzten Stücke auf der Weltausstellung in Chicago aus, doch der einschneidende Erfolg kam erst 1900 bei der Pariser »Exposition Universelle«, wo die Firma einen Grand Prix erhielt und Antonin Daum in die Ehrenlegion aufgenommen wurde. Alméric Walter eröffnete 1906 eine Werkstatt für »Paté-de-Verre«, ein Verfahren, bei dem fein zermahlenes Glas meist mit Wasser verbunden und erhitzt wird, sodass ein formbares Material entsteht, das vor dem Erkalten modelliert werden kann. Das Ergebnis wird anschließend in eine Form gegeben und genügend erhitzt, um es zu verglasen. Das meiste in diesem Verfahren hergestellte Glas war von Henri Bergé entworfen worden. Die Gebrüder Daum halfen gemeinsam mit Émile Gallé ebenfalls bei der Gründung der **École de Nancy**, deren stellvertretender Leiter Antonin wurde. Paul Daum, Augustes dritter Sohn, stieß 1909 zu der Fabrik. Seine nur kurze Mitarbeit vor dem Ausbruch des Ersten Weltkriegs führte zu einer stilistischen Veränderung, nämlich einer Verringerung der Ornamente. Als die Produktion 1919 wieder aufgenommen wurde, waren die Designs der Verrerie de Nancy stärker am **Art déco** orientiert.

Lucienne Day

geb. 1917 *Coulsdon/ Surrey, Großbritannien*

Lucienne Conradi studierte von 1934 bis 1937 an der Croydon School of Art und danach bis zu ihrem Abschluss 1940 am **Royal College of Art, London**. Zwei Jahre später heiratete sie den Möbeldesigner **Robin Day** und unterrichtete bis 1947 an der Beckenham School of Art. Im Jahr darauf eröffnete sie gemeinsam mit ihrem Ehemann ein Designbüro. Einer ihrer ersten Aufträge war der Textilentwurf *Calyx* für das Festival of Britain 1951. Dieses innovative Design, das bei der IX. Mailänder Triennale von 1951 eine Goldmedaille erhielt, war von Strömungen der zeitgenössischen Kunst beeinflusst und brachte eine elementare Abstraktion in das britische Textildesign. *Calyx* und andere Entwürfe von Lucienne Day, darunter Textilien, Teppiche, Tischwäsche und Tapeten, waren überaus einflussreich und wurden in den 50er Jahren vielfach kopiert. Das American Institute of Decorators, das Day 1952 seine erste Auszeichnung verlieh, hielt ihre Textilien für die Besten, die in Amerika zu finden waren. Ihre abstrakten, rhythmischen Designs wurden von verschiedenen Manufakturen hergestellt, z. B. von Wilton Royal Carpets, John Lewis, Alistair Morton's Edinburgh Weavers, Cavendish und vor allem Heal Fabrics, eine Firma, die ihre Designs 25 Jahre lang im Angebot hatte. Von 1957 bis 1959 entwarf Day auch Geschirr für Rosenthal. In den späten 70er Jahren wandte sie sich dem Kunstgewerbe zu und stellte »Seidenmosaike«, Einzelstücke abstrakter Wandteppiche, her. Zur gleichen Zeit gestaltete sie mit ihrem Mann mehrere Buntglasfenster für Wohnhäuser. Vom Council of Industrial Design erhielt sie in den 50er und 60er Jahren drei Auszeichnungen; sie schrieb mehrere Bücher über die Umsetzung von Design. Lucienne Day gehört nicht nur zu den bedeutendsten Textildesignern des 20. Jahrhunderts, sie ist auch eine der wenigen Frauen, deren gestalterisches Werk internationale Anerkennung fand.

▼ Stoff *Calyx* für Heal Fabrics, 1951

◂ Stapelstuhl *Polyprop* für Hille International, 1962–1963

Robin Day

geb. 1915 *High Wycombe Buckinghamshire, Großbritannien*

Robin Day erhielt 1935 ein Stipendium für das **Royal College of Art, London**, und machte 1938 seinen Abschluss. Er heiratete 1942 die Textildesignerin Lucienne Conradi und arbeitete nach der Eröffnung eines gemeinsamen Designbüros im Jahr 1948 als unabhängiger Ausstellungsdesigner sowie als Grafik- und Industriedesigner. 1949 gewann Robin Day mit Clive Latimer (geb. 1915) den ersten Preis für das Design von Ablageeinheiten aus Holz und Stahlrohr für die »International Competition for Low-Cost Furniture Design« des **Museum of Modern Art, New York**. Kurz darauf erhielt er von Hille International den Auftrag, moderne Einrichtungsgegenstände für die »British Industry Fair« von 1949 zu entwerfen. 1950 war Day an der Gestaltung von Hilles Corporate Identity beteiligt und wurde zum Hauptdesigner des Betriebs. Ein Jahr später gestaltete er den Pavillon »Homes and Gardens« beim Festival of Britain und erhielt die Goldmedaille der Mailänder Triennale. Er entwickelte zwischen 1962 und 1963 den Stapelstuhl *Polyprop* aus Spritzguss, der zu den ersten Möbelstücken zählt, die sich das Potential von Thermoplast für die Massenherstellung zunutze machten. Seit Produktionsbeginn im Jahr 1963 sind in 23 Ländern 14 Millionen dieser Stühle verkauft worden.

Georges Joseph van Sluijters war der Sohn eines Architekten und niederländisch-belgischer Abstammung. Er war zuerst in den Niederlanden Handwerker und danach für kurze Zeit in Den Haag in einer Buchbinderei tätig. 1891 zog er nach Paris und wurde Zeichner für die Zeitungen *Le Courrier Français* und *Le Boulevard*. In dieser Zeit änderte er seinen Namen erst in Van Feuren und später in de Feure. 1894 hatte er in Paris eine Einzelausstellung mit symbolistischen Zeichnungen und gestaltete für die Maison Fleury Möbel im **Art-nouveau**-Stil. Ab 1900 leitete er die Designabteilung von **Siegfried Bings** Maison de l'Art Nouveau. In dieser Position entwarf er Möbel, Keramik und Glas sowie die Ausstattung und Installationen des Geschäftes. Außerdem war er für zwei wichtige Räume in Bings Pavillon de l'Art Nouveau bei der Pariser »Exposition Universelle« im Jahr 1900 zuständig. Mit Theodor Cossmann baute de Feure das Atelier De Feure zur Produktion seiner Möbeldesigns auf und 1903 wurden seine Arbeiten in einer von Bing organisierten Einzelausstellung gezeigt. Nach dem Krieg war er Professor für angewandte Kunst an der Pariser École Nationale des Beaux-Arts und lebte eine Zeit lang als Bühnenbildner in London. Für die Modeschöpferin Madeleine Vionnet in Paris entwarf er 1924 extravagante Raumausstattungen.

Georges de Feure

1868 *Paris*
1928 *Paris*

▲ Damenzimmer, ausgestellt in Siegfried Bings Pavillon de l'Art Nouveau, 1900

Michele De Lucchi

geb. 1951 *Ferrara, Italien*

Michele De Lucchi schloss 1975 sein Studium in Padua und an der Università di Firenze bei Adolfo Natalini (geb. 1941) ab. Bereits 1973 hatte er mit Piero Brombin, Pier Paola Bortolami, Boris Pastrovecchio und Valerio Tridenti die Design- und Architekturgruppe Cavart gegründet, die mit Happenings, Veröffentlichungen und Seminaren ein **Radical-Design**-Programm vertrat. Das bekannteste dieser Seminare hatte den Titel »Culturally Impossible Architecture« und wurde in einem Marmorsteinbruch in Padua abgehalten. Von 1975 bis 1977 unterrichtete De Lucchi an der Università di Firenze Architektur und zog ein Jahr später nach Mailand, wo er in **Kartells** hauseigenem Designatelier Centrokappa arbeitete. Er lernte kurz darauf **Ettore Sottsass** kennen und half ihm bei der Planung der ersten **Memphis**-Ausstellung. 1979 entwarf er für **Studio Alchimia** mehrere postmoderne Prototypen elektrischer Haushaltsgeräte und wurde Berater bei **Olivetti**. 1981 war er Mitbegründer der Genossenschaft Memphis und für die Einführung geometrischer Motive auf den Plastiklaminaten der Gruppe zuständig. Er gründete 1986 die in Mailand ansässige Designgruppe Solid und lehrte auch an der dortigen Domus Academy. In den frühen 90er Jahren baute er die De Lucchi Group auf und arbeitet seither viel in Japan und Deutschland. Seine Designs sind immer weniger experimentell und zunehmend funktioneller; sie passen sich mehr und mehr der industriellen Produktion an.

◂ Lampe *Siner Pica* von Belux für Studio Alchimia, 1979

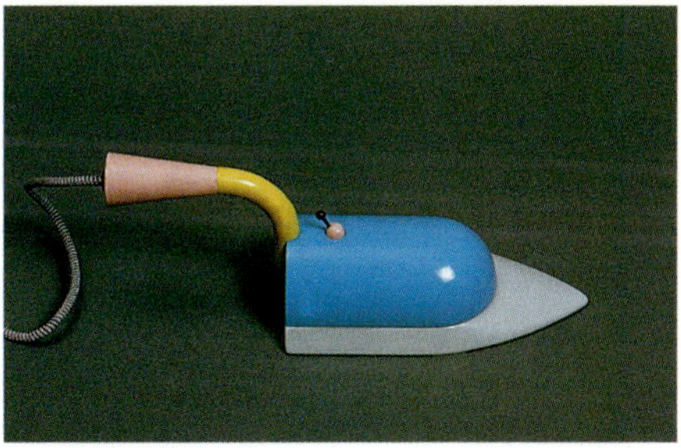

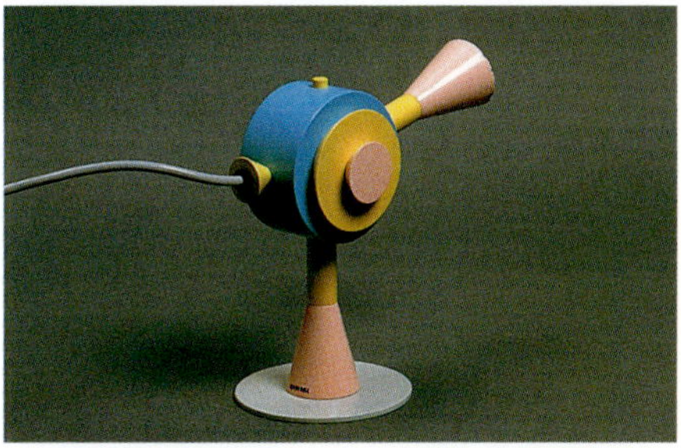
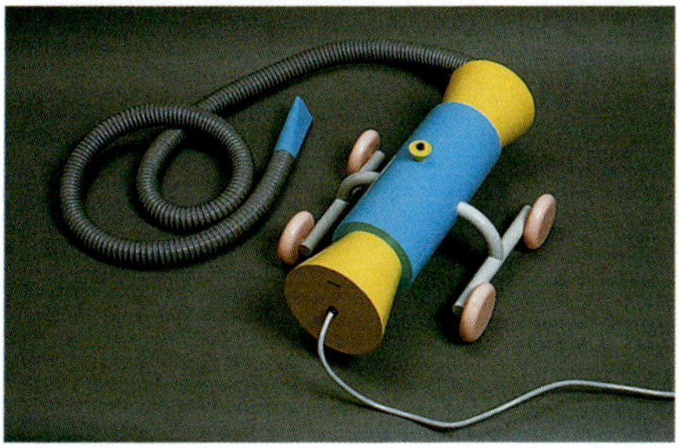
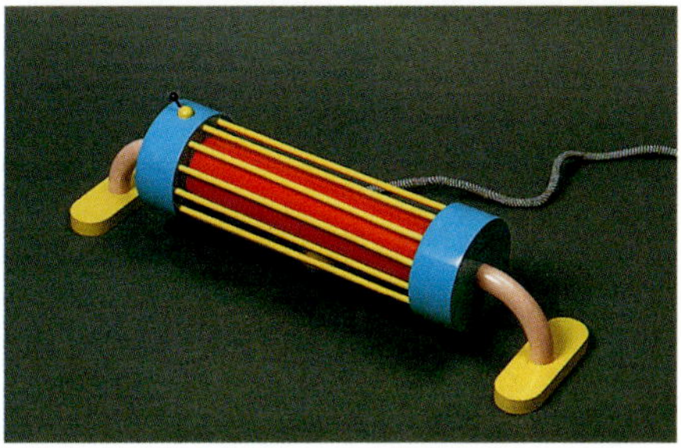

▲ Prototypen von Haushaltsgeräten aus lackiertem Holz für Girmi, erstmalig ausgestellt 1979 bei der Mailänder Triennale (gingen nicht in Produktion)

William De Morgan

1839 *London*
1917 *London*

William De Morgan, Sohn eines Mathematikprofessors und einer Suffragette, begann 1855 sein Kunststudium an der Cary's School in Bloomsbury, London. 1859 setzte er seine Studien an den Royal Academy Schools fort und lernte 1863 **William Morris** und Edward Burne-Jones (1833–1898) kennen. Im selben Jahr war er eng mit den Präraffaeliten verbunden und gab die bildende zugunsten der angewandten Kunst auf. Zwischen 1863 und 1872 entwarf er Buntglas, Kacheln und bemaltes Mobiliar für Morris, Marshall, Faulkner & Co. De Morgan entdeckte 1869, dass mit Silber versetzte Farben bei der Glasmalerei einen irisierenden Effekt erzeugen, und diese Entdeckung führte ihn zu Experimenten mit Glasuren und Brenntechniken, mit denen sich Glasurglanz für Keramikkacheln herstellen ließ. Er eröffnete 1873 die Orange House Pottery in Chelsea, wo er seine Keramiken verkaufte. Sechs Jahre darauf stellte er für die Arabische Halle des Leighton House Kacheln her und lieferte Fliesenverkleidungen für die Jacht des russischen Zaren. De-Morgan-Kacheln waren auch bei Morris & Co. erhältlich, während seine Werkstatt Kacheln von Morris & Co. produzierte. Diese enge Geschäftsverbindung wurde ausgebaut, als De Morgan mit seiner Töpferei neben die Werkstatt von William Morris bei Merton Abbey zog. De Morgans Keramiken waren mit eigentümlichen Tieren, gewundenen Pflanzen oder Galeonen in stürmischer See verziert und stilistisch an mittelalterliche und persische Vorlagen angelehnt. De Morgan siedelte seine Werkstatt 1888 an die Sands End Pottery in Fulham um und gründete eine Gesellschaft mit dem Architekten Halsey Ricardo (1854–1928). 1906 veröffentlichte er seinen ersten Roman, *Joseph Vance*, der sowohl in Großbritannien als auch in Amerika über Nacht zum Erfolg wurde, sodass der Autor ein Jahr später seine Töpferkarriere aufgab, um sich voll auf die Schriftstellerei zu konzentrieren, aus der noch sechs weitere Romane hervorgingen. Seine Werkstatt lief jedoch bis 1911 unter der Leitung von Charles und Fred Passenger und Frank Iles weiter.

▼ *Schlangen*-Kachel aus der Chelsea-Zeit, ca. 1880

▲ *Pelikan*-Platte in persischen Farben aus der Fulham-Zeit, ca. 1888

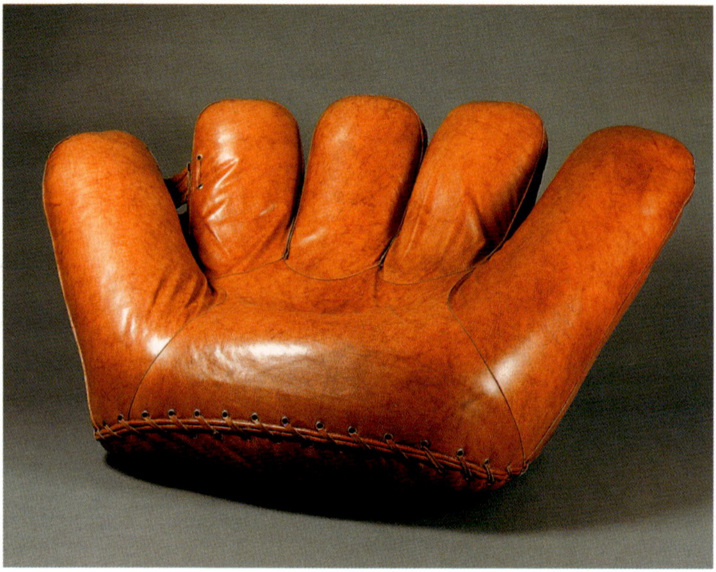

De Pas, D'Urbino & Lomazzi

De Pas
1932 *Mailand*
1991 *Mailand*

D'Urbino
geb. 1935 *Mailand*

Lomazzi
geb. 1936 *Mailand*

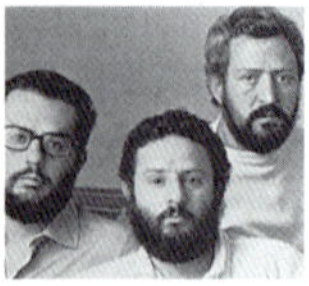

▲ Sessel *Joe* für Poltronova, 1970

Gionatan De Pas, Donato D'Urbino und Paolo Lomazzi wurden am Politecnico di Milano ausgebildet und eröffneten 1966 ein gemeinsames Architektur- und Designbüro. Zu Anfang experimentierten sie hauptsächlich mit dem Design von Möbeln aus Einzelteilen und aufblasbarem PVC. Daraus entstand 1967 der Stuhl *Blow*, er war das erste serienmäßig produzierte aufblasbare Möbelstück und wurde zu einer Ikone der Popkultur der 60er Jahre. Das Büro wirkte 1970 an der Gestaltung des italienischen Pavillons für die Weltausstellung in Osaka mit und nahm zwei Jahre später an der Ausstellung »Italy: The New Domestic Landscape« im **Museum of Modern Art, New York**, teil. Der Stuhl *Joe* von 1970, nach dem legendären amerikanischen Baseballspieler Joe DiMaggio benannt, war von den überdimensionalen, freien Skulpturen von Claes Oldenburg (geb. 1929) inspiriert.
De Pas, D'Urbino & Lomazzi erhielten 1979 den Preis **Compasso d'Oro** bei der Mailänder Triennale für ihre Kleiderhakenleiste *Sciangai* (1974) und im Jahr darauf gestaltete das Büro die Kölner Ausstellung »Italian Furniture Design 1950–1980«. Eine Ausstellung der Arbeiten der Gruppe wurde 1987 in Kyoto abgehalten. Sie machten außerdem in den 80er Jahren eine Fernsehserie mit dem Titel »Dal cucchiaio alla città: il design italiano dal 1950 al 1980« (Vom Löffel zur Stadt).
Über drei Jahrzehnte lang haben De Pas, D'Urbino & Lomazzi einheitlich gut ausgeführte Designs für flexible, austauschbare, funktionelle Möbel und

Leuchten entworfen. Ihr Repertoire reicht von radikalen bis hin zu eher traditionellen Lösungen, die u. a. von Acerbis, **Artemide**, BBB, Bonacina, Cassina, Driade, Palina, Poltronova, Stilnovo und Zanotta produziert und auf den Markt gebracht wurden.

▲ Zanotta-Werbung für Sessel *Blow*, ca. 1968

De Stijl

gegründet 1917
Niederlande

▲ **Gerrit Rietveld**, isometrische Zeichnung der Innenausstattung des Hauses Schröder in Utrecht, 1927

Im Oktober 1917 wurde die Kunstzeitschrift *De Stijl* von einer kleinen Gruppe holländischer Architekten, Designer und Künstler gegründet. Dem von **Theo van Doesburg** angeführten Verband gehörten ursprünglich Piet Mondrian (1872–1944), Bart Anthony van der Leck (1876–1958), **Vilmos Huszár**, **Jacobus Johannes Pieter Oud**, Robert van't Hoff (1887–1979), Jan Wils (1891–1972) und Georges Vantongerloo (1886–1965) an. Die Zeitschrift wurde zum Forum für Kunst- und Designdebatten und Organ einer großen und heterogenen Gruppe Intellektueller, die ein gemeinsames Ziel hatte: die vollständige Abstraktion. *De Stijl* veröffentlichte die jüngsten Entwicklungen in Kunst und Design nicht nur der holländischen **Avantgarde**, sondern auch der russischen Konstruktivisten, der Dadaisten und der italienischen Futuristen. Sie forderte, Kunst und Design durch die Verwendung der universellen Sprache des abstrakten Kubismus oder des Neoplastizismus (Piet Mondrian) zu reinigen und war überzeugt, dass die Suche nach Aufrichtigkeit und Schönheit letztendlich zu menschlicher Harmonie und Aufklärung führen würde. Der Chefredakteur der Zeitschrift, Theo van Doesburg, war auf seinen zahlreichen Reisen nach Belgien, Frankreich, Italien und Deutschland ein unermüdlicher Verfechter des De-Stijl-Programms. 1921 nahm er Verbindung zu den Mitarbeitern des **Bauhauses** in Weimar auf und hielt dort ein Jahr später eine Reihe von De-Stijl-Vorträgen. Er hatte außerdem Kontakt zu den Konstruktivisten **El Lissitzky** und **László Moholy-Nagy**. Die De-Stijl-Bewegung beeinflusste nicht nur die Entwicklung der bildenden Künste, ihre Mitglieder entwarfen auch äußerst einflussreiche Möbel, Raumausstattungen, Textilien, Graphik und Architektur. Der revolutionäre Sessel *Rot/Blau* von **Gerrit Rietveld** aus den Jahren 1918–1923, dessen Design die Philosophie der De-Stijl-Bewegung in Form umsetzte, wurde 1923 beim staatlichen Bauhaus ausgestellt und inspirierte **Marcel Breuers** Stahlrohrstuhl *B3 Wassily* von 1925–1927. Ähnlich Rietvelds Sessel *Rot/Blau* definierten die Architektur und Innenarchitektur von De Stijl auch den Raum durch die Verwendung geometrischer Formen und Farbblöcke. Zur Unterteilung von Innenräumen gab es Trennwände, die Möblierung blieb minimal. Die

▾ **Gerrit Rietveld**, Buffet, 1919 (ausgeführt von G. van de Groenekan)

markanten Geraden, die in den Räumen verwendet wurden, erzeugten eine gewisse Dynamik und durch Weglassen aller Ornamente entstand ein Gefühl von Leichtigkeit. Obgleich die De-Stijl-Gruppe keine formale Organisation war, beeinflusste sie die Entwicklung der **Moderne** durch ihren antimaterialistischen Designansatz und geometrischen Formalismus und brachte unverwechselbare Produkte hervor. Diese allen gemeinsame visuelle Sprache von Form und Farbe löste zwar die traditionelle Trennung von bildender und angewandter Kunst auf, doch wurde das Ziel der Gruppe, eine allgemeine Verbreitung der Kunst, nie ganz erreicht. Die utopische Vision der De-Stijl-Bewegung war von der Vitalität der modernen Stadt inspiriert, ihr Ideal der Nützlichkeit im Design von Gebrauchsgegenständen hatte seine Wurzeln im holländischen Puritanismus. Da De Stijl eine neue ästhetische Reinheit ankündigte, wird die Gruppe allgemein als die erste moderne Design-Bewegung angesehen, obwohl sie viele Ideen des russischen **Konstruktivismus** übernahm, so z. B. die Raumdynamik. Die Zeitschrift *De Stijl* wurde bis zum Tod Theo van Doesburgs im Jahre 1931 herausgegeben; durch dieses Ereignis verlor die Bewegung ihr Zentrum und an Bedeutung.

▾ **Bart van der Leck**, Teppich für Metz & Co., 1918–1919

▲ **Gerrit Rietveld**, Kinderschubkarre, 1923 (ausgeführt von G. van de Groenekan)

◄ **Jan Pieter Dirk van Gelder**, Puppenstubenmöbel für Metz & Co., 1920er Jahre

Deconstructivism

Dekonstruktivismus

Die »Dekonstruktion« wurde als literaturtheoretisches Konzept zunächst in den 60er Jahren von dem französischen Philosophen Jacques Derrida (geb. 1930) formuliert. Er vertritt die Ansicht, dass durch die »Dekonstruktion« westlicher Metaphysik die ihr zugrunde liegenden Vorurteile freigelegt werden können. Das Prinzip der Dekonstruktion wurde analog im Design angewandt, um zu zeigen, dass der Inhalt eines kreativen Werkes, da er unterschiedlichen Interpretationen ausgesetzt ist, mehrdeutig ist. Durch Dekonstruktion der Formensprache der **Moderne** wurde eine Vielzahl von Bedeutungen enthüllt, was zu einer Hinterfragung ihrer philosophischen Grundlagen führte. In den 70er Jahren wurden Derridas Ideen in einen Architektur- und Designstil umgesetzt, nämlich den Dekonstruktivismus. Der Stil ist mit der **Postmoderne** verwandt, da auch er sich gegen die Vorgaben der Moderne stellt. Im Gegensatz zur Postmoderne lehnt er jedoch Historismus und Ornamentik ab und spielt auf den Abbau von Bedeutungen an, während die Postmoderne Bedeutungen spielerisch unterwandert und doppelt besetzt. Dem russischen **Konstruktivismus** der 20er Jahre ähnlich, übernahm der Dekonstruktivismus dessen fragmentierte und ausdrucksvolle Formen. Seine bedeutendsten Vertreter in Architektur und Innenarchitektur sind **Frank O. Gehry**, **Coop Himmelb(l)au**, Zaha Hadid (geb. 1950), Peter Eisenman (geb. 1932) und Bernard Tschumi (geb. 1944). Als im Grunde antirationalistischer Stil stand der Dekonstruktivismus dem **Anti-Design** nahe und hatte, abgesehen von einigen Ausnahmen wie **Daniel Weils** *Radio in a Bag* (1981–1983), das durch die Offenlegung seiner Bestandteile gegen traditionelle Formen anging und die konventionelle Logik des Designs auflöste, wenig Einfluss auf das Produktdesign.

▾ **Zaha Hadid**, Innenausstattung des Restaurants Moonsoon in Sapporo, Japan, 1990

◂ Sessel *Torso*
Modell Nr. 654
für Cassina, 1982

Paolo Deganello

1940 *Este, Italien*

Paolo Deganello studierte von 1961 bis 1966 an der Università di Firenze Architektur. Nach seinem Abschluss gründete er mit **Andrea Branzi**, Gilberto Corretti (geb. 1941) und Massimo Morozzi (geb. 1941) die **Radical-Design**-Gruppe **Archizoom Associati**. Zwischen 1963 und 1974 arbeitete er an der Stadtplanung von Calenzano, Florenz mit. Er lehrte ab 1966 an der Università di Firenze, von 1971 bis 1974 an der Architectural Association in London, 1976 an der Università di Milano und wurde schließlich zum Professor für Design an das ISIA (Istituto Superiore Statale di Disegno Industriale) in Rom berufen. Archizoom wurde 1974 aufgelöst. Ein Jahr später bildete Deganello mit Gilberto Coretti, Franco Gatti und Roberto Querci die Design-Genossenschaft Collettivo Technici Progettisti (Gruppe technischer Designer), die Möbeldesigns im radikalen Stil hervorbrachte. Ab 1972 schrieb Deganello Artikel für Zeitschriften wie *Domus*, *Rasegna*, *Lotus*, *Casabella*, *IN* und *Modo* und veröffentlichte 1975 mit Ennio Chiggio eine Essayserie in *Quaderni del Progetto* (Projektskizzenbücher). 1981 eröffnete er sein eigenes Atelier und entwarf u. a. Möbel für Marcatré, Cassina, Driade und **Vitra** sowie Beleuchtungskörper für Venini und Ycami Collection. Deganellos zusammenklappbarer Stuhl *AEO* von 1973 und der vielseitige Stuhl *Torso* (1982) waren vom Stil der 50er Jahre inspiriert und für sein Design charakteristisch. Seine Arbeiten wurden 1981 im Clocktower, New York, ausgestellt und 1983 entwarf er Räume für die Firma Schöner Wohnen in Zürich.

Christian Dell

1893 Offenbach
1974 Wiesbaden

Christian Dell machte von 1907 bis 1912 eine Silberschmiedelehre in der Silberfabrik Schleissner & Söhne in Hanau und studierte gleichzeitig an der Königlich Preußischen Zeichenakademie, Hanau. Danach arbeitete er ein Jahr als Silberschmied in Dresden und wurde dann von **Henry van de Velde** an der Kunstgewerbeschule in Weimar ausgebildet. Nach dem Militärdienst im Ersten Weltkrieg arbeitete er von 1918 bis 1920 als Geselle und später als Silberschmiedemeister für die Firma Hestermann & Ernst in München. 1920 war er in der Silberschmiede von Emil Lettré (1876–1954) in Berlin angestellt, kehrte dann zurück nach Hanau und schrieb sich wieder an der Königlich Preußischen Zeichenakademie ein. Ein Jahr später eröffnete er sein eigenes Silberatelier in Hanau. Von 1922 bis 1925 war er »Werkmeister« der Metallwerkstatt am Staatlichen **Bauhaus** in Weimar und arbeitete eng mit **László Moholy-Nagy** zusammen. Im Unterschied zu den meisten seiner Bauhaus-Kollegen lehnte Dell den Historismus im Design nicht rundweg ab. Von 1926 bis 1933 lehrte er am neu eröffneten Fachbereich für Metallarbeiten an der Frankfurter Kunstschule und entwarf Werkstücke aus Silber, die in der Werkstatt der Schule angefertigt wurden. In dieser Zeit gestaltete er auch innovative Leuchten, wie die Tischlampe *Rondella-Polo* (1926–1927) für die industrielle Serienproduktion. Seine Lampendesigns wurden von der Firma Rondella und Kaiser hergestellt, die auch seine Serie *Idell* produzierten, die später von Helo kopiert wurde. Die Nationalsozialisten entzogen ihm 1933 die Lehrbefugnis an der Frankfurter Kunstschule. 1939 eröffnete er sein eigenes Schmuckgeschäft in Wiesbaden.

◂ Versilberter Weinkrug mit Ebenholzgriff für die Metallwerkstatt des Bauhauses in Weimar, 1922

▸ S. L. Rothafels Wohnung im oberen Stockwerk der Radio City Music Hall in New York, 1933

Donald Deskey

1894 Blue Earth, Minnesota, USA
1989 Vero Beach, Florida, USA

Mitte der 20er Jahre, nach einem Besuch der »Exposition Internationale des Arts Décoratifs et Industriels« in Paris, begann Donald Deskey mit der dreidimensionalen Formgebung und der Innenarchitektur.
Für Saks Fifth Avenue fertigte er 1926 Wandschirme und gestaltete ein Jahr später Schaufensterdekorationen für Saks und Franklin Simon in New York. Er verwendete Metall und Kork, was später viele Nachahmer fand. Deskey entwarf auch bemalte Wandschirme für die Galerie von **Paul Frankl** und übernahm Aufträge für Innenausstattungen bei Adam Gimbel und der Familie Rockefeller. 1927 gründete er mit Phillip Vollmer eine Firma und produzierte exklusive Designs von Unikaten für Metallmöbel und Lampen. Das Unternehmen wurde in den frühen 30er Jahren aufgelöst. In den späten 20er Jahren entwickelte Deskey ein gebeiztes Schichtholz, das als Weldtex bekannt wurde. 1931 entwarf er Innenausstattungen im **Moderne**-Stil und gestaltete das Mobiliar für die Radio City Music Hall, New York, im Stil des amerikanischen **Art déco**. In dieser Zeit führte er auch Designs für die Serienproduktion von Waschmaschinen, Verkaufsautomaten und Druckern aus. Seine Ablage für Bowlingkugeln wurde 1934 im Metropolitan Museum of Art in New York ausgestellt. Von den späten 30er Jahren bis 1975 war er Vorsitzender von Donald Deskey Associates und entwarf Grafiken, Verpackungen, Innenarchitektur, Beleuchtungskörper, Büromöbel und Ausstellungen. Desky war einer der größten Befürworter des Art-déco-Stils in Amerika und ein bedeutender Wegbereiter der Industriedesignberatung.

Desny

1927–1933 *Paris*

Die designorientierte Firma La Maison Desny war zwischen 1927 und 1933 an der Pariser Avenue des Champs-Elysées Nr. 122 ansässig. Über ihre Gründer, die Designer Desnet und René Nauny, ist wenig bekannt. Zum Hause gehörte auch der Designer Louis Poulain. Als Dekorfirma produzierte Desny eine breite Palette von Objekten im **Moderne**-Stil, von innovativen, verchromten Lampen, kubistisch inspiriertem Silber, Teppichen mit abstrakten, geometrischen Mustern und Badezimmerartikeln, bis zu Möbeln aus Aluminium. Desny führte außerdem Wandgemälde aus. Zwar waren Desnys Designs stilistisch vom Modernismus inspiriert, folgten jedoch nicht dem Utilitarismus der Moderne, sondern verwendeten oft exotische Hölzer und andere kostbare Materialien. Die Firma übernahm die Gestaltung eleganter, luxuriöser Räume für die Wohnsitze von Pierre David-Weill, Georges-Henri Rivière und Mlle. Thurnauer. In seinen Raumprogrammen nahm Desny die Entwürfe der Bildhauer Alberto (1901–1966) und Diego Giacometti (1902–1985), des Künstlers André Masson (1896–1987) sowie von **Avantgarde**-Designern wie **Jean-Michel Frank** und **Robert Mallet-Stevens** auf. Als die Firma 1933 nach dem Tod von Desnet aufgegeben wurde, eröffnete René Nauny ein Geschäft für Modeschmuck mit dem Namen Hippocampe. Obwohl Maison Desny nur für fünf Jahre bestand, sind seine Metallarbeiten im dynamischen Geist des **Art-déco**-Stils auch heute noch gesuchte Sammlerstücke.

► Versilberte Schale für Desny, ca. 1925

▼ Versilberter Pokal für Desny, ca. 1925

DEUTSCHE
WERKBUND
AUSSTELLUNG
W
MAI-OKTOBER
COELN 1914
KUNST IN HANDWERK·INDUSTRIE
UND HANDEL·ARCHITEKTUR

Deutscher Werkbund

gegründet 1907
München

Die III. Deutsche Kunstgewerbeausstellung, die 1906 in Dresden abgehalten wurde, zeigte, dass der expressive **Jugendstil** in Deutschland von einer formaleren Designsprache, die funktional ausgerichtet war, verdrängt wurde. Nur Entwürfe von Gestaltern, die mit Produktionsstätten wie den **Dresdener Werkstätten für Handwerkskunst** zusammen arbeiteten, wurden angenommen. Die Arbeiten waren utilitaristischer als alles, was bis dahin in Dresden gezeigt worden war. Sie reflektierten die Überzeugung von Designern wie **Richard Riemerschmid**, große Stückzahlen perfekt gestalteter Qualitätsprodukte, die dennoch bezahlbar waren, seien nur durch industrielle Herstellung möglich. Zur Unterstützung dieser neuen Richtung präsentierte die Ausstellung Designs mit einer neuen Ästhetik und einer sozialen Komponente und fungierte als Antriebskraft für die Gründung des Deutschen Werkbunds. Die seit 1907 bestehende Vereinigung war von Anfang an darauf ausgerichtet, künstlerische Gestaltung mit industrieller Massenherstellung zu verbinden. Unter ihren Gründern waren Designer wie Riemerschmid, **Bruno Paul**, **Peter Behrens** und **Josef Maria Olbrich**, etablierte Hersteller wie Peter Bruckmann & Söhne und Poeschel & Trepte sowie Designwerkstätten wie die **Wiener Werkstätte** und die Münchner **Vereinigte Werkstätten für Kunst im Handwerk**. Peter Bruckmann (1865–1927) wurde der erste Vorsitzende der Vereinigung, deren Mitgliederzahl innerhalb eines Jahres auf etwa fünfhundert anwuchs. Ab 1912 gab der Werkbund eigene Jahrbücher heraus, in denen Artikel mit Illustrationen der Entwürfe der Mitglieder abgedruckt wurden, so Fabrikbauten von **Walter Gropius** und Peter Behrens oder Autos von Ernst Naumann. Das Jahrbuch veröffentlichte auch Adressenlisten und die Spezialgebiete der Mitglieder, um die Zusammenarbeit

◄ **Fritz Hellmut Ehmke**, Plakat für die Deutsche Werkbund-Ausstellung in Köln, 1914

▼ Mitbegründer des Deutschen Werkbunds

AUF Grund einer in München stattgefundenen Zusammenkunft von Angehörigen der Kunst und Industrie haben sich zur Gründung eines Deutschen Kunstgewerbebundes bereit erklärt:

PETER BEHRENS	DÜSSELDORF
THEODOR FISCHER	STUTTGART
JOSEF HOFFMANN	WIEN
WILHELM KREIS	DRESDEN
MAX LÄUGER	KARLSRUHE
ADELBERT NIEMEYER	MÜNCHEN
JOSEF OLBRICH	DARMSTADT
BRUNO PAUL	BERLIN
RICHARD RIEMERSCHMID	MÜNCHEN
J. J. SCHARVOGEL	DARMSTADT
PAUL SCHULTZE-NAUMBURG	SAALECK
FRITZ SCHUHMACHER	DRESDEN
P. BRUCKMANN & SÖHNE	HEILBRONN
DEUTSCHE WERKSTÄTTEN FÜR HANDWERKSKUNST G. M. B. H.	DRESDEN
EUGEN DIEDERICHS	JENA
GEBRÜDER KLINGSPOR	OFFENBACH a. M.
KUNSTDRUCKEREI KÜNSTLERBUND G. M. B. H.	KARLSRUHE
POESCHEL & TREPTE	LEIPZIG
SAALECKER WERKSTÄTTEN G. M. B. H.	SAALECK
VEREINIGTE WERKSTÄTTEN FÜR KUNST IM HANDWERK A.-G.	MÜNCHEN
WERKSTÄTTEN FÜR DEUTSCHEN HAUSRAT, THEOPHIL MÜLLER	DRESDEN
WIENER WERKSTÄTTE	WIEN
WILHELM & CO.	MÜNCHEN
GOTTLOB WUNDERLICH	ZSCHOPENTHAL

von Kunst und Industrie zu fördern. Im Jahr 1914 organisierte der Werkbund eine bahnbrechende Ausstellung in Köln, die »Deutsche Werkbund-Ausstellung«, bei der Walter Gropius' Modellfabrik aus Stahl und Glas, Bruno Tauts Glaspavillon und **Henry van de Veldes** Werkbund-Theater zu sehen waren. Ein Jahr später war die Mitgliederzahl des Deutschen Werkbunds auf fast zweitausend angestiegen. Die zunehmende Kluft zwischen Handwerk und industrieller Produktion entfachte innerhalb des Werkbunds eine Debatte, bei der einige Mitglieder, wie Hermann Muthesius (1861–1927) und Ernst Naumann, für Standardisierung eintraten, während andere, wie van de Velde, Gropius und Taut, auf Seiten des Individualismus standen. Dieser Konflikt, der als »Werkbundstreit« bekannt wurde, führte fast zur Auflösung der Vereinigung. Das Bedürfnis einer breiten Öffentlichkeit, nach den Zerstörungen des Ersten Weltkriegs vermehrt Konsumartikel zu erwerben, überzeugte Gropius von der Notwendigkeit der Standardisierung und industriellen Produktion. Andere Mitglieder, wie Hans Poelzig (1869–1939), widerstanden der Veränderung weiterhin. Von 1921 bis 1926 war Richard Riemerschmid Vorsitzender des Deutschen Werkbunds. Während seiner Amtszeit setzten sich die Funktionalisten im Design durch. Im Jahr 1924 veröffentlichte der Werkbund *Form ohne Ornament*, präsentierte darin industriell hergestelltes Design und legte die Vorzüge einfacher, schmuckloser Oberflächen und letztlich die Prinzipien des **Funktionalismus** dar. Drei Jahre später hielt die Vereinigung in Stuttgart eine einzigartige Ausstellung mit dem Titel »Die Wohnung« ab, die von **Ludwig Mies van der Rohe** organisiert worden war. Sie stellte die »Weißenhofsiedlung« vor, für die die progressivsten Architekten ganz Europas Gebäude entworfen hatten. Die Räume dieser Häuser waren mit modernen Stahlrohrmöbeln von Mies van der Rohe, **Mart Stam**, **Marcel Breuer**, **Le Corbusier** und anderen ausgestattet. Die weithin publik gemachte Ausstellung bewirkte eine größere Akzeptanz der **Moderne**. Der Werkbund wurde 1934 aufgelöst, jedoch im Jahr 1947 wieder eröffnet; zu dem Zeitpunkt hatte sich die Kraft der Vereinigung allerdings erschöpft. Der Deutsche Werkbund bildete die Brücke zwischen dem Jugendstil und der Moderne und hatte aufgrund seiner Aktivitäten großen Einfluss auf die Entwicklung des deutschen Industriedesigns.

▾ Jahrbuch mit Emblem des Deutschen Werkbunds, 1913

Erich Dieckmann studierte von 1918 bis 1920 Architektur an der Technischen Hochschule in Danzig. Dann schrieb er sich am Staatlichen **Bauhaus** in Weimar ein, machte in der Tischlerwerkstatt eine Lehre und war dort nach seiner Gesellenprüfung 1924 kurze Zeit angestellt. Als die Schule nach Dessau umziehen musste, blieb er in Weimar und war bis 1930 Meister in der Tischlerwerkstatt der dortigen Bauhochschule. Die folgenden drei Jahre unterrichtete er Möbeldesign an der Tischlerwerkstatt der einflussreichen Kunstgewerbeschule Burg Giebichenstein in Halle. 1933 entzogen die Nationalsozialisten ihm den Lehrauftrag. In den nächsten drei Jahre war er arbeitslos und schuf nur wenige Designs. 1936 gelang ihm ein Comeback; bis 1939 war Dieckmann Mitglied des »Amts der Schönheit der Arbeit« in

Erich Dieckmann

1896 *Kauernick/ Westpreußen*
1944 *Berlin*

► Armlehnstuhl für die Möbelwerkstatt an der Staatlichen Bauhochschule in Weimar, ca. 1926

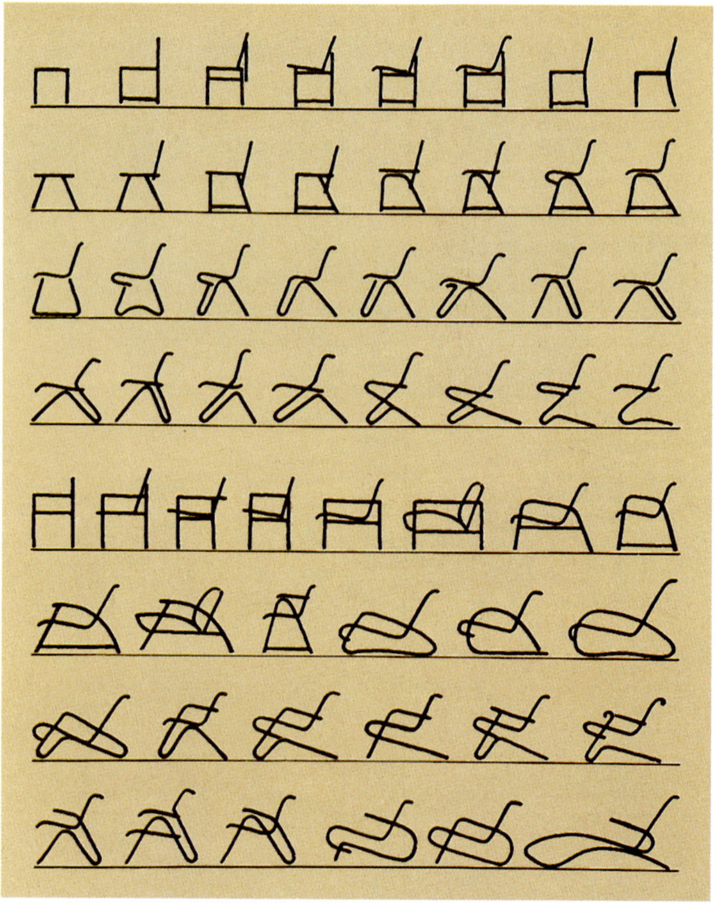

◂ Skizze von Stuhlprofilen mit verschiedenen Prototypen, 1930–1931

Hannover und bis zu seinem Tod 1944 für die Abteilung »Deutsches Kunsthandwerk« der Kunstkammer Berlin zuständig. Dieckmann experimentierte in seinen Sitzmöbeldesigns zwar auch mit den strukturellen Qualitäten des Stahlrohrs, ist jedoch am meisten für seine standardisierten Holzmöbel bekannt. In seinen unaufdringlichen Entwürfen, für die kubische Formen und einfache Konstruktionsmethoden typisch sind, verband er auf elegante Weise das Handwerk mit dem Funktionalismus. Durch die Verwendung von Hölzern wie Buche, Kirsche, Eiche und Esche lockerte er den strengen geometrischen Formalismus der **Moderne** auf. Nach **Marcel Breuer** wird Erich Dieckmann weithin als der wichtigste am Bauhaus ausgebildete Möbelgestalter betrachtet.

Niels Diffrient

geb. 1928 *Star, Mississippi, USA*

Niels Diffrient studierte an der Cass Technical High School in Detroit Luftfahrttechnik und machte 1946 seinen Abschluss. In den späten 40er und frühen 50er Jahren studierte er an der **Cranbrook Academy of Art** in Bloomfield Hills in Michigan und an der Wayne State University in Detroit. Ab 1954 war er ein Jahr lang Fulbright-Stipendiat in Italien, wo er Design und Architektur studierte und im Büro von **Marco Zanuso** in Mailand tätig war. Vorher hatte er fünf Jahre lang als Designer und Modellierer im Büro von **Eero Saarinen** und zwei Jahre lang für Walter B. Ford Associates in Detroit gearbeitet. 1952 trat er der Firma des berühmten Produktdesigners **Henry Dreyfuss** bei und wurde nach vier Jahren Geschäftspartner. Bei Henry Dreyfuss Associates half er bei der Zusammenstellung anthropometrischer Informationen, die später in drei wichtigen Bänden veröffentlicht werden sollten: *Humanscale 1-2-3* (1974), *Humanscale 4-5-6* und *Humanscale 7-8-9* (1981). Er entwarf überdies Innenräume von Flugzeugen für Hughes, Lockheed und Learjet sowie Rechner für Honeywell und Röntgengeräte für Litton Industries. Bis 1981 blieb Diffrient bei Henry Dreyfuss Associates, dann eröffnete er sein eigenes Büro, Niels Diffrient Product Design in Ridgefield, Connecticut. Seitdem entwirft er ergonomische Bürosystemmöbel wie die Sitzgelegenheit *Diffrient Operational* (1980) für **Knoll** und das Sitzmöbelprogramm *Helena* für Sunar-Hausmann (1984). Sein vielseitiger Lehnsessel mit Ottomane *Jefferson* (1983), der sich allen Körpertypen anpasst, brachte modernste Sitztechnologie und Ergonomie in das Wohnzimmer. Der Sessel bot außerdem eine Abstellfläche für einen Rechner sowie variable Arbeitsleuchten und diente so zugleich als integrierter Arbeitsplatz für das Büro oder zu Hause. Diffrients Hauptinteresse gilt der funktionellen Leistung und er ist wegen seiner perfekten Kenntnis der Ergonomie in der Lage, eine enge Interaktion zwischen Objekt und Benutzer herzustellen.

▾ Bürostuhl *Diffrient Advanced Management* für Knoll International, 1979

Nanna Ditzel
geb. 1923 *Kopenhagen*

Nanna Hauberg studierte an der Kunsthandvaerkskolen in Kopenhagen bei Orla Mølgård Nielsen (1907–1994) und Peter Hvidt (1916–1986) Möbeldesign. Während dieser Zeit lernte sie auch ihren späteren Mann, den ursprünglich als Polsterer ausgebildeten Jørgen Ditzel (1921–1961) kennen. Gemeinsam stellten sie 1944 Wohnzimmermöbel bei der Cabinetmakers' Annual Exhibition in Kopenhagen aus. Die Entwürfe, darunter ein Teetischchen mit abnehmbarem Tablett für Louis G. Thiersen, erregten einiges Aufsehen. Zwei Jahre später heiratete das Paar und eröffnete sein eigenes Designatelier in Hellerup. Zu Beginn konzentrierten sie ihre Bemühungen auf Designlösungen für kleine Wohnräume und Nanna experimentierte mit dem Konzept der Kücheneinheit als Raumteiler. In den frühen 50er Jahren war sie in der Architekturpraxis von Fritz Schlegel (1896–1965) als Möbeldesignerin tätig und mit ihrem Mann gestaltete und präsentierte sie weiter Möbelstücke. Für Knud Willadsen Møbelsnedkeri entwarfen sie 1952 eine Kindermöbelserie aus Sperrholz und arbeiteten mit Gunnar Aagaard Andersen (1919–1982) am Design eines Standes bei der Cabinetmakers' Exhibition. In dieser Zeit gestaltete Nanna auch Silberschmuck für **Georg Jensen**. 1954 veröffentlichte sie mit ihrem Mann das Buch *Danish Chairs* und zwei Jahre später erhielten sie den Lunning-Preis. Ab 1957 entwarfen sie für R. Wengler eine Korbmöbelserie. Die Zusammenarbeit endete allerdings 1961 mit Jørgens frühem Tod. Von ihrem »Appetit auf Veränderung« geleitet, fertigte Nanna Ditzel weiter innovative, auf Handwerk beruhende Designs für Möbel, Metallarbeiten, Geschirr und Bestecke, Schmuck und Textilien. Ihre Arbeiten besitzen einen erstaunlichen Sinn für Leichtigkeit und Struktur und waren das Thema eines 1992 von der dänischen Erziehungsbehörde herausgebrachten Films.

▾ Sessel *Sommerfugle* für Frederica Stolefabrik, 1990

▸ Leuchte *Jack*, 1996, mit gestapelten *Euroblöcken*, 1998

Tom Dixon

geb. 1959 *Sfax, Tunesien*

Tom Dixon studierte bis 1978 an der Chelsea School of Art in London. Ab 1983 entwarf er Möbel aus *objets trouvés* und schweißte ein Jahr darauf als »Performancekunst« auf der Bühne des Nachtklubs Titanic in London Altmetalle zusammen. Er eröffnete 1987 seine eigene Manufaktur, Dixon PID, die später als Space bekannt wurde, und produzierte Möbel und Leuchten als Einzelstücke oder in limitierter Auflage. Seine Stühle *Kitchen* (1987) und *S* (1988) vermieden bewusst die technische Perfektion industrieller Herstellung und sind für sein Werk aus dieser Zeit typisch. Dixons Möbel und Beleuchtungskörper wurden 1989 in einer Einzelausstellung in der Galerie Yves Gastou in Paris gezeigt und erregten die Aufmerksamkeit der Presse. In den 90er Jahren war Dixons Werk immer weniger handwerklich orientiert und hatte zunehmend skulpturale Formen. Unter seinen bekanntesten Designs sind die Polstermöbel für Cappellini und seine sehr erfolgreiche Plastiklampe *Jack* (1996) für eine seiner eigenen Herstellungsfirmen, Eurolounge. Seine Arbeiten wurden Mitte der 90er Jahre im British Council in Köln und Beirut ausgestellt. 1998 wurde Dixon Leiter der Designabteilung bei Habitat.

Dresdener Werkstätten für Handwerkskunst

gegründet 1898
Dresden

Wie die **Vereinigten Werkstätten für Kunst im Handwerk**, die ein Jahr zuvor in München gegründet worden waren, wurden 1898 die Dresdener Werkstätten für Handwerkskunst zur Gestaltung und Produktion qualitativ hochwertiger Erzeugnisse für den alltäglichen Gebrauch gegründet. Die Bildung solcher Werkstätten war von britischen Designpionieren wie **William Morris** inspiriert, hatte aber auch zum Ziel, den Designmarkt, der fest in den Händen der französischen *décorateurs* war, zurückzuerobern. Anfangs konzentrierten die Dresdener Werkstätten ihre Fertigung auf traditionelle Handwerksmethoden und produzierten einfache, volkstümliche Designs, die den Einfluss der britischen **Arts-&-Crafts-Bewegung** erkennen ließen. Die Modellzimmer, die **Richard Riemerschmid** um 1905 gestaltete, waren nicht nur mit Möbeln, Textilien und Keramik dekoriert, die in den Werkstätten hergestellt waren, sondern auch mit traditionellem Porzellan, Kunstdrucken und Vogelkäfigen, was ihnen einen häuslichen Reiz verlieh. Diese bescheidenen Innenräume waren das völlige Gegenteil des zeitgenössischen Hochstils und reflektieren den weit verbreiteten Wunsch nach einer Designreform in Deutschland. Obgleich die Dresdener Werkstätten zur Förderung des Kunsthandwerks gegründet worden waren, richteten sich ihre künstlerischen Bemühungen schon bald auf die industrielle Produktion. Zu diesem Zweck entwarf Richard Riemerschmid ab 1906 eine Reihe standardisierter Möbel, das *Maschinenmöbelprogramm*. Diese Designs bestanden aus standardisierten Teilen, deren Verschraubung sichtbar war. Die Herstellung des revolu-

▾ Innenausstattung III *Herrenzimmer*, 1905

tionären Möbelprogramms war von Überlegungen zur mechanisierten Produktion durchdrungen und hatte großen Einfluss auf spätere progressive Möbeldesigns. Riemerschmid entwarf ein Fabrikgebäude für die Werkstätten in Hellerau in der Nähe von Dresden (1908–1910), um die Produktion dieser Möbel zu steigern. Die Erzeugnisse der Dresdener Werkstätten, die großenteils von Riemerschmid stammten, waren volkstümlicher und weniger exklusiv als die der Münchner Vereinigten Werkstätten für Kunst im Handwerk oder anderer deutscher Werkstätten. Obwohl ihre ethischen Prinzipien den Werkstätten verbot, billige Produkte anzubieten, war die Suche der Dresdener Werkstätten nach preisgerechten Designs richtungweisend, besonders für die Gründung des **Deutschen Werkbunds**.

▲ **Richard Riemerschmid**, *Herrenzimmer*-Schreibtisch, 1905

◂ Elektrolytisch versilberte Zuckerschale *Modell Nr. 247* für Elkington & Co., ca. 1880

▸ Rotweinkrug *Crow's Foot Modell Nr. 2045* für Hulkin & Heath, 1878

Christopher Dresser

1834 *Glasgow*
1904 *Mulhouse/Elsaß*

Christopher Dresser studierte von 1847 bis 1854 bei dem Botaniker John Lindley an der Government School of Design in London, an der er anschließend vierzehn Jahre lehrte. Sein Engagement für die »Kunstbotanik«, die stilisierte und gleichzeitig wissenschaftliche Abbildung der Natur, trug dazu bei, den gekünstelten viktorianischen Naturalismus durch eine formalisiertere Ornamentik zu ersetzen. 1856 wurde eine seiner Abbildungen mit dem Titel »Plants and Elevations of Flowers« in Owen Jones' bedeutendes Werk *The Grammar of Ornament* aufgenommen. Ein Jahr später wurde Dresser Professor für »Botanik in der Kunst« an der School of Design in South Kensington. Durch die Veröffentlichung verschiedener Artikel im *Art Journal* und dreier Bücher etablierte er seinen Ruf und erhielt die Ehrendoktorwürde der Universität Jena. Nachdem Dresser sich 1860 vergeblich für den Botaniklehrstuhl an der University of London beworben hatte, begann er stattdessen eine Designkarriere. Er gründete sein eigenes Atelier und war von Anfang an sehr erfolgreich. Für mindestens 30 bedeutende Hersteller in Großbritannien lieferte Dresser Designs für Metallgegenstände, Keramiken, Glas, Kacheln, Textilien, Tapeten und gusseiserne Möbel. Auch als Designtheoretiker war er überaus einflussreich. Er gehörte zu den ersten, die auf die besonderen Eigenschaften der japanischen angewandten Kunst hinwiesen. Seine zukunftsorientierten Designs reflektierten den Glauben an die industrielle Produktion und seine Suche nach »Wahrheit, Schönheit, Macht«. Neben seiner Bekanntheit als Designreformer war Dresser auch einer der ersten professionellen Industriedesigner.

◂ Thermoskanne und Tablett *Modell Nr. 539* für die American Thermos Bottle Company, 1935

Henry Dreyfuss

1904 New York
1972 South Pasadena, Kalifornien, USA

Henry Dreyfuss studierte an der Ethical Culture School in New York, bevor er 1923 bei dem Industriedesigner **Norman Bel Geddes** in die Lehre ging. Während dieser Zeit gestaltete Dreyfuss Kostüme, Bühnenbilder und Beleuchtungen für das Strand Theater in New York sowie die Kette von Vaudeville-Theatern R. K.O. (Radio-Keith-Orpheum) und arbeitete als Berater für Macy's Kaufhaus. 1929 eröffnete er sein eigenes Atelier für Industriedesign in New York. Seine direkte und sachliche Handhabung des Entwurfprozesses garantierte den Erfolg des Büros. Zu seinem breiten Kundenkreis gehörten Bell Telephone, AT&T, American Airlines, Polaroid, Hoover und RCA. Seine Designs, wie das Telefon *Trimline* von 1965, zeichneten sich durch schwungvolle, skulpturale Formen aus und waren beispielhaft für das **Streamlining** im amerikanischen Design. Wie **Raymond Loewy**, Norman Bel Geddes und **Walter Dorwin Teague** gab Dreyfuss im Auftrag der Hersteller vielen Produkten neue Formen, um die Verbrauchernachfrage zu steigern, und das nicht durch technische Innovation, sondern durch stilistische Neuartigkeit. Einige seiner Designs trugen ein Faksimile seiner Unterschrift – ein frühes Beispiel des Designer-Labels. Dreyfuss war Gründungsmitglied der Society of Industrial Design und erster Vorsitzender der Industrial Designers Society of America. Überdies veröffentlichte er zwei sehr einflussreiche Bücher über Anthropometrie, *Designing for People* (1955) und *The Measure of Man* (1960). 1972 nahmen sich Dreyfuss und seine Ehefrau das Leben.

Nathalie du Pasquier

geb. 1957 *Bordeaux*

Nathalie du Pasquier unternahm zwischen 1975 und 1978 ausgedehnte Reisen durch Afrika, Australien und Indien. Nach ihrer Rückkehr nach Bordeaux studierte sie ein Jahr lang Zeichnen und Design und zog dann nach Italien, zuerst nach Rom, später nach Mailand. Ein Jahr später schloss sie sich Studio Rainbow als Textildesignerin an. Von 1981 bis 1988 produzierte sie lebhafte, bunte, postmoderne Polsterstoffe, Laminate, Möbel und Keramiken für **Memphis**. Ab 1982 war sie auch Hausdesignerin der Modefirma Fiorucci, die damals an der Spitze der New Wave-Mode stand. Zwei Jahre später produzierte du Pasquier gemeinsam mit ihrem Mann, dem Memphis-Mitglied **George Sowden**, die Lampenserie Objects for the Electronic Age für Arc 74 und 1988 die farbenfrohe Uhrenserie *Neos* für Lorenz. Als Memphis 1988 aufgelöst wurde, gründete das Paar sein eigenes Designbüro in Mailand und übernahm Architekturprojekte sowie das Design von Textilien, Teppichen, Keramik und Metallwaren. Zu du Pasquiers Kunden gehören Elio Palmisano, Maison des Couteliers, Lorenz, Pink Dragon, Missoni, Esprit und NAS Oleari. Im Jahr 1989 gab sie das Design zeitweilig zugunsten der Malerei auf und wurde Kuratorin des Musée des Arts Décoratifs in Bordeaux. Du Pasquiers Designs, die stark gemustert und von intensiver Farbigkeit sind, wurden von verschiedenen Stammeskulturen (afrikanisch, indisch und australisch) sowie einer Mischung unterschiedlicher Stile (Kubismus, **Art déco** und **Futurismus**) und Aspekten der Popkultur (Graffiti und Science-Fiction-Comics) beeinflusst. Die Dynamik und der Eklektizismus ihrer Designs für Textilien und Laminate trugen zu der erfrischenden und jugendlichen Vitalität von Memphis bei und verliehen den Erzeugnissen der Gruppe deutliche optische Identität.

▼ Stoff *Gabon* für Rainbow, 1982

Raoul Dufy

1877 Le Havre
1953 Forcalquier, Frankreich

Raoul Dufy ist zwar vor allem als Maler bekannt, doch er war auch ein gefeierter Designer bunter Textilien und Keramiken. Er studierte an der École des Beaux-Arts in Paris und malte anfänglich im impressionistischen Stil. Ab etwa 1903 stand er durch seine Freundschaft mit Albert Marquet (1875–1947) und Othon Friesz (1879–1949) den Fauvisten nahe und stellte von 1903 bis 1909 Seite an Seite mit Henri Matisse (1869–1954), André Derain (1880–1954) und Maurice de Vlaminck (1876–1958) aus. Während dieser Periode eignete er sich einen neuen Malstil an, der vereinfachte, abstrahierte Formen und leuchtende Farben verwendete. Nach kurzer Beschäftigung mit dem Kubismus arbeitete er an volkstümlichen Designs, von denen er 1909 in München und 1910 beim Salon d'Automne in Paris Beispiele gesehen hatte. Dann fertigte er eine Reihe einfacher Holzschnitte in primitivem Stil für Guillaume Apollinaires *Bestiaire* an. 1911 entwarf er Briefpapier für den Modeschöpfer Paul Poiret und dieser half ihm, sein eigenes Atelier mit Werkstatt aufzubauen. Später beauftragte Poiret Dufy mit der Kreation verschiedener Textilien, die den im Atelier Martine des Modeschöpfers hergestellten ähnelten. Zwischen 1912 und 1930 entwarf Dufy Kleider- und Polsterstoffe sowie Stoffbahnen für den Hersteller Bianchini-Férier in Lyon. Er gestaltete außerdem von 1923 bis 1930 einen Wandschirm und ein Sitzelement für Beauvais und Keramik für Artigas. Dufy entwarf 14 berühmte Wandgehänge für Paul Poirets Schiff *Orgues*, das während der »Exposition Internationale des Arts Décoratifs et Industriels Modernes« 1925 auf der Seine festgemacht hatte, und gestaltete von 1930 bis 1933 Seidenstoffe für Amalgamated Silk and Onandaga in New York. Wie seine Bilder waren auch Dufys Designs lebhaft mit stark kalligraphischen Linien und weißen »Schatten«. Designs wie *Feuilles* von ca. 1920 sind mit ihrer Spontaneität und ihrem rhythmischen Primitivismus im Laufe der Zeit zum Inbegriff des **Art déco** geworden.

▾ Stoff *Feuilles (Blätter)* für Bianchini-Férier, ca. 1920

◂ Beinschiene, entworfen für die U. S. Navy und hergestellt von der Evans Products Company, 1943

Charles Eames

1907 *St. Louis, Missouri, USA*
1978 *St. Louis*

Ray Eames

1912 *Sacramento, Kalifornien, USA*
1988 *Los Angeles*

Charles Eames studierte zuerst an der Washington University in St. Louis Architektur. 1929 reiste er nach Europa, wo er zum ersten Mal den Werken von Mitgliedern der **Moderne** wie **Le Corbusier**, **Ludwig Mies van der Rohe** und **Walter Gropius** begegnete. Im folgenden Jahr eröffneten Charles Eames und Charles Gray ein Architekturbüro in St. Louis, dem später auch Walter Pauley beitrat. Die Firma baute zwar einige private Wohnsitze, doch schon 1934 blieben die Aufträge wegen der Wirtschaftskrise aus. Eames verließ St. Louis und lebte für kurze Zeit in Mexiko. Nach seiner Rückkehr nach St. Louis im Jahr 1935 gründete er mit Robert Walsh eine neue Bürogemeinschaft und entwarf ein Jahr später das Meyer House in Huntleigh Village. Für dieses Projekt ersuchte er den Rat des finnischen Architekten **Eliel Saarinen** und lernte 1937 dessen Sohn **Eero Saarinen** kennen. Im folgenden Jahr bot ihm Eliel Saarinen ein Stipendium für die **Cranbrook Academy of Art** an und so begann er im Herbst des Jahres mit einem Studium der Formgebung und Architektur. 1939 wurde er zum Designlehrer und 1940 zum Leiter des Fachbereichs für Industriedesign an der Cranbrook Academy berufen. Im Herbst des Jahres kam Ray Kaiser nach Cranbrook, die in New York Malerei studiert hatte. Sie studierte bei Marianne Strengel (geb. 1909) Weberei und half 1940 Charles Eames und Eero Saarinen mit ihren Beiträgen für den Wettbewerb »Organic Design in Home Furnishings« am **Museum of Modern Art, New York** (MoMA). Ihre revolutionären und prämierten Designentwürfe für Sitzmöbel nutzten neuartige Herstellungstechniken: das Formen von Sperrholz in komplexe Kurven sowie die Ringschweißung, ein von der

Chrysler Corporation entwickeltes elektronisches Verbundverfahren, mit dem Holz und Metall zusammengefügt werden konnten. Ein Jahr später trennte sich Eames von seiner ersten Frau und heiratete Ray Kaiser. Das Paar zog nach Kalifornien, wo Eames als Bühnenbildner für die MGM Studios tätig war. Dort begannen sie ihre Experimente mit Formungstechniken für Sperrholz und entwickelten in ihrer Wohnung die »Kazam! Machine«, eine Presse, mit der Sperrholz mittels zweier geometrischer Flächen in komplexe Kurven gebogen werden konnte. Die United States Navy beauftragte sie 1942 mit dem Entwurf von Bein- und Armschienen sowie Tragbahren aus Sperrholz. Sie eröffneten die Plyformed Wood Company zur Massenherstellung des ersten Probelaufs von 5 000 Schienen. Wegen finanzieller Schwierigkeiten musste das Ehepaar Eames den Betrieb verkaufen und von da an wurde er zur Molded Plywood Products Division der Evans Products Company in Detroit. Eine Zeit lang war Charles Eames dort Abteilungsleiter für Forschung und Entwicklung. 1945 wurde eine Serie von Kindermöbeln aus geformtem Schichtholz, die die Eames entworfen hatten, von der Evans Products Company hergestellt und vertrieben. 1946 organisierte das Museum

▲ Innenausstattung mit *LCW*-Stühlen (1945), dem Stuhl *LCM* (1945–1946), dem Tisch *CTW* (1946) und dem Wandschirm *FSW* (1946) für Herman Miller

◄ Prototyp des Stuhls *LCW*, ca. 1945

of Modern Art eine Einzelausstellung mit dem Titel »New Furniture by Charles Eames«, in der Prototypen der berühmten Serie von Sperrholzstühlen (1945–1946) des Ehepaars gezeigt wurden. Diese innovativen Stühle entsprechen ihrem Anliegen, »das Meiste des Besten für die größte Zahl von Menschen zum günstigsten Preis« zu produzieren. Anfangs stellte Evans die Stühle her, doch nach kurzer Zeit wurden sie ausschließlich von **Herman Miller** vermarktet und vertrieben und 1949 übernahm Eames ihre Herstellung selbst. 1948 gewann Charles Eames den zweiten Preis der »International Competition for Low-Cost Furniture Design« des MoMA für eine Serie von geformten Glasfaserstühlen. Dies waren mit die ersten ungepolsterten Sitze, die in Massenproduktion hergestellt wurden. Eames' Konzept eines universellen Sitzkerns, der mit einer Vielzahl von Unterbauten kombiniert werden konnte und dadurch zahlreiche Variationsmöglichkeiten bot, war beispielhaft. Die gesamten 50er und 60er Jahre hindurch arbeiteten die Eames' eng mit Herman Miller zusammen und schufen weitere sehr innovative Einrichtungsgegenstände, darunter auch das Sitzmöbel *Aluminium Group* von 1958. Charles und Ray Eames waren auch für Architekturprojekte weithin bekannt, besonders die Case Study Houses Nr. 8 und Nr. 9 von Charles Eames und Eero Saarinen in Pacific Palisades, die 1949 fertiggestellt wurden. Nr. 8 war für das Ehepaar Eames selbst bestimmt und wurde als

▲ Armlehnstühle *PAC-1* (1950–1953) und Esstische mit Laminatflächen für Herman Miller, ca. 1958

◂ Armlehnstuhl *DAR* für Zenith Plastics und später für Herman Miller, 1948–1950

► **Ray Eames**, Stoff *Cross Patch* für Schiffer Prints, 1945

Eames House bekannt, Nr. 9 für John Entenza, den Redakteur und Herausgeber der Zeitschrift *Arts & Architecture*, die das Projekt unterstützt hatte. Das Innere des Eames House ist für seine Leichtigkeit und sein Raumgefühl bekannt. Es war mit einer eklektischen, bunten Mischung von Alltagsgegenständen dekoriert, darunter Spielzeug, Drachen und fernöstliche Objekte, welche die sonst kompromisslos moderne Ästhetik des Raumes auflockerte. Das Ehepaar Eames produzierte auch zahlreiche Kurzfilme: *A Communications Primer* (1953), *Tops* (1969) und *Powers of Ten* (1977), die seine zahlreichen Ausstellungen begleiteten. Ausstellungsgestaltung war ein Spezialgebiet der Eames', in dem sie der Öffentlichkeit ihre oft komplexen Ideen mit Hilfe einer Vielzahl von Medien auf professionelle, aber spielerische Weise näherbringen konnten. Die Eames waren frühe Wegbereiter von Multimediapräsentationen und ihre bahnbrechenden Ausstellungen *Mathematica* (1961), *Nehru: His Life and His India* (1965), *A Computer Perspective* (1971), *Copernicus* (1972) und *The World of Franklin and Jefferson* (1975–1977) fanden höchste Anerkennung. Ein weiterer bedeutender Beitrag zum Kommunikationsdesign bestand in Bildschirmpräsentationen; der Film *Glimpses of the USA* (1959) sollte den Russen, die die Ausstellung anlässlich der American

▼ Sessel *Nr. 670* und Polsterschemel *Nr. 671* für Herman Miller, 1956

▲ Serie *ESU (Eames Storage Units)* für Herman Miller, 1950

National Exhibition in Moskau sehen konnten, visuell mit dem Leben in Amerika vertraut machen. Mit ihrem Design, ihren Filmen und ihrer Fotografie schufen die Eames eine neue, aufregende visuelle Sprache, die sowohl in Amerika als auch im Ausland großen Eindruck machte. Ihr Werk reflektiert ihre Werte: Angemessenheit, Sozialmoral, Egalitarismus, Optimismus, Informalität und Dematerialismus. Obwohl ihre Aussage im Ton eindeutig amerikanisch ist, fand sie weltweite Zustimmung, denn sie zeigte eine akzeptable Seite der Moderne. Ihre Objekte überzeugten durch tiefe Menschlichkeit. Die Eames waren zwar von den gleichen moralischen Grundsätzen geleitet und teilten eine starke Neigung für Struktur, doch Charles Eames näherte sich dem Design von der technologischen und materiellen Seite der Produktion, während Ray Eames mehr Wert auf formale, räumliche und ästhetische Prinzipien legte. Dieser dynamische Ansatz zur Problemlösung half ihnen, Verbindungen über die große Bandbreite ihres Werkes hinweg zu schaffen. Charles und Ray Eames demonstrierten in der Praxis, wie das moderne Design zur Verbesserung der Lebensqualität, der menschlichen Wahrnehmung, der Verständigung und des Wissens genutzt werden kann und sollte. Dies machte sie zu den größten Verfechtern des **Organischen Designs** und zu zwei der wichtigsten Designer des 20. Jahrhunderts.

► *ESU 400 (Eames Storage Units)* mit »gepockter« Verkleidung für Herman Miller, 1950

Charles Eastlake

1836 *Plymouth/Devon, Großbritannien*
1906 *London*

Charles Locke Eastlake, der Neffe des Malers und Direktors der National Gallery in London, Sir Charles Locke Eastlake (1793–1865), studierte zuerst bei Philip Hardwick (1792–1870) Architektur und danach an den Royal Academy Schools in London. Bevor er sich der Kunstkritik zuwandte, stellte er 1855 und 1856 mehrere Architekturprojekte an der Royal Academy aus. 1864 veröffentlichte er unter dem Titel *The Fashion of Furniture* den ersten von vielen Artikeln über Möbeldesign und Raumgestaltung. Locke wurde 1866 zum stellvertretenden Sekretär des Royal Institute of British Architects (RIBA) berufen und fünf Jahre später zum Sekretär. 1868 veröffentlichte er sein kreatives Handbuch *Hints on Household Taste in Furniture, Upholstery and Other Details*, eine Zusammenstellung mehrerer früherer Artikel, die er für die Zeitschriften *Cornhill Magazine* und *The Queen* verfasst hatte. Das Handbuch *Hints* würdigte den Reformed-Gothic-Stil, der von George Edmund Street (1824–1881), Richard Norman Shaw (1831–1912) und John Pollard Seddon (1827–1906) vertreten wurde und sich durch die Klarheit von Konstruktion und Materialien, geradlinigen Formen und geometrischen Muster und Ornamenten auszeichnete. Eastlakes eigene Möbel- und Tapetendesigns waren ebenso in dem Werk vertreten wie Schmuckdesign von Sir Matthew Digby Wyatt (1820–1877), Metallarbeiten von Beham & Froud, Glas von Salviati, geometrische Kacheln von Maw und Keramik von Copeland. Die Publikation erschien in England in vier Auflagen. In Amerika stieß sie auf noch größeres Interesse, und von 1872 bis 1879 erschienen in Boston sechs Auflagen. *Hints* inspirierte ähnliche Werke in Amerika, insbesondere C. C. Cooks *The House Beautiful* (1877) und H. P. Spoffords *Art Decoration Applied to Furniture* (1878). Der Autor und Geschmacksvermittler Eastlake war bedeutender als der Designer. Sein wichtigstes Werk war *A History of the Gothic Revival* (1872).

◄ Eichenholzsekretär mit Intarsien für Heaton, Butler & Bayne, ca. 1867

▼ Frontispiz aus *Hints on Household Taste*, erschienen 1868

Tom Eckersley

geb. 1914 *Newton-le-Willows/Lancashire, Großbritannien*

Tom Eckersley studierte von 1930 bis 1934 an der Salford School of Art und lernte dort Eric Lombers kennen, mit dem er 1934 nach London zog. Sie gründeten eine Firma für Design, die bis 1940 bestehen sollte und in den 30er Jahren Grafiken für London Transport, Shell-Mex, die britische Post, British Petroleum (BP), die British Broadcasting Company (BBC) und Austin Reed produzierte. Diese frühen Arbeiten Eckersleys waren von den Plakaten von **Edward McKnight Kauffer** und **A. M. Cassandre** sowie dem Kubismus und dem **Surrealismus** inspiriert. Während des Zweiten Weltkriegs schuf er Plakate für das Informationsministerium, die Royal Society for the Prevention of Accidents und die Royal Air Force (RAF), für die er auch Kartographien entwarf. Zwischen 1937 und 1939 lehrte er an der Westminster School of Art und arbeitete nach dem Krieg als freischaffender Grafikdesigner. Er wurde 1949 für seine Designarbeit während des Krieges mit dem OBE (Order of the British Empire) ausgezeichnet und ein Jahr später in die Alliance Graphique Internationale aufgenommen. Von 1958 bis 1978 war er Leiter des Fachbereichs für Design am London College of Printing. In dieser Zeit wurde sein Grafikstil deutlich direkter, wobei er einen gewissen Humor beibehielt, der für das britische Grafikdesign der 30er Jahre so typisch ist. 1976 erhielt er den Auftrag für eine Serie von Wandgemälden für den neuen Bahnhof des Flughafens Heathrow.

▾ Werbeplakat für Shell, ca. 1938

◂ Gesticktes Einsatzstück (zugeschrieben), ca. 1900

Otto Eckmann

1865 *Hamburg*
1902 *Badenweiler*

Otto Eckmann studierte an den Kunstgewerbeschulen in Hamburg und Nürnberg sowie an der Akademie der Künste in München. Er war als bildender Künstler erfolgreich und zeigte seine Arbeiten ab 1890 in Münchener Ausstellungen. 1894 gab er die Malerei auf, versteigerte seine Gemälde in Frankfurt und konzentrierte seine Arbeit auf Grafikdesign und Handarbeit, insbesondere Stickerei. Ab 1895 beteiligte er sich mit Illustrationen, die von japanischen Holzschnitten beeinflusst waren, an den Zeitschriften *Pan* in Berlin und *Jugend* in München. Weitere zwölf Monate später begann er, an der Kunstgewerbeschule in Berlin ornamentale Malerei zu unterrichten, wurde Professor für angewandte Kunst und stellte seine Designs auf der Internationalen Kunstausstellung in München aus. Von 1899 bis 1900 entwarf er Warenzeichen für die **AEG** und entwickelte dann die *Eckmannschrift* für die Rudhard'sche Gießerei in Offenbach. Er gestaltete außerdem Plakate und Exlibris im **Jugendstil** für den Leipziger Verleger E. A. Seemann sowie Keramikkacheln für Villeroy & Boch in Mettlach. Seine aufsehenerregendste Auftragsarbeit war jedoch die Innenausstattung für das Arbeitszimmer des Großherzogs Ernst Ludwig IV. von Hessen-Darmstadt im Neuen Palais (1898). Obgleich Eckmann schon mit 37 Jahren starb, schuf er in seiner kurzen Karriere viele Designs für Textilien, Möbel, Teppiche, Tapeten, Metallwaren und Keramik und war einer der wichtigsten Vertreter des deutschen Jugendstils.

▸ **Louis Majorelle**, Raumausstattung im Café de Paris, Nancy, 1899

École de Nancy

gegründet 1901
Nancy, Frankreich

Zwischen 1871 und 1900 ließen sich viele erfahrene Kunsthandwerker aus Preußen in Nancy nieder, einer Stadt, die nur 20 Kilometer von der deutsch-französischen Grenze entfernt war. Dieser Zustrom von Emigranten trug zum kulturellen und kommerziellen Aufschwung Nancys bei und die Stadt wurde zur wichtigsten Metropole im Osten Frankreichs. Jean **Daum**, einer der Einwanderer, errichtete 1878 die Verrerie Sainte-Claire und stellte **Art-nouveau**-Glas her. Andere Designer in Lothringen, wie **Émile Gallé** und **Louis Majorelle**, produzierten Möbel und Glaswaren im Art-nouveau-Stil, die von den Kritikern gelobt wurden und kommerziellen Erfolg hatten. Von der allgemeinen Begeisterung für solche Arbeiten beflügelt, schlossen sich 1901 eine Reihe von Firmen und Werkstätten um Nancy zusammen und gründeten die Alliance Provinciale des Industries d'Art. Diese Vereinigung, als École de Nancy bekannt, wurde anfangs von Émile Gallé geleitet. Zu ihren Mitgliedern gehörten Louis Majorelle, Victor Prouvé (1858–1943), Eugène Vallin (1856–1922) und die Gebrüder Daum, die sie nach Émile Gallés Tod 1904 weiterführten. Die erste Gruppenausstellung der Alliance fand 1903 im Salon de l'Union Centrale des Arts Décoratifs in Paris statt.

Egon Eiermann

1904 *Neuendorf/Berlin*
1970 *Baden-Baden*

Egon Eiermann studierte von 1923 bis 1927 an der Technischen Hochschule in Berlin-Charlottenburg Architektur und nahm an den Meisterklassen von Hans Poelzig (1869–1936) teil. Ab 1931 arbeitete er als freischaffender Architekt und baute in der NS-Zeit mehrere Industriegebäude. Während des Zweiten Weltkriegs entwarf er Möbel für sein eigenes Büro, gestaltete Raumausstattungen und baute mit Robert Hilgers nach 1945 eine Architekturgesellschaft auf. 1949 schuf er für die Ausstellung »Wie wohnen« ein Modellhaus und wollte damit demonstrieren, dass sein Ruf durch seine Verbindung zu den Nationalsozialisten nicht geschädigt worden war. Eiermann gestaltete oft speziell für seine Architekturprojekte Möbel, die später in Serie hergestellt wurden. Seine beliebten Wannenstühle aus geflochtenem Rattan (1952) wurden von Friedrich Herr produziert, seine Serie geformter Sperrholzstühle (1952) von Wilde & Spieth. Ab 1947 unterrichtete Eiermann an der Technischen Hochschule in Karlsruhe und wurde 1951 Mitbegründer des Rats für Formgebung. Mit Paul Baumgarten und Sep Ruf saß Eiermann 1962 in der Planungskommission für das neue Parlamentsgebäude und den Bundesrat in Bonn. Eiermanns wichtigste Architekturprojekte waren die Fabrik der Ciba AG in Wehr/Baden, der deutsche Pavillon für die Brüsseler Weltausstellung (1958), die Neubauten der Kaiser-Wilhelm-Gedächtniskirche in Berlin (1957–1963) und das Hochhaus für die Mitglieder des Deutschen Bundestags in Bonn (1965–1969). Außer seinem Können auf dem Gebiet der Architektur war Eiermann auch als Möbeldesigner überaus erfolgreich mit innovativen Lösungen wie dem Klappstuhl *SE18* (1952), der von Wilde & Spieth in Esslingen hergestellt wurde und eine Federung besaß, die den Stuhl automatisch zusammenklappen ließ, wenn er nicht benutzt wurde. Egon Eiermann, der mit der Raumgestalterin Charlotte Eiermann (geb. 1912) verheiratet war, zählt zu den wichtigsten Nachkriegsdesignern in Deutschland.

▾ Klappstuhl *Modell Nr. SE18* für Wilde & Spieth, 1952

Jan Eisenloeffel

1876 *Amsterdam*
1957 *Laren, Niederlande*

Johannes (Jan) Eisenloeffel ließ sich von 1892 bis 1896 an der Rijks Normaalschool in Amsterdam zum Zeichenlehrer ausbilden. Zwischen 1893 und 1896 lernte er auch bei der Metallwarenfabrik von W. Hoecker & Zoon, Amsterdam, und reiste 1898 nach Russland. Er machte in Moskau und St. Petersburg Station und studierte die Gravur- und Emailletechniken von Peter Carl Fabergé (1846–1920). Nach seiner Rückkehr in die Niederlande ging er zu W. Hoecker & Zoon zurück und wurde in ihrer neu gegründeten Firma Amstelhoeck in Amsterdam Leiter des Ateliers für Metallarbeiten. 1902 etablierte sich Eisenloeffel mit J. C. Stoffels in einer eigenen Metallwarenfirma und half ein Jahr später bei der Gründung des Amsterdamer Geschäfts De Woning, wo er seine Designs zum Verkauf anbot. Er trat 1903 der Organisation Kunst aan het Volk bei, die sich die Verbesserung der Qualität von Alltagsgegenständen zum Ziel gesetzt hatte. Von 1904 bis 1907 produzierte Eisenloeffel Designs für Metallobjekte, Porzellan und Bestecke für C. J. Begeer, Utrecht, und arbeitete dann in München an den **Vereinigten Werkstätten für Kunst im Handwerk**. 1908 kehrte er nach Holland zurück und eröffnete eine Werkstatt in der Künstlerkolonie Laren bei Amsterdam.

▲ Teeservice aus Messing für De Woning, ca. 1903

Harvey Ellis

1852 *Rochester, New York*
1904 *Syracuse, New Jersey*

Harvey Ellis wurde eine Zeit lang an der West Point Military Academy ausgebildet, jedoch vorzeitig entlassen. Nach einem Aufenthalt in Venedig kehrte er nach Albany, New York, zurück und studierte bei Edwin White (1817–1877) Kunst. Eine Weile war er im Architekturbüro von Arthur Gilman in Rochester tätig und ließ sich dann in Albany im Architekturbüro von Henry Hobson Richardson (1838–1886), dessen Reformed-Gothic-Stil ihn stark beeinflusste, zum Zeichner ausbilden. Von 1879 bis 1884 führte er mit seinem Bruder Charles ein gemeinsames Architekturbüro in Rochester. Über die nächsten zehn Jahre arbeitete Ellis als Zeichner im mittleren Westen der Vereinigten Staaten und begann in dieser Zeit mit Malerei und Plakatdesign für den *Rochester Herald* (1895) und *Harper's Magazine* (1898). Er kehrte später nach Rochester zurück. Ab 1903 gestaltete er Möbel und Textilien im Stil der britischen **Arts-&-Crafts-Bewegung** für **Gustav Stickleys** Craftsman Workshops und verfasste Artikel für dessen Zeitschrift *The Craftsman*. Wie die britischen und amerikanischen Arts-&-Crafts-Designs war die Mehrzahl seiner Entwürfe aus dieser Zeit volkstümlicher Art. Sein eleganter Eichenstuhl und der Lehnstuhl von 1904 haben dagegen mehr vom **Art-nouveau**-Stil mit leichteren, weniger rustikalen Formen und gewundenen Einlegearbeiten.

▾ Eichenstuhl für die Craftsman Workshops, 1903–1904

August Endell
1871 *Berlin*
1925 *Berlin*

August Endell, Sohn eines Architekten, studierte in Tübingen Philosophie, bevor er 1892 nach München zog, um sich in die Werke des Philosophen Theodor Lipps (1851–1914) zu vertiefen. Von **Hermann Obrist** beeinflusst, den er 1896 kennen gelernt hatte, wandte er sich jedoch von der Philosophie ab und widmete sich der Architektur und den angewandten Künsten. Von 1896 bis 1897 entwarf er die Fassade und Innenausstattung des Fotoateliers Elvira in München. Für die Außenflächen schuf er eine geschwungene Stuckkomposition, die von Obrists Peitschenschlag-Stil inspiriert war. 1898 trat er den Münchner Vereinigten Werkstätten bei und entwarf das Sanatorium auf der Insel Föhr. In dieser Zeit produzierte er auch Illustrationen für die Kunstzeitschriften *Jugend* und *Pan* (1897) und veröffentlichte ein Jahr später seinen ersten Artikel über Ästhetik unter dem Titel *Um die Schönheit*. Im folgenden Jahr stellte er Schmuckentwürfe auf der Münchner Sezession aus. Er zog 1901 nach Berlin, wo er das Bunte Theater in einem farbenfroheren, ausdrucksvolleren Stil dekorierte, als er ihn bis dahin verwendet hatte, und er begann, sich von den geschlungenen Formen des **Jugendstils** zu distanzieren. Im Jahr 1903 entwarf er Möbel mit stilisierten Blattmotiven, die von Theophil Müller in den Werkstätten für Deutschen Hausrat in Dresden hergestellt wurden. Während der nächsten zehn Jahre leitete Endell eine Designschule in Berlin und veröffentlichte viele Artikel über Formgebung und Architekturtheorie, darunter den Artikel *Die Schönheit der Großstadt*. Aus dieser Zeit stammen viele seiner Stadthäuser und Villen in Potsdam und Berlin. Bei Ausbruch des Ersten Weltkriegs wurde er als möglicher Nachfolger **Henry van de Veldes** für den Posten des Leiters der Kunstgewerbeschule in Weimar vorgeschlagen. Doch an seiner Stelle fiel die Wahl auf **Walter Gropius**. Von 1918 bis zu seinem Tod 1925 war August Endell Leiter der Akademie für Kunst und Kunstgewerbe in Breslau.

► Eingangstor zum Fotoatelier Elvira in München, 1896–1897

▼ Standuhr, 1904

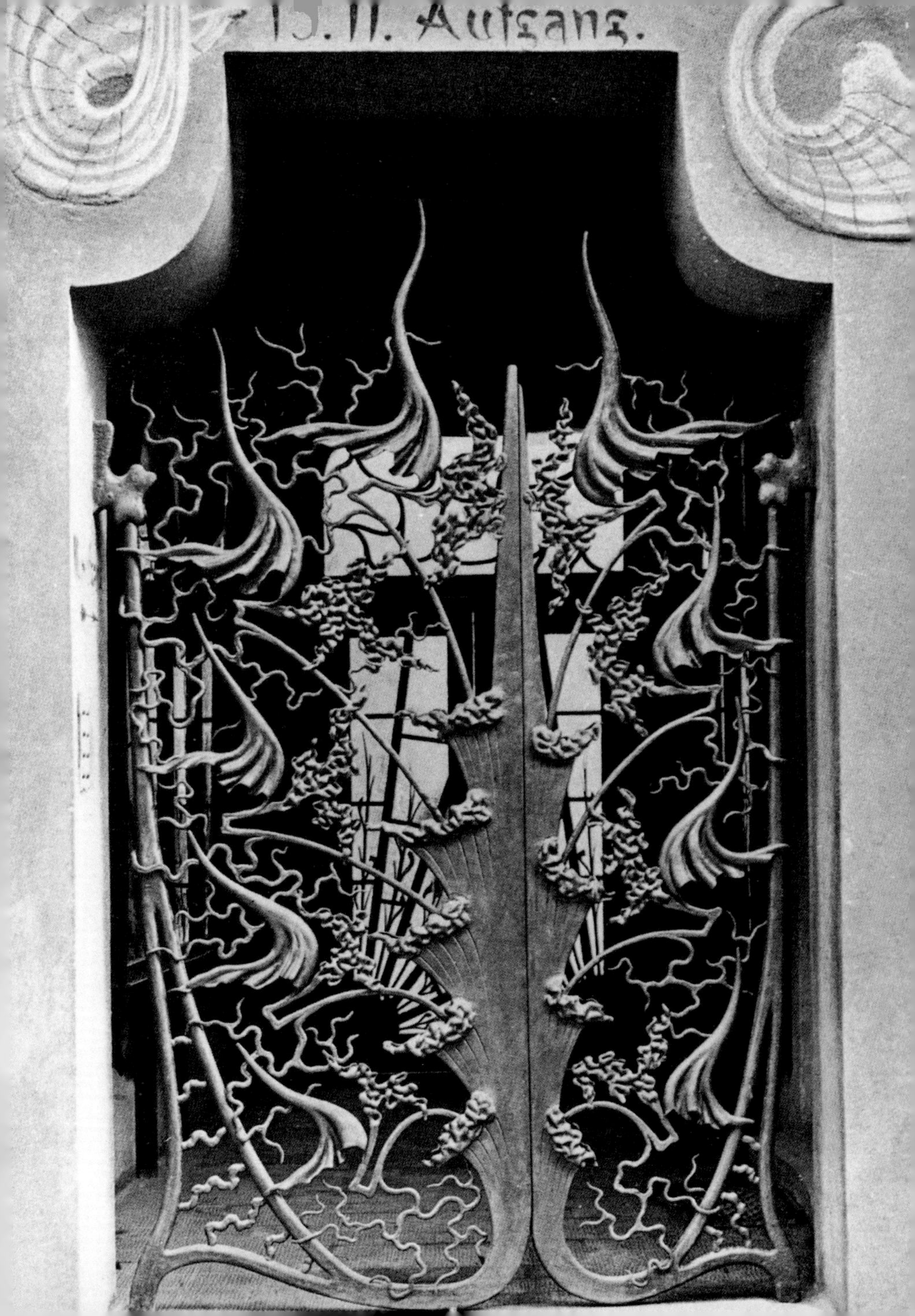
II. Aufgang.

Ergonomi Design Gruppen

gegründet 1979
Stockholm

Designgruppen und Ergonomi Design aus Schweden fusionierten 1979 und bildeten mit 14 Mitgliedern die Ergonomi Design Gruppen in Bromma. Die Gruppe setzt sich für die Erforschung und Entwicklung sicherer, zuverlässiger und wirkungsvoller Designs ein, die auf ergonomischen Prinzipien beruhen. Sie analysiert die Probleme zwischen Benutzern und Systemen, indem sie zur besseren Beurteilung von Designs in experimentellen Situationen Modelle in Originalgröße herstellt. Viele der von der Gruppe übernommenen Projekte wurden von Regierungsinstitutionen unterstützt, so beispielsweise dem Swedish Work Environment Fund und dem National Board for Occupational Health and Safety oder Herstellern wie Gustavsberg. Zu den aufsehenerregendsten Designs der Gruppe zählen die Kombinationsbestecke, Trinkgefäße und Teller *Eat/Drink* (1980), die von RFSU Rehab für Behinderte hergestellt wurden, sowie Maschinen zum Drucken und Schweißen, die Unfall- und Verletzungsrisiken verringern. Unter den Begründern der Gruppe sind Maria Benktzon (geb. 1946) und Sven-Eric Juhlin (geb. 1940), beide Absolventen der Konstfackskolan in Stockholm. Bevor sie die Gruppe gründeten, hatte Benktzon Modedesign für Behinderte studiert, während Juhlin als Hausdesigner für Gustavsberg gearbeitet hatte. Bald darauf, im Jahr 1972, untersuchten beide die Muskeltätigkeit der Hand beim Greifen und Halten. Seither sind sie auf das Design für Behinderungen spezialisiert.

▾ **Maria Benktzon & Sven-Eric Juhlin**, Besteck *Eat/Drink* für RFSU Rehab, 1980

L. M. Ericsson

gegründet 1876
Stockholm

Die Firma L. M. Ericsson wurde 1876 von Lars Magnus Ericsson (1846–1926) in Stockholm ursprünglich als Reparaturwerkstatt für Telegrafen gegründet. Schon zwei Jahre später stellte der Betrieb seine eigenen Telefone her, die auf Prototypen von Alexander Graham Bell (1847–1922) beruhten. Innerhalb kurzer Zeit produzierte L. M. Ericsson Telefone nach eigenem Design und exportierte sie mit großem Erfolg nach ganz Europa. Dies führte zur Gründung mehrerer Fabriken, einschließlich einer in Mexiko. 1909 stellte die Firma die ersten Gabeltelefone her, die sich schnell in ganz Europa durchsetzten. Um dieses frühe Design zu aktualisieren, beauftragte die Firma 1930 den Künstler Jean Heiberg (1884–1976) und den norwegischen Ingenieur Johan Christian Bjerknes mit der Gestaltung eines Telefons aus Bakelit. Zwar war es nicht das erste Plastiktelefon, aber dieses aufsehenerregende skulpturale Design inspirierte **Henry Dreyfuss'** späteres Modell *Bell 300* (1930–1933). Von 1940 bis 1954 entwickelten Hugo Blomberg (geb. 1897), Ralph Lysell (geb. 1907) und Gösta Thames (geb. 1917) das *Ericofon*, ein Telefon, bei dem Hörermuschel, Mundstück und Wählscheibe in einer einzigen skulpturalen Form verbunden sind. Durch Nutzung der neuen leichten Materialien Plastik, Gummi und Nylon sowie die Verkleinerung der Einzelteile blieb das zukunftsweisende Ericofon über drei Jahrzehnte das beliebteste einteilige Telefon. Heute setzt Ericsson sein Engagement für Innovationen in der Telekommunikationsindustrie fort und ist weiterhin als herausragender Vertreter dieser Branche bekannt.

▼ Telefon *Ericofon*, 1954

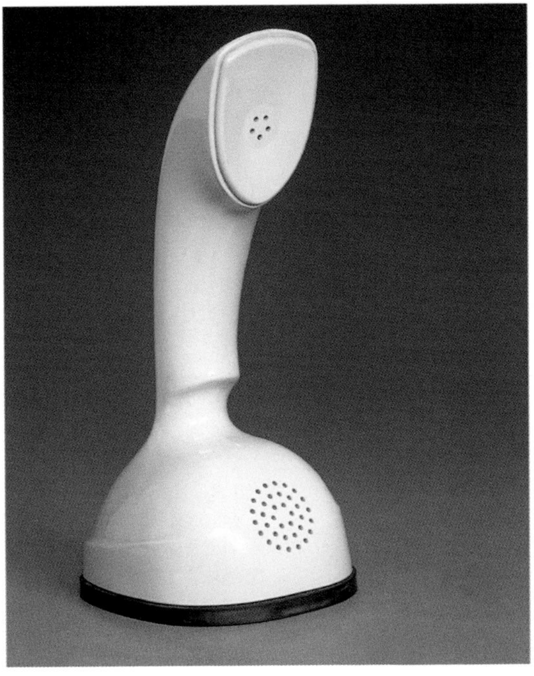

◂ Hi-Fi-Anlage
Concept 51K
für Wega, 1975

Hartmut Esslinger

geb. 1945 *Altensteig*

Hartmut Esslinger studierte zuerst an der Universität Stuttgart Elektrotechnik und anschließend Industriedesign an der Fachhochschule in Schwäbisch Gmünd. 1969 gewann er den Nationalpreis Gute Form und richtete in Altensteig seine eigene Designagentur ein. Sein erster Auftraggeber war die Elektrofirma Wega Radio, die 1975 von Sony erworben wurde. Dieser Ankauf machte Esslinger mit dem Elektronik-Verbrauchermarkt in Japan bekannt. Seine schicken Designs, wie das Hi-Fi-System *Concept 51K* für Wega (1975), brachten ihm internationale Anerkennung und waren von dem funktionalistischen Ansatz beeinflusst, den **Max Bill** und **Hans Gugelot** an der **Hochschule für Gestaltung, Ulm**, vertraten. 1982 benannte Esslinger seine Firma in **Frogdesign** um (frog = Federal Republic of Germany) und eröffnete in Campbell, Kalifornien, ein Büro, das den Designbedürfnissen der florierenden Computerindustrie im Silicon Valley Rechnung tragen sollte. Vier Jahre später wurde auch ein Büro in Tokio einrichtet. 1984 entwarf die Firma den Macintosh Classic in gebrochenem Weiß für Apple Computer und definierte damit die Ästhetik des PC neu. Frogdesign hat außerdem Fotoapparate, Synthesizer, Ferngläser, Kommunikationsgeräte und Büromöbel für RCA, Eastman Kodak, Polaroid, Motorola, Seiko, Sony, Olympus, AT&T, AEG, König und Neurath, Erco, Villeroy & Boch, Rosenthal, Yamaha und andere Firmen entworfen. Esslinger versucht, durch die Aufnahme skulpturaler Formen oder optischer Bezüge in seine Designs, die Technologie menschlicher zu gestalten und dadurch benutzerfreundlichere Produkte zu schaffen.

Willy Fleckhaus

1925 *Velbert*
1983 *Castelfranco di Sopra, Italien*

Willy Fleckhaus machte eine Journalistenausbildung, war aber mehr an gestalterischen Aspekten interessiert als am Schreiben selbst. Zu Beginn war er vom Design amerikanischer Zeitschriften inspiriert, beispielsweise den von Alexei Brodowitsch (1898–1971) produzierten, die in ihrem Grafikstil weniger formalistisch waren als die der **Schweizer Schule**. Ab 1952 gestaltete Fleckhaus die Gewerkschaftspublikation *Aufwärts*, für die er ganzseitige Bilder und Seiten verwendete, die Fotos und Text kombinierten. Durch dieses Design wurde die Zeitschrift zu einem der ersten Lifestyle-Magazine in Deutschland. Aufgrund des Erfolgs von *Aufwärts* wurde Fleckhaus zum Artdirector (1959–1976) von *twen* ernannt, einer neuen Zeitschrift, die sich mit populären Themen wie Film und Musik sowie Tagespolitik und Zeitgeschehen befasste. Von seinem Freund **Max Bill** und der Direktheit im Design der **Hochschule für Gestaltung, Ulm**, beeinflusst, schuf Fleckhaus ein radikal neues, modernes Layout für *twen*. Das symmetrische Raster war zwar von der Schweizer Schule beeinflusst, doch das Layout insgesamt, mit seinen angeschnittenen Bildern und Fettdruck im Kontrast zu schwarzweißen Flächen, war völlig neuartig und von erfrischender Direktheit. Seine grafische Gestaltung konnte jedoch mit dem redaktionellen Inhalt der Zeitschrift nicht in Einklang gebracht werden. Nachdem in zwölf Jahren sechs Redakteure ausgeschieden waren, wurde auch der Vertrag von Fleckhaus nicht mehr verlängert. 1974 wurde er Professor an der Folkwangschule in Essen und später, im Jahr 1980, nahm er einen Lehrauftrag an der Gesamthochschule in Wuppertal an. In der Zeit nach dem Zweiten Weltkrieg ebnete Fleckhaus einem neuen, populären Grafikstil in Deutschland den Weg, der sich gegen die Bauhaus-Traditionen wandte und weitreichende Auswirkungen hatte.

▾ Titelseite für *twen* Nr. 4, 1965

Paul Follot

1877 Paris
1941 Sainte-Maxime, Frankreich

Paul Follots früheste Designs waren von der Neugotik inspiriert. Im Jahr 1901 begann er, für den zwei Jahre zuvor von Julius Meier-Graefe (1867–1935) eröffneten Laden La Maison Moderne zu arbeiten. Follot war vom Direktor und Manager des Geschäftes, Maurice Dufrêne (1876–1955), der zu einem führenden Vertreter des **Art-déco**-Stils wurde, stark beeinflusst und fertigte für das Geschäft Designs für modernes Silber, Textilien, Bronzen und Schmuck. Im selben Jahr wurde er außerdem zum Mitbegründer der Kunstgruppe L'Art dans Tout und setzte sich von da an vehement für die französische Kunsthandwerkstradition ein, deren Vorherrschaft durch das Aufkommen des deutschen Industriedesigns bedroht war. Ab 1904 arbeitete Follot als unabhängiger Designer. Seine frühen Arbeiten sind durch die Verwendung von Blattmotiven gekennzeichnet. Seit 1910 suchte er eher »des architectures calmes« (ruhige Architektur) und eignete sich einen eher zurückhaltenden, klassischen Stil an, der mit dem gerade aufkommenden Art-déco-Stil gleichgesetzt werden kann. Wedgwood erteilte ihm 1911 einen Auftrag zum Entwurf von Keramik. Während seiner ganzen Karriere gestaltete Follot Textilien für Cornille et Cie, Teppiche für Savonnerie sowie Silber für Orfèvrerie Christofle. Er wurde 1923 künstlerischer Leiter des Geschäfts Au Bon Marché und fünf Jahre später einer der Direktoren der Pariser Niederlassung der englischen Möbelfirma Waring & Gillow.

▲ Teekanne aus versilbertem Messing für Christofle, 1900

◄ Teller *Tema e Variazioni* (Thema und Variationen) *Nr. 182*, ca. 1960

Schon früh legte Piero Fornasetti beachtliches Zeichentalent an den Tag. Er erhielt ein Stipendium für die Accademia di Belle Arti di Brera in Mailand von 1930 bis 1932, fand den Unterricht jedoch zu förmlich und wurde angeblich der Schule verwiesen. 1933 stellte er seine ersten Gemälde an der Università di Milano aus. Es handelte sich um absichtlich altertümlich gehaltene Bilder in »giottoeskem« Stil, die sich gegen die zeitgenössische Mailänder Mode des strengen »Coppedé« oder **Art-déco**-Stils wandten. Fornasetti war nicht nur vom **Surrealismus** und der Pittura metafisica von Giorgio de Chirico (1888–1978) und Alberto Savinio (1891–1952) beeinflusst, sondern ließ sich auch von der Tradition des Illusionismus der Lombardei inspirieren, der seinem ironischen Humor entsprach. In den 30er Jahren stellte er Designs für Venini her. Seine bedruckten Seidenschals waren bei der VII. Mailänder Triennale (1940) zu sehen, wo sie auch dem Architekten und Designer **Gio Ponti** auffielen. Da die beiden eine Liebe zum Ornament und tiefen Respekt vor dem italienischen Erbe teilten, arbeiteten sie seit den späten 40er Jahren zusammen und schufen viele Interieurs und Möbeldesigns. In den 30er und 40er Jahren entwarf Fornasetti Poster und Titelblätter für *Domus* und *Graphis*. Im Zweiten Weltkrieg wurde er eingezogen und bemalte die Wände der Regimentskasernen an der Piazza S. Ambrogio in Mailand mit Trompe-l'Œil- und Obstmotiven. Gegen Kriegsende flüchtete Fornasetti in die Schweiz und kehrte erst nach dem Krieg nach Mailand zu-

Piero Fornasetti

1913 *Mailand*
1988 *Mailand*

▸ Schreibtisch *Architettura*, ca. 1951

rück. Zu den vielen Gemeinschaftsarbeiten von Ponti und Fornasetti aus den 50er Jahren zählen die Möbelserie *Architettura*, die bei der IX. Mailänder Triennale (1951) erstmalig ausgestellt wurde, Interieurs für das Linienschiff *Andrea Doria* (1952). Von da an schuf Fornasetti auch selbständig eine große Vielfalt von Produkten, die alle mit seinen illusionistischen und ironischen Siebdruckmotiven von Musikinstrumenten, römischen Münzen und strahlenden Sonnen verziert waren. Seine umfangreiche Serie *Tema e Variazioni* zeigte das schöne, rätselhafte weibliche Gesicht, das zu seinem Markenzeichen wurde. 1970 eröffnete er seinen eigenen Laden in Mailand, wo er seine individualistischen und verspielten Designs anbot. Nach Fornasettis Tod übernahm sein Sohn Barnaba das Geschäft und in den 90er Jahren wurde an der Via Manzoni ein größeres Gebäude gefunden. Nachdem die Modernisten Piero Fornasettis Werk jahrzehntelang übersehen hatten, wurde es in den frühen 80er Jahren durch die **Postmoderne** neu bewertet und erfreute sich wieder größerer Beliebtheit.

▸ Tisch *Strumenti Musicali*, ca. 1953

Norman Foster

geb. 1935 *Manchester*

Lord Norman Foster studierte bis 1961 an der University of Manchester Architektur und Stadtplanung. Er setzte sein Studium an der Yale University in New Haven, Connecticut, fort und schloss es 1963 ab. Dort studierte er gemeinsam mit Richard Rogers (geb. 1933) bei **Serge Chermayeff**. Er wurde von Louis Kahn (1901–1974) beeinflusst, der die Yale Art Gallery, in der die Architekturfakultät untergebracht war, entworfen hatte. Nach seiner Rückkehr nach Großbritannien 1963 gründete er mit Richard Rogers, Georgie Wolton und Wendy Cheesman (die er 1964 heiratete) Team 4 in London, die die bemerkenswerte Fabrik für Reliance Controls Limited in Swindon gestaltete. Nach der Auflösung von Team 4 1966 gründete er Foster Associates in London. Zwischen 1968 und 1983 arbeitete er zusammen mit **Richard Buckminster Fuller** an mehreren Projekten und erhielt von Fred Olsen Limited eine Reihe von Aufträgen. 1977 gewann Foster den Preis des RIBA (Royal Institute of British Architects) für sein Bürogebäude aus schwarzem Glas (1973–1975) für Willis Faber & Dumas in Ipswich und ist seitdem international für seine Architekturprojekte berühmt. Darunter sind die Zentrale der Hongkong & Shanghai Banking Corporation in Hongkong (1981–1986), der Flughafen Stansted in Essex (1991) und der neue Reichstag in Berlin (1995–1999). Wie seine Gebäude sind auch Fosters **High-Tech**-Designs, z. B. sein Möbelsystem *Nomos* (1986–1988) für Tecno und sein von Erco produziertes Beleuchtungssystem (1986) sehr kompliziert, und ihnen ist ein starkes Bewusstsein für geometrische Ordnung eigen. Durch Anwendung modernster Materialien und Ausnutzung der neusten Konstruktionstechniken ist Fosters elegante und doch scharf umrissene Architektur und Formgebung eine Hommage an die Modernität.

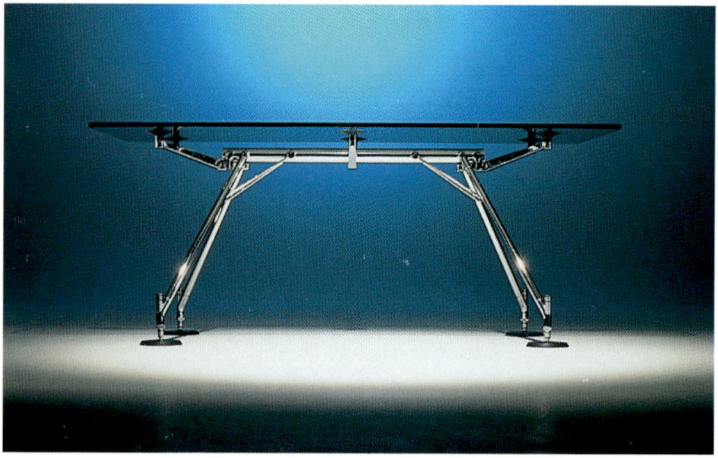

◂ Tisch *Nomos* für Tecno, 1986–1988

Kaj Franck studierte bei Arttu Brummer an der Taideteollinin Korkeakoulu in Helsinki Möbeldesign und machte 1932 seinen Abschluss. Er wurde 1938 an der Hyvinkää United Wool Factory Textildesigner. Während seines Kriegsdienstes lernte er viele Landsleute aus weniger privilegierten Schichten kennen. Dies veränderte seine Sicht der Gesellschaft nachhaltig. 1945 begann er bei der Keramikfabrik Arabia und entwarf ein Jahr später eine Serie funktionaler Geschirre für die Väestöliition (Familienwohlfahrtsvereinigung). Ab 1950 war er künstlerischer Leiter bei Arabia und gestaltete für die Firma Serien von modernem Gebrauchsgeschirr und Küchenzubehör, das vielseitig verwendbar war. Franck erhielt 1955 ein Asla-Stipendium für das Studium der Designlehre in Amerika und recherchierte dort Essgewohnheiten, was auf seine folgende Designarbeit direkte Auswirkungen hatte. In der Zeit von 1954 bis er Arabia 1973 verließ, entwarf er auch Produkte mit begrenzten Auflagen, etwa seine Serie *Lumipallo* (Schneeball). Von ihm entworfene Gläser wurden von Iittala (1946–1950) und Nuutajärvi-Notsjö (1950–1976) hergestellt. Francks informelle Geschirr- und Gläserdesigns entsprachen zeitgenössischen funktionellen Bedürfnissen und besaßen aufgrund ihrer elementaren Formen auch ästhetische Klarheit.

Kaj Franck

1911 *Viipuri, Finnland*
1989 *Santorini, Griechenland*

▲ Glasgeschirr *Kartio*, 1958 mit Keramik *Teema*, 1981

▸ Stuhl aus geflochtenem Rattan, 1935 (neu herausgebracht von Ecart)

Jean-Michel Frank

1895 *Paris*
1941 *New York*

Nach dem Zweiten Weltkrieg arbeitete Jean-Michel Frank als Tischler in der Werkstatt von **Jacques-Émile Ruhlmann**. In den 20er Jahren arbeitete er wahrscheinlich für **Desny** Designs und wurde einer der ersten Gestalter, die bleiweiße Beschichtung auf Holzoberflächen verwendeten. Er gründete 1931 mit dem Dekorateur Adolphe Chanaux die Werkstatt La Ruche und ein Jahr später eröffneten sie ein Einzelhandelsgeschäft auf der Rue du Faubourg St. Honoré in Paris. Franks Möbel- und Beleuchtungsdesigns der 20er Jahre waren vom geometrischen Formalismus **Le Corbusiers** und **Robert Mallet-Stevens'** beeinflusst. Obwohl seine Innenausstattungen, wie die im Hotel Bischoffstein für Vicomte Charles de Noailles, eher sparsam dekoriert waren, widmete er ihren Details große Aufmerksamkeit und verwendete luxuriöse Materialien wie Chagrinleder, Bronze und Vellin. Seit 1935 wurden seine Designs extravaganter und dramatischer. Er begann in seinen Innenausstattungen Trompe-l'Œil-Effekte zu verwenden. Frank hatte schon früher die Innenausstattungen und Möbel für Nelson Rockefellers Wohnung in New York entworfen. 1940 übersiedelte er nach New York, um für die Innenarchitekturfirma McMillen tätig zu sein. Wenig später nahm er sich, von Depressionen geplagt, das Leben.

◂ Textildesign *Rox & Fix* für Svenskt Tenn, 1943–1944

Josef Frank

1885 *Baden, Österreich*
1967 *Stockholm*

Josef Frank wuchs in Wien auf und wurde dort zum Architekten ausgebildet. Von 1925 bis 1934 leitete er mit Oskar Wlach eine Gesellschaft für Innenarchitektur, die als »Haus und Garten« bekannt wurde. Danach ließ er sich in Schweden nieder und wurde Chefdesigner der Innenarchitekturfirma Svenskt Tenn in Stockholm. Er entwarf für sie Textilien wie den *Vegetable Tree* (1944) sowie von der britischen **Arts-&-Crafts-Bewegung** und dem Wiener Design der Jahrhundertwende inspirierte Möbel. Obwohl er das funktionalistische Dogma ablehnte, waren seine Arbeiten ausgesprochen modern und von großer formaler Klarheit gekennzeichnet. Seine Möbel waren für ihre harmonischen Proportionen und qualitativ hochwertigen Handarbeiten sowie für ihre Funktionalität und Bequemlichkeit sehr geschätzt. In diesem Bereich wurde Frank zu einem Guru für die junge Generation skandinavischer Möbeldesigner. Von 1941 bis 1943 unterrichtete er an der New School for Social Research in New York und veröffentlichte mehrere Bücher, unter anderem *Architektur als Symbol* (1930) und *Accidentism* (1958). Wie Carl Malmsten (1888–1972) und **Bruno Mathsson** gilt Josef Frank als einer der drei »Klassiker« des schwedischen Designs und er leistete als früher Befürworter der skandinavischen Moderne einen beachtlichen Beitrag.

Paul Theodore Frankl

1886 *Wien*
1962 *Los Angeles*

Paul T. Frankl studierte in Paris, Berlin, München und Wien Architektur. Er emigrierte 1914 in die USA und entwarf danach mehrere Innenausstattungen für die Kosmetikerin Helena Rubinstein (1870–1965). Von 1915 bis 1916 schuf er Bühnenbilder für die Theater Guild in New York und begann um 1925 geometrische Einrichtungsgegenstände zu entwerfen, die er *Skyscraper*-Möbel nannte. Diese **Art-déco**-Designs, von den Formen der Wolkenkratzer-Architektur der 20er Jahre inspiriert, waren in seiner eigenen Galerie in New York erhältlich und wurden bei der Ausstellung »Art in Trade« gezeigt, die 1927 im Kaufhaus Macy's stattfand. Frankl hielt nicht nur Vorträge zum Thema »The Skyscraper in Decoration«, sondern er warb auch in Büchern wie *New Dimensions: The Decorative Arts of Today* (1928), *Form and Re-Form* (1930) und *Space for Living: Creative Interior Decoration and Design* (1938), für seine Innenarchitektur im Stil der **Moderne**. Frankl verbrachte die frühen Jahre seiner Karriere in New York und produzierte üppige Designs, die mit den Art-déco-Arbeiten seiner französischen Zeitgenossen vergleichbar sind; den letzten Teil seines Lebens verbrachte er in Kalifornien. 1928 war er Hauptbegründer der American Designers' Gallery und half 1930 bei der Gründung der AUDAC (American Union of Decorative Artists and Craftsmen). Frankl war vielleicht der wichtigste Vertreter des amerikanischen Art-déco-Stils. Seine modernen Arbeiten waren eher von der New Yorker Skyline der 20er Jahre inspiriert als von Strömungen im zeitgenössischen europäischen Design. Er vertrat die Ansicht, dass das Design den kulturellen Kontext spiegeln sollte, und es gelang ihm, dem Kunsthandwerk in Amerika eine angemessene und wiedererkennbare Identität zu verleihen.

▾ Bücherregal
Skyscraper, ca. 1928

Marguerite Friedlaender-Wildenhain

1896 *Lyon*
1985 *Guerneville, Kalifornien, USA*

Marguerite Friedlaender studierte von 1917 bis 1918 an der Hochschule für angewandte Kunst in Berlin und produzierte anschließend Designs für die Porzellanmanufaktur Rudolstadt in Thüringen. Sie studierte von 1919 bis 1925 am Staatlichen **Bauhaus** in Weimar und konzentrierte sich – wie die Keramikerin Trude Petri (1906–1989) – auf die Herstellung funktionaler Objekte. Nach dem Studium lehrte sie bis 1933 an der Keramikwerkstatt der Kunstgewerbeschule Burg Giebichenstein, Halle, die sie später leiten sollte. Während ihres Aufenthaltes dort baute sie eine enge Verbindung zur Staatlichen Porzellanmanufaktur (KPM) in Berlin auf, die ihre Designs herstellte, beispielsweise das Teeservice *Hallesche Form* von 1930–1931. Vor einem Studiensemester in Höhr-Grenzhausen machte sie 1926 ihre Meisterprüfung. Sie heiratete 1930 den Keramiker und Bauhaus-Absolventen Franz Rudolf Wildenhain (1905–1981). Als Friedlaender-Wildenhain 1933 der Lehrauftrag in Halle entzogen wurde, emigrierten beide nach Holland. In den Niederlanden richtete das Ehepaar die Keramikwerkstatt Het Kruikje in Putten ein und führte sie sieben Jahre lang bis zu Marguerite Friedlaenders Emigration nach Amerika. Zwei Jahre lang leitete sie die Keramikwerkstatt am College of Arts and Crafts in Oakland, Kalifornien. Nachdem ihr Mann ihr 1942 gefolgt war, eröffnete sie in Guerneville, Kalifornien, die Künstlergemeinde Pond Farm. Als diese Gemeinschaft 1949 aufgelöst wurde, blieb sie am Keramikatelier in Pond Farm und hielt dort auch Sommerkurse für junge Studenten ab. Ihre Atelierkeramik und Designs für die Massenproduktion zeichnen sich durch die Verwendung vereinfachter, elementarer Formen aus.

▾ Gefäß aus Steingut für die Keramikwerkstatt an der Kunstgewerbeschule Burg Giebichenstein, Halle, 1926–1927

Frogdesign
gegründet 1969
Altensteig

Diese internationale Designagentur wurde 1969 von dem Industriedesigner **Hartmut Esslinger** in Altensteig ins Leben gerufen. Als führender Gestalter von Konsumgütern hatte die Firma Kunden wie Sony, **AEG**, Zeiss, Olympus und Apple Computer. 1982 benannte sich die Firma in Frogdesign (frog = Federal Republic of Germany) um und eröffnete zur Wahrnehmung ihrer Designinteressen im Silicon Valley ein Büro in Campbell in Kalifornien. Vier Jahre später wurde eine weitere Zweigstelle in Tokio eingerichtet, um der Nachfrage des florierenden japanischen Elektronikmarktes gerecht zu werden. Die Beraterfirma hatte ein großes Gestalterteam, zu dem auch **Ross Lovegrove** gehörte. Sie entwickelte einen hauseigenen Stil, der den Rationalismus der **Moderne**, im **Bauhaus** entwickelt und später an der **Hochschule für Gestaltung, Ulm**, fortgesetzt, mit organischen Formen verband. Die Produktion von Frogdesign zeichnet sich durch hohe Funktionalität aus, die die Gesetze der Ergonomie in Betracht ziehen. Der strenge Rationalismus ist jedoch oft durch die Verwendung visuell ausdrucksvoller und manchmal humorvoller Hinweise auf die Funktion des Produktes abgeschwächt, so bei dem Gerät *Personal Communicator* (1992) für AT&T, das Elemente besitzt, die an Ohren erinnern.

▲ Laptop-Computer *Z-Lite* für Zenith, 1992

► Fernglas für Zeiss, 1991

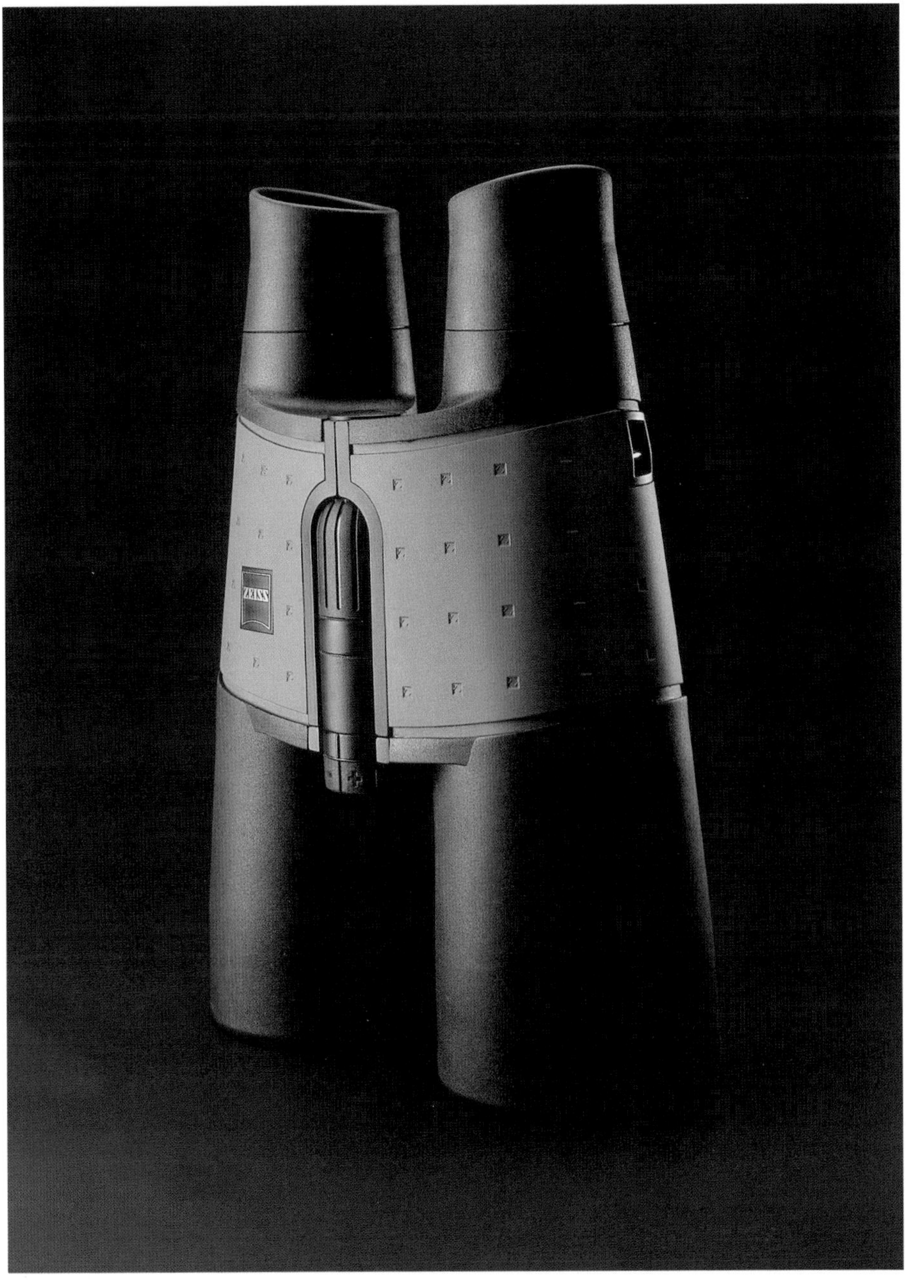

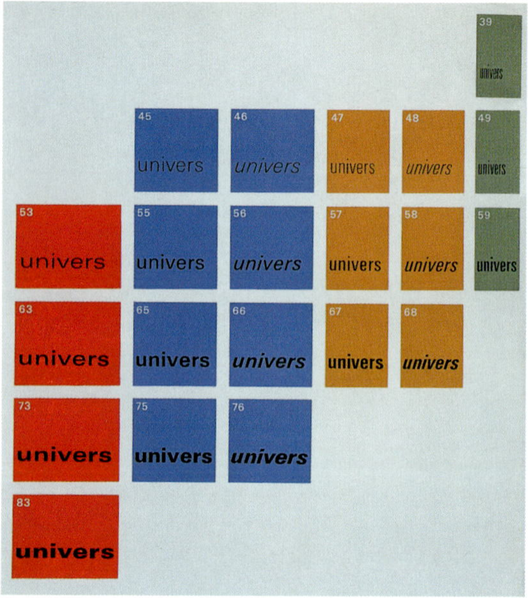

◂ 21 Variationen der Schrift *Univers* für Deberny & Peignot, 1954–1957

Adrian Frutiger

geb. 1928 *Interlaken, Schweiz*

Adrian Frutiger lernte bei Ernst Jordi und Walter Zerbe von der Firma Otto Schaefli AG in Interlaken Schriftsetzer. Von 1948 bis 1951 studierte er an der Kunstgewerbeschule in Zürich Bildhauerei, Illustration und Grafik. Für die Gießerei Deberny & Peignot in Paris schuf er Schriften. Dann arbeitete er als freischaffender Typograph und entwarf neue Schriften und Firmenlogos unter anderem für die Pariser Métro, den Flughafen Orly, Bauer, BP und Air France. 1962 eröffnete Frutiger mit André Gürtler und Bruno Pfäffli sein eigenes Pariser Designatelier und war von 1957 bis 1967 Artdirector des französischen Verlags Éditions Hermann. Seit 1963 entwarf er für IBM Schreibmaschinenschriften und verschiedene bemerkenswerte Schriftarten, darunter die *Univers* (1954–1955), die speziell für den Lichtsatz hergestellt wurde, und die *Frutiger* (1974–1976), die zunächst für das Leitsystem des Flughafens Charles De Gaulle gedacht war. Frutiger war einer der Gründer der **Schweizer Schule** für Grafik und sein eleganter, sachlicher Ansatz in der Typographie war, besonders in Frankreich, wo er den Großteil seines Arbeitslebens verbrachte, höchst einflussreich. In den 70er Jahren verbesserte er Schriften für Rechner und seine leicht lesbaren *OCR-B*-Schriften wurden 1973 zum internationalen Standard. Mit einem harmonischen Gleichgewicht aus wissenschaftlichen und künstlerischen Aspekten der Typographie entwarf Frutiger rationale Schriften, die für ihre Lesbarkeit und Internationalität bekannt sind.

Richard Buckminster Fuller studierte von 1913 bis 1915 an der Harvard University Mathematik und ließ sich zwei Jahre danach von der US Naval Academy in Annapolis anwerben. Während seiner Zeit an der Marineakademie begann er mit seiner »theoretischen Konzeptionierung«, zu der auch ein Vorschlag für »fliegende Düsenstelzen«-Transportvehikel gehörte, der allerdings erst 1932 veröffentlicht wurde. Nachdem er 1922 die Armee verlassen hatte, gründete er das Stockade Building System, das ein finanzieller Misserfolg wurde und ihn in den Bankrott stürzte.
Nach dem Tod seiner vierjährigen Tochter im Jahr 1922, den er auf die unzulängliche Unterkunft zurückführte, widmete er sich der Suche nach universellen Lösungen für soziale Probleme. 1927 gründete er in New York die 4-D Company zur Entwicklung seiner Designkonzepte. Sein Ehrgeiz trieb ihn zur Bildung einer »Wissenschaft des Designs«, die mit minimalem Energie- und Materialaufwand die besten Lösungen mit sich bringen sollte. Dieses Konzept beruhte auf dem Prinzip der **Moderne**, mit dem geringsten Einsatz das Meiste zu erzielen. Fuller nannte es »Dymaxion«, was sich aus »dynamisch« und »maximaler Leistungsfähigkeit« zusammensetzte. Er gründete 1929 die Zeitschrift *Shelter* und war ab 1930 zwei Jahre lang ihr Redakteur und Herausgeber. In den folgenden sechs Jahren war er Direktor und leitender Ingenieur der Dymaxion Corporation, die er zur Entwicklung und Herstellung von drei stromlinienförmigen Auto-Prototypen aufbaute, die auf sei-

Richard Buckminster Fuller

1895 *Milton, Massachusetts, USA*
1983 *Los Angeles*

▲ Geodätische Kuppel in Seattle, 1958

nem Dymaxion-Prinzipien beruhten und vom Flugzeugdesign inspiriert waren. Fuller behauptete, dass das Dymaxion-Auto von 1934 in drei Sekunden von 0 auf 100 km/h beschleunigen könne und einen Benzinverbrauch von 11 Litern pro Kilometer habe. Der Prototyp wurde jedoch aufgrund mehrerer schwerwiegender Fehler im Design nie gebaut. Ab 1927 entwickelte Fuller auch das Konzept des Dymaxion-Hauses und 1945 das Wichita House, ein Fertighaus aus Metall. Obwohl die eigens zu seiner Herstellung eingerichtete Firma nach der Vorstellung des Hauses in der Presse erstaunliche 38 000 Bestellungen erhielt, wollte er nicht mit der Produktion beginnen, bevor das Design des Hauses perfekt war. Seine Geldgeber verloren wegen der Verzögerungen den Mut und das Projekt wurde ad acta gelegt. Fullers berühmteste Erfindung ist die geodätische Kuppel von 1949, die vielfältige Anwendungen von der Industrie über das Militär bis zu Ausstellungen bot. Seinem Leitsatz »mehr für weniger« folgend, wurden sehr geringe Mengen an Materialien zum Bau der Kuppeln verwendet, wodurch sie leicht zu transportieren und zusammenzusetzen waren. Dieser bahnbrechende Entwurf bot eine Möglichkeit zur Herstellung ökologisch rationeller Unterkünfte für den Massenmarkt. 1949 wurde Geodesics Inc. zur Entwicklung des Konzeptes ins Leben gerufen. Als Mathematiker entdeckte Fuller die Synergetik, ein vektorielles System der Geometrie. Er war zudem der erste, der die Bezeichnung »Spaceship Earth« (Raumschiff Erde) benutzte. Buckminster Fuller, ein fruchtbarer Vermittler, Humanist und universell Gebildeter, glaubte, dass die kreativen Fähigkeiten der Menschheit unendlich seien, und dass Technologie und designorientierte Lösungen die materiellen und metaphysischen Grenzen der menschlichen Entwicklung in eine positive Zukunft aufheben können.

▼ Dymaxion-Auto, 1934

Der Funktionalismus ist im Grunde kein bestimmter Stil, sondern eine Methode, an Architektur und Formgebung heranzugehen und er befasst sich mit der logischen und rationellen Lösung praktischer Probleme. Die Ursprünge des Funktionalismus können bis ins erste Jahrhundert v. Chr., zu dem römischen Architekten Vitruv zurückverfolgt werden, dessen Theorien auf hellenistischen Traditionen beruhten. Der klassische oder funktionale Ansatz ist seitdem in der Architektur immer wieder aufgegriffen worden: in der Renaissance im 15. und 16. Jahrhundert, im 18. Jahrhundert von den Architekten des Klassizismus und im 19. Jahrhundert von Baumeistern wie Gottfried Semper (1803–1879) und Eugène-Emmanuel Viollet-le-Duc (1814–1879). In der zweiten Hälfte des 19. Jahrhunderts traten Designreformer in Großbritannien wie **A. W. N. Pugin** und **William Morris** ebenfalls für funktionales Design ein, was zur Herstellung von Gebrauchsgütern führte. Doch erst der amerikanische Architekt Louis Sullivan (1856–1924) prägte 1896 die Formel »Form Follows Function« und wird daher im Allgemeinen als Begründer des Funktionalismus des 20. Jahrhundert angesehen. Diese frühen Wegbereiter des Funktionalismus betonten die Bedeutung des kulturellen Kontexts und des Ortes, an dem ein Entwurf oder Gebäude entsteht. In der ersten Hälfte des 20. Jahrhunderts verbanden die Designer der **Moderne** den Funktionalismus allerdings mit dem **Rationalismus** und suchten nach universellen, nicht nationalen Designlösungen. Die Lehren des Staatli-

Functionalism
Funktionalismus

▲ Stand zum Verkauf von Produkten aus der Metallwerkstatt der Kunstgewerbeschule Burg Giebichenstein, Halle, ca. 1927

chen **Bauhauses** beruhten auf dieser Suche, und Designer wie **Ludwig Mies van der Rohe**, **Marcel Breuer**, **Le Corbusier** und **J. J. P. Oud** experimentierten mit Industriematerialien wie Stahlrohr, Stahl und Glas, um funktionale Möbel und Gebäude zu schaffen. Diese neuen Materialien wurden vielfach sowohl wegen ihrer modernen Maschinenästhetik als auch wegen ihres funktionalen Potentials verwendet. Besonders in Frankreich und Deutschland wurde die Formensprache des Funktionalismus in den 20er Jahren von **Avantgarde**-Designern, die sich um eine breite Förderung der Moderne bemühten, zu einem Stil entwickelt. Die funktionalistische Ästhetik war seit den 30er Jahren weithin akzeptiert und prägte auch den **International Style**. Dreißig Jahre später wurde die soziale Ethik des Funktionalismus, von vielen hauptsächlich als stilgebunden gesehen, von **Anti-Design**-Gruppen hinterfragt. Dies führte zum Aufkommen der **Postmoderne**. Im 20. Jahrhundert war die Moderne weitgehend mit Funktionalismus und Rationalismus verbunden, Begriffe, die nahezu nicht unterscheidbar sind, da beide dem Design eine Konstruktionslogik zugrunde legen, die von der Technologie ausgeht.

▲ Vorläufer der Stühle *B5*, ca. 1926, und *B3*, für Standard-Möbel, später hergestellt von Thonet, 1926–1927

◄ **Wilhelm Wagenfeld**, Kaffeemaschine *Sintrax* für die Jenaer Glaswerke Schott & Gen., 1931

▸ **Fortunato Depero**, Entwurf für eine Visitenkarte für Creazioni Tipografiche Depero, 1927

Futurism

Futurismus

Italien

Der Futurismus wurde 1909 von dem italienischen Schriftsteller Filippo Tommaso Marinetti (1876–1944) begründet. Wie der Name andeutet, distanziert sich die Bewegung von der Vergangenheit und macht sich stattdessen den technologischen Fortschritt zu Eigen. Marinettis *Futuristisches Manifest* von 1909 feierte die Möglichkeiten und die Dynamik der Maschine und der Kommunikationssysteme. Als erste kulturelle Bewegung, die sich von der Natur abwandte und die Metropole verherrlichte, hatte der Futurismus außerordentlichen Einfluss auf nachfolgende Designbewegungen. Durch die Verwendung fragmentierter, an den Kubismus erinnernder geometrischer Elemente, die das Gefühl von Geschwindigkeit und Beschleunigung hervorrufen, fingen Umberto Boccioni (1882–1916), Gino Severini (1883–1966), Carlo Carrà (1881–1966) und **Giacomo Balla** in ihren Werken den energiegeladenen Fluss des modernen Stadtlebens ein. Im Grafikdesign verwendete der Futurismus Schriften, die nicht auf konventionelle Weise gesetzt, sondern vielmehr expressiv arrangiert waren. Diese Vorstellung der ausdrucksvollen Struktur wurde auch in der Dichtung umgesetzt. Das *Manifest der futuristischen Malerei* wurde 1910 von Carrà, Balla, Boccioni, Severini und Luigi Russolo (1885–1947) unterzeichnet. Balla war der erste, der mit der praktischen Anwendung futuristischer Theorien auf das Kunsthandwerk experimentierte. Diese ausdrucksstarken Streifzüge im Design wurden von dem Künstler und Designer Fortunato Depero (1892–1960) weitergeführt, der in den 20er Jahren in Rovereto eine Werkstatt für futuristisches Kunsthandwerk aufbaute. Depero schrieb 1914 das Buch *Complessità plastica – gioco libero futurista – L'essere vivente-artificiale* (Plastische Komplexität – freies futuristisches Spiel – das Wesen des künstlichen Lebens) und entwarf in seinem Haus der Kunst in Rovereto eine neoplastische Designsprache, die später von den italienischen Rationalisten übernommen wurde. Der Architekt Antonio Sant'Elia (1888–1916) schloss sich 1914 der Bewegung an und stellte seine Beiträge für »La Città Nuova« (Die Neue Stadt) in Mailand aus. Die schwungvollen, dynamischen Formen seiner Architektur blieben undekoriert und wirkten mit ihren rohen, unverkleideten Oberflächen und knalligen Farben fast brutal. Obwohl Sant'Elia 1916 starb, war sein *Manifest der futuristischen Architektur* von bleibendem Einfluss, besonders für die Mitglieder des **De Stijl**, denen es ab 1917 zugänglich war. Der Futurismus versuchte, die bürgerliche Kultur zu unterwandern und verstand sich als zerstörerische Kraft, die die aggressive Ästhetik des Stadtlebens im Zeitalter der Maschinen ausdrückte. Die Futuristen, die dem Faschismus nahestanden, suchten in der Radikalität nach Ordnung und können daher als erste wirklich radikale Designbewegung betrachtet werden.

▾ Fortunato Deperos Kunstgewerbewerkstatt für futuristische Kunst in Rovereto, 1920

Eugène Gaillard
1862 *Paris*
1933 *Paris*

► Stuhl, ca. 1905

▼ Schlafzimmer, entworfen für Siegfried Bings Pavillon de l'Art Nouveau, 1900

Eugène Gaillard war der Bruder des Juweliers Lucien Gaillard und übte erst den Beruf des Juristen aus, war dann zehn Jahre lang Bildhauer und wurde schließlich einer der führenden **Art-nouveau**-Designer für Interieurs, Möbel und Textilien. Seine Inneneinrichtungen wurden zusammen mit denen von **Georges de Feure** und Édouard Colonna (1862–1948) in **Siegfried Bings** Pavillon auf der »Exposition Universelle« von 1900 gezeigt. Von da an entwarf Gaillard 14 Jahre lang elegante Möbel mit floral inspirierten Verzierungen, die jedoch nicht die Natur nachahmten. Er erläuterte seine Vorgehensweise in dem Aufsatz *À Propos du Mobilier* von 1906 und erklärte sein Ziel, »dem bescheidensten Objekt, dem gewöhnlichen Möbelstück unumstrittenen Charakter« zu verleihen. Gaillard war Mitbegründer der Société des Artistes Décorateurs und zeigte seine Designs bei den Salonausstellungen der Organisation. Seine Entwürfe besaßen zwar große Plastizität, waren jedoch darüber hinaus von auffallend feiner Struktur. Im Unterschied zu der Arbeit vieler anderer Art-nouveau-Gestalter vermieden Gaillards Designs das Künstliche und blieben rhythmisch und organisch.

Émile Gallé

1846 *Nancy, Frankreich*
1904 *Nancy*

▾ Geschnitzter Schrank aus Mahagoni mit Einlegearbeiten, ca. 1900

Émile Gallé besuchte das Lycée Impérial in Nancy und hatte mit 16 Jahren in den Werkstätten der Töpferei St. Clément, die den Laden seines Vaters mit Waren versorgte, viel über die Verzierung von Keramik und Glas gelernt. Sein Vater, Charles Gallé-Reinemer, erwarb später Anteile an der Töpferei und Émile arbeitete für ihn an der Verzierung von Fayencen und Glas. Gleichzeitig studierte er bei Professor Vaultrin Botanik, bei Professor Casse Zeichnen und bei Paul Pierre Landschaftsmalerei. Von 1864 bis 1866 lebte er in Weimar, wo er Botanik, Mineralogie und Kunstgeschichte studierte. Nach dem Abschluss seines Studiums kehrte Gallé nach Lothringen zurück und arbeitete ein Jahr lang für seinen Vater. Dann begann er eine dreijährige Lehrzeit bei Burgun, Schverer & Co., der Glashütte mit Dekorationsatelier in Meisenthal, die den in Nancy angesiedelten Familienbetrieb mit undekoriertem Glas versorgte. 1870 kehrte Gallé nach Frankreich zurück und trat kurz darauf in die Armee ein, um am Deutsch-Französischen Krieg teilzunehmen. Ein Jahr später vertrat Gallé den Familienbetrieb in der Abteilung »Art de France« bei der »First Annual International Exhibition« in London. Nach seiner Rückkehr nach Frankreich überzeugte Gallé seinen Vater, die Firma nach Nancy zu verlegen, da sich St. Clément nunmehr unter deutscher Besatzung befand. 1873 wurde eine neue Glashütte in Nancy gegründet und Gallé wurde vier Jahre später Leiter des Familienbetriebs. Er entwickelte viele neue Techniken und seine Verzierungen waren immer mehr von der Natur durchdrungen. Im Jahr 1878 erhielt Gallé vier Goldmedaillen und anerkennende Kritik bei der »Exposition Universelle« in Paris. Von diesem Erfolg beflügelt baute er größere Werkstätten, um die

◂ Vase mit Glasintarsien, 1898

Produktionskapazität zu steigern. 1884, nachdem er erfolglos geeignete Holzständer für sein **Art-nouveau**-Glas gesucht hatte, erwarb er Land zur Errichtung einer Tischlerwerkstatt. Seine Möbeldesigns, deren Strukturen und Verzierungen von pflanzlichen Formen inspiriert waren, wurden erstmals 1889 bei der »Exposition Universelle« ausgestellt, wo er auch für seine neuen Glasentwürfe, bei denen eine große Vielfalt von Techniken, wie Ätzen, Ritzen und Vergolden zur Anwendung kamen, gelobt wurde. Bei dieser Ausstellung wurden ihm der Grand Prix und der Orden der französischen Ehrenlegion verliehen. 1894 eröffnete Gallé eine größere Glashütte mit gewaltiger Produktionskapazität und wurde im Jahr 1901 erster Präsident der Gruppe »Alliance Provinciale des Industries d'Art«, die später als **École de Nancy** bekannt wurde.

▸ Emblem für das »Festival of Britain«, 1951

Abram Games

1914 London
1996 London

Abram Games nahm für kurze Zeit an einem Kurs in »Gebrauchsgrafik« teil und besuchte anschließend Abendkurse im Aktzeichnen, während er gleichzeitig in einem Atelier für Werbegrafik angestellt war. Games missfiel die Praxis Plakatvorlagen zu erstellen, die von mehreren Firmen benutzt wurden, die nur noch ihre eigenen Aufschriften aufbringen mussten. Er zog die Plakate aus den 20er und 30er Jahren vor, die von Designern wie **A. M. Cassandre**, **Edward McKnight Kauffer** und Tom Purvis (1888–1959) für bestimmte Kunden geschaffen worden waren. Ab 1935 fertigte Games selbständiges Grafikdesign, wobei er oft chromolithographische Verfahren verwendete. Während des Zweiten Weltkriegs produzierte er fast einhundert Plakate für das War Office, das ihn zu seinem offiziellen Plakatkünstler machte. Für diese Informationsplakate entwickelte er einen direkten Grafikstil, der bei einem Minimum an Aufwand ein Maximum an Inhalt vermitteln sollten. In den 40er und 50er Jahren zählten London Transport, die englische Post, die Orient Line, die *Financial Times*, British Petroleum und Shell zu seinem Kundenstamm. Sein bedeutendster Auftrag war jedoch das Logo für das »Festival of Britain« im Jahr 1951. Games war einer der letzten Gestalter lithographischer Plakate, ein Verfahren, das in den späten 50er Jahren von fotomechanischen Prozessen ersetzt wurde.

Garouste & Bonetti

gegründet 1981 *Paris*

Elizabeth Garouste (geb. 1949) studierte an der École Camondo in Paris und lernte zusätzlich Theater- und Kostümdesign. Sie war zuerst als Bühnengestalterin für Fernando Arrabal und als Stylistin für Marie Berani tätig. Zudem arbeitete sie mit ihrem Ehemann, dem Maler Gérard Garouste, und der Innenarchitektin Andrée Putman (geb. 1925) zusammen. Sie beauftragte Mattia Bonetti (geb. 1953) mit der Gestaltung von Schaufensterauslagen und Grafiken für das Geschäft ihrer Eltern. Bonetti hatte zuvor am Centro Scolastico per l'Industria Artistica studiert und als Fotograf gearbeitet. 1981 statteten Garouste und Bonetti als erste gemeinsame Arbeit das Restaurant Le Privilège des Nachtklubs Le Palace aus. Im selben Jahr stellten sie ihre erste Kollektion von »objets primitifs« und »objets barbares« bei Jansen aus. Ihre Werke distanzierten sich absichtlich von industriellen Produktionsmethoden und trugen zur Wiederbelebung der französischen *décorateur*-Tradition bei. Anschließend untersuchten die beiden Glastechniken für das Centre de Recherche sur le Verre (CIVRA) in Marseille und arbeiteten eng mit La Manufacture Nationale de Sèvres zusammen. 1988 führten sie das *Cabinet de Sèvres* aus. Ab 1985 stellten sie ihre Designs bei der Galerie Néotù in Paris aus und erhielten internationale Anerkennung. 1987 gestalteten sie Barockzimmer und Möbel für das Pariser Modehaus Christian Lacroix. Im Anschluss daran statteten sie die Büroräume des Zeitschriftenherausgebers Hachette und des Verlags J. C. Lattes aus. In den 90er Jahren entwarfen sie die Verpackungen für Nina Ricci, Glas und Keramik für Daum und Möbel für Anthologie Quartett sowie Innenausstattungen für das Schloss von Prinzessin Gloria von Thurn und Taxis in Bayern. Der Stil von Garouste & Bonettis frühen Designs, die von der Stammeskunst und dem Primitivismus inspiriert waren, wurde »New Caledonia Gothique« genannt und brachte seinen Schöpfern den Titel »Die Neuen Barbaren« ein.

▾ Lampe *Dawson* für Néotu, 1990

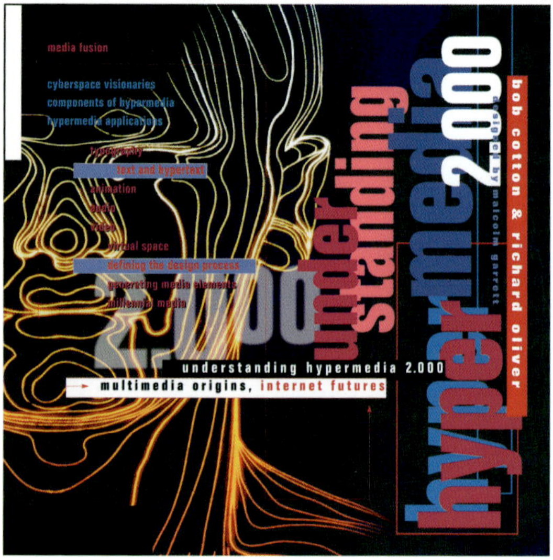

▸ Umschlag für *Understanding Hypermedia 2000* von Bob Cotton und Richard Olliver für Phaidon, 1997

Malcolm Garrett

geb. 1956 *Northwich/ Cheshire, Großbritannien*

Malcolm Garrett studierte ein Jahr lang an der Reading University Typographie und grafische Kommunikation, bevor er am Manchester Polytechnic in Grafikdesign ausgebildet wurde. Während seines Studiums kam er in Kontakt mit der Punk-Bewegung, die in Manchester nach dem dortigen Auftritt der Sex Pistols im Jahr 1976 großen Einfluss hatte. Sein erstes veröffentlichtes Design war eine Plattenhülle im Punk-Stil für *Orgasm Addict* (1977) von den Buzzcocks. Ein Jahr später eröffnete Garrett sein eigenes Grafikatelier, Assorted Images, und entwarf Plattencover für die unabhängige Musikindustrie, die nach dem Erfolg der ersten Punk-Gruppen aufgekommen war. Seine Cover für Duran Duran, die Simple Minds, Phil Collins und Culture Club sollten die optische Identität der Gruppen für Marketing-Zwecke etablieren. In den 80er Jahren entwarf Garrett auch Grafiken für neue Jugendzeitschriften und entwickelte neue Werbeartikel für die Musikindustrie. 1986 entdeckte er die Möglichkeiten des Apple Macintosh Rechners auf dem Gebiet des Grafikdesigns, der die Notwendigkeit von Ausdrucken nahezu beseitigte und es gestattete, Filme oder Trickzeichnungen mit Fotos zu kombinieren. Im Jahr 1989 hatte er sich gänzlich der digitalen Technologie verschrieben. Sein Atelier war eines der ersten, die den Zeichentisch durch den Computerarbeitsplatz ersetzten. Garrett verließ Assorted Images 1994 und gründete mit Alasdair Scott einen neuen Betrieb, AMX, der Designs im interaktiven Multimedia-Bereich entwarf oder weiterentwickelte, wie Titel auf CDs und Webseiten.

Antonio Gaudí y Cornet

1852 *Reus, Spanien*
1926 *Barcelona*

Antonio Gaudí y Cornet studierte an der Universität von Barcelona von 1869 bis 1874 Naturwissenschaften, dann an der neu errichteten Escola Provincial d'Arquitectura in Barcelona Architektur. 1878 erhielt er den Auftrag, Straßenbeleuchtungen für die Stadt Barcelona zu entwerfen und arbeitete an der Gestaltung einer genossenschaftlichen Arbeitersiedlung in Mataró. Ungefähr vier Jahre später arbeitete er eng mit dem Architekten Joan Matorell zusammen, der ihn mit der neugotischen Architektur bekannt machte, die als Ausdruck katalanischer Autonomie gesehen wurde. Gaudí, der sehr stolz auf seine katalanischen Wurzeln war, ging mit dem »Centro Excursionista« auf Pilgerreisen zu den katalanischen historischen Stätten, die von gotischen Kathedralen bis zu maurisch inspirierten Gebäuden reichten und sein eigenes Werk stilistisch beeinflussen sollten. Für seine Casa Vicens (1883–1888) verband er den einheimischen gotischen Stil mit Mudéjar-Merkmalen, einer bizarren Mischform der Verzierung. Gaudí war der Meinung, dass Verzierungen für den Charakter eines Gebäudes oder Designs entscheidend waren. Er experimentierte bei vielen seiner Projekte, wie dem Palau Güell (1886–1889), der Casa Calvet (1889–1900) und der Casa Batlló (1904–1906) mit fließenden, quellenden, verzerrten organischen Motiven. Er begann im Jahr 1883 mit dem Design seines Meisterwerks, der Sagrada Familia in Barcelona, einer immer noch unvollendeten Kathedrale, der er den Großteil seines Arbeitslebens widmete. Sie ist sowohl leidenschaftlicher Ausdruck seines ausgeprägten katalanischen Nationalismus als auch der Inbrunst seines christlichen Glaubens. Gaudí war mit seinem höchst skulpturalen, eigenständigen Stil geradezu im Alleingang Wegbereiter der spanischen Version des **Art nouveau**.

▾ Geschnitzter Stuhl für Casa Calvet, ca. 1902

▸ Ofen *Oriole* aus Schmelzglas für Standard Gas Equipment Corporation, 1931

Norman Bel Geddes

1893 *Adrian, Michigan, USA*
1958 *New York*

Norman Bel Geddes studierte am Cleveland Institute of Art und am Art Institute of Chicago Kunst. 1913 war er als Zeichner in der Werbeindustrie in Detroit tätig und wurde kurze Zeit später Artdirector. Er schrieb 1916 ein Theaterstück und arbeitete im Anschluss daran als Bühnenbildner für sechs Theaterstücke, die in Los Angeles aufgeführt wurden. Zwei Jahre darauf wurde er Bühnenbildner für die Metropolitan Opera Company in New York und zog 1925 nach Hollywood, wo er üppige Szenerien für die Produzenten Cecil B. De Mille und D. W. Griffith schuf. Beeinflusst von **Frank Lloyd Wright**, mit dem er 1916 an einem Theaterprojekt für Aline Barnsdall zusammengearbeitet hatte, und von der Verbindung zu dem expressionistischen Architekten Erich Mendelsohn (1887–1953), entschloss sich Geddes, sich der Architektur und Produktgestaltung zuzuwenden. Er veröffentlichte 1932 das Buch *Horizons*, das seinen rationalisierten Ansatz im Industriedesign und seinen Glauben an die Vorherrschaft der Tränenform erläuterte. Geddes wurde einer der größten Vertreter des **Streamlining** und entwarf für die Automobilfirma Graham Paige futuristische Autos (1928), für Philco Radios (1931), für RCA Radiogehäuse und für Simmons Schlafzimmermöbel aus Metall. Eine seiner bemerkenswertesten Errungenschaften war die Standardisierung von Küchengeräten, darunter der aus Modulen bestehende Ofen *Oriole* (1931–1936). Für die New Yorker Weltausstellung entwarf er 1939 die Auslage »Futurama« von General Motors, bei der er seine Vision der Welt im Jahr 1960 projizierte und ein Autobahnsystem vorhersagte.

Frank O. Gehry studierte bis 1954 an der University of Southern California in Los Angeles Architektur und ein Jahr an der Harvard Graduate School of Design in Cambridge, Massachusetts. Gehry arbeitete als Architekt und Stadtplaner für verschiedene Architekturbüros in Los Angeles, Atlanta, Boston und Paris und richtete 1962 sein eigenes Büro, Frank O. Gehry & Associates Inc. in Los Angeles ein. Ein Jahrzehnt später entwarf er seine außergewöhnliche Serie aus 14 Pappmöbeln namens *Easy Edges*. Das Design, das ursprünglich für preiswertes Mobiliar konzipiert war, stieß sofort auf positive Reaktionen. Gehry nahm es jedoch schon drei Monate später aus der Produktion, da er fürchtete, dass sein Erfolg als populärer Möbeldesigner seinem Ruf als Architekt abträglich sein könnte. In den späten 70er Jahren entwarf Gehry mehrere Wohnhäuser, sein eigenes Haus in Santa Monica und die Spiller Residence in Venice, Kalifornien. Bei allem verwendete er Industriematerialien und dekonstruktivistische Formen. Seine dekonstruktivistischen Bauten, wie die Loyola Law School (1981–1984), das California Aerospace Museum (1983–1984) und das **Vitra** Design Museum mit Fabrik in Weil am Rhein (1989), brachten ihm internationale Anerkennung. In den 80er Jahren wandte er sich wieder dem Möbeldesign zu und schuf seine Pappmöbel *Experimental Edges* (1982), die mehr Kunstmöbel als praktische Einrichtungslösungen darstellten. Gehry entwickelte zwischen 1990 und 1992 eine Stuhlserie für **Knoll International**, die aus Sperrholzstreifen geflochten ist und keine weitere strukturelle Abstützung benötigt. Zudem entwarf er die Serie *Fish Lamps* für die Formica Company, die nach innovativen Anwendungen für ihr gerade entwickeltes Material ColorCore suchten. Als einer der führenden Vertreter des **Dekonstruktivismus** erhielt Gehry zahlreiche Auszeichnungen, darunter der Pritzker-Preis 1989. Seine größte architektonische Errungenschaft ist bis heute das spektakuläre Guggenheim Bilbao, das 1997 fertig gestellt wurde.

Frank O. Gehry

geb. 1930 *Toronto, Kanada*

▼ *Wiggle*-Stuhl und Satz niedriger Tische aus der Serie *Easy Edges* für Jack Brogan, 1972 (neu herausgegeben von Vitra)

Gesamt-kunstwerk

Der Begriff Gesamtkunstwerk geht auf das 19. Jahrhundert zurück und bezeichnet eine Synthese aller Künste. Ursprünglich wurde das Konzept des Gesamtkunstwerks mit den Opern von Richard Wagner (1813–1883) verknüpft, die Musik und Dramatik eng verbanden. Später bezog es sich auf die Vorstellung eines völlig integrierten Designs in Architektur und Innenausstattung, wo jedes Element im künstlerischen System sorgfältig in der Regel von einem einzigen Schöpfer entworfen war. Diese Idee der Bündelung des Designs wurde bekanntermaßen von Architekten wie **Charles Rennie Mackintosh** und **Frank Lloyd Wright** aufgegriffen, die der **Arts-&-Crafts-Bewegung** nahestanden. Sie entwickelten das Konzept des Gesamtkunstwerks weiter, indem sie ihre Gebäude so gestalteten, dass sie im Einklang mit ihrer Umgebung und funktional angemessen waren. Überdies entwarfen sie die kleinsten Details für ihre Gebäude und Interieurs, bis hin zu Bestecken und Türaufhängungen selbst. In Deutschland und Österreich waren auch **Josef Hoffmann** und **Peter Behrens** berühmte Verfechter des Konzeptes. Die Idee eines völlig einheitlichen Designs, die sich im Gesamtkunstwerk ausdrückt, beeinflusste später die Praxis des »total design«, bei dem Gestaltung, Herstellung und Vermarktung von Produkten ganzheitlich angegangen werden.

▲ **Frank Lloyd Wright**, Speisezimmer im Hollyhock House, Los Angeles, entworfen für Aline Barnsdall, 1917–1920

► Entwurf für die *Gill Sans* für die Monotype Corporation, 1928

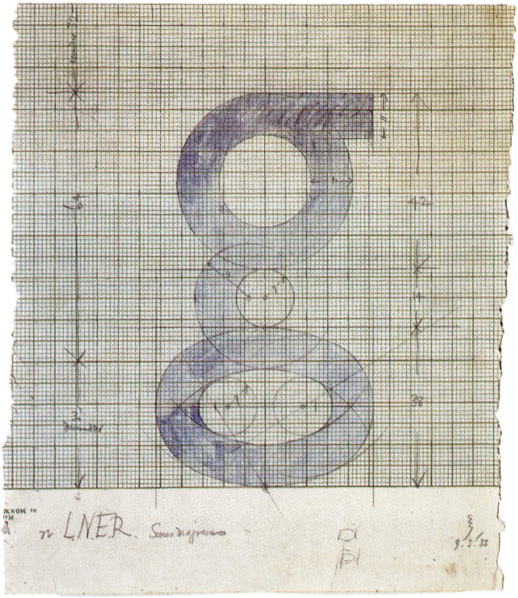

Eric Gill

1882 Brighton, Großbritannien
1940 Harefield/London

Eric Gill studierte an der Chichester Art School, bevor er von 1899 bis 1903 als Lehrling bei dem Architekten W. D. Caröe in London anfing. In dieser Zeit belegte er auch bei Edward Johnston (1872–1944) an der Central School of Arts and Crafts in London Schriftkurse und erhielt seine erste Anstellung im Insel Verlag in Leipzig, für den er mehrere Titelseiten gestaltete. Nachdem er 1907 nach Ditchling in Sussex gezogen war, fand er mit seiner Bildhauerei beachtliche Anerkennung. 1913 konvertierte er zum Katholizismus und war fünf Jahre mit dem Meißeln des Kreuzwegs an der Westminster Cathedral beschäftigt. Um 1918 war Gill an der Gründung der Guild of St Joseph and St Dominic beteiligt, einer Art religiöser Kunsthandwerkergemeinschaft. Er war 1920 einer der Gründer der Society of Wood Engravers und entwarf ab 1924 Buchlayouts, die von der Golden Cockerel Press in Berkshire verlegt wurden. Diese Layouts folgten dem **Arts-&-Crafts**-Stil und bestanden aus stilistisch aufeinander abgestimmten Typographien und Illustrationen. Ein Jahr später entwarf er Schriften für die **Monotype Corporation**, darunter die *Perpetua* (1927) und die *Gill Sans* (1928). Gill eröffnete 1928 seine eigene Druckerei in Speen in Buckinghamshire und übernahm Aufträge von verschiedenen Verlagen, unter denen die Cranach Press, Faber & Faber, J. M. Dent & Sons sowie der Limited Editions Club waren.

◂ Messingwandleuchter für Alfred Bucknell, ca. 1907

Ernest Gimson

1864 Leicester, Großbritannien
1919 Sapperton/ Gloucestershire

Ernest Gimson war der Sohn von Joseph Gimson, einem Ingenieur und Mitglied der Secularist Society. Mit 17 Jahren begann er seine Architektenausbildung im Büro des Architekten Isaac Barradale und studierte gleichzeitig halbtags an der Leicester School of Art. Er lernte 1884 **William Morris** kennen und ging auf dessen Rat zu dem Neugotik-Architekten John Dando Sedding (1838–1891) nach London in die Lehre. Gimson folgte Morris' Beispiel und verbrachte seine gesamte Freizeit mit dem Erlernen traditioneller Handwerke. Als er bei Sedding arbeitete, freundete er sich mit Ernest Barnsley (1863–1926) und dessen Bruder Sidney Barnsley (1865–1926) an, der gerade bei Richard Norman Shaw (1831–1912) Lehrling war. Gemeinsam mit anderen Mitgliedern von Shaws Belegschaft, wie z. B. Reginald Blomfield und William Lethaby (1857–1931), gründeten die Freunde 1891 die kurzlebige Dekorationsfirma Kenton & Co. in Bloomsbury, die »gutes Design und gute Handarbeit« anbot. Ein Jahr später zogen Gimson und die Barnsleys in die Cotswolds-Region und eröffneten 1894 in Pinbury eine Werkstatt. Da sie finanziell unabhängig waren, konnten sie das ländliche Ideal der **Arts-&-Crafts-Bewegung** verwirklichen und produzierten Qualitätsmöbel frei von kommerziellen Überlegungen.

Stefano Giovannoni

geb. 1954 *La Spezia, Italien*

▲ Behälter *Mary Biscuit* für Alessi, 1995

Stefano Giovannoni studierte an der Università di Firenze Architektur und lehrte dort nach seinem Abschluss. Bis 1990 führte er Designstudien durch, wobei er gleichzeitig an der Domus Academy in Mailand und am Designinstitut in Reggio Emilia unterrichtete. Er war Mitbegründer der bolidistischen Bewegung, die für die Verwendung des **Streamlining** im Produktdesign eintrat, und gründete mit Guido Venturini das Studio King-Kong zur Erforschung von Architektur und dem Design von Haushaltsgegenständen, Innenräumen und Mode. Ab 1989 entwarfen sie gemeinsam die sehr erfolgreiche Reihe *Girotondo* für **Alessi** mit ihrem originellen »Strichmännchen«-Motiv. In den 90er Jahren entwarf Giovannoni auch selbständig mehrere postmoderne Produkte für Alessi, die bewusst humorvolle, verspielte Designs aufwiesen, beispielsweise die Schüssel *Fruit Mama* (1993), die Toilettenbürste *Merdolina* (1993) und den Behälter *Mary Biscuit* (1995). Er gestaltete 1991 den italienischen Pavillon für die Ausstellung »Les Capitales Européennes de Nouveau Design« am Centre Georges Pompidou in Paris. Giovannoni arbeitete auch für Cappellini, Arradaesse und Tisca France. Seine eigenwilligen Designs wurden international vielfach ausgestellt.

Alexander Hayden Girard verbrachte einen Großteil seiner Kindheit in Florenz und studierte später an der Architectural Association in London. Nachdem er 1929 sein Studium beendet hatte, richtete er sein eigenes Architekturbüro in Florenz ein und gestaltete Einrichtungsgegenstände und Innenausstattungen. Während dieser Zeit studierte er auch an der American School of Architecture in Rom und machte 1931 seinen Abschluss. Nachdem er 1935 seine Studien an der New York University abgerundet hatte, zog er nach Detroit und eröffnete zwei Jahre später ein Designbüro. Er entwarf 1946 Büroausstattungen für die Ford Motor Company und wurde 1952 zum Leiter der Textilabteilung der Firma **Herman Miller**, für die er gemusterte Polsterstoffe in kräftigen Farben kreierte. Ein Jahr darauf zog er mit seinem Büro nach Santa Fe und übernahm verschiedene Projekte im Bereich der Innenarchitektur, wie den Wohnsitz von Irwin Miller in Columbus (mit **Eero Saarinen** im Jahr 1955 ausgeführt), Billy Wilders Haus in Los Angeles sowie die Restaurants L'Etoile und La Fonda del Sol in New York (1960). Gemeinsam mit **Charles Eames** produzierte Girard 1957 in Mexiko einen Dokumentarfilm mit dem Titel »Day of the Dead«. Er bewunderte die mexikanische Kultur und ihre Volkskunst. Im Laufe seines Lebens sammelte Girard 106 000 Spielzeuge und Gegenstände der Volkskunst, die den Grundstock der Girard Foundation Collection ausmachten, die heute im Museum of International Folk Art in Santa Fe untergebracht ist. Obwohl er Möbel, Tapeten und Grafik gestaltete, darunter auch die Corporate Identity für Braniff Airlines (1965), ist Girard am bekanntesten für seine rhythmisch strukturierten Textilien in satten Farben.

Alexander Hayden Girard

1907 *New York*
1993 *Santa Fe, New Mexico, USA*

▲ Stoff *Feathers* für Herman Miller, 1957

Giorgetto Giugiaro

geb. 1938 *Garessio, Italien*

Nach seinem Studium des technischen Zeichnens und des Grafikdesigns an der Accademia di Belle Arti in Turin begann Giorgetto Giugiaro mit 17 Jahren seine berufliche Laufbahn in der Designabteilung bei Fiat. 1959 wurde er Leiter der Designabteilung bei der Carrozzeria Bertone in Turin. Giugiaro verließ Bertone 1965 und wurde Direktor des Ateliers von Ghia, das sich ebenfalls mit dem Autostyling befasste, und entwarf dort das Fiat-Coupé *Dino* (1967). Er gründete 1968 mit Aldo Mantovani und Luciano Bosio die innovative Gestaltungsgesellschaft ItalDesign, die Autoherstellern nicht nur einen Designservice, sondern auch Hilfe im Vorfeld der Produktion anbot, einschließlich der Durchführung von Eignungsstudien und der Konstruktion von Prototypen. Wenngleich Giugiaro besonders für seine schicken Sportwagen, wie den *Alfasud* (1971) von Alfa Romeo bekannt ist, entwarf er nach der Ölkrise der frühen 70er Jahre auch Personenwagen, so den Volkswagen *Golf* (1974), den Fiat *Panda* (1980) und den Fiat *Uno* (1983), die sich durch geradlinige Formen auszeichneten. 1981 gründete er Giugiaro Design und entwarf die Nähmaschine *Logica* für Necchi (1982), den Fotoapparat *F4* für Nikon (1988), einen Chronographen für Seiko, Sturzhelme für Shoei sowie Möbel für Tecno. In den 80er Jahren beschäftigte Giugiaro Design rund vierhundert Angestellte, 1987 wurde Giugiaro SpA zur Gestaltung von Herrenbekleidung und Accessoires gegründet.

▾ Nähmaschine *Logica* für Necchi, 1982

Milton Glaser

geb. 1929 *New York*

S. 286: Plakat für die Winterolympiade in Sarajevo, 1984

▾ Plakat für Schreibmaschine *Valentine* für Olivetti, ca. 1970

Milton Glaser ging zuerst auf die High School of Music & Art in New York und studierte bis 1951 Kunst an der Cooper Union. Er erhielt ein Fulbright-Stipendium, das es ihm ermöglichte, bei Giorgio Morandi (1890–1964) an der Accademia delle Belle Arti e Lieco Artistico in Bologna zu studieren. Nach seiner Rückkehr nach New York im Jahr 1954 gründete er mit Seymour Chwast (geb. 1931), Reynold Ruffins und Edward Sorel das Push Pin Studio. Seine späteren Plakatentwürfe waren von der psychedelischen Kunst inspiriert, wie die berühmten Poster *Dylan* (1967), *Rainbow Palette* (1966) und *From Poppy with Love* (1969) und brachten ihm breite Anerkennung. 1969 wurde er sogar auf der Titelseite des *Time Magazine* abgebildet. Die erste Ausgabe des *Push Pin Graphic Magazine* erschien 1954 und sollte die »freiere« Design-Philosophie des Studios bekannt machen, die sich ungewöhnlicher Perspektiven, verflachter Ebenen, psychedelischer Farbgebung und historischer typographischer Stile bediente. Die Verspieltheit von Glasers Grafikstil führte zu Aufträgen für die Illustration mehrerer Kinderbücher. Er gestaltete auch den Spielzeugladen Child Craft in New York (1970) und den Sesame Place Play Park (1979). In den 70er Jahren gab er mehreren Zeitschriften ein neues Gesicht, darunter *Paris Match* (1973), *Village Voice* und *Esquire* (1977). Das Push Pin Studio beschäftigte sich zunehmend mit der Entwicklung von **Corporate Identity**. Glaser war bis 1970 Vorsitzender der Firma und eröffnete nach ihrer Schließung 1974 ein eigenes Grafikatelier, Milton Glaser Inc. in New York. Er verbannte den strengen Formalismus der **Schweizer Schule** aus seinem Grafikdesign und ersetzte ihn durch ein lebhaftes, humorvolles Vokabular, das sich gleichermaßen aus der Gegenwartskultur und aus historischen Stilen speist.

► **Ernest Archibald Taylor**, Sekretär für Wylie & Lockhead, ca. 1906

Glasgow School

1890er bis Anfang 1900
Glasgow

Die Glasgow School bezeichnet eine Gruppe von Gestaltern, die um die Jahrhundertwende der Glasgow School of Art nahestanden, als diese sich unter der progressiven Führung von Francis H. Newbery (1853–1946) befand. Ihre bekanntesten Mitglieder waren **Charles Rennie Mackintosh**, Margaret Macdonald Mackintosh (1864–1933), Frances Macdonald MacNair (1873–1921) und Herbert MacNair (1868–1955), die ab 1894 als »The Four« bekannt wurden und Designs ausstellten, die von der keltischen Kunst inspiriert waren. Ihre sparsam möblierten, weißen Interieurs hatten etwas Ätherisches. Viele ihrer Grafiken konzentrierten sich auf das Jenseits. Besonders Designer, die mit der Wiener **Secession** in Verbindung standen, nahmen ihre Arbeiten positiv auf. Die Glasgow School entstand zur gleichen Zeit wie die Glasgow Boys, eine Gruppe postimpressionistischer Maler, zu denen George Henry (1858–1943) und E. A. Hornel (1864–1933) gehörten, die von japanischer und keltischer Kunst inspiriert waren. Die poetischen Arbeiten anderer Designer der Glasgow School, **George Walton**, Talwyn Morris (1865–1911), Jessie King (1875–1949), George Logan (1866–1939), Ann Macbeth (1875–1948) und E. A. Taylor (1874–1951) trugen zum Aufkommen des **Art-nouveau**-Stils bei. Obgleich die Glasgow School mit der britischen **Arts-&-Crafts-Bewegung** in Verbindung stand, unterschieden sich ihre Erzeugnisse deutlich von den nicht schottischen, die weniger von der Volkskunst inspiriert waren und größeres Gespür für das Organische besaßen.

▲ Mitglieder von Global Tools auf dem *Casabella*-Cover, 1973

Global Tools

gegründet 1973
Florenz

Zur Untersuchung des Konzepts von Design und Architektur als universelle Kommunikationsmittel wurden Ende der 60er Jahre in Italien mehrere **Radical-Design**-Gruppen gegründet, darunter **Archizoom**, **Superstudio**, **Gruppo Strum**, UFO, 9999 und Zziggurrat. Als Beitrag zur Gegendesign-Debatte organisierte **Riccardo Dalisi** zudem Workshops für arme Kinder im Stadtteil Traiano in Neapel und experimentierte mit der »tecnologia povera« (arme Technologie) um wieder einen persönlichen kreativen Ausdruck und Spontaneität in das Design zu bringen. Diese Experimente veranlassten Mitglieder der vielen Radical-Design-Gruppen, sich 1973 in den Büroräumen von *Casabella* einzufinden und die Gründung einer »Schule« für Gegendesign und -architektur zu diskutieren, die als Global Tools bekannt wurde. Diese Bildungskooperative wurde ein Jahr später offiziell in Florenz gegründet, um »individuelle und gemeinschaftliche Kreativität zu fördern«. Global Tools errichtete mehrere Werkstätten, die »Labors« genannt wurden, um Design nach dem »Do-it-yourself-Prinzip« zu betreiben und mögliche Anwendungen und Eigenschaften technischer Materialien zu erforschen. Mit ihrem linksgerichteten politischen Programm, das aus zehn wissenschaftlichen und politischen »tesi« (Thesen) bestand, versuchte die Gruppe, einfache Menschen und Designer auf kreative Weise mit dem Designprozess vertraut zu machen. Die Kooperative war das zentrale Forum der Radical-Design-Debatte, und ihre Auflösung im Jahr 1975 bedeutete das Ende der ersten Phase der Bewegung in Italien. Ehemalige Mitglieder von Global Tools, einschließlich Dalisi und **Ettore Sottsass**, wurden in den späten 70er und 80er Jahren zu Hauptvertretern der **Postmoderne**.

▾ **Riccardo Dalisi**, Experiment mit »armer Technologie«, Neapel, 1973

Edward William Godwin

1833 Bristol
1886 London

Edward William Godwin wurde zuerst von dem Bauingenieur William Armstrong ausgebildet. 1854 eröffnete er sein eigenes Büro in Bristol. Er erhielt jedoch wenige Aufträge und zog drei Jahre später nach Irland, um mit seinem Bruder, der ebenfalls Ingenieur war, zusammenzuarbeiten. Dort befasste er sich mit dem Entwurf für eine Eisenbahnbrücke und erhielt seinen ersten großen Bauauftrag, die Gestaltung der Kirche St. Johnston in der Grafschaft Donegal. Er lernte 1858 den Neugotik-Architekten William Burgess (1827–1881) kennen und kehrte ein Jahr später nach England zurück. In den 1860er Jahren übernahm Godwin mehrere Architekturprojekte, zu denen auch das Rathaus von Northampton (1861) gehörte. Nachdem er bei der »International Exhibition« in London im Jahr 1862 erstmals japanische Kunst gesehen hatte, begann er, orientalische Kunstgegenstände zu sammeln und einen anglo-japanischen Stil zu entwickeln. 1865 eröffnete er in London sein eigenes Büro und entwarf Tapeten für Jeffrey & Co., Textilien für Warner & Ramm, Metallarbeiten für Messenger & Co., Kacheln für Minton und Möbel für die kurzlebige Art Furniture Company (1867–1868) sowie anglo-japanische Einrichtungsgegenstände für William Watt's Artistic Furniture Warehouse und Gillow's und Collinson & Lock.

▼ Buffet für William Watt, 1867–1869

Zu seinen Bauprojekten zählen Dromore Castle in Limerick (1866–1873), James McNeill Whistlers White House in Chelsea (1877–1878) sowie volkstümliche Wohnhäuser in Bedford Park, West London (1876). Durch seine Verbindung zu der Schauspielerin Ellen Terry (1847–1928) begann Godwin sich für Kostümdesign zu interessieren und wurde 1884 Leiter der gerade eröffneten Modeabteilung von **Liberty & Co.**, die sich für reformierte, »künstlerische Kleidung« einsetzte. Godwin war einer der führenden Vertreter der **Ästhetischen Bewegung** und brachte mit seinem anglo-japanischen Stil eine einflussreiche geometrische Formensprache in das Design.

◂ *Augen*-Firmenzeichen für CBS, 1950

William Golden

1911 *New York*
1959 *Stony Point, New York*

William Golden besuchte die Vocational School for Boys in New York, wo ihm Heliogravüre und Grafikdesign beigebracht wurden. Er begann seine berufliche Laufbahn in Los Angeles, zunächst in einer Druckerei und später als Designer beim *Los Angeles Examiner*. Danach ging er zurück nach New York, wo er für die Zeitschriften *Journal American* und *House & Garden* und für Condé Nast unter Mehemed Fehmy Agha (1896–1978) tätig war, der sich für die Verwendung des »white space« einsetzte. 1937 wurde er bei CBS (Columbia Broadcasting System) angestellt und blieb sechs Jahre lang künstlerischer Leiter des Senders. Von 1941 bis 1943 arbeitete er in Washington für das Office of War Information und diente in den folgenden drei Jahren als Kapitän in der US-Armee. Während seiner Stationierung in Europa gehörten das Layout und Design mehrerer Lehrbücher der Armee zu seinen Aufgaben. 1950 entwarf er das berühmte »Augen«-Logo für CBS und wurde ein Jahr später zum kreativen Leiter für Werbung und Verkaufsförderung des Senders ernannt. Golden wollte vor allem den Standard des Designs heben und setzte sich 1959 bei der Aspen Design Conference für die Seriosität des Designs ein. Er warnte davor, Design mit Kunst zu verwechseln und stellte fest: »Die offensichtliche Aufgabe des Designers ist die Gestaltung. Sein Haupttalent besteht darin, aus vielen Teilen eine einfache Ordnung herzustellen.« Als künstlerischer Leiter bei CBS, der für das auffallende, visuell durchgestaltete Designprogramm des Senders zuständig war, zählt Golden zu den frühen Pionieren des Konzeptes der **Corporate Identity**.

◂ **Design Council**,
Kitemark, 1959

Good Design

Gutes Design

Gutes Design ist ein Konzept, bei dem Produkte nach formalen, technischen und ästhetischen Prinzipien entworfen werden, die im allgemeinen mit der **Moderne** in Verbindung gebracht werden. Das **Museum of Modern Art, New York**, hielt 1950 die erste Ausstellung des Guten Designs ab, die von **Charles & Ray Eames** gestaltet wurde. Die prämierten Designs wurden von einer dreiköpfigen Jury ausgewählt und in Geschäften mit einem Aufkleber »Gutes Design« verkauft. Die Prinzipien des Guten Designs wurden auch in Europa, vor allem in Deutschland, positiv aufgenommen. **Max Bill**, Mitbegründer der **Hochschule für Gestaltung, Ulm**, war auch für die Einführung der Ausstellungen »Die gute Industrieform« in Deutschland verantwortlich. Das Konzept des Guten Designs wurde vor allem von der Firma **Braun** aufgegriffen. In Großbritannien wurde das Gute Design aktiv vom Design Council (gegründet 1960) unterstützt. Es organisierte Ausstellungen und gab die Zeitschrift *Design* heraus. Das Council setzte sich für die Benutzung seines berühmten »kitemark«-Aufklebers ein, der ein Siegel der Anerkennung wertvoller Produkte war. In den 60er Jahren entwickelte sich Widerstand gegen die konservative Konformität des Guten Designs und gegen das, was als Diktat des etablierten »guten Geschmacks« gesehen wurde. Die öffentliche Reaktion auf das Gute Design läutete die **Postmoderne** ein, die wieder Radikalität, Gefühl, Spontaneität und Charakter in das vorherrschende Design brachte.

Kenneth Grange

geb. 1929 *London*

Kenneth Grange studierte von 1944 bis 1947 an der Willesden School of Arts & Crafts in London. Er wurde von den Royal Engineers als Teil seines Wehrdienstes zum technischen Zeichner ausgebildet und arbeitete anschließend als Assistent für verschiedene Architektur- und Designateliers in London, darunter Arcon Chartered Architects, Bronek Katz & Vaughan George Bower sowie Jack Howe & Partners. Er eröffnete 1958 sein eigenes Büro in London, spezialisierte sich auf Produktdesign und gründete 14 Jahre später mit Theo Crosby, Alan Fletcher, Mervyn Kurlansky und Colin Forbes die Designfirma **Pentagram**. Grange kombinierte den deutschen **Funktionalismus**, der von der Firma **Braun** angewandt wurde, mit einem britischen Gespür für das Angemessene und schuf Designs von skulpturaler Klarheit und nüchterner Robustheit. Unter seinen viel beachteten Industriedesigns befinden sich der Mixer *Chef* für Kenwood (1960), der Fotoapparat *Pocket Instamatic* für Kodak (1975), die Kugelschreiberreihe *Parker 25* (1979) und der Rasierapparat *Protector* für Wilkinson Sword (1992). Er gestaltete außerdem den Aufbau des British Rails 125 Intercity Schnellzug (1971–1973) und Adshel Bushaltestellen für London Transport (1990). Grange hat für seine Entwürfe zahlreiche Preise erhalten, darunter zehn Design Council Awards sowie 1963 den Prize for Elegant Design des Herzogs von Edinburgh. Er war von 1985 bis 1987 Master of the Faculty of Royal Designers for Industry und wurde dann zum Vorsitzenden der Chartered Society of Designers ernannt. Seit den 70er Jahren hat er zudem viele Aufträge von japanischen Firmen erhalten, darunter Nähmaschinen für Maruzen, Badezimmerarmaturen für Inax und Kosmetikverpackungen für Shiseido. Seine Arbeit hatte großen Einfluss auf japanisches Produktdesign. Als führendem britischen Designer wurde seinem Werk 1983 eine

▼ Fotoapparate *Pocket Instamatic* für Kodak, 1975

◂ Rasierapparate *Protector* für Wilkinson Sword, 1992

Einzelausstellung im Boilerhouse des **Victoria & Albert Museums** gewidmet. Grange versteht Design nicht als Mittel zur ästhetischen Problemlösung, sondern als Gelegenheit zur Innovation und er ist der Ansicht, dass es ein wichtiger Teil des Herstellungsprozesses sein sollte. Er hat die traditionellen Eigenschaften des britischen Designs – Ehrlichkeit und Seriosität – durch seine eleganten, qualitativ hochwertigen und ausgesprochen detaillierten Produkte unsterblich gemacht.

Michael Graves nahm an einem Architekturprogramm der University of Cincinnati teil, das ihm auch praktische Erfahrung im Büro von Carl A. Strauss & Associates vermittelte. Später besuchte er die Graduate School of Design der Harvard University und arbeitete nach seinem Abschluss 1959 für **George Nelson** Associates. Während dieser Zeit war Graves auch künstlerisch tätig und teilte sich in New York ein Atelier mit **Richard Meier**. Ein Stipendium ermöglichte ihm von 1960 bis 1962 ein Studium an der American Academy in Rom. Nach seiner Rückkehr in die Vereinigten Staaten erhielt er einen Lehrauftrag an der Princeton University in New Jersey, wo er 1972 Professor für Architektur wurde. Acht Jahre zuvor hatte er in Princeton sein eigenes Architekturbüro eröffnet und 1969 das Hanselmann House in Fort Wayne, Indiana, entworfen. Seine Teilnahme an einer Gruppenausstellung mit Peter Eisenman (geb. 1932), Charles Gwathmey, John Hejduk und Richard Meier am **Museum of Modern Art, New York**, im Jahr 1969 und die Veröffentlichung *Five Architects*, die sich mit der Gruppe beschäftigte, brachten ihm Anerkennung als Mitglied der »New York Five«. Kurz danach wandte sich Graves von den Grundsätzen der **Moderne**, denen er sich vorher verpflichtet gefühlt hatte, ab und gestaltete farbenfrohe Gebäude und Innenausstattungen, wie das Kalko House in New York und den Ausstellungsraum der Sunar Company, in dem Elemente traditioneller historischer Stile mit Giebeln und Säulen zu sehen waren. In den späten 70er Jahren war Graves eher für seine postmodernen Möbeldesigns für Sunar Hauserman (1979–1981) bekannt, die vom Biedermeier und **Art-déco**-Stil inspiriert waren. Er erregte in den 80er Jahren viel Aufsehen mit seinen verspielten **Memphis**-Designs, beispielsweise mit der Frisierkommode *Plaza* im Hollywood-Stil aus dem Jahr 1981. Erst 1982 erhielt er seinen ersten großen öffentlichen Auftrag – das Public Services Gebäude in Portland, Oregon – mit dem er als Architekt berühmt wurde. Zahlreiche Aufträge, wie die Bibliothek San

Michael Graves

1934 *Indianapolis, Indiana, USA*

▼ Pfeffermühle für Alessi, 1988

▲ Gedeck *Corinth* für Swid Powell, 1984

Juan Capistrano in Südkalifornien (1983), die Zentrale der Humana Corporation in Louisville, Kentucky (1982–1986), ein Flügel des Newark Museums (1990), das Dolphin Hotel in Disney World in Florida (1989), der Anbau des Whitney Museum of Art in New York (1989–1990), die Weinkellerei Pegase di Domaine Clos in Napa Valley, Kalifornien, sowie das New York Hotel des Euro-Disney-Parks in der Nähe von Paris schlossen sich an. In den 80er Jahren fand Graves Anerkennung für seine kunstgewerbliche Arbeit und gestaltete Schmuck für Cleo Munari (1985–1987), Keramik für Swid Powell und viele Objekte für **Alessi**, darunter das Tee- und Kaffeeservice *Piazza* (1983). Um seine Designs zu verkaufen, eröffnete Graves 1993 einen eigenen Laden in Princeton. Seine eklektischen, historisierenden, vermischten Produktdesigns aus den 80er Jahren sind ironische Beispiele der **Postmoderne**.

Eileen Gray

1878 Brownswood/ Wexford, Irland
1976 Paris

Während sie in der Dean Street-Möbelwerkstatt von D. Charles die Kunst der Lackarbeiten erlernte, studierte Eileen Gray von 1898 bis 1902 an der Slade School of Fine Art in London. Sie reiste 1900 zum ersten Mal nach Paris und nahm zwischen 1902 und 1905 am Unterricht an der École Colarossi und der Académie Julian teil. Zwei Jahre später ließ sie sich in Paris nieder und bezog eine Wohnung in der Rue Bonaparte Nr. 21, die bis zu ihrem Tod 1976 ihr Zuhause blieb. In Frankreich lernte sie von dem japanischen Kunsthandwerker Seizo Sougawara orientalische Lacktechniken. Ab etwa 1910 begann Gray mit der Gestaltung von lackierten Wandschirmen und Bildern mit figurativen Motiven. 1913 stellte sie ihre Arbeiten beim Salon des Artistes Décorateurs aus, wo ihre Designs die Aufmerksamkeit des Modeschöpfers und Kunstsammlers Jacques Doucet (1853–1929) erweckten. Er wurde ihr erster wichtiger Kunde. Sie führte mehrere Aufträge für ihn aus, so den Wandschirm *Le Destin* mit vier Flügeln (1914) und den Tisch *Lotus* (1915). Ihre Arbeit wurde durch den Ersten Weltkrieg unterbrochen. Sie arbeitete eine Zeit lang als Krankenwagenfahrerin in Paris unter der Ägide der Herzogin von Clermont-Tonnerre. Im Jahr 1915 ging sie mit Sougawara nach London und blieb zwei Jahre dort. Dann kehrte sie nach Paris zurück, wo sie 1919 ihren ersten Auftrag für eine komplette Innenraumgestaltung erhielt: die Wohnung von Mme Mathieu Lévy in der Rue de Lota, für die sie ihre berühmten »Block«-Wandschirme aus Lack entwarf. Nach vielen Einzelaufträgen im **Art-déco**-Stil für wohlhabende Kunden errichtete Gray 1922 ihr eigenes Geschäft, die Galerie Jean Désert. Im selben Jahr stellte sie ihre Arbeiten in Amsterdam aus, wo sie dem **De-Stijl**-Architekten Jan Wils (1891–1972) auffielen. Die holländische **Avantgarde** bewunderte ihr Design des »Bedroom-boudoir for Monte Carlo«, das 1923 im Salon des Artistes Décorateurs gezeigt wurde. Diese Bewunderung wurde von Gray erwidert, als sie im selben Jahr eine Ausstellung holländischen Designs in Paris besuchte. Ihr eigenes Werk war nun immer stärker von den rein

▾ Armlehnstuhl *Transat* für Galerie Jean Désert, 1925–1926

◂ Tisch *Swivel*, ca. 1923

▸ Paravent, ca. 1922–1925

geometrischen Formen des De Stijl beeinflusst. 1924 unternahm sie mit dem Architekten Jean Badovici (1893–1956) eine Studienreise zur Besichtigung moderner Architektur. Er überzeugte sie, sich selbst der Architektur zuzuwenden. Sie entwarf daraufhin ihr eigenes modernes Haus in Roquebrune, das *E-1027* (1926–1929), für das sie auch einen Teil der rationalen Möbelstücke gestaltete, unter anderem den Stuhls *Transat* (1925–1930) und den Tisch *E-1027* aus Stahlrohr und Glas. Von 1930 bis 1931 plante sie die Inneneinrichtung von Badovicis Wohnung in der Rue Chateaubriand und danach ein Wohnhaus für sich selbst, das Tempe a Pailla in Castellar, das 1934 fertig gestellt wurde. Nachdem sie 1937 ihre Werke in **Le Corbusiers** Pavillon des Temps Nouveaux ausgestellt und einen nicht realisierten Vorschlag für ein Feriendorf vorgelegt hatte, verschwand Gray bis 1970 geradezu in der Versenkung. Erst als der amerikanische Sammler Robert Walker ihre Designs zu kaufen begann, lebte das Interesse für ihr Leben und Werk wieder auf.

Green Design

Grünes Design

In den 50er Jahren setzte sich **Richard Buckminster Fuller** für die Minimierung von Material- und Energieverbrauch im Design von Produkten ein. Vance Packard kritisierte die konsumorientierte Kultur ebenfalls in seinem Buch *The Waste Makers* (1961) und verurteilte vor allem die Praxis des geplanten Verschleißes. Das Buch *Silent Spring* (1962) von Rachel Carson wurde der erste Bestseller, mit dem die Umweltdebatte eine breite Öffentlichkeit erreichte und ihr Bewusstsein für Umweltthemen schärfte. In seinem Buch *Design for a Real World* (1967) verband Victor Papanek ökologisches Bewusstsein mit dem Designprozess und plädierte für radikale Designlösungen. Solche Ansichten fanden in den frühen 70er Jahren starke Beachtung, als die Ölkrise daran erinnerte, dass die natürlichen Ressourcen begrenzt sind. Nach mehreren durch menschliches Versagen ausgelösten Umweltkatastrophen und durch die wachsende Erkenntnis, dass die Industrialisierung zur Erderwärmung beitrug, kam in den 80er Jahren der Begriff »Grünes Design« auf, der eine ganzheitliche, umweltfreundliche Handhabung des Designs bezeichnete. Dem Grünen Design geht es um Reduzierung von Abfällen, Material- und Energieverbrauch. Es versucht, den gesamten Lebenszyklus eines Produkts in Betracht zu ziehen, einschließlich der Gewinnung des Rohmaterials und des Energieverbrauchs bei der Herstellung in Verbindung mit etwaigen schädlichen Nebenprodukten, des Energieverbrauchs und der Auswirkungen des Vertriebssystems, der Lebensdauer des Erzeugnisses, der Handlichkeit beim Recycling sowie der Langzeitwirkungen der Entsorgung des Produkts auf die Umwelt. Obwohl Recycling den Energieverbrauch reduzieren kann, minimiert es ihn nicht und kann auf gewisse Weise auch als Unterstützung der Wegwerfgesellschaft gesehen werden. Eine erhöhte Haltbarkeit von Produkten verringert dagegen Abfall und Energieverbrauch, denn durch die Verdopplung der Lebensdauer eines Produktes können seine Auswirkungen auf die Umwelt halbiert werden.

▾ **Jane Atfield**, Recycling-Stuhl *RCP2* aus Polyäthylen hoher Dichte für Made of Waste, 1992

Greene & Greene

gegründet 1893
Pasadena, Kalifornien, USA

Charles Sumner Greene (1868–1957)und Henry Mather Greene (1870–1954) begannen ihre Ausbildung an der Manual Training School der University of Washington in St. Louis, die zu der Zeit von Calvin Milton Woodward geleitet wurde. Danach studierten die Brüder am Massachusetts Institute of Technology, arbeiteten jedoch getrennt in verschiedenen Architekturbüros, bevor sie 1893 in Pasadena, Kalifornien, ein gemeinsames Büro eröffneten. Auf dem Weg nach Pasadena machten sie in Chicago Station, um die »World's Columbian Exposition« zu besuchen. Dort wurden sie von der japanischen Abteilung inspiriert, zu der ein fernöstlich wirkendes Gebäude gehörte, ein sogenannter Ho-o-den-Tempel, der von dem jungen Architekten **Frank Lloyd Wright** entworfen worden war. Zwischen 1893 und 1903 entstanden viele Entwürfe für Privathäuser. Ihre frühen Möbelstücke waren von Will Bradleys Designs beeinflusst, die in Verbindung mit seinen Artikeln im *Ladies' Home Journal* veröffentlicht wurden. Während dieser Zeit freundeten sie sich mit dem Asiatikahändler John Bentz an und studierten seine Privatsammlung, von der sie sich zu weniger traditionellen Formen anregen ließen. Sie sahen 1903 Abbildungen japanischer Wohnhäuser und Gärten und waren von ihrer Eingebundenheit in die Umgebung beeindruckt. Zur Konstruktion ihrer Häuser verwendeten sie hervorstehende Balken und gebeiztes, roh behauenes Holz. Ihre rustikalen, gemütlichen Innenräume bestanden ebenso aus natürlichen Materialien. Die Gebrüder Greene entwarfen zwischen 1907 und 1909 sieben Bungalows im Arts-&-Crafts-Stil, die auf dem Konzept des **Gesamtkunstwerks** beruhten. Diese Bauten, zu denen auch die Häuser Blacker und Gamble zählten, festigten den Ruf der Firma. Ab 1910 verlor die **Arts-&-Crafts-Bewegung** an Bedeutung. Die Art und Weise wie die Brüder Greene Design praktizierten, wurde erst in den 50er Jahren neu bewertet und erfreute sich eines Revivals im Interesse der Öffentlichkeit.

▾ Inneneinrichtung des Gamble House, 1908

Vittorio Gregotti

geb. 1927 *Novara, Italien*

Vittorio Gregotti studierte am Politecnico di Milano und machte 1951 seinen Abschluss. Mit Ernesto Rogers (1909–1969) und Giotto Stoppino (geb. 1926) entwarf er das Display »Architettura, misura dell'uomo« für die IX. Mailänder Triennale (1951). Ein Jahr später eröffnete er mit Giotto Stoppino und Ludovico Meneghetti in Novara die Gesellschaft Architetti Associati. Das Trio entwarf gemeinsam mehrere interessante Stühle, ein Wandregalsystem und einen Tisch, alle aus ausgestanzten Sperrholzelementen. Ungefähr zur gleichen Zeit entwarfen sie auch die »Stanza per una ragazza« (Zimmer für ein Mädchen), in dem sich u. a. auch ein innovatives Regalsystem befand. In den späten 50er Jahren gestalteten sie Interieurs und Möbel im Neo-Liberty-Stil, insbesondere den Stuhl *Cavour* von 1959, und in den frühen 60er Jahren experimentierten sie mit geflochtenen Binsensitzen. Als das Büro 1964 nach Mailand umzog, nahm Gregotti einen Lehrauftrag am Politecnico di Milano an, den er bis 1978 innehatte. Er verließ 1967 die Gesellschaft, gründete sein eigenes Atelier in Mailand und sieben Jahre später mit Pierluigi Cerri (geb. 1939) und Hiromichi Matsui die Designagentur Gregotti Associati. Er spezialisierte sich hauptsächlich auf Ausstellungs- und Raumgestaltung, war jedoch auch als Produktdesigner tätig. Seine gesamte Laufbahn hindurch war Gregotti bei zahlreichen Designzeitschriften redaktionell tätig: von 1952 bis 1960 bei *Casabella-Continuità*, ab 1962 für zwei Jahre bei *Edilizia Moderna*, von 1963 bis 1965 bei *Il Verri* und in den 80er Jahren bei *La Rassegna Italiana* und *Lotus*. Zu seinen Büchern gehören *Il territorio dell'architettura* (1966) und *New Directions in Italian Architecture* (1969). Gregotti ist seit 1978 Professor für architektonischen Entwurf am Istituto Universitario di Architettura in Venedig und Gastprofessor an zahlreichen Bildungsanstalten in Buenos Aires, Lausanne, São Paolo, Tokio und an der Universität von Berkeley in Kalifornien. Der Erfolg von Vittorio Gregottis Designagentur in Mailand und sein langjähriges Engagement in Lehre und redaktioneller Arbeit haben ihm die Position eines führenden Sprechers des italienischen Designs und eines hochgeschätzten Praktikers sichern können.

▾ Klinken für Fusital, 1981

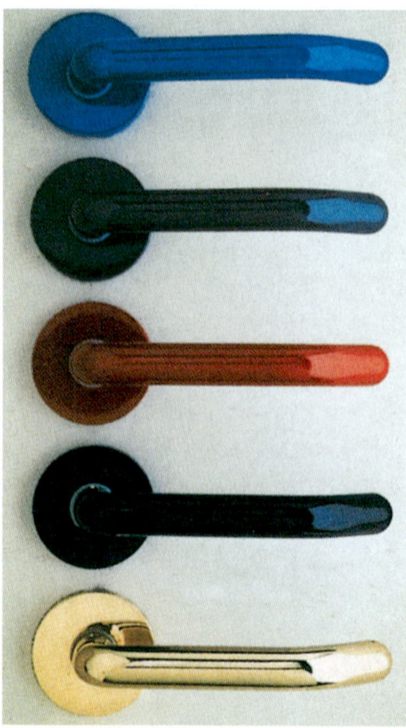

◂ Plakat für die Präsentation »Snow White + Seven Pixels«, 1986

April Greiman

geb. 1948 *Rockville Center, New York, USA*

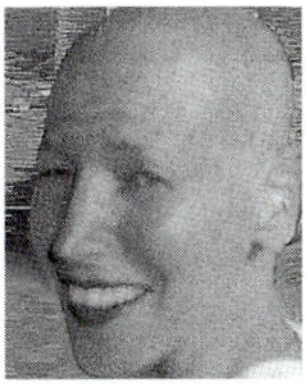

April Greiman schloss ihr Kunststudium am Kansas City Art Institute 1970 ab. Anschließend studierte sie ein Jahr an der Allgemeinen Kunstgewerbeschule in Basel. Danach arbeitete sie als Grafikdesignerin in New York und Connecticut und lehrte gleichzeitig am Philadelphia College of Art. Sie ließ sich 1976 in Kalifornien nieder und entwickelte ihren eigenen Grafikstil, bei dem sie die Prinzipien der an der Westküste der Vereinigten Staaten entstandenen **Postmoderne** mit ihren Grundkenntnissen der **Schweizer Schule** verknüpfte. Daraus entstanden Grafiken aus Schichten von Schrift und Bildern, deren Elemente zu schweben scheinen. Viele der Fotos, die sie in ihren collageartigen Grafiken verwandte, stammten von Jayme Odgers. Greiman gehörte zu den ersten Grafikdesignern, die die Design-Möglichkeiten des Apple-Macintosh-Rechners in den 80er Jahren voll ausnutzten. Sie wurde 1982 Leiterin der Designabteilung des California Institute of Arts und war während der gesamten 80er Jahre eine der führenden Vertreterinnen der **California New Wave**. 1990 veröffentlichte sie das Buch *Hybrid Imagery: The Fusion of Technology and Graphic Design* und beschrieb darin ihre Art der visuellen Kommunikation. Greimans Arbeit spielte vor allem für das Grafikdesign in den elektronischen Medien eine große Rolle.

Walter Gropius

1883 Berlin
1969 Boston

Walter Gropius studierte ab 1903 zwei Jahre an der Technischen Hochschule in München Architektur und danach zwei weitere Jahre an der Technischen Hochschule in Berlin. Sein erstes Bauprojekt 1906 war ein kostengünstiges Bauernhaus. Von 1908 bis 1910 arbeitete Gropius im Berliner Büro von **Peter Behrens** und gestaltete Büros und Möbel für das Warenhaus Lehmann in Köln. Im Anschluss daran gründete er zusammen mit Adolf Meyer (1881–1929) in Neubabelsberg eine Architekturgesellschaft und wurde Mitglied des 1907 gegründeten **Deutschen Werkbunds**. Gropius, in der Gruppe sehr aktiv, wandte sich anfangs gegen die von Hermann Muthesius (1861–1927) vertretene Standardisierung des Designs und stellte sich stattdessen auf die Seite von **Henry van de Velde**, der dem Individualismus und der persönlichen Kreativität im Design Vorrang gab. Die Fassade seiner Fagus-Fabrik in Alfeld a. d. Leine (1911) war eine innovative Glaswand zwischen vertikalen Elementen. Sie wurde in den *Jahrbüchern* des Werkbunds abgebildet, deren Redakteur Gropius von 1912 bis 1914 war. Er entwarf auch eine Modellfabrik für die Kölner »Werkbund-Ausstellung« von 1914, deren Konstruktion aus Stahl und Glas der **Moderne** überzeugend Ausdruck verlieh. Nach den Verheerungen des Ersten Weltkriegs akzeptierte auch Gropius die Notwendigkeit von **Standardisierung** im Design. Er wurde Direktor der Hochschule für angewandte Kunst, die 1919 mit der Kunstakademie Weimar vereinigt und zum Staatlichen **Bauhaus** wurde. Als Leiter der Schule von 1919 bis 1928 vertrat er das Konzept der Einheit der Künste und verwirklichte ein System von Werkstätten, die von »Meistern« geführt wurden. Er übernahm einige private Bauaufträge, unter ihnen das Haus Sommerfeld (1921–1922), entwarf weiß gestrichene Möbel und entwickelte den Prototyp eines Fertighauses für die Weißenhof-Siedlung in Stuttgart, ausgestellt im Jahr 1927. Als das Bauhaus nach Dessau umzog, entwickelte sich dort gezwungenermaßen ein neuer Rationalismus, der in Gropius' 1925 entworfenem zweckmäßigen Gebäude seinen Ausdruck fand und die neue

▾ Mahagoni-Schrank mit Bronze-Intarsien, entworfen für den Salon von Dr. Karl Herzfeld in Hannover, 1913

◂ Büro von Walter Gropius am Staatlichen Bauhaus in Weimar, 1923

Hinwendung zur industriellen Modernität widerspiegelte. Er emigrierte 1934 nach Großbritannien und arbeitete bis 1937 in London mit dem Architekten E. Maxwell Fry (1899–1987) zusammen. Er war außerdem bei Jack Pritchards Firma Isokon beschäftigt und wurde dort 1936 Leiter des Designs. Ein Jahr darauf emigrierte er in die Vereinigten Staaten und wurde Professor für Architektur an der Harvard University.

► **George Prentiss Kendrick**, Tonvase für die Grueby Faïence Company, ca. 1900

William H. Grueby

1867 Chelsea, Massachusetts, USA
1925 New York

William H. Grueby gründete 1893 die Firma Grueby Faïence in Boston zur Herstellung dekorativer Fliesen und Kacheln, die von den italienischen Renaissance-Keramikplaketten von Luca della Robbia (1400–1482) sowie von chinesischen und arabischen Keramiken inspiriert waren. Ab etwa 1898 perfektionierte Grueby seine dunkelgrünen Mattglasuren und stellte Atelierkeramik her, bei der diese Technik angewandt wurde. Diese Töpferarbeiten, die ab 1899 das Grueby-Pottery-Zeichen trugen, hatten großen Einfluss auf andere amerikanische Ateliertöpfereien und wurden häufig kopiert. Die Formen wurden zwischen 1897–1902 von George Prentiss Kendrick und später von Addison Le Boutiller gestaltet, während sich Grueby auf die Glasur und das Brennen der Kunstkeramik konzentrierte. Alle dekorativen Details, wie florale Muster, wurden von weiblichen Kunsthochschul-Absolventen entworfen. Die Grueby Pottery ging 1908 in Konkurs und wurde später als Grueby Faïence & Tile Company wieder eröffnet, die bis etwa 1911 Kunstkeramik herstellte. Als einer der führenden **Arts-&-Crafts**-Keramiker in Amerika entwickelte Grueby einen authentischen nationalen Stil in der Atelierkeramik, der in seiner zukunftsorientierten dekorativen Zurückhaltung bemerkenswert war.

► Sitz *Pratone* für Gufram, 1966–1970

Gruppo Strum

gegründet 1963
Turin

Gruppo Strum war eine 1963 von Giorgio Geretti, Pietro Derossi, Carla Giammarco, Riccardo Rosso und Maurizio Vogliazzo in Turin gegründete **Radical-Design**-Gruppe. Der Name stand verkürzt für das Ziel »una architettura strumentale« (eine instrumentelle Architektur) zu entwickeln. Ihr Beitrag *Pratone* (Große Wiese) aus Polyurethanschaum von 1970 für die Ausstellung »Italy: The New Domestic Landscape« 1972 im **Museum of Modern Art, New York**, war bemerkenswert. *Pratone*, von den überdimensionalen Pop-Art-Skulpturen von Claes Oldenburg (geb. 1929) inspiriert, wurde von Gufram hergestellt und gehört zu den seltenen Beispielen des **Anti-Designs**, die keine Prototypen bleiben sollten. Durch die Organisation von Seminaren und die Veröffentlichung von Artikeln über ihre politischen Grundsätze und Designtheorien waren die Mitglieder der Gruppe aktiv an der Verbreitung des Radikalen Designs in Italien in den späten 60er und frühen 70er Jahren beteiligt. Sie entwickelten zudem eine Technik von »Bildergeschichten«, um die sozialen und politischen Hintergründe der zeitgenössischen Architektur zu erläutern. Radikale italienische Designgruppen wie Gruppo Strum bildeten die philosophischen Grundlagen des Anti-Designs und ebneten den Weg für die **Postmoderne** der 80er Jahre.

▲ **Hans Gugelot und Dieter Rams**, Phonograph und Radio *Phonosuper* für Braun, 1956

Hans Gugelot

1920 *Massakar, Indonesien*
1965 *Ulm*

Hans Gugelot war niederländischer und schweizerischer Abstammung. Er wurde von 1940 bis 1942 in Lausanne zum Architekten ausgebildet und studierte dann an der Eidgenössischen Technischen Hochschule in Zürich. Er beendete sein Studium 1946 und arbeitete acht Jahre lang als freischaffender Architekt mit **Max Bill** zusammen. In dieser Zeit entwarf er für Horgen-Glarus Möbel. Nachdem er 1954 Erwin Braun (geb. 1921) kennen gelernt hatte, gestaltete er elegante Produkte für die Firma **Braun**, die auf die Produktion von Elektrogeräten spezialisiert war. Er arbeitete bis 1965 in Brauns Designabteilung. Deren Stil, der eine starke optische Identität besaß und auf der Verwendung geometrischer Formen, dem Verzicht auf Dekor und einer reduzierten Farbpalette beruhte, gestaltete er wesentlich mit. Daneben führte Gugelot sein eigenes Designatelier, das Gugelot Institut in Ulm, und leitete den Fachbereich für Produktdesign an der **Hochschule für Gestaltung, Ulm**. Er war ein vehementer Verfechter des Konzepts der **Moderne** »Form follows Function«. Sein Eintreten für den **Funktionalismus** hatte starken Einfluss auf die Gebrauchsgüter, die sein Kollege bei Braun, **Dieter**

Rams, später entwarf. Eines seiner bemerkenswertesten Designs, der *Phonosuper* (1956), war gemeinsam mit Rams entworfen worden und wurde wegen seines durchsichtigen Acryldeckels und der strengen, funktionalistischen Ästhetik »Schneewittchensarg« genannt. Gugelot arbeitete weiterhin als Architekt und spezialisierte sich auf Fertighäuser. Nebenher entwarf er auch Produkte für die industrielle Herstellung, so eine Nähmaschine für Pfaff, einen Diaprojektor für Kodak (1964) und die ersten deutschen Einbaumöbel, zu denen auch das Schranksystem *M125* für Bofinger (1954) gehörte. Überdies beteiligte er sich von 1959 bis 1962 als Berater an der Entwicklung der Hamburger U-Bahn und entwarf in dieser Position Eisenbahnwagen für den oberirdischen Einsatz. Zwar wurde Gugelots Karriere durch seinen frühen Tod im Jahr 1965 beendet, sein Einfluss auf die Entwicklung des deutschen Produktdesigns wirkte jedoch weiter. Das Institut für Produktentwicklung und Design in Neu-Ulm, eine unabhängige Organisation, die aus der Entwicklungsgruppe 2 der Hochschule für Gestaltung hervorgegangen war, wurde nach seinem Tod in Gugelot Design umbenannt und machte sich bis zu seiner Schließung 1974 für Gugelots rationalen Designansatz stark.

► **Hans Gugelot und Reinhold Hocker**, Diaprojektor *Carousel S-AV 1000* für Kodak, 1964

Guild of Handicraft

1888–1907 *London* und *Chipping Campden*

Nachdem er seine Studien in Cambridge beendet hatte, fing **Charles R. Ashbee** bei der Toynbee Hall an, einer philanthropischen Mission mit Bildungsauftrag, die 1884 von dem Kanoniker Samuel Augustus Barnett im Osten von London eingerichtet worden war. Dort organisierte er Lesungen der Werke John Ruskins (1819–1900) und gestaltete mit den Studenten den Speisesaal. 1887 gründete er die School of Handicraft in Toynbee Hall und ein Jahr später die Guild of Handicraft. Die Gilde wurde mit £ 50 Betriebskapital errichtet und hatte drei Gründungsmitglieder, darunter auch Ashbee, der zu ihrem Hauptdesigner wurde. Mitglieder der Gilde entwarfen und fertigten Silber- und Metallarbeiten, Schmuck und Möbel. Ab 1889 zeigten sie ihre Erzeugnisse jedes Jahr bei der Arts & Crafts Exhibition Society. Durch die von **Hugo Mackay Baillie Scott** entworfenen Möbel für das Schloss des Großherzogs Ernst Ludwig von Hessen-Darmstadt und die Ausstellung ihrer Designs bei der VII. Wiener Secessionsausstellung 1900 konnte die Gilde auch in Kontinentaleuropa ihren Einfluss geltend machen. Sie wurde als Genossenschaft geführt und war vorrangig für ihre Silber- und Schmuckdesigns bekannt, die emailliert und mit Cabochons aus Halbedelsteinen und Perlmutt besetzt waren. Ihre Objekte waren von Benvenuto Cellinis (1500–1571) Schriften aus den 1560er Jahren inspiriert, besonders vom *Trattato dell'Oreficeria* und dem *Trattato della Scultura*. Diese Renaissanceschriften zur Goldschmiedekunst und Bildhauerei wurden von Ashbee ins Englische übersetzt und 1898 in einem Band veröffentlicht, den er »den Goldschmieden der Guild of Handicraft« widmete. Das Buch war vom eigenen Verlag der Gilde, der Essex House Press, herausgegeben worden, deren Gründung vom Erfolg von **William Morris'** Kelmscott Press inspiriert worden war. Zuvor hatte die Gilde 1890 ein großes georgianisches Herrenhaus gemietet, das Essex House in der Mile End Road in London. Sie eröffnete außerdem einen Einzelhandelsladen in der Brook Street 16a im Westen von London. Gemeinsam mit etwa 150 Kunsthandwerkern und ihren Familien verlegte Ashbee 1901 die Guild of Handicraft nach Chipping Campden in den Cotswolds in Gloucestershire und hoffte, die von William Morris beschriebene Idylle einer finanziell unabhängigen ländlichen Gemeinschaft in die Realität umzusetzen. Die Gilde bot Sommerkurse für Anwohner und Studenten an, wurde jedoch in zunehmendem Maße dafür kritisiert, dass sie sich mehr mit sozialen Themen als mit künstlerischer Qualität befasste. Die höheren Transportkosten und der Verlust der Stadtpräsenz führten schließlich zu ihrem finanziellen Ruin. Die Essex House Press wurde 1906 geschlossen und die Guild of Handicraft musste zwei Jahre später in Konkurs gehen, da sie nicht mehr in der Lage war, mit billigeren Imitaten zu konkurrieren.

▸ **Charles R. Ashbee**, Karaffe mit Silberbesatz für die Guild of Handicraft, 1901

Hector Guimard

1867 *Lyon*
1942 *New York*

Hector Guimard studierte von 1882 bis 1885 bei Eugène Train und Charles Génuys an der École Nationale des Arts Décoratifs und 1889 bei Gustave Gaulin an der École des Beaux-Arts in Paris. Sein erstes Projekt war die Innenausstattung des Restaurants Au Grand Neptune in Paris. Danach erhielt er mehrere Aufträge für Privathäuser in der Stadt und ihrer Umgebung, einschließlich Charles Jassedés Villa (1893), die in ihrer durchgestalteten Innen- und Außenausstattung als **Gesamtkunstwerk** konzipiert war.
Bald begann Guimard, sich für die Architektur des englischen Domestic Revival und die gewundenen **Art-nouveau**-Designs von **Victor Horta** zu interessieren. Zwischen 1894 und 1897 entwarf er das Pariser Wohnhaus Castel Béranger, das von der englischen Neugotik und dem Stil Henri II. beeinflusst war. Guimard war der Hauptvertreter des französischen Art-nouveau-Stils und Castel Béranger kann als Manifestation dieses Stils betrachtet werden, der in Frankreich häufig als »Style Guimard« bezeichnet wurde.
Von 1899 bis 1901 übernahm Guimard viele Architekturaufträge, darunter die Maison Coilliot in Lille (1898–1900), das Castel Henriette in Sèvres (1899–1900) und den Konzertsaal Humbert de Romans in Paris (1898–1900), für das er eigens angefertigte Möbel und Einrichtungsgegenstände entwarf, die einen erstaunlichen Sinn für das Organische erkennen lassen.

▲ Balkonbrüstung für die Fonderies de Saint-Dizier, ca. 1909

▲ Teetischchen, ca. 1903

► Speisezimmer-
stuhl für die
Maison Coilliot,
ca. 1898–1900

Sein bekanntestes Werk sind jedoch die gusseisernen Eingänge zur Pariser Métro (1903), die beispielhaft für den wirbelnden Überschwang des Art-nouveau-Stils sind. 1920 entwarf Guimard seine ersten standardisierten Möbelstücke für die Serienherstellung und entwickelte ein Jahr später Unterkünfte für Arbeiter sowie ein Wohnhaus mit standardisierten Elementen.
Mit dem Aufkommen des **Art-déco**-Stils in den 20er Jahren kamen die Designs von Guimard und anderer Art-nouveau-Designer aus der Mode und gerieten weitgehend in Vergessenheit. 1938 emigrierte Guimard in die Vereinigten Staaten und ließ sich in New York nieder.

▲ Stuhllehne, ca. 1902

◄ Messingschale, 1930er Jahre

Werkstätten Hagenauer

1898–1956 Wien

Carl Hagenauer absolvierte bei Würbel & Czokally in Wien eine Goldschmiedelehre und arbeitete danach als Geselle für Bernauer Samu in Preßburg (heute Bratislava, Slowenien). Um die Jahrhundertwende stieg die Nachfrage nach dekorativen Metallarbeiten stark an. 1898 gab es in Wien über 230 Werkstätten und Fabriken, die Metallwaren herstellten. Vor dem Hintergrund dieses Wohlstands gründete Hagenauer sein eigenes Wiener Atelier, die Werkstätten Hagenauer, zur Fertigung von Metallarbeiten, die er in die ganze Welt exportierte. Sein Sohn Karl, der an der Kunstgewerbeschule in Wien bei **Josef Hoffmann** studiert hatte, begann 1919 Objekte in verschiedenen Materialien wie Silber, Kupfer, Elfenbein, Holz und Emaille für den alltäglichen Gebrauch zu entwerfen. Seine Designs waren von den Arbeiten der **Wiener Werkstätte** beeinflusst und distanzierten sich absichtlich vom **Jugendstil**. In den 20er Jahren orientierten sich die Arbeiten der Werkstätten Hagenauer immer mehr am **Art déco**, der zu dieser Zeit in Frankreich aufkam. Die Werkstätten stellten außerdem Metallarbeiten nach Entwürfen von Josef Hoffmann, **Otto Prutscher** und E. J. Meckel her. Nach Carl Hagenauers Tod im Jahr 1928 übernahmen seine Kinder Karl, Franz und Grete die Leitung der Firma und bauten eine Möbelwerkstatt und Verkaufsläden in Salzburg und Wien auf. Vier Jahre später entwarfen die französischen Designer Jacques Adnet (1900–1984) und René Coulon (geb. 1907) Möbel mit gehärtetem Glas, die noch von den Werkstätten Hagenauer hergestellt wurden, 1956 wurde die Firma jedoch geschlossen.

▸ **Heal & Sons**,
Wanduhr aus gebeiztem Eichenholz, ca. 1905

Heal & Sons wurde 1810 in der Tottenham Court Road in London eröffnet und war für Schlafzimmerausstattungen und Reproduktionen von Queen-Anne-Möbeln berühmt. Nach einem Studium an der Slade School of Fine Art und einer Tischlerlehre bei Messieurs Plucknett of Warwick trat Ambrose Heal 1893 in das Familiengeschäft ein. Ab 1886 hatte er für Heal & Sons Möbel entworfen, die zwar im **Arts-&-Crafts**-Stil gehalten, aber funktionaler waren als die von **Liberty & Co.** hergestellten. Seine ersten Designs, abgebildet im Katalog *Plain Oak Furniture* von Heal & Sons aus dem Jahr 1898, waren einfach und bescheiden und wurden von Gleeson White, dem Redakteur der Zeitschrift *The Studio*, hochgelobt. Die Firma begann wie ihr Hauptkonkurrent, Liberty & Co., »künstlerische Textilien« anzubieten und stellte ab 1899 bei der Arts-&-Crafts Exhibition Society und bei der »Exposition Universelle et Internationale« von 1900 in Paris aus. Heal war aktives Mitglied der Art Workers' Guild und wurde 1913 Vorsitzender von Heal & Sons. Zwei Jahre darauf war er an der Gründung der DIA (Design & Industries Association) beteiligt, einer Organisation, die die Zusammenarbeit von Designern und Herstellern förderte. Seine eigenen Möbeldesigns wurden zunehmend rationaler und waren ab 1930 für die britische **Moderne** beispielhaft. Kriegsbedingt musste Heal 1939 das Design von Möbeln einstellen und wurde in die Faculty of Royal Designers for Industry aufgenommen.

Ambrose Heal

1872 *London*
1959 *Penn/Dorset, Großbritannien*

▸ Umschlag für Kurt Tucholskys *Deutschland, Deutschland über alles*, 1929

John Heartfield

1891 *Schmargendorf/Berlin*
1968 *Berlin*

Der als Helmut Herzfeld geborene John Heartfield studierte von 1908 bis 1911 an der Kunstgewerbeschule in München und ab 1913 an der Kunst- und Handwerkerschule, Berlin. Zwei Jahre darauf anglisierte Heartfield seinen Namen aus Protest gegen die anti-britische Kampagne in Deutschland. 1917 baute er mit seinem Bruder den Malik-Verlag auf und entwarf Grafiken für dessen Publikationen. Ein Jahr später wurde er Gründungsmitglied des Dada in Berlin und trat der Deutschen Kommunistischen Partei bei; von 1924 bis 1933 entwarf er Illustrationen und schrieb Artikel für die *Arbeiter Illustrierte Zeitung (A-I-Z)*, das Parteiorgan. Sowohl für seine Arbeit beim Malik-Verlag als auch bei der *A-I-Z* verfolgte er einen experimentellen Ansatz in der Typographie. Er verwendete häufig Fotomontagen, mit denen er überzeugende visuelle Aussagen schuf, die in den 30er Jahren insbesondere den Nationalsozialisten gegenüber höchst kritisch waren. Von diesen wurde er 1933 ins Prager Exil getrieben und ging 1939 nach England. Dort entwarf Heartfield Bucheinbände für Penguin Books und veröffentlichte Artikel in *Picture Post* und in *Lilliput*, einer Zeitschrift im Taschenbuchformat. 1950 kehrte er nach Deutschland zurück, ließ sich in Leipzig nieder und arbeitete später in Ostberlin als Bühnenbildner u. a. für Bertolt Brecht.

Jean Heiberg

1884 Oslo
1976 Oslo

Jean Heiberg studierte in München Malerei und wurde anschließend von 1908 bis 1910 bei Henri Matisse (1869–1954) in Paris ausgebildet. Er blieb bis 1929 in Paris, schloss sich dort den Fauvisten an und erhielt einige Anerkennung für seine Bilder und Skulpturen. Nach seiner Rückkehr nach Oslo nahm er eine Professur an der Statens Håndverks-og Kunstindustriskole an. Kurze Zeit später erhielt er den Auftrag, Modelle für das Gehäuse eines neuen Bakelit-Telefons zu entwickeln, das ältere Metallmodelle ablösen sollte. Die innere Struktur dieses frühen Plastiktelefons war von dem norwegischen Ingenieur Johan Christian Bjerknes für ein Jointventure des Norsk Elektrisk Bureau mit dem schwedischen Telefonhersteller **L. M. Ericsson** entworfen worden. Heibergs Gehäuse für das *DHB 1001* Telefon aus Bakelit (1930) war skulpturaler als frühere Modelle und wurde für das Telefondesign bis in die 50er Jahre hinein zum Standard. Das *DHB 1001* ging 1932 in die Produktion und wurde in Skandinavien, Großbritannien, Italien, Griechenland und der Türkei vermarktet. Es wurde außerdem durch eine Lizenz von Siemens in England, Frankreich und den Vereinigten Staaten hergestellt. Das bahnbrechende Design diente als Vorbild für **Henry Dreyfuss'** Phenol-Plastik-Telefon, das 1937 für die Bell Laboratories entwickelt wurde.

▾ Bakelittelefon *DHB 1001* für Siemens, 1932

Poul Henningsen

1894 Ordrup, Dänemark
1967 Kopenhagen

Poul Henningsen studierte von 1911 bis 1914 an der Tekniske Skole in Kopenhagen und anschließend bis 1917 an der Polyteknisk Laeranstalt Architektur. Nach seiner Ausbildung war er acht Jahre lang Journalist, erst als Kunstkritiker für die Zeitschrift *Klingen*, dann für die Zeitungen *Politiken* und *Extra Bladet*. Ab 1924 entwarf er Leuchten für Louis Poulsen. Die erste Lampe seiner *PH*-Serie wurde unter großem Beifall auf der Pariser »Exposition Internationale des Arts Décoratifs et Industriels Modernes« im Jahr 1925 ausgestellt. Die *PH*-Lampen waren das Resultat von zehn Jahren wissenschaftlicher Studien und sollten nicht grell sein, sondern ein warmes, weiches Licht geben. Ab Mitte der 20er Jahre bis zum Ausbruch des Zweiten Weltkriegs wurden die *PH*-Lampen nach Mitteleuropa, Nord- und Südamerika, Afrika und Asien exportiert. Sie waren besonders in Deutschland überaus beliebt und wurden in der Zeitschrift *Das Neue Frankfurt* vorgestellt, die die technische Qualität ihres dreischirmigen Systems lobend hervorhob. Während dieser Zeit entwarf Henningsen auch Möbel für die Kopenhagener Firmen Zeiss und Goertz. Von 1926 bis 1928 war er Redakteur bei der Zeitschrift *Kritisk Revy*, wonach er sein eigenes, kurzlebiges Blatt *PH-Revy* gründete und herausgab. 1929 begann er, für das Varietétheater zu schreiben und wurde später Filmautor. Von 1935 bis 1939 verfasste er Beiträge für das Anti-Nazi-Heft *Kulturkampen* und übernahm 1941 Architekturprojekte in Tivoli. Von 1943 bis 1945 lebte Henningsen im Exil in Schweden und arbeitete nach der Rückkehr nach Kopenhagen als Korrespondent und Redakteur einer Reihe von Zeitschriften. Er wehrte sich gegen die künstlerische Überheblichkeit des skandinavischen Designs und sprach sich für eine zweckorientierte Herangehensweise aus, die der Öffentlichkeit **Gutes Design** bringen könne. Im Unterschied zur Mehrzahl der Designer der **Moderne** eigneten sich traditionelle Formen und Materialien für Henningsen durchaus zur Herstellung allgemein anwendbarer Produkte. Bei seinem Tod im Jahre 1967 hinterließ er über 100 Leuchtendesigns, von denen einige posthum hergestellt wurden.

◂ Hängelampe *PH Artichoke* für Louis Poulsen, 1957

▾ Tischlampe *PH4–3* für Louis Poulsen, 1966

Frederick Henri Kay Henrion

1914 *Nürnberg*
1990 *London*

Bevor er von 1934 bis 1936 an der École Paul Colin Grafikdesign studierte, machte Frederick Henri Kay Henrion in Paris eine Ausbildung im Textildesign. Die folgenden drei Jahre arbeitete er in London und Paris und war an der Gestaltung der »British Empire Exhibition« (1938) in Glasgow und der New Yorker Weltausstellung (1939–1940) beteiligt. Von 1943 bis 1945 war er Designberater bei der Exhibition Division des britischen Informationsministeriums und für alle Ausstellungen des Landwirtschaftsministeriums zuständig. Er entwarf weiterhin kühne Kriegspropagandaplakate, die vom **Surrealismus** beeinflusst waren. Nach Kriegsende wurde er zum Designberater der amerikanischen Botschaft in Großbritannien und des amerikanischen Office of War Information ernannt. Er eröffnete Henrion Design Associates, sein eigenes Designbüro, im Jahr 1951 und entwarf von da an Grafiken, Plakate und Firmenlogos für seine vielen Geschäftskunden, zu denen die britische Post, BOAC, das Council of Industrial Design, Blue Circle Cement, London Transport, KLM und BEA gehörten. Er gestaltete zudem die Pavillons für Landwirtschaft und Naturgeschichte für das »Festival of Britain« des Jahres 1951. Ein Jahrzehnt später wurde sein Werk in einer Einzelausstellung mit dem Titel »Designing Things and Symbols« im Institute of Contemporary Art in London geehrt. Er war zwei Jahre lang Präsident der SIA (Society of Industrial Arts) und nahm an der Expo '67 in Montreal teil. Gemeinsam mit Alan Parkin verfasste Henrion, der ein Pionier des **Corporate-Identity**-Designs war, ein Buch mit dem Titel *Design Coordination and Corporate Image* (1969).

▾ Plakat *Stub it Out* für das britische Informationsministerium, 1943

René Herbst

1891 *Paris*
1982 *Paris*

Ab 1908 studierte René Herbst in London und Frankfurt Architektur. Er ließ sich schließlich in Paris nieder, wo er ab 1919 als Architekt tätig war. Er ging auf funktionalistische Weise an das Design heran und wurde einer der führenden französischen Designer zwischen den Weltkriegen. Für die Pariser »Exposition Internationale des Arts Décoratifs et Industriels Modernes« im Jahr 1925 entwarf er Ausstellungsstände und gestaltete etwa um dieselbe Zeit modernistische Interieurs und Möbel. Ab 1927 entwarf er Sitzmöbel aus Stahlrohr, manche mit elastischen Riemen, die von seiner eigenen Firma, Établissements René Herbst, hergestellt wurden. Ein Katalog mit Abbildungen dieser Stühle wurde 1933 veröffentlicht und zeigte unter anderem seinen berühmten Stuhl *Chaise Sandows* (1928–1929). Dieser elastische Stuhl wurde zuerst bei der Einrichtung von M. Peissis Wohnung (1929) verwendet und danach oft ausgestellt, vor allem bei der Brüsseler »Exposition des Arts Décoratifs« im Jahr 1934. Zwischen 1929 und 1932 schrieb Herbst vier Artikel über Beleuchtungskörper für die Zeitschrift *Lux*, in denen er den Lesern riet, sich der Fachkenntnisse von Beleuchtungstechnikern zu bedienen. Zur gleichen Zeit entwarf er mehrere Leuchten, die von Cottin verkauft wurden, darunter eine Deckenlampe, die im Salon d'Automne von 1928 gezeigt wurde. Er begründete zwei Jahre später mit anderen die UAM (Union des Artistes Modernes), die als Gegenbewegung zum Übermaß an Dekoration des damals beliebten **Art-déco**-Stils gedacht war. Er war für das Design der 1930 ins Leben gerufenen UAM-Ausstellungen zuständig und nahm, nachdem er 1945 zum Vorsitzenden der Union gewählt wurde, an der Organisation ihrer Design-Ausstellung »Les Formes Utiles« teil, die von 1949 bis 1950 in Paris abgehalten wurde. Als einer der einflussreichsten französischen Modernisten bezeichnete Herbst die Mitglieder der UAM einschließlich seiner selbst als »Puritaner der Kunst« und lehnte jegliches Ornament zugunsten einer industriellen Ästhetik ab.

▾ *Chaise Sandows* für Établissements René Herbst, 1928–1929

Herman Miller

gegründet 1923 *Zeeland, Michigan, USA*

▲ Seite aus dem Katalog der Herman Miller Collection, 1952, mit Charles & Ray Eames' Kollektion *ESU* als Büroeinrichtung

▸ **George Nelson**, *Action Office I* für Herman Miller, 1964–1965

Der Ursprung der Firma Herman Miller kann bis 1847 zurückverfolgt werden, als sich eine Gruppe holländischer Einwanderer in Zeeland in Michigan niederließ. Ihr erstes Unternehmen, eine Konservenfabrik, blieb erfolglos. 1905 beschloss man, das Gelände zur Herstellung von Möbeln für die Gemeinschaft zu nutzen. D. J. De Pree, der gerade seinen Abschluss an der High School gemacht hatte, wurde für die allgemeinen Büroarbeiten angestellt. 1923 erwarben De Pree und sein Schwiegervater, Herman Miller, einen Mehrheitsanteil der Möbelfirma, die zunächst Michigan Star Furniture Company hieß und schließlich in Herman Miller Furniture Company umgetauft wurde. In dieser Zeit bestand die amerikanische Möbelindustrie hauptsächlich aus kleinen Familienbetrieben. Die Stilmöbel dieser Firmen, einschließlich Herman Miller, wurden weitgehend von den Einkäufern großer Geschäfte bestimmt, die immer versuchten, den nächsten Trend vorauszusagen. Doch weder die Einkäufer noch das Gros der Hersteller waren daran interessiert, wie die Öffentlichkeit lebte, sondern nur daran, was sich gut

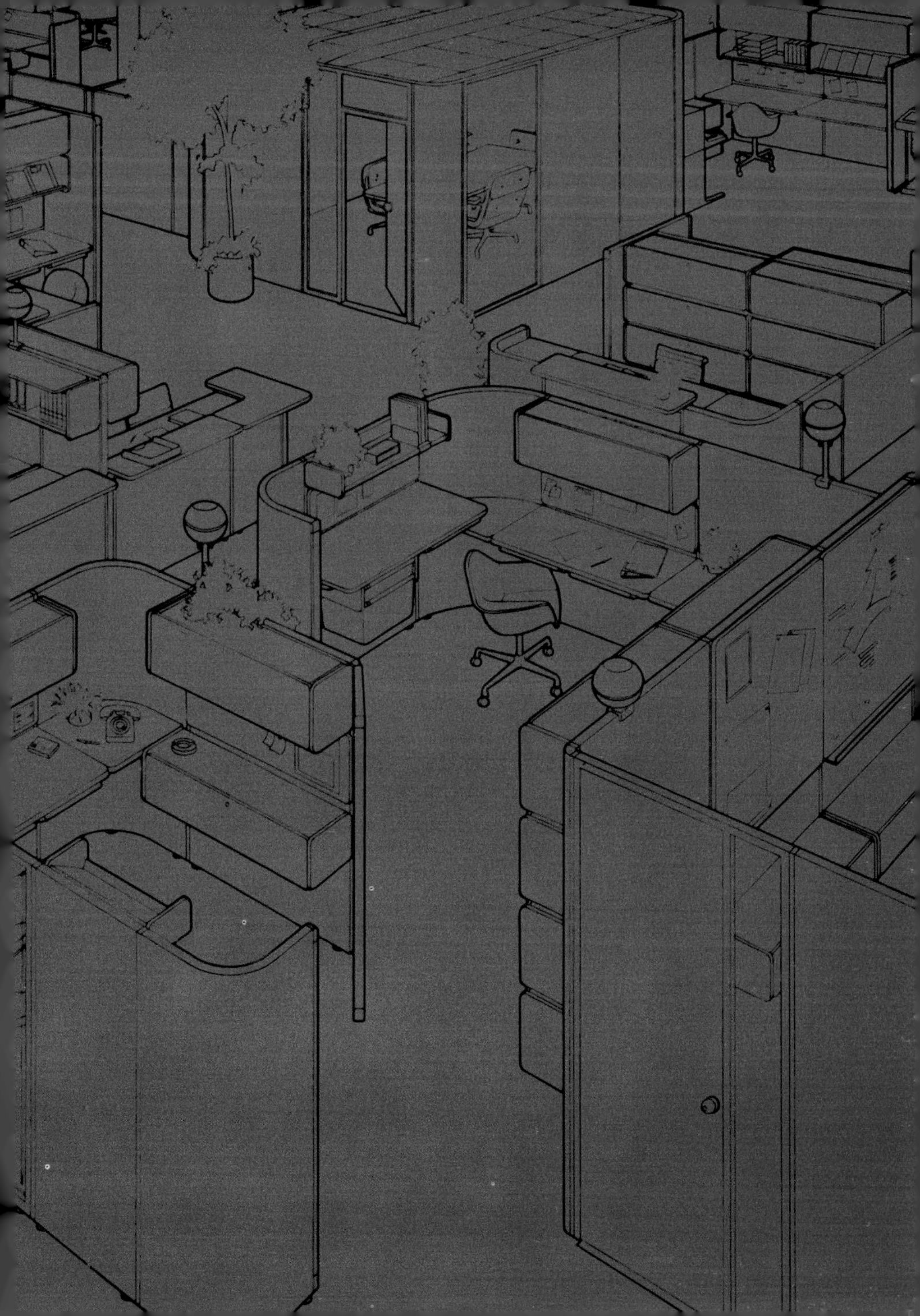

▲ **George Nelson**, *Action Office I*, Tisch *Nr. 6491* und Hocker *Nr. 64940* für Herman Miller, 1964–1965

◄ **Bill Stumpf**, *Ethospace* für Herman Miller, 1984

verkaufen ließ. Vor dem Hintergrund des harten Konkurrenzkampfs und der launischen Veränderungen der Mode kam es 1929 zum Börsenkrach. Herman Miller stand vor einer finanziellen Krise. 1930 lernte De Pree den Designer **Gilbert Rohde** kennen, der vorschlug, eine Serie moderner Qualitätsmöbel von größter Schlichtheit herzustellen. Ihr Wert sollte in den Materialien und Konstruktionen statt in der dekorativen Gestaltung der Oberflächen liegen. Das Konzept machte De Pree das kommerzielle Potential und die moralische Überlegenheit des modernen Designs bewusst. Er formulierte später drei von Rohdes grundlegenden Prinzipien, die die Richtung der Firma verändert hatten: das Recht des Designers, die Kontrolle über die Produktion seiner Entwürfe zu behalten, die Pflicht des Herstellers, Möbel »des Tages« zu produzieren, die unter Verwendung der besten zeitgenössischen Werkstoffe Einrichtungsprobleme lösen sollten und schließlich die Echtheit des Materials. Der Erfolg von Rohdes Möbelserie veranlasste Herman Miller dazu, die Herstellung von Stilmöbeln ab 1936 einzustellen. Die Firma eröffnete 1941 einen Showroom in New York, wo ihre neuen Designs gezeigt wurden. 1946 ernannte De Pree den Architekten,

▾ **Robert Propst**, *Action Office II* für Herman Miller, 1968

▲ **Bill Stumpf & Don Chadwick**, Kollektion von Bürostühlen für Herman Miller

Kritiker und Erfinder des Konzeptes der »Schrankwand«, **George Nelson**, zum Designdirektor, um die modernen Prinzipien der Herman Miller Furniture Company beizubehalten. Nelson brachte schon bald andere talentierte Designer mit, einschließlich **Charles Eames**, **Isamu Noguchi** und **Alexander Girard**. In den folgenden Jahren wurde Herman Miller zu einem führenden Produzenten von Möbeln, die De Prees Kriterien des **Guten Designs** entsprachen – »Haltbarkeit, Einheitlichkeit, Integrität, Unvermeidbarkeit« – und revolutionierte damit die Art und Weise, wie die Menschen lebten und arbeiteten. Zu den Designs zählten **Charles & Ray Eames**' Stühle aus geformtem Sperrholz (1945–1946) und ihre Stuhlserien aus Plastik (1948–1950) sowie George Nelsons *Comprehensive Storage System* (1959) und *Action Office* (1964–1965). **Robert Propsts** *Action Office II* kam 1968 heraus und veränderte nicht nur die Bürolandschaft, sondern machte Herman Miller durch seinen Erfolg zum zweitgrößten Möbelhersteller der Welt. Die Firma produzierte eine Serie bahnbrechender Bürostühle von **Bill Stumpf** und **Don Chadwick**: den *Ergon* (1976), den *Equa* (1984) und den *Aeron* (1992). Eine hochmotivierte Belegschaft und das ständige Streben nach Perfektion in Design und Herstellung tragen bis heute zum Erfolg von Herman Miller bei.

▲ **Ross Lovegrove & Stephen Peart**, Bürosystem für Herman Miller, 1995–1999

► Detail des Bürosystems

High-Tech

Der High-Tech-Stil, der zuerst Mitte der 60er Jahre in der Architektur aufkam, war von der klassischen Moderne und den **Radical-Design**-Neuerungen **Buckminster Fullers** inspiriert. Der dem Stil zugrunde liegende Utilitarismus wandte sich gegen die Üppigkeit des **Pop-Designs**. High-Tech war von britischen Architekten wie **Norman Foster**, Richard Rogers (geb. 1933) und Michael Hopkins (geb. 1935) ins Leben gerufen worden, die an ihren Bauten unverzierte industrielle Elemente verwendeten. Ausstattungen für Fabriken und Institutionen, wie Rollwagen, Fußbodenbeläge aus Gummi, Klemmleuchten, verzinkte Regale und Gerüststangen wurden verwendet und waren oft in Anlehnung an **De Stijl** in Primärfarben gehalten. In Amerika gehörten Joseph Paul D'Urso und **Ward Bennett**, die mit Produktionsabfällen arbeiteten, zu den Vertretern des High-Tech-Stils. 1978 veröffentlichten Joan Kron und Susan Slesin ein Buch mit dem Titel *High-Tech – the Industrial Style and Source Book for the Home.* Doch damals war die Blütezeit des Stils schon fast vorüber und in den frühen 80er Jahren wurde er von der **Postmoderne** abgelöst. Die Nutzung industrieller Komponenten inspirierte allerdings britische Designer wie **Ron Arad** und **Tom Dixon** in den 80er Jahren zur Gestaltung poetischer Einzelstücke aus wiederverwendeten Materialien.

▲ **Michael Hopkins**, Atelier des Hopkins Houses, 1979

◂ Tisch *Antelope* für SCP, 1987

Matthew Hilton

1957 Hastings/East Sussex, Großbritannien

Matthew Hilton studierte am Kingston Polytechnic in London Möbeldesign und arbeitete dann fünf Jahre als Industriedesigner für die Beratungsfirma im Produktdesign CAPA. 1984 eröffnete er sein eigenes Atelier und spezialisierte sich auf Möbel und Leuchten. Zwei Jahre später begann er für SCP in London Möbel zu gestalten, darunter die Tische *Antelope* (1987) mit zoomorphen Beinen aus poliertem Aluminium und *Flipper* (1988) mit einem Fuß aus drei Metallflossen. Hilton produzierte 1990 eine begrenzte Auflage dreier gusseiserner Aluminiumbestecke mit erstaunlich dynamischen Formen, die an Hummerscheren erinnern, sowie die Schüsseln *Di-ordna* und *To-bor* und den Kerzenständer *Arclumis*. Aus den 90er Jahren stammen auch seine Polstermöbel für SCP, einschließlich des geometrischen Stuhls *Club* und des Stuhls *Balzac* mit seinen weichen Kurven und Wellenlinien (beide 1991), des Stuhls *Reading* (1995) und des Sofas *Orwell* (1996). Hiltons Möbel und Teppiche wurden von verschiedenen europäischen Herstellern wie Alterego, Nani Marquina, Mobles 114 und Santa & Cole produziert. Sein bislang wichtigstes Design ist der Stuhl *Wait* (1998) für Authentics – ein preiswerter Esszimmer-/Bürostuhl mit einem Sitzkern aus vollständig recycelbarem, durchsichtigem Spritzguss-Polypropylen.

Hochschule für Gestaltung, Ulm

1953–1968 *Ulm*

Die Hochschule für Gestaltung (HfG) wurde 1953 von **Otl Aicher** und Inge Scholl (geb. 1917) mit dem Ziel gegründet, die sozialen Lehren des **Bauhauses** wieder aufleben zu lassen. Die Idee zur Errichtung einer neuen Designschule entstand bei einem Treffen mit **Max Bill** 1947, der die Pläne für die Gebäude der Institution entwarf und ihr erster Leiter wurde. Aicher und Scholl heirateten 1952 und ein Jahr später begannen die Kurse mit einer Reihe ehemaliger Bauhausmitglieder als Gastprofessoren, darunter **Ludwig Mies van der Rohe**, **Josef Albers** und **Johannes Itten**. Als **Hans Gugelot** 1954 Leiter der Abteilung für Produktdesign wurde, machte er sich für den **Funktionalismus** stark. Die neuen Schulgebäude wurden 1955 eröffnet und ein Jahr darauf übernahm der argentinische Designtheoretiker Tomás Maldonado (geb. 1922) die Leitung der Institution. Obwohl die Schule versuchte, die Methodik des Designs mit Kursen über Semiotik, Anthropologie, Kontextstudien, Spieltheorien und Psychologie zu humanisieren, ist sie doch eher für ihren technologischen, funktionalen Designansatz bekannt. Die daraus resultierende industrielle Ästhetik hatte auf das spätere deutsche Produktdesign großen Einfluss und drückt sich wahrscheinlich am besten in den Arbeiten von **Hans Gugelot** und **Dieter Rams** für die Firma **Braun** aus. 1968, ein Jahr nachdem Maldonaldo, der sich für »Massenproduktion, Massenkommunikation, Massenbeteiligung« ausgesprochen hatte, die HfG verließ, entzogen ihr die örtlichen Behörden die finanzielle Unterstützung und erklärten, ihre Politik sei zu radikal geworden. Darauf beschlossen die Lehrer die Schule, die oft als »das neue Bauhaus« bezeichnet wurde, zu schließen. Einige Mitglieder des Lehrkörpers hatten versucht, systematisch und wissenschaftlich an das Produktdesign heranzugehen, während andere den Designprozess vom dogmatischen Funktionalismus befreien wollten. Dieser fundamentale Widerspruch war es letztlich auch, der nicht nur den Erfolg der Hochschule verhinderte, sondern auch den ihres spirituellen Vorläufers, des Bauhauses.

▲ *Uppercase 5*, herausgegeben von Theo Crosby, 1961, Essays von Tomás Maldonado mit Erläuterung des rationalen Gestaltungsprinzips der Hochschule für Gestaltung

▲ Tragbares Radiogerät *Exporter 2*
für Braun, 1956

Josef Hoffmann begann 1887 seine Architekturstudien an der Höheren Staatsgewerbeschule in Brünn (heute Brno, Tschechien) und setzte seine Ausbildung bei **Otto Wagner** und Carl von Hasenauer an der Akademie der Bildenden Künste in Wien fort. Nach dem Studienabschluss 1895 wurde er Mitbegründer der Künstlergruppe Siebener-Club und reiste mit **Josef Maria Olbrich** nach Italien, wo er den Prix de Rome erhielt. Er arbeitete 1897 in Otto Wagners Architekturbüro und wurde Gründungsmitglied der Wiener **Secession**, einer reformistischen Gruppe von Künstlern und Architekten, die dem zu der Zeit vorherrschenden **Art-nouveau**-Stil entgegentrat. Von 1899 bis 1936 unterrichtete Hoffmann Architektur und Design an der Kunstgewerbeschule in Wien. Er reiste 1900 nach Großbritannien und lernte dort Mitglieder der britischen **Arts-&-Crafts-Bewegung** kennen, darunter **Charles Robert Ashbee** und **Charles Rennie Mackintosh**, die er einlud, die Ausstattung für die VIII. Ausstellung der Secession in Wien im selben Jahr zu gestalten. Hoffmanns Arbeiten waren wie die anderer Secessions-Designer stark von der Arbeit der **Glasgow School**, insbesondere von Mackintosh, beeinflusst. Gemeinsam mit **Koloman Moser** richtete Hoffmann 1903 mit finanzieller Unterstützung des Bankiers und Hauptmäzenen der Wiener

Josef Hoffmann

1870 *Pirnitz, Mähren*
1956 *Wien*

▲ Obstschale aus Messing für die Wiener Werkstätte, 1925

◄ Glasvase für Loetz Witwe, 1911–1912

Secession Fritz Wärndorfer (1869–1939) die **Wiener Werkstätte** ein. Hoffmann war künstlerischer Leiter und einer der produktivsten Designer dieser genossenschaftlichen Werkstatt, die dem Beispiel von Ashbees **Guild of Handicraft** folgte. Viele von Hoffmanns Entwürfen für Metallarbeiten der Wiener Werkstätte waren architektonischer Natur, während andere, eher kommerzielle und weniger teure Metallwaren ein gitterartiges Muster aufwiesen, das als »Hoffmann-Quadratl« bekannt wurde. Diese rasterartige Verzierung fand bei vielen seiner Stuhldesigns Anwendung, einschließlich der berühmten *Sitzmaschine* (ca. 1908), die von **Jacob & Josef Kohn** hergestellt wurde. Er entwarf überdies Glas für die Glaswerke J. L. Lobmeyr und **Loetz** Witwe, bei denen farbige Überzüge geschliffen und geätzt und dadurch ein weißer Untergrund freigelegt wurde. Neben seinem Produktdesign leitete Hoffmann auch ein überaus erfolgreiches Architekturbüro in Wien und führte **Gesamtkunstwerks**-Entwürfe aus, wie beispielsweise das Sanatorium Purkersdorf (1904), das Palais Stoclet in Brüssel (1905–1911) und das Cabaret Fledermaus (1907). Mit dem Maler Gustav Klimt (1862–1918) eröffnete er die Kunstschau, nachdem er 1905 die Wiener Secession verlassen hatte. Zwei Jahre danach wurde Hoffmann zum Mitbegründer des **Deutschen Werkbunds** und war 1912 bis 1920 Vorsitzender des Österreichischen Werkbunds. Er nahm an vielen internationalen Ausstellungen teil, so an der »Werkbund-Ausstellung« 1914 in Köln, der Pariser »Exposition Internationale des Arts Décoratifs et Industriels Modernes« von 1925 und der Stockholmer »Stockholmsutställningen« von 1930. Sein Ansatz in Architektur und Design war zwar stark von der britischen Arts-&-Crafts-Bewegung beeinflusst, doch war sein Werk nicht historisierend. Die von ihm entwickelten innovativen, reduzierten und geradlinigen Formen wirkten sich ihrerseits deutlich auf die geometrische Formensprache der **Moderne** aus.

▼ Bar des Cabaret Fledermaus in Wien, 1907

► *Sitzmaschine Modell Nr. 670* für J. & J. Kohn, ca. 1908

Hans Hollein

geb. 1934 *Wien*

Hans Hollein studierte bis 1956 an der Kunstgewerbeschule und an der Akademie der Bildenden Künste in Wien. Anschließend besuchte er das Illinois Institute of Technology in Chicago und die University of California at Berkeley, wo er 1960 seinen Master of Architecture erhielt. Er eröffnete 1964 sein eigenes Büro in Wien und war anfangs für Ausstellungsgestaltung und Umbauten von Läden bekannt, wie den Kerzenladen Retti (1964–1965) und das Schmuckgeschäft Schullin (1973–1974) in Wien, über dessen Eingang ein künstlicher Riss in der Natursteinfassade war.

Holleins Gegenüberstellungen von auffälligen Fassaden und ihrer Umgebung, wie bei der Galerie Richard Feigen in New York (1967–1969), führten dazu, dass er mit früheren Wiener Architekten wie **Josef Hoffmann**, **Otto Wagner**, Oswald Haerdtl (1899–1959) und **Adolf Loos** verglichen wurde. Von 1967 bis 1976 unterrichtete er an der Kunstakademie in Düsseldorf und ist seitdem Professor an der Akademie der Bildenden Künste in Wien. Zudem plante er Interieurs für das Verwaltungsgebäude von Siemens in München (1972–1973) und die Zentrale des Wiener Fremdenverkehrsbüros (1976–1978), die er mit postmodernen Elementen wie goldenen **Kitsch**-Palmen und klassischen Säulen verzierte. In den 80er Jahren entwarf Hollein mehrere postmoderne Möbelstücke, darunter das Sofa *Marilyn* (1981) sowie Metallarbeiten und Keramik für **Alessi**, Swid Powell und andere.

▲ Sofa *Mitzi Modell Nr. D90* für Poltronova, 1981

Victor Horta

1861 Gent
1947 Ixelles/Brüssel

Victor Horta studierte an der Académie des Beaux-Arts in Gent und in Brüssel und trat 1881 dem Büro des Neoklassizisten Alphonse Balat bei. Er war stark von dem französischen Neugotik-Architekten Eugène-Emmanuel Viollet-le-Duc (1814–1879) inspiriert, der sich für ein völlig integriertes Design von Außen- und Innenräumen aussprach. Horta griff diesen Ansatz auf und entwarf für viele seiner Bauprojekte jedes Detail, von Türen über Möbel zu Lampen. Im Jahr 1892 hatte Horta sich vom Historismus entfernt. Seine Arbeit am Hôtel Tassel (1892–1893) mit seinen organischen Eisenbalustraden, verschlungenen Bodenmosaiken und Peitschenschlag-Wanddekorationen ist ein hervorragendes Beispiel für diese stilistische Veränderung. Das Brüsseler Domizil war eines der frühesten Gebäude im **Art-nouveau**-Stil und der erste Privatwohnsitz, bei dem Eisenarbeiten für strukturelle und dekorative Zwecke verwendet wurden. Seine optische Leichtigkeit wurde durch innovative Planung und die Verwendung schlanker Eisenträger erzielt. Diese an Blütenstengel erinnernden Elemente verzweigten sich in naturalistische Ranken und führten zu der Bezeichnung »Horta-Linie«. Ähnliche Aufträge folgten: die Maison Autrique (1893), die Maison Winssinger (1895–1896) und das Hôtel Eetvelde (1895–1900), ein für Baron van Eetvelde entworfenes **Gesamtkunstwerk**. Außer privaten Wohnsitzen gestaltete Horta auch die Zentrale der belgischen sozialistischen Partei, die Maison du Peuple (1896–1899), die die erste Fassade aus Stahl und Glas in Brüssel besaß, sowie das Kaufhaus À l'Innovation (1901). In späteren Arbeiten experimentierte er mit neuen Materialien und bediente sich eines strengeren Stils, wie man am Brüsseler Palais des Beaux-Arts (1922–1928) unschwer erkennen kann. Horta war einer der wichtigsten Vertreter des Art nouveau. Und obwohl er ausschließlich Objekte für seine eigenen Bauten entwarf, hatte seine Arbeit gewaltigen Einfluss.

▼ Speisesaal des Hôtel Eetvelde, 1895–1900

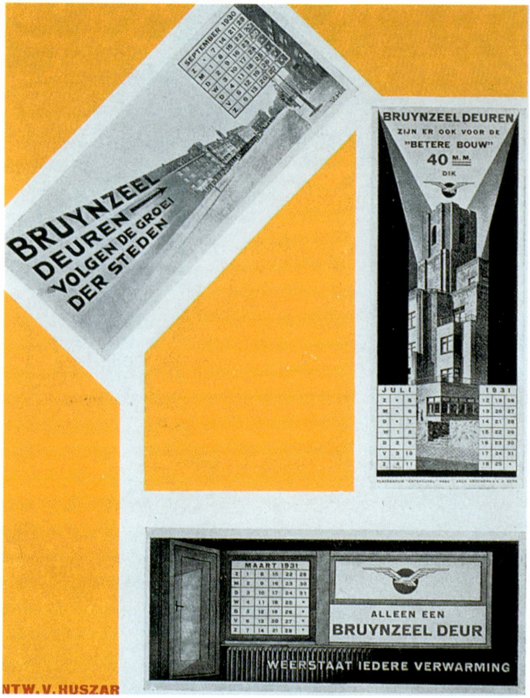

◂ Umschlag des *Bruynzeel's Fabrieken Gedenkboek* für Zaanden, 1931

Vilmos Huszár

1884 *Budapest*
1960 *Hierden, Niederlande*

Vilmos Huszár war 1917 Mitbegründer des **De Stijl** und seine Buntglasdesigns wurden im selben Jahr in eine Schrift über neue Malerei von **Theo van Doesburg** aufgenommen. Von 1917 bis 1921 entwarf Huszár Titelblätter für die Zeitschrift *De Stijl* und schrieb eine Reihe von Artikeln mit dem Titel »Aesthetische Beschouwingen« (Ästhetische Betrachtungen). Im Jahr 1918 entwarf er gemeinsam mit Pieter Jan Christophel Klaarhamer (1874–1954) das »Kinderschlafzimmer« für Cornelius Bruynzeels Haus in Voorburg. Die Farbgebung in diesem und anderen Projekten hat Anlass zu der Spekulation gegeben, dass es Huszár war, der **Gerrit Rietveld** zur Farbgestaltung des Stuhls *Rot/Blau* (1918–1923) geraten hat. Ab etwa 1918 widmete er sich fast ausschließlich dem Design von Möbeln, Textilien, Buntglas und ganzen Raumgestaltungen. Er entwarf zusammen mit Piet Zwart (1885–1977) mehrere Möbelstücke und nahm 1923, nachdem er De Stijl verlassen hatte, mit Rietveld an einer Begleitausstellung zur »Großen Berliner Kunstausstellung« teil. Huszárs kräftige Farben und dynamische Innenausstattungen hatten großen Einfluss auf die De-Stijl-Bewegung.

▲ Gewebter Wollteppich, ca. 1925

◂ **Richard Hamilton**, Collage *Just what is it that makes today's homes so different, so appealing?*, 1956

Independent Group

gegründet 1952
London

Die 1952 gegründete Independent Group hielt regelmäßige Treffen am Institute of Contemporary Art in London ab, um sich mit den technischen Errungenschaften der USA und dem Aufkommen der populären Konsumkultur zu beschäftigen. Die Gruppe, zu der Richard Hamilton (geb. 1922), Eduardo Paolozzi (geb. 1924), Reyner Banham (1922–1988) und **Peter & Alison Smithson** gehörten, lehnte die Moderne ab und zog ihre Inspiration aus der »niedrigen«, nicht der »hohen« Kunst. Als Hauptakteure der Popkultur vertraten Mitglieder der Independent Group die Idee des geplanten Verschleißes, der naiverweise positiv gesehen wurde, da er angeblich eine erhöhte Produktion mit sich brachte. Es ist von großer Bedeutung, dass Hamilton in seiner oben abgebildeten Collage das Bild eines Lutschers mit der Aufschrift »POP« einbaute. Es war wohl das erste Mal, dass ein Wort aus einem Kunstwerk zur Bezeichnung einer neuen Kunstbewegung wurde. Dieses bahnbrechende Werk kündigte eine neue Richtung in Kunst und Design an. Hamilton sah folgende Merkmale des Pop: »populär (für ein Massenpublikum entworfen), vergänglich (eine kurzfristige Lösung), entbehrlich (gerät schnell in Vergessenheit), kostengünstig, in Serie produziert, jung (für die Jugend gemacht), geistreich, sexy, witzig, mondän, kapitalistisch«. Durch die Definition von Pop und dadurch, dass die Populärkultur an Ansehen gewann, legte die Independent Group die theoretischen Grundlagen für das **Pop-Design** der 60er Jahre.

▸ Foto des New-Bauhaus-Gebäudes in Chicago, 1937

Institute of Design, Chicago

gegründet 1944
Chicago

Als das Staatliche **Bauhaus** in Dessau 1933 von den Nationalsozialisten geschlossen wurde, die in ihm eine subversive Institution sahen, musste ein großer Teil seines Lehrerkollegiums emigrieren, um der Verfolgung zu entgehen. **László Moholy-Nagy**, der zuerst nach London gegangen war, zog 1937 auf Einladung der Association of Arts and Industries nach Chicago, wo er zur Belebung des kulturellen und wirtschaftlichen Lebens der Stadt eine neue Designschule aufbauen sollte. Ausgehend von den Lehrprinzipien seines deutschen Vorläufers versuchte das »New Bauhaus«, wie Moholy-Nagy es nannte, eine Kultur der »umfassenden Bildung« zu entwickeln. Die neue Lehranstalt war jedoch kurzlebig, denn die Association entzog ihr in den letzten Monaten des Jahres 1938 die Mittel, da sie das Programm für zu experimentell hielt. Im darauf folgenden Jahr eröffnete Moholy-Nagy die Institution erneut unter dem Namen Chicago School of Design, diesmal mit finanzieller Unterstützung von Walter Papecke, dem Vorsitzenden der Container Corporation of America. 1944 erhielt die Schule ihren heutigen Namen, Institute of Design, und nach Moholy-Nagys Tod 1946 wurde sie dem Armour Institute eingegliedert, welches wiederum in Illinois Institute of Technology umgetauft wurde. Im selben Jahr wurde **Serge Chermayeff** Direktor der Schule. Von Anfang an ging das Institute of Design von einem experimentellen Standpunkt an die Lehre der Formgebung heran und der ursprüngliche Lehrplan umfasste nicht nur Design-, sondern auch Psychologie- und Literaturkurse. Bis heute hat das Institut das Ziel »den Spielraum des Designs zu erweitern« und spezialisiert sich auf die Anwendung neuer Technologien im Gestaltungsprozess.

International Style

Die Bezeichnung International Style wurde zuerst von Alfred H. Barr, Jr., dem Direktor des **Museum of Modern Art, New York**, für den Titel eines Buchs benutzt: *The International Style: Architecture Since 1922*, das die bahnbrechende Ausstellung von Henry-Russell Hitchcock und **Philip Johnson** im Jahr 1932 begleitete. Barr sah in der Arbeit von Modernisten wie **Le Corbusier**, **Jacobus Johannes Pieter Oud**, **Walter Gropius** und **Ludwig Mies van der Rohe** einen Universalstil, der über Landesgrenzen hinwegging und den es in der westlichen Kunst und Architektur seit dem Mittelalter nicht mehr gegeben hatte, als die Gotik in ganz Europa verbreitet war.

Die Bezeichnung International Style bezog sich auf die Arbeit der Architekten und Designer der **Moderne**, die Funktion und Technologie mit einer geometrischen Formensprache verbanden und damit eine reduzierte, moderne Ästhetik produzierten. Obwohl der Begriff manchmal zur Beschreibung der frühen Moderne (ca. 1900 bis 1933) und der Arbeit von Gestaltern wie **Adolf Loos** und J. J. P. Oud verwendet wird, wird er heute im Allgemeinen eher mit der weniger funktionalistischen Form der Moderne in Verbindung gebracht, die nach der Schließung des **Bauhauses** 1933 aufkam. Er bezieht sich auch auf das Werk Le Corbusiers und seiner Anhänger, die in den späten 20er und 30er Jahren einen eleganteren, weniger strengen Modernismus praktizierten.

Die wahrscheinlich größten Vertreter des International Style waren jedoch Ludwig Mies van der Rohe und Walter Gropius, die nach ihrer Emigration in

◂ **Le Corbusier, Pierre Jeanneret und Charlotte Perriand**, Speisezimmer, ausgestellt beim Salon des Artistes Décorateurs in Paris, 1928

▲ **Le Corbusier, Pierre Jeanneret und Charlotte Perriand**, Stuhl *Basculant Modell Nr. B301* für Thonet, ca. 1928

► **Le Corbusier**, Bibliothek im Kirchengebäude in Ville d'Avray, 1928–1929

die USA unermüdlich darum bemüht waren, die Moderne zu »internationalisieren«, und zwar nicht nur in ihren Bauaufträgen und Ausstellungen, sondern auch durch ihre engagierte Lehrtätigkeit im Amerika der Nachkriegszeit. Viele Verfechter des International Style bedienten sich aus rein stilistischen Gründen der funktionalistischen Ästhetik der Moderne. Andere entwickelten jedoch eine ästhetische Klarheit, um sich für größere Universalität in Architektur und Design einzusetzen. Später verbanden vor allem in Amerika Nachkriegsdesigner wie Florence **Knoll**, **Charles Eames** und **George Nelson** diesen modernen, demokratischen Designansatz mit den Verfahren der industriellen Massenproduktion und stellten damit Waren her, die allen Kriterien des **Guten Designs** entsprachen.

In den 20er und 30er Jahren zeichnete sich der International Style in der Architektur und Innenarchitektur durch einen geometrischen Formalismus, die Verwendung industrieller Materialien wie Stahl und Glas und eine weit verbreitete Vorliebe für weißen Putz aus. Später versuchten einige Architekten und Gestalter, wie **Eero Saarinen** und Charles Eames, den International Style durch die Verwendung skulpturaler Formen und den Kontrast von geometrischen und organischen Formen humaner zu machen, während andere, wie Kenzo Tange (geb. 1913), den International Style zu seinem logischen Ende führten und den Brutalismus entwickelten, einen Baustil, der Materia-

◂ **Jacobus Johannes Pieter Oud**, Tischleuchte *Giso 405* für Gispen, 1928

▾ **Le Corbusier, Pierre Jeanneret und Charlotte Perriand**, Chaise Longue *Modell Nr. B306* für Thonet, 1928 (neu herausgegeben von Cassina)

▲ **Florence Knoll**, Kollektion *Florence Knoll*, Sessel *1205S1*, Zweisitzer-Sofa *1205S2*, Dreisitzer-Sofa *1205S3* und Tisch *2511T* für Knoll International, 1954

lien und Oberflächengestaltungen wie unverkleideten Grobmörtel nutzte und eine unnachgiebige Geometrie verfocht.

Obgleich es in den späten 70er und 80er Jahren so aussah, als ob die aufkommende Postmoderne den International Style endgültig verdrängt hätte, fanden Architekten wie **Norman Foster** und Richard Rogers (geb. 1933) in den späten 80er und den 90er Jahren Anerkennung für ihre detailliert konstruierten Gebäude, die offensichtlich die Merkmale des International Style trugen: Kraft, Eleganz und Klarheit.

In jüngster Zeit lässt sich eine Rückkehr zu einer rationalen Ästhetik im Produkt- und Möbeldesign beobachten, und Hersteller suchen nach globalen Lösungen, die wie der International Style kulturübergreifend sind. Der Begriff International Style bezeichnet so einerseits eine Periode und eine Ausprägung der Moderne und andererseits eine Ästhetik, die aus einem funktionalistischen Designansatz hervorgeht, dessen Ursprung in den Anfängen der Moderne liegt.

Massimo Iosa Ghini wurde zuerst in Florenz ausgebildet und studierte anschließend am Politecnico di Milano Architektur. Im Jahr 1981 wurde er Mitglied der Designgruppe Zak-Art und schuf anfangs »comicartige« Illustrationen für die Zeitschrift *Per Lui* und die amerikanische Musikpresse. In der Zeit, als er für Swatch, Solvay und Centro Moda Firenze tätig war, erreichten auch seine Illustrationen von Comic-Heften für Kinder einige Bekanntheit. Ab 1982 gestaltete er Interieurs für Nachtklubs und arbeitete an verschiedenen Projekten für Videos und Zeitschriften. Zwei Jahre darauf fing er an, mit der Firma AGO zusammenzuarbeiten und wurde bald danach Berater beim Fernsehsender RAI, wo er Grafiken und Sets für Fernsehproduktionen und Art-House-Filme gestaltete. Seine Möbeldesigns wurden 1986 in die **Memphis**-Kollektion *12 New* aufgenommen. Er entwarf 1987 seine Möbelkollektion *Dinamic* für Moroso, den Stuhl *Juliette* und das Buffett *Bertrand*, die weniger bunt und überschwänglich waren als die Arbeiten anderer mit der Gruppe in Verbindung stehender Formgeber. Diese Art des Designs war vom amerikanischen 50er-Jahre-Stil inspiriert. Iosa Ghini gründete 1983 mit anderen Designern, die sein Interesse am **Streamlining** teilten, darunter **Stefano Giovannoni** und Pierangelo Caramia (geb. 1957), die Bolidisten-Bewegung. Formen der 50er Jahre benutzte er auch in seinem Design für die Diskothek Bolidio (1988) in New York. Im selben Jahr schuf Iosa Ghini eine Installation für den Platz am Pariser Centre Georges Pompidou. Er hat zudem u. a. Designs für Fiam, BRF, Stilnovo und Bieffeplast produziert.

Massimo Iosa Ghini

geb. 1959 *Bologna*

▼ *Jo-Jo*-Tische aus der Kollektion *Tran Tran* für BRF, 1993

Paul Iribe

1883 Angoulême, Frankreich
1935 Roquebrune/-Cap Martin, Frankreich

Der als Paul Iribarne Garay geborene Iribe begann seine Karriere als Karikaturist für Zeitschriften wie *Le Rire*, *Le Cri de Paris* und *L'Assiette au Beurre*. Im Jahr 1908 gründete er seine eigene Zeitschrift, *Le Témoin* (Der Zeuge), und illustrierte eine Mappe mit begrenzter Auflage, *Les Robes de Paul Poiret*, für den Modeschöpfer Paul Poiret, der in Pariser Kreisen äußerst einflussreich war und die Modezeichnung revolutionierte. Iribe gründete im Anschluss daran sein eigenes Atelier und arbeitete zwischen 1908 und 1914 mit dem Designer **Pierre-Émile Legrain** zusammen. In Paris entwarf Iribe ausgesuchte Textilien, Tapeten und Schmuck, die meist das Blumenmuster »Rose Iribe«, sein Erkennungszeichen, trugen, das häufig kopiert wurde. Des weiteren gestaltete er **Art-déco**-Möbel und *objets d'art* aus Luxusmaterialien wie Chagrinleder, Rosen- und Ebenholz. Sein wichtigster Auftrag als Innenarchitekt war die Ausstattung der Pariser Wohnung des Modeschöpfers Jacques Doucet in der Avenue du Bois Nr. 46, der er mit Hilfe von Legrain ein üppiges, luxuriöses Ambiente verlieh. Für dieses um 1912 fertiggestellte Projekt entwarf Iribe eine Serie von *fauteuils-gondole* sowie eine Kommode aus Mahagoni, Chagrinleder und Ebenholz, die mit geschnitzten, neoklassizistischen Blumenkränzen und Intarsien von Blumensträußen verziert war. Seine Interieurs waren an die französische Tradition der *ébéniste-décorateurs* angelehnt und geradezu theatralisch. Es erstaunt daher nicht, dass er 1914 in die Vereinigten Staaten zog und sich in Hollywood niederließ. Dort schuf er üppige Szenerien für Cecil B. De Mille und andere und schrieb 1926 als vehementer Kritiker der Industrialisierung an einem anti-modernistischen Manifest mit. Er kehrte 1930 nach Frankreich zurück und arbeitete als Buch- und Zeitschriftenillustrator. Zudem gestaltete er ein Logo für das Modehaus Lanvin und Modeschmuck für Coco Chanel und gründete 1935, im Jahr seines Todes, die Zeitschrift *Le Mot*.

▾ Schränkchen aus Haifischleder und Ebenholz, ca. 1913–1914

Maija Isola

geb. 1927 *Riihimäki, Finnland*

Maija Isola studierte von 1946 bis 1949 Malerei an der Taideteollinen Korkeakoulu in Helsinki. Danach war sie elf Jahre lang Chefdesignerin für die finnische Textilfirma Printex, die von Vilho Ratio gegründet worden war und unter der künstlerischen Leitung von Armi Ratia (1912–1979) stand. Isola entwarf zahlreiche von Printex hergestellte bedruckte Stoffe für Inneneinrichtungen. Ab 1951 fertigte sie auch Designs für Marimekko, eine Schwesterfirma von Printex, die eingerichtet worden war, um für den Einsatz von Printex-Stoffen in Mode und Raumgestaltung zu werben. Ihre Designs von Bekleidungs- und Möbelstoffen für dieses neue Unternehmen wurden neben ihren Textilien für Printex bei der Brüsseler Weltausstellung von 1958 gezeigt. Ihre frühesten Designs waren von der afrikanischen Kunst inspiriert und in den 50er Jahren produzierte sie Stoffe, die botanische Motive aufwiesen. Gegen Ende der 50er Jahre entwarf sie auch Textilien, die von der slowakischen Volkskunst und in den späten 60er und frühen 70er Jahren von traditionellen karelischen Bauernmotiven inspiriert waren. Viele ihrer Siebdrucktextilien waren Übertragungen ihrer Kunstwerke. Mitte der 60er Jahre produzierte sie ihre bekannteste Reihe bedruckter Baumwollstoffe, die große geometrische Muster in starken, gleichmäßigen Farben zeigten. Diese kühnen Designs, wie *Kaivo* (ca. 1964), *Melooni* (1963) und *Cock and Hen* (1965) spiegelten den zeitgenössischen künstlerischen Geschmack, vor allem den Einfluss des Color-Field-Painting. Isolas Stoffe aus dieser Reihe waren stark grafisch und wurden zum Inbegriff nicht nur der Textilien von Marimekko, sondern einer ganzen neuen Richtung im finnischen Design. Sie erhielt 1965 und 1968 Preise für Industriedesign und war bis vor kurzem gemeinsam mit Fujiwo Ishimoto (geb. 1941) eine der wenigen Hausdesignerinnen bei Marimekko. Maija Isolas Textilien wurden in Europa, Amerika und Australien vielfach ausgestellt und hatten großen Einfluss auf das zeitgenössische Textildesign.

▾ Stoff *Kaivo* für Marimekko, ca. 1964

Arata Isozaki

geb. 1931 *Kyushu, Japan*

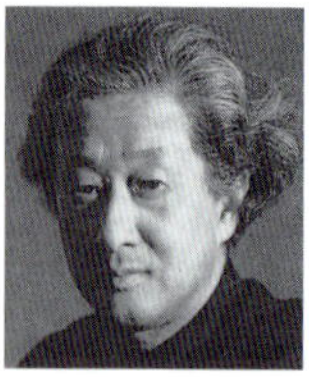

Arata Isozaki studierte bei dem Architekten Kenzo Tange (geb. 1913) an der Universität Tokio und machte 1954 seinen Abschluss. Die folgenden neun Jahre war er in Tanges Architekturbüro angestellt und eröffnete 1963 ein eigenes Büro, arbeitete dann später mit Tange an der Architektur für die Expo '70 in Osaka. Zu Isozakis Bauprojekten gehören das Museum of Modern Art, Gunma in Takasaki (1971–1974), das Kita-Kyushu City Museum of Art (1972–1974), das Shuko-sha-Gebäude in Fukuoka (1975), das Rathaus von Tokio (1986), das Museum of Contemporary Art in Los Angeles (1981–1986) und das Guggenheim Museum in Soho, New York (1992). Isozaki verbindet in der Architektur und im Produktdesign geschickt westliche und östliche Kulturen. Inspiriert nicht nur von der japanischen Kunst, sondern auch vom postmodernen Klassizismus, spielen seine Entwürfe oft ironisch auf die **Moderne** und die Popkultur an. Diese Einflüsse sind in vielen seiner Möbeldesigns miteinander verbunden, so bei dem Stuhl *Marilyn* für Sunar (1972) und den Schränken *Fuji* für Memphis (1981). Für seine Armbanduhr (1987) und den Schmuck (1985–1986) für Cleto Munari benutzte Isozaki kühne, geometrische Formen und machte Anleihen aus früheren Architekturstilen, während die Verzierung des Tellers *Streams* (1984) für Swid Powell an traditionelle orientalische Motive angelehnt ist. Im Jahr 1982 entwarf er Möbel für Formicas Wettbewerb »Surface and Ornament Design«, der zur Untersuchung des Potentials eines von der Firma neu entwickelten Materials, Colorcore, abgehalten wurde. Für dieses Projekt wählte er die Farben seiner Materialien nach dem Zufallsprinzip aus, indem er würfelte und er erklärte: »Wer sich über die Farbkombination beschwert, sollte sich an den Gott wenden, der über den Zufall des Würfelns herrscht«. Isozaki ist Gastprofessor an verschiedenen Institutionen, darunter die Rhode Island School of Design und die Yale University, und er ist Autor des Buches *The Dismantling of Architecture*.

▾ Schränkchen *Fuji* für Memphis, 1981

Johannes Itten wurde von 1904 bis 1908 in der Nähe von Bern zum Lehrer ausgebildet und unterrichtete kurz an einer Grundschule. Von 1910 bis 1912 studierte er Mathematik und Naturwissenschaften in Bern und anschließend Malerei bei Adolf Hoelzel (1853–1934) an der Stuttgarter Akademie. In der Galerie »Der Sturm« in Berlin hatte er 1916 eine Einzelausstellung und eröffnete im selben Jahr seine eigene Kunstschule in Wien. Während dieser Zeit befasste er sich mehr und mehr mit der fernöstlichen Philosophie, eine Faszination, die sich auf seine späteren Lehren auswirkte. Viele seiner Wiener Studenten folgten ihm nach Weimar, als er dort am Staatlichen **Bauhaus** einen Lehrauftrag annahm. Im Oktober 1919 wurde er an der Schule zum Meister ernannt und hielt ab Oktober 1920 seinen eigenen »Vorkurs« sowie Kurse zur Formtheorie ab. Seine Lehren waren stark von den Vorstellungen der Mazdaznan-Sekte beeinflusst. Mit seinem geschorenen Kopf und den fließenden Gewändern war er teils Lehrer, teils Mystiker und gewann viele seiner Studenten für diese religiöse Sekte, was anderen Mitgliedern des Bauhauses und den örtlichen Behörden sehr missfiel. Nach 1921 wurde ihm eine weniger exponierte Rolle beim Bauhaus zugewiesen; er leitete von da an die Metall-, Buntglas- und Wandgemäldewerkstätten. Er behielt jedoch seinen Einfluss und in den letzten Jahren in Weimar gewann seine alternative Handhabung der Lehre von Kunst und Design die Oberhand. Sein Mystizismus führte zu Konflikten mit dem Leiter der Schule, **Walter Gropius**, und schließlich 1923 zu seiner Entlassung. Daraufhin ging Itten an ein Mazdaznan-Zentrum in der Schweiz und gründete 1926 eine private Kunstschule in Berlin, die als »Ittenschule« bekannt wurde. Von 1932 bis 1938 leitete er die Textilfachschule in Krefeld und wurde danach Direktor des Kunstgewerbemuseums und der Kunstgewerbeschule in Zürich. Ab 1950 war er am Aufbau des Rietberg Museums für Außereuropäische Kunst in Zürich beteiligt, das er von 1952 bis 1956 leitete. Seine revolutionären Theorien über die Kunst- und Designlehre, die er am Bauhaus entwickelte, waren sehr einflussreich.

Johannes Itten

1888 *Südern-Linden, Schweiz*
1967 *Zürich*

▼ **Johannes Itten & Friedl Dicker**, Textseite aus »Utopia, Dokument der Wirklichkeit«, 1921

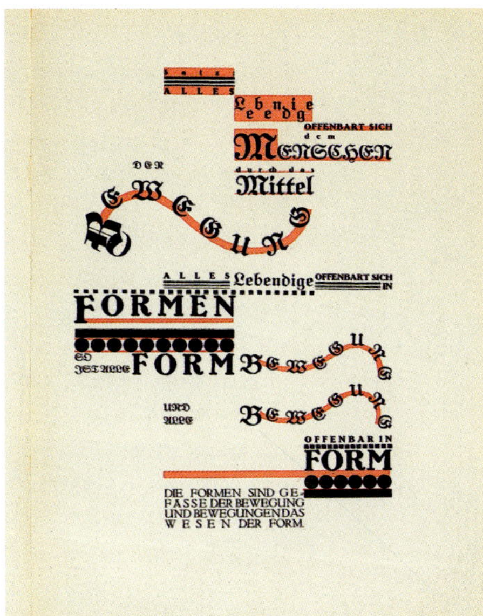

Arne Jacobsen

1902 *Kopenhagen*
1971 *Kopenhagen*

Arne Jacobsen lernte Steinmetz, bevor er an der Kongelige Danske Kunstakademi in Kopenhagen studierte und 1927 sein Studium abschloss. Schon als Student stellte Jacobsen sein Talent unter Beweis und gewann 1925 bei der Pariser »Exposition Internationale des Arts Décoratifs« eine Silbermedaille für einen Stuhl. Von 1927 bis 1929 arbeitete er im Architekturbüro von Paul Holsøe. Dann eröffnete er sein eigenes Designatelier in Hellerup und war als selbständiger Architekt und Innenarchitekt tätig. Sein Frühwerk ist von **Le Corbusier** (dessen »Pavillon de l'Esprit Nouveau« er in Paris gesehen hatte), **Gunnar Asplund** und anderen Protagonisten der **Moderne**, darunter **Ludwig Mies van der Rohe**, inspiriert. Er war einer der Ersten, die in ihren Projekten den Modernismus in das dänische Design einbezogen, so bei seinem »Haus der Zukunft«, das er 1929 gemeinsam mit Flemming Lassen entwarf. Die ersten wichtigen Bauaufträge waren die Wohnbebauung Bellavista in Kopenhagen (1934) und das funktionalistische Rothenborg-Haus in Ordrup (1930), das als **Gesamtkunstwerk** konzipiert war.
Für seine bekanntesten und ausgewogensten Arbeiten, darunter der SAS-Termial und das Royal Hotel in Kopenhagen (1956–1960) entwarf Jacobsen jedes Detail, von den Textilien und skulpturalen Möbeln, wie seinen Stühlen

▲ Stühle *Ant Modell Nr. 3100* für Fritz Hansen, 1951–1952

▲ Stuhl *Modell Nr. 3107 Series 7*
für Fritz Hansen, 1955

▲ Serie aus rostfreiem Stahl *Cylinda-Line* für Stelton, 1967

► Besteck aus rostfreiem Stahl *Modell Nr. 600 AJ* für Georg Jensen, 1957

Swan und *Egg* (1957–1958), bis hin zu den Beleuchtungskörpern, Aschenbechern und Bestecken. Ein Jahrzehnt zuvor hatte Jacobsen auch als Industriedesigner gearbeitet und besonders mit seinen berühmten Stuhldesigns für den Möbelhersteller Fritz Hansen Erfolg erzielt. Seine Stühle *Ant* (1951–1952) und *Series 7* (1955) sind noch heute unter den wirtschaftlich erfolgreichsten Sitzmöbeln, die je hergestellt wurden. Er gestaltete außerdem Leuchten für Louis Poulsen, Metallarbeiten für Stelton und Michelsen, Textilien für August Millech, Grautex und C. Olesen sowie Badezimmerausstattungen für I. P. Lunds. Von 1956 bis 1965 war er Professor an der Skolen for Brugskunst in Kopenhagen. In den 60er Jahren war das St Catherine's College in Oxford sein wichtigster Bau, der wie seine früheren Arbeiten als alles umfassendes Projekt konzipiert war und daher auch das Design speziell angefertigter Möbel einschloss. Jacobsen verband skulpturale und organische Formen mit den traditionellen Merkmalen des skandinavischen Designs: Reinheit von Material und Struktur und er entwarf so einfache, elegante und funktionelle Designs von erstaunlich zeitlosem Reiz.

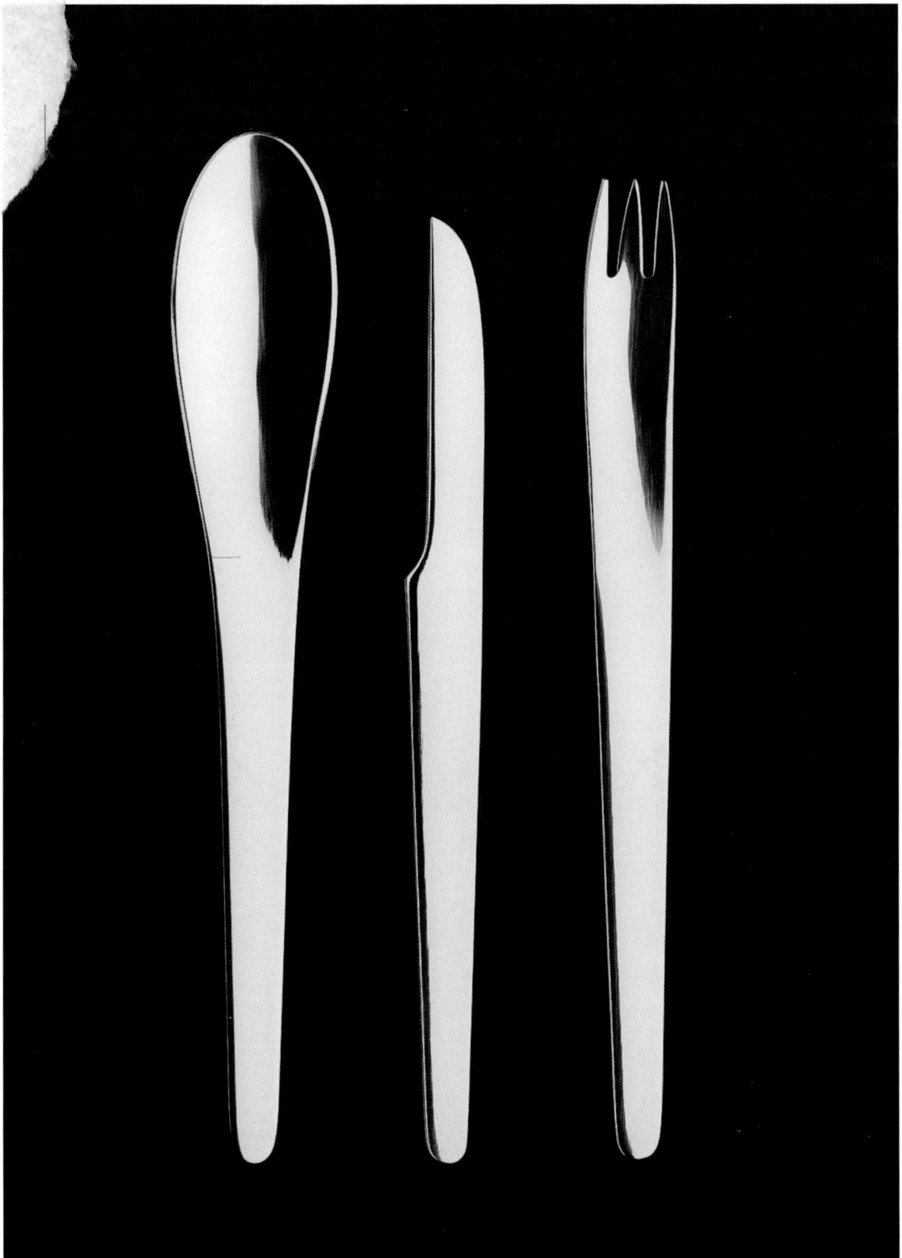

Jacob Jacobsen
geb. 1901 *Oslo*

Jacob Jacobsen war ein Ingenieur, der in der Textilindustrie in England und der Schweiz ausgebildet worden war. 1937 erwarb er die skandinavischen Produktionsrechte an **George Carwardines** Lampe *Anglepoise* (1934), die in Großbritannien von Terry & Son produziert wurde. Im selben Jahr entwarf Jacobsen eine Variante dieser Lampe, die *Luxo L-1*, die ihr Gleichgewicht mittels eines ähnlichen Systems von Federn hielt. Als begabtem Unternehmer gelang ihm die erfolgreiche Vermarktung dieser Überarbeitung, die eine feinere Verbindung zwischen Lampenschirm und Fuß und weichere Formen als Carwardines Modell besaß. Nur wenige Jahre darauf hatte Jacobsen auch die US-Produktionsrechte am Konstruktionsprinzip der ständigen Spannung erworben, das der Lampe *Anglepoise* zugrunde lag, und er hatte in den 40er Jahren sowohl in Europa als auch in den Vereinigten Staaten geradezu ein Monopol auf den Verkauf von Arbeitsleuchten. Seine Produktionsfirma Luxo stellt noch immer die klassische Lampe *L-1* her, die für die Beweglichkeit von Arm und Schirm bekannt ist. Es gibt mehrere Varianten dieses Designs, darunter eine mit größerem Schirm, die als *Panoramic* bekannt ist. Die *Luxo L-1* hat zahlreiche Preise gewonnen und befindet sich in der Sammlung des **Museum of Modern Art, New York**. Jacobsens Lampe wurde zwar im Laufe der Zeit häufig kopiert, ihre technische Perfektion jedoch selten erreicht.

▾ Lampe *Luxo L-1*
für Luxo, 1937

▸ **Pierre Jeanneret & Le Corbusier**, Wohnzimmer im Pavillon de l'Esprit Nouveau bei der »Exposition Internationale des Arts Décoratifs« in Paris, 1925

Pierre Jeanneret

1896 *Genf*
1967 *Genf*

Pierre Jeanneret, der Cousin von Charles-Édouard Jeanneret, bekannt als **Le Corbusier**, wurde in Genf zum Architekten ausgebildet, bevor er 1920 nach Paris zog. Dort arbeitete er im Büro der Perret Frères, das für seine kühne Nutzung von Beton und funktionalistischen Formen berühmt war. Er trat 1922 dem Atelier seines Cousins bei und entwarf mit Le Corbusier und **Charlotte Perriand** eine Möbel-Serie, einschließlich des Stuhls *Basculant No. 301* (ca. 1928), der Chaiselongue *B306* und des Klubsessels *Grand Confort LC2* (beide 1928). Die drei richteten eine Wohnung für den Pariser Salon d'Automne mit ihren Möbeln ein. In den frühen 20er Jahren lernte Jeanneret den Künstler Amédée Ozenfant (1886–1966) kennen und malte im Anschluss daran viele Bilder, die deutlich Ozenfants Einfluss aufwiesen. Er wurde 1930 Mitglied der UAM (Union des Artistes Modernes) und die mit Le Corbusier und Charlotte Perriand gestalteten Möbel wurden in der ersten UAM-Ausstellung gezeigt. Weitere in Zusammenarbeit mit Le Corbusier entstandene Projekte, die Villa Savoye in Poissy (1928–1931), der Palast der Sowjets in Moskau (1932) und die Stadtplanung für Algier wurden bei späteren UAM-Ausstellungen präsentiert. Jeanneret ließ den Entwurf eines Birkenstuhls mit dem Namen *Scissor* (ca. 1947), der einen ungewöhnlichen Stahlbolzenanschluss hatte, patentieren und entwarf seine eigenen Möbelstücke. In der Nachkriegszeit arbeitete er mit **Jean Prouvé** am Design von Fertighäusern und mit Georges Blanchon an der Stadtplanung für Puteaux. Ab 1952 arbeitete Jeanneret an mehreren öffentlichen Bauprojekten seines Cousins mit, darunter die Gebäude der indischen Regierung in Chandigarh.

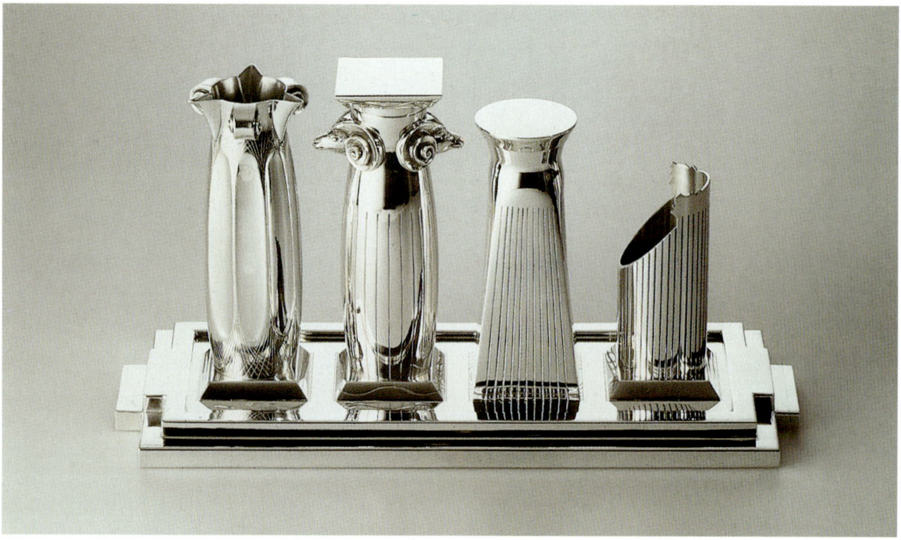

Charles A. Jencks

geb. 1939 *Baltimore, Maryland, USA*

Jencks studierte an der Harvard University Architektur und englische Literatur und setzte sein Studium an der London University fort, wo er 1970 in Architekturgeschichte promovierte. Er lehrte ab 1968 an der Architectural Association in London und ab 1974 an der University of California in Los Angeles. Zu seinen wichtigen Büchern zur **Moderne** und zur **Postmoderne** in der Architektur gehören *Adhocism* (1972), *Modern Movements in Architecture* (1973), *The Language of Post-Modern Architecture* (1977) und *Post-Modern Classicism* (1980). Als heftiger Kritiker der **Moderne** bezeichnete Jencks die geradlinigen Hochhäuser aus den 60er Jahren, die von **Le Corbusier** und **Ludwig Mies van der Rohe** inspiriert waren, als »dumme Kästen« und propagierte eine neue Architektursprache, die sich gegen die konservative Banalität der Moderne auflehnte. Er war der Ansicht, dass Gebäude mit symbolischen Anspielungen doppelt kodiert sein sollten, damit sie nicht nur der »interessierten Minderheit, die sich mit speziellen Problemen der Architektur auseinandersetzt« gefallen, sondern auch der allgemeinen Öffentlichkeit, denen »Fragen des Komforts, der traditionellen Konstruktionsmethoden und ihres Lebenstils« wichtiger sind. In den späten 70er und frühen 80er Jahren wandte er diesen postmodernen Ansatz auf das Design von Objekten wie dem architektonischen Service *Tea & Coffee Piazza* für Alessi (1983) an, das auf die klassische Säulenordnung der Architektur anspielt. Im selben Jahr entwarf er Möbel, so den Stuhl *Sun* für das Thematic House in London, entstanden in Zusammenarbeit mit der Terry Farrell Partnership.

▲ *Tea & Coffee Piazza* für Alessi, 1983

Georg Jensen

1866 Råvad/Kopenhagen
1935 Hellerup/Kopenhagen

Georg Jensen war Lehrling bei einem Gold- und Silberschmied in Kopenhagen und arbeitete ab 1884 als Geselle. Von 1887 bis 1892 studierte er an der Kongelige Danske Kunstakademi Bildhauerei. Er begann 1898, skulpturale Keramiken für Mogens Ballins Werkstatt in der Nähe von Kopenhagen herzustellen und war später bei der Aluminia-Töpferei und der Porzellanfabrik Bing & Grøndahl in Kopenhagen tätig, bevor er 1904 seine eigene Silberschmiede eröffnete. Jensen teilte die Vorliebe seiner Zeitgenossen für Silberreproduktionen nicht und fing an, Schmuck und Silberzeug im **Arts-&-Crafts**-Stil zu entwerfen, indem er natürliche Formen wie Beeren, Blätter und gewundene Ranken verwendete. Unter seinen bemerkenswertesten Designs waren die Serien *Blossom* (ca. 1904–1905) und *Grape* (ca. 1918), zu denen von Bestecken bis zu Schmuck eine Vielzahl von Teilen gehörte. Jensen konnte 1907 den Künstler Johan Rohde (1856–1935) als Designer gewinnen. Als die Firma bei der »Panama-Pacific International Exposition« in San Francisco ausstellte, war der Pressezar William Randolph Hearst dermaßen von der Qualität der präsentierten Arbeiten beeindruckt, dass er alle Exponate kaufte. Daraufhin wurde die Firma so erfolgreich, dass sie 1924 einen

▼ Obstschalen aus Silber aus der Kollektion *Grape*, 1918

▲ **Henning Koppel**, Silberne Fischplatte mit Deckel für Georg Jensen, 1954

Showroom an der Fifth Avenue in New York eröffnen konnte. In den 20er Jahren konnte Jensen andere **Avantgarde**-Designer wie Harald Nielsen (1892–1977), Gundorph Albertus (1887–1970) und Sigvard Bernadotte (geb. 1907) für die Firma gewinnen. Zur gleichen Zeit führte Rohde unverzierte, moderne Formen in die Silberkollektion der Firma ein. Nach Georg Jensens Tod 1935 übernahm sein Sohn Jørgen Jensen (1895–1966) die Leitung des Betriebs und setzte die zukunftsorientierte Geschäftspolitik fort. Nach dem Zweiten Weltkrieg stellte sie modernes und ausgesprochen elegantes, handgearbeitetes Silberzeug her, das von **Henning Koppel** und Tias Eckhoff (geb. 1926) entworfen war und für die funktionale und ästhetische Nüchternheit der skandinavischen Moderne beispielhaft war. In den Nachkriegsjahren stellte der Betrieb auch Produkte aus rostfreiem Stahl her, so **Arne Jacobsens** Besteck (1957) und von **Finn Juhl** entworfenes Glas. Seit den 20er Jahren steht der Name Georg Jensen für die skandinavische Moderne, und bis heute stellt die Firma schöne Metallarbeiten, Schmuck und Armbanduhren her, die in innovativen Formen und mit unübertrefflichem handwerklichen Können von Designern wie **Nanna Ditzel**, Vivianna Torun Bülow-Hübe (geb. 1927) und Jørgen Møller (geb. 1920) entworfen werden.

◂▾ **Sigvard Bernadotte**, Silberbesteck *Bernadotte*, 1939

▾ **Harald Nielsen**, Silberbesteck *Pyramid*, 1926

▲ **Vivianna Torun Bülow-Hübe,**
Armbanduhr aus rostfreiem Stahl
Modell Nr. 326 für Georg Jensen, 1967

▸ Plattenspieler *Beogram 4000* für Bang & Olufsen, 1972

Jakob Jensen

geb. 1926 *Kopenhagen*

Nach dem Abschluss seiner Ausbildung im Industriedesign an der Kunsthandvaerkerskolen in Kopenhagen im Jahr 1952 wurde Jakob Jensen Chefdesigner bei Bernadotte & Bjørn, der ersten dänischen Industriedesignagentur, die 1949 gegründet worden war. Er ging 1959 in die Vereinigten Staaten, wo er mit Richard Latham (geb. 1920) und anderen ein Designbüro eröffnete und an der University of Illinois in Chicago lehrte. Nach seiner Rückkehr nach Kopenhagen 1961 gründete er sein eigenes Büro für Industriedesign und gestaltete ab 1964 Audiogeräte für Bang & Olufsen. Seine schicken, leistungsstarken Designs, wie z. B. das Hifi-Gerät *Beogram 1200* (1969), das für seine Ausgewogenheit zwischen »Apparat« und »Möbelstück« einen dänischen ID-Preis gewann, und der Plattenspieler *Beogram 4000* (1972), der den innovativen seitlichen Tonabnehmer besaß, wurden zum ästhetischen und technologischen Standard für Audiosysteme. Obschon Jensen am ehesten für seine bahnbrechenden Arbeiten für Bang & Olufsen bekannt ist, entwarf er auch für andere dänische Hersteller Produkte, so etwa das Tastentelefon *E76* (1972) für Alcatel-Kirk, einen Bürostuhl (1979) für Labofa, Ultraschallgeräte (1982) für Bruel & Kjaer sowie eine Armbanduhr (1983) für Max René. Jensen hat zahlreiche Auszeichnungen für sein Produktdesign erhalten, darunter auch den deutschen Preis »Die gute Industrieform« und den Preis der Industrial Designers Society of America (IDSA).

Philip Johnson

geb. 1906 *Cleveland, Ohio, USA*

Philip Johnson studierte bis 1930 an der Harvard University Philologie und Philosophie. Zwei Jahre lang leitete er die neue Abteilung für Architektur am **Museum of Modern Art, New York**, und organisierte 1932 gemeinsam mit Henry-Russell Hitchcock die bahnbrechende Ausstellung »The **International Style**: Architecture since 1922« und schrieb das begleitende Buch. 1940 ging Johnson wieder an die Harvard University, um bis 1943 bei **Marcel Breuer** und **Walter Gropius** Architektur zu studieren. Er arbeitete anschließend vier Jahre als freischaffender Architekt und trat 1946 erneut seinen Posten am Museum of Modern Art an. 1954 verließ er das Museum, um sich seiner Karriere als Architekt zu widmen. Er arbeitete an **Mies van der Rohes** Seagram-Gebäude in New York (1954–1958) mit und entwarf mehrere Häuser in New Canaan, Connecticut, darunter das Glass House (1949), das von Mies Farnsworth House beeinflusst war, das Hodgson House (1950) und das Wiley House (1953). Der Erfolg seines Skulpturengartens am Museum of Modern Art (1953) führte zu weiteren öffentlichen Aufträgen. Obwohl er ein Hauptvertreter des International Style war, wiesen Johnsons Projekte starken neoklassizistischen Einfluss auf. In den späten 60er Jahren wurden seine Gebäude immer monumentaler, wie an der Kunsthalle in Bielefeld (1968) unschwer zu erkennen ist, und in den 70er Jahren entwarf er eine Reihe Wolkenkratzer aus Glas, darunter das IDS Center in Minneapolis (1973), den Pennzoil Place in Houston (1970–1976) sowie das überaus vorbildhafte AT&T-Gebäude in New York (1978–1983) mit seinem postmodernen gebrochenen Giebel. Seine ganze lange und kontroverse Karriere hindurch, die von erzmodern bis postmodern reicht, waren Johnsons Gebäude und Designs von einem ausgeprägten Sinn für klassische Monumentalität gekennzeichnet.

▾ **Philip Johnson & Richard Kelly**, Stehlampe für Edison Price, ca. 1953

Jugendstil

Deutschland

Der Begriff Jugendstil bezieht sich auf eine Richtung des **Art nouveau**, die in Deutschland in den 1890er Jahren aufkam. Er wurde vom Titel der Zeitschrift *Jugend* abgeleitet, die 1896 von Georg Hirth in München gegründet wurde und den neuen Stil popularisierte. Von den reformerischen Ideen John Ruskins (1819–1900) und **William Morris**' inspiriert, hatten Jugendstil-Designer wie **Hermann Obrist**, **Richard Riemerschmid** und **August Endell** idealistischere Ziele als andere Vertreter des Art-nouveau-Stils in Europa. Sie wollten nicht nur die Kunst reformieren, sondern traten auch für die Rückkehr zu einem einfacheren, weniger kommerziellen Leben ein. Ihnen war jugendlicher Optimismus und eine Verehrung der Natur eigen, die in ihren Werken mit großer Leidenschaft zum Ausdruck kommt. Wie ihre Zeitgenossen in Brüssel und Paris waren die Jugendstil-Designer von den Vorgängen in der Natur inspiriert, die ihnen durch wissenschaftlichen Fortschritt in Forschung und Technologie offengelegt wurden. Die geschwungenen, organischen Motive und Peitschenschlag-Formen, die August Endell und Hermann Obrist verwendeten, waren direkt von Karl Blossfeldts (1865–1932) fotografischen Pflanzenstudien und den botanischen Zeichnungen von Ernst Haeckel (1834–1919) beeinflusst. Das neue durch solch detaillierte Analysen dargelegte Verständnis der Natur half den Jugendstil-Gestaltern, in ihren Arbeiten eine gewisse Dynamik und ein schwungvolles, organisches Wachsen festzuhalten. Dieser neue, ahistorische Stil forderte die offizielle Kunst in Deutschland, die von Berlin ausging, heraus und Städte wie Dresden, München, Darmstadt, Weimar und Hagen, die ihre kulturelle Autonomie ausdrücken wollten, nahmen den Jugendstil mit Freuden auf. Obschon dieser Wunsch nach künstlerischer Unabhängigkeit ein Thema war, das die aufkommenden Art-nouveau-Schulen Europas in Brüssel, Nancy oder Glasgow miteinander verband, war er doch in Deutschland am deutlichsten zu spüren. Mehr als ihren europäischen Zeitgenossen, die mit dem Art nouveau verbunden waren,

▾ **Otto Eckmann**, Steingutvase mit Bronzebesatz, ca. 1900

▲ **August Endell**, Entwurf für die Logen im Bunten Theater in Berlin, 1901

gelang es den Jugendstil-Designern, die Kluft zwischen »künstlerischer Herstellung« und industrieller Produktion zu überbrücken. Für die Herstellung ihrer Designs wurden viele Werkstätten eröffnet, darunter die **Vereinigten Werkstätten für Kunst im Handwerk** im Jahr 1897 und die **Dresdener Werkstätten für Handwerkskunst** ein Jahr später. Diese Unternehmen wurden mit dem Ziel aufgebaut, hochwertige Haushaltswaren nach handwerklichen Prinzipien zu produzieren. Die in Dresden hergestellten Erzeugnisse waren weniger aufwendig und daher nicht so teuer wie die in München hergestellten, für den durchschnittlichen Haushalt waren sie dennoch unerschwinglich. Richard Riemerschmid, der Chefdesigner der Dresdener Werkstätten, eignete sich einen einfachen, volkstümlichen Stil an, der dem britischer Arts-&-Crafts-Gestalter, wie **Charles Voysey**, sehr ähnelte. Riemerschmid versuchte das Design durch Standardisierung zu reformieren und seine rationalen Herstellungsverfahren an den Dresdener Werkstätten für Handwerkskunst waren äußerst einflussreich und trugen zur Gründung des **Deutschen Werkbunds** bei. Die Münchener Vereinigten Werkstätten für Kunst im Handwerk, die von **Bruno Paul** und anderen gegründet worden waren, spielten für das Voranbringen des Jugendstils ebenfalls eine zentrale Rolle. Paul entwarf Karikaturen und Grafiken mit kräftigen Linien für die Zeitschrift *Simplicissimus*, die wie die *Jugend* die neue Ästhetik popularisierte. Pauls linearer Stil

► **Ludwig von Zumbusch**, Titelseite der Zeitschrift *Jugend*, erschienen in München, März 1896

Herausgeber: Georg Hirth. — Redakteur: Fritz v. Ostini. —

BEDRUCKTER BAUMWOLLENER SATIN
von SCHEURER LAUTH & Co in THANN i/Els.

Aus dem Hohenzollern-Kaufhaus
(H. HIRSCHWALD), BERLIN

wurde von seinem Münchener Kollegen **Bernhard Pankok** geteilt, dessen Haus Lange in Tübingen (1902) als **Gesamtkunstwerk** konzipiert war. Das Gebäude war von der Volkskunst beeinflusst und so auch seine Jugendstil-Interieurs, die in ihrer Einfachheit erstaunlich modern wirkten. In Darmstadt wurde der Jugendstil vom Großherzog Ernst Ludwig von Darmstadt-Hessen großzügig gefördert. Er regte 1901 eine Ausstellung an, die den Titel »Ein Dokument deutscher Kunst« trug. Sie feierte die künstlerischen Errungenschaften der **Darmstädter Künstlerkolonie**, die 1899 mit privater Unterstützung des Großherzogs eingerichtet worden war. Diese Gemeinschaft bestand zunächst aus acht Gebäuden, darunter das Atelierhaus von **Josef Maria Olbrich**, das »Haus für dekorative Kunst«, sowie sieben Künstlerwohnsitze für die Mitglieder der Kolonie. Sie war nicht nur wegen des neuen, urbanen Baustils wichtig, den sie vermittelte und der den Jugendstil zur Anwendung brachte, sondern auch für die Unterstützung der künstlerischen Produktion. In Weimar war die Befürwortung des Jugendstils ebenso von bürgerlichem Stolz wie wirtschaftlicher Notwendigkeit motiviert und

▲ Schüssel mit Deckel, ca. 1900

◄ Bedruckter Satinstoff, Scheurer Lauth & Co., Thann

auch hier gab es Zuschüsse vom Großherzog. Im Jahr 1860 unterstützte Großherzog Karl Alexander von Sachsen-Weimar privat die Einrichtung einer Kunstschule in Weimar. Sein Enkel, Landesherr ab 1901, ließ sich von Harry Graf Kessler davon überzeugen, den belgischen Architekten **Henry van de Velde** als Hofkunstberater anzustellen. Der Glaube, dass die örtliche Wirtschaft durch Kunsterziehung angeregt werden würde, führte dazu, dass van de Velde 1904 mit dem Entwurf der Weimarer Kunstgewerbeschule beauftragt wurde. Er leitete die Institution bis 1914 und schuf in dieser Zeit viele Jugendstil-Designs für Silberarbeiten und Keramik, die für ihre einfachen Formen geschätzt wurden. Architektur und Formgebung des Jugendstils verbanden oft strukturelle Innovation mit abstrahierten, naturalistischen Formen und erzielten damit eine verblüffende Kombination von Monumentalität und visueller Leichtigkeit. Der Stil erreichte um 1900 seinen Höhepunkt und wurde kurze Zeit später vom industriellen Rationalismus des Deutschen Werkbunds überholt, der 1907 von einer Gruppe von Designern und Architekten gegründet wurde, die dem Jugendstil nahegestanden hatten. Mit seinen natürlichen Formen und volkstümlichen Typen als Mittel zur Reform des Designs und letztendlich der Gesellschaft hatte der Jugendstil viel mit der britischen **Arts-&-Crafts-Bewegung** gemeinsam, während seine Verwendung eher industrieller Herstellungsverfahren den Weg für spätere Entwicklungen im deutschen Design ebnete. Der Begriff Jugendstil wird auch für die skandinavische Ausprägung des Art nouveau benutzt.

▾ **Ferdinand Morawe**, Uhr für die Vereinigten Werkstätten für Kunst im Handwerk, 1903

◂ Stuhl *Chieftain* für Niels Vodder, 1949

Finn Juhl

1912 *Kopenhagen*
1989 *Kopenhagen*

Finn Juhl studierte bis 1934 bei Professor Kay Fisker (1893–1965) an der Kongelige Danske Kunstakademi in Kopenhagen Architektur. Er arbeitete erst zehn Jahre lang als Architekt im Büro von Vilhelm Lauritzen und entwarf in dieser Zeit viele Möbel gemeinsam mit dem Tischler Niels Vodder. Juhls Möbel, wie z. B. die Stühle *Pelican* (1940) und *Nr. 45* (1945), unterschieden sich deutlich von den Neuauflagen traditioneller Möbeltypen, die von **Kaare Klint** und seinen Anhängern ausgeführt wurden. Sie läuteten eine neue Richtung im dänischen Design ein, die zu organischen Formen tendierte. Juhl eröffnete 1945 sein eigenes Büro und konzentrierte sich auf das Design von skulpturalen Massivholzstühlen, Tischen und Sofas, was ihm viel Anerkennung brachte: er erhielt sechs Goldmedaillen bei Mailänder Triennale-Ausstellungen sowie 14 Preise der Kopenhagener Schreinergilde. Seine Arbeiten wie die Stühle *Nr. 48* (1948) und *Chieftain* (1949), zeichnen sich durch das Gleichgewicht von Kunstfertigkeit und ausdrucksvollen, fast schwebenden Formen aus. Er entwickelte zahlreiche Konstruktionsmethoden für Teakholz, wodurch das Material im dänischen Möbeldesign populär wurde. Ab 1945 war Juhl auch Dozent für Interior Design an der Technischen Hochschule Fredericksberg und spielte eine zentrale Rolle in der Entwicklung des dänischen Designs.

Wilhelm Kåge

1889 *Stockholm*
1960 *Stockholm*

Nachdem Wilhem Kåge an der Valand Kunstschule in Göteborg, bei Carl Wilhelmson (1866–1928) in Stockholm und schließlich 1912 bei Johan Rohde an der Kunstschule in Kopenhagen Malerei studiert hatte, beendete er seine Ausbildung mit einem Studium des Grafikdesigns an der Plakatschule in München, wo er für seine Plakatentwürfe berühmt wurde. Er wurde 1917 von der schwedischen Keramikfirma Gustavsberg angeworben ihre Kollektion zu überarbeiten, als die Schwedische Gesellschaft für Industriedesign Hersteller wie Gustavsberg dazu anhielt, zur Verbesserung ihrer Gebrauchsgegenstände Künstler anzustellen. Kåges Speiseservice *Liljebala* (Blaue Lilie) von 1917 war mit seinen von der Volkskunst inspirierten Verzierungen eine solche Verbesserung, und da es auch für Arbeiter erschwinglich war, wurde es als »Arbeiterservice« bekannt. Kåge erhielt bei der »Exposition Internationale des Arts Décoratifs et Industriels Modernes« in Paris im Jahr 1925 einen Grand Prix für seine Keramiken. In den 30er Jahren entwarf er das feuerfeste Service *Pyro* (1930) und das Service *Praktika* (1933), die beide nicht teuer, aber funktional waren, da sie sich mit ihren einfachen Formen gut stapeln ließen und somit leicht unterzubringen waren. *Praktika* war interessanterweise auch das erste Service von Gustavsberg, bei dem Einzelteile erhältlich waren, so dass man nicht das komplette Set kaufen musste. Außer seinen Designs für industriell hergestellte Keramik schuf Kåge auch bezaubernde Atelierarbeiten, wie seine Vase *Terra Spirea* (ca. 1955). Seine Steingutdesigns *Farsta*, die nach der Insel benannt waren, auf der sich die Töpferei Gustavsberg befand, waren von chinesischen und mexikanischen Keramiken sowie von Naturformen inspiriert, während seine Ateliertöpferserie *Surrea* mit ihren fragmentierten Formen vom Kubismus und Surrealismus beeinflusst war. Seine funktionalen Keramikdesigns für die Massenherstellung wurden zum Standard für das moderne Tafelservice und seine Ateliertöpfereien zeigen seine unbestreitbare Begabung als Keramiker.

▼ Steingutvase *Terra Spirea* für Gustavsberg, ca. 1955

▸ **Anna Castelli Ferrieri**, zylindrisches Schranksystem *Modell Nr. 4966* für Kartell, 1969

Der Plastikhersteller Kartell wurde 1949 von Giulio Castelli (geb. 1920) ins Leben gerufen, einem Chemotechniker und Sohn eines der frühen Pioniere der Plastikverarbeitung. Castelli hatte 1954 bei Giulio Natta (1903–1979), dem Erfinder von Polypropylen, studiert und gleichzeitig Kontakte zu **Avantgarde**-Architekten und -Künstlern geknüpft, die nach dem Krieg dafür eintraten, das Design zu einem wesentlichen Bestandteil des Herstellungsprozesses zu machen, um dem italienischen Wiederaufbau zu helfen. Das erste von Kartell gefertigte Produkt war ein einfacher Skiständer, der von dem Architekten und Industriedesigner Roberto Menghi (geb. 1920) entworfen worden war. Danach produzierte Kartell eine Serie von Haushaltsartikeln, von denen einige **Gino Colombini** entwarf. Von Zitronenpressen und Kehrblechen bis zu Waschschüsseln und Eimern – Kartell machte aus alltäglichen Objekten formschöne Produkte aus Polyethylen, die erstaunlich modern wirkten. Die Innovationen der Firma auf dem Gebiet des Designs und der Materialien wurden weithin gerühmt und Kartell erhielt **Compasso-d'Oro**-Preise in den Jahren 1955, 1957, 1959, 1960 und 1964 sowie Gold- und

Kartell

Gegründet 1949
Mailand

Silbermedaillen bei Mailänder Triennale-Ausstellungen. Ab Mitte der 50er Jahre stellte die Firma auch Möbel her, darunter ein Schranksystem aus Metall- und Plastikteilen (1956), entworfen von Gino Colombini und Leonardo Fiori. Doch dauerte es noch bis in die 60er Jahre, bis Kartell auf diesem Gebiet weithin bekannt wurde, und zwar durch ihren Kinderstapelstuhl *Nr. 4999/5* (1961–1964) von **Marco Zanuso** und **Richard Sapper** sowie **Joe Colombos** revolutionäres *Model Nr. 4860 Universale* (1965–1967), der der erste komplett aus Spritzgusskunststoff hergestellte Stuhl für Erwachsene war. Die Firma produzierte außerdem Möbel von **Anna Castelli Ferrieri**, Alberto Rosselli (1921–1976), Giotto Stoppino (geb. 1926), **Ettore Sottsass** und **Gae Aulenti**, die häufig aus Einzelkomponenten bestanden, wie Castelli Ferrieris zylindrische Stapelschränkchen *4953–54–55–56* (1970) aus Spritzguss. Kartell stellte auch Leuchten von **Sergio Asti**, **Marco Zanuso** und **Achille und Pier Giacomo Castiglioni** und in den 80er Jahren von **Philippe Starck** entworfene Möbel her, wie beispielsweise den eigenwilligen Stuhl *Dr. Glob* (1988). In den 90er Jahren gewann Kartell den Compasso-d'Oro-Preis für **Antonio Citterio** und Glen Oliver Loews durchsichtige Schubladenmöbel *Mobile* (1995) aus spritzgegossenem Polymethylmethacrylat.

▾ **Marco Zanuso & Richard Sapper**, Stapelstuhl für Kinder *Modell Nr. 4999/5* für Kartell, 1961–1964

Anschließend widmeten sie sich der Herstellung von **Ron Arads** höchst erfolgreichem Bücherregal *Bookworm*, ebenfalls aus spritzgegossenen Technopolymer. Das hauseigene Designatelier Centrokappa, das von Giulio Castellis Frau Anna Castelli Ferrieri geleitet wird, hat ebenfalls einige beachtenswerte Designs hervorgebracht, darunter die Kindermöbelserien *5300*, *5312*, *5320* in verspielten Grundfarben. Bis heute verfolgt Kartell »eine Idee des Designs, bei dem die Qualität der Beziehung zwischen Materialien, Formen und Zweck in Bezug auf den industriellen Herstellungsprozess definiert wird«, während die Firma ihre Identität durch die innovative Anwendung modernster Kunststoff-Produktionstechnologien behauptet.

Edward McKnight Kauffer

1890 *Great Falls, Montana, USA*
1954 *New York*

Edward Kauffer wurde in den USA zum Maler ausgebildet. 1913 finanzierte Joseph E. McKnight ihm eine Studienreise nach Paris. Später nahm er den Namen seines Gönners an und ließ sich 1914 in England nieder. 1915 erhielt er seinen ersten großen Designauftrag: ein Plakat für die Eisenbahngesellschaft. 1920 war Kauffer Mitbegründer der Group X, einer von dem vortizistischen Maler Percy Wyndham Lewis (1882–1957) geführten Künstlergruppe. Ein Jahr später gab Kauffer jedoch die Kunst auf und konzentrierte sich von nun an vollständig auf Grafikdesign und Werbegrafik. Zu seinen Geschäftskunden gehörten Unternehmen wie London Transport, Great Western Railway, Shell-Mex, British Petroleum, die Orient Line und die britische Post, für die er augenfällige Plakate entwarf, die erst vom Vortizismus und später vom **Surrealismus** inspiriert waren. 1929 stellte Edward McKnight Kauffer gemeinsam mit seiner Frau, der Textildesignerin Marion Dorn (1899–1964) handgewebte Teppiche aus, die von der Wilton Royal Carpet Factory hergestellt wurden und kubistische sowie biomorphe Muster aufwiesen. In den 30er Jahren war er auch als Buchillustrator tätig und illustrierte Miguel de Cervantes' *Don Quixote* (1930), T. S. Eliots *Triumphal March* (1931) und Arnold Bennetts *Venus Rising from the Sea* (1931). Er gestaltete viele Bucheinbände, darunter einen für das *Studio Yearbook*. Seine Plakate wurden 1937 in einer Einzelausstellung im **Museum of Modern Art, New York**, gezeigt und im darauf folgenden Jahr war er der erste Emigrant, der von der Royal Society of Arts in London den Titel eines Honorary Designer for Industry erhielt. Im Jahr 1940 zog er mit Marion Dorn nach Amerika zurück und blieb für den Rest des Krieges dort. Er erhielt jedoch nur wenige Aufträge. Bis 1953 entwarf er Plakate für American Airlines.

▼ Handgewebter Wollteppich für die Wilton Royal Carpet Factory, ca. 1935

► Innenausstattung von Peggy Guggenheims »Art of This Century Gallery« in New York mit Frederick Kieslers *Multi-Use*-Stühlen, 1942

Frederick Kiesler

1890 *Wien*
1965 *New York*

Frederick Kiesler studierte von 1910 bis 1914 an der Akademie der Bildenden Künste und der Technischen Hochschule in Wien. Ab 1920 arbeitete er für kurze Zeit mit **Adolf Loos** zusammen und entwarf Innenausstattungen und Bühnenbilder. Er wurde drei Jahre später Mitglied von **De Stijl** und gestaltete sein »Endloses Haus und Theater«, ein aus einzelnen Elementen bestehendes Gebäudesystem, das auf der Form des Eis beruhte und äußerst flexibel in seiner Zusammensetzung war. Das Projekt war energiesparend und reduzierte die zum Bau nötigen Elemente auf ein Minimum. Während dieser Zeit stand er der Gruppe G nahe, zu der sich **Ludwig Mies van der Rohe**, Hans Richter (1888–1976) und Werner Graeff (1901–1978) zusammengeschlossen hatten. Er gestaltete 1924 die »Internationale Ausstellung für Neue Theater Technik« am Konzerthaus in Wien und ein Jahr später den österreichischen Pavillon auf der Pariser »Exposition Internationale des Arts Décoratifs et Industriels Modernes«. 1926 emigrierte Kiesler in die Vereinigten Staaten und arbeitete zwei Jahre in einem gemeinsamen Architekturbüro in New York mit Harvey Wiley Corbett. Er wurde Mitglied der AUDAC (American Union of Decorative Artists and Craftsmen) und war von 1934 bis 1937 Direktor für Bühnendesign an der Julliard School of Music in New York. Zudem leitete er von 1936 bis 1942 das Forschungslabor für Wechselbeziehungen im Design an der School of Architecture der Columbia University. Später arbeitete er sechs Jahre mit Armand Bartos in New York. Seine skulpturalen Möbeldesigns, wie die Stühle *Multi-Use* (1942) und die Tische *Two-Part Nesting* (1935–1938), waren überaus einflussreich und führten zum Aufkommen des **Biomorphismus** in den 50er Jahren.

Die Zusammenarbeit zwischen dem britischen Gestalter Perry A. King (geb. 1938) und dem spanischen Designer Santiago Miranda (geb. 1947) begann Mitte der 70er Jahre. King hatte seit 1956 für **Olivetti** gearbeitet und Büroausstattungen entworfen, darunter gemeinsam mit **Ettore Sottsass** die Schreibmaschine *Valentine*. Ab 1972 leitete er die Entwicklung der **Corporate Identity** der Firma und entwarf mit Santiago Miranda eine Schrift für Nadeldrucker. Er entwickelte in den 70er Jahren eine Corporate Identity für C. Castelli, Diktiergeräte für die Süd-Atlas-Werke und elektrische Ausrüstungen für Praxis, während der neun Jahre jüngere Miranda an der Escuela de Artes Aplicadas y Oficios Artisticos in Sevilla studierte. King und Miranda begannen ihre erfolgreiche Zusammenarbeit 1975 in Mailand und gestalteten Grafiken, Möbel und Leuchten für Marcatré, Disform, Flos und Arteluce und entwickelten Computer und Tastaturen für Olivetti. Zu ihren Designs zählen

King – Miranda

gegründet 1975
Mailand

▾ Tischlampe
Donald für Flos, 1978

auch Elektrowerkzeug für Black & Decker, Muranoglas und das Beleuchtungssystem *Lucerno* (1991), das für die öffentlichen Räume der Expo '92 in Sevilla hergestellt wurde. Obgleich die Produkte von King – Miranda hauptsächlich von Technologie und industriellen Herstellungsverfahren geprägt waren, besitzen sie doch etwas Poetisches, manchmal sogar Humorvolles, wie ihre Lampe *Donald* (1978) zeigt. Sie vertraten die Ansicht: »Design muss ganz offensichtlich nicht nur Technologie und Wirtschaft einbeziehen, sondern auch Soziologie. Dies führt uns zu dem Schluss, dass Designer ein politisches oder philosophisches Modell haben sollten, auf dem ihre Arbeit aufbaut.« (King – Miranda 1983 – *Design Since 1945*, S. 217).

◂ Stehlampe *Jill* für Flos, 1978

▸ *Omkstack*-Stühle für Bieffeplast, 1971

Rodney Kinsman

geb. 1943 *London*

Rodney Kinsman studierte an der Central School of Art in London Möbeldesign. 1966 eröffnete er mit Jurek Olejnik und Bryan Morrison die Firma OMK Design. Schon ein Jahr später produzierte sie ihre eigenen Möbel, darunter den vinylbezogenen Schaumblock *F Range* (1966), und lieferte Designs an **Terence Conrans** Habitat-Läden. Seit ihrer Gründung leitet Kinsman die Firma OMK und zeichnete für mehrere viel beachtete Entwürfe verantwortlich, insbesondere den äußerst erfolgreichen Stuhl *Omkstack* (1971), der als Inbegriff des **High-Tech**-Stils der 70er Jahre gelten kann. Dieses sehr sachliche Design war für die Massenherstellung gedacht und der italienische Hersteller Bieffeplast war Lizenzinhaber. Er ist bis heute ein wichtiger Geschäftspartner. Das Ausstellungssystem *Graffiti* (1981) und die Serien *Vienna* (1984) und *Tokyo* (1985) zählen zu Kinsmans Möbeldesigns, denen eine ähnlich rationalistische Ästhetik eigen ist. Sein erstes öffentliches Sitzmöbel, die Serie *Transit*, gemeinsam mit Peter Glynn-Smith entworfen, kam 1981 auf den Markt. Das feuerfeste Metallsystem hat wellenartige, rhythmische Form und war ursprünglich für den Flughafen Gatwick entwickelt worden. 1983 wurde Kinsman Fellow an der Society of Industrial Artists and Designers, 1988 wurde er zum Honorary Fellow des **Royal College of Art** ernannt. Sein Flughafen/Bahnhofs-Sitzmöbelsystem für Trax erschien 1989 und seine vielleicht originellste Sitzlösung, die aus gepresstem Aluminium hergestellte Bank *Seville* (1991) wurde für die Expo '92 entworfen. Kinsman vertritt die Meinung, dass Design nicht von der Mode beeinflusst sein solle. Er ist bemüht, Möbel zu gestalten, die aufgrund guter technologischer Konzeption lange Zeit populär bleiben.

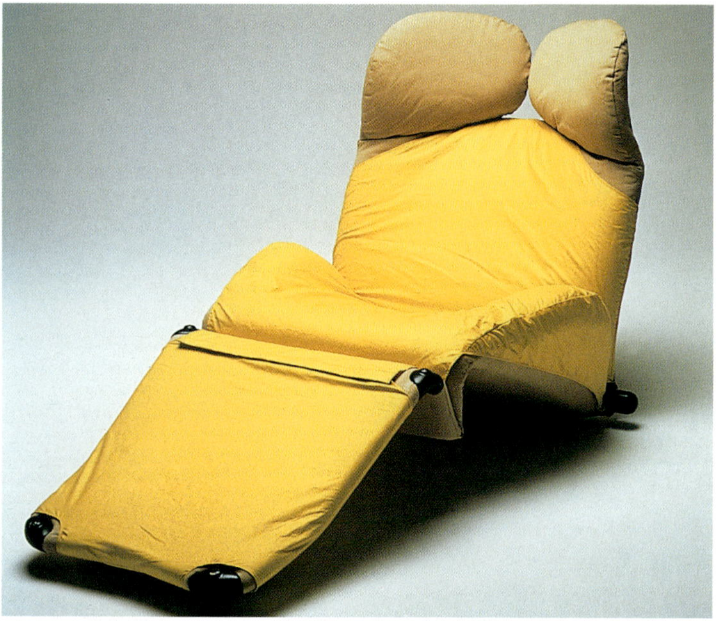

◂ Sessel *Wink* für Cassina, 1980

Toshiyuki Kita

geb. 1942 *Osaka*

Toshiyuki Kita studierte am Namiwa College in Osaka Industriedesign, machte 1964 seinen Abschluss und eröffnete noch im selben Jahr sein eigenes Studio für Industrie- und Möbeldesign in Osaka. Fünf Jahre später ging er nach Italien, wo er zunächst im Designbüro von **Mario Bellini** und Silvio Coppola (1920–1986) arbeitete, gleichzeitig jedoch auch für Bernini und später Cassina Möbel entwarf. Sein bekanntestes Design, der aus Einzelgliedern bestehende, verstellbare Sessel *Wink* (1980) mit seiner an Mickymaus erinnernden Kopfstütze, nahm die Vorliebe für auffällige Formen der frühen 80er Jahre vorweg. Der über vier Jahre entwickelte Entwurf hatte einen abnehmbaren Bezug, der die Lebensspanne des Stuhls verlängern sollte. Kita erhielt 1981 den Industriedesignpreis Kitaro Kunii und nahm 1987 an der Ausstellung »Les avant-gardes de la fin du XXe siècle« am Centre Georges Pompidou in Paris teil. Gemeinsam mit dem Künstler Keith Haring (1958–1990) entwarf er 1988 die Tische *On Taro* und *On Gino* für Kreon und erhielt ein Jahr darauf von Sony den Auftrag, einen multifunktionalen Saal für die Firmenzentrale in Tokio zu gestalten. Mit seinem europäischen Kundenstamm, darunter Interflex, Sharp und Tribu sowie seinen japanischen Auftraggebern wie Koshudo, Johoku Mokko und Yamagiwa ist Toshiyuki Kita als Designer in beiden Kulturen heimisch.

Der Begriff Kitsch kommt von »verkitschen«, herabsetzen, und bezeichnet geschmacklose, aber gleichzeitig populäre Designs. Der Kitsch kann als Gegenteil des **Guten Designs** angesehen werden. Zu Anfang waren damit nur funktionslose Souvenirs, Scherzartikel und Schnickschnack gemeint. Eine der ersten Untersuchungen war das Buch *Der Kitsch* des Philosophen Fritz Karpfen (1925). Erst das 1939 erschienene Buch *Kitsch and the Avant-garde* des amerikanischen Kritikers Clement Greenberg erweiterte den Begriff, der nun auch Elemente der populären Kultur wie Werbung und „Schund"-Literatur einschloss. In den 50er Jahren erreichte das Kitschdesign seinen Höhepunkt, als Hersteller Erzeugnisse produzierten, die nur noch eine entfernte Ähnlichkeit mit dem »Hoch-«Design aufwiesen, das ihnen als Inspiration gedient hatte. In dieser Zeit wurde eine Vielzahl billiger, geschmackloser Produkte, oft aus Plastik, hergestellt, deren Anziehungskraft im Firlefanz oder in ihrem Humor lag. Dieses Phänomen wurde vom populären Konsumdenken noch verstärkt und kann auch als Reaktion gegen das vom Staat und den Institutionen favorisierte Gute Design gesehen werden. In den 60er Jahren verwendete man den Begriff Kitsch weiterhin abwertend, in den 70er Jahren wurden jedoch Kitschobjekte in Interieurs ironisch eingesetzt und waren gerade wegen ihrer Geschmacklosigkeit beliebt. Die **Postmoderne** der 80er Jahre rühmte den Kitsch für seine kulturelle Offenheit und subversive Tendenz. Durch seine Abwertung des »guten Geschmacks« hatte der Kitsch in der **Avantgarde** fruchtbaren Boden gefunden.

Kitsch

▾ Verschiedene Schirmständer, späte 1950er Jahre

▸ Stuhl *Modell Nr. PK22* für E. Kold Christensen, 1955

Poul Kjaerholm

1929 *Oster Vra, Dänemark*
1980 *Hillerod, Dänemark*

Poul Kjaerholm wurde zum Tischler ausgebildet, bevor er an der Kunsthandwaerkerskolen in Kopenhagen Möbeldesign und -tischlerei studierte. Später unterrichtete er vier Jahre lang an dieser Schule und 20 Jahre an der Kongelige Dansk Kunstakademi in Kopenhagen, deren Direktor er 1976 wurde. Seine gesamte Karriere hindurch konzentrierte er sich auf die Gestaltung von Möbeln für die Massenproduktion und arbeitete ab 1955 hauptsächlich für den Möbelhersteller E. Kold Christensen in Hellerup. Seine eleganten, rationalen Designs, wie der Stuhl *PK22* von 1955 und die Chaiselongue *Hammock PK24* (1965), sind an die Arbeiten von Designern der **Moderne** angelehnt, besonders **Le Corbusier**. Um 1970 löste Fritz Hansen E. Kold Christensen als Hersteller ab. Kjaerholm erhielt den Grand Prix 1957 und 1960 bei der Mailänder Triennale und 1958 den Lunning-Preis. Von allen skandinavischen Designern war er wahrscheinlich am stärksten vom **International Style** beeinflusst. Seine eleganten Designs, die eine funktionalistische Logik mit skandinavischer Sensibilität verbanden, waren von einer nüchternen Ästhetik, die aus seiner Beherrschung des Materials und der technischen Konstruktion resultierte. Poul Kjearholm wurde außerdem durch seine Ausstellungsgestaltungen bekannt, bei denen er einen eindrucksvollen Sinn für Raumorganisation bewies.

Kaare Klint

1888 Fredericksberg, Dänemark
1954 Kopenhagen

Nachdem er ab 1903 an der Technischen Hochschule in Fredericksberg Malerei studiert hatte, machte Kaare Klint zunächst bei seinem Vater, dem Architekten P. V. Jensen Klint, eine Lehre und trat später dem Kopenhagener Architektenteam Kai Nielsen und Carl Petersen bei. Ab 1917 arbeitete er als unabhängiger Möbeldesigner und eröffnete 1920 sein eigenes Atelier, wo er unter anderem Designs für Fritz Hansen und Rudolf Rasmussen herstellte. Seine Möbelentwürfe, wie der Liegestuhl *Model Nr. 4699* (1933) waren hauptsächlich Überarbeitungen älterer Designs von der Volkskunst, dem **Shaker**-Design, Regency-Möbeln und der orientalischen Möbeltischlerei beeinflusst. An der Kongelige Danske Kunstakademi in Kopenhagen richtete er 1924 den Fachbereich Möbel ein und führte mit seinen Studenten bahnbrechende anthropometrische Forschungen durch. Als einflussreicher Designtheoretiker riet Klint seinen Studenten, die Hauptmerkmale des traditionellen handwerklichen Könnens, wie Detailtreue und gründliche Kenntnis der Materialien, mit rationalen Designprinzipien zu verbinden. Er wurde 1944 zum Architekturprofessor an der Kopenhager Kunstakademie ernannt und entwarf im selben Jahr seine Lampe *Fruit* aus gefaltetem Papier. Diese preiswerten Papierlampen wurden von Le Klint hergestellt, einer Firma, die aus der Heimarbeit seines Vaters hervorgegangen war, der ebenfalls Lampen aus Papier entwarf und produzierte. Klint war der Ansicht, Design sollte der Öffentlichkeit dienen und dies könnte am besten durch Aneignung rationaler Designprinzipien und das Studium der Ergonomie erreicht werden. Seine Lehren waren nach dem Zweiten Weltkrieg Grundlage für die Erneuerung des dänischen Designs.

▼ Liegestuhl *Modell Nr. 4699* für Rudolf Rasmussen, 1933

Knoll International

gegründet 1938
New York

▲ **Florence Knoll**, Konferenztisch *Modell Nr. 2080* für Knoll International, 1961

► **Herbert Matter**, Werbung für Harry Bertoias *Diamond*-Stühle für Knoll International, ca. 1952

Hans Knoll (1914–1955) war der Sohn von Walter Knoll, einem deutschen Möbelhersteller. Er zog 1937 nach New York, baute dort die Hans G. Knoll Furniture Company auf und begann um 1941 mit der Herstellung einer Serie moderner Möbel, die von **Jens Risom** entworfen worden waren und aus Gurtstoffen aus Armeerestbeständen bestanden. Dann lernte er Florence Schust kennen, eine Architektin, die an der **Cranbrook Academy of Art**, der Architectural Association in London und bei **Mies van der Rohe** am Armoury Institute in Chicago studiert hatte und für die Architekten **Marcel Breuer** und **Walter Gropius** tätig gewesen war. Sie wurde 1943 als Innenarchitektin bei Hans Knoll angestellt und veränderte die Richtung im Design der Kollektion vom skandinavischen zum **International Style**. Drei Jahre später heirateten Hans Knoll und Florence Schust und gründeten im selben Jahr Knoll Associates. Sie begannen, moderne, skulpturale Möbel von **Eero Saarinen**, **Isamu Noguchi** und **Harry Bertoia** herzustellen und erweiterten damit das Profil der Firma deutlich. 1948 erwarben sie die Produktionsrechte an Mies van der Rohes Möbeldesigns. In den 50er Jahren war Florence Knoll Wegbereiterin des typischen Knoll-Looks. Sie leitete alle Aspekte der Geschäftsplanung, von der Gestaltung der klaren und durchgestalteten Showrooms und Interi-

Indoor-outdoor Bertoia chairs in many colors, covered with Knoll fabrics
KNOLL ASSOCIATES, INC., 575 MADISON AVENUE, NEW YORK 22, FURNITURE AND TEXTILES
MAY WE SEND YOU AN ILLUSTRATED BROCHURE?
Herbert Matter

▲ **Massimo Vignelli**, Plakat für Knoll International, 1967 (erstes von Vignelli für Knoll entworfenes Plakat)

eurs bis zum Grafikdesign. Zu diesem Zweck stellte sie den Schweizer Formgeber **Herbert Matter** an, der in den 50er Jahren eine kraftvolle Plakatserie entwarf, die für Knoll-Produkte warb und das große »K«-Logo trugen. Matters Grafiken hatten eine ähnliche Klarheit wie Florence Knolls Möbel und Innenräume. Er leistete einen großen Beitrag zur berühmten **Corporate Identity** des Unternehmens. Hans Knoll starb 1955 bei einem Autounfall, doch die Firma gedieh unter der Leitung seiner Witwe weiter. Im Gegensatz zu vielen Innenarchitekten besaß sie ein außergewöhnlich gutes architektonisches Verständnis. Ihre Interieurs nutzten daher den vorhandenen Raum immer optimal aus, wobei sie die Gebäude, in denen sie untergebracht waren, stets einbezogen. Mit ihrem ausgezeichneten Geschmack war sie in der Lage, Form, Farbe und Material harmonisch in Einklang zu bringen. Ab 1967 wurde Knolls Identität durch **Massimo Vignelli** gefestigt, der ein Programm kühner Grafiken entwarf, die eine starke geometrische Einheit aufwiesen. Knoll wurde immer mehr als Hersteller von Einrichtungsgegenständen bekannt und ist heute der drittgrößte Produzent von Büromöbeln. Die Entwürfe sind noch immer sehr innovativ, insbesondere die Serie beweglicher Arbeitsplätze *Homer* (1997) von Luke Pearson und Tom Lloyd.

▲ **Luke Pearson & Tom Lloyd**, mobiles Büro *Homer* für Knoll International, 1997 (mit Harry Bertoias Drahtstuhl *Modell Nr. 420 C*)

◄ **Luke Pearson & Tom Lloyd**, mobiles Büro *Homer* für Knoll International, 1997

▲ Uhr *Cymric* für Liberty & Co., 1903

Archibald Knox studierte von 1878 bis 1884 an der Douglas School of Art auf der Isle of Man, wo er später selbst lehren sollte. Bevor er 1897 nach London ging und von dort aus an der Redhill School of Art unterrichtete, arbeitete er mit dem Designer **Hugh Mackay Baillie Scott** zusammen, der ebenfalls von der Isle of Man stammte. Er gestaltete außerdem mit Hilfe von **Christopher Dresser** Metallarbeiten und Textilien für das **Silver Studio** und entwarf von 1898 bis 1912 Metallarbeiten, Stoffe und Teppiche für **Liberty & Co.** Die sehr einflussreichen Metallserien *Cymric* (ab 1899) von Liberty, bestehend aus Silberarbeiten und Schmuck, und *Tudric* (ab ca. 1900) aus dem weniger teuren Zinn, sind hauptsächlich ihm zu verdanken. Die organischen Formen und geschwungenen Verzierungen gehen auf keltische Motive zurück und Knox' Designs mit Flechtmustern und türkisfarbenem Emaille konnten mit dem »Liberty Style« gleichgesetzt werden, der vor allem in Kontinentaleuropa weit verbreitet war. Von 1900 bis 1904 lebte Knox auf der Isle of Man und kehrte dann wieder auf das britische Festland zurück. Er unterrichtete an verschiedenen Kunstschulen, beispielsweise der Kingston School of Art, wo seine Lehrmethoden von offizieller Stelle kritisiert wurden. 1911 verließ er daher seine Lehrposition in Kingston und gründete mit einer Gruppe ehemaliger Studenten die Knox Guild of Craft and Designs, die bis 1939 aktiv war. Er gab das Design für die Firma Liberty & Co. auf, die 1909 für eine Reihe seiner Metall-Entwürfe Lizenzen an James Connell & Co. vergeben hatte. 1912 ging er in die Vereinigten Staaten und entwarf dort Teppiche für den in Philadelphia ansässigen Hersteller Bromley & Co. Ein Jahr später kehrte er auf die Isle of Man zurück, begann nach dem Ersten Weltkrieg mit der Malerei und unterrichtete wieder. Er entwarf mehrere Grabmale im Celtic-Revival-Stil, darunter 1917 das von Arthur Lasenby Liberty. Knox' raffinierte Silberarbeiten und Gebrauchsobjekte aus Zinn zeichnen sich durch überschwängliche organische Formen und stilisierte Blumenmotive aus und waren damit der Inbegriff der zweiten Phase der britischen **Arts-&-Crafts-Bewegung**.

Archibald Knox

1864 *Isle of Man, Großbritannien*
1933 *Isle of Man*

▼ Silberner Krönungslöffel *Cymric* mit Emaille für Liberty & Co., 1901

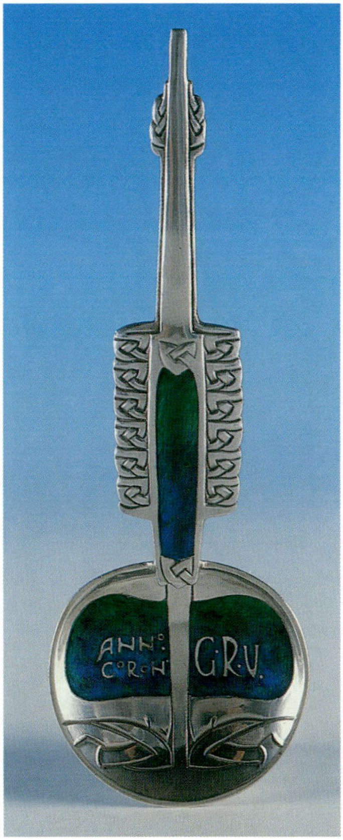

► Klappstuhl *MK Safari* für Rudolf Rasmussen, 1932

Mogens Koch

1898 *Kopenhagen*
1993 *Kopenhagen*

Nach dem Abschluss seiner Ausbildung zum Architekten an der Kongelige Danske Kunstakademi in Kopenhagen im Jahr 1925 arbeitete Mogens Koch als Assistent bei Carl Petersen und **Kaare Klint**. Sein Stuhl *MK Safari* entstand 1932 und wurde von Interna und Rudolf Rasmussen hergestellt. Er entwarf seine vielen anderen Möbelstücke für diese Produzenten sowie für Danish CWS und N. C. Jensen Kjaer. Kochs von Karre Klints evolutionärer Handhabung des Designs inspirierte Möbel können allgemein als moderne Überarbeitungen traditioneller Typen gesehen werden. Er gestaltete zudem Silber, Textilien und Teppiche in Zusammenhang mit dänischen Kirchenrestaurierungen. Seine Werke wurden regelmäßig bei Mailänder Triennale-Ausstellungen gezeigt und zogen mit der Wanderausstellung »Arts of Denmark« im Jahr 1960 durch Amerika. Von 1950 bis 1968 war er Professor an der Kongelige Danske Kunstakademi, ab 1956 Gastdozent am Massachusetts Institute of Technology und ab 1962 am Industrial Art Institute in Tokio. Seine Designs waren außerordentlich praktisch und beruhten auf bewährten Lösungen, die über viele Jahrzehnte hinweg verbessert worden waren. Kochs zurückhaltender und doch fundamental moderner Ansatz war für das dänische Design zwischen den Weltkriegen typisch.

Jakob & Josef Kohn

gegründet 1850
Mähren

J. & J. Kohn wurde 1850 von Jakob Kohn und seinem Sohn aus dem Holzbetrieb der Familie in Holleschau in Mähren (heute Holesov, Tschechien) gegründet. Als zehn Jahre später **Michael Thonets** Patente für die Herstellung von Bugholzmöbeln ausliefen, baute J. & J. Kohn zwei Fabriken in Wsetin und Litsch und begann dort diese Möbel zu produzieren. Die Firma wuchs rasant an, und weitere acht Fabriken im heutigen Polen und Tschechien wurden gebaut, bis die Zahl der Angestellten im Jahr 1873 auf 2800 angewachsen war. Obwohl es damals noch rund 50 andere Unternehmen gab, die Bugholzmöbel produzierten, war es die Firma J. & J. Kohn, die zur größten Konkurrenz für die Gebrüder Thonet wurde. 1882 hatte die Firma Zweigstellen in Hamburg, Berlin, Paris und London eröffnet und 1904 schon 407 verschiedene Modelle im Angebot und stellte rund 5500 Möbelstücke pro Tag her. Der preisgekrönte Ausstellungsstand bei der Pariser »Exposition Universelle et Internationale« aus dem Jahr 1900 bestand aus mehreren abgeteilten Interieurs, in denen progressive Bugholzmöbel und Ausstattungen gezeigt wurden. Diese Designs gehen wahrscheinlich auf **Gustav Siegel** zurück, der 1899 zum Leiter von J. & J. Kohns Designabteilung ernannt worden war, als er gerade 19 Jahre alt war. Der Wiener Architekt **Adolf Loos** produzierte ebenfalls Designs für die Firma, vor allem seinen Stuhl für das ebenfalls von ihm entworfene Café Museum (ca. 1898) und **Otto Wagner** tat es ihm gleich. Wie Thonet stand J. & J. Kohn für die Anwendung der »Neuen Kunst« auf die industrielle Produktion und setzte dies durch ihre Massenanfertigung »künstlerischer Designs« in die Praxis um. Sie entwickelte zudem neue Herstellungsmethoden, besonders eine Maschine, die runde Sitzrahmen herstellte sowie ein Ver-

▾ Werbung für J. & J. Kohn aus dem Katalog der XV. Wiener Secessions-Ausstellung, 1902

fahren zum Biegen von Holz in einem Winkel von beinahe 90 Grad. Die Fassade des Firmengebäudes in Wien war von **Josef Hoffmann** und **Koloman Moser** entworfen worden, die auch einige Möbelstücke für das Unternehmen gestalteten. Hoffmanns *Sitzmaschine Modell Nr. 670* (ca. 1908) wurde von J. & J. Kohn produziert und war mit ihren ausgestanzten, geometrischen Motiven und ebenen Flächen ein gutes Beispiel des secessionistischen Stils, der für die Erzeugnisse der Firma so typisch war. Der letzte Firmenkatalog aus dem Jahr 1916, zwei Jahre nach dem Zusammenschluss mit dem Möbelfabrikanten Mundus, zeigt über 1 000 Modelle, die über die Zweigstellen der Firma in Deutschland, Belgien, Polen, der Schweiz und Amerika verkauft wurden. 1922 ging das Unternehmen von Kohn und Mundus in der Firma Thonet auf, die nun Thonet-Mundus-J. & J. Kohn hieß, doch zehn Jahre später wurde der Name Kohn aus dem Firmennamen entfernt.

▸ **Koloman Moser**, Vitrine aus Bugholz für J. & J. Kohn, ca. 1905

Jurriaan Jurriaan Kok

1861 *Rotterdam*
1919 *Den Haag*

Jurriaan Jurriaan Kok studierte an der Technischen Hochschule in Delft Architektur und arbeitete anschließend im Architekturbüro von D. P. van Ameijden van Duym in Den Haag, der hin und wieder Keramiken für die Fabrik Rozenburg entwarf. Durch seinen Kontakt mit Ameijden van Duym wurde Kok um 1893 künstlerischer Berater der Töpferei und ein Jahr später Leiter der Porzellanfabrik Rozenburg in Den Haag. Vorher war Theodorus A. C. Colenbrander (1841–1930) Rozenburgs erster Design-Direktor gewesen und hatte der Töpferei abstakte Dekorationsmuster vorgestellt, die an javanische Batiken erinnerten. Unter Koks Leitung wurden die Keramikverzierungen bei Rozenburg naturalistischer, obgleich der indonesische Einfluss beibehalten wurde. Kok brachte 1899 das fein durchscheinende »Eierschalenporzellan« heraus, für das die Firma bekannt wurde. Solche und ähnliche Produkte mit ihren gestreckten **Art-nouveau**-Formen und stilisierten Blumen- und Tiermotiven wurden unter großem Beifall bei der Pariser »Exposition Universelle et Internationale« von 1900 gezeigt. Im selben Jahr wurde die N. V. Haagsche Plateelbakkerrij Rozenburg, wie die Fabrik offiziell hieß, Hoflieferant und in Koninklijke Porselein-en-Aardewerkfabriek Rozenburg umgetauft. Kok blieb bis 1913 Leiter der Firma und wurde dann Komiteemitglied für die Bewertung öffentlicher Arbeiten der Stadt Den Haag.

▲ Vasen aus Eierschalenporzellan mit polychromer Bemalung für Rozenburg, 1901–1903

Henning Koppel

1918 *Kopenhagen*
1981 *Kopenhagen*

► Silberner Weinkrug *Modell Nr. 978* für Georg Jensen, 1948

▼ Silberner Krug *Modell Nr. 992* für Georg Jensen, 1952

Henning Koppel studierte von 1935 bis 1936 bei Bizzie Høyer in Kopenhagen Zeichnen und anschließend ein Jahr lang bei Anker Hoffmann an der Kongelige Danske Kunstakademi in Kopenhagen Bildhauerei. Bei einem Studienjahr an der Pariser Académie Ranson begegnete er zweifellos neuen Strömungen in der Bildhauerei der **Avantgarde**. Den Zweiten Weltkrieg verbrachte er in Stockholm, produzierte dort Designs für Orrefors und Svenskt Tenn und begann mit dem Design von Gold- und Silberschmuck. In Dänemark nahm Koppel seine lange Zusammenarbeit mit der Silberschmiede **Georg Jensen** auf, die bis zu seinem Tod 1981 andauerte. Ab 1961 produzierte Koppel skulpturale Keramik, wie z. B. sein Service *Form 24* (1962) für Bing & Grøndahl Porcelaensfabrik und entwarf Uhren und Leuchten für Louis Poulsen, Glas für Orrefors und dänische Briefmarken. Doch es waren seine bezaubernden skulpturalen Silberarbeiten für Georg Jensen, die ihm die größte internationale Anerkennung brachten. Inspiriert von den abstrakten Skulpturen Hans Arps (1887–1966) und Constantin Brancusis (1876–1957) schuf er biomorphen Silberschmuck, darunter sein Armband *Modell Nr. 89* (1946), das plastisch durchgearbeitet und überraschend futuristisch war. Obgleich er die Tradition der Kunstfertigkeit pflegte, für die das dänische Design so berühmt ist, haben seine Designs, wie der Weinkrug *Modell Nr. 978* (1948) und die Fischplatte von 1954, eine universelle organische Formensprache, die von Grund auf modern ist. Seine Designideen wurden zunächst mit Tinte skizziert und dann in Ton modelliert, was ihm erlaubte, die Linien von allen Seiten zu perfektionieren, bevor sie in Silber umgesetzt wurden. Sein Besteck *Caravel* von 1957 brachte ausdrucksstarke Formen in die Besteckkollektion von Georg Jensen. Koppel erhielt bei den Mailänder Triennale-Ausstellungen von 1951, 1954 und 1957 Goldmedaillen und 1953 den Lunning-Preis.

▸ Sessel *Karuselli*
für Haimi, 1965

Yrjö Kukkapuro

geb. 1933 *Yiipuri, Finnland*

Yrjö Kukkapuro studierte am Institut für Industriekunst in Helsinki und machte seinen Abschluss im Fach Innenarchitektur im Jahr 1958. Im darauf folgenden Jahr eröffnete er in Kauniainen sein eigenes Atelier und entwarf funktionalistische Möbel. Sein Werk war stark von Ilmari Tapiovaara (geb. 1914), seinem Lehrer am Institut in Helsinki beeinflusst, der ein Wegbereiter der zerlegbaren Möbel war. Die ergonomische Form seines innovativen Sessels *Karuselli* von 1965 war angeblich vom Abdruck seines eigenen Körpers im Schnee inspiriert. 1978 gestaltete er den schlichteren Bürostuhl *Fysio*, dessen Form sich aus anthropometrischen Daten ergab. Von 1974 bis 1980 war er Professor an der Taideteollinin Korkeakoulu (Technischen Hochschule) in Helsinki, der er von 1978–1980 als Rektor vorstand. Mit dem Aufkommen der **Postmoderne** in den 80er Jahren wurden seine Entwürfe ausdrucksvoller, wie z. B. seine Stühle *Experiment* (1982–1983), und er erklärte: »Die Postmoderne hat uns wieder mit dem lebendigen Element in Kontakt gebracht, das die Franzosen *joie de vivre* nennen.« Kukkapuros Designs wurden anfangs von Haimi hergestellt, doch 1980 gründete man eine neue Firma namens Avarte speziell zur Produktion seiner Möbel.

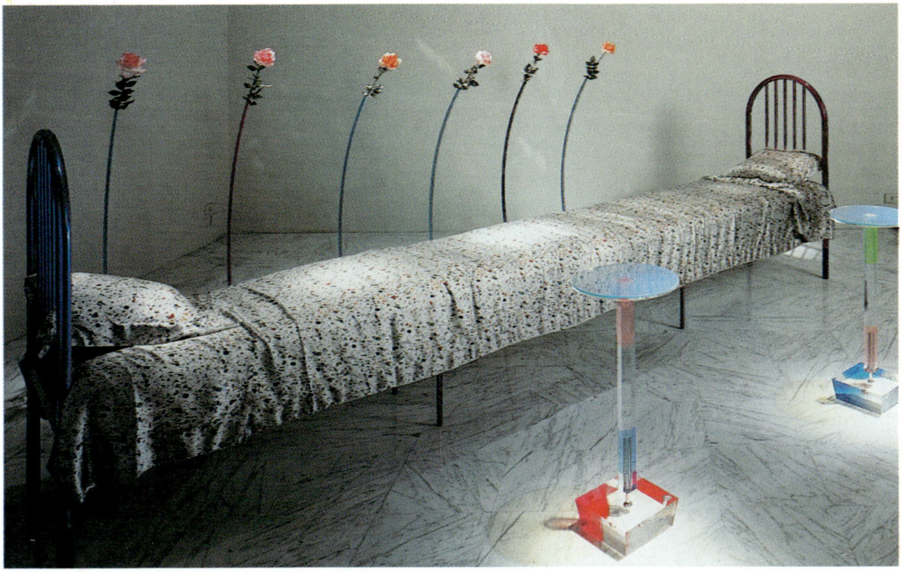

Shiro Kuramata wurde an der Städtischen Polytechnischen Hochschule in Tokio bis 1953 im Fach Architektur ausgebildet und arbeitete anschließend ein Jahr lang für den Möbelhersteller Teikokukizai. Er studierte außerdem in der Abteilung für Wohndesign am Kuwazawa Institut für Design in Tokio und machte 1956 seinen Abschluss. Die nächsten sieben Jahre arbeitete er im Designbüro San-Ai des Warenhauses Maysuya in Tokio, wo er sich auf das Verkaufsdesign konzentrierte. 1965 gründete er sein eigenes Büro in Tokio, das Kuramata Design Studio, gestaltete Interieurs für über 300 Bars und Restaurants, so auch für den Judd Club (1969), sowie Möbel, die den japanischen Minimalismus durch einen westlichen Sinn für Ironie abmilderten. Im Jahr 1972 erhielt er einen Mainichi-Design-Preis und wurde drei Jahre später Berater des Mainichi-Vorstandes. Erste internationale Anerkennung erhielt er für sein ungewöhnliches Möbeldesign *Drawers in an Irregular Form* (1977). In den 80er Jahren verwendete Kuramata ungewöhnliche Materialien wie Streckmetall und Acrylharz, mit denen er höchst originelle und poetische Möbelstücke mit aufsehenerregenden Raumeigenschaften schuf, insbesondere die Stühle *How High The Moon* (1986) und *Miss Blanche* (1988). Die Titel dieser Designs bezogen sich auf die westliche Kultur, und zwar den Titel eines Jazzlieds von Duke Ellington einerseits und eine Figur in Tennessee Williams' Stück *A Streetcar Named Desire* andererseits. 1981 bekam Kuramata den japanischen Kulturpreis für Design und entwarf die

Shiro Kuramata

1934 *Tokio*
1991 *Tokio*

▲ Innenausstattung bei der Ausstellung »Il Dolce Stile Nuovo – della Casa« im Palazzo Strozzi in Florenz, 1991, mit Bett *Laputa*, *Placebo*-Tischen und *Ephemera*-Vasen für Cappellini, 1991

◂ Sessel *How High the Moon* für Kurosaki, 1986 (neu herausgegeben von Vitra)

▸ Kommode *Furniture in Irregular Forms* für Fujiko, 1970 (neu herausgegeben von Cappellini)

nächsten sechs Jahre lang mehrere Designs für die italienische Gruppe **Memphis**, darunter den Tisch aus Zement und Glas *Kyoto* (1983) und den Tisch aus Metall und zerbrochenem Glas *Sally* (1987), die raffinierter und ästhetisch zurückhaltender waren als andere Entwürfe der Gruppe. Die gesamten 80er Jahre hindurch gestaltete er minimalistische Möbel und Ausstattungen für die Boutiquen von Issey Miyake in Tokio (1986), Paris (1984) und New York (1987) sowie Interieurs für den Laden Seibu in Tokio (1987). Er kaufte 1988 ein Haus in Paris, das ursprünglich von **Robert Mallet-Stevens** für Jöel und Jan Martell entworfen worden war und errichtete sein eigenes Designbüro in der Rue Royale in Paris. Kuramatas Designs wurden von vielen Firmen hergestellt, darunter **Vitra**, Cappellini, XO, Fijiko, Ishimaru, Mhoya Glass Shop, Aoshima Shoten und Kurosaki.

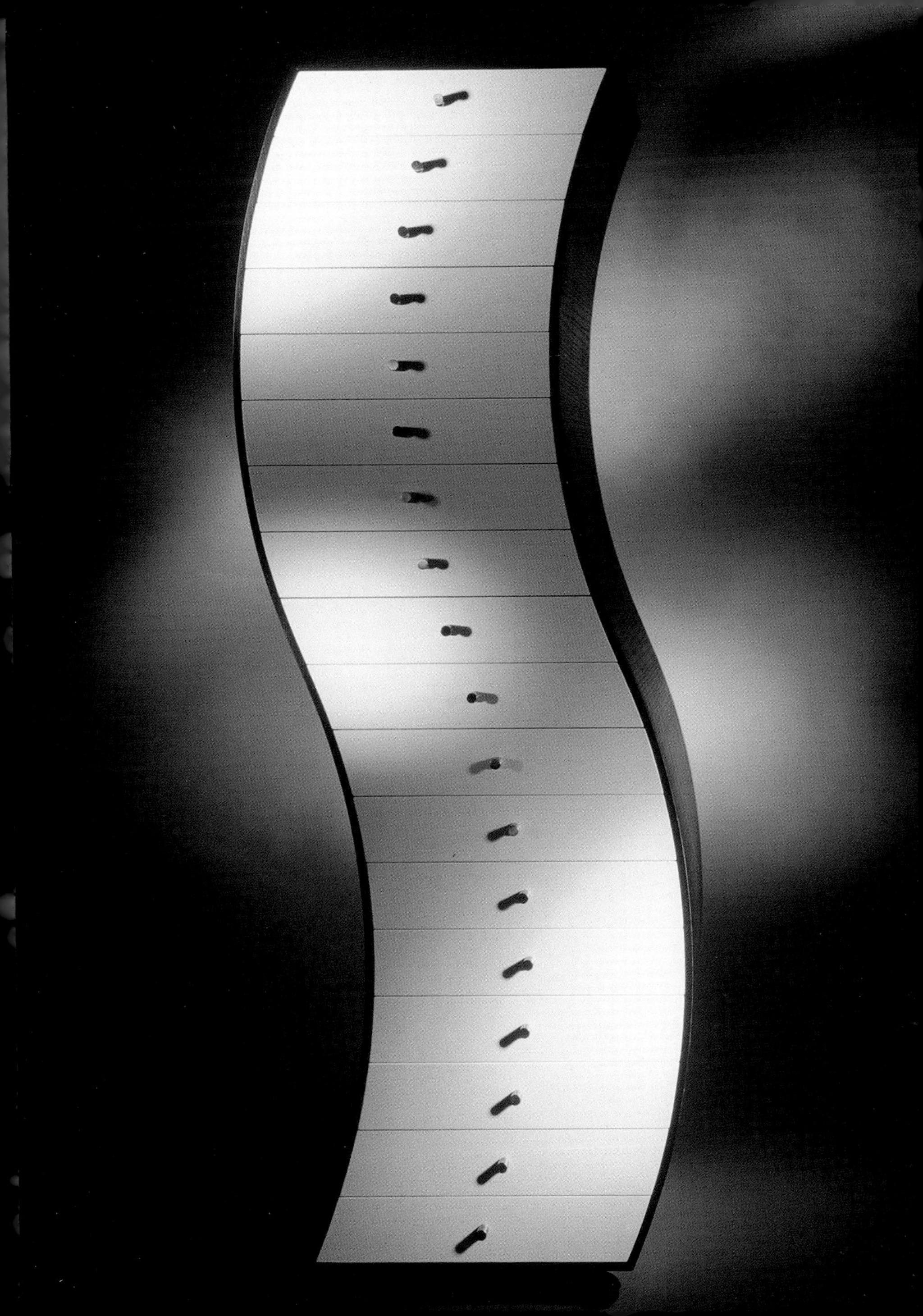

René Lalique

1860 *Ay, Frankreich*
1945 *Paris*

Nachdem er 1876 das Lycée Turgot verlassen hatte, ging René Lalique bei dem führenden Pariser Goldschmied Louis Aucoc in die Lehre und nahm am Unterricht an der École des Arts Décoratifs in Paris teil. Er verbrachte zwei Jahre in England, wo er sein Studium am Sydenham College in London abrundete. Nach seiner Rückkehr nach Paris im Jahr 1880 arbeitete er kurz für den Juwelier Petit Fils und eröffnete schließlich sein eigenes Atelier mit einem Freund der Familie, der unter dem Namen M. Varenne bekannt ist. Er schuf unabhängig davon Schmuck für Cartier, Boucheron, Destape und Aucoc, entwarf Tapeten und Textilien und studierte bei Lequien Bildhauerei. Ein Jahr nach seiner Ernennung zum Geschäftsführer in Jules Destapes Juwelierwerkstatt erwarb er 1886 eine eigene kleine Herstellerfirma. Diese Werkstatt, die andere etablierte Juweliere mit Designs versorgte, zog zweimal in größere Räumlichkeiten um. 1894 stellte Lalique seine Arbeiten regelmäßig auf den Pariser Salons aus. Im krassen Kontrast zur vorherrschenden Vorliebe für Edelsteine und protzige Schmucksteine in unauffälligen Fassungen verwendete Lalique geschnitztes Elfenbein, Horn, Halbedelsteine und Emaille, die als *objets d'art* gedacht waren. In den 1890er Jahren entwarf er mehrere Stücke für Sarah Bernhardt (1844–1923) und stellte seinen Schmuck in **Siegfried Bings** Laden Maison de l'Art nouveau aus. Dann begann er, mit klarem und farbigem geschliffenen Glas für seinen Schmuck zu experimentieren und zeigte seine Arbeiten bei der Pariser »Exposition Universelle et Internationale« von 1900, wo sie von den Kritikern gelobt wurden. Von diesem Erfolg beflügelt, eröffnete Lalique 1902 in Clairefontaine eine kleine Glaswerkstatt und erhielt fünf Jahre darauf von François Coty den Auftrag, Parfümfläschchen zu entwerfen, die von der Glashütte

▾ Vase *Pierrefonds* für René Lalique et Cie., 1926

▸ Platte aus Opalglas *Sirène* für René Lalique et Cie., 1920

Legras & Cie. produziert wurden. Er kaufte 1909 selbst eine Glaswerkstatt, die Verrerie de Combs-la-Ville im Departement Seine-et-Marne, zur Herstellung von Parfümflakons für seine Kunden, darunter Worth und Roger & Gallet. Es folgte der Ankauf einer zweiten, viel größeren Glashütte in Wingen-sur-Moder im Elsass, die moderne industrielle Produktionstechniken anwandte. Es wurde eine Prägemaschine zum Formen von Hochreliefs entwickelt, Glas wurde aber auch durch traditionellere Verfahren, wie den Guss in verlorener Form (cire perdue), oder mundgeblasen hergestellt. Lalique stellte viele Sorten Glas her, vom feinen **Art-nouveau**-Design bis zu dicken, hochstilisierten **Art-déco**-Erzeugnissen. Er verwendete zwar viele unterschiedliche Glasfarben in seinen Gefäßen, Figuren, Knöpfen und Leuchten, war jedoch besonders für sein Opalglas bekannt, das von anderen Herstellern häufig kopiert wurde, allen Imitaten qualitativ jedoch haushoch überlegen war. Die Glashütte wurde 1937 geschlossen. 1945 wurde die Firma von Réne Laliques Sohn Marc wieder aufgebaut.

▸ Stengelgläser *Tulpan* für Orrefors, 1956

Nils Landberg

geb. 1907 *Västra Vingaker, Schweden*

Nils Landberg studierte von 1923 bis 1925 an der Konstindustrieskolen in Göteborg und dann bis 1927 mit seinem Landsmann **Sven Palmqvist** an der neu eingerichteten Gravurschule der Orrefors Glasbruk. Nach Studien in Italien und Frankreich arbeitete er unter Edward Hald (1883–1980) als Assistent und Graveur bei Orrefors. Um 1935 schuf er Designs für die Firma und wurde Mitglied des hauseigenen Designteams. Landbergs geschliffene Glasobjekte aus dieser Zeit wurden auf der Pariser »Exposition Internationale des Arts et Techniques dans la Vie Moderne« von 1937 sowie der New Yorker Weltausstellung von 1939 gezeigt. In den 50er Jahren experimentierte er mit abstrakten, fließenden Formen und verwendete dafür sowohl klares als auch leicht getöntes Glas. In diesen Arbeiten ging er bis an die Grenzen der Zugfestigkeit des Materials und verlieh den Designs dadurch eine starke innere Spannung. Das berühmte Glas *Tulpan* von 1956 mit der schmalen Taille war aus einem Stück geblasen und erhielt noch im selben Jahr eine Goldmedaille bei der XI. Mailänder Triennale. Er entwarf außerdem Geschirr und Beleuchtungskörper sowie dekorative Türen und Fenster. Landberg verließ Orrefors im Jahr 1972 und das Orrefors Museum zeigte vierzehn Jahre später eine Retrospektive seiner Arbeiten.

◂ Stuhl *Flex 2000* für Thonet, 1973–1974

Gerd Lange

geb. 1931 *Wuppertal*

Gerd Lange studierte von 1952 bis 1956 an der Werkkunstschule in Offenbach am Main und stattete die folgenden fünf Jahre lang Ausstellungen und Interieurs aus, wobei er nebenbei auch als Industriedesigner tätig war. In Kapsweyer eröffnete er 1964 seine eigene Werkstatt mit Atelier und spezialisierte sich auf das Design von in Auftrag gegebenen Möbeln und Leuchten. Unter seinen Möbeln für Thonet waren der funktionelle Stuhl *Flex 2000* (1973–1974) und der Stapelstuhl *Thonet-Cut* (1985) am wichtigsten. Ab 1964 zeigte er seine Arbeiten jährlich auf der Ausstellung »Die gute Industrieform« in Hannover und gewann 1969 zwei erste Preise für gute Form für seine Sitzmöbelentwürfe. Neben Arbeiten wie seiner zusammenklappbaren Serie *Farmer* (1966) für Wilhelm Bofinger in Stuttgart, die aus einem Stuhl, einem Tisch, einem Bett und einem Schrank bestand, gestaltete er auch Möbel für Drabert und Schlapp sowie Beleuchtungssysteme für Staff und **Kartell**. 1970 richtete der Rat für Formgebung in Darmstadt eine Ausstellung von Langes Werk aus. Der Erfolg seiner Arbeiten kann auf seine Fähigkeit zurückgeführt werden, technische Erfindungsgabe mit einfachen Formen zu verbinden.

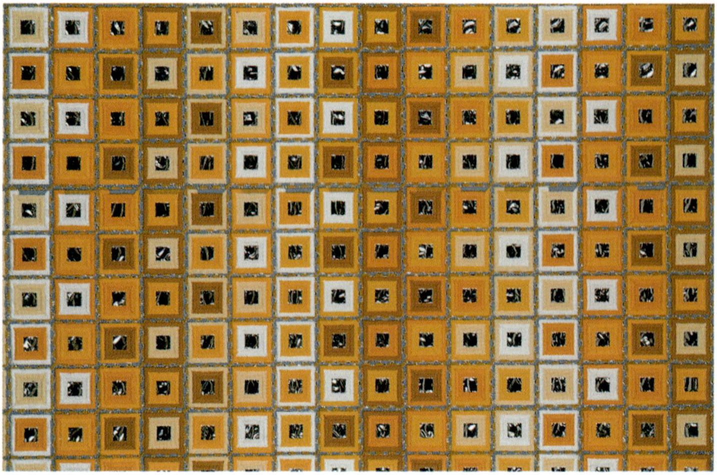

◂ Stoff *Magnum* für Jack Lenor Larsen Inc., 1970

Jack Lenor Larsen

1927 Seattle, Washington, USA

Jack Lenor Larsen studierte bis 1950 an der University of Washington in Seattle und an der University of Southern California in Los Angeles Architektur und Möbeldesign. Er belegte außerdem Webkurse und richtete 1949 ein Webatelier in Seattle ein. Nachdem er ein Jahr lang an der **Cranbrook Academy of Art** in Michigan studiert und seinen Master in bildender Kunst gemacht hatte, zog er nach New York und eröffnete 1951 seine eigene Werkstatt. Seine erste Auftragsarbeit waren textile Wandbehänge für das Lever House für Skidmore, Owings and Merrill in New York (1952). In dieser Zeit entwarf Larsen auch Designs für maschinell gewebte Textilien, die nach Handarbeit aussahen. Diese genialen Entwürfe waren sehr einflussreich und fanden viele Nachahmer. 1953 gründete er Jack Lenor Larsen Inc. und verwendete ab 1956 elektrische Webstühle. Zwei Jahre später richtete er das Larsen Design Studio ein, das von Win Anderson geleitet wurde. Larsen wurde überdies zum Berater des Außenministeriums der Vereinigten Staaten zum Thema Weben mit Gras in Vietnam und Taiwan. Er eröffnete in den späten 60er Jahren Zweigstellen von Jack Lenor Larsen Inc. in Paris, Zürich und Stuttgart, erwarb 1972 die Firma Thaibok Fabrics in Bangkok, gründete 1973 eine Teppichabteilung und 1976 eine Möbelabteilung. Zahlreiche Innovationen der letzten 50 Jahre stammen von ihm, so Polstermöbelstoffe aus bedrucktem Samt, Polsterstoffe aus Stretch und Textilien in gestrickten, mit Plastikfasern verstärkten Rahmen. Er hat überdies viele Stoffkollektionen entworfen und in Serie hergestellt, die »die große Tradition luxuriöser Qualität pflegen«. Larsens technische Findigkeit und sein Erfolg als Hersteller haben ihn zu einem der einflussreichsten Textildesigner der Welt gemacht.

Carl Larsson studierte an der Kunsthochschule in Stockholm. Schon als Student lieferte er Karikaturen für die Zeitschrift *Kasper* und Grafiken für die Zeitung *Ny Illustread Tidning*. 1877 zog er nach Paris und ließ sich fünf Jahre später mit einer Gruppe anderer schwedischer Maler in Grez nieder, wo er erzählfreudige Aquarelle von poetischem Realismus malte. Schon 1879 hatte er die schwedische Künstlerin Karin Bergöö kennengelernt, die er 1883 heiratete. In den 1880er Jahren wurde er Mitglied der schwedischen Künstlergruppe Opponents und arbeitete als Illustrator. Karins Vater schenkte der wachsenden Familie Larsson 1888 ein kleines Haus, Lilla Hyttnäs in Sundborn, das sie bis 1901 als Sommerhaus nutzte, bevor sie ganz dorthin zog. Von da an wurde das Haus zum Mittelpunkt ihres Lebens. Karin dekorierte die Räume in einem einfachen, volkstümlichen Stil: weiß lackierte Einbaumöbel, Parkettböden, gestickte Stoffe; während Carl ihr tägliches Leben und ihre sieben Kinder in seinen Aquarellen festhielt. Seine stilisierten Studien in kräftigen Farben, welche diesen idyllischen ländlichen, unabhängigen und sorgenfreien Lebensstil darstellten, wurden 1899 in einem Album mit dem Titel *Ett Hem* (Unser Zuhause) veröffentlicht, um »den Geschmack und das Familienleben zu reformieren«. Das Eintreten der Larssons für einen einfachen Lebensstil hatte großen Einfluss in Skandinavien und Deutschland.

Carl Larsson

1853 *Stockholm*
1919 *Sundborn, Schweden*

▲ Aquarell von Carl Larssons Atelier, abgebildet in seinem Buch *Ett Hem*, erschienen 1899

Le Corbusier

1887 La Chaux-de-Fonds, Schweiz
1965 Cap Martin, Frankreich

Charles-Édouard Jeanneret studierte an der Kunstschule in La Chaux-de-Fonds in der Schweiz Metallgravur, als sein Lehrer, Charles L'Eplattenier, ihm riet, Architektur zu studieren. Er baute sein erstes Haus, die Villa Fallett 1905 für einen Lehrer der Schule. Nachdem er Italien bereist und Budapest und Wien besucht hatte, zog er 1908 nach Paris, wo er im Architekturbüro von Auguste Perret (1874–1954) arbeitete, der für seine bahnbrechende Verwendung von Stahlbeton bekannt war. Dort lernte er auch Wolf Dohrn kennen, den Direktor der **Dresdener Werkstätten für Handwerkskunst**, den deutschen Designtheoretiker Hermann Muthesius (1861–1927) und den deutschen Architekten und Industriedesigner **Peter Behrens**. Er arbeitete ein Jahr lang in Behrens' Büro in Berlin, sammelte wertvolle Erfahrungen und kehrte 1911 für zwei Jahre in die Schweiz zurück, um an seiner alten Hochschule zu lehren. Er entwickelte das Konzept für ein in Serie hergestelltes Fertighaus aus armiertem Beton, die *Dom-ino-Häuser* (1914–1915) und entwarf und baute die Villa Schwab, La Chaux-de-Fonds (1916). 1917 ging er nach Paris und nahm um 1920 das Pseudonym »Le Corbusier« an. In Paris entwickelte er mit dem Künstler Amédée Ozenfant (1886–1966) einen neuen Ansatz in der Malerei, der als Purismus bekannt ist. 1918 veröffentlichten die beiden ein Manifest mit dem Titel *Après le cubisme, le purisme*. Während der folgenden zwei Jahre war Le Corbusier als Redakteur der Zeitschrift *L'Esprit Nouveau* tätig und veröffentlichte viele Artikel. Seine Liebe zur griechischen Architektur der Antike und seine Vorliebe für die Maschinenästhetik wurden in diesen sehr einflussreichen Artikeln beschrieben und 1923 unter dem Titel *Vers une architecture* wieder aufgelegt. Um das bescheidene Haus in ein industrielles Produkt zu verwandeln, entwickelte er ein System aus Wohneinheiten, die als Citrohan-Häuser (1920–1922) bekannt wurden. Außerdem legte er Pläne für eine große utopische Stadt vor, die aus standardisierten Hochhausblöcken bestand, als »Cité contemporaine pour trois millions d'habitants« (1922) bekannt und auf dem Salon d'Automne von 1922 gezeigt wurde. Im selben Jahr eröffneten Le Corbusier und sein Vetter **Pierre Jeanneret**, der ebenfalls Architekt war, eine Architekturgesellschaft in der Rue de Sèvres in Paris. Sie bauten mehrere Privathäuser und Wohnsiedlungen. Le Corbusier entwarf den Pavillon de l'Esprit Nouveau für die »Exposition Internationale des Arts Décoratifs et Industriels Modernes« von 1925, der als Modellbaueinheit für einen späteren Wohnblock fungierte. Der Pavillon brachte ihm sowohl Lob als auch Kritik ein, was ihn und andere schließlich dazu veranlasste, die konservative Société des Artistes Décorateurs zu verlassen und 1929 die UAM (Union des Artistes Modernes) zu gründen. Zu Le Corbusiers Konzept des Hauses als »Wohnmaschine« gehörten angemessen funktionale Möbel, ein »équipement de l'habitation«.

▲ **Le Corbusier**, **Pierre Jeanneret & Charlotte Perriand**, Chaiselongue *Modell Nr. B306* für Thonet und Embru, 1928

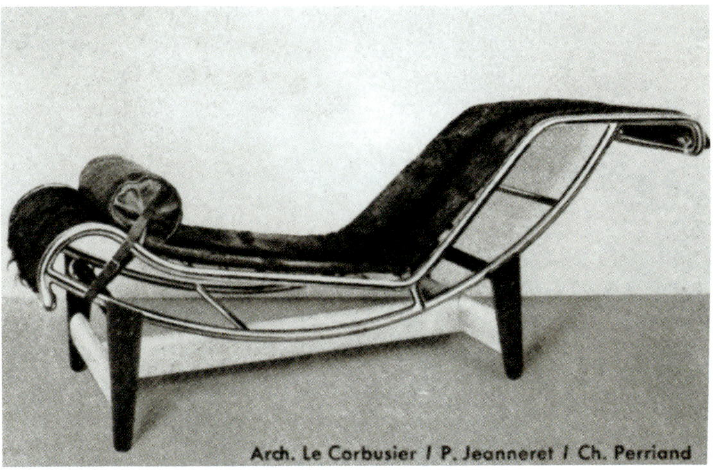

► Abbildung aus Thonet-Katalog mit Chaiselongue *Modell Nr. B306* in Kippstellung

▲ **Le Corbusier, Pierre Jeanneret & Charlotte Perriand**, Sessel *Grand Confort Modell Nr. LC2* für Thonet, 1928

Dafür entwarf er gemeinsam mit Pierre Jeanneret und **Charlotte Perriand**, die 1927 zu der Design- und Architekturfirma gestoßen war, ein System von Stahlrohrmöbeln. Diese wichtigen modernen Designs, die erstmals 1928 aufkamen und unter denen der Stuhl *Basculant No. B301* (ca. 1928), die Chaiselongue *No. B306* (1928) sowie der Klubsessel *Grand Confort No. LC2* (1928) waren, vermittelten eine neue ästhetische Nüchternheit und waren der Inbegriff des **International Style** im Design. In den späten 20er und 30er Jahren konzentrierte sich Le Corbusier auf Bauaufträge, darunter die berühmte Villa Savoye in Poissy (1928–1931), die Cité de Refuge in Paris (1930–1933), der Pavillon Suisse der Cité Universitaire in Paris (1930–1931) und utopische Baukonzepte wie die Planung für »La Ville Radieuse« (1935). Diese konsequent modernen Projekte hatten auf die Entwicklung der Architektur großen Einfluss, besonders bei stark besiedelten Gegenden und Bürogebäuden. In den 50er Jahren entfernte sich Le Corbusier vom Formalismus

▼ **Le Corbusier, Pierre Jeanneret & Charlotte Perriand**, Sofa *Modell Nr. LC2*, 1928 (neu herausgegeben von Cassina)

▲ **Le Corbusier, Pierre Jeanneret & Charlotte Perriand**, Stuhl *Basculant Modell Nr. B301* für Thonet, 1928 (neu herausgegeben von Cassina)

des International Style und fand stattdessen einen freieren, ausdrucksvolleren Stil. Sein wachsendes Interesse am skulpturalen Potential des Betons demonstrierte er am Dach seines Unité d'habitation in Marseille (1946–1952) und an seiner berühmten Kirche Notre-Dame-du-Haut in Ronchamp (1950–1955).
Le Corbusier war einer der einflussreichsten Architekten, Designer und Designtheoretiker des 20. Jahrhunderts. Sein Eintreten für den geometrischen Formalismus hatte weitreichende Konsequenzen. Ironischerweise war es gerade der soziale Wohnungsbau der 60er Jahre, im Stil an Le Corbusier angelehnt und oft schlecht konstruiert, der schließlich die **Moderne** in Verruf brachte.

▲ **Le Corbusier, Pierre Jeanneret & Charlotte Perriand**, Einzimmerwohnung beim Salon d'Automne, Paris, 1929

Yonel Lébovici

1937 *Paris*
1998 *Paris*

Yonel Lébovici war ein Designer in Paris, der seine eigenwilligen Leuchten selbst entwarf und herstellte. Seine frühe Tischlampe *Satellite* (1965) kam in einer begrenzten Auflage von 20 Stück heraus und spiegelte die Faszination, die das Zeitalter der Raumfahrt in den 60er Jahren ausübte. Obgleich die Lampe eine futuristische Form hatte, erinnerte sie an frühere Skulpturen von Naum Gabo (1890–1977) aus Acryl und Nylon. Ihre mit Scharnieren verbundenen Acrylglasscheiben streuen das warme Licht der Glühlampe im Zentrum, das die Schnittkanten der Scheiben zum Leuchten brachte. Heute wird Acrylglas häufig für Werbeschilder verwendet, doch Lébovici war einer der Ersten, die sein Potential im Design von Leuchten erforschten. Seine späteren Hänge- und Stehlampen *Soucoupe* (1970) waren, wie der Name schon andeutet, von fliegenden Untertassen inspiriert und eher als Lichtskulpturen denn als praktische Beleuchtungskörper gedacht. Er schuf auch mehrere kontextfreie, überdimensionale Designs, darunter die Lichtskulptur *Safety Pin* (1975), die von der Pop Art inspiriert waren. In den 80er Jahren experimentierte Lébovici weiter mit ungewöhnlichen Formen und Materialien. Er stellte zum Beispiel für seine Stehlampe *Phototaxie* (1984) Scheiben aus perforiertem, vernickeltem Metall einem pyramidenförmigen Ständer aus exotischem Holz gegenüber. Viele seiner Beleuchtungskörper waren 1985 in der Ausstellung »Lumières« im Centre Georges Pompidou vertreten. Er entwarf außerdem Lampen, Glas und Möbel für Cardin, Club Med, Jansen und Lancel. Lébovicis unkonventionelle Designs in begrenzten Auflagen sind in ihrer Eleganz und fesselnden Subversivität typisch französisch und echte Sammlerstücke.

◂ Tischleuchte *Satellite*, 1965

▾ Stehlampe *Soucoupe*, 1970

Pierre-Émile Legrain

1889 Levallois-Peret, Frankreich
1929 Paris

Bevor er Malerei, Bildhauerei und Bühnenbild an der École des Arts Appliqués Germain-Croix in Paris studierte, wurde Pierre-Émile Legrain am Collège Sainte-Croix de Neuilly ausgebildet. 1908 produzierte er einige Karikaturen für **Paul Iribes** satirische Publikationen *Le Mot*, *Le Témoin*, *La Baïonnette* und *L'Assiette au Beurre*. Er trat dann Iribes Studio bei, wo er bis 1914 blieb und an einer Reihe von Projekten mitarbeitete, einschließlich der Dekoration der Wohnung des Modeschöpfers Jacques Doucet in der Avenue du Bois und dessen Ateliers in der Rue Saint-Jacques in Neuilly. Legrain und Iribe gestalteten außerdem gemeinsam Schmuck für Robert Linzeler und Kleidungsstücke für Paquin. Legrains Bucheinbände waren besonders schön und Doucet gab ihm 1917 den Auftrag, Einbände und Verpackungen für seine kürzlich erworbene Sammlung von Erstauflagen zeitgenössischer Autoren zu entwerfen, darunter André Gide, Francis Jammes, André Suarès und Paul Claudel. Doucet arbeitete bei diesem Projekt mit Legrain zusammen, und die fertigen Bücher wurden 1919 auf dem Salon der Société des Artistes ausgestellt. Im selben Jahr begann Legrain, für René Kieffers Buchbinderei zu arbeiten und produzierte zauberhafte Einbände aus exotischen Materialien wie Chagrinleder und Perlmutt mit dekorativen geometrischen Mustern. Er arbeitete auch als Innenarchitekt und entwarf von afrikanischer Kunst inspirierte Stühle, die für den **Art-déco**-Stil typisch waren. Er entwarf 1925 die Innenräume von Doucets Villa in Neuilly, in der sich zur Ausstellung von zeitgenössischer Kunst und Design Einrichtungsgegenstände von **Eileen Gray**, Paul Iribe, Marcel Coard (1889–1975) und André Groult (1884–1967) sowie Werke von Henri Matisse (1869–1954), Pablo Picasso (1881–1973) und Amedeo Modigliani (1884–1920) befanden. Legrain war Mitglied der Groupe de Cinq und trat 1929 der UAM (Union des Artistes Modernes) bei. Am Ende seines Lebens hatte er etwa 1300 Bucheinbände entworfen und diese alte Kunst fast im Alleingang wiederbelebt.

▼ Hocker *Tabouret Ashanti*, ca. 1922

Gemeinsam mit seinem Bruder Marcel übernahm Jules-Émile Leleu 1901 den Malerbetrieb der Familie und arbeitete anschließend als Innenarchitekt. Um 1918 gründete er sein eigenes Atelier mit Möbelwerkstatt in Paris und entwickelte einen **Art-déco**-Stil, welcher dem der Établissements Ruhlmann, Louis Süe und André Mares Compagnie des Arts Français ähnelte. Seine frühen Designs waren vom Klassizismus inspiriert und waren zugleich elegant und monumental. Mitte der 20er Jahre wurden seine Möbel weniger wuchtig und bestanden oft aus exotischen Hölzern, Chagrinleder und Elfenbein. Er erhielt viele Aufträge für Botschaften, städtische Gebäude und königliche Residenzen, da sein förmliches Dekor als besonders angemessen für öffentliche Interieurs galt. In den 30er Jahren waren seine Möbel von den Formen und der Konstruktion her weniger kompliziert. Sein Hotel Nord-Sud in Calvi auf Korsika (1931) wurde bei der bahnbrechenden Ausstellung »The **International Style**: Architecture since 1922« am **Museum of Modern Art, New York**, 1932 vorgestellt. 1937 dekorierte er den Speisesaal des Élysée-Palasts mit seinen ersten wirklich modernen Designs. Er arbeitete bei vielen seiner Dekorationsprojekte mit Edgar Brandt (1880–1960), Jean Dunand (1877–1942) und André Lurçat (1894–1970) zusammen. Außerdem stammen die Innenräume und Einrichtungen von über 20 Linienschiffen von Leleu.

Jules-Émile Leleu

1883 *Boulogne-sur-Mer, Frankreich*
1961 *Paris*

▲ Schminktisch mit Hocker für die Werkstätten Jules-Émile Leleu, 1929–1930

Liberty & Co.

gegründet 1875
London

Arthur Lasenby Liberty (1843–1917) machte eine Lehre bei dem Textilgeschäft John Weekes in Londons Baker Street und arbeitete anschließend ab 1862 bei Farmer & Rogers' Great Shawl and Cloak Emporium in der Regent Street. Im Jahr 1864 wurde Liberty zum Manager von Farmer & Rogers' Oriental Warehouse ernannt, das importierte Asiatika verkaufte und zu einem Mekka für die der **Ästhetischen Bewegung** verbundenen Künstler wurde. Als Libertys Wunsch nach Beteiligung an der äußerst erfolgreichen Firma nach einem Jahrzehnt seiner Leitung abgelehnt wurde, entschloss er sich, sein eigenes Geschäft zu eröffnen. Er erwarb einen Laden in der Regent Street 218 und taufte das neue Gebäude im Tudor-Stil auf den ambitionierten Namen East India House. Der Laden eröffnete im Mai 1875 mit nur drei Angestellten und verkaufte anfangs ausschließlich farbige Seidenstoffe aus Asien. Künstler und Gestalter wie **William Morris**, Lawrence Alma-Tadema (1836–1912), Dante Gabriel Rossetti (1828–1882) und Edward Burne-Jones (1833–1898) gingen im East India House ein und aus, und schon bald hatte es auch Buddha-Statuen, Lackarbeiten, Cloisonné, Satsuma und Fächer aus Japan im Angebot. In den 1880er Jahren hatte das Liberty-Geschäft seine Importkollektion erweitert. Nun führte es auch Handelsware aus China, Indien,

▲ Stoff *Tulip* für Liberty & Co., ca. 1905

Persien und Indonesien. Etwa um diese Zeit verkaufte die Firma auch ihre eigenen in den Modefarben der Ästhetischen Bewegung gefärbten sowie bedruckte Stoffe, die alte indische Muster kopierten oder von zeitgenössischen Gestaltern wie **Charles Voysey** entworfen und bei Libertys Druckerei in Merton Abbey mit Holzblöcken handbedruckt waren. 1883 gründete Arthur Lasenby Liberty ein Bekleidungsgeschäft im Chesham House in der Regent Street, das von **E. W. Godwin** geleitet wurde. Er richtete außerdem ein »Furnishing and Decoration Studio« ein, das Leonard F. Wyburd leitete und das während der gesamten 1880er und 1890er Jahre Möbel im maurischen Stil und Einrichtungsgegenstände im beliebten **Arts-&-Crafts**-Stil herstellte, so die Serie *Althelstan*. Liberty & Co. wurde auch für seine Metallserien *Cymric* und *Tudric* gerühmt, die von **Archibald Knox** entworfen worden waren, sowie für ihre vor allem vom **Silver Studio** und Voysey gestalteten Teppiche. Zu den anderen Formgebern, die Entwürfe für Liberty fertigten, zählen **Christopher Dresser**, **Charles Rennie Mackintosh** und **Hugh Mackay Baillie-Scott**. Die Arbeiten wurden von **Siegfried Bings** »Maison de l'Art nouveau« in Paris und von Metz & Co. in Den Haag vertrieben und hatten so großen Einfluss auf die Verbreitung des **Art-nouveau**-Stils auf dem europäischen Kontinent, dass »Liberty« zu einer allgemeinen Bezeichnung für den Stil wurde. In Italien wurde die Bewegung als »Stile Liberty« bekannt. Im Unterschied zu vielen anderen Anhängern der Arts-&-Crafts-Bewegung glaubte Arthur Lasenby Liberty, dass mechanisierte Herstellungsmethoden unvermeidbar waren, wenn wohlgestaltete Objekte bezahlbar bleiben sollten. Durch die Umsetzung dieser Theorie in die Praxis erfreute sich Liberty & Co. beachtlichen kommerziellen Erfolgs.

▾ **George Walton** (zugeschrieben), Stuhl für Liberty & Co., ca. 1905

▸ Vase *Pongo* für Gustavsberg, ca. 1953

Stig Lindberg

1916 *Umeå, Schweden*
1982 *San Felice Circeo, Italien*

Frederick Stigurd (Stig) Lindberg studierte in Jönköping und später an der Konstfackskolan in Stockholm. Von 1937 bis 1940 arbeitete er bei **Wilhelm Kåge** an der Gustavsberg Keramikfabrik, wo er mehrere geometrische Designs im **Art-déco**-Stil ausführte sowie mindestens ein asymmetrisches Design, das seinen späteren organischen Ansatz zum Design vorwegnahm. Während dieser Zeit studierte er ebenfalls kurz in Dänemark und an der Académie Colarossi in Paris. Seine Keramiken wurden das erste Mal 1941 in Stockholm öffentlich ausgestellt und sie wurden in den Jahren nach dem Zweiten Weltkrieg zum Inbegriff der skandinavischen Moderne. Lindberg entwarf 1945 bis 1947 Glas für Maleras und anschließend Textilien für Nordiska und war auch als Buchillustrator tätig. Er wurde 1949 Nachfolger von Wilhelm Kåge in der Position des künstlerischen Leiters von Gustavsberg und entwarf mehrere neue Serien, zu denen auch *Pongo* (1953) gehört. Er gestaltete darüber hinaus Fayencen mit Bildern, die von Marc Chagall (1887–1985) inspiriert waren. Lindberg verließ 1957 seine Position bei Gustavsberg und lehrte an der Konstfackskolan (1957–1970), entwarf jedoch weiterhin Glas für Holmegaard (1959–1960) und Kosta (1965). Er nahm 1971 seine Arbeit bei Gustavsberg wieder auf und blieb bis 1980 dort.

◂ Kaffeekanne *Modell Nr. L16* für die Keramikwerkstatt des Bauhauses in Dornburg, 1923

Otto Lindig

1895 *Pößneck*
1966 *Wiesbaden*

Otto Lindig nahm Bildhauerei- und Zeichenunterricht in Lichte in Thüringen und studierte von 1913 bis 1915 an der Großherzoglich Sächsischen Kunstgewerbeschule in Weimar. Nebenbei arbeitete er auch als Bildhauergehilfe beim Bechstein-Atelier in Ilmenau. Anschließend studierte er drei Jahre bei Richard Engelmann an der Großherzoglich Sächsischen Hochschule für Bildende Kunst in Weimar, baute dann sein eigenes Atelier auf und schrieb sich 1919 beim **Bauhaus** in Weimar ein. Er nahm am Vorkurs teil und absolvierte eine Lehre in der Keramikwerkstatt in Dornburg. Unter seiner Führung begann die kommerzielle Abteilung der Bauhaus-Keramikwerkstatt, Waren zu entwerfen, die das Handwerk mit den Techniken der Serienproduktion für die Aelteste Volkstedter Porzellanfabrik und die Staatliche Porzellanmanufaktur in Berlin kombinierten. Im Jahr 1926 wurde er Meister der Keramikwerkstatt an der Staatlichen Bauhochschule Weimar in Dornburg, wo er halb durchsichtige glasierte Keramiken von schmuckloser, schlichter Form herstellte. Er setzte seine Arbeit ab 1930 unabhängig von der Werkstatt Dornburg fort und unterrichtete von 1947 bis 1960 an der Hochschule für Bildende Künste in Hamburg.

▸ Vase für Kosta Boda, ca. 1954

Vicke Lindstrand

1904 Göteborg, Schweden
1983 Småland, Schweden

Während seines Studiums im Fach Grafikdesign an der Svenska Slöjdförenings Skola in Göteborg veröffentlichte Viktor Emanuel (Vicke) Lindstrand Karikaturen und Illustrationen in zwei Lokalzeitungen. 1928 begann er, für Orrefors zu entwerfen, wobei seine frühen Glasdesigns von klassisch-moderner Form und mit symbolischen Motiven graviert waren. Solche und ähnliche Designs fanden bei der »Stockholmsutstälningen« im Jahr 1930 breite Anerkennung. Später entwarf er für den schwedischen Pavillon auf der Pariser »Exposition Internationale des Arts et Techniques dans la Vie Moderne« von 1937 ein Fenster und 1939 einen Glasbrunnen für die New Yorker Weltausstellung. Zu dieser Zeit entwickelte er einen weicheren, flüssigeren Stil, und seine gravierten Verzierungen wurden rhythmischer. Obwohl er noch bis 1941 Designs für Orrefors produzierte, arbeitete er nun auch für Kariskrona Porslinsfabrik und Upsala-Ekeby, bei letzterer Firma ab 1943 als künstlerischer Leiter. Dann führte er 20 Jahre lang sein eigenes Atelier in Århus und war bei der Kosta Boda-Glasfabrik Direktor für Design. Dort fertigte er einige seiner skulpturalsten Gefäße, die von der Arbeit zeitgenössischer venezianischer Designer wie **Fulvio Bianconi** beeinflusst waren. Lindstrands Designs hatten jedoch weniger ausdrucksvolle, organische Formen und setzten Farbe nur zurückhaltend ein.

El Lissitzky

1890 *Smolensk, Russland*
1941 *Moskau*

Lasar Markowitsch (El) Lissitzky wurde an der Technischen Hochschule in Darmstadt von 1909 bis 1914 zum Architekten ausgebildet und studierte anschließend an der Technischen Hochschule in Riga. Er wurde 1919 von Marc Chagall eingeladen, eine Professur für Werbegrafik und Architektur an der umorganisierten Kunstschule in Witebsk zu übernehmen. Dort wurde er Mitglied von **Kasimir Malewitschs** UNOWIS-Gruppe und entwickelte sein PROUN-Konzept (Projekt zur Bejahung des Neuen), welches sich für einen Austausch zwischen Architektur und Malerei einsetzte. Sein Prototyp für eine Rednertribüne (1920), der in Witebsk entwickelt worden war, nutzte Eisenträger und Glas und schloss sogar einen Fahrstuhl ein. Lissitzky begann 1921 am offiziellen sowjetischen Designinstitut **Wchutemas** zu unterrichten. 1922 nahm er an der »Ersten Russischen Kunstausstellung« in Berlin teil und gab dort auch das mehrsprachige Berliner Heft *Veschtsch-Objet-Gegenstand* heraus. Zwischen 1922 und 1925 lehrte er in der Schweiz und in Deutschland und knüpfte wichtige Verbindungen zwischen den russischen Konstruktivisten, Mitgliedern des **De Stijl** und dem **Bauhaus**. Nach seinem radikalsten Architekturprojekt, dem mit **Mart Stam** entworfenen Büroblock *Wolkenbügel* (1924–1925), kehrte er ans Wchutemas zurück. 1927 entwarf er die Abteilung für abstrakte Kunst am Staatlichen Museum in Hannover. Seine Sessel für die »Pressa-Ausstellung« in Köln 1928 und die »Hygiene-Ausstellung« in Dresden 1930 spiegelten den Einfluss von Bauhaus, De Stijl und Dada. Er entwarf zudem den sowjetischen Pavillon für die New Yorker Weltausstellung von 1939. Lissitzky experimentierte mit Fotografie, Typographie, Buchgestaltung, Grafikdesign und Innenarchitektur und produzierte viele Arbeiten mit propagandistischen Inhalten. Sein größter Beitrag waren jedoch die Verbindungen, die er zwischen dem russischen **Konstruktivismus** und der westeuropäischen **Avantgarde** aufbaute.

▾ Umschlag für Alexander Tairoffs Buch *Das entfesselte Theater*, Potsdam, 1923

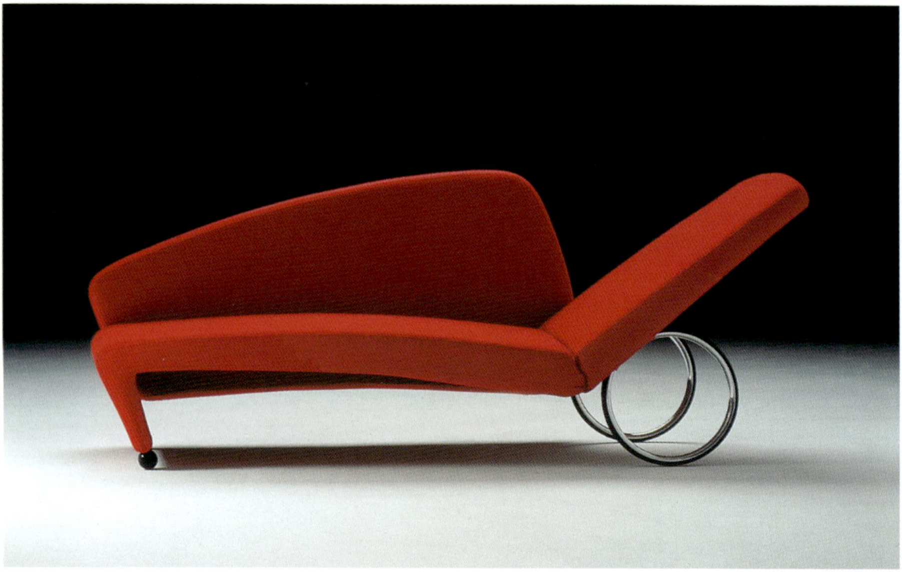

Josep Lluscà

geb. 1948 *Barcelona*

Josep Lluscà studierte Industriedesign an der Escuela de Diseño Eina in Barcelona und an der École des Arts et Métiers in Montreal. In den 70er Jahren experimentierte er in verschiedenen Designbereichen und konzentrierte sich schließlich auf Möbel und Beleuchtungskörper. Viele dieser frühen, von der zeitgenössischen Bildhauerei, der Architektur von **Antonio Gaudí** und dem **Organischen Design** der 50er Jahre inspirierten Entwürfe waren für Norma Europa bestimmt. Von 1985 bis 1987 war Lluscà stellvertretender Leiter von ADI-FAD (Gesellschaft für Industriedesigner in Spanien) und Mitbegründer von ADP (Gesellschaft für professionelle Designer). Sein eleganter Stuhl *Andrea* aus gegossenem Aluminium und Sperrholz, der 1986 von Andreu World herausgegeben wurde, ist beispielhaft für die wohlgestalteten und gut ausgeführten Möbel, die in Spanien in den 80er Jahren auf den Markt kamen. Seine Sitzmöbelserie *Lola* wurde 1989 von Oken hergestellt. Die Lampe *Ketupa* aus dem selben Jahr war gemeinsam mit dem Silberschmied Joaquín Berao entworfen und von Metalarte produziert worden. Lluscà ist Mitglied des Designrates der katalanischen Regierung und hat viele Auszeichnungen erhalten, darunter den nationalen Designpreis 1990. Die Möbelstücke Chaiselongue *Faventia* (1992) und der Stuhl *BNC* (1988) für Oken bezeugen Lluscàs Sinn für nationale Identität und sind unter internationalem Beifall vielerorts ausgestellt worden.

▲ Chaiselongue *Faventia* für Oken, 1992

Die Glaswerkstatt Klostermühle wurde 1836 von Johann Baptist Eisner von Eisenstein gegründet. Ihr dritter Besitzer nannte sie Glasfabrik Johann Loetz Witwe. Sein Enkel, Max Ritter von Spaun, übernahm 1879 die Leitung der Firma, deren Produktionsleiter Eduard Prochaska war. Von Spaun erweiterte den Betrieb und stellte eine Vielzahl von Waren her, wobei häufig neu entwickelte Techniken und metallische Glanzlacke Verwendung fanden, die das Unternehmen patentiert hatte. 1888 kamen die Glasserien *Onyx* und *Octopus* auf den Markt, die bei der Münchener »Deutschen Nationalausstellung für Kunst und Handwerk« ausgezeichnet wurden. Ein Jahr danach gewann Loetz den ersten Preis bei der »Exposition Universelle et Internationale de Paris« und stellte 1890 das berühmte schillernde *Karneol*-Glas her. Zu dieser Zeit hatte die Glaswerkstatt etwa 200 Angestellte sowie Vertriebsgeschäfte in Wien, Berlin, Hamburg und Paris. Der Stand von Loetz bei der »World's Columbian Exposition« in Chicago gewann 1893 einen weiteren ersten Preis und stellte mehrere neue Serien vor, darunter *Columbia*, *Pavonia*, *Persica*, *Alpenrot*, *Alpengrün* und *Kamelienrot*. 1899 brachte von Spaun die Serien *Papillon* und *Phänomen* heraus und entwickelte danach weitere Reihen, mit denen er 1900 auf der »Exposition Universelle et Internationale de Paris« einen Grand Prix gewann. **Koloman Moser** und seine Gehilfen entwarfen Glas für die Firma, ebenso wie Designer der **Wiener Werkstätte**, darunter **Josef Hoffmann**, **Dagobert Peche**, **Otto Prutscher**, Hans Bolek (1890–1978), Leopold Bauer (1872–1938) und Carl Witzmann (1883–1952). Zwischen 1903 und 1914 schuf die polnische Designerin Marie Kirschner über 200 Gefäße für Loetz. Von Spauns Sohn übernahm 1909 die Leitung der Glasfabrik; Adolf Beckert wurde zum künstlerischen Leiter ernannt. Die Firma musste allerdings nach zwei Jahren Konkurs anmelden. Sie wurde später wieder eröffnet und blieb bis zu ihrer endgültigen Schließung 1947 bestehen.

Loetz

1836–1947 *Klostermühle, Böhmen*

▼ Schillernde Glasvase, ca. 1900

Raymond Loewy

1893 *Paris*
1986 *Monaco*

Im Alter von 15 Jahren entwarf, baute und steuerte Raymond Loewy ein Modellflugzeug, das den berühmten James Gordon Bennett Cup gewann. Er studierte anschließend an der Université de Paris und an der École de Laneau, wo er 1918 einen Ingenieurabschluss machte. Im Ersten Weltkrieg diente er in der französischen Armee und reiste 1919 nach Amerika. Bei seiner Ankunft in New York trug er noch immer seine französische Uniform und hatte nur 50 Dollar in der Tasche. Er wurde zuerst als Schaufensterdekorateur bei Macy's, Saks Fifth Avenue und Bonvit Teller angestellt. Dann arbeitete er fünf Jahre als Modezeichner für *Vogue*, *Harper's Bazaar* und *Vanity Fair*. 1929 eröffnete er sein eigenes Büro für Industriedesign in New York und entwarf ein Gehäuse für Sigmund Gestetners Vervielfältigungsmaschine, wobei er mit Modellierton eine elegante Form schuf – eine Technik, die er später für Autodesigns benutzte. Loewys Auto *Hupmobile* war weniger kastenförmig als andere Wagen und sein verbessertes Modell für das Auto mit in die Karosserie integrierten Scheinwerfern von 1934, das sich vorn zuspitzte, nahm die stromlinienförmigen Fahrzeuge vorweg, für die er später bekannt wurde. Im selben Jahr entwarf er auch für Sears Roebuck den Kühlschrank *Coldspot*, das erste Haushaltsgerät, das mit seiner ästhetischen Form Werbung machte, und zeigte am **Museum of Modern Art, New York**, ein Modell seines Büros in Originalgröße. Ab 1935 erhielt Loewy mehrere Aufträge für die Umgestaltung großer Warenhäuser. Zu dieser Zeit entwarf er auch aerodynamische Lokomotiven, wie die *K4S* und die *GG-1* von 1934 sowie die *T-1* von 1937. Nachdem er Busse für die Firma Greyhound umgestaltet hatte, entwarf er sein innovatives Auto *Champion* (1947), ein Vorläufer seines Wagens *Avanti* im europäischen Stil, den er für Studebaker designte. Er wurde daneben auch für seine Arbeit im Bereich der **Corporate Identity** bekannt, besonders für die neuen Verpackungen von Lucky-Strike-Zigaretten (1942).

▾ Titelseite der Zeitschrift *Time*, 31. Oktober 1949

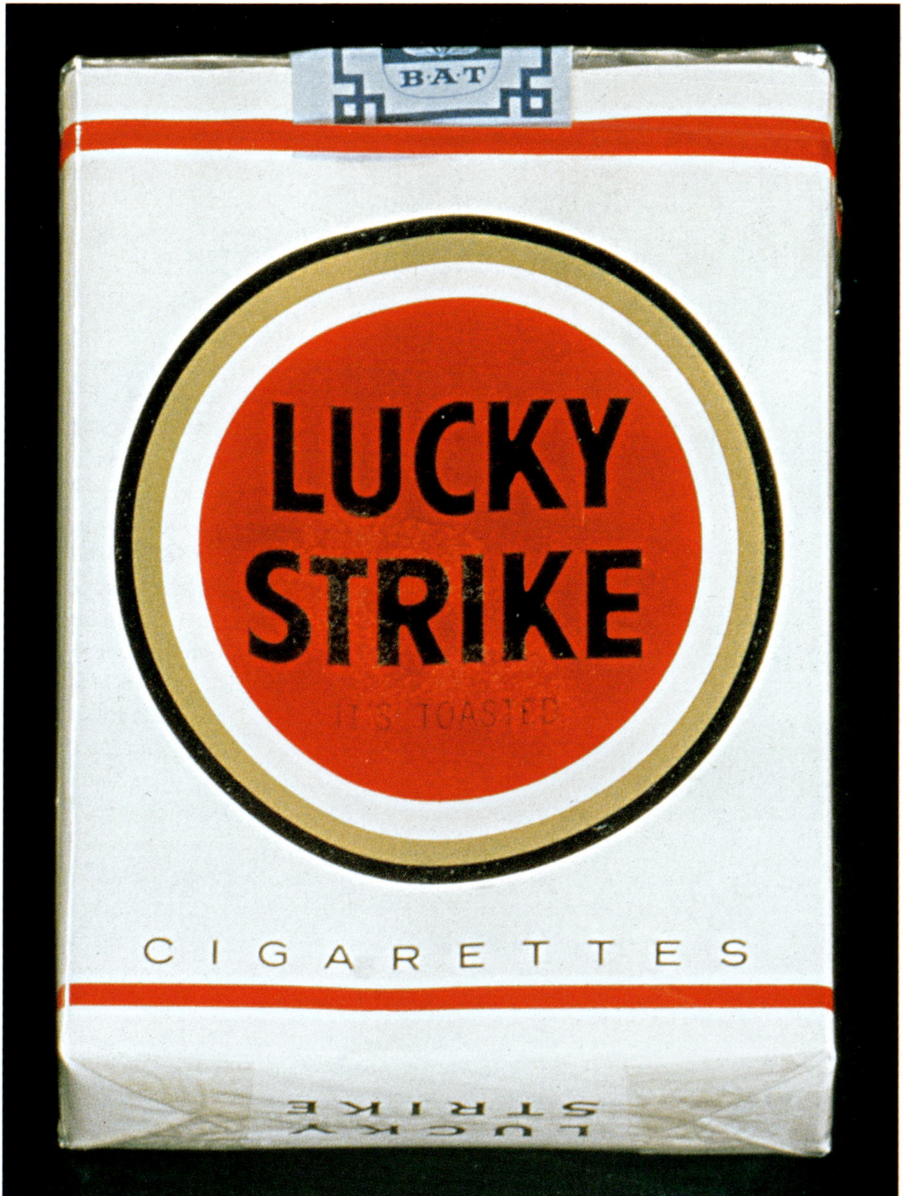

▲ Neugestaltung der Verpackung von Lucky-Strike-Zigaretten für die American Tobacco Company, 1942

◂ **Raymond Loewy Associates**, Kaffeeservice *Modell 2000* mit *Patina*-Muster für Rosenthal, 1954

Zu seinen weiteren Kunden gehörten Coca-Cola, Pepsodent, National Biscuit Company, British Petroleum, Exxon und Shell. Mit vier anderen Designern gründete er Raymond Loewy Associates, die ab 1949 Bauprojekte annahmen und in Raymond Loewy Corporation umbenannt wurden. Im gleichen Jahr wurde Loewy als erster Designer auf dem Cover der Zeitschrift *Time* abgebildet. Als Berater der US-Regierung in den 60er und 70er Jahren war er für die Umgestaltung des Flugzeugs Air Force One für John F. Kennedy zuständig sowie für die Innenräume des Raumschiffs Skylab der NASA (1969–1972). Seine Designphilosophie MAYA (most advanced, yet acceptable; äußerst fortschrittlich, aber immer noch annehmbar) war für den Erfolg seiner Produkte entscheidend. Raymond Loewy war zweifellos der größte Pionier des **Streamlining** im 20. Jahrhundert und wenige Designberater sind so einflussreich oder produktiv gewesen wie er.

◂ Stuhl *Manz* für F. O. Schmidt, 1912

Adolf Loos

1870 *Brünn, Mähren*
1933 *Kalksburg, Österreich*

Adolf Loos studierte bis 1893 Bauwesen an der Gewerbeschule in Reichenberg und Architektur an der Technischen Hochschule in Dresden. Er reiste anschließend drei Jahre lang durch die USA, arbeitete als Tischler und besuchte 1893 die »World's Columbian Exhibition« in Chicago, wo er erstmals mit der Chicago School of Architecture in Kontakt kam. Nach seiner Rückkehr nach Europa ließ er sich in Wien nieder und arbeitete zwei Jahre in Carl Mayreders Architekturbüro. Ab 1897 war er als freischaffender Architekt tätig und erfand einen geometrischeren, rationaleren Stil als den der Wiener **Secession**, ein Stil, der am besten in seinem Wiener Café Museum (1899) zum Ausdruck kommt, das später wegen seines spröden Interieurs Café Nihilismus genannt wurde. Er veröffentlichte zahlreiche Schriften, nicht nur über Kunst und Architektur, sondern auch zu Themen des Alltags und der Kultur und gründete 1903 die Zeitschrift *Das Andere*. In seinem berühmten Aufsatz *Ornament und Verbrechen* (1908) argumentierte er, dass die übermäßige Verwendung von Verzierungen zum Verfall der Zivilisation führen werde. Er leitete von 1912 bis 1914 seine eigene Bauschule. Von 1920 bis 1922 war er Chefarchitekt der Stadt Wien für die Entwicklung von Wohnungen. Durch die Verbindung einer rigorosen Ethik mit funktionalen, unverzierten Formen waren Loos' Lehren überaus wichtig für die Anfänge der **Moderne**.

Ross Lovegrove

geb. 1958 *Cardiff/Wales*

Ross Lovegrove studierte am Manchester Polytechnic Industriedesign und machte 1980 seinen Abschluss. Er absolvierte anschließend eine Ausbildung am **Royal College of Art, London**, erhielt 1983 seinen Magistertitel. Danach arbeitete er bei der Industriedesignagentur **Frogdesign** in Altensteig, wo er Projekte wie die Gestaltung von Walkmans für Sony und Rechnern für Apple betreute. Mitte der 80er Jahre kooperierte er mit verschiedenen Firmen. Als Hausdesigner für **Knoll International** in Paris entwarf er das erfolgreiche Alessandri Office System. Als Mitglied des Atelier de Nîmes in Frankreich, zu dem auch **Philippe Starck**, **Jean Nouvel**, Martine Bedin (geb. 1957) und Gérard Barrau (geb. 1945) gehörten, war er Designberater für Louis Vuitton, Cacharel, Dupont und Hermès. Er kehrte 1986 nach Großbritannien zurück und eröffnete mit Julian Brown ein Büro. Diese Zusammenarbeit endete jedoch 1990, als Lovegrove sein eigenes Londoner Industriedesignstudio, Studio X, eröffnete. Seitdem gehören British Airways, Parker Pens, **Kartell**, Ceccotti, Cappellini, Philips, Moroso, Driade, Apple, Connolly Leather, Olympus, Luceplan, Tag Heuer, Fratelli Guzzini und **Herman Miller** zu

▾ Heftmaschine *John II* für Acco, 1997

▲ **Ross Lovegrove & Julian Brown**, Thermoskanne *Basic* für Alfi Zitzmann, 1990

◄ Detail eines Kleidersacks für Connolly Leather, 1994

seinen Kunden. Seine visuell verlockenden und technologisch überzeugenden Designs, darunter das Besteck *Organic* (1990) für Pottery Barn, die Thermoskanne *Basic* (1990) für Alfi Zitzmann (gestaltet in Zusammenarbeit mit Julian Brown), der Stuhl *Crop* (1996) für Fasem und die digitale Kamera *Eye* (1996) für Olympus, sind von der Natur inspiriert und beruhen auf Lovegroves weit reichender Kenntnis der Ergonomie, seinen modernen Materialien und neuesten Herstellungsverfahren. Er war 1993 für die erste Sammlung des Design Museum in London verantwortlich und hat seine Arbeiten seit 1997 in Einzelausstellungen in Kopenhagen, Stockholm und Tokio gezeigt, wobei letztere von der Yamagiwa Corporation und der Firma Idée ausgestattet worden war. Viele seiner Produktdesigns, wie die auf Sonnenenergie beruhende Gartenbeleuchtung *Solar Bud* (1996–1997) für Luceplan, zeigen, dass er sich der Problematik der gegenwärtigen ökologischen Situation und des **Green Designs** nur allzu bewusst ist. Er arbeitete außerdem an einem Beitrag für leichtgewichtige Produktarchitektur namens *Solar Seed*, die ebenfalls Sonnenenergie bezieht und an einen Kaktus erinnert. Lovegroves dematerialistische, ganzheitlich entwickelte und zukunftsorientierte Produkte verkörpern eine neue Sensibilität für organische Formen und machen den Weg frei für das Design des 21. Jahrhunderts.

◂ Stuhl *Modell Nr. ST14* für Desta, 1931

Wassili & Hans Luckhardt

Wassili Luckhardt
1889 *Berlin*
1972 *Berlin*

Hans Luckhardt
1890 *Berlin*
1954 *Bad Wiessee*

Hans Luckhardt studierte an der Technischen Hochschule in Karlsruhe, während sein Bruder Wassili die Technische Hochschule in Berlin besuchte. Sie waren beide Unterzeichner des Architekturprogramms, das 1919 vom Arbeitsrat für Kunst eingerichtet wurde, arbeiteten mit den Künstlervereinigungen Novembergruppe und Der Ring zusammen und lieferten viele Briefe und Zeichnungen für Bruno Tauts (1880–1938) Projekt »Utopische Korrespondenz«. Ab 1921 arbeiteten sie in Berlin zusammen. Ihre Architektur war ursprünglich expressionistisch, wie am Dresdner Hygienemuseum (1921) und am Bürogebäudeprojekt an der Friedrichstraße in Berlin (1922) zu sehen ist. Ab 1925 eigneten sich die Luckhardts jedoch einen rationaleren Ansatz zu Architektur und Möbeldesign an, wie die Standardisierung ihres Freischwingers *Model ST14* (1931) unschwer erkennen lässt. Zu ihren zahlreichen Projekten, vorrangig in Berlin, zählen die Reihenhäuser an der Schorlemer Allee (1927), die Geschäftsräume für die Firmen Hirsch und Telschow (1926–1928) und die Neuplanung des Alexanderplatzes (1929). 1951 gestalteten sie den Berliner Pavillon für die »Constructa-Ausstellung« in Hannover. Hans wurde ein Jahr darauf zum Professor an die Hochschule für Bildende Künste in Berlin berufen.

Charles Rennie Mackintosh

1868 *Glasgow*
1928 *London*

▲ Empfangszimmer des Hauses der Familie Mackintosh, Florentine Terrace Nr. 6, Glasgow, 1906 (Nachbau in der Hunterian Art Gallery, Glasgow)

Charles Rennie Mackintosh absolvierte in der Architekturfirma von John Hutchinson in Glasgow eine Lehre und nahm gleichzeitig an der Glasgow School of Art Abendkurse in Zeichnen und Malerei. 1891 ging er auf eine Stipendienreise nach Italien und kehrte über Paris, Brüssel, Antwerpen und London wieder zurück. 1899 trat er dem neu eingerichteten Architekturbüro Honeyman & Keppie in Glasgow bei, wo er bis 1913 blieb. Mackintosh gründete mit Herbert MacNair (1868–1955), Francis Macdonald (1873–1921) und Margaret Macdonald (1864–1933) die Gruppe »The Four«, die später als »Spook School« bezeichnet wurde. 1894 stellten sie zum ersten Mal gemeinsam aus, dann zwei Jahre später an der Arts & Crafts Exhibition Society in London und 1900 nochmals unter großem Beifall an der VIII. Ausstellung der Wiener **Secession**. Im selben Jahr heiratete Mackintosh Margaret Macdonald und arbeitete mit ihr an vielen Dekorationskonzepten zusammen. Seine weißen Interieurs hatten großen Einfluss auf **Josef Maria Olbrich** und **Josef Hoffmann** und **Koloman Moser** kaufte sogar einen der ausgestellten Stühle. Mackintosh erhielt einen Sonderpreis bei Alexander Kochs Wettbewerb »Haus eines Kunstfreundes« von 1901 und bekam im folgenden Jahr von Fritz Wärndorfer (1869–1939), dem Hauptförderer der Wiener Secession und später der **Wiener Werkstätte**, den Auftrag, ein Musikzimmer (1902–1903) zu gestalten. Der Kritiker Ludwig Hevesi bezeichnete es als »Ort der spirituellen Freude«. Er entwarf um die Jahrhundertwende mehrere öffentliche Gebäude und private Wohnsitze in Glasgow und Umgebung, zu denen auch sein Meisterwerk, die Glasgow School of Art (1896–1909), zählt. Einige seiner Projekte, wie das Hill House (1902–1903), waren als **Gesamtkunstwerke** mit eigens angefertigten Raumtextilien und Möbeln konzipiert. Zu seinen wichtigsten Interieurs zählen die Glasgower Teehäuser, die er für Catherine Cranston dekorierte. Die Teehäuser in der Buchanan Street (1896) und der Argyle Street (1897) hatte er gemeinsam mit **George Walton** entworfen. Mackintoshs berühmter Stuhl mit der hohen Lehne schmückte die Teezimmer in der Argyle Street. Die späteren Teeräume in der Ingram Street und der Willow Street waren gänzlich von ihm dekoriert, bis hin zu den Bestecken. Seine ganzheitliche Herangehensweise an Architektur und Design schloss die Verwendung von Symbolik und die Harmonie von Gegensätzen ein: modern und traditionell, hell und dunkel, maskulin und feminin. 1914 verließ Mackintosh Glasgow und ging nach London, wo er rhythmisch gemusterte Textilien in satten Farben für Foxton's und Sefton's gestaltete, die den **Art déco** vorwegnahmen. Da er nicht in der Lage war, sich in London Bauaufträge zu beschaffen, zog er 1923 nach Port Vendres in Frankreich und gab sich gänzlich der Aquarellmalerei hin. Mackintosh war der führende Designer der **Glasgower Schule**. Sowohl sein früher organischer als auch sein späterer geometrischer Stil übten auf die Wiener Secession und die Wiener Werkstätte einen ungeheuren Einfluss aus.

▾ Stuhl mit hoher Rückenlehne für den Speisesaal des Teesalons in der Argyle Street, 1897

Arthur Heygate Mackmurdo

1851 *London*
1942 *Wickham Bishops/ Essex, Großbritannien*

Arthur Heygate Mackmurdo machte erst bei dem Londoner Architekten T. Chatfield Clarke (1829–1895) eine Lehre und war dann Assistent bei dem Neugotik-Architekten James Brooks (1825–1901). Er war so beeindruckt von den Schriften John Ruskins (1819–1900), dass er sich an der School of Drawing einschrieb, wo dieser Professor war. 1874 bereiste er mit Ruskin Italien und begann nach ihrer Rückkehr mit seinem Mentor am Working Men's College in London zu unterrichten. Dann eröffnete er sein eigenes Büro in London und lernte zwei Jahre später **William Morris** kennen, der ihm riet, sich dem Kunsthandwerk zuzuwenden. Er brachte sich selbst Bildhauerei, Sticken, die Bearbeitung von Messing und Tischlerei bei und gründete 1882 mit Selwyn Image (1849–1930), Herbert P. Horne (1864–1916), Clement Heaton (1861–1940) und Bernard Creswick die künstlerische Gemeinschaft Century Guild, die das Ziel hatte, »alle Zweige der Kunst aus der Sphäre der Einzelhändler in die des Künstlers« zu überführen. Andere Designer, die mit der Gilde in Kontakt standen, waren **William De Morgan** und George Heywood Sumner (1853–1940). Mackmurdo war Herausgeber der ersten Ausgabe der Zeitschrift *The Hobby Horse*, die ab 1884 vierteljährlich von der Gilde herausgegeben wurde. Sein großer Freundeskreis, zu dem auch Ford Madox Brown (1821–1893), James Abbott McNeill Whistler (1834–1903) und Frank Brangwyn (1867–1956) gehörten, schloss Mitglieder der Reformergeneration von Ruskin und Morris und der jüngeren Generation von Ästhetizisten ein. Im Jahr 1883 veröffentlichte er *Wren's City Churches*, dessen Umschlag starke japanische Einflüsse aufwies. Nachdem er **Walter Crane** 1888 beim Aufbau der National Association for the Advancement of Art unterstützt hatte, konzentrierte er sich auf seine Theorien zur Sozialreform, die in den Büchern *The Human Hive* (1926) und *A People's Charter* (1933) veröffentlicht wurden.

▾ Tapete, hergestellt von Jeffrey & Co. für die Century Guild, ca. 1884

◂ Tischlampe *Atollo* für O-Luce, 1977

Vico Magistretti

geb. 1920 *Mailand*

Vico Magistretti studierte an der Champ Universitaire Italien de Lausanne und nahm dort an einem Kurs von Ernesto Rogers (1909–1969) zur Architektur und Stadtplanung teil. Da er sich für die Moderne einsetzte, war Rogers' Einfluss auf die junge Generation italienischer Designer überwältigend. Magistretti kehrte 1945 nach Mailand zurück, machte seinen Abschluss in Architektur und entwarf ein Jahr später ein Bücherregal aus Stahlrohr sowie einen einfachen Liegestuhl für die RIMA-Ausstellung (Riunione Italiana per le Mostre di Arredamento). Eine Tischserie und ein sehr sachliches, leiterähnliches Bücherregal wurden neben Werken von **Marco Zanuso**, **Franco Albini**, Ignazio Gardella (geb. 1905) und den Brüdern **Castiglioni** 1949 auf einer von Fede Cheti (1905–1978) organisierten Ausstellung gezeigt. In den 50er Jahren war Magistretti hauptsächlich als Architekt tätig. Sein Bürogebäude am Corso Europa in Mailand bestätigte seinen Ruf als **Avantgarde**-Architekt. Sein Entwurf für die Villa Arosio, der bei der Konferenz CIAM (Congrès Internationaux d'Architecture Moderne) von 1959 präsentiert wurde, erregte viele Diskussionen, da Magistretti versucht hatte, die Moderne durch den Einsatz von Neo-Liberty-Elementen menschlicher zu gestalten. Für das Klubhaus des Carimate Golf Club schuf er eine moderne

▸ Tischleuchte *Telegono* für Artemide, 1968

Überarbeitung des traditionellen Stuhls mit Binsensitz, die sich gegen die industrielle Ästhetik des **International Style** wandte. Der Hersteller Cesare Cassina, den Magistretti 1960 kennengelernt hatte, produzierte den Stuhl *Carimate* ab 1962 in Serie. In den 60er Jahren entwarf Magistretti Kunststoffmöbel. Sein erster Erfolg waren die Tische *Demetrio* (1966), die technische Innovation mit Klarheit der Form verbanden. Viele seiner späteren Designs, wie die Tischlampe *Eclisse* (1965), die Lampe *Chimera* (1966), der Tisch *Stadio*, der Stuhl *Selene* aus einem Stück (1969), die Sessel *Gaudí* und *Vicario* (1970) demonstrierten durch ihre qualitativ hochwertige Verarbeitung und geniale Form die edlen Eigenschaften von Kunststoff. Zu den anderen berühmten Designs von Magistretti zählen das Sofa *Maralunga* mit verstellbarer Kopfstütze (1973), das zusammenklappbare Regal *Nuvola Rossa* (1977), die lackierte Metalllampe *Atollo* (1977), der Stuhl und das Sofa mit an Decken erinnernden Bezügen namens *Sindbad* (1981), die verstellbaren Stühle und Sofas *Veranda* (1983) und der vielseitig nutzbare Stuhl *Silver* (1989) aus Polypropylen und Aluminiumrohr. Als einer der wichtigsten Industriedesigner des 20. Jahrhunderts hat er zahlreiche Preise gewonnen, einschließlich einer Goldmedaille und eines Grand Prix bei Mailänder Triennale-Ausstellungen, zweier **Compasso d'Oro** und einer Goldmedaille der SIAD (Society of Industrial Artists and Designers). Er hat an der Domus Academy in Mailand unterrichtet und wurde 1983 zum Ehrenmitglied des **Royal College of Art, London**, ernannt, wo er Gastprofessor ist. Magistretti hat immer technische Raffinesse mit skulpturaler Eleganz in Einklang gebracht und schuf so angemessene und zeitlose moderne Designs von erstaunlicher Unverfälschtheit. Für ihn ergänzen sich Form- und Stilgebung und er ist der Überzeugung, dass sowohl Nützlichkeit als auch Schönheit für Qualitätsprodukte unabdingbar sind. Er hat immer wieder zu langfristigen Designlösungen aufgerufen, welche die Wegwerfgesellschaft nicht unterstützen.

▾ *Selene*-Stühle für Artemide, 1969

Louis Majorelle studierte in Nancy und später an der École des Beaux-Arts in Paris von 1877 bis 1879 Malerei. Als sein Vater Auguste Majorelle 1879 starb, übernahm er die Leitung der Möbel- und Keramikfabrik der Familie in Nancy, die 1860 eingerichtet worden war. Anfangs entwarf er Möbel im Rokoko-Stil, wurde jedoch in den 1890er Jahren immer mehr vom Naturalismus in **Émile Gallés** Werk beeinflusst und begann, Designs im Stil des **Art nouveau** herzustellen. Für seine Raumausstattung auf der »Exposition Universelle et Internationale de Paris« von 1900 wählte er beispielsweise ein Wasserlilienmotiv. Seine Möbel waren strukturell innovativer als die von Gallé, wiesen jedoch ähnliche Intarsien auf. Ab 1900 entwarf er auch Metallständer und Befestigungen für Auguste Daums Glas- und Lampenschirme, während die Firma **Daum Frères** Glaselemente für Majorelles eigene Kollektion produzierte. Ein Jahr darauf wurde er zum stellvertretenden Vorsitzenden der neu gegründeten **École de Nancy** ernannt. Nach zwei Jahren zeigte er seine extravaganten Möbel und vergoldeten Bronzeleuchten bei der Ausstellung der Schule in Paris. Die Majorelle-Fabrik in Nancy wurde 1916 durch ein Feuer schwer beschädigt und Louis Majorelle floh nach Paris. Nach dem Ersten Weltkrieg kehrte er nach Nancy zurück und seine Fabrik nahm ihre Arbeit wieder auf. In den 20er Jahren wurde seine Arbeit zusehends formaler und schlichter, was den Einfluss des neuen **Art-déco**-Stils spiegelte. Mit Hilfe seines Fabrikleiters Alfred Lévy entwarf er ein Zimmer für den Nancy-Pavillon der »Exposition Internationale des Arts Décoratifs et Industriels Modernes« von 1925, deren Jury er angehörte. Nach seinem Tod 1926 blieben die Werkstätten des Atelier Majorelle in Nancy unter Lévys Management. 1935 kam Paul Beucher hinzu. Die Firma hatte Ausstellungsräume in Nancy, Paris und Lyon und produzierte nicht nur sehr teure und aufwendige Designs, sondern auch bescheidene, erschwingliche Produkte.

Louis Majorelle

1859 *Toul, Frankreich*
1926 *Nancy, Frankreich*

◂ Armlehnstuhl, ca. 1900

▾ Detail eines Treppengeländers für das Hôtel Bergeret in Nancy, 1904

John Makepeace

geb. 1939 *Solihull/West Midlands, Großbritannien*

John Makepeace absolvierte 1957 eine Möbeltischlerlehre bei Keith Cooper und baute anschließend seine eigene Werkstatt auf. Bei einer von ihm zusammengestellten Präsentation in der Herbert Art Gallery in Coventry 1962 zeigte er die Arbeiten von einem Dutzend Gestaltern/Kunsthandwerkern, darunter auch Ann Sutton, die er 1964 heiratete. In Farnsborough Barn errichtete er eine größere Werkstatt und reiste 1972 nach Amerika, wo er mit **Wendell Castle** die Möglichkeit der Einrichtung einer Handwerksschule in New York besprach. Nach seiner Rückkehr suchte er nach einem geeigneten Gebäude für eine ähnliche Institution in Großbritannien und erwarb 1976 das Parnham House in Beaminster in Dorset. Dort eröffnete er sein eigenes Atelier mit Werkstatt und das Parnham College, eine Schule für Holz-Kunsthandwerker. Durch die hervorragende Ausführung und ungewöhnliche Konstruktion seiner eigenen Möbel setzt sich Makepeace für die Tugend der Kunstfertigkeit ein und wurde der führende britische Vertreter des **Craft Revival**. 1987 eröffnete er das Ausbildungszentrum Hooke Park zur Erforschung und Entwicklung von Anwendungen erneuerbarer Rohstoffe. Der deutsche Architekt Otto Frei und der Hochbauarchitekt Edmund Happold beaufsichtigten mit Richard Burton vom ABK-Designbüro die Gestaltung der Gebäude des Ausbildungszentrums, die auf innovative Weise aus Ausdünnungen der umliegenden Wälder konstruiert waren. Jüngere Bäume mit schlanken Stämmen wurden gefällt, um anderen, ausgewählten Bäumen Platz zu machen. Das geschlagene Holz wird normalerweise als Brennholz oder zur Zellstoffgewinnung verwendet, obwohl es ein beachtliches strukturelles Potential für Architektur und Möbeldesign bietet. Aufgrund der Weitsichtigkeit von Makepeace wird diese vergessene natürliche Ressource heute als ökologisch verwertbarer Stoff verwendet.

▾ Stuhl *Rhythm* für das John Makepeace Furniture Studio, 1992

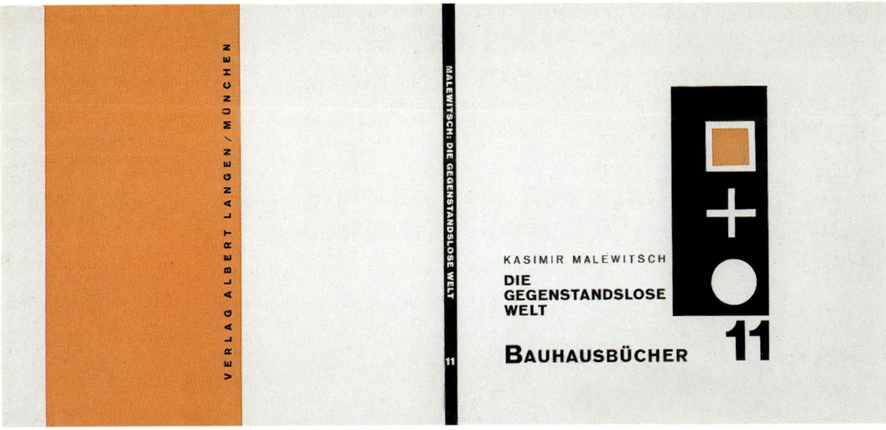

▲ **László Moholy-Nagy**, Umschlag für Kasimir Malewitschs *Die Gegenstandslose Welt*, Bauhausbücher 11, 1927

Kasimir Malevich

Kasimir Malewitsch

1878 *Kiew*
1955 *Leningrad*

Kasimir Malewitsch studierte an der Kunstschule in Kiew und am Moskauer Institut für Malerei, Bildhauerei und Architektur. Zu Anfang war er von Neo-Primitivismus, Kubismus und **Futurismus** beeinflusst und nahm 1913 an der futuristischen Konferenz im finnischen Uusikirkko teil. Im Anschluss daran entwickelte er zwei Jahre lang seine eigene Variante des Kubismus, die als Suprematismus bekannt wurde. In seinem Manifest *Vom Kubismus und Futurismus zum Suprematismus: Ein neuer Malerischer Realismus*, das 1915 erschien, erläuterte er die »Vorherrschaft der reinen Emotion«, die durch die Platzierung geometrischer Elemente auf einem weißen Feld, eine »Leerstelle« und die Abschaffung objektiver Repräsentation erreicht werden kann. Drei Jahre danach gehörte er zum Izo-NKP (Fachbereich für bildende Kunst am Narkompros) und schrieb seinen Artikel *Über neue Systeme in der Kunst.* Im selben Jahr löste er Marc Chagall (1887–1985) als Direktor der Kunstschule in Witebsk ab und gründete 1919 die Gruppe Posnowis, die später unter dem Namen Unowis (Utwerditeli nowogo iskussetwo = Befürworter der neuen Kunst) bekannt wurde und bis 1923 aktiv war. **Nikolai Suetin**, **El Lissitzky** und Ilja Chaschnik zählten zu ihren Mitgliedern. In den 20er Jahren entwarf Malewitsch Baumodelle, Grafiken, Kleidungstücke, Stoffe und Keramik. Mit einigen seiner Studenten ging er 1922 nach Petrograd und errichtete dort eine Filiale des Inkhuk (Institut für künstlerische Kultur). Fünf Jahre danach besuchte er das **Bauhaus** in Dessau, das später sein Buch *Die nichtobjektive Welt* herausgeben sollte. Durch die Vermittlung über das Bauhaus hatte Malewitschs Purismus auch Folgen für das Design der **Moderne**.

◂ Inneneinrichtung eines Kasinos in Saint Jean de Luz, 1930 (mit Möbeln von Marcel Breuer)

Robert Mallet-Stevens

1886 Paris
1945 Paris

Robert Mallet-Stevens studierte von 1903 bis 1906 an der École Spéciale d'Architecture in Paris und war stark vom Kubismus und den linearen Arbeiten von **Charles Rennie Mackintosh** und **Josef Hoffmann** beeinflusst, der für seinen Onkel das Brüsseler Palais Stoclet entworfen hatte. Zwischen 1911 und 1912 schrieb er eine Reihe von Artikeln für die Zeitschriften *Le Home*, *Tekhné*, *L'Art Ménager* und *Lux* und begann seine Arbeiten auf den Salons d'Automne auszustellen. 1913 fand sein farbenfroher Entwurf eines »Salon de Musique« große Anerkennung. Mit seinen geometrischen Linien und der rationalen Möblierung brachte dieser Saal den Modernismus in die französische Innenarchitektur, die bis dahin von der Tradition der *décorateurs* dominiert war. Seine funktionellen, unverzierten Arbeiten, wie der Ausstellungsraum von Alfa Romeo in Paris (1925) und die Villa des Vicomte de Noailles in Hyères (1923–1924), übten in den 20er und 30er Jahren auf das Design der französischen **Avantgarde** großen Einfluss aus. Er veröffentlichte 1922 eine Mappe mit dem Titel *Une Cité Moderne*, deren Vorwort Frantz Jourdain (1847–1935) verfasste. Ab 1923 tat er es **Theo van Doesburg** und **Ludwig Mies van der Rohe** gleich und arbeitete mit der Zeitschrift *L'Architecture Moderne* zusammen. Er entwarf viele avantgardistische Filmdekorationen, Metallwaren für **Desny** und mehrere Bauten mit den dazugehörigen Möbeln, meist aus Stahlrohr. Gemeinsam mit **Charlotte Perriand**, **Jean Puiforcat**, **Pierre Chareau**, **Eileen Gray** und anderen gründete er 1930 die UAM (Union des Artistes Modernes), deren erster Vorsitzender er wurde.

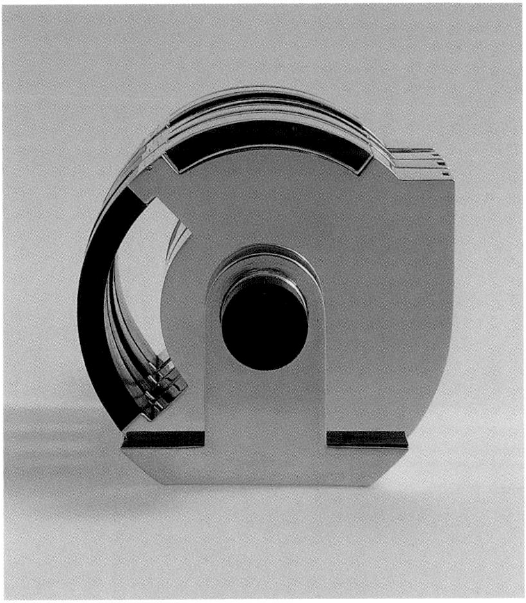

◄▼ Kaffee- und Tee-
service für Desny,
ca. 1930

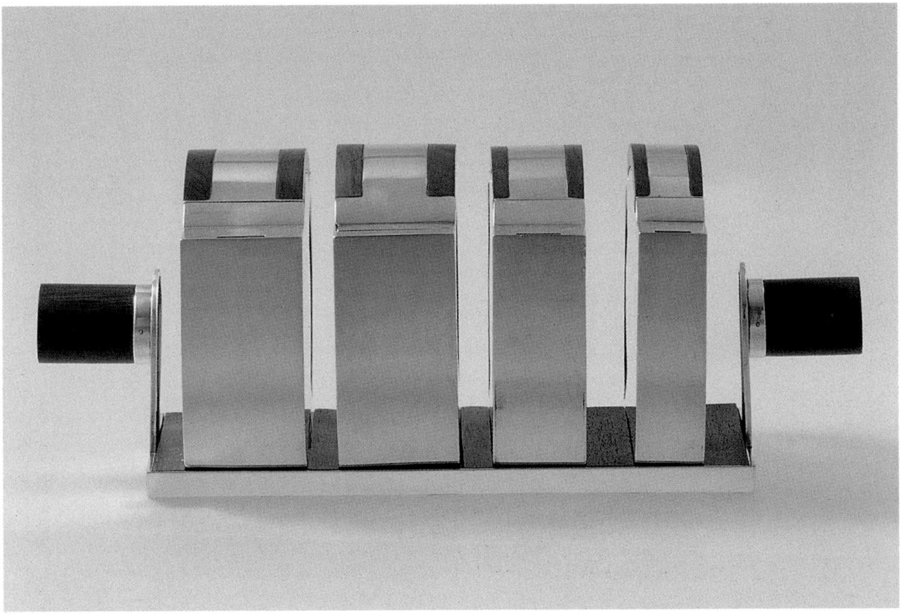

◄ Uhren *Section* für Le Porte-Échappement Universel, 1960

Angelo Mangiarotti

geb. 1921 *Mailand*

Angelo Mangiarotti studierte bis 1948 am Politecnico di Milano, machte dann ein Designbüro in Ohio auf und wurde Gastprofessor am Institute of Design in Chicago. 1955 ging er nach Italien zurück, arbeitete bis 1960 mit Bruno Morassutti (geb. 1920) als Designberater und stellte Entwürfe für stapelbare Regale, Tische, einen Kaugummiautomaten (1958) und die bekannte Uhr *Section* (1960) her. 1960 trat er der ADI (Associazione per il Disegno Industriale) bei, arbeitete von da an als selbständiger Architekt, Industriedesigner und Stadtplaner und experimentierte im **International Style** mit Fertigbauweise und armiertem Beton. Seine von der Funktion ausgehenden und gleichzeitig skulpturalen Produktdesigns, wie der Stuhl *IN* (1969) aus einem Stück selbstformenden Polyurethan-Schaumstoff für Zanotta und seine Glasvasen und Marmorschüsseln (1969 und 1970) für **Knoll**, zeichnen sich durch ihre hochwertigen Oberflächen und die gekonnte Handhabung des Materials aus. Mangiarotti arbeitete mit dem japanischen Designer Matomi Kawakami (geb. 1940) zusammen und hat an verschiedenen Institutionen gelehrt, darunter 1970 die University of Hawaii und von 1982 bis 1984 die Fachbereiche für Architektur an den Universitäten von Palermo und Florenz.

Gerhard Marcks erlernte als Autodidakt die Bildhauerei und arbeitete von 1908 bis 1912 im Atelier des Bildhauers Richard Scheibe in Berlin. 1914 entwarf er Reliefs für die Eingangshalle der Fabrik, die **Walter Gropius** für die »Deutsche Werkbund-Ausstellung« in Köln gestaltet hatte. 1918 wurde er Mitglied des radikalen Kunstverbands Novembergruppe, der im selben Jahr in Berlin gegründet worden war. Nach seinem Militärdienst lehrte Marcks ein Jahr lang an der Kunstgewerbeschule in Berlin. Dann wurde er Mitglied des dortigen Arbeitsrates für Kunst und begann am **Bauhaus** in Weimar zu unterrichten. 1920 machte ihn Gropius zum Bauhaus-Formmeister der neu eröffneten Keramikwerkstatt in Dornburg, etwa 30 Kilometer von Weimar entfernt. Marcks blieb bis 1924 Meister und seine Keramiken aus dieser Zeit waren weitgehend dekorativ. 1925 wurde er Leiter der Bildhauerwerkstatt an der Kunstgewerbeschule Burg Giebichenstein in Halle, deren Direktor er von 1928 bis 1933 war. Seine Arbeiten wurden immer sachlicher, um sich der industriellen Herstellung besser anzupassen, wie seine sehr rationale Kaffeemaschine *Sintrax* für die Jenaer Glaswerke Schott & Gen., die für die Massenproduktion bestimmt war. 1933 wurde er von den Nationalsozialisten aus seiner Stellung in Halle entlassen und zog nach Nienhagen. Ab 1937 versuchte er in Berlin als freischaffender Künstler zu arbeiten, durfte seine Werke aber nicht ausstellen und wurde weiterhin politisch verfolgt. Bei einem Bombenangriff 1943 wurde sein Atelier in Berlin-Nikolassee zerstört. Nach dem Zweiten Weltkrieg lehrte Marcks vier Jahre lang Bildhauerei an der Landeskunstschule in Hamburg. Er zog 1950 nach Köln und war als freischaffender Künstler tätig. 1971 wurde in Bremen die Gerhard-Marcks-Stiftung gegründet und 1987 eine Retrospektive seines Werks in Bremen, Köln und Berlin gezeigt.

Gerhard Marcks

1889 *Berlin*
1981 *Burgbrohl*

▼ Kaffeemaschine *Sintrax* für die Jenaer Glaswerke Schott & Gen., ca. 1925

◂ *Pago-Pago*-Vasen für Danese, 1969

Enzo Mari

geb. 1932 *Novara, Italien*

Von 1952 bis 1956 studierte Enzo Mari an der Accademia di Belle Arte di Brera in Mailand und fing ein Jahr danach bei der Firma Danese an. Eines seiner ersten Projekte war der Entwurf eines pädagogischen Spielzeugs: ein Kinderpuzzle, dass aus einer Gruppe stapelbarer Holztiere bestand (1957). 1959 begann er, mit Kunststoffen zu experimentieren. Diese Experimente führten zu mehreren Qualitätsprodukten, die ebenfalls von Danese hergestellt wurden, darunter ein zylindrischer Schirmständer (1962) aus PVC und die Plastikvase *Pago-Pago* (1969). Danese stellte auch die skulpturale Marmorschüssel *Paros* (1964), ein Bauteilsystem für Ausstellungsaufbauten (1965) und die Plastikvase *Tortiglione* (1969) her. Er trat 1963 der radikalen Bewegung Nuove Tendenze bei und begann, an der Scuola Umanitaria in Mailand zu unterrichten. Seine radikalen Theorien wurden in *Funzione della ricerca estetica* veröffentlicht. 1974 wurde sein »Proposta per un'autoprogettazione« aufgestellt, der aus einer Reihe von Möbelstücken im »tecnica povera«-Stil bestand. Er arbeitete auch mit Elio Mari zusammen und war für ICF, Zanotta, Castelli, Artemide und **Olivetti** tätig. Als führender Designtheoretiker war Mari von 1976 bis 1979 Vorsitzender der ADI (Associazione per il Disegno Industriale) und hat in Mailand, Rom, Parma und Carrara gelehrt.

▸ Flasche mit Stöpsel, 1929

Maurice Marinot

1882 *Troyes, Frankreich*
1960 *Troyes*

Maurice Marinot studierte ab 1889 an der École des Beaux-Arts in Paris bei Fernand-Anne Piestre. Beide zerstritten sich schließlich wegen Marinots unkonventionellen Kunstverständnisses. 1905 stellte er seine Gemälde auf dem »Salon d'Automne« neben Werken von Henri Matisse (1869–1954), André Derain (1880–1954) und anderen Mitgliedern der Fauves-Gruppe aus. Er kehrte in seine Heimatstadt Troyes zurück und zeigte seine Arbeiten bis 1913 jedes Jahr auf dem »Salon d'Automne« und dem »Salon des Indépendants«. 1911 besuchte Marinot Eugène und Gabriel Viard in ihrer Glaswerkstatt in Bar-sur-Seine und war so fasziniert, dass er »ein gewaltiges Verlangen nach diesem neuen Spiel« verspürte. Er entwarf von nun an Glas mit emaillierten Verzierungen im fauvistischen Stil und hatte 1913 die erste große Ausstellung seiner Glasarbeiten. Als ihm klar wurde, dass das Emaillieren die Schönheit des Glases selbst verdeckte, gab er die Oberflächendekoration zugunsten anderer ungewöhnlicher Techniken auf, wie z. B. der Einlagerung von Schichten aus Metalloxyden zwischen Lagen aus farblosem Glas. Er experimentierte darüber hinaus mit »malfin«, nicht ganz perfekt raffiniertem Glas, mit dem Luftblasen erzeugt werden konnten. Seine wuchtigen Glasgefäße, die manchmal geschliffen waren, wurden in New York und auf der »Exposition Internationale des Arts Décoratifs« in Paris im Jahr 1925 ausgestellt. Nach der Schließung der Glaswerkstatt Viard 1937 wandte sich Maurice Marinot wieder der Malerei zu. Leider wurde ein großer Teil seiner Glasgefäße durch Bombenangriffe 1944 zerstört.

CoBi

Javier Mariscal

geb. 1950 *Valencia, Spanien*

Javier Mariscal studierte bis 1971 an der Universität von Valencia Philosophie und an der Elisava-Schule in Barcelona Grafikdesign. Drei Jahre später veröffentlichte er mit einer Gruppe von Freunden Spaniens erstes Untergrund-Comic *El Rollo Enmascarado*. 1977 wurden Zeichnungen, Glasmalereien, Plastiken und Videos in einer ersten Einzelausstellung in Barcelona ausgestellt. Er entwarf 1979 den BAR-CEL-ONA Schriftzug und stellte 1980 sein erstes Möbelstück, den Barhocker *Duplex*, mit technischer Unterstützung von Pepe Cortés (geb. 1945) her. Im darauf folgenden Jahr wurden Prototypen seiner eigenwilligen postmodernen Möbel auf der Ausstellung »Muebles Amorales« in Barcelona gezeigt. Auf der Ausstellung »**Memphis**, an International Style« 1981 in Mailand stellte Mariscal auf Einladung von **Ettore Sottsass** mehrere seiner »Der Spaß bestimmt die Form«-Designs aus. Er entwarf außerdem Keramik für Viçon in Barcelona (1985) und Axis in Paris (1986) sowie eine Stoffkollektion für Seibu in Japan (1986–1987). Der Humor, die kräftigen Farben und die Überschwänglichkeit dieser Designs spiegeln die Lebendigkeit und den Optimismus in Spanien nach der Franco-Ära und den wirtschaftlichen Aufschwung des Landes wider. 1988 schuf er *Cobi*, das Maskottchen der Olympischen Spiele in Barcelona. Gemeinsam mit seinem Landsmann Alfredo Arribas (geb. 1954) entwarf er das Restaurant El Gambrinus an Barcelonas Uferpromenade, auf dessen wellenförmigem Dach sich eine riesige, krabbenartige Cartoonfigur mit schiefem Grinsen befindet. Im Jahr der Olympiade in Barcelona waren die Arbeiten von Mariscal international bekannt und Thema von zwei Veröffentlichungen und einer japanischen Wanderausstellung. Obgleich er Geschichte und Tradition ablehnt, hat sein Werk eine deutlich katalanische Identität und spiegelt das üppige Design und architektonische Erbe der Stadt Barcelona.

◂ Offizielles Plakat für die XXV. Olympischen Spiele in Barcelona, 1992 (mit Cobi)

▾ Stuhl *Garriri*, 1988

◂ Schreibtisch für Nordiska, 1930

▸ Stoff *Pythagoras* für Nordiska, 1952

Sven Markelius

1889 Stockholm
1972 Stockholm

Sven Markelius studierte an der Kungliga Tekniska Högskolan in Stockholm und an der Kungliga Akademien för de fria Konstrena und machte 1915 seinen Abschluss. Danach absolvierte er eine Lehre im Architekturbüro von Ragnar Östberg und arbeitete an der Gestaltung der Fassade des Stockholmer Rathauses mit. Seine Architektur war anfangs von der Romantik und später vom Klassizismus inspiriert. Nachdem er **Le Corbusiers** Architektur und die Ideen des **Bauhauses** kennen gelernt hatte, fand er zur Moderne. Für die Stockholm-Ausstellung von 1930 entwarf er ganze Gebäude und eine Inneneinrichtung, darunter einen Schreibtisch, der von Nordiska Kompaniet hergestellt wurde. Zwei Jahre danach gestaltete er das Konzerthaus in Hälsingborg und speziell dafür angefertigte, funktionelle, moderne Stapelstühle. Internationale Anerkennung brachte ihm sein schwedischer Pavillon auf der New Yorker Weltausstellung des Jahres 1939. Nach dem Zweiten Weltkrieg wurde er in die Bauplanungskommission der Vereinten Nationen aufgenommen und war Mitglied des Kunst- und Baukomitees für die UNESCO-Bauten in Paris. Von 1944 bis 1954 leitete er das Stockholmer Planungsbüro und entwarf einen Stadtentwicklungsplan, der auch Vorstadtgemeinden einbezog. In den 50er Jahren entwarf Markelius mit Astrid Sampe (geb. 1909) für Nordiska eine Kollektion bedruckter Stoffe, die von **Knoll** vertrieben wurden.

▸ Vase *Modell Nr. 5358* für Aureliano Toso, 1954

Dino Martens

1894 *Venedig*
1970 *Venedig*

Dino Martens studierte an der Academia di Belle Arti in Venedig Malerei und arbeitete von 1925 bis 1935 als Maler in Murano, wo er für mehrere Glasfabriken Designs entwarf, darunter SALIR, Salviati & C. und Cooperativa Mosaicisti Veneziani. Er stellte seine Gemälde von 1924 bis 1930 und ab 1932 seine Glasdesigns auf den Biennalen in Venedig aus. 1939 wurde er künstlerischer Leiter bei Aureliano Toso. Für Toso entwickelte er die bekannte Serie *Oriente*, deren Design aus einer strahlenden Mischung bunter »latticinio«-Stücke bestand, und außerdem die Serie *Zanfirico* mit asymmetrischen Formen und gedrehten Stäben aus farbigem Glas, die in klare Glaskörper eingeschlossen waren. Beide Serien wurden in den 50er Jahren oft imitiert und übten auf das später aufkommende amerikanische Atelierglas großen Einfluss aus. Seine Glasdesigns, die Martens 1951 auf der IX. Mailänder Triennale zeigte, wurden 1954 in eine Ausstellung im Kunstgewerbemuseum in Zürich und 1959 in eine Präsentation im Corning Museum of Glass, New York, aufgenommen. 1960 wurden sie auch in Verona und 1981 und 1982 in Venedig gezeigt. Die zauberhaften, ausdrucksvollen Sammlerstücke von Dino Martens sind für die experimentelle Arbeitsweise der Glasfabrik in Murano in den 50er Jahren beispielhaft.

Bruno Mathsson

1907 *Värnamo, Schweden*
1988 *Värnamo*

Bruno Mathsson wurde in der Tischlerei seines Vaters Karl ausgebildet und entwarf ab 1933 hauptsächlich für den Familienbetrieb Einrichtungsgegenstände. Sein organischer Stuhl *Eva* (1934) und die Chaiselongue *Pernilla* (ca. 1934) mit einem geformten Rahmen aus Holzlaminat, gewebten Hanfgurtstoffen und Sitzrahmen aus Buchenholz waren weniger utilitaristisch, aber ergonomisch ausgefeilter als **Alvar Aaltos** sehr ähnliche Chaiselongue *Modell Nr. 43* (1936) und Stuhl *Modell Nr. 406* (1936–1939). 1936 organisierte das Kunstmuseum Röhsska in Göteborg eine Einzelausstellung seines Werkes. 1937 nahm er an der »Exposition Internationale des Arts et Techniques dans la vie moderne« in Paris teil. Von 1945 bis 1957 konzentrierte er sich auf Architektur und entwarf mehrere einfache Bauten aus Glas, Holz und Beton, die als Ferienhäuser und Schulen genutzt wurden. Dann übernahm er die Leitung der Firma Karl Mathsson und entwickelte ab 1958 gemeinsam mit dem Mathematiker Piet Hein (geb. 1905) Möbel, zu denen der Tisch *Superellipse* (1964) gehörte, der später von Fritz Hansen hergestellt wurde. Bruno Mathsson erhielt 1955 in Stockholm die Gregor-Paulsson-Medaille und seine Einrichtungsgegenstände wurden in Stockholm (1963), Oslo (1976), Dresden (1976) und New York (1982) ausgestellt.

▲ *Pernilla*-Sessel und Chaiselongue für Karl Mathsson, ca. 1934

Herbert Matter

1907 *Engelberg, Schweiz*
1984 *Southampton, New York*

Herbert Matter studierte an der École des Beaux-Arts in Genf von 1925 bis 1927 Malerei und schloss seine Ausbildung an der Académie de l'Art Moderne in Paris ab. Von 1929 bis 1932 entwarf er Typographien und arbeitete als Fotograf für die Pariser Letterngießerei Deberny & Peignot. Mit **A. M. Cassandre** arbeitete er an der Gestaltung von Plakaten und mit **Le Corbusier** an Ausstellungsdesign und Bauwerken. Wie **Jan Tschichold** nutzte er seine Kenntnis der Fotografie und industrieller Druckmethoden zur Einführung eines Verfahrens des Überdruckens, das seinen Plakaten nicht nur größere optische Tiefe, sondern auch eine gewisse Dynamik verlieh. Die Verbindung aussagekräftiger Bilder mit fetter Typographie gab seinen Plakaten einen ausgesprochen modernen Look und eine verblüffende Direktheit, wie die Plakate für das Schweizer Verkehrsamt zeigen. 1936 emigrierte Matter nach New York und arbeitete als Fotograf für die Zeitschriften *Vogue* und *Harper's Bazaar*. Im Zweiten Weltkrieg erhielt er von der Regierung der Vereinigten Staaten den Auftrag, Propagandaplakate zu entwerfen; darunter »America Calling« (1941), auf dem ein amerikanischer Seeadler im Flug abgebildet ist. Ab 1943 arbeitete Matter drei Jahre als Grafikdesigner im Büro der Eames in Venice, Kalifornien. Dann begann er humorvolle und augenfällig bunte Werbeplakate für **Knoll** zu entwerfen und er schuf darüber hinaus das unverwechselbare Logo mit dem großen »K«. Die von ihm gestaltete Knoll-Werbung (1959) für **Eero Saarinens** Stuhl *Tulip* war aufsehenerregend innovativ. Sie zeigte den Stuhl auf zwei aufeinanderfolgenden Seiten, auf der einen eingewickelt in braunes Packpapier, auf der anderen ohne Verpackung. Die Aussage war so eindeutig, dass kein Text nötig war. Die Grafiken von Herbert Matter, die die visuelle Klarheit der **Schweizer Schule** mit der amerikanischen Populärkultur verbanden, bestimmten in der Nachkriegszeit den Look der **Avantgarde**-Grafik in den Vereinigten Staaten.

▾ Reiseplakat für das Schweizer Verkehrsamt, 1935

◂ **Ingo Maurer & Team**, Lampe *One from the Heart* für Ingo Maurer GmbH, 1989

Ingo Maurer

geb. 1932
Insel Reichenau

Bevor er von 1954 bis 1958 in Deutschland und der Schweiz Grafikdesign studierte, machte Ingo Maurer eine Ausbildung zum Typograph in Konstanz. Er ging 1960 in die USA und arbeitete als Designer für IBM und Kayser Aluminium. Drei Jahre später kehrte er zurück nach Europa und wurde als Grafikdesigner aktiv. Er gründete 1966 seine eigene Firma für Beleuchtungsdesign, Design M in München, die für ihre ungewöhnlichen und humorvollen Produkte bekannt wurde. Manche seiner Entwürfe, wie *Light Structure* (1969–1970) mit ihren fünf fluoreszierenden Leuchtröhren oder die Stehlampe *Ilios* (1983) mit ihrem schaukelnden Rahmen und der hängenden Halogenlampe, weisen eine moderne, entmaterialisierte Ästhetik auf. Andere Stücke, darunter die Lampe *Bulb-Bulb* (1980) in Form einer riesigen Glühbirne und die Lampe *One from the Heart* (1989) in Form zweier Herzen, sind jedoch im Pop- bzw. postmodernen Stil gehalten. Er hat außerdem Aufhängungssysteme für Leuchten entworfen, darunter *Baka-Rù* (1986) und *Yayaho* (1984) sowie Miniaturleuchten von geringer Leuchtkraft erfunden, die an Metallverlängerungen sicher auf nicht isolierten Drähten bewegt werden konnten. Maurers Arbeiten wurden 1985 in die Ausstellung »Lumières« im Centre Georges Pompidou in Paris aufgenommen.

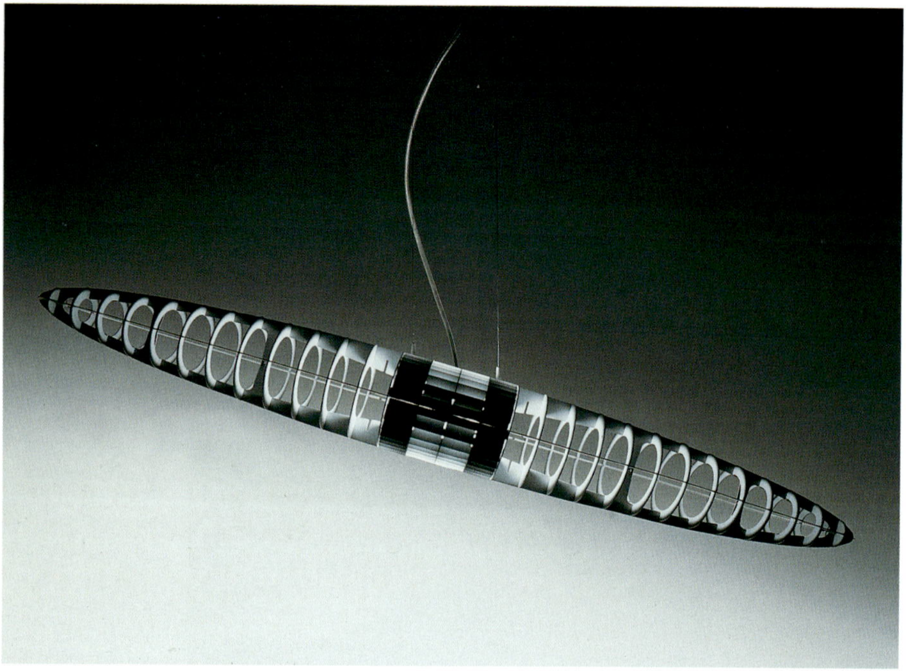

Alberto Meda

geb. 1945 *Lenno Tremezzina, Italien*

▲ **Alberto Meda & Paolo Rizzato,** Lampe *Titania* für Luceplan, 1989

Alberto Meda studierte am Politecnico di Milano bis 1969 Maschinenbau. Anschließend arbeitete er für Magneti Marelli und wurde 1973 zum technischen Direktor und Planungsleiter des designorientierten Kunststoffherstellers **Kartell** ernannt. 1979 machte er sich selbständig, arbeitete als Gestalter und Ingenieur und war technischer Designberater bei Alfa Romeo und Italtel Telematica. Vier Jahre später nahm er einen Lehrauftrag für Industrietechnologie an der Domus Academy an. Er schuf den Stuhl *Light Light* aus modernsten Materialien. Mit seinem Nomex-Wabenkern und einer Matrix aus Kohlenstofffasern war der Stuhl erstaunlich haltbar und leicht. Ebenso technisch innovativ sind die Leuchten für Luceplan, vor allem *Titania* (1989) mit Polycarbonatfiltern. Die Kollektion von Sitzmöbeln aus gegossenem Aluminium, zu denen der Stuhl *Armframe* und die Liege *Longframe* (1996) gehören, stellte er in den 90er Jahren für Alias her. Sie kombinierte Solidität mit visueller Geschlossenheit, was auf Medas Hintergrund als Ingenieur zurückzuführen ist. Zu seinen Kunden zählen auch Gaggia, Lucifero, Cinelli, Anslado, Mondedison, Carlo Erba, Fontana Arte und Mandarina Duck. Alberto Meda hat viele Auszeichnungen erhalten, darunter den **Compasso d'Oro** und einen Design-Plus-Preis.

► *Tea & Coffee Piazza* für Alessi, 1979–1983

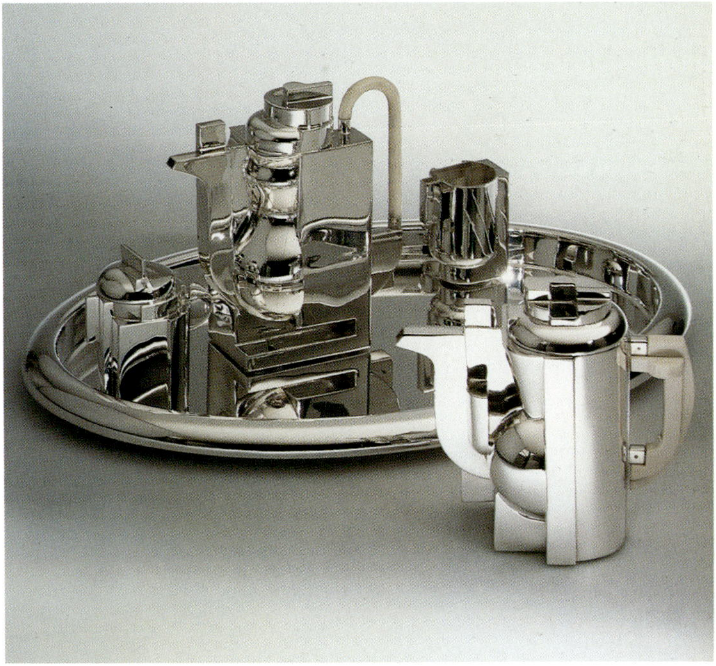

Richard Meier

geb. 1934 *Newark, New Jersey, USA*

Richard Meier studierte bis 1957 an der Cornell University in Ithaca Architektur. Danach arbeitete er zwei Jahre im Architekturbüro von Davis, Brody & Wisniewski in New York und 1960 für Skidmore, Owings & Merrill. Er trat dann **Marcel Breuers** Büro bei und gründete 1963 Richard Meier & Partners. 1965 gestaltete er ein Atelier und eine Wohnung für den Künstler Frank Stella (geb. 1935), dessen Überzeugung »Light is Life« Meiers puristische Architektur beeinflusste. Bei der Ausstellung der »New York Five« am **Museum of Modern Art, New York**, 1969 nahm Meier teil und richtete sich auch in späteren Jahren nach den Prinzipien des **International Style**, den die Gruppe vertrat. Seine Gebäude beruhen meist auf einfachen geometrischen Formen wie Kreis und Quadrat. Wie bei **Le Corbusier** sind sie meist weiß verputzt, doch die Details – emaillierte Einsätze und Handläufe – erinnern an Linienschiffe der 20er Jahre. Seine Gebäude haben einen eindeutigen Stil – Weiß, Licht, Raum – und zeigen Anklänge an die Vergangenheit, bleiben aber gleichzeitig eindeutig Teil der Gegenwart. 1975 wurde Meier Gastprofessor für Architektur an der Yale University und gestaltete während der 80er Jahre weiter »neo-moderne« Gebäude und Produkte wie seine *Tea & Coffee Piazza* für **Alessi** (1979–1983).

► Besteck *Pride* für Walker & Hall, 1951 (neu herausgegeben von David Mellor)

David Mellor

geb. 1930 *Sheffield, Großbritannien*

David Mellor studierte am Sheffield College of Art, am **Royal College of Art** in London und an der British School in Rom. Die Entwürfe aus seiner Studienzeit fanden viel Anerkennung – ein silbernes Kaffeeservice erhielt 1950 den Nationalpreis. Als 1954, im Jahr seines Studienabschlusses, sein elegantes Besteck *Pride* von 1951 bei der Sheffielder Firma Walker & Hall in Produktion ging, eröffnete Mellor sein eigenes Designbüro mit Werkstatt in Sheffield, einer Stadt mit langer Tradition in der Besteckherstellung. Seine späteren Besteckserien *Embassy* (1963) und *Thrift* (1965) wurden in vielen britischen Botschaften und Regierungsinstitutionen benutzt. Weiterhin war Mellor als Designberater für British Rail, die britische Post sowie für die Umweltbehörde tätig. 1969 nahm er die Produktion seiner eigenen Kochutensilien auf und eröffnete ein Geschäft zum Verkauf seiner Waren am Sloane Square in London. Anfang der 70er Jahre stellte Mellor seine Bestecke bei der Broom Hall in Sheffield her, und seit 1990 residiert seine Design- und Herstellungsfirma in einem von Michael Hopkins (geb. 1935) neugestalteten historischen Gebäude in Haversage, das von der BBC mit einem Designpreis ausgezeichnet wurde. Mellor ist aktives Mitglied des Design Council of Great Britain und wurde 1983 Direktor des Crafts Council.

◄ **Martine Bedin**, Lampe *Super* für Memphis, 1981

Memphis

gegründet 1981
Italien

Memphis wurde 1981 in Mailand mit der Absicht gegründet, das **Radikale Design** wieder aufleben zu lassen. Ende der 70er Jahre hatten italienische **Avantgarde**-Designer wie **Ettore Sottsass**, **Andrea Branzi** und **Alessandro Mendini** gemeinsam mit weiteren Mitgliedern des **Studio Alchimia** mit neuen künstlerischen und intellektuellen Ansätzen im Design experimentiert. Von zentraler Bedeutung für die Produkte des Studio Alchimia waren Mendinis Konzepte des »Re-Design« und des »banalen Designs«; Sottsass empfand diese Konzepte als Einschränkung seiner Kreativität und verließ die Gruppe schon bald. Am 11. Dezember 1980 veranstaltete er in seinem Haus ein Designertreffen mit Barbara Radice (geb. 1943), **Michele De Lucchi**, **Marco Zanini**, Aldo Cibic (geb. 1955), **Matteo Thun** und Martine Bedin (geb. 1957), um die Notwendigkeit neuer kreativer Designformen zu diskutieren. Die Gruppe beschloss die Gründung einer Designergemeinschaft und gab sich noch am gleichen Abend den Namen Memphis, nach Bob Dylans Lied »Stuck inside of Mobile with the Memphis Blues Again«, das bei dem Treffen mehrfach gespielt worden war. Der Name Memphis verwies außerdem auf die altägyptische Stadt sowie den Geburtsort von Elvis Presley in Tennessee und war somit doppelt kodiert. Als sich die

▸ **Ettore Sottsass**, Bücherregal *Carlton* für Memphis, 1981

Gruppe, zu der auch **Nathalie du Pasquier** und **George Sowden** gehörten, im Februar 1981 erneut traf, hatten ihre Mitglieder über einhundert Zeichnungen mit ausdrucksstarken und farbenfrohen Designs angefertigt, die von futuristischen Themen oder früheren Dekorationsstilen, wie dem **Art déco** und dem **Kitsch** der 50er Jahre, inspiriert waren und sich bewusst von den Grundsätzen des **Guten Designs** distanzierten. Sie suchten Möbel- und Keramikmanufakturen, um ihre Entwürfe in größeren Mengen herzustellen. Es gelang ihnen, die Firma Abet für die Herstellung neuartiger Laminate zu gewinnen, die mit außerordentlich lebhaften Mustern bedruckt waren, welche von Pop Art, Op Art und elektronischen Bildern beeinflusst waren. Der Direktor von Artemide, Ernesto Gismondi, wurde Leiter von Memphis. Am 18. September 1981 zeigte die Gruppe erstmals ihre Arbeiten auf der Arc '74 Ausstellung in Mailand. Die Möbel, Beleuchtungskörper, Uhren und Keramikarbeiten wurden von verschiedenen Architekten und Designern entworfen, unter ihnen **Hans Hollein**, **Shiro Kuramata**, **Peter Shire**, **Javier Mariscal**, **Massanori Umeda** und **Michael Graves**. Die Objekte waren, besonders wegen ihres unverhohlenen **Anti-Design**-Programms, eine Sensation. Als Mittel zur Verbreitung ihrer Werke erschien noch im selben Jahr das Buch *Mem-*

◂ Faltblatt für die Ausstellung »Memphis Milano in London« am Boilerhouse, Victoria & Albert Museum, 1982

◄ **Masanori Umeda**, Sitzgruppe *Tawaraya* in Form eines Boxrings für Memphis, 1981

▸ **Ettore Sottsass**, Vase *Mizar* für Memphis, 1982

phis, the New International Style. Artemide, Hersteller der Memphis-Arbeiten von 1982, ließ die Gruppe in den Ausstellungsräumen auf dem Corso Europa in Mailand ihre Produkte präsentieren. Barbara Radice war von 1981 bis 1988 künstlerische Leiterin von Memphis und organisierte Ausstellungen in London, Chicago, Düsseldorf, Edinburgh, Genf, Hannover, Jerusalem, Los Angeles, Montreal, New York, Paris, Stockholm und Tokio. Viele der monumentalen Designs von Memphis verwendeten buntes Plastiklaminat, ein Material, das die Gruppe wegen seiner »fehlenden Kultiviertheit« schätzte. Die Lebhaftigkeit, Skurrilität und Verspieltheit der Memphis-Produkte beruhten auf genauer Kenntnis und entschiedener Ablehnung der Moderne. Die Themenvermischungen und obskuren Entlehnungen aus herkömmlichen Stilrichtungen, derer sich Memphis bediente, schufen ein neues postmodernes Designvokabular. Die Gruppe war sich von Anfang an bewusst, dass Memphis ein von modischen Veränderungen abhängiger Trend war. Als ihre Popularität 1988 abnahm, löste Sottsass die Gruppe kurzerhand auf. Obwohl Memphis eine kurzlebige Erscheinung war, hatte sie durch ihre jugendliche Frische, Lebendigkeit und ihren entspannten Humor große Bedeutung für die internationale Verbreitung der **Postmoderne**.

▸ Umgestalteter Sessel *Wassily* für Studio Alchimia, 1978

Alessandro Mendini

geb. 1931 *Mailand*

Alessandro Mendini studierte am Politecnico di Milano Architektur und promovierte 1959. Bis 1970 war er Teilhaber bei Nizzoli Associati, einem Büro für Industriedesign, und arbeitete an einem Projekt für experimentelle Unterkünfte, dem Italsider in Tarent. Anschließend war er Chefredakteur der Zeitschrift *Casabella* und 1976 gründete er die Zeitschrift *Modo*, deren Redakteur er bis 1981 war. Er war Gründungsmitglied von **Global Tools**, einer Schule für Gegenarchitektur und -design, die seit 1973 bestand, und in den späten 70er Jahren führender Kopf des Designkollektivs **Studio Alchimia**. 1978 produzierte Mendini seine ersten »Re-Designs«: er versah **Joe Colombos** Stuhl *Universale* mit einer künstlichen Marmorierung, applizierte Motive auf **Marcel Breuers** Sessel *Wassily* und brachte Flaggen an **Gio Pontis** Stuhl *Superleggera* an. Ziel des »Re-Designs« war es, auf humorvolle Weise zu zeigen, dass angesichts der Tradition ein wirklich innovatives Design nicht mehr möglich ist. »Re-Design« sollte auch die Überheblichkeit der Moderne in Frage stellen und zeigen, dass Bedeutung und Wert eines Entwurfs allein durch das Ornament vermittelt werden können. Als Designtheoretiker wies

◄ Sessel *Proust* für Studio Alchimia, 1978

► **Alessandro Mendini & Bruno Gregori**, Buffet *Cantaride* für Zabro-Zanotta, 1984

Mendini auch auf die Idee des »banalen Designs« hin, dessen Ziel es war, die intellektuelle und kulturelle Leere im Massendesign der industrialisierten Gesellschaft anzusprechen. Die Banalität existierender Gegenstände wurde dadurch hervorgehoben, dass sie mit kräftigen Farben und witzigen Ornamenten verziert wurden, so bei dem berühmten Sessel *Proust* (1978). Mendini organisierte zu dem Zweck auch die Ausstellung »L'oggetto banale« (das banale Objekt) auf der Biennale von Venedig im Jahr 1980. Mendinis **Anti-Design**-Aktivitäten bedeuteten das Ende der »Prohibition« der Moderne und die Wiedergeburt einer Symbolsprache im Design. Sein Sofa *Kandissi* (1978) wurde 1980 als Teil von Studio Alchimias ironischer Sammlung *BauHaus I* gezeigt und machte sich mit seinen ausgeschnittenen Holzverzierungen in kräftigen Farben, die ironisch auf Wassily Kandinskys Malerei anspielten, über die Trennung von Kunst und Design lustig. Von 1980 bis 1985 war Mendini Chefredakteur des Designjournals *Domus* und unterrichtete ab 1983 an der Hochschule für Angewandte Kunst in Wien Design. Der Möbelhersteller Cassina lud ihn 1981 zur Teilnahme am Bracciodiferro-Projekt ein. Dafür entwickelte Mendini die Serie *Mobile Infinito* mit dekorativen, magnetischen, ausgeschnittenen Teilen. Er war auch Direktor für Gestaltung und Kommunikation für **Alessi** und nahm am Projekt *Tea & Coffee Piazza* von 1983 teil. Im Anschluss daran beauftragte Alessi ihn gemeinsam mit **Achille Castiglioni** und **Aldo Rossi**, die Casa della Felicità (1983–1988) zu gestalten und er entwarf danach das Groninger Museum (1988–1993) im niederländischen Groningen. Mendini erhielt verschiedene Auszeichnungen, darunter den **Compasso d'Oro** von 1979. Als produktiver Designer und führender Designtheoretiker hat er viel zur Anti-Design-Debatte und zur Verbreitung der **Postmoderne** beigetragen.

▾ Vasen *Manici* (Griffe), hergestellt von Zabro-Zanotta für Studio Alchimia, 1984

◄ Markenentwicklungs-Programm für Boehringer Ingelheim, 1997

MetaDesign

gegründet 1979
Berlin

Erik Spiekermann studierte an der Freien Universität in Berlin Kunstgeschichte, arbeitete in den 70er Jahren als Typograph in London und unterrichtete am London College of Printing. Anschließend war er Berater der Designagenturen Henrion Design Associates und Wolff Olins, die vorrangig für ihre Arbeit im **Corporate-Identity**-Bereich bekannt sind. Als er mit Erfahrungen sowohl in der Typographie als auch im Corporate Design wieder nach Deutschland zurückkehrte, gründete Spiekermann 1979 das Büro für MetaDesign in Berlin. Einer der ersten Aufträge war die Umgestaltung der Dienstleistungsbroschüren für die Deutsche Bundespost. Das Büro baute eine gute Verbindung zur Typengießerei Berthold auf und wurde Mitglied von EDEN (European Designers' Network), das 1991 gegründet wurde. Für ihre innovativen Typographien und Corporate-Identity-Programme konnte sich MetaDesign international einen Namen machen. Die Firma beschäftigt heute 170 Angestellte in ihrem Berliner Büro und unterhält Filialen in London und San Francisco. In der 1987 unter dem Titel *Ursache & Wirkung: Ein Typographischer Roman* erschienenen Publikation beschreibt Spiekermann seinen typographischen Ansatz. MetaDesign gilt allgemein als Deutschlands beste Agentur für Grafikdesign, und Spiekermanns Glauben an integrierte Systeme für die firmeninterne Kommunikation zeigt sich im Firmenmotto: »Man kann nicht *nicht* kommunizieren«.

Ludwig Mies, wie er ursprünglich hieß, lernte zunächst Steinmetz und Maurer und arbeitete von 1900 bis 1904 als Zeichner von Stuckornamenten für eine in Aachen ansässige Architekturfirma. Er zog 1905 nach Berlin und arbeitete dort für **Bruno Paul** bis 1907, dem Jahr, in dem er sein erstes Gebäude entwarf. Ein Jahr später arbeitete Mies im Büro von **Peter Behrens** an Entwürfen für die **AEG** und die Deutsche Botschaft in St. Petersburg. Dort arbeitete er auch mit **Walter Gropius**, Hannes Meyer (1889–1954) und **Le Corbusier** zusammen. Wie Behrens war er von der klassizistischen Architektur Karl Friedrich Schinkels (1781–1841) inspiriert. Er verließ Behrens' Büro 1911 und eröffnete ein Jahr später seine eigene Firma in Berlin. Nach einem weiteren Jahr fügte er seinem Namen den Mädchennamen seiner Mutter, van der Rohe, hinzu und war von 1914 bis 1918 Soldat. Ab 1922 war er in der revolutionären Novembergruppe aktiv und organisierte in den nächsten drei Jahren die Ausstellungen der Gruppe. Seine Entwürfe für Büros, Häuser und Hochhäuser waren »ideale« Pläne, die modernistische Ziele verfolgten. 1926 wurde er stellvertretender Leiter des **Deutschen Werkbunds** und bereitete im darauf folgenden Jahr die Werkbundausstellung »Die Wohnung« vor, die in der Weißenhofsiedlung in Stuttgart gezeigt wurde. Von **Mart Stams** Zeichnungen von Freischwingern aus verschweißten Gasleitungen

Ludwig Mies van der Rohe

1886 *Aachen*
1969 *Chicago*

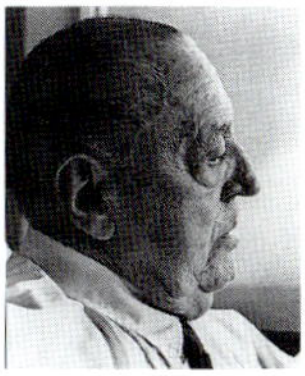

▲ Innenraum des deutschen Pavillons auf der »Exposición Internacional de Barcelona«, 1929

▲ Armlehnstuhl *Modell Nr. MR20* für die Berliner Metallgewerbe Josef Müller, 1927

(1926) inspiriert, entwarf Mies van der Rohe 1927 seine eigenen Versionen, den Stuhl *MR10* und den Sessel *MR20*, die aus unverwüstlichem Stahlrohr hergestellt waren und zuerst auf der Weißenhof-Ausstellung gezeigt wurden. Der deutsche Pavillon auf der »Exposición Internacional de Barcelona« von 1929 war mit einer Reihe seiner Designs möbliert und sein berühmter *Barcelona*-Stuhl wurde bei der Eröffnungszeremonie als »Thron« für König Alfonso XIII benutzt. Die Räume des Pavillons mit seinen Marmortrennwänden waren im Wesentlichen im **International Style** gehalten und unverhohlen vom Utilitarismus distanziert, der in der Regel mit der **Moderne** in Verbindung gesetzt wird. Zwischen 1928 und 1930 entwarf Mies van der Rohe das Haus Tugendhat in Brünn, dem heutigen Brno, in Tschechien, für das er auch passende Möbel schuf. Die Mehrzahl seiner architektonischen Entwürfe der 20er Jahre, wie die Vorschläge für hoch aufragende Konstruktionen aus Glas und Stahl, war spekulativ und experimentell. Seine Möbeldesigns wurden von der Firma Berliner Metallgewerbe Josef Müller (1927–1931) und von den Bamberger Metallwerkstätten (ab 1931) produziert. Mies stellte seine Entwürfe 1931 bei der Deutschen Bauausstellung aus und unterzeichnete einen Vertrag mit Thonet-Mundus, der dieser Firma die exklusiven Vertriebsrechte für 15 seiner Stuhlmodelle übertrug, von denen einige in Gemeinschaftsarbeit mit **Lilly Reich** entstanden waren. 1930 wurde Mies van der Rohe zum letzten Direktor des **Bauhauses** ernannt und unterrichtete dort Architektur. Er war für den Umzug der Schule von Dessau nach Berlin verantwortlich und löste sie 1933 auf. Danach arbeitete er als freischaffender Architekt in Berlin und emigrierte 1937 in die USA. Dort baute er in Chicago ein großes Architekturbüro auf und wurde Direktor der Abteilung für Architektur am Armour Institute in Chicago, das später in Illinois Institute of Technology umbenannt wurde. Eine seiner Schülerinnen war Florence Schust, die später Hans Knoll heiratete. Die

▾ Werbung für Stuhl *Modell Nr. MR10*, ca. 1928

Firma **Knoll Associates** brachte 1947 Mies van der Rohes Möbel neu heraus. 1944 wurde Mies amerikanischer Staatsbürger und arbeitete bis zu seinem Tod im Jahr 1969 als Architekt. Zu seinen Bauprojekten gehören das Farnsworth House (1946–1950) in Plano, Illinois, das Mannheimer Opernhaus (1953) und sein Meisterwerk, das berühmte Seagram Building in New York (1954–1958), das in Zusammenarbeit mit **Philip Johnson** entworfen worden war. Johnson schrieb auch den Katalog zur Retrospektive »Ludwig Mies van der Rohe«, die 1948 im New Yorker **Museum of Modern Art** gezeigt wurde. Mies van der Rohe war ein führender Vertreter der Moderne und einer der einflussreichsten Architekten und Gestalter des 20. Jahrhunderts.

► Stuhl *Brno Modell Nr. MR50* für die Berliner Metallgewerbe Josef Müller, 1929–1930

▲ Stuhl *Barcelona*
Modell Nr. MR90
für die Berliner
Metallgewerbe
Josef Müller, 1929

◄ **Christian Dell**, Kaffeekanne, ca. 1929/1930

► **Christian Dell**, Schreibtischleuchte *Rondella* für Rondella, 1927–1928

Modern Movement
Moderne

Die Ursprünge der Moderne können bis in die Mitte des 19. Jahrhunderts und zu Designreformern wie **A. W. N. Pugin**, John Ruskin (1819–1900) und **William Morris** zurückverfolgt werden. Obwohl Morris auf industrielle Produktion zugunsten handwerklicher Fertigung verzichtete, war er einer der ersten, der gut gestaltete und fachmännisch gefertigte Objekte für den täglichen Gebrauch produzierte. Grundlegende Auswirkungen auf die Entwicklung der Moderne hatten seine reformerischen Ideen von Nützlichkeit, Schlichtheit und Angemessenheit, moralischer Verantwortung von Gestaltern und Herstellern, sowie die Vorstellung, dass das Design als demokratisches Mittel zur sozialen Veränderung eingesetzt werden könne und solle. Seine Ideen führten zur Gründung handwerklicher Gilden und Werkstätten in Großbritannien, Deutschland und Amerika, die die maschinelle Produktion akzeptierten. Die Maschine wurde immer mehr als Mittel zum Zweck gesehen und es wurde deutlich, dass die industrielle Produktionsweise vollständig akzeptiert werden musste, wenn die Reformen weitreichende Auswirkungen haben sollten. Bei der Gründung des **Deutschen Werkbunds** im Jahr 1907 kamen reformerische Ideologie und industrielle Produktion zusammen. Die Mitglieder des Deutschen Werkbunds entwickelten einen

neuen, höchst rationalen Ansatz im Design, der das Ornament reduzierte und den **Funktionalismus** förderte. Die Beseitigung überflüssigen Dekors führte zu einer Vereinfachung der Elemente und förderte die **Standardisierung**, die wiederum höhere Produktivität und geringeren Materialaufwand mit sich brachte. Die Einsparungen, die diese Methode bot, kamen sowohl den Benutzern als auch den Herstellern zugute, da mehr Wert auf Qualität von Konstruktion und Materialien gelegt werden konnte. Die ästhetische

▾ **Marcel Breuer**, Stuhl *Modell Nr. B33* für Thonet, 1927–1928

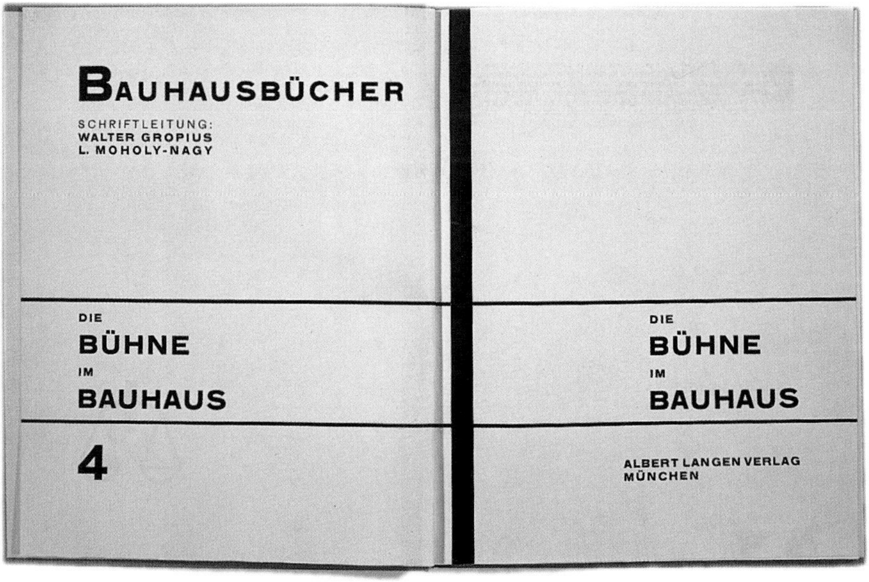

▲ **László Moholy-Nagy**, Titelseiten zu Walter Gropius' und László Moholy-Nagys *Die Bühne im Bauhaus*, Bauhausbuch 4, 1925

Purifizierung förderte eine universelle Designsprache, die von der Mode unabhängig sein sollte. Die berühmte Schrift *Ornament und Verbrechen* (1908) von **Adolf Loos** setzte übermäßige Dekoration mit dem Verfall der Gesellschaft gleich, und eine Werkbundpublikation aus dem Jahr 1924 mit dem Titel *Form ohne Ornament* propagierte einfache, rationale Designs für die industrielle Produktion und illustrierte sie. Der Verzicht auf jegliches Ornament wurde auch von **De Stijl** vertreten. **Konstruktivismus** und **Futurismus** feierten die Maschine und das Konzept der »Produktionskunst«. Nach den Verheerungen des Ersten Weltkriegs entdeckten Designer wie **Walter Gropius** das ethische Potential der Moderne. Gropius wurde zum ersten Leiter des **Bauhauses** ernannt, das 1919 mit der Absicht gegründet wurde, die Künste zusammenzubringen und die reformerischen Ideen der frühen Pioniere der Moderne in die Praxis umzusetzen. Als wichtigste Designinstitution des 20. Jahrhunderts hatte das Bauhaus durch sein Eintreten für Funktionalismus, industrielle Produktionsverfahren und modernste Materialien wie Stahlrohr enorme Auswirkungen auf die Entwicklung der Moderne. Die Funktionalität der Interieurs, Möbel, Metallobjekte, Keramiken und der Grafik des Bauhauses ergab ein zusammenhängendes Designvokabular, das mit dem der Moderne gleichzusetzen ist. Der Begriff »Sachlichkeit« beschrieb diese rationale Denkweise im Design. Im Jahr 1927 war

▲ **Alvar Aalto**, Diskussions- und Vortragssaal der Stadtbibliothek Viipuri, 1930–1935

▸ **Alvar Aalto**, Sessel für Huonekalu-ja Rakennustyötehdas, frühe 1930er Jahre

bei der »Werkbund-Ausstellung« in Stuttgart allerdings ein internationaler Stil in der Moderne deutlich erkennbar, der sich durch Minimalismus, Industrialismus und Geradlinigkeit auszeichnete. **Le Corbusier** spielte für die Verbreitung dieser reduktivistischen Maschinenästhetik eine zentrale Rolle, wobei seine Designs deutlich weniger funktionalistisch waren als die am Bauhaus produzierten. In den 30er Jahren richtete sich der **International Style** immer mehr nach der Mode und manche machten ihn für die Pervertierung der sozialen Ziele der Moderne verantwortlich. Seine Protagonisten trieben die geometrische Abstraktion auf die Spitze und verwendeten industrielle Materialien und eine streng formale Sprache in rein stilistischer Absicht. Die Moderne schien ihre moralische Bedeutung verloren zu haben, bis sie von skandinavischen Designern, allen voran **Alvar Aalto**, aufgegriffen wurde, der durch das **Organische Design** eine menschlichere Form der Moderne praktizierte. Aaltos Werk wurde vor allem in Großbritannien und Amerika positiv aufgenommen und inspirierte eine neue Generation von Moderne-Designern wie **Charles & Ray Eames** zur Fortführung eines ganzheitlichen und organischen Designs, das sich modernster Technologien und Materialien bediente. Die Errungenschaften und die zukünftige Relevanz der Moderne sind zwar jahrzehntelang diskutiert worden, ihre fundamental ethischen und demokratischen Motivationen sind indes nicht zu leugnen.

▲ **Walter Dorwin Teague**, Inneneinrichtung des Ford-Pavillons auf der New Yorker Weltausstellung, 1939

Moderne

»Moderne«-Stil

Der französische Begriff »Moderne« bezeichnet eine Form des **Art-déco**-Stils, die von der **Moderne** beeinflusst war. Obschon der »Moderne«-Stil in den 20er und 30er Jahren in Europa populär wurde, blühte er erst in den Vereinigten Staaten richtig auf. In dieser Zeit verwendeten die amerikanischen Vertreter dieses Stils, wie z. B. **Walter Dorwin Teague** und **Raymond Loewy**, für ihr Produktdesign **Streamlining** und glänzende Oberflächen aus Chrom und Aluminium, um den Objekten eine faszinierend modernistische Erscheinung zu verleihen. Der luxuriöse Stil war häufig auch durch schwere geometrische Formen gekennzeichnet, die von der **Wiener Werkstätte** inspiriert waren. Die üppigen Interieurs und Möbel von **Donald Deskey** waren für den Stil exemplarisch; häufig waren es Auftragsarbeiten für Geschäfts- oder Privatkunden. Seine Inneneinrichtung und Möblierung der Radio City Music Hall (1932–1933) schuf Stilbezüge zum Glamour des Films. Vor allem die extravaganten mit Glas und Chrom ausgestatteten Sets der Hollywoodfilme machten den »Moderne«-Stil international populär. Der ostentative Wohlstand und der dem Stil innewohnende Optimismus boten eine Ablenkung von den verheerenden Auswirkungen der Weltwirtschaftskrise und so wurde der Stil schon bald zum Symbol des American Dream. Sein enormer Einfluss in den USA war für viele der bis heute existierenden Unterschiede in der Formgebung für Automobile und andere Produkte in Amerika und Europa verantwortlich. Die dekorativen Aspekte des Stils erfreuten sich durch die **Postmoderne** und das Retro-Design des ausgehenden 20. Jahrhunderts neuer Beliebtheit.

▾ **Warren McArthur** (zugeschrieben), Tisch, frühe 1930er Jahre

Børge Mogensen

1914 *Aalborg, Dänemark*
1972 *Kopenhagen*

▲ *Asserbo*-Stühle für Karl Andersson & Söner, 1964

Børge Mogensen studierte von 1936 bis 1938 an der Kunsthandvaerkerskolan in Kopenhagen und wurde anschließend bis 1941 bei **Kaare Klint** an der Möbelschule der Kongelige Danske Kunstakademi in Kopenhagen ausgebildet, bevor er nach dem Krieg zwei Jahre lang als Klints Assistent arbeitete. Seine Arbeiten wurden ab 1939 jährlich bei der Kopenhagener Möbeltischlerzunft gezeigt. Von 1942 bis 1950 leitete er die Möbeldesignabteilung der Vereinigung dänischer Kooperativen. Dann eröffnete er sein eigenes Atelier und entwarf Möbel für Søborg Møbelfabrik, Frederica Stolefabrik und Karl Andersson & Söner. Wie sein Mentor ging Mogensen an das Möbeldesign vom Standpunkt der Überarbeitung traditioneller Typen heran, was am besten an seinem Sofa *Nr. 1789* (1945) und den Stühlen *Spanish* (1959) und *Asserbo* (1964) zu erkennen ist. Wie Klint führte auch er ergonomische Studien durch, die in dem Möbelsystem *Øresund* resultierten, das er gemeinsam mit Grethe Meyer entwarf. Ab 1953 entwarf er mit Lis Ahlmann (1894–1979) verschiedene Möbel- und Vorhangstoffe für C. Olesen. Die sorgfältig ausgeführten Möbel von Børge Mogensen sind der Inbegriff des dänischen Designs: natürliche Materialien, hochwertige Konstruktionen und Neuinterpretationen historisch erfolgreicher Formen.

László Moholy-Nagy studierte in Budapest Jura und stand nach seinem Militärdienst mit der revolutionären Kunstgruppe Ma (Morgen) in Verbindung, die seine Werke in ihrer Zeitschrift abbildete. Ursprünglich beschränkten sich seine künstlerischen Aktivitäten auf die Malerei, doch nach einem kurzen Aufenthalt in Wien ließ er sich 1920 in Berlin nieder, wo er mit der Fotografie zu experimentieren begann. Seine Arbeiten, die bei der Galerie Der Sturm ausgestellt wurden, wiesen Einflüsse von Dada und **Konstruktivismus** auf. Er nahm 1922 am dadaistisch-konstruktivistischen Kongress in Weimar teil. Der Direktor des **Bauhauses**, **Walter Gropius**, lud Moholy-Nagy ein, an der Schule zu lehren und 1923 wurde er mit **Josef Albers** zum Leiter des Vorkurses ernannt. Obgleich sie an der Grundstruktur dieses Kurses festhielten, die **Johannes Itten** entwickelt hatte, distanzierten sie sich von Ittens Mazdaznan-Glauben. Sie setzten sich für eine industrielle Ausrichtung des Designs ein. Zu diesem Zweck gab Moholy-Nagy einen Kurs zum Thema »Material und Raum«. Er war als »Formmeister« der Metallwerkstatt Nachfolger von Paul Klee (1879–1940) und **Marianne Brandt** sowie **Wilhelm Wagenfeld** gehörten zu seinen Schülern. Er war außerdem als Filmemacher, Schriftsetzer und Fotograf tätig, war Redakteur der Reihe *Bauhausbücher* und schrieb mehrere Bücher, darunter *Die Neue Vision: Vom Material zur Architektur* (1928). Im Jahr der Veröffentlichung verließ er das Bauhaus und ließ sich in Berlin nieder, leitete ein Grafikdesignbüro und gestaltete Ausstellungen und Bühnenbilder. Er emigrierte 1934 nach Amsterdam und lebte von 1935 bis 1937 in London, wo er Plakate für London Transport entwarf und Special Effects für den Filmregisseur Alexander Korda erstellte. Nach seiner Emigration nach Amerika im Jahr 1937 leitete er das kurzlebige New Bauhaus in Chicago und gründete nach dessen Schließung 1938 die **School of Design, Chicago**, wo er weiter die funktionalistische Lehre des Bauhaus-Designs vertrat.

László Moholy-Nagy

1895 *Bácsborsod, Ungarn*
1946 *Chicago*

▼ **Herbert Bayer**, Plakat für »Experiment in Totality: Moholy-Nagy«, 1950

Carlo Mollino

1905 *Turin*
1973 *Turin*

▲ Tisch *Arabesque* für Apelli & Varesio, 1950

► Kombination Radio und Phonograph, 1949

Carlo Mollino war der Sohn des Turiner Architekten Eugenio Mollino. Bevor er sich an der Architekturfakultät der Universität von Turin einschrieb, wo er 1931 seinen Abschluss machte, studierte er Maschinenbau und Kunstgeschichte. Anschließend arbeitete er im Büro seines Vaters und gewann 1933 den ersten Preis beim Wettbewerb für die Zentrale der Federazione Agricoltori in Cuneo. Im selben Jahr entwarf er die Innenräume seines eigenen Hauses, Casa Miller. Er entwarf 1937 die Società Ippica in Turin, das Haus des Turiner Reitklubs, das als sein architektonisches Meisterwerk gilt, aber heute leider zerstört ist. Für seine Innenarchitekturprojekte entwarf er passende Möbel, die oft biomorphe Formen aufwiesen. Sein höchst expressives Design, das vom **Futurismus** und **Surrealismus** inspiriert war, wurde als »Turiner Barock« bekannt und wandte sich damit gegen den aus Mailand kommenden **Rationalismus**. Von 1952 bis 1968 unterrichtete er Architekturgeschichte am Fachbereich Architektur in Turin. Mollino war ein geachteter Designer von Rennwagen und sein *Osca 1100* gewann in seiner Klasse beim 24-Stunden-Rennen in Le Mans von 1954. Die von Carlo Mollino entwickelte, überschwengliche Formensprache des **Biomorphismus** hatte großen Einfluss auf das italienische Design der Nachkriegszeit.

ABCDEFGHIJKLMN
OPQRSTUVWXYZ
abcdefghijklmnopqrst
uvwxyz 1234567890
&.,:;‘’“”-!?()—

Monotype Corporation

1897–1992 Salfords/ Surrey, Großbritannien

Der amerikanische Erfinder Tolbert Lanston entwickelte eine innovative Setzmaschine, die er 1885 patentieren ließ. Zwei Jahre später gründete er die Lanston Monotype Corporation zur Vermarktung seiner Erfindung, doch fand er in den USA nicht die nötigen Geldgeber. Daher wurde 1897 eine Schwesterfirma in Großbritannien aufgebaut und 1902 in Salfords, Surrey, eine Fabrik eröffnet. Die Monotype unterschied sich deutlich von ihrer Konkurrenz, der Linotype, da die Maschine einzelne Buchstaben anstelle ganzer Zeilen setzte. Obgleich das Setzen mit einer Monotype langsamer vonstatten ging, war das Verfahren für komplexere Texte geeigneter, besonders, wenn es sich nicht um ganze Textblöcke handelte. Im Jahr 1912 brachte die Lanston Monotype Corporation die Schrift *Imprint* heraus. Es war die erste Schrift, die für den Maschinensatz entwickelt wurde. Mit dieser Schrift konnte die Firma endlich die Qualität traditioneller Schriftgießereien erreichen. Stanley Morison (1889–1967) wurde 1922 typographischer Berater der Firma, überarbeitete sogleich die Schriften *Garamond* (1922), *Baskerville* (1923) und *Fournier* (1924) und beauftragte **Eric Gill**, neue Schriften zu entwerfen, zu denen auch *Gill Sans* (1928) gehörte. Die Firma wurde 1931 als Monotype Corporation Limited bekannt und Morison erhielt von der *Times* in London den Auftrag, ein neues Schriftbild für sie zu gestalten. Die von Monotype erstmals 1932 herausgegebene *Times New Roman* sollte zu einer der meistverwendeten Schriften des 20. Jahrhunderts werden.

▲ **Stanley Morison**, Schrift *Times New Roman*, 1931

◂ Tapete *Pimpernel*, hergestellt von Jeffrey & Co. für Morris & Co., 1876

William Morris

1834 Walthamstow, Großbritannien
1896 London

William Morris studierte am Exeter College in Oxford Theologie und arbeitete später kurz im Architekturbüro von George Edmund Street (1824–1881). Die sozial wie künstlerisch reformerischen Ideen von John Ruskin (1819–1900) und die romantische Realitätsflucht der Präraffaeliten inspirierten ihn. Auf Drängen von Dante Gabriel Rossetti (1828–1881) begann Morris zu malen. Er wandte sich jedoch bald dem Kunsthandwerk zu. Sein erstes größeres Dekorationsprojekt war sein eigenes Haus, das Red House in Bexleyheath, das 1859 von Philip Webb (1831–1915) entworfen worden war. Es wurde von Morris und seinem Freundeskreis ausgestattet, eine Zusammenarbeit, die 1861 zur Gründung von Morris, Marshall, Faulkner & Co. führte. Mit diesem Unternehmen wollte Morris seine reformerischen Ideen in die Praxis umsetzen. Er kreierte zu diesem Zweck in den 1860er Jahren einen »Look«, der die Tugenden der Schlichtheit, Nützlichkeit und Schönheit demonstrierte. Die Firma entwarf nicht nur ganze Interieurs, sondern verkaufte auch eine große Zahl unterschiedlicher Dekorationsobjekte, darunter Möbel, Buntglas, Tapeten, Metallwaren, Keramiken, Kacheln, Stickereien, Teppiche und Stoffe. Morris wollte zwar gutes Design unter die Leute brin-

▲ **Morris, Marshall, Faulkner & Co.**, der *Green Dining Room* im South Kensington Museum (heute Victoria & Albert Museum), 1866–1867

gen, lehnte die Mechanisierung jedoch ab, denn er war der Ansicht, dass die Arbeitsteilung den Arbeiter von seinem Werk und letztendlich auch von der Gesellschaft entfremdete. Paradoxerweise hatte diese Ablehnung der industrialisierten Produktion zur Folge, dass die Designs von Morris nur für Reiche erschwinglich waren. Dennoch belebte er durch die Aktivitäten von Morris & Co. viele Handwerksrichtungen neu und war ein früher Verfechter ethischer Herstellungspraktiken. Morris war nicht nur der größte Vertreter der **Arts-&-Crafts-Bewegung**, produktiver Designer und erfolgreicher Designmanager, sondern er war auch als Dichter und Autor hochgeschätzt, dessen Schriften seine Suche nach einer sozialen Utopie widerspiegelten. Er war außerdem ein führender Sozialist, der einige der Grundlagen für die britische Labour-Bewegung schuf. Die reformerischen Ideen von William Morris hatten maßgeblichen Einfluss auf die Anfänge der **Moderne**.

Jasper Morrison

geb. 1959 *London*

Jasper Morrison studierte bis 1985 in London an der Kingston School of Art and Design und am **Royal College of Art**. 1984 erhielt er ein Stipendium für die Akademie der Künste in Berlin. In den frühen 80er Jahren wurde er für seine experimentellen Möbel bekannt, darunter der Tisch *Flowerpot* (1983) und der Stuhl *Wing-Nut* (1984). 1986 eröffnete er sein eigenes Londoner Atelier, das Office for Design, und stellte seine Arbeiten im Shiseido-Geschäft in Tokio, bei der Galerie Néotu in Paris und der Ausstellung »British Design« in Wien aus. Im darauf folgenden Jahr entwarf er eine Installation für die Nachrichtenagentur Reuter bei der Dokumenta 8 in Kassel. Auf seinen berühmten für Cappellini entworfenen *Thinking-Man's*-Stuhl (1987), der innerhalb und außerhalb des Hauses benutzt werden konnte, folgte der Stuhl *Ply* (1989) für **Vitra**, der schon den antimaterialistischen Ansatz seiner späteren Arbeiten erkennen ließ. Mit James Irvine (geb. 1958) organisierte er 1992 den *Progetto Oggetto* für Cappellini, eine Sammlung von Haushaltsgegenständen von einer Gruppe junger Designer, zu denen **Stefano Giovannoni**, Konstantin Grcic (geb. 1965) und Axel Kufus (geb. 1958) gehörten. Im selben Jahr veröffentliche er ein Buch mit dem Titel *A World Without Words* und erhielt den Bundespreis für Produktdesign für die Kollektion von Türklinken, die er für FSB entworfen hatte. 1993 entwarf er eine Installation für das Österreichische Museum für Angewandte Kunst in Wien und 1995 wurde am Centre d'Architecture Arc en Rêve in Bordeaux eine Einzelausstellung seiner Werke gezeigt. Seine bislang wichtigste Auftragsarbeit ist dieGestaltung der Besucherstraßenbahn für die Expo 2000 in Hannover, die den IF-Transport-Design-Preis und den Ökologiepreis erhielt. Die ästhetisch klaren und höchst funktionalen Arbeiten Jasper Morrisons sind beispielhaft für die »neue Schlichtheit« im Design.

▾ Sofa *Three* für Cappellini, 1992

Koloman Moser

1868 Wien
1918 Wien

Koloman Moser studierte an der Akademie der Bildenden Künste in Wien von 1885 bis 1892 Formgebung und Malerei und nahm 1886 am Unterricht von Professor Franz Rumpler (1848–1922) an der Allgemeinen Malerschule in Wien teil. Schon als Student gestaltete Moser Grafiken für die Zeitschriften *Wiener Mode* und *Meggendorfers Humoristische Blätter*. Ab 1893 studierte er an der Kunstgewerbeschule in Wien zwei Jahre lang Grafikdesign und gab den Kindern des Erzherzogs Karl Ludwig Zeichenunterricht. Er stand mit vielen progressiven Künstlern in Verbindung, unter ihnen Gustav Klimt (1862–1918), und gründete 1894 mit **Josef Hoffmann** und **Josef Maria Olbrich** den Siebener Club. Ab 1895 war er als unabhängiger Grafikdesigner tätig und gab mit anderen Künstlern und dem Verleger Martin Gerlach die Foliantenreihe *Allegorien, Neue Folge* (1895) heraus. Er war Mitbegründer der Wiener **Secession** und wurde 1898 Redakteur der Zeitschrift der Vereinigung, *Ver Sacrum*, für die er zahlreiche Illustrationen schuf. An der Kunstgewerbeschule in Wien lehrte er ab 1899 Malerei und wurde 1900 Professor; im selben Jahr zeigte er auf der VIII. secessionistischen Ausstellung in Wien und der Pariser »Exposition Universelle et Internationale« seine Möbel und andere zukunftsweisende Designs, wie eine Serie Likörgläser, die später von E. Bakalowits & Söhne vertrieben wurden. Er gründete mit anderen 1901 die Gruppe Wiener Kunst im Haus und baute zwei Jahre später gemeinsam mit Josef Hoffmann und Fritz Wärndorfer (1869–1939) die **Wiener Werkstätte** auf. Als einer der künstlerischen Leiter dieses progressiven Herstellungsunternehmens gestaltete Moser Möbel, Silberzeug, Metallwaren, Textilien, Schmuck und Grafikdesign. Außerdem entwarf er Kostüme und Bühnenbilder für das Cabaret Fledermaus, ein von Hoffmann ins Leben gerufenes Theater, das als **Gesamtkunstwerk** der Wiener Werkstätte konzipiert war. Um 1901 begann er, die secessionistischen, abstrakten und naturalistischen Motive durch geometrische

▼ Sherrykaraffe mit versilbertem Metallbesatz für E. Bakalowits & Söhne, 1901

▸ **Schule von Koloman Moser**, Gefäß aus Glas und versilbertem Metall für E. Bakalowits & Söhne, 1902

◂ Holzkasten für die Wiener Werkstätte, ca. 1905

▲ Uhr für die Wiener Werkstätte, ca. 1906

Muster zu ersetzen, zu denen seine typischen schwarzweißen Gittermuster gehörten, die von der ägyptischen und assyrischen Kunst inspiriert waren. Die strenge Geometrie dieser späteren Designs deutete schon den geometrischen Formalismus des **Bauhauses** an, der in den 20er Jahren aufkommen sollte. Neben seiner Arbeit für die Wiener Werkstätte entwarf er auch Glas für **Loetz**, Stoffe für Johann Backhausen & Söhne sowie Möbel für **J. & J. Kohn**. Zudem arbeitete er als Buchgestalter für mehrere Verlage, darunter H. Bruckmann. Von 1904 bis 1906 gestaltete er die Buntglasfenster für **Otto Wagners** Kirche Am Steinhof. Nach Streitigkeiten mit Fritz Wärndorfer verließ Moser 1908 die Wiener Werkstätte und konzentrierte sich nunmehr auf die Malerei, produzierte allerdings auch eine Reihe von Bühnenbildern für die Wiener Staatsoper. Von 1909 bis 1916 wurden seine Gemälde in Düsseldorf, Dresden, Budapest, Rom und Berlin ausgestellt. Koloman Moser war ein produktiver und vielseitig begabter Designer, dessen Werk den Übergang vom naturalistischen zum geometrischen Stil vollzog und dadurch eine Brücke vom 19. zum 20. Jahrhundert schlug.

Serge Mouille

1922 *Paris*
1988 *Monthiers, Frankreich*

Serge Mouille arbeitete 1937 im Atelier des Bildhauers und Silberschmieds Gilbert Lacroix und wurde anschließend an der École des Arts Appliqués in Paris zum Silberschmied ausgebildet. 1941 schloss er sein Studium ab und eröffnete vier Jahre später sein eigenes Atelier. Gleichzeitig lehrte er nebenbei an seiner alten Schule. Für den Architekten und Dekorateur Jacques Adnet (1900–1984), der zu der Zeit Direktor von Süe und Mares Compagnie des Arts Français war, entwarf er 1953 seinen ersten Prototyp für eine Lampe. Diese frühe Stehlampe hatte drei Leuchten auf Armen, die sich auf einem dreibeinigen Ständer um die Mitte drehten. Der für ihn typische Lampenschirm aus Metall, *tétine* (Zitze), war für die Reflektierung des Lichtes optimal geformt und konnte nahezu in jede Position gedreht werden. Mit Louis Sognot (1892–1970) entwickelte Mouille Beleuchtungen und gehörte mit **Jean Prouvé** zu der Gruppe von **Avantgarde**-Designern, deren modernes Design 1956 zur Eröffnung der Galerie Steph Simon gezeigt wurde. Seine eleganten Lampen aus den 50er Jahren, darunter *Œil*, *Cocotte*, *Antony*, *Tuyau*, *Saturne*, *Agrafée* und *Secrétaire*, hatten verstellbare Schirme aus schwarzem oder weißem emaillierten Metall, die auf Ständern aus schmalen Metallstangen angebracht waren. Im Jahr 1958 zeigte er zwei neue Lampen auf der »Exposition Universelle et Internationale« in Brüssel: eine große Wandleuchte mit drei Armen und eine sechsarmige Hängelampe. Seine späteren Beleuchtungsdesigns, wie die für die Université d'Anthony und die Kathedrale von Bizerte, waren schwerer und von der Form her eher architektonisch. Serge Mouille richtete 1961 die Société de Création de Modèles zur Förderung junger Designer ein und erhielt 1963 eine Goldmedaille von der Société d'Encouragement à l'Art et à l'Industrie.

▼ Stehlampe, 1953

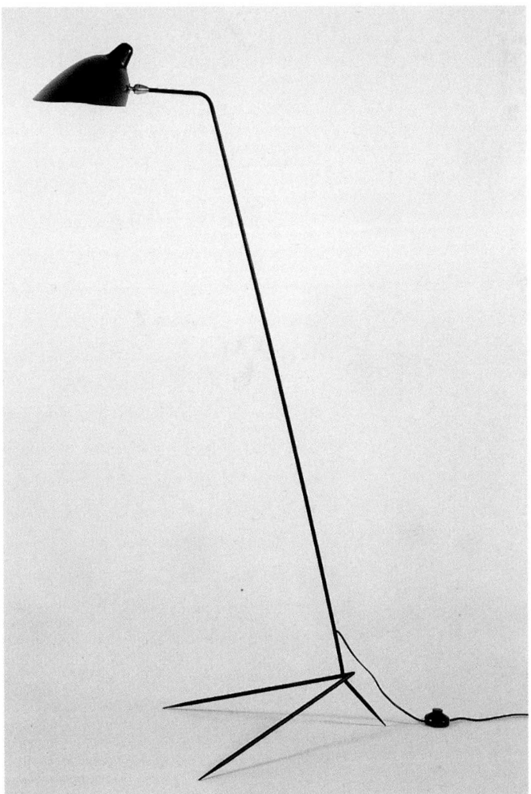

Olivier Mourgue

geb. 1939 *Paris*

Olivier Mourgue begann seine Ausbildung zum Innenarchitekten 1954 an der École Boulle in Paris und studierte von 1958 bis 1961 teils an der École Nationale Supérieure des Arts Décoratifs in Paris, teils in Schweden und Finnland. Nachdem er für die Agence d'Architecture Intérieure Gautier-Delaye in Paris gearbeitet und Möbel für Airborne (1963–1966) entworfen hatte, richtete er sich ein Atelier in Paris ein, wo er Möbel für Mobilier National (ab 1966) und Prisunic (1969) sowie Autoausstattungen für Renault (1977) gestaltete. Seine skulpturale Sitzgruppe *Djinn* (1965), das erste Möbelstück aus Polyurethanschaumpolstern auf Stahlrohrrahmen, sah so futuristisch aus, dass es in Stanley Kubricks Filmepos *2001: Odysee im Weltraum* (1968) verwendet wurde. Er entwarf die Ausstattungen der französischen Pavillons für die Expo '67 in Montreal und die Expo '70 in Osaka und erhielt 1968 einen Preis der ADI (Associazione per il Disegno Industriale) sowie einen Eurodomus-Preis. Wie **Verner Panton** und **Joe Colombo** interessierte sich Mourgue für das Konzept des Lebensumfelds, für Raum und Mobilität. 1970 entwarf er sein eigenes mobiles Atelier auf Rädern sowie ein Bad mit weichen Kunststoffoberflächen. Ein Jahr später stellte er in einer Installation bei der »Visiona 3«, einer von Bayer in Deutschland veranstalteten Ausstellung, ein experimentelles System von Raumteilern aus. Er gründete 1976 ein Atelier in Kéralio in der Bretagne und wurde Professor am Institut de Géo-Architecture der École des Beaux-Arts in Brest. Mourgues Bruder Pascal (geb. 1943) ist ebenfalls ein bekannter Möbeldesigner.

▲ Sitzmöbelkollektion *Djinn* für Airborne International, 1965

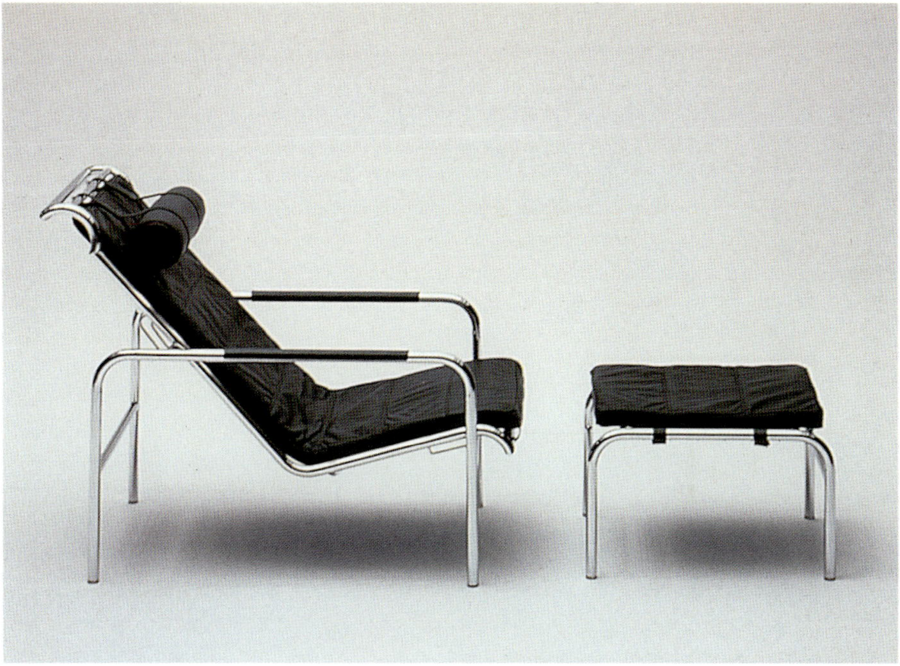

Gabriele Mucchi ist der Sohn des Malers Anton Maria Mucchi. Er wurde in Turin, Rom, Catania und Corregio ausgebildet und promovierte 1923 in Bologna als Ingenieur. Mucchi sah sich selbst als »Entdecker von Formen für die Objekte des täglichen Gebrauchs«. Die Bezeichnung »Industriedesigner« war noch nicht erfunden. Seine Arbeiten wurden 1926 auf der Mailänder Ausstellung »Italien im 20. Jahrhundert« gezeigt. Von 1931 bis 1933 stellte er privat in der Galérie Bonaparte aus. Ein Jahr darauf bezog er ein Haus in Mailand, das zu einem Treffpunkt für eine Gruppe von Künstlern und Antifaschisten wurde, die später die Gruppe Corrente bildeten. Obschon er aktives Mitglied dieser Gruppe war, nahm er auch an der rationalistischen Bewegung in Architektur und Design teil, die eine Zeit lang von den Faschisten gefördert wurde. Er entwarf von 1934 bis 1945 Sitzmöbel für den Mailänder Hersteller Crespi, Emilio Pino, zu denen der Stuhl *Genni* (ca. 1935) aus verchromtem Stahlrohr und Leder zählt. Seine Designs wurden 1949 in Mailand gezeigt und waren 1955 in Prag, Berlin und Dresden zu sehen. Im Jahr 1984 erhielt er einen Ehrendoktortitel der Leipziger Humboldt-Universität. Gabriele Mucchis Möbeldesign ist der Inbegriff des italienischen **Rationalismus**, deren Vertreter sich als Vorkämpfer der Moderne sahen.

Gabriele Mucchi

geb. 1899 *Turin*

▲ Armlehnstuhl und Hocker *Genni* für Crespi, Emilio Pino, ca. 1935 (neu herausgegeben von Zanotta)

Alphonse Mucha

1860 *Ivančice, Mähren*
1939 *Prag*

► Werbeplakat für Job-Zigarettenpapier, 1896

▼ Tierkreiszeichen für die Zeitschrift *La Plume*, 1896–1897

Alphonse Mucha war ab 1879 als Theatermaler in Wien angestellt, wo er vom Werk des Künstlers Hans Makart (1840–1884) beeinflusst wurde. Im Jahr 1883 arbeitete Mucha an einem Dekorationsschema für Schloss Emmahof in der Nähe von Grussbach, das Graf Khuen-Belassi gehörte. Für ihn entwarf Mucha einen Paravent mit drei Flügeln. Der Graf finanzierte später Muchas Kunststudium in München (1884–1887) und im Anschluss daran in Paris. Dort betätigte sich Mucha als Designer, Illustrator und Grafiker. 1889 fertigte er seine ersten Entwürfe für Briefmarken und produzierte drei Jahre später sein erstes Plakat. Nachdem sein berühmtes Plakat für Sarah Bernhardt als Gismonda gedruckt war, nahm die Schauspielerin ihn für sechs Jahre zur Gestaltung von Plakaten für ihre Produktionen unter Vertrag. Darüber hinaus gestaltete er Schmuck für Bernhardt, der von dem Goldschmied Georges Fouquet (1862–1957) hergestellt wurde, und schuf mehrere Interieurs mit seinen typischen verschlungenen Motiven, darunter auch Fouquets Laden in der Rue Royale in Paris, für den er jedes Detail entwarf, von den Klinken über die Möbel bis hin zu Buntglasfenstern und Lampen. Im Jahr 1897 wurde in Paris eine Ausstellung von Muchas Arbeiten abgehalten und eine Sondernummer der Zeitschrift *La Plume* war seinem Werk gewidmet. Die Schau reiste später nach Prag, München, Brüssel, London und New York und Mucha machte sich international einen Namen. Bei der Pariser »Exposition Universelle et Internationale« von 1900 entwarf er den preisgekrönten Bosnien-Herzegowina-Pavillon. 1902 und 1905 veröffentlichte er Bücher über sein Werk. Er reiste 1903 nach Amerika und gestaltete gemeinsam mit **Louis C. Tiffany** Schmuck. Seine Werbeplakate für Waverley Cycles (1898), Job-Zigarettenpapier (1896) und Moët & Chandon Champagner (1899) machten Muchas Werk weithin bekannt. 1907 kam eine Seife auf den Markt, deren Verpackung seinen Namen trug. Die Buchillustrationen, Textildesigns, Plakate und anderen Werbematerialien, die Postkarten und die dekorativen Lithographien wie *Les Saisons* (1896), *Les Fleurs* (1897) und *Les Arts* (1898) von Alphonse Mucha sind der Inbegriff des **Art nouveau**.

JOB
F. CHAMPENOIS
PARIS
Mucha
Mucha

▸ Stuhl *Singer Modell Nr. 5000*, 1945 (neu herausgegeben von Zanotta)

Bruno Munari

1907 *Mailand*
1998 *Mailand*

Bruno Munari studierte 1924 am Technischen Institut in Neapel und arbeitete ab 1927 als Maler und Bildhauer in Mailand und Rom. Er stand den Futuristen nahe und zeigte sein Werk bei der Ausstellung »Secondo Futurismo« 1927 und bei der »Trentatre Futuristi« und der Biennale von Venedig 1929. Später wandte er sich der Fotografie zu und begann 1933 als Grafikdesigner zu arbeiten und seine kinetischen Objekte *Macchine Inutili* (nutzlose Maschinen) zu produzieren. 1945 begann er mit dem Design von Büchern und veröffentlichte ab 1949 zahlreiche Kinderbücher. Er war 1948 Gründungsmitglied des Movimento Arte Concreta und experimentierte zwei Jahre darauf mit den Wechselwirkungen von Farben. Dazu verwendete er positive und negative Bilder. Darüber hinaus entwarf er ab 1945 Produkte und Möbel, darunter den Spielzeugaffen für Pigomma (1954), der den **Compasso d'Oro** erhielt. Unter anderem arbeitete er als Designberater für IBM, **Olivetti**, Cinzano, Pirelli und Mondadori. In den frühen 70er Jahren hielt er an der Harvard University Vorlesungen über Grundlagen des Designs und visuelle Kommunikation und hatte am Istituto Politecnico in Mailand eine Professorenstelle. Munaris Stuhl *Singer* (1945) spiegelt seinen Glauben an die Einheit von Kunst und Design wider.

◂ Kinderstuhl *Spotty* aus Pappe für International Paper, 1963

Peter Murdoch

geb. 1940 *Birmingham, Großbritannien*

Peter Murdoch studierte bis 1963 am **Royal College of Art** in London. Während seines Studiums entwarf er den Kinderstuhl *Spotty* (1963) aus gepunkteter Pappe, der schon bald zu einer Ikone der Pop-Ära werden sollte. Niedrige Herstellungskosten und die Verfügbarkeit des Materials machten dieses **Pop-Design**-Produkt zu einem idealen Möbelstück für die Ansprüche des Massenkonsummarktes der 60er Jahre. Der Stuhl wurde in Amerika von International Paper hergestellt und gefaltet verkauft. Der Käufer setzte ihn dann nach dem Origami-Prinzip zusammen. Durch den Verbund von drei unterschiedlichen Papiertypen war er sehr robust. 1967 entwarf Murdoch einen Stuhl, einen Tisch und einen Hocker namens *Those Things*, die ähnlich konstruiert waren und von seiner Firma, Perspective Designs, hergestellt wurden. Diese Kindermöbel mit schwarzweißem Alphabetaufdruck waren von der Op Art inspiriert und erhielten eine Auszeichnung des Council of Industrial Design. 1968 eröffnete Murdoch sein eigenes Büro in London, das vor allem für Grafik, Beschilderungen und **Corporate-Identity**-Designs berühmt wurde. Außerdem entwarf er gemeinsam mit Lance Wyman die Grafik für die Olympischen Spiele in Mexiko City und war Designberater für den britischen Möbelhersteller Hille International.

Keith Murray

1892 *Auckland, Neuseeland*
1981

▲ Tonvasen und -krug für Josiah Wedgwood & Sons, ca. 1934

Nach dem Militärdienst im Ersten Weltkrieg studierte Keith Murray an der Architectural Association in London. 1925 reiste er nach Paris, wo er auf der »Exposition Internationale des Arts Décoratifs et Industriels Modernes« skandinavisches und anderes **Avantgarde**-Glas aus Kontinentaleuropa sah, das alles übertraf, was zu der Zeit von britischen Herstellern gefertigt wurde. Nach seiner Rückkehr nach Großbritannien arbeitete Murray in James Powells Whitefriars Glassworks, wo er einfache Glasgefäße mit gravierten und flach geschliffenen Dekorationen versah, die »die Klarheit des Glases nicht zunichte machten«. Nach der einflussreichen Ausstellung »Exhibition of Swedish Industrial Arts«, die 1931 in London stattfand, suchte der Glashersteller Stevens & Williams einen Gestalter, der im neuen Stil arbeitete. Man stellte auf Anraten von **Gordon Russell** Murray halbtags ein, Designs für ihre Brierley Hill Glassworks zu entwerfen. 1932 veranstaltete die Firma eine Präsentation seiner Werke in ihrem Londoner Ausstellungsraum. Ab 1933 gestaltete er auffällige geometrische Keramiken für Josiah Wedgwood & Sons und anschließend Silber für Mappin & Webb. Drei Jahre später eröffnete er mit C. S. White ein Architekturbüro und machte Pläne für die neue Wedgwood-Fabrik in Barlaston (1938–1940). Im Jahr 1945 rief er mit seinem neuseeländischen Landsmann Basil Ward (1902–1976) eine Architektengesellschaft ins Leben, die sie Murray, Ward & Partners nannten. Murrays einfache und zugleich monumentale Keramiken für Wedgewood sind der Inbegriff der britischen Moderne der 30er Jahre.

Museum of Modern Art

eröffnet 1929
New York

Das Museum of Modern Art in New York wurde wenige Tage nach dem Börsenkrach 1929 offiziell eröffnet. Es sollte eine »entschärfte« Version des Modernismus unterstützen, die ideologisch von der linksgerichteten Politik der europäischen **Moderne** entfernt war. Alfred Hamilton Barr (1902–1981), der erste Direktor, stellte der amerikanischen Öffentlichkeit in seiner Amtszeit, die bis 1943 andauerte, Kunst, Architektur und Design der europäischen **Avantgarde** durch Ausstellungen wie »The **International Style**: Architecture Since 1922« und »Machine Art« (1932) vor, die beide von **Philip Johnson** betreut wurden. Entscheidend war, dass Barr engagierte Mäzene für die Sache der Moderne gewinnen konnte, deren finanzielle Unterstützung half, die Bewegung auch einem breiten Publikum bekannt zu machen. 1940 wurde die Museumsleitung geteilt. **Eliot Fette Noyes** wurde erster Direktor der neuen Abteilung für Industriedesign und organisierte die Ausstellung mit Wettbewerb unter dem Titel »**Organic Design** in Home Furnishings«, in der die bahnbrechenden Arbeiten von **Charles Eames** und **Eero Saarinen** vorgestellt wurden. Später wurde Edgar Kaufmann Jr. (1917–1989) Direktor für Design und organisierte die Ausstellungen »Good Design« (**Gutes Design**), die von 1950 bis 1955 jährlich stattfanden. Kaufmann versuchte, die Einstellung der Hersteller und der Konsumenten gegenüber industriellen Fertigprodukten und ihrer Qualität zu verändern. In den 60er Jahren fand am Museum **Robert Venturis** Vortragsreihe statt; 1972 lief die berühmte Ausstellung »Italy: The New Domestic Landscape«, die das **Radical Design** vorstellte. In den 80er und 90er Jahre wurden wichtige Retrospektiven und Ausstellungen gezeigt, darunter »Mutant Materials in Contemporary Design« (1995). Das Museum of Modern Art wurde 1939 von Philip Goodwin und Edward Durrell Stone entworfen und später von Philip Johnson erweitert. 1984 kamen ein Westflügel und ein Wohnhochhaus hinzu, was die Räumlichkeiten des Museums schlagartig verdoppelte.

▾ Blick in die Ausstellung »Good Design«, organisiert vom Museum of Modern Art, November 1950–Januar 1951

George Nakashima

1905 *Spokane, Washington, USA*
1990 *New Hope, Pennsylvania, USA*

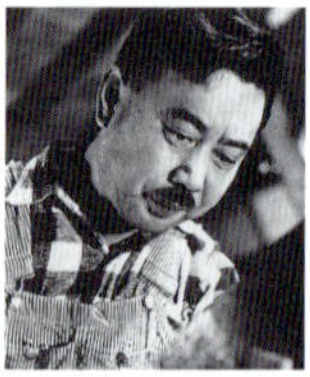

▲ Schreibtisch aus Walnussholz und Stuhl *New*, 1971

George Nakashima wurde 1928 an der École Américaine des Beaux-Arts in Fontainebleau ausgebildet und studierte dann an der University of Washington in Seattle und am Massachusetts Institute of Technology Architektur. Anschließend wurde er von der Long Island State Park Commission und der Regierung des Staates New York angestellt. Von 1933 bis 1936 reiste er nach Europa, Japan, Indien und China. Dann arbeitete er zwei Jahre lang im Architekturbüro von Antonin Raymond (1890–1976) in Tokio und war kurze Zeit bei Kunio Maekawa (geb. 1905) angestellt. Gemeinsam mit dem Priester Father Tibesar eröffnete er in Seattle 1940 eine Möbelwerkstatt. Von 1942 bis 1943 war er aufgrund seiner japanischen Herkunft in Idaho interniert; hier lernte er von einem Nisei-Holzarbeiter die traditionelle japanische Tischlerkunst. Nachdem Raymond seine Entlassung aus der Internierung durchgesetzt hatte, baute Nakashima auf Raymonds Bauernhof in New Hope, Pennsylvania, einen kleinen Möbelherstellungsbetrieb auf. Die meisten seiner exquisit gestalteten Möbel waren Auftragsarbeiten. Er stellte jedoch auch Möbelserien für **Knoll** (1946) und Widdicomb-Mueller (1957) her. Das American Institute of Architects verlieh ihm 1952 eine Craftsmanship Medal und 1962 eine National Gold Medal. Außer Möbeln, die westliche Formen mit östlicher Kunstfertigkeit verbanden, entwarf Nakashima auch Interieurs für mehrere wichtige Gebäude, darunter das Monastery of Christ in der Wüste von Abiquiu in New Mexico (1970) und den Wohnsitz von Nelson Rockefeller in Tarrytown, New York (1973–1974).

George Nelson studierte bis 1931 an der Yale University Architektur, besuchte ein Jahr lang die Catholic University in Washington und von 1932 bis 1934 die American Academy in Rom, da er einen Rom-Preis gewonnen hatte. Ein Jahr später wurde er Redaktionsassistent der Zeitschriften *Architectural Forum* und *Fortune* und verfasste dann für das Journal *Pencil Points*, das sich für die Moderne einsetzte, Porträts wichtiger Architekten. Von 1936 bis 1941 leitete er mit William Hamby ein Architekturbüro in New York. Dann wurde er Mitglied des Lehrkörpers für Architektur an der Yale University und entwickelte zahlreiche innovative Bau- und Planungskonzepte, darunter das Einkaufszentrum mit Fußgängerzone als Teil seines Entwurfs »Grass on Main Street« aus dem Jahr 1942. Außerdem konzipierte er Einbauschränke für seine »Storagewall« von 1944. Von 1941 bis 1944 unterrichtete er an der School of Architecture der Columbia University und wurde 1946 Berater für Innenarchitektur an der Parsons School of Design, beide in New York. Im selben Jahr wurde er Nachfolger von **Gilbert Rohde** als Designdirektor bei **Herman Miller** – eine Position, die er bis 1972 innehatte. Hier konnte er andere begabte Gestalter für die Firma gewinnen, wie beispielsweise **Charles Eames**, **Alexander Girard** und **Isamu Noguchi**, die moderne Einrichtungs-

George Nelson

1907 *Hartford, Connecticut, USA*
1986 *New York*

▲ Sofa *Marshmallow* für Herman Miller, 1956 (bezogen mit dem Stoff *Jacob's Coat*, entworfen von Alexander Girard)

◄ Sessel *Coconut* für Herman Miller, 1955

gegenstände entwarfen. Daneben entwickelte er auch seine eigenen Möbeldesigns, darunter ein zusammensetzbares Schranksystem auf einem Podest aus Lattenbänken (1945), einen Schreibtisch für das Arbeitszimmer zu Hause (1946), einen Tabletttisch aus geformtem Sperrholz (1949), das Schranksystem *Comprehensive* (1957), das Sofa *Marshmallow* (1956), die Stühle, Tische und Schreibtische *Swaged-Leg* (1958), den Tisch und Stuhl *Catenary* (1962), das Sofa *Sling* (1963) und vor allem das System *Action Office I* (1964–1965). Im Jahr 1947 eröffnete er sein eigenes Büro, George Nelson & Co. in New York, das als George Nelson & Associates bekannt wurde, nachdem er sich 1953 mit Gordon Chadwick zusammengetan hatte. Als Industriedesigner schuf Nelson die Prolon-Melamin-Serie von Essgedecken für die Pro-Phy-Lac-Tic Brush Co. (1952–1955), mehrere Wand- und Tischuhren für die Howard Miller Clock Company (Ende 40er und Anfang 50er Jahre), die *Bubble*-Lampen aus geschmolzenem und netzartig erstarrtem Kunststoff (1947–1952) sowie das Stangensystem *Omni* aus extrudiertem Aluminium für Dunlap. Aufgrund seines Interesses am Konzept der Produktarchitektur entwarf er 1957 das Experiment House aus modulen

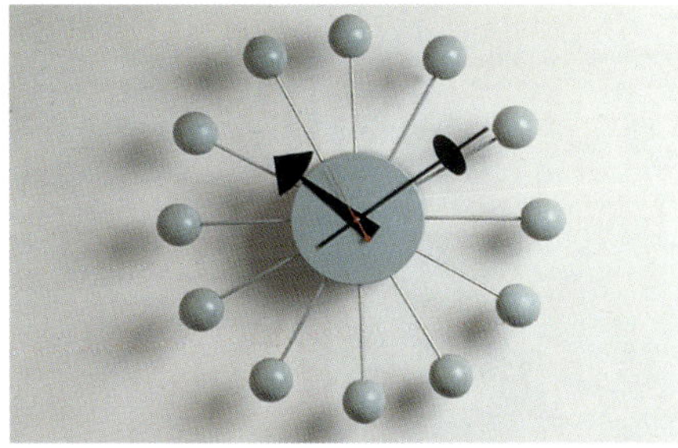

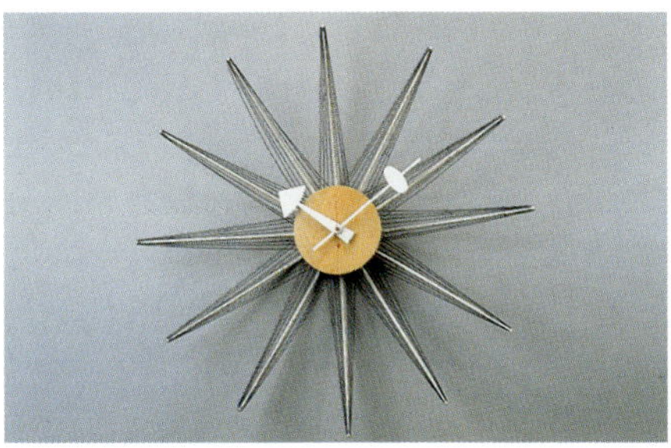

▲ Wanduhr *Modell Nr. 4756* für die Howard Miller Clock Company, 1947

▲ Wanduhr *Asterisk Modell Nr. 2213A* für die Howard Miller Clock Company, 1950

▲ Wanduhr *Spider Web Modell Nr. 2214S* für die Howard Miller Clock Company, 1954

▲ Wanduhr *Ball Modell Nr. 4755* für die Howard Miller Clock Company, 1947

▲ Wanduhr *Kite Modell Nr. 2201K* für die Howard Miller Clock Company, 1953

► Stuhl *MAA* aus der Gruppe *Swaged-Leg* für Herman Miller, 1958

Plastikteilen mit Kuppel. Er entwickelte das futuristische Konzept der »verborgenen Stadt«, deren Bauten unter der Erde liegen, um ein »menschlicheres Umfeld« zu schaffen. Seine Ideen, die er als produktiver Autor und Designkritiker formulierte, waren besonders einflussreich und zukunftsgerichtet. Er sagte schon 1978 voraus, dass die Fortschritte in der Computertechnologie in Zukunft zu »Verkleinerung, Kurzlebigkeit und Entmaterialisierung« führen würden. Mit **Buckminster Fuller** war er eng befreundet und vertrat mit ihm gemeinsam das immer noch gültige Prinzip »viel mehr mit viel weniger zu machen«, welches implizierte, dass das endgültige Ziel der Technologie sein sollte, »alles mit nichts« zu schaffen. George Nelson war nicht nur ein äußerst talentierter und innovativer Formgeber, sondern auch ein früher Umweltschützer und seine Schriften und Lehren machten ihn zu einem Ideenvermittler.

▼ Bank *Platform* für Herman Miller, 1946

◂ Schreibmaschine *Lettera 22* für Olivetti, 1950

Marcello Nizzoli

1887 *Boretto, Italien*
1969 *Camogli, Italien*

Marcello Nizzoli studierte an der Scuola di Belle Arti in Parma von 1910 bis 1913 Kunst, Architektur und Grafikdesign und arbeitete im Anschluss daran als Maler. 1914 stellte er mit der futuristischen Gruppe Nuove Tendenze (Neue Tendenzen) in Mailand aus. Er entwarf Textilien und Plakate, vor allem für Campari und OM. Sein eigenes Designbüro eröffnete er 1918 in Mailand. In den 20er Jahren stand er den Rationalisten nahe. Von 1934 bis 1936 arbeitete er mit dem Architekten Edoardo Persico (1900–1936) zusammen und gestaltete mit ihm 1934 zwei Läden für Parker Pen und den Saal der Goldmedaillen für die »Aeronautische Ausstellung« in Mailand. Zwischen 1931 und 1936 übernahm er mehrere Gemeinschaftsarbeiten mit **Giuseppe Terragni**, war gleichzeitig als freischaffender Grafikdesigner bei **Olivetti** beschäftigt und wurde dort um 1938 leitender Berater für Produktdesign. Seine Schreibmaschinen *Lexicon 80* und *Lettera 22* (1948 und 1950) hatten auffällig skulpturale Formen und seine Gestaltung der Büros und Arbeiterunterkünfte für Olivetti betonte die Firmenphilosophie des umfassenden Designs. Zusätzlich produzierte Nizzoli skulpturale Entwürfe für andere Hersteller, darunter Nähmaschinen und einen Küchenmixer für Necchi, Möbel für Arflex, Feuerzeuge für Ronson und Zapfsäulen für Agip.

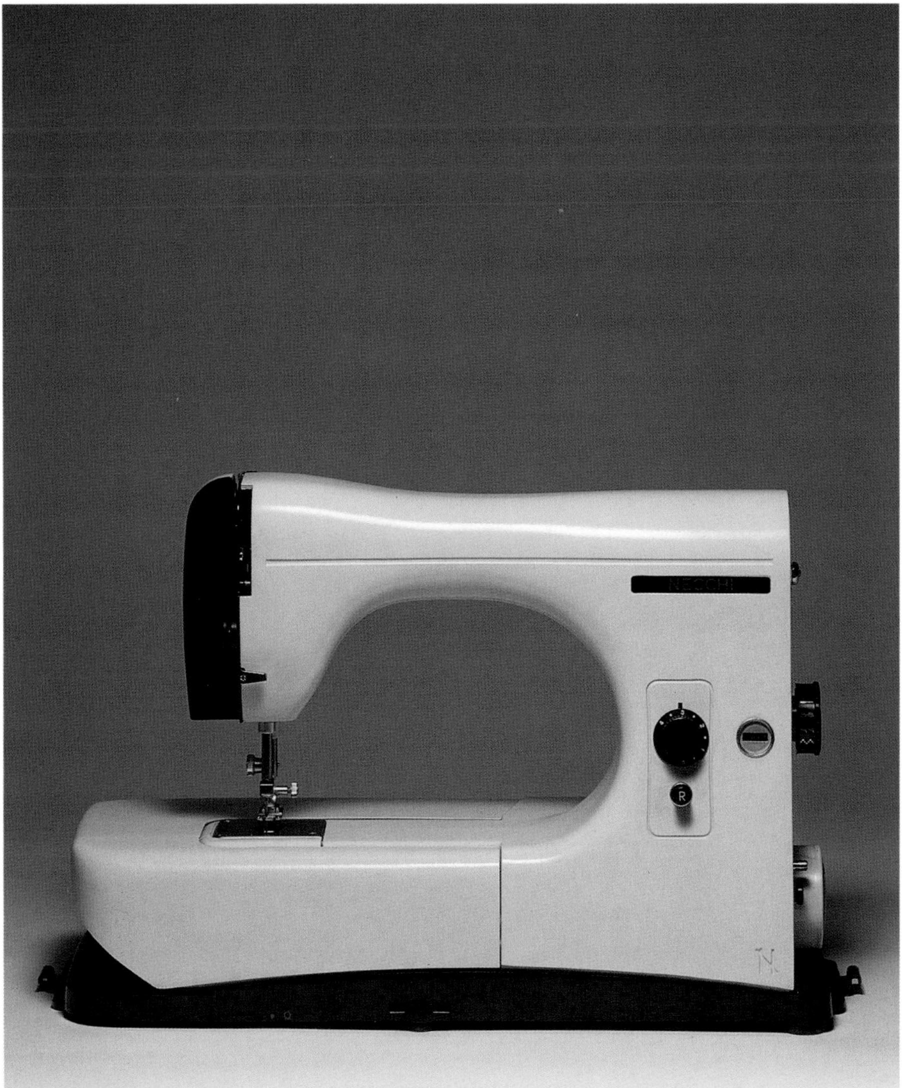

▲ Nähmaschine *Mirella*
für Necchi, 1957

Isamu Noguchi

1904 Los Angeles
1988 New York

Isamu Noguchi, Sohn eines japanischen Dichters und einer amerikanischen Schriftstellerin, machte 1917 in Japan eine Ausbildung zum Möbeltischler. Ab 1923 nahm er an medizinischen Vorkursen an der Columbia University in New York teil. Dann entschied er sich jedoch für die Bildhauerei und besuchte Abendkurse an der Leonardo da Vinci School in New York. Schließlich gab er das Medizinstudium ganz auf und wurde Assistent des Direktors der Kunstschule. 1927 erhielt er ein Guggenheim-Stipendium, das ihm eine Reise nach Paris ermöglichte. Dort arbeitete er zwei Jahre lang als Assistent des Bildhauers Constantin Brancusi (1876–1957). Um 1930 verbrachte er mehrere Monate in Peking und reiste auch nach Japan, wo er Zen-Gärten entdeckte. Nach seiner Rückkehr nach New York 1932 konzentrierte er sich auf die Bildhauerei. Er entwarf das Überwachungsgerät *Radio-Nurse* aus Bakelit für Zenith Radio Co. (1937), dessen Form an eine japanische Kriegermaske erinnerte und gestaltete zwei Jahre später einen skulpturalen Esstisch von freier Form für A. Congers Goodyear, den Direktor des **Museum of Modern Art, New York**. Er entwarf Glas für Steuben sowie mehrere Möbelstücke für **Herman Miller** und **Knoll**, darunter den Couchtisch *IN50* (1944), das Sofa *IN70* (1946) und die Tische, Hocker und Schaukelhocker *IN22* (1954). Seine Leuchtskulpturen aus Papier, *Lunar*, stammen aus den frühen 40er Jahren. Ab 1952 entwarf er eine große Zahl von *Akari*-Lampen, mit denen er die alte japanische Kunst des Papierschöpfens aus Maulbeerborke wieder aufleben ließ. Als einer der namhaftesten Bildhauer des 20. Jahrhunderts wollte Noguchi seinen Skulpturen Eigenschaften verleihen, die sie enger mit dem Alltagsleben verbanden, was ihm mit seinen industriell hergestellten, visuell ansprechenden organischen Designs gelang.

◄ Lampe *Horn Akari* für Ozeki & Co., 1960

▼ Überwachungsgerät *Radio-Nurse* für Zenith Radio Corporation, 1937

Jean Nouvel

geb. 1945 *Fumel, Frankreich*

Jean Nouvel studierte von 1966 bis 1971 an der École Nationale Supérieure in Paris, gründete ein Jahr vor seinem Abschluss mit François Seigneur ein Architekturbüro und übernahm dann mehrere Bauaufträge, darunter die Renovierung des Theaters Gaîté Lyrique (1977) in Paris, Renovierung und Ausbau der Klinik Centre Médico-Chirurgical in Bezons (1978) und das Anne-Frank-Gymnasium (1979). Sein Wettbewerbsbeitrag für das neue Ministère des Finances von 1982 fand Anerkennung und seine Beiträge für die Wettbewerbe des Parc de la Villette und des Centre d'Art Contemporain und der Médiathèque von 1983 und 1984 erhielten beide zweite Preise. Ein Jahr später wurde Jean Nouvel & Associates gegründet. Mit dem Kulissengrafiker Jacques Le Marquet arbeitete er an mehreren Theaterprojekten, darunter für Jean-Marie Serreau, die Cartoucherie de Vincennes, das Opernhaus in Lyon und das Théâtre de Belfort. Großen Beifall erhielt Nouvel für sein Institut du Monde Arabe in Paris, das Centre Culturel in Combs-la-Ville und das Wohnprojekt Nemausus 1 in Nîmes. 1987 wurde ihm der Équerre d'Argent sowie der Grand Prix d'Architecture verliehen. Ende der 80er Jahre schuf er eine Reihe eleganter Möbeldesigns, die zwar an die Einrichtungsgegenstände von Louis Cuny aus den 20er Jahren erinnerten, doch die gleiche funktionalistische Ästhetik besaßen wie seine Gebäude. Er wurde 1987 mit der »Carte Blanche« von VIA ausgezeichnet und entwarf eine Kollektion von Aluminiummöbeln, zu denen die Truhe *BAO*, der Tisch *IAC* und ein System erweiterungsfähiger Regale zählten. Nouvel hat außerdem Möbel für **Knoll** und Ligne Roset sowie Leuchten für Luceplan entworfen.

▲ Canapé für Ligne Roset, 1988

◂ **Gio Ponti**, Vase für Richard-Ginori, ca. 1925

Novecento
Italien

Die italienische Novecento-Bewegung wurde 1926 gegründet, um dem »vermeintlich antiken« und dem »hässlich modernen« Stil in Architektur und Design entgegenzuwirken. Zu den Gründungsmitgliedern zählten **Gio Ponti** und Emilio Lancia, später kamen Giovanni Muzio (1893–1982) und Tommaso Buzzi hinzu. Die Bewegung war vom französischen **Art déco** und der **Wiener Werkstätte** inspiriert und wandte sich gegen den **Rationalismus**. Als eine an den Klassizismus angelehnte italienische Variante des Art déco hatte Novecento wenig Einfluss auf das Industriedesign. Eine Ausnahme bilden die Arbeiten von Alfonso und Renato Bialetti, beispielsweise ihre Kaffeemaschine *Moka Express* von 1930. Wie man an Gio Pontis neoklassizistischen Keramikdesigns für Richard Ginori erkennen kann, war der Einfluss der Bewegung auf das Kunsthandwerk und die Architektur größer. Sowohl Novecento als auch der Rationalismus versuchten in den 30er Jahren die stilistische Vorherrschaft in Italien zu erlangen. Anfänglich unterstützten die Faschisten den Rationalismus, später jedoch zogen sie den Novecento-Stil vor, der an Italiens ruhmreiche Vergangenheit erinnerte und besser zu den Machtdemonstrationen ihrer Partei passte. Auch die italienische Grafik war von der Novecento-Bewegung beeinflusst.

▸ Elektrische Schreibmaschine mit »Golfball«-Typenkopf *Selectric 1* für IBM, 1961

Eliot Fette Noyes

1910 *Boston*
1977 *New Canaan, Connecticut, USA*

Eliot Fette Noyes studierte von 1928 bis 1932 an der Harvard University Architektur und bis 1938 an der Harvard Graduate School of Design. Zuerst arbeitete er im Bostoner Büro von Coolidge, Shepley, Bulfinch & Abbot und 1939 trat er dem Architekturbüro von **Walter Gropius** und **Marcel Breuer** in Cambridge, Massachusetts, bei. Gropius empfahl ihn für die neu eingerichtete Position des Direktors für Industriedesign am **Museum of Modern Art, New York**, die er von 1940 bis 1942 und ein Jahr nach dem Krieg innehatte. Er organisierte dort 1940 die berühmte Ausstellung mit Wettbewerb »**Organic Design** in Home Furnishings«. Anschließend war er ein Jahr lang als Designdirektor bei **Norman Bel Geddes'** Industriedesignfirma tätig, die IBM beriet. 1947 gründete er sein eigenes Büro in New Canaan, Connecticut. Von 1956 bis 1977 war er Direktor für Corporate Design bei IBM und schuf eine Reihe revolutionärer Produkte, von denen das wichtigste die Schreibmaschine *Selectric 1* war (1961), die einen innovativen »Golfball«-Typenkopf und einen festen Schlitten besaß. Er lehnte die von Harley Earl (1893–1969) vertretene Stilgebung vehement ab, die sich den Marktansprüchen nicht durch jährliche Veränderungen der IBM-Produktreihen beugen wollte. Stattdessen kreierte Noyes eine starke **Corporate Identity** für die Firma durch die Integrität seiner eigenen Produktdesigns und vergab Aufträge für Grafiken an **Paul Rand** und für Bauten an Architekten wie Breuer. Er war für viele andere Unternehmen Designberater, darunter Westinghouse, Mobil, Xerox und Pan Am, und einer der einflussreichsten Vertreter des **Guten Designs**; ein Mann, der ganze Betriebe umformte und einen neuen Standard für Amerikas Design setzte.

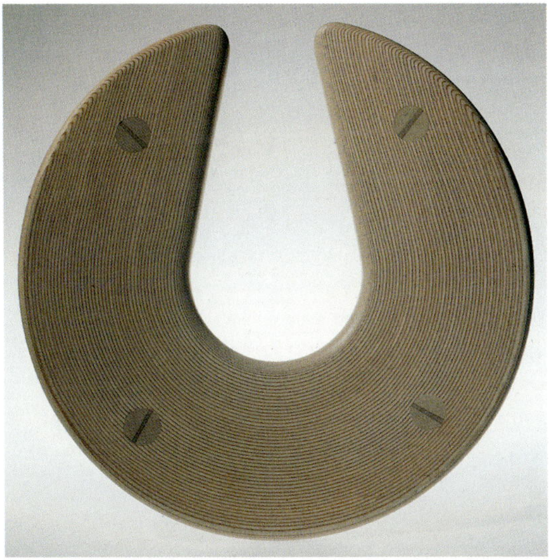

◂ Hocker *Sauna*, entworfen für das Palace Hotel in Helsinki, 1951

Antii Nurmesniemi

geb. 1927 *Hämeenlinna, Finnland*

Antii Nurmesniemi arbeitete zuerst in einer Metallwerkstatt, dann in einer Flugzeugfabrik. Er war von den modernen Designs inspiriert, die 1945 bei der Wanderausstellung »America Builds« des **Museum of Modern Art, New York**, in Helsinki gezeigt wurden und schrieb sich 1947 bei der Zentralen Schule für Angewandte Kunst in Helsinki ein. Eine lebenslange Liebe zur Filmerei entwickelte sich, nachdem er 1948 mit dem Bühnenbildner Kyllikki Halme zusammengearbeitet hatte. Nach dem Abschluss seines Studiums 1950 reiste er nach Stockholm und Kopenhagen, wo er die Möbeldesigner **Finn Juhl** und **Hans J. Wegner** kennenlernte. Nach Finnland zurückgekehrt, trat er dem Büro von Viljo Revell und Keijo Petäjä in Helsinki bei, die Wegbereiter einer neuen rationalistischen Architektur waren. Von 1951 bis 1956 entwarf er Interieurs und Möbel für ihre Projekte, darunter den hufeisenförmigen Hocker *Sauna* für das Palace Hotel (1951). Er arbeitete 1954 in Giovanni Romanos Architekturbüro in Mailand, wo er sich mit den funktionellen und zugleich modischen Produkten von Gestaltern wie **Franco Albini**, **Marco Zanuso** und Roberto Sambonet (geb. 1924) vertraut machen konnte. Ein Jahr zuvor hatte er die Textildesignerin Vuokko Eskolin (geb. 1930) geheiratet. 1956 gründete Nurmesniemi sein eigenes Designbüro in Helsinki. Drei Jahre darauf erhielt er einen Lunning-Preis für seine raffinierten Designs, die moderne europäische Formen mit skandinavischer Kunstfertigkeit verbanden. Wie sein Landsmann **Alvar Aalto** setzte sich Nurmesniemi für einen humanen Modernismus ein, der die praktische Schönheit seiner Produkte prägt.

Hermann Obrist

1862 *Kilchberg bei Zürich*
1927 *München*

Hermann Obrist zog 1876 aus seinem Geburtsland, der Schweiz, nach Deutschland und studierte an der Universität Heidelberg Naturwissenschaften. Ab 1888 wurde er an der Kunstgewerbeschule in Karlsruhe ausgebildet. Er entwarf später Keramiken für die Fabrik des Großherzogs von Sachsen-Weimar-Eisenach in Bürgel. Dann studierte er Bildhauerei in Paris. 1892 eröffnete er mit Berthe Ruchet in Florenz eine Stickereiwerkstatt. Das Unternehmen wurde 1894 nach München verlegt und seine Stickereien wurden im darauf folgenden Jahr in der Zeitschrift *Pan* abgebildet. Seine lebendigen, bizarren Peitschenschlagmuster inspirierten andere Designer des **Jugendstils**, vor allem **August Endell**, dazu abstrakte, naturalistische Motive zu kreieren. Obrists Formensprache entwickelte sich aus seinen wissenschaftlichen Studien der Pflanzenmorphologie, Zellstrukturen, Wurzelbildung und vor allem der spiralförmigen Wachtumsmuster. 1897 stellte er seine Textilien auf der »VII. Internationalen Kunstausstellung« im Glaspalast in München aus und wurde zu einem der Hauptbegründer der Münchner **Vereinigten Werkstätten für Kunst im Handwerk**. Neben seinen Wandbehängen und Keramiken entwarf Obrist Möbel, Eisenarbeiten und mehrere Denkmäler und Brunnen sowie sein eigenes von **Bernhard Pankok** möbliertes Wohnhaus. 1902 gründete er mit Wilhelm von Debschitz eine Schule für Formgebung in München. Die skulpturalen Dekorationen für das Theater von **Henry van de Velde** auf der »Deutschen Werkbund-Ausstellung« von 1914 in Köln stammten ebenfalls von Obrist. Er setzte sich für eine Designreform ein und kam 1915 in die engere Auswahl für die Leitung der Kunstgewerbeschule in Weimar. Seine sinnlichen, verschlungenen Designs waren nicht nur von seinen naturwissenschaftlichen Studien inspiriert, sondern auch von seinen »Visionen« und reflektierten seinen inneren Aufruhr.

▾ Detail des Wandbehangs *Großer Blütentraum*, 1895

George Edgar Ohr

1857 Biloxi, Mississippi, USA
1918 Biloxi

George Edgar Ohr machte von 1879 bis 1881 bei dem Keramiker Joseph Fortune Meyer in New Orleans eine Lehre und eröffnete danach eine eigene Töpferei in seiner Heimatstadt Biloxi im Bundesstaat Mississippi, wo er auf einer selbst gebauten Töpferscheibe Steingutgefäße herstellte. Er verwendete Ton aus den nahen Flüssen Tchouticabouffe und Pascagoula; sein Sohn Leo half bei der Vorbereitung. Er formte seine hauchdünnen Töpferarbeiten zu verdrehten organischen Gebilden und verzierte sie mit verschiedenen gesprenkelten Glasuren. Der als »Mad Potter of Biloxi« (verrückter Töpfer von Biloxi) bekannte Ohr war ein sehr eigenwilliger Künstler und ein begabter Schauspieler. Er unterstrich die Einzigartigkeit seiner Arbeiten mit der Behauptung, es sei »keine wie die andere«. Bei der »World's Industrial and Cotton Centennial Exhibition« des Jahres 1884 in New Orleans zeigte er über 600 Objekte und stellte darüber hinaus 1900 bei der »Arts & Crafts Exhibition« in Buffalo aus. Bei der »Louisiana Purchase Exposition« in St. Louis 1904 erhielt er einen Preis für seine originellen Designs. 1909 schloss er jedoch sein Atelier und behielt über 6 000 Arbeiten mit der Absicht zurück, sie an eine nationale Sammlung zu verkaufen. Die Stücke blieben allerdings bis in die frühen 70er Jahre im Besitz seiner Familie. Während Ohrs Keramikstil in Amerika einzigartig war, gab es ähnliche Werke in Großbritannien, die vor allem von **Christopher Dresser** hergestellt wurden.

▲ Tonvasen, ca. 1900

Josef Maria Olbrich

1867 *Troppau, Schlesien*
1908 *Düsseldorf*

▸ Kerzenhalter aus Zinn für Eduard Hueck, ca. 1902

▾ Glas für E. Bakalowits & Söhne, ca. 1901

Josef Maria Olbrich studierte bei Camillo Sitte (1843–1903) und Julius Deininger an der Staatsgewerbeschule in Wien von 1882 bis 1886 Architektur und arbeitete anschließend vier Jahre lang als Architekt und Maschinenbauer für den Bauunternehmer August Bartel in Troppau (heute Opava, Polen). Er setzte seine Architekturstudien 1890 bei Carl von Hasenauer an der Akademie der Bildenden Künste in Wien fort und erhielt bei seinem Abschluss 1893 einen Rom-Preis. Kurze Zeit arbeitete er als Assistent bei **Otto Wagner** und reiste dann nach Italien und Tunesien. 1894 kehrte er nach Wien zurück und nahm seine Arbeit in Wagners Büro wieder auf. Er war an der Planung der Wiener Stadtbahn beteiligt und freundete sich mit **Josef Hoffmann** an. Olbrich war 1897 Mitbegründer der Wiener **Secession** und lieferte ein Jahr später Illustrationen für die Zeitschrift der Gruppe, *Ver Sacrum*. Er plante die Architektur der ersten Ausstellung der Wiener Secession und das berühmte Secessionsgebäude (1897–1898) auf dem Wiener Karlsplatz. Der einfache, geometrische Ausstellungsraum mit der prunkvollen, vergoldeten Eisenkuppel aus stilisierten Lorbeerblättern ist mit Blumenmustern verziert, die von der britischen **Arts-&-Crafts-Bewegung** inspiriert waren. Für die Villa Friedmann gestaltete Olbrich 1898 Interieurs im **Art-nouveau**-Stil und schuf im Jahr darauf bunte Innenausstattungen für die Villa Stift und David Beils Wohnung, zu der auch eigens angefertigte Möbel gehörten. Im August 1899 zog er in die **Darmstädter Künstlerkolonie**, die einen Monat zuvor vom Großherzog Ernst Ludwig von Hessen-Darmstadt auf der Mathildenhöhe zur Förderung von Kunst und Kunsthandwerk der Region gegründet worden war. Von 1899 bis 1907 war er künstlerischer Leiter und leitete den Bau der Kolonie. Er entwarf sieben Gebäude auf dem Gelände, darunter auch sein eigenes Wohnhaus, das Glückert-Haus, den Hochzeitsturm, einen angeschlossenen Ausstellungssaal, das Haus des Predigers und Dop-

▸ Detail eines Schränkchens mit Intarsien, ca. 1903

pelhäuser für Arbeiter. Außerdem entwarf er ein Regal für das Hessische Zimmer der Kolonie bei der »Esposizione Internazionale d'Arte Decorativa Moderna« in Turin und Silberarbeiten für Bruckmann und Söhne, Zinn für Eduard Hueck, Schmuck für Theodor Fahrner und mehrere Leuchten. Der Stil seiner Architektur und seiner Entwürfe war von **Charles Rennie Mackintosh** beeinflusst, insbesondere von dessen abstrahierten Blumenmotiven und geometrisch-linearen Formen. Olbrich war 1907 Gründungsmitglied des **Deutschen Werkbunds** und zog 1908 nach Düsseldorf, während er weiter ein Büro in Darmstadt unterhielt. Sein letztes wichtiges Bauprojekt war das Warenhaus Tietz (1908) in Düsseldorf, für das er neoklassizistische Monumentalität wählte. Wie sein Kollege Josef Hoffmann von der Secession machte Olbrich die »New Art« der **Glasgower Schule** und das Werk der britischen Arts-&-Crafts-Bewegung auf dem europäischen Kontinent populär. Durch seine funktionellen und zugleich schön gestalteten Arbeiten bereitete er der Entwicklung der **Wiener Werkstätte**, des Deutschen Werkbunds sowie letztlich der **Moderne** den Weg.

▲ Skizze für das Schlafzimmer im Olbrich-Haus der Darmstädter Künstlerkolonie, 1901

amarico
cirillico
greco
olivetti
STUDIO 42
TASTIERE PER TUTTE LE LINGUE E CARATTERI DI OGNI STILE

Olivetti

gegründet 1908
Ivrea, Italien

Camillo Olivetti (1868–1943) eröffnete 1908 Italiens erste Schreibmaschinenfabrik in Ivrea, nachdem er aus den Vereinigten Staaten nach Italien zurückgekehrt war. Drei Jahre später kam die erste Schreibmaschine von Ing. C. Olivetti & C. auf den Markt, die *M1*, welche von zeitgenössischen Kritikern als »robust und elegant« beschrieben und für ihren schnelleren Schlitten und reibungslosere Tastenfunktion gerühmt wurde. Von den 20er bis in die 40er Jahre wuchs die Firma rapide an und errichtete Tochtergesellschaften in ganz Europa und in Übersee. Camillo Olivettis Sohn Adriano, der 1933 zum Geschäftsführer ernannt wurde, schärfte das Firmenprofil durch die Entwicklung einer ausgeprägten **Corporate Identity** in Produktdesign, Architektur, Ausstellungsgestaltung, Werbung und Grafik. Als »Informationskoordinator« beauftragte Adriano Olivetti führende Designer, moderne Produkte zu gestalten, so z. B. die skulpturale Schreibmaschine *Lettera 22* von **Marcello Nizzoli** aus dem Jahr 1950. Es gelang ihm, führende Grafikdesigner zu gewinnen, darunter **Xanti Schawinsky** und Giovanni Pintori (geb. 1912), die augenfällige Plakate und Werbung für die Firma entwarfen. Olivetti stellte 1959 den ersten italienischen Computer vor. Aufgrund finanzieller Schwierigkeiten musste Olivetti nach dem Tod von Adriano

◄ **Xanti Schawinsky**, Werbeplakat für die Schreibmaschine *Studio 42* (entworfen von Xanti Schawinsky, Luigi Figini & Gino Pollini) für Olivetti, 1935

▼ **Ettore Sottsass & Perry King**, tragbare Schreibmaschine *Valentine* für Olivetti, 1969

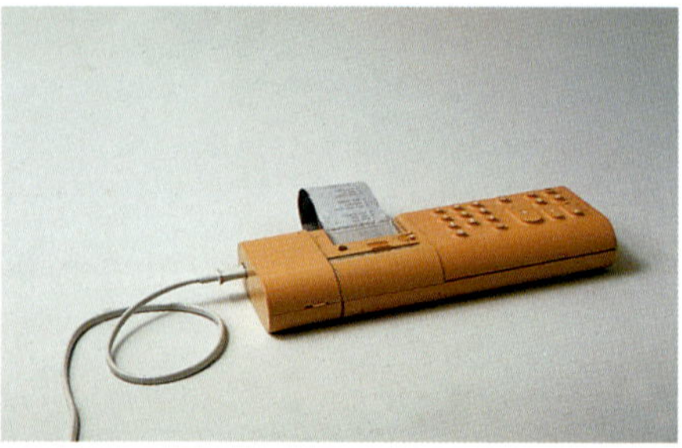

▲▲ **Camillo Olivetti**, Schreibmaschine *M1* für Olivetti, 1910

►▲▲ **Ettore Sottsass & Hans von Klier**, Schreibmaschine *Editor* für Olivetti, 1964–1969

▲ **Mario Bellini**, Rechenmaschine *Divisumma 18* für Olivetti, 1973

►▲ **Mario Bellini**, Rechenmaschine *Divisumma 28* für Olivetti, 1973

► Plakat mit Laptop *Philos* (entworfen von Ettore Sottsass) für Olivetti, 1993

Olivetti im Jahr 1960 die Elektroabteilung veräußern. Die Entwicklung elektronischer Kommunikationssysteme wurde jedoch fortgesetzt und man konnte 1965 den *P101* herausbringen, einen programmierbaren Rechner, der ein innovativer Vorläufer des Personalcomputers war. In den späten 60er und frühen 70er Jahren stellte der Betrieb weitere beachtliche Produkte vor, darunter die von **Ettore Sottsass** und Hans von Klier entworfene Schreibmaschine *Editor* (1964–1969) und den Taschenrechner *Divisumma 18* (1973) von **Mario Bellini**. 1969 kam die leuchtend rote, tragbare Schreibmaschine *Valentine* heraus, die Sottsass und **Perry A. King** entworfen hatten, und die aus einer einfachen Schreibmaschine ein begehrtes Modeaccessoire machte. Trotz erneuter finanzieller Probleme in den 70er Jahren entwickelte Olivetti eine Reihe wichtiger Produkte, so 1978 ihre erste elektronische Schreibmaschine und vier Jahre später ihren ersten Personalcomputer. In den 80er Jahren wurde die Produktpalette im Bereich der Informationstechnologie erweitert und konzentrierte sich in den 90er Jahren auf die Telekommunikation. Heute besteht die Olivetti Group aus zwölf verschiedenen Firmen, die teils im Bereich der Informationstechnologie und teils in der Telekommunikation tätig sind.

PHILOS
olivetti
olivetti

Omega Workshops

Omega-Werkstätten

1913–1921 *London*

Die Omega-Werkstätten wurden 1913 im Londoner Stadtteil Bloomsbury eröffnet und von dem Künstler Roger Fry (1866–1934) geleitet. Das Konzept der Werkstätten erwuchs aus Frys Versuch, die Kunst der Wandmalerei wieder aufleben zu lassen und seinen Freunden der Bloomsbury Group eine Beschäftigung zu geben. Gemeinsam mit Vanessa Bell (1879–1961) und Duncan Grant (1885–1978) malte Fry 1912 Fresken an seinem Haus in Guildford und ein Jahr später stellten die Freunde bei der Galerie des Alpine Club in London Möbel aus, die sie bemalt hatten. Weitere Mitglieder der Omega-Werkstätten waren die vortizistischen Maler Percy Wyndham Lewis (1882–1957), David Bomberg (1890–1957) und Paul Nash (1889–1946) sowie der Designer **Edward McKnight Kauffer**. 1914 entwarfen die Werkstätten die Innenausstattung des Cadena Cafés in Westbourne Grove und produzierten ein vollständiges Dekorationsschema für Henry Harris' Haus am Bedford Square in London. Sie richteten ihre künstlerischen Bemühungen außerdem auf die Gestaltung von Keramik, Textilien, Buntglas, Grafiken und verzierten Möbeln, die teilweise mit Blumen- oder anderen symbolischen Motiven im vortizistischen Stil bemalt waren oder abstrakte geometrische Muster aufwiesen. 1921 mussten die Werkstätten schließen. Wenn auch die technische Qualität der Arbeiten häufig laienhaft erschien, ist zu bedenken, dass der Omega-Stil, der dem Fauvismus und Kubismus nahestand, für das damalige England sehr fortschrittlich war.

▲ Einladung zur Ausstellung der Omega-Werkstätten

►▲ **Roger Fry** (zugeschrieben), Stuhl für die Omega-Werkstätten, ca. 1913

Organic Design

Organisches Design

Das Organische Design ist ein ganzheitlicher und auf den Menschen bezogener Gestaltungsprozess, der zuerst in der Architektur im ausgehenden 19. Jahrhundert von **Charles Rennie Mackintosh** und **Frank Lloyd Wright** verwirklicht wurde. Seine Arbeitsmethode bestand darin, ein **Gesamtkunstwerk** zu entwickeln, dessen Ganzheit mehr war als die Summe aller Teile. Das erklärte Ziel des Organischen Designs war es das Wesen der Natur wiederzugeben. Maßgeblich für den organischen Ansatz war die Fragestellung, wie einzelne Teile, etwa Objekte oder Möbel, visuell und funktionell in Zusammenhang stehen mit ihrer eigenen Position im Innern sowie mit dem Gebäude als Ganzem. Ebenso wichtig war, wie ganze Räume wiederum visuell und funktionell mit der Gesamtheit des Programms verbunden waren und wie das Gebäude selbst durch die Harmonie seiner Proportionen, die verwendeten Materialien und Farben mit seiner Umgebung korrespondierte. Dabei bildeten zwar die inneren Zusammenhänge und das Wesen der Natur den Mittelpunkt der organischen Architektur, die Verwendung organischer Formen war dagegen äußerst selten. Erst in den späten 20er und frühen 30er Jahren entwickelte **Alvar Aalto**, ein Hauptrepräsentant des Organischen Designs, eine dem Menschen angemessene, moderne, organische Formen-

▲ **Alvar Aalto**, Chaiselongue *Modell Nr. 43* für Artek, 1936

◄ **Charles Eames & Eero Saarinen**, Armlehnstuhl-Prototyp, entworfen für den Wettbewerb »Organic Design in Home Furnishings« des Museum of Modern Art, 1940 (hergestellt von der Haskelite Corporation und der Heywood-Wakefield Company)

► **Charles & Ray Eames**, *La Chaise*, entworfen für den Wettbewerb »International Competition for Low-Cost Furniture« des Museum of Modern Art, 1948 (neu herausgegeben von Vitra)

sprache. Die weichen, fließenden Kurven seiner revolutionären Sitzmöbel aus geformtem Sperrholz und laminiertem Holz wandten sich gegen den harten, geometrischen Formalismus des **International Style**. Wie frühere organische Architektur waren Aaltos Entwürfe ganzheitlich konzipiert. Doch seine Hauptsorge galt nicht so sehr der geistigen Transzendenz, sondern vielmehr den funktionellen, intellektuellen und emotionalen Verbindungen, die seine Möbel mit ihren Benutzern eingingen. Er war der Auffassung, dass Holz ein »formgebendes, zutiefst menschliches Material« ist und lehnte Industriematerialien wie Stahlrohr ab, die zu dem Zeitpunkt von der europäischen **Avantgarde** bevorzugt wurden. Der Erfolg seiner Möbel und die Verbreitung seiner Ideen waren so groß, vor allem in den USA, dass er geradezu eigenhändig die Entwicklung des Designs zum organischen Modernismus steuerte. 1940 organisierte **Eliot Fette Noyes** den bahnbrechenden Wettbewerb »Organic Design in Home Furnishings« am **Museum of Modern Art, New York**, um diesen neuen Designansatz zu fördern. Im Begleitkatalog definierte Noyes das Organische Design als »eine harmonische Anordnung der Teile im Ganzen, je nach Struktur, Material und Zweck. Innerhalb dieser Definition gibt es keine sinnlose oder überflüssige Verzierung, und dennoch spielt Schönheit eine wichtige Rolle: in der Wahl des passenden Materials, in der optischen Raffinesse und in der rationalen Eleganz zweckmäßiger Gegenstände.« (Katalog *Organic Design in Home Fur-*

nishings, Museum of Modern Art, New York, 1941.) Die preisgekrönten Beiträge in der Kategorie »Seating for a Living Room«, die von **Eero Saarinen** und **Charles Eames** gemeinschaftlich eingereicht worden waren, zählen zu den wichtigsten Möbeldesigns des 20. Jahrhunderts. Ihre Sessel waren revolutionär – nicht nur hinsichtlich der modernen Technologie in der Konstruktion der Sitzschalen aus verbundgeformtem Schichtholz aus einem Stück, sondern auch durch das Konzept von ständigem Kontakt und Abstützung durch die ergonomisch raffinierten organischen Formen dieser Schalen. Die enorm einflussreichen Designs läuteten eine neue Richtung der Möbelgestaltung ein: Sie ermutigten Versuche, die ideale organische Einheit des Designs auf struktureller, materieller und funktioneller Ebene zu finden und sie führten direkt zu solch zukunftsweisenden Designs wie **Charles & Ray Eames** Stühlen aus geformtem Sperrholz (1945–1946) dem amorphen Prototypen *La Chaise* (1948) und der Stuhlserie *Plastic Shell* (1948–1950), sowie Eero Saarinens Stuhl *Womb* (1947–1948) und der Stuhl- und Tischgruppe *Pedestal Group* (1955–1956). Saarinens Architektur der 50er Jahre war vom Organischen Design geprägt, insbesondere sein Meisterwerk, der erstaunlich organische TWA Terminal des John F. Kennedy (damals Idlewild) Airport (1956–1962) in New York, eines der ungewöhnlichsten Gebäude des 20. Jahrhunderts. Obschon der Erfolg des Organischen Designs in der

▼ **Maurice Calka**, Schreibtisch *Boomerang* für Leleu-Deshays, 1970

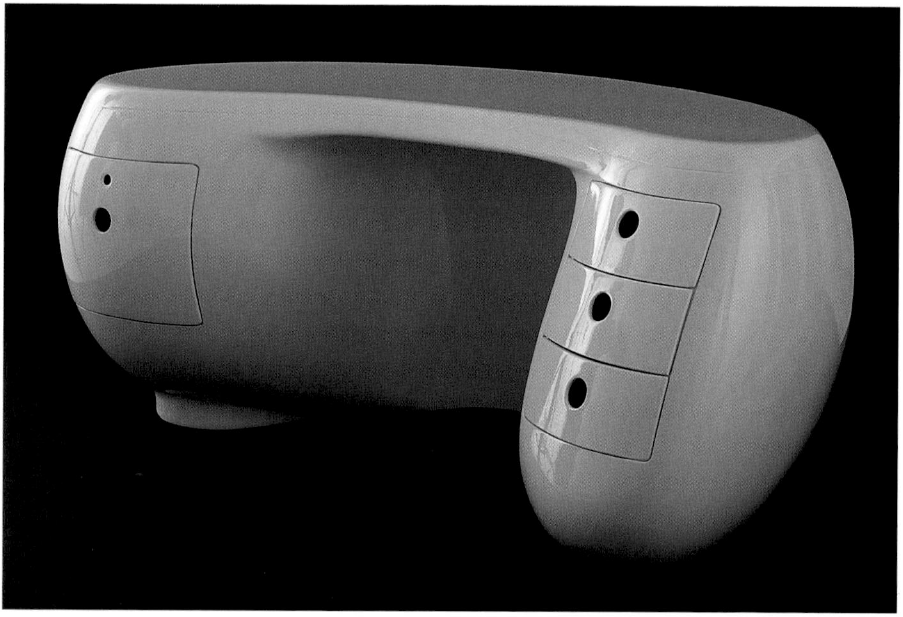

▸ **Ross Lovegrove**, *Lovegrove Landscape Collection* für Frighetto, 1998

◂ **Ross Lovegrove**, Computer-Zubehör *Surf Collection* für Knoll Internationl, 1992

▸ **Ross Lovegrove**, Hängelampe *Pod* für Luceplan, 1996–1997

Nachkriegszeit das Aufkommen des **Biomorphismus** im populären Design förderte, inspirierte er in den 60er und 70er Jahren auch Formgeber wie Maurice Calka (geb. 1921), **Pierre Paulin** und **Olivier Mourgue** dazu, skulpturale Formen im organischen Stil zu kreieren. Gefördert durch bessere ergonomische und anthropometrische Daten und Fortschritte in CAD und Herstellung, verbreitete sich das Organische Design in den frühen 90er Jahren wieder stärker. Wie bei ihren Vorgängern Eames und Saarinen ist es das Ziel fortschrittlicher zeitgenössischer Industriedesigner wie **Ross Lovegrove**, organische Designs durch innovative Anwendungen modernster Materialien und industrieller Techniken fortzusetzen. Obgleich das Organische Design meist mit natürlichen Materialien assoziiert wird, kann man ironischerweise ausgerechnet mit Kunststoff – dem Inbegriff synthetischer Werkstoffe – das abstrakte Wesen der Natur am besten zum Ausdruck bringen, indem man organische Formen verwendet, die sich dem menschlichen Körper optimal anpassen. Das Organische Design ist dennoch immer dann am erfolgreichsten, wenn sein sinnlich und emotional überzeugendes formales Vokabular unterschwellig mit dem Menschen in Verbindung tritt, indem es seinen ursprünglichen Sinn für natürliche Schönheit direkt anspricht.

▶ Stuhlentwürfe für Metz & Co., 1934

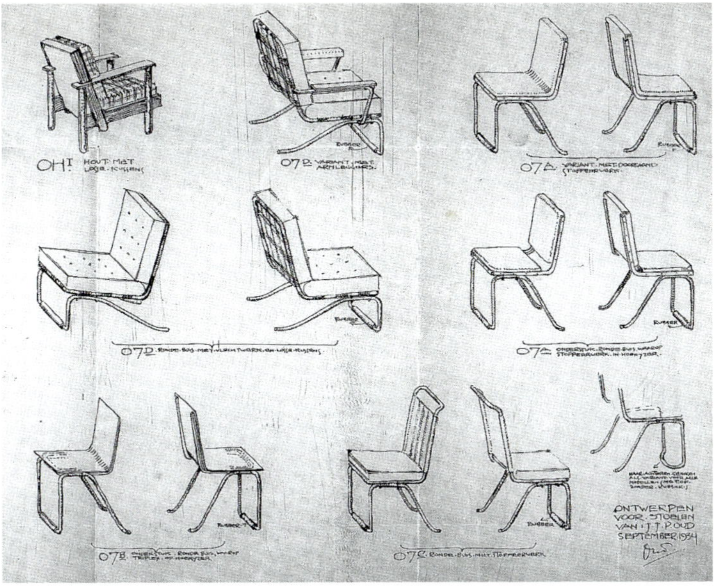

Jacobus Johannes Pieter Oud

1890 Purmerend, Niederlande
1963 Wassenaar/ Den Haag

J. J. P. Oud studierte von 1904 bis 1907 an der Quellinus-Schule für Angewandte Kunst in Amsterdam und arbeitete anschließend als Assistent im Architekturbüro von P. J. H. Cupers (1827–1921) und Jan Stut in Amsterdam. 1911 war er im Münchner Büro von Theodor Fischer beschäftigt und arbeitete danach von 1912 bis 1913 als freischaffender Architekt in Purmerend und dann bis 1916 in Leiden. In dieser Zeit waren seine Gebäude vom Werk **Hendrik Petrus Berlages** beeinflusst. 1916 lernte er **Theo van Doesburg** kennen. Sie arbeiteten gemeinsam am De-Geus-Haus und gründeten mit Jan Wils (1891–1972) den Künstlerklub De Sphinx. Ein Jahr darauf war Oud Mitbegründer von **De Stijl** und einer der wenigen der Gruppe, die die Theorie erfolgreich in die Praxis umsetzen konnten. Aufgrund seiner Kontakte zu Berlage wurde Oud zum Stadtbaumeister von Rotterdam ernannt (1918–1933). Er gründete 1920 die Gruppe Opbouw (Aufbau) und unterzeichnete die Manifeste von De Stijl nicht mehr, sondern verließ die Vereinigung im folgenden Jahr. Er reiste nach Weimar, wo er **Walter Gropius** und **László Moholy-Nagy** kennenlernte; sein Buch *Holländische Architektur* wurde 1926 und 1929 in zwei Bänden vom **Bauhaus** veröffentlicht. In den 30er Jahren entwarf er eine Reihe von Stahlrohrmöbeln für das Warenhaus Metz & Co. Oud war in Architektur und Design der wichtigste holländische Vertreter des **International Style**.

Giuseppe Pagano

1896 *Parenzo, Italien*
1945 *Mauthausen, Österreich*

Der als Giuseppe Pogatschnig geborene Pagano nahm 1915 seinen italienischen Nachnamen an, als er in die italienische Armee eintrat. Nach dem Militärdienst wurde er 1920 Mitglied der Faschistischen Partei und studierte bis 1924 am Politecnico di Milano Architektur. Er arbeitete eng mit Gino Levi-Montalcini (1902–1974) zusammen. Die beiden entwarfen gemeinsam das Gualino-Bürogebäude (1928–1930) sowie eine Reihe rationalistischer Bauten für die »Esposizione di Torino« im Jahr 1928. Mit Levi-Montalcini und anderen jungen Architekten, die an der Turiner Ausstellung teilgenommen hatten, darunter Edoardo Persico (1900–1936), Alberto Sartoris und Lavinia Perona, gründete er die Gruppe Sechs, die von der früheren Gruppo Sette (Gruppe Sieben) inspiriert war, welche von jungen rationalistischen Architekten wie **Giuseppe Terragni** 1926 gegründet worden war. Paganos Verwendung von Stahlrohr für seine Möbel war ein typisches Merkmal des italienischen **Rationalismus**, dessen Designsprache von den Faschisten in den frühen 30er Jahren bevorzugt wurde. Pagano war ab 1931 Berater der Zeitschrift *Architettura e Arti Decorative* und arbeitete von 1930 bis 1943 in der Redaktion der Zeitschrift *Casabella* ab 1933 als Chefredakteur. Er entwarf das Physikinstitut in Rom (1932) und die Università Bocconi in Mailand (1938–1941), für die er eigens rationale Möbel mit laminierten Holzrahmen anfertigte. Als führender Rationalist war er ein einflussreicher Designtheoretiker, und seine Artikel – darunter einer in *La Tecnica Fascista* (1939) – rühmten die Hinwendung des faschistischen Regimes zur Moderne und wurden weithin veröffentlicht. Im Jahr 1942 verließ Pagano jedoch die faschistische Partei und ging in den Widerstand. 1943 wurde er festgenommen und im Konzentrationslager Mauthausen interniert, wo er 1945 starb.

▾ **Giuseppe Pagano & Gino Levi-Montalcini**, Telefontischchen *Chichibio*, 1932 (neu herausgegeben von Zanotta)

Sven Palmqvist machte ab 1928 an der Glasschleiferschule der Glasfabrik Orrefors eine Ausbildung, studierte von 1931 bis 1933 an der Konstfackskolan und der Tekniska Skolan in Stockholm und ab 1934 für zwei weitere Jahre an der Kungliga Konsthögskolan in Stockholm. In dieser Zeit studierte er auch bei Paul Cornet und Aristide Maillol (1861–1944) an der Académie Ranson in Paris sowie in Deutschland, der damaligen Tschechoslowakei, Italien und Amerika. 1936 kehrte er zu Orrefors zurück und entwickelte die *Kraka*-Technik, bei der ein Gittermuster aus weißem oder buntem Glas zwischen Schichten aus klarem Glas eingefügt wurde. Er erfand 1954 ein Verfahren, mit dem geschmolzenes Glas in einer Form mit einer Zentrifuge geschleudert wurde, wodurch das Objekt nicht mehr nachbehandelt werden musste. Bei der Mailänder Triennale im Jahr 1957 gewann er eine Goldmedaille und einen Grand Prix für seine Designs. In den späten 40er und frühen 50er Jahren entwickelte er sein *Ravenna*-Glas, bei dem bunte geometrische Glasteile in mit Sand versetzten Luftkanälen eingelagert wurden, was einen mosaikartigen Effekt erzeugte. Er verwendete dieses Verfahren für eine frei stehende Glaswand mit dem Titel »Light and Dark«, die aus zweihundert *Ravenna*-Glasblöcken bestand. Palmqvist blieb bis 1972 bei Orrefors, gestaltete sein exquisites »industrielles Atelierglas« und arbeitete später als freischaffender Designer für die Glashütte.

Sven Palmqvist

1906 *Lenhovda, Schweden*
1984 *Orrefors, Schweden*

▲ Schale *Ravenna* für Orrefors Glasbruk, ca. 1954

◂ Deckblatt für den Katalog der deutschen Abteilung der »Exposition Universelle et Internationale« in Paris, 1900

Bernhard Pankok

1872 *Münster*
1943 *Baierbrunn*

Bernhard Pankok, der Sohn eines Möbeltischlers, ging in Münster bei einem Maler und Restaurator in die Lehre, studierte von 1889 bis 1891 an der Kunstakademie in Düsseldorf und anschließend ein Jahr lang in Berlin. Sein eigenes Büro eröffnete er 1892 in München, und ab 1896 veröffentlichte er Designs für die Zeitschriften *Jugend* und *Pan*. Im darauf folgenden Jahr nahm er an der Glaspalast-Ausstellung teil und war mit **Hermann Obrist**, **Richard Riemerschmid** und **Bruno Paul** Gründungsmitglied der **Vereinigten Werkstätten für Kunst im Handwerk**. Des Weiteren beteiligte er sich an der Münchner Secessionsausstellung von 1899 und entwarf Möbel für Obrists Haus in München. Seine **Jugendstil**-Entwürfe waren aufgrund ihrer geschnitzten, naturalistischen Verzierungen und seltsamen Formen bemerkenswert. Für die Präsentation der Werkstätten auf der Pariser »Exposition Universelle et Internationale« im Jahr 1900 gestaltete er das Alkovenzimmer, einen Rauchsalon mit Holztäfelung, den Obrist als eine Kombination von Rokokoschnörkeln und Elementen von Wikingerschiffen beschrieb. Pankok erhielt 1900 von dem Kunsthistoriker Konrad Lange den Auftrag, ein Haus in Tübingen zu entwerfen. Das fertige Gebäude folgt mit seinem Dachgiebel zwar der Tradition, die Schlichtheit des Interieurs ist jedoch er-

▲ Das Haus Konrad Lange in Tübingen, 1901–1902

staunlich modern. Seine bekannteste Innenausstattung ist jedoch ein Musikzimmer, das 1904 auf der Weltausstellung in St. Louis und später in der Landesgewerbeanstalt in Stuttgart gezeigt wurde. Dieses Zimmer war extravaganter als das Haus Lange. Mit seinen vielfältigen Details und grazilen Kurven vermittelte es einen Hauch von Luxus und war für den Münchner Jugendstil typisch. Im Jahr 1908 wurde Pankok Mitglied des **Deutschen Werkbunds** und fünf Jahre später Direktor der Königlichen Lehr- und Versuchswerkstätte in Stuttgart, die er noch im selben Jahr mit der Kunstgewerbeschule zusammenlegte. Wenngleich er für seine Möbel und Interieurs bekannt ist, die von natürlichen Formen inspiriert sind, hatte er auch einen Namen als Porträtmaler, Bühnenbildner und Kostümdesigner.

Verner Panton

1926 *Gamtofte, Dänemark*
1998 *Kopenhagen*

Verner Panton wurde an der Technischen Hochschule Odense ausgebildet und studierte später an der Kongelige Danske Kunstakademi in Kopenhagen Architektur, wo er 1951 seinen Abschluss machte. Von 1950 bis 1952 war er Mitarbeiter von **Arne Jacobsen**, mit dem er eine Reihe experimenteller Möbel entwarf, darunter Jacobsens bekannten Stuhl *Ant* (1951–1952). Panton eröffnete 1955 sein eigenes Büro für Architektur und Design und wurde für seine innovativen Bauvorschläge bekannt, zu denen ein zusammenklappbares Haus (1955), ein Kartonhaus (1957) und ein Kunststoffhaus (1960) zählten. Größere Anerkennung erhielt er allerdings für seine zahlreichen Entwürfe für Sitzmöbel, Beleuchtungskörper, Textilien und Teppiche sowie Ausstellungsinstallationen. Baron Schilden Holsten erteilte ihm 1958 den Auftrag, sein Komigen Inn (Wirtshaus Komm Wieder) in einem Wald auf der dänischen Insel Fünen neu aufzubauen und zu erweitern. Panton gestaltete den Innenraum des Wirtshauses ganz in Rot und entwarf dafür seinen berühmten Stuhl *Cone* (1958). Das ungewöhnliche Sitzmöbel wurde später zusammen mit dem ein Jahr danach entstandenen Stuhl *Heart* von Percy von Halling-Kochs neuer Firma Plus-Linje hergestellt. 1959 stellte eine Panton-Präsentation auf der Fachmesse Købestaevnet die Welt buchstäblich auf den Kopf: die Decke erhielt Auslegeware und alle Möbel und Leuchten wurden umge-

▾ *Panton*-Stühle für Herman Miller, 1959–1960 (neu herausgegeben von Vitra)

▲ Stoff *Mira-Spectrum* für Mira-X, ca. 1969

dreht. 1960 produzierte Panton für die Kölner Möbelmesse eine ebenso unkonventionelle Installation, die eine mit Silberfolie bezogene Decke hatte. Er erhielt im selben Jahr den Auftrag, das Astoria-Restaurant in Trondheim umzugestalten. Die dafür entworfene Innenausstattung schockierte nicht nur wegen ihrer ungewöhnlichen Formen, sondern auch aufgrund ihrer kräftigen Farben. 1955 entwarf er in Zusammenarbeit mit **Thonet** den Sperrholz-Freischwinger *S*, der aus einem Stück geformt war und versuchte in den folgenden Jahren dieses Design auf Kunststoff zu übertragen. Mit seinem revolutionären Stuhl *Panton* (1959–1960) gelang ihm diese Übertragung schließlich und er bot 1962 **Herman Miller** die Produktionsrechte an. Im selben Jahr verließ er Dänemark und lebte für kurze Zeit in Paris. Dann eröffnete er in Cannes ein Designbüro. Er zog später jedoch nach Basel um und half Willy Fehlbaum, dem Lizenzinhaber von Herman Miller in Basel und Begründer von **Vitra**, bei der fünfjährigen Produktionsentwicklung des

Stuhles *Panton*, des ersten Kunststoff-Freischwingers aus einem Stück, der im Spritzguss-Verfahren hergestellt wurde. Nachdem er in Basel ein Büro eingerichtet hatte, legte sich Panton einen breit gefächerten Kundenstamm an, zu dem A. Sommer, Kaufeld, Haiges, Schöner Wohnen, Nordlys, Kill, Wega Radio, Thonet, **Knoll International**, Lüber und Bayer gehörten. Er entwarf psychedelische »Raumlandschaften« für Bayer für die Ausstellungen »Visiona 0« 1968 und »Visiona II« 1970 in Köln, bei denen phantastische skulpturale Formen und satte Farben zusammenkamen. Von 1969 bis 1985 produzierte er geometrisch gemusterte Textilien für Mira-X, für die er seine typischen kräftigen Regenbogenfarben verwendete. In den späten 60er und frühen 70er Jahren entwarf er eine Kollektion von Sitzmöbeln für Fritz Hansen und ein Ablagesystem sowie Steh- und Tischlampen mit verchromtem Drahtaufbau für Lüber. Diese von der Op Art inspirierten Entwürfe waren Weiterentwicklungen seiner Drahtsitzmöbel von 1959 und 1960. Sein Sitzsystem *1–2–3* für Fritz Hansen, das aus 20 unterschiedlichen Modellen bestand, entwarf er 1973 und zwei Jahre später entstand sein buntes Baukastensystem *Pantonaef* für Naef in der Schweiz. In den 70er Jahren produzierte Louis Poulsen mehrere von Panton entworfene Leuchten, zu denen auch die sphärischen Lampen *VP-Globe* und *Panto* (1975) gehörten. Im nächsten Jahrzehnt schuf Panton eine Serie von 16 Stühlen aus je einem

▼ Stuhl, Stuhl *Cone* und Stuhl *Heart* für Plus-Linje, 1960, 1958 & 1959

Stück Sperrholz mit dem Titel *Art Chairs – Chair Art* (1981), die ungewöhnliche, amorphe Stanzformen hatten, und er experimentierte mit rein geometrischen Formen – Kuben, Sphären und Kegeln – für einen Sitzmöbelentwurf von 1985. Im Gegensatz zu vielen anderen dänischen Designern hatte er einen revolutionären, nicht evolutionären Designansatz und schuf im Laufe seiner Karriere höchst innovative, gewagte und verspielte Designs, bei denen oft modernste Technologien zur Anwendung kamen, die seinen Zukunftsoptimismus reflektierten.

▲ Rauminstallation für Bayers Ausstellung »Visiona II« in Köln, 1970

◄ Messing-Kerzenleuchter von Seifert & Co. für die Vereinigten Werkstätten für Kunst im Handwerk, 1901

Bruno Paul

1874 *Seifhennersdorf/ Lausitz*
1968 *Berlin*

Ab 1886 studierte Bruno Paul an der Kunstgewerbeschule in Dresden. Danach wurde er im Anschluss an seinen Umzug nach München im Jahr 1892 von Paul Höcker und Wilhelm von Diez an der dortigen Akademie der Bildenden Künste ausgebildet. Er war 1897 gemeinsam mit **Hermann Obrist**, **Richard Riemerschmid** und **Bernhard Pankok** Gründungsmitglied der **Vereinigten Werkstätten für Kunst im Handwerk**. Seine Möbeldesigns waren stark von den Entwürfen **Henry van de Veldes** beeinflusst, während seine Metallarbeiten einfache geometrische Formen aufwiesen. Paul veröffentlichte rund 500 Karikaturen in den Zeitschriften *Simplicissimus* und *Jugend*. Die Gestaltung eines Jägerzimmers, einer sehr rustikalen Inneneinrichtung im bayrischen Stil, die sein Interesse am Volksgut spiegelte, gewann bei der »Exposition Universelle et Internationale de Paris« im Jahr 1900 einen Grand Prix. Zudem entwarf er 1902 ein Speisezimmer für die Turiner »Esposizione Internazionale d'Arte Decorativa Moderna«, das Büro des Parlamentspräsidenten in Bayreuth (1904) sowie einen Wartesaal für den Nürnberger Hauptbahnhof (1905). **Ludwig Mies van der Rohe** arbeitete von etwa 1905 bis 1907 in seiner Architekturfirma und Paul leitete anschließend bis 1933 die Kunstgewerbeschule in Berlin. Er war 1907 Mitbegründer des **Deutschen Werkbunds** und entwarf ein Restaurant, eine Bierhalle und andere öffentliche Gebäude für die »Werkbund-Ausstellung« 1914 in Köln. 1932 wurde er Bauberater für den Maharadscha von Mysore Colombo und arbeitete ab 1933 als unabhängiger Architekt in Berlin, Hanau, Frankfurt und Düsseldorf. Seine **Jugendstil**-Designs waren weniger verziert als die von Pankok und Obrist und nahmen die Linearität der **Moderne** vorweg.

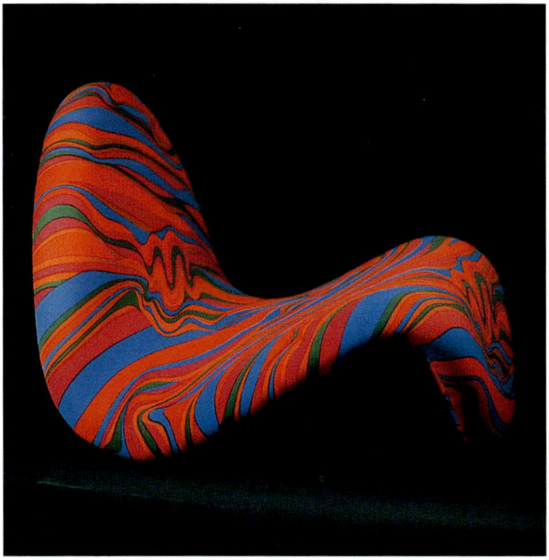

◂ Liege *Tongue* *Modell Nr. 577* für Artifort, 1967

Pierre Paulin

geb. 1927 *Paris*

Pierre Paulin studierte an der École Nissim de Camondo in Paris Steinmeißeln und Tonmodellieren, entwarf ab 1954 Möbel für Thonet und fing vier Jahre darauf bei dem niederländischen Möbelhersteller Artifort an, der die meisten seiner Designs produzierte. Zwischen 1958 und 1959 arbeitete er in Holland, Deutschland, Japan und den USA und gründete Mitte der 60er Jahre sein eigenes Büro für Industriedesign in Paris. Dann entwickelte er eine Reihe von Stühlen mit Schaumpolstern und Polyestersitzen für Mobilier Nationale und ein Sofa aus Einzelteilen, das zu einer endlosen Schlangenlinie zusammengestellt werden konnte. 1968 wurde er beauftragt, Sitzplätze für die Besucher des Louvre zu entwerfen. 1969 erhielt er einen Preis der ADI (Associazione per il Disegno Industriale) für den Stuhl *582 Ribbon* (1965). Das Design dieses Stuhls sowie der Liege *577 Tongue* (1967) spiegelte den legereren Lebenstil der 60er Jahre wider. 1970 entwarf er für die Expo '70 in Osaka Sitzmöbel und erhielt im Anschluss daran den Auftrag, die Privatwohnung des französischen Präsidenten im Élysée-Palast neu zu gestalten. Er gründete 1975 ADSA + Partners und **Roger Tallon** sowie Michel Schreiber schlossen sich 1984 der Firma an. In den 80er Jahren schuf er Möbel für das Präsidentenbüro im Élysée-Palast (1983) und eine Kollektion handgefertigter Möbel für Mobilier Nationale. Neben seinen innovativen Einrichtungsgegenständen hat Pierre Paulin auch Autoinnenausstattungen für Simca, Verpackungen für Christian Dior, Beschilderungen für das Musée d'Orsay und Telefone für **L. M. Ericsson** entworfen.

Dagobert Peche

1887 *St. Michael im Lungau, Österreich*
1923 *Mödling, Österreich*

Von 1908 bis 1911 studierte Dagobert Peche an der Technischen Hochschule in Wien Maschinenbau und an der Akademie der Bildenden Künste in Wien Architektur. Nach Beendigung seines Studiums entwarf er von Rokoko- und Barockornamenten inspirierte Teppiche und Keramiken für die Serienproduktion. Er nahm 1914 an der »Deutschen Werkbund-Ausstellung« in Köln teil und wurde 1915 Mitglied der **Wiener Werkstätte**. Nach zwei Jahren wurde er auf einen der Direktorenposten der Genossenschaft berufen und war eines ihrer aktivsten und produktivsten Mitglieder. Zwischen 1917 und 1919 lebte er in Zürich und betrieb ein Geschäft für die Wiener Werkstätte. Seine Formgebung war immer mehr von klassischen Formen geprägt, blieb jedoch weiterhin stark verziert, meist mit Blumen- oder Tiermustern, bis sein Dekorationsstil später von zeitgenössischen Trends der bildenden Kunst beeinflusst wurde. Als einer der führenden Vertreter der Wiener Werkstätte produzierte Peche rund 3 000 Designs für die Genossenschaft, darunter Möbel, Keramik, Werbegrafik, Bucheinbände, Textilien, Spielzeug, Kleidung und Bühnenbilder sowie bemalte Ostereier und Weihnachtsbaumschmuck. Trotz seiner freigebigen Verwendung von Verzierungen, die im krassen Gegensatz zum geometrischen Stil von **Josef Hoffmann** und **Koloman Moser** stand, hatte Peche bis zu seinem Tod 1923 großen Einfluss auf das Design von Produkten der Wiener Werkstätte.

▲ Silberschale für die Wiener Werkstätte, ca. 1915

► Silberne Schmuckschatulle für die Wiener Werkstätte, 1920

Pentagram
gegründet 1972
London

Pentagram wurde 1972 als interdisziplinäre Designagentur gegründet und war, im Unterschied zu anderen internationalen Büros, »föderalistisch« aufgebaut. Ihr gehörten bis zu 50 Gestalter an, entweder einzeln oder in Gruppen. Pentagram war aus einem früheren Büro für Grafikdesign hervorgegangen, das 1962 von Alan Fletcher (geb. 1931), Colin Forbes (geb. 1928) und Robert Gill (geb. 1931) gegründet worden war. Als 1965 der Architekt Theo Crosby hinzukam, wurde die Firma Crosby, Fletcher, Forbes genannt. Der Industriedesigner **Kenneth Grange** und der Grafikdesigner Mervyn Kurlansky (geb. 1936) traten der Beratungsfirma bei, als sie 1972 in Pentagram umbenannt wurde. In den 70er und frühen 80er Jahren stießen John McConnell, David Hillman, Peter Harrison und David Pelham hinzu. Pentagram wurde bekannt für die kühnen, direkten **Corporate-Identity**-Designs für British Petroleum, Reuters, Faber & Faber, Watneys, das Victoria & Albert Museum, die Tate Gallery, den Guardian, Prestel und andere. Pentagram entwickelte Schriften für viele große Kunden, darunter Xerox, IBM und Nissan. Im Produktdesign wurde der hauseigene Stil von Pentagram fortgesetzt. Kenneth Grange lieferte die meisten Entwürfe, so z. B. 1976 für British Rail den Hochgeschwindigkeitszug *125*, Küchengeräte für Kenwood, Feuerzeuge für Ron-

▾ **Daniel Weil**, Innenausstattung des Swatch Timeship in New York, Mitte der 1990er Jahre

son, Schreibgeräte für Parker Pens und Rasierer für Wilkinson Sword. Unter Leitung von Crosby gestaltete Pentagram mehrere Ausstellungen, unter anderem den British Industry Pavillon für die Expo '67 in Montreal, *The Environment Game* (1973) und *British Genius* (1977) in London. Die Gruppe vertritt die Ansicht, dass Design in allen Bereichen des Lebens präsent sein solle. Diese Idee verbreitete sie in mehreren Büchern, darunter *Pentagram: The Work of Five Designers* (1972) und *Living by Design* (1977). Außerdem gab die Firma die als *Pentagram Papers* bekannten Broschüren heraus, die »merkwürdige, unterhaltsame, anregende, provokative und manchmal kontroverse Standpunkte« formulierten. Ihr Konzept »Design als Lebensstil« zeigt sich am nachdrücklichsten im Verkaufsdesign der Gruppe. Durch ihre erfolgreichen, manchmal leicht ironischen Grafiken und ihre Gebrauchsartikel wurde Pentagram eine international führende Designberatungsfirma. 1978 wurde ein Büro in New York und acht Jahre später ein weiteres in San Francisco eröffnet. Pentagram ist bis heute eine sehr angesehene Organisation. Sie wird nicht von Verwaltern und Buchhaltern geleitet, sondern von Designern, die das anhaltende Engagement der Firma für Kreativität und Innovation gewährleisten.

◄▲▲ **David Hillman**, Corporate Identity für die Tate Gallery, 1989–1990

▲▲ **John McConnell**, Corporate Identity für Faber & Faber, 1981

◄▲ **David Hillman**, Zeitungsdesign für *The Guardian*, 1988

▲ **Alan Fletcher**, Corporate Identity für das Victoria & Albert Museum, 1988

Charlotte Perriand

1903 *Paris*
1999 *Paris*

▼ Entwurf für die Einrichtung eines Speisezimmers, ca. 1929

Charlotte Perriand studierte von 1920 bis 1925 an der École de l'Union Centrale des Arts Décoratifs in Paris bei Henri Rapin und Maurice Dufrène (1876–1955). Ihre Arbeiten wurden zuerst in der Société des Artistes Décorateurs gezeigt. 1927 gestaltete sie eine Bar für den »Salon d'Automne«, zu dem ihre ersten Möbel aus eloxiertem Aluminium und verchromtem Stahl gehörten. Diese Präsentation erregte die Aufmerksamkeit von **Le Corbusier**. In den folgenden zehn Jahren arbeitete Perriand mit ihm und **Pierre Jeanneret** zusammen. Sie entwarf die meisten Möbeldesigns, die in dieser Zeit aus dem Le-Corbusier-Studio hervorgingen, unter anderem die ersten Stahlrohrdesigns für Möbelsysteme, die als »Équipement de l'habitation« (1928–1929) bekannt und 1929 unter großem Beifall der Kritiker auf dem »Salon d'Automne« vorgestellt wurden. Diese revolutionäre Möbelkollektion mit ihrer strengen, modernen Ästhetik und funktionalen Ausrichtung reflektierte Perriands Auffassung von innerer und äußerer Angemessenheit. 1929 trat

sie gemeinsam mit Le Corbusier und Jeanneret aus der Société des Artistes Décorateurs aus, da ihnen die Jury nicht genügend Ausstellungsfläche zur Verfügung stellte. Sie gründeten die Konkurrenzvereinigung UAM (Union des Artistes Modernes). 1930 lernte sie den Maler Fernand Léger (1881–1955) kennen, der ein guter Freund wurde. Im darauf folgenden Jahr begann sie, bei den UAM-Präsentationen unter ihrem eigenen Namen auszustellen. Mit Jeanneret zeigte sie 1937 auf der Pariser »Exposition Internationale des Arts et Techniques dans la Vie Moderne« eine Berghütte aus Aluminium, und 1940 eröffneten sie gemeinsam mit **Jean Prouvé** und Georges Blanchon ein Architektenbüro zur Gestaltung von Fertighäusern aus Aluminium. 1940 bis 1942 war Perriand Beraterin des japanischen Handelsministeriums im Bereich Kunst und Kunsthandwerk. Nach drei Jahren in Indochina kehrte sie nach Frankreich zurück und entwarf wieder Gebäude, Innenausstattungen und Möbel, teils allein, teils mit Jeanneret und Blanchon. Zu ihren bemerkenswerten Projekten aus dieser Zeit gehören die Möblierungen für Ferienhäuser in Méribel-les-Allues (1946–1949), ein Küchenprototyp für Le Corbusiers Unité d'Habitation in Marseille (1950), Möbel für die Galerie Steph Simon in Paris (1955–1974), das Londoner Büro der Air France (1957) sowie Konferenzzimmer für die Vereinten Nationen in Genf (1959–1970). In den 80er Jahren leitete Perriand für kurze Zeit die Jury der »International Competition for New Office Furniture«, die vom französischen Kultusministerium unterstützt wurde. Sie war als Beraterin für Cassina tätig, der ihre mit Jeanneret und Le Corbusier entworfenen Möbel neu herausbrachte. Es gab große Retrospektiven ihres Werkes vor allem in Japan (1955), Paris (1965, 1985) und London (1998). Obgleich sie für ihre Stahlrohrmöbel der 20er und 30er Jahre im **International Style** am besten bekannt ist, hat sie auch Designs auf handwerklicher Basis produziert, darunter das Stühlchen *Synthèse des Arts* (1955), das ein bemerkenswertes Zusammenspiel von Elementen westlicher und östlicher Kulturen ist.

▾ Stuhl *Synthèse des Arts*, wahrscheinlich für Takashimaya, 1955

Gaetano Pesce

geb. 1939 *La Spezia, Italien*

Gaetano Pesce studierte an der Universität Venedig Architektur und Industriedesign und machte 1965 seinen Abschluss. Von 1959 bis 1967 arbeitete er als unabhängiger Filmemacher und Künstler in Padua, experimentierte mit serieller Kunst und kinetischen Kunstformen. Er wurde Gründungsmitglied der Gruppe N, einer Künstlervereinigung, die das Konzept der Programmkunst erforschte. Von 1962 bis 1967 war er in Padua und ab 1968 in Venedig als Designer tätig und stellte Möbel und Innenausstattungen für C&B Italia, Cassina, Bernini, Venini und Bracciodiferro her. Seine *Up Series* (1969) aus Polyurethanschaum war zusammengedrückt und in PVC-Folie vakuumverpackt. Wenn diese geöffnet wurde, erwachten die darin zusammengepressten bunten Sitzmöbel geradezu zum Leben. 1972 nahm er als »Wettbewerbsdesigner« an der Ausstellung »Italy: The New Domestic Landscape« am **Museum of Modern Art, New York**, teil. Für diese Schau, die das **Radical Design** feierte, entwarf er eine eigenwillige Installation aus »archäologischen« Dokumenten, die sich auf eine fiktionale Siedlung des Zeitalters der »Großen Seuchen« bezogen. 1973 formulierte Pesce die These, dass Architektur und Design »Darstellung der Realität« und »Zeitdokument« sein sol-

▾ Sessel *Up 3* für C&B Italia, 1969

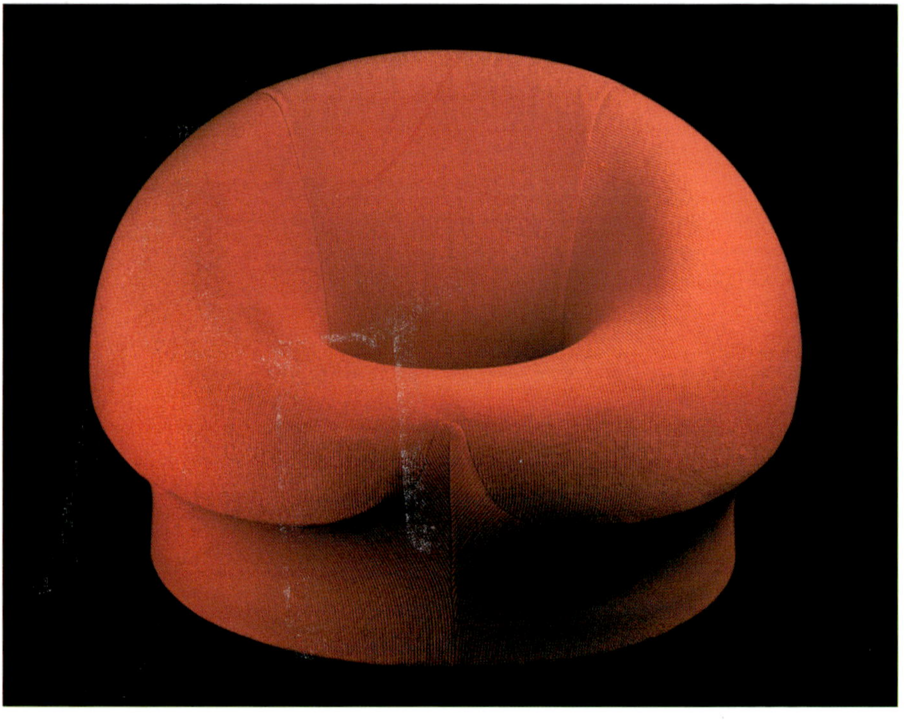

len. Sein Bemühen um eine Befreiung des Ausdrucks führte dazu, dass er in vielen seiner Projekte die Idee des »Performance-Designs« verfolgte. In der *Golgotha Suite* (1972–1973) mit ihrem sargförmigen Tisch und den an Leichentücher erinnernden Stühlen experimentierte er erstmals mit der Vorstellung einer »veränderlichen Serie«. Dieses Konzept kam auch bei seinen Stühlen und dem Sofa *Sit Down* (1975) für Cassina zur Anwendung, die einander zwar ähnelten, doch sich geringfügig unterschieden, was von der Veränderlichkeit des benutzten Materials herrührte. Auch die Lampe *Airport* (1986) bestand aus nach dem Zufallsprinzip gefärbtem Polyurethan. Ihre

▲ Lampe *Airport*, 1986

▲ *Golgotha Suite*, 1972–1973

Form konnte in zahllose Stellungen gedreht werden. Heute lebt Pesce in New York und erforscht neue Materialien und Produktionstechniken. Seinen Designs ist oft ein gewisser Humor eigen, wie z. B. dem Klappstuhl *Umbrella* (1992–1995) für Zerodisegno und dem Stuhl *543 Broadway* (1993) aus durchsichtigem Epoxydharz für Bernini, der auf seinen federnden Füßen wippt. Pesce ist Professor am Institut d'Architecture et d'Études Urbaines in Straßburg und lehrte an der Schule für Architektur und Kunst der Cooper Union in New York. Er hat sich mit seinem unkonventionellen und sehr innovativen Werk gegen die von der **Moderne** vertretene Standardisierung und Einheit des Designs gewehrt, da für ihn Architektur und Design Aktivitäten sind, die ihrem Schöpfer uneingeschränkte Ausdrucksfreiheit gewähren sollten.

Giancarlo Piretti

geb. 1940 *Bologna*

Giancarlo Piretti studierte am Istituto Statale d'Arte in Bologna und machte 1960 seinen Abschluss. Anschließend war er als Chefdesigner bei Anonima Castelli angestellt und produzierte Möbeldesigns für Privatwohnungen und Bürobauten. Bis 1972 war er Leiter der Abteilung für Forschung und Design bei Castelli und entwarf in dieser Zeit den Klappstuhl *Plia* (1969) aus Aluminium und Plexiglas, seinen ersten Entwurf für ein Möbelstück aus Kunststoff, für den er mehrere wichtige Auszeichnungen erhielt, darunter den Smau-Preis (1971), eine Goldmedaille bei der »Bio 4« in Ljubljana (1971) und den Preis »Gute Form« (1973). Er gestaltete auch den ähnlich aufgebauten Sessel *Plona* (1970) und den Tisch *Platone* (1971). Von 1963 bis 1970 unterrichtete Piretti am Istituto Statale d'Arte in Bologna. In den späten 70er Jahren arbeitete er gemeinsam mit **Emilio Ambasz** am Design ergonomisch geformter Sitzmöbel, darunter die Systeme *Vertebra* (1977) und *Dorsal* (1981), die die Stützfunktion von Bürobestuhlung deutlich verbesserten. Diese Entwürfe gewannen den **Compasso d'Oro** beziehungsweise einen Industrial Design Excellence Award und wurden in den USA von Open Ark produziert, während Castelli die Herstellungslizenz in Europa hatte. Piretti und Ambasz entwarfen auch die Leuchten *Logotec* (1980) und *Osiris* (1984) für Erco. 1984 gestaltete Piretti für Castilia. Vier Jahre später brachte Krueger die *Piretti*-Kollektion heraus, die aus fünfzig verschiedenen Sitzmodellen bestand. Seine innovativen Designs sind für die Massenproduktion gedacht und zeichnen sich durch ihre eleganten und zugleich funktionalen Formen aus.

▾ Klappstuhl *Plia* für Castelli, 1969

Flavio Poli

1900 *Chioggia, Italien*
1984 *Venedig*

Obwohl Flavio Poli als Glasdesigner berühmt ist, wurde er ursprünglich als Keramiker ausgebildet. 1929 begann er seine Zusammenarbeit mit Libero Vitalis Glasfabrik I.V.A.M., wo er Skulpturen aus massivem und mundgeblasenem Glas formte. Ab 1934 arbeitete er für die Glashütte Seguso-Barovier-Ferro und entwarf dort seine berühmte Stellwand *Zodiaco* aus Opalglas. Die in Murano ansässige Firma wurde 1937 in Seguso Vetri d'Arte umbenannt und produzierte weiterhin Polis Designs, darunter den Leuchter *vetro traliccio* (Gitterwerk-Glas) und seine futuristischen Dekorationen *vetro astrale* (Stern-Glas). In den 50er Jahren entwarf er eine Serie mundgeblasener Gefäße aus Überfangglas, für die er 1954 den **Compasso d'Oro** erhielt. Diese monumentalen Entwürfe zeichneten sich durch strenge Formen und die Verwendung kontrastreicher Farben aus. 1963 gab er seine Position als künstlerischer Leiter der Glashütte Seguso auf und begann im darauf folgenden Jahr seine künstlerische Zusammenarbeit mit der Società Veneziana di Conterie e Cristallerie. Aus gesundheitlichen Gründen musste er dieses Unternehmen jedoch schon drei Jahre später wieder aufgeben. In den 50er Jahren gewann er für seine gefälligen Glasartikel, die traditionelles Kunsthandwerk mit verführerischen zeitgenössischen Formen verbanden, vier Grand-Prix-Auszeichnungen bei den Mailänder Triennale-Ausstellungen.

▾ Vase *Valva Siderale* für Seguso Vetri d'Arte, ca. 1954

▸ Überfangglas-Vase *Modell Nr. 11902* für Seguso Vetri d'Arte, 1955

Gio Ponti

1891 *Mailand*
1979 *Mailand*

Giovanni (Gio) Ponti studierte am Politecnico di Milano Architektur und beendete 1921 sein Studium. Anschließend war er im Architekturbüro von Emilio Lancia und Mino Fiocchi beschäftigt und von 1923 bis 1930 künstlerischer Leiter der Keramikfabriken Richard Ginori in Mailand und Florenz. Seine Porzellanentwürfe für Richard Ginori, von denen viele im **Novecento**-Stil verziert waren, erhielten auf der »Exposition Internationale des Arts Décoratifs et Industriels Modernes« 1925 in Paris einen Grand Prix. In dieser Zeit gestaltete Ponti preiswerte Möbel für das Warenhaus La Rinascente, aber auch luxuriösere Stücke. Von 1925 bis 1979 war er Leiter der Biennale-Ausstellungen in Monza, wo seine Arbeiten neben denen anderer progressiver Designer gezeigt wurden. 1925 entwarf er sein erstes Gebäude im neoklassizistischen Stil: sein eigenes Haus auf der Via Randaccio in Mailand. 1926 richtete er dort mit Emilio Lancia ein Architekturbüro ein, das bis 1933 bestand. Auf Vorschlag des Journalisten Ugo Ojetti gründete Ponti 1928 die Designzeitschrift *Domus*, die von Gianni Mazzocchi herausgegeben wurde.

▾ Stuhl *Superleggera Modell Nr.* 699 für Cassina, 1957

Das Journal, das ursprünglich die Novecento-Bewegung unterstützen sollte, die sich gegen das »vermeintlich Antike« und das »hässlich Moderne« in Architektur und Design wandte, fand weite Beachtung. Von 1933 bis 1945 arbeitete er mit den Maschinenbauern Antonio Fornaroli und Eugenio Soncini in Mailand zusammen. In dieser Zeit entstanden viele Privathäuser und öffentliche Gebäude, z. B. die Mathematische Fakultät der Universität Rom (1934), das erste Montecatini-Gebäude (1936) und die Wohnhäuser »Domuses« in Mailand (1931–1936). 1936 erhielt er vom italienischen Kulturinstitut den Auftrag, die Innenausstattung des Fürstenberg-Palastes in Wien neu zu gestalten, die er im neosecessionistischen Stil ausführte. Ab 1930 gestaltete er Leuchten und Möbel für die Firma Fontana und wurde drei Jahre später mit **Pietro Chiesa** zum Leiter der Tochtergesellschaft Fontana Arte ernannt. In den 40er Jahren schrieb Ponti für die Zeitschrift *Stile* (1941–1947), produzierte Bühnenbilder und Kostüme für die Mailänder Scala (1947), schuf bunte Glasflaschen, Gläser und einen Leuchter für Venini (1946–1950) und entwarf die berühmte Kaffeemaschine für La Pavoni (1948). Mit **Piero Fornasetti** schuf er in den späten 40er und 50er Jahren Möbeldesigns und Interieurs, darunter die für das Casino in San Remo (1950). Neben renommierten Auftragsarbeiten wie dem zweiten Montecatini-Gebäude (1951)

▲ **Gio Ponti & Piero Fornasetti**, Schlafzimmer, entworfen für die IX. Mailänder Triennale, 1951

und dem Pirelli-Hochhaus (1955–1958) in Mailand gestaltete er auch Bestecke für Krupp Italiana (1951) und Christofle (1955), Sanitäranlagen für Ideal Standard (1953) und den legendären Stuhl *Superleggera* (1957) für Cassina, der so zeitlos klassisch ist wie sein gesamtes Werk. In den 60er und 70er Jahren wurden seine Architektur, beispielsweise das Kunstmuseum in Denver, Colorado (1971), und sein Design zunehmend ausdrucksvoller und nahmen häufiger geometrische Formen an. Neben seiner außerordentlich erfolgreichen Karriere als Architekt und Gestalter lehrte er von 1936 bis 1961 auch am Politecnico di Milano, verfasste regelmäßig Beiträge für die Zeitschriften *Domus* und *Casabella* und spielte für die Wiederbelebung des italienischen Designs der Nachkriegszeit eine wichtige Rolle.

▲ Kronleuchter aus Murano-Glas für Venini, 1946

Pop Design

Pop-Design

Der Begriff Pop wurde in den 50er Jahren geprägt und bezeichnete das Aufkommen der Populärkultur in diesem Jahrzehnt. 1952 wurde in London die **Independent Group** gegründet. Ihre Mitglieder, darunter die Künstler Richard Hamilton (geb. 1922) und Eduardo Paolozzi (geb. 1924), der Designkritiker Reyner Banham (1920–1988) und die Architekten **Peter & Alison Smithson**, gehörten zu den ersten, die sich mit der wachsenden Popularität der Konsumkultur in Amerika auseinander setzten und sie feierten. Auch amerikanische Künstler wie Andy Warhol (1928–1987), Roy Lichtenstein (1923–1998) und Claes Oldenburg (geb. 1929) ließen sich in den 60er Jahren von der »niederen Kunst« des Alltags, insbesondere von Werbung und Verpackung, von Comics und dem Fernsehen inspirieren. Es erstaunt daher nicht, dass Pop sich auch in der Gestaltung alltäglicher Objekte durchsetzte, da die Formgeber einen jugendlicheren, weniger ernsthaften Designansatz suchten, als ihn das **Gute Design** der 50er Jahre anbot. Das in den 50er Jahren zur Anregung der Produktion aufkommende Produktstyling durch »geplanten Verschleiß« verhalf der Ethik des »heute benutzen, morgen wegwerfen« zum Durchbruch, die sich durch die industrielle Produktion der 60er Jahre zieht. **Peter Murdochs** gepunkteter Kinderstuhl *Spotty* aus Pappe (1963) und der Stuhl *Blow* (1967) von **De Pas, D'Urbino und Lomazzi** aus

▲ **Gaetano Pesce**, *Up Series* für C&B Italia, 1969

PVC waren in hohem Maße Wegwerfprodukte und somit der Inbegriff der weit verbreiteten Kultur der Kurzlebigkeit. Eine Vielzahl kurzlebigen Schnickschnacks tat das Seine dazu, wie die Kleider aus Papier beweisen, deren Neuartigkeit in Farbbeilagen und Illustrierten angepriesen wurden, die ihrerseits immer mehr auf solche Angebote angewiesen waren. Für viele Pop-Designer war Kunststoff das Arbeitsmaterial der Wahl. In den 60er Jahren hatte man zahlreiche neue Kunststoffarten entwickelt und ihre Herstellungsprozesse, darunter das Spritzgussverfahren, waren vergleichsweise kostengünstig. Die leuchtenden Regenbogenfarben und kühnen Formen des Pop-Designs vertrieben die letzten Reste der Entbehrungen der Nachkriegszeit und gaben dem weltweiten Optimismus der 60er Jahre Ausdruck. Er wurde durch einen nie gekannten wirtschaftlichen Wohlstand und die sexuelle Freiheit noch verstärkt. Da sich das Pop-Design an ein junges Publikum wandte, waren die Produkte billig und häufig von minderer Qualität. Ihre Wegwerfästhetik machte einen Teil ihres Reizes aus, da sie das Gegenteil der »zeitlosen« klassischen Moderne der 50er Jahre darstellten. Mit seinem **Anti-Design**-Ansatz wandte sich das Pop-Design gegen den nüchternen Leitsatz der **Moderne** »weniger ist mehr« und führte direkt zum **Radical Design** der 70er Jahre. Seine Inspiration bezog es aus unterschiedlichen Quellen: **Art nouveau**, **Art déco**, **Futurismus**, **Surrealismus**, Op Art, Psychedelischer Kunst, östlicher Mystik, **Kitsch** und der Raumfahrt und globale Massenmedien machten es weithin bekannt. Die Ölkrise der frühen 70er Jahre führte zurück zu rationalistischeren Gestaltungsprinzipien. So wurde das Pop-Design vom **Craft Revival** einerseits und **High-Tech** andererseits abgelöst. Durch sein Infragestellen der Grundsätze des Guten Designs – und letztlich der Moderne – gewann das Pop-Design weltweiten Einfluss und legte das Fundament für die **Postmoderne**.

◄ **Gunnar Cyrén**, Pokale *Pop* für Orrefors Glasbruk, 1965–1966

▼ Fernseher *Nivico 3240 GM* für JVC (Yokohama Plant Victor Co. of Japan), 1970

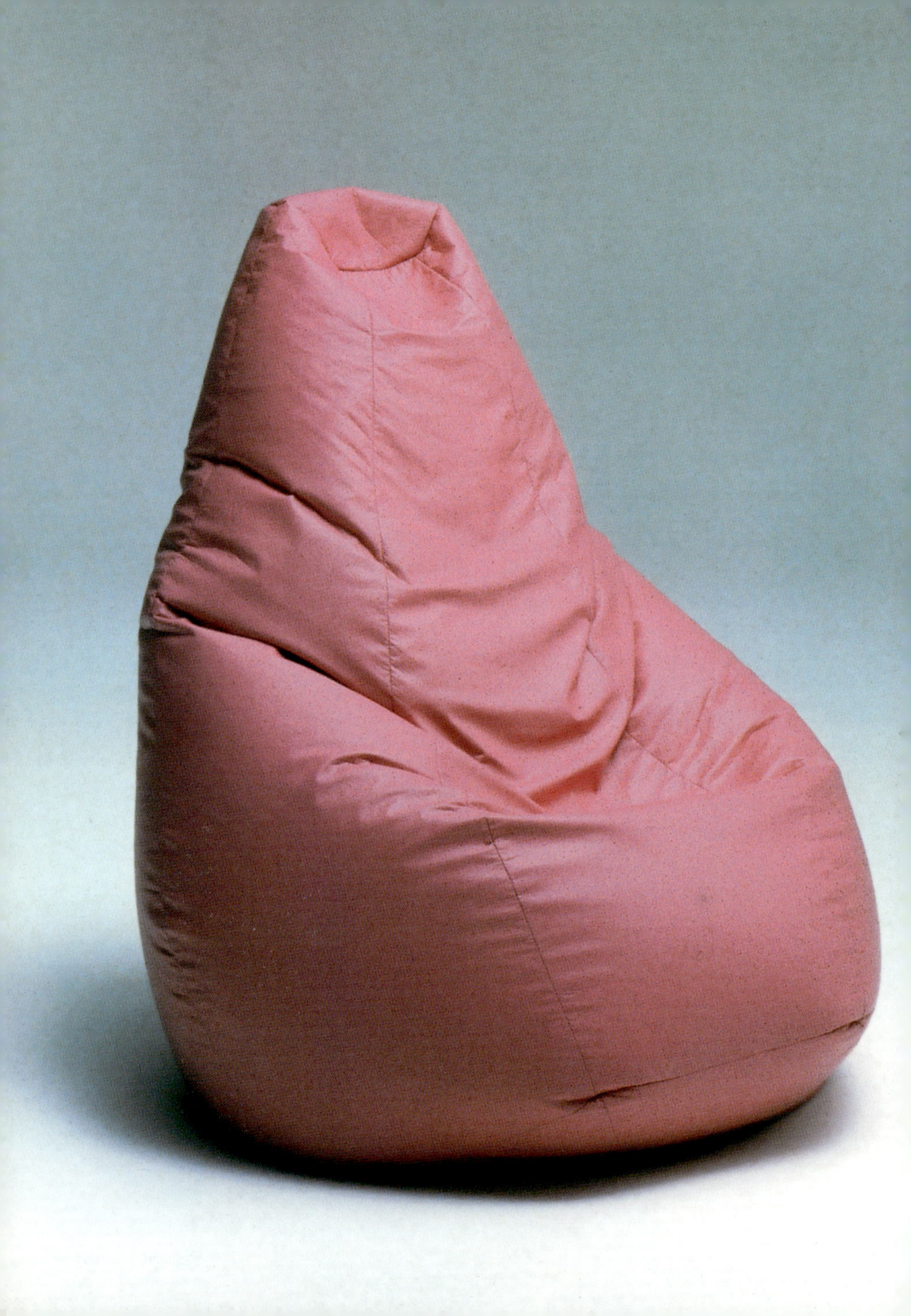

◂ **Piero Gatti, Cesare Paolini & Franco Teodoro**, Sitzsack *Sacco* für Zanotta, 1968

▸ **Olive Sullivan**, Innenausstattung, ca. 1965

◂ **Martin Sharp**, Schallplattencover »Disraeli Gears« der Gruppe Cream für Polygram Int., 1967 (mit einem Foto von Bob Whitaker)

Ferdinand Alexander Porsche

geb. 1935 *Stuttgart*

Ferdinand Alexander »Butzi« Porsche ist der Sohn des berühmten Autodesigners Ferdinand »Ferry« Porsche (geb. 1909) und Enkel von Professor Ferdinand Porsche (1875–1951), der die Firma Porsche 1949 gegründet hatte. Er lernte Maschinenbau bei Bosch in Stuttgart und studierte ab 1957 an der **Hochschule für Gestaltung, Ulm**. 1958 arbeitete er unter der Leitung von Erwin Komeda (1904–1966) in der Designabteilung der Porsche AG, die er von 1961 bis 1972 führte. Er entwarf mehrere Wagen, darunter den *904 Carrera* (1963) und den *911* (1964). Er gründete das Porsche Design Studio und konzentrierte sich ab Mitte der 70er Jahre auf die Gestaltung von »Lifestyle«-Produkten. Zu seinen eleganten, technisch perfekten Produkten, die sich durch das Gleichgewicht von Funktion, Technologie und Stilgebung auszeichnen und zum Inbegriff des deutschen Produktdesigns wurden, gehören die Kamera *Contax* für Yashica (1974), das Motorrad *Cobra* (1976) für Steyr-Puch, Sonnenbrillen für Carrera (1977), ein Telefon für NEC (1981), der Fernseher *Monolith* (1989) für Grundig, der Stuhl *Antropovarius* (1983) für Poltrona Frau sowie die Leuchte *Jazz* (1989) für Italiana Luce und Armbanduhren für IWC (1976 und 1993).

▾ *Jazz*-Leuchten für Italiana Luce, 1989

▸ **Ron Arad**, Plattenspieler *Concrete Stereo* für One-Off, 1984

Post-Industrialism

Post-Industrialismus

Der Begriff Post-Industrialismus bezeichnet ein Design, bei dem Objekte außerhalb der industriellen Tradition hergestellt werden. Von 1910 bis in die 60er Jahre dominierte die industrielle Massenproduktion die Gestaltung und Herstellung von Produkten, doch in den späten 70er und 80er Jahren, als die Volkswirtschaften der westlichen Länder weniger auf die Industrieproduktion angewiesen waren und sich zunehmend auf Dienstleistungen konzentrierten, entwarfen viele Designer Einzelstücke in begrenzten Auflagen. Diese Herstellungsweise reflektierte nicht nur den post-industriellen Zeitgeist, sondern ermöglichte den Formgebern, ihre individuelle Kreativität freier zu entwickeln. Gestalter wie **Ron Arad** und **Tom Dixon** schufen Kunstgegenstände, die sich bewusst von der Präzision standardisierter Industrieprodukte distanzierten. Arads Plattenspieler *Concrete Stereo* (1984) richtete sich gegen die »gute Form« von Audioausstattungen, wie sie von Bang & Olufsen hergestellt wurden und gab einer postmodernen Designsprache mit Sinn für Ironie Ausdruck. Der Post-Industrialismus brachte die Vorstellung von »Gebrauchskunst« mit sich und führte zu einem neuen Designbereich, der experimentell und poetisch zugleich war.

Post-Modernism
Postmoderne

Die Ursprünge der Postmoderne können bis in die 60er Jahre und zum Aufkommen von **Pop-** und **Anti-Design** zurückverfolgt werden, in denen der Status Quo aller Lebensbereiche in Frage gestellt wurde und dazu gehörte auch das moderne Design. Die erste Infragestellung der **Moderne** beginnt mit einer Reihe von Veröffentlichungen: Jane Jacobs setzt sich in ihrem Buch *The Death and Life of Great American Cities* (1961) mit dem Zerfall der sozialen Bindungen in den Städten Amerikas, verursacht durch die utopische Architektur und Stadtplanung der Moderne, auseinander. Auch **Robert Venturi** weist in seinem Buch *Complexity and Contradiction in Architecture* (1966) darauf hin, dass die moderne Architektur an Bedeutung verloren habe, da sie Komplexität und Sinn für Ironie vermissen lasse, die historische Gebäude auszeichneten. 1972 veröffentlichte er gemeinsam mit Denise Scott Brown (geb. 1932) und Steven Izenour das bahnbrechende Buch *Learning from Las Vegas*, das die kulturelle Aufrichtigkeit der kommerziellen Bildsprache hervorhob, die in den Leuchtreklamen an den Gebäuden der Wüstenstadt Las Vegas zum Ausdruck kam. Im selben Jahr führte die englische Übersetzung von Roland Barthes' Buch *Mythen des Alltags* (1957) zu einer weiten Verbreitung seiner Theorien zur **Semiotik**, dem Studium von Zeichen und Symbolen als Mittel kultureller Kommunikation. Damals war man der Überzeugung, dass die Menschen auf psychologischer Ebene mit Gebäuden und Gegenständen eher eine Beziehung eingehen, wenn diese gewisse symbolische Bedeutungen und Inhalte besitzen. Die frühen Vertreter der Postmoderne vertraten die Ansicht, dass die geometrische Abstraktion der Moderne, die Verzierungen und damit Symbolik ablehnte, die Architektur und das Design entmenschliche und schließlich zur Entfremdung führe. Seit Mitte der 70er Jahre nahmen amerikanische Architekten wie **Michael Graves** wieder dekorative Motive in ihre Entwürfe auf, die sich

▾ **Norbert Berghof, Michael Landes & Wolfgang Rang,** Stuhl *Frankfurter FIII* für Draenert, 1985–1986

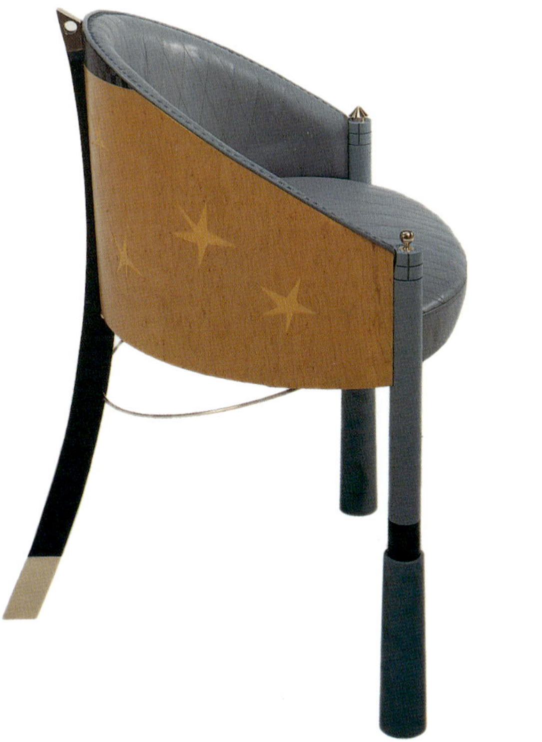

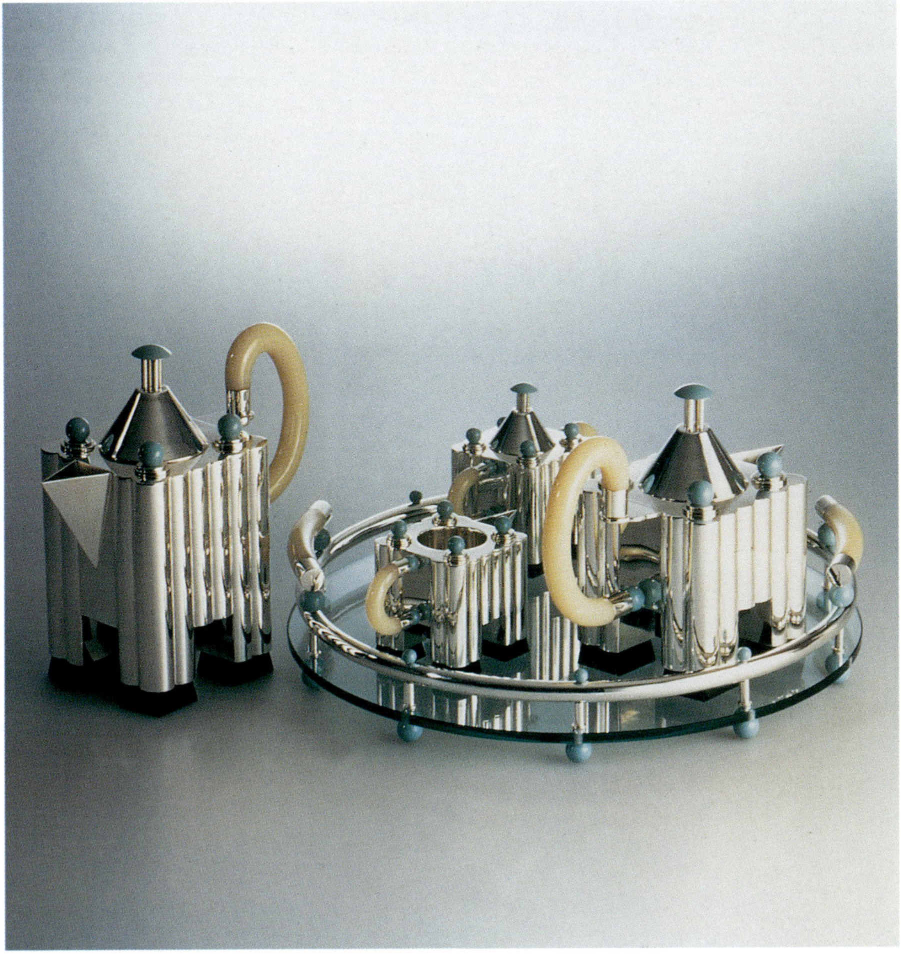

auf frühere Dekorationsstile bezogen und ironische Inhalte hatten. Gestalter des **Studio Alchimia**, darunter **Alessandro Mendini** und **Ettore Sottsass**, stellten Arbeiten im postmodernen Stil her, die die Moderne durch die Verwendung dekorativer Elemente ironisch hinterfragten. Später produzierte **Memphis** monumentale, bunte »Neo-Pop«-Designs, die bei ihrer ersten öffentlichen Präsentation im Jahr 1981 eine internationale Sensation auslösten. Die Produkte von Memphis waren von vielen verschiedenen Quellen beeinflusst und ironisierten mit der Verwendung krass gemusterter Plastiklaminate und verrückter Formen bewusst das Diktat des »guten Ge-

▲ **Michael Graves**,
Tea & Coffee Piazza
für Alessi, 1983

schmacks«. Die Bewegung popularisierte das Anti-Design und trug dadurch wesentlich zur Akzeptanz der Postmoderne als internationalem Stil der 80er Jahre bei. Postmoderne Designs spiegeln den kulturellen Pluralismus der zeitgenössischen globalen Gesellschaft und verwenden eine internationale Sprache. Die Formen und Motive solch »symbolischer Objekte« waren nicht nur früheren Stilrichtungen, wie Klassizismus, **Art déco**, **Konstruktivismus** und **De Stijl** entnommen, sondern von **Surrealismus**, **Kitsch** und Computerbildern beeinflusst. Außer den schon genannten postmodernen Designern sind auch **Mario Botta**, **Andrea Branzi**, **Michele De Lucchi**, **Nathalie du Pasquier**, **Hans Hollein**, **Arata Isozaki**, **Shiro Kuramata**, **Richard Meier**, **Aldo Rossi**, **Peter Shire**, **George Sowden**, **Mattheo Thun** und **Masanori Umeda** zu den wichtigen Gestaltern zu zählen. Die gewagten Designs für Keramik, Textilien, Schmuck, Armbanduhren, Silber, Möbel und Leuchten wurden in begrenztem Rahmen von Firmen wie **Alessi**, Artemide, Alias, Cassina, Formica, Cleto Munari, Poltronova, Sunar, Swid Powell und Draenert Studio hergestellt. Hans Hollein weist darauf hin, dass die Ablehnung des industriellen Prozesses durch die Postmoderne auch bedeutete, dass Produkte dieses Stils immer eine »Sache der Elite« waren und daher den Triumph des Kapitalismus über soziale Ideologien zum Ausdruck brachten, die der Moderne zugrunde lagen. Die eklektische Natur der Postmoderne reflektierte nicht nur das Aufkommen des Individualismus, sondern auch die immer

▲ **Charles Jencks**, Tisch und Stühle *Sun* aus der Serie *Symbolic Furniture*, 1984

◄ **Norbert Berghof, Michael Landes & Wolfgang Rang**, Schreibpult *Frankfurter FI* für Draenert, 1985–1986

▲ **Aldo Rossi**, Kessel *Il Conico* für Alessi, 1988

stärker fragmentierte Gesellschaftsstruktur der 80er Jahre. Der durch Kredite stimulierte Wirtschaftsboom dieses Jahrzehnts verhalf dem Antirationalismus der Postmoderne zu einer Blütezeit, und in den späten 80er Jahren hatte sich die Postmoderne stilistisch weiter differenziert und schloss nun den Matt-Black-Stil, den **Dekonstruktivismus** und den **Post-Industrialismus** mit ein. Die weltweite Wirtschaftskrise der frühen 90er Jahre bewog die Designer dazu, weniger ausdrucksvolle, rationalere Designs zu schaffen,

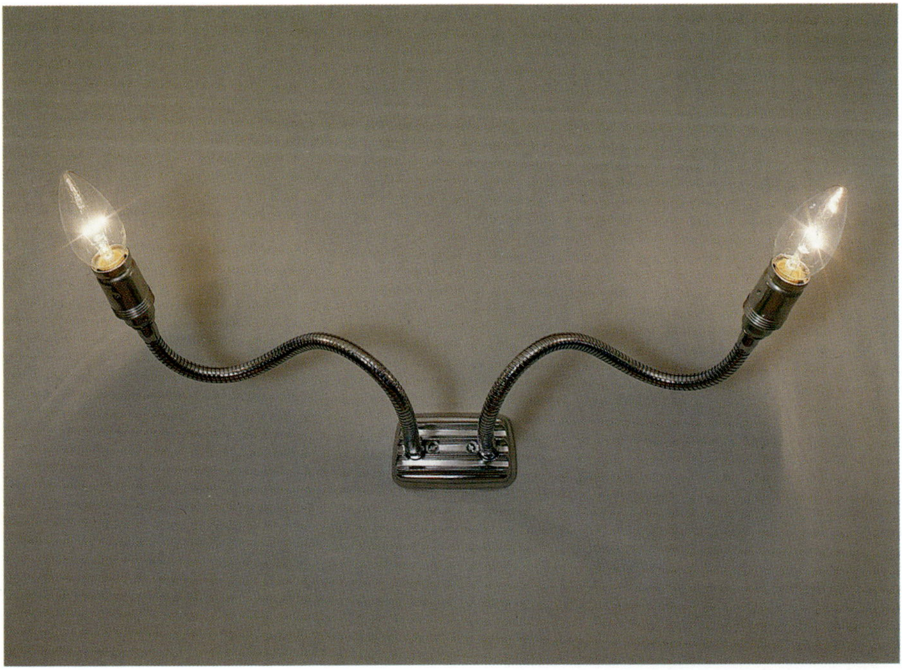

▲ **Stiletto (Frank Schreiner)**, Ready-Made-Lampe *Suzuki* für Stiletto Studios, 1988

► **Marco Ferreri & Carlo Bellini**, Lampe *Eddy* für Luxo Italiana, 1986

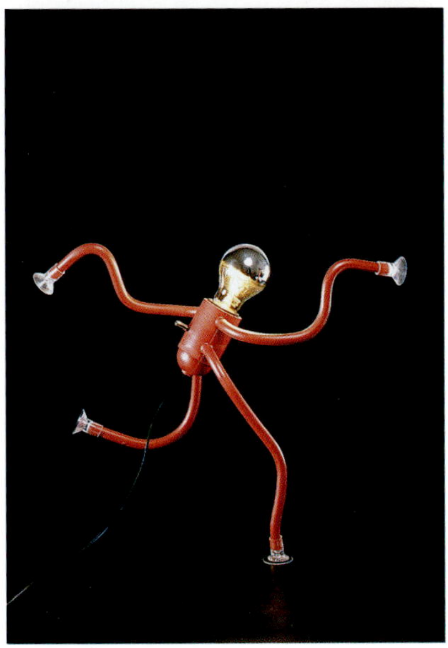

so dass die Popularität der Postmoderne langsam verblasste. Auch wenn die provokante und bunte Fülle des Anti-Designs der 80er in den 90er Jahren durch die zurückhaltende Klarheit des Minimalismus ersetzt wurde, ist der Einfluss der Postmoderne immer noch zu spüren. Ihre Infragestellung der Moderne hat zu einer wichtigen, andauernden Neueinschätzung dessen geführt, was im Design wichtig ist.

Robert Propst

geb. 1921 *Marino, Kalifornien, USA*

▲ *Action Office II* für Herman Miller, 1968

Bis 1943 besuchte Robert Propst die University of Colorado in Denver und leitete dann von 1946 bis 1948 den Fachbereich für bildende Kunst am Tarleton College in Dublin, Texas. Dann setzte er sein Studium in Denver fort und machte 1950 seinen Abschluss. Er gründete noch im selben Jahr seine eigene Firma, die Propst Company, und produzierte Entwürfe von Spielplatz- und Anstaltsausrüstungen über Innenraumgestaltungen von Kirchen, architektonische Skulpturen, Möbelsysteme für Krankenhäuser bis hin zu einer Rodungsmaschine. In den 50er Jahren befasste er sich mit Designforschung für den Möbelhersteller **Herman Miller.** Seine eigene Firma ging 1960 in Millers neu eröffneter Schwesterfirma für Forschungszwecke in Ann Arbor, Michigan, auf. Vier Jahre später entwickelte er gemeinsam mit **George Nelson** das System *Action Office I*, für das er den passenden Zeichenhocker *Perch* entwarf. 1968 wurde er Vorsitzender und Forschungsleiter von Herman Miller Research und gestaltete noch im selben Jahr das besser funktionierende, flexiblere *Action Office II*. Dieses revolutionäre, sehr flexible System aus Einzelteilen und Stellwänden ließ sich leicht zu Arbeitsplätzen für Einzelpersonen oder Gruppen kombinieren und führte zu einer Neudefinition der Bürolandschaft. Herman Miller wurde durch den enormen Verkaufserfolg zum zweitgrößten Möbelhersteller der Welt.

Jean Prouvé

1901 *Paris*
1984 *Nancy, Frankreich*

Jean Prouvé war der Sohn des Malers und Designers Victor Prouvé (1858–1943), der 1901 Mitbegründer der **École de Nancy** gewesen war. Er absolvierte bei dem Kunstschmied Émile Robert von 1916 bis 1919 eine Lehre und setzte anschließend seine Ausbildung in der Metallarbeit bei Szabo in Paris fort. Nach seinem Militärdienst ließ er sich als *ferronier d'art* (Kunstschmied) nieder. Er eröffnete 1923 in der Rue du Général Custine in Nancy seine eigene Werkstatt. Anfangs erhielt er Aufträge für Türen, Gitter und Geländer, doch ab 1924 entwarf er auch Möbel aus Profilstahlblech, die in einem neu entwickelten Elektroschweißverfahren hergestellt wurden. Die industrielle Ästhetik seiner Möbel weckte die Aufmerksamkeit von **Avantgarde**-Architekten wie **Pierre Jeanneret**, **Le Corbusier** und **Robert Mallet-Stevens**, die Bestellungen bei ihm aufgaben. 1924 entwickelte Prouvé auch die Technik *tube aplati* für die Struktur seiner Stuhlentwürfe, bei der Stahlrohr an den wichtigsten Druckstellen zusammengepresst wird, um für größere Stabilität zu sorgen. Bei der »Exposition Internationale des Arts Décoratifs« 1925 in Paris erhielt er für seine zweckmäßigen und oft verstellbaren Designs ein Diplôme d'Honneur. Vier Jahre später war Prouvé Mitbegründer der UAM (Union des Artistes Modernes) und zeigte 1930 bei der ersten Ausstellung der Union einige seiner Entwürfe, darunter drei verstellbare Stühle. 1931 gründete er mit dem Ingenieur A. Schotte die Société des Ateliers Jean Prouvé und eröffnete in der Rue des Jardiniers in Nancy eine größere Werkstatt, für die er modernste Stanz- und Faltmaschinen anschaffte. Die dort produzierten Möbel, wie die Metalltische für die Compagnie Parisienne d'Électricité von 1935 und die umfangreiche Kollektion von Schulmöbeln aus den 30er und 40er Jahren, waren überwiegend für große Institutionen bestimmt. Nach der Befreiung der Stadt Nancy wurde Prouvé 1944 zum Bürgermeister ernannt. Er gründete 1947 Les Ateliers Jean Prouvé, eine große Fabrik auf einem 20 000 Quadratmeter

▾ Aluminiumstellwand für Les Ateliers Jean Prouvé, 1948

▲ Stuhl *Antony* für
Les Ateliers Jean
Prouvé, 1950

großen Gelände in Maxéville. Dieses Unternehmen, mehr eine Maschinenbaufabrik als eine Werkstatt, zog viele junge Architekten an und hatte 1950 etwa 250 Angestellte. 1950 wurde Prouvé zum Ritter der Ehrenlegion ernannt und 1952 erhielt er für seine Entwürfe von Fassaden und Vorhangwänden für das Gebäude der Fédération du Bâtiment den Grand Prix des Cercle d'Études Architecturales (CEA). Die Aluminiumfirma Pechiney, die bis dahin Minderheitsanteile an Les Ateliers Jean Prouvé hatte, erwarb 1953 den Mehrheitsanteil des Unternehmens und begann ein Programm der Firmenumstrukturierung. Daraufhin legte Prouvé sein Amt als Fabrikleiter nieder und eröffnete 1954 ein Designbüro in Paris. Gemeinsam mit Michel Bataille gründete er um 1955/1956 die Firma Les Constructions Jean Prouvé. Obwohl sie 1957 von der Compagnie Industrielle de Matériel de Transport (CIMT) übernommen wurde, blieb er bis 1966 bei diesem Unternehmen. Prouvés Materialien und Produktionsmethoden hatten ihren Ursprung in der Flugzeugindustrie. Viele seiner Designs mit ihren grob geschweißten Konstruktionen standen der »Art Brut« näher als der verfeinerten Ästhetik des **International Style**.

▲ **Jean Prouvé & Charlotte Perriand**, Regal/Raumteiler, entworfen für die Maison du Mexique in Paris, 1953 (Farbschema gestaltet von Sonia Delaunay)

Otto Prutscher

1880 *Wien*
1949 *Wien*

Otto Prutscher wurde an der Fachschule für Holzindustrie in Wien ausgebildet, bevor er von 1897 bis 1901 bei **Josef Hoffmann** an der Kunstgewerbeschule studierte. Im Anschluss daran war er zwei Jahre lang als unabhängiger Architekt in Wien tätig. Er gestaltete Innenräume und zeigte seine Entwürfe auf der »Exposition Universelle et Internationale« 1900 in Paris sowie auf der »Esposizione Internazionale d'Arte Decorativa Moderna« 1902 in Turin. Von 1903 bis 1909 unterrichtete er an der Graphischen Lehr- und Versuchsanstalt in Wien und wurde dort zum Zeichenprofessor an die Kunstgewerbeschule berufen. Ab 1907 produzierte er zahlreiche Glas-, Textil-, Möbel-, Bucheinband-, Metall-, Silber- und Schmuck-Designs für die **Wiener Werkstätte**. Er lieferte Entwürfe für die Deutschen Werkstätten und viele andere Firmen, darunter E. Bakalowits, **Loetz**, Ludwig, J. J. Hermann, Chwala, Lobmeyr und **Thonet.** Nebenbei arbeitete er weiter als Architekt und als Gestalter von Ladenräumen. Er beteiligte sich am Wiener Gemeindebauprogramm und wurde 1919 einer der städtischen Inspektoren für berufliche Bildung. Die Nationalsozialisten entließen ihn 1939 aus seinem Lehramt an der Kunstgewerbeschule. Nach dem Krieg kehrte er als Leiter der Zeichenabteilung zurück. Prutschers Designs waren stilistisch von Josef Hoffmanns Werk beeinflusst und zeichneten sich durch einfache, geometrische Formen und quadratische Motive aus.

▼ Silberne Uhr für den Kaminsims für Nikolaus Stadler, ca. 1906

◂ Platte *Waste Not, Want Not* für Mintons, 1849

A. W. N. Pugin

1812 *London*
1852 *Ramsgate, Großbitannien*

Augustus Welby Northmore Pugin war der Sohn des neugotischen Architekten und Designers Augustus Charles Pugin (ca. 1769–1832). Er ging auf die Christ's Hospital School in London und begleitete die Schüler der Schule für Bauzeichnen seines Vaters auf verschiedenen Ausflügen. 1827 entwarf er Einrichtungsgegenstände im neugotischen Stil für Windsor Castle und war für die königliche Goldschmiede Rundell & Bridge tätig. Er lernte 1829 den schottischen Architekten James Gillespie Graham (1776–1855) kennen und beteiligte sich an einigen seiner Auftragsarbeiten. 1829 gründete er eine eigene Möbelfirma. Das Unternehmen scheiterte 1831. Von da an arbeitete er als autodidaktischer Neugotik-Architekt. 1835 konvertierte er zum Katholizismus, veröffentlichte sein erstes Buch *Gothic Furniture* und fertigte die Bauzeichnung für Charles Barrys (1795–1860) preisgekrönten Beitrag zum Wettbewerb für die neuen Houses of Parliament in London an. In seinem umstrittenen Buch *Contrasts* (1836) beurteilte er die Architektur des 19. Jahrhunderts im Vergleich zu der des Mittelalters negativ. Von den späten 1830er bis in die frühen 1840er Jahre entwarf er Innenraumgestaltungen für viele katholische Kirchen im neugotischen Stil. 1841 erschien sein Buch *The True Principles of Pointed or Christian Architecture*, in dem er behauptete, dass die Gotik der einzig wirklich christliche Stil und der Klassizismus heidnisch sei. Als einer der ersten Verfechter der sorgfältigen Materialwahl, der sichtbaren Konstruktion und der Angemessenheit in Architektur und Design war Pugin ein einflussreicher Designreformer.

Jean-Émile Puiforcat

1897 *Paris*
1945 *Paris*

▲ Versilberte Uhr aus Bronze und Marmor, hergestellt von Hour-Lavigne für Puiforcat Orfèvre, ca. 1930

Jean-Émile Puiforcat war zuerst in der Silberschmiede tätig, die sein Großvater 1820 gegründet hatte. Nach dem Ersten Weltkrieg ging er bei seinem Vater in die Lehre und gab sich seiner Leidenschaft für die Bildhauerei hin. Er besuchte Kurse des Bildhauers Louis-Aimé Lejeune, der ihn ermutigte, überflüssige Ornamente wegzulassen und einfache geometrische Formen wie Kugel, Kegel und Zylinder zu verwenden, um rationalere Formen zu erhalten. Dann wandte er sich besonders den funktionalen Aspekten des Silberbesteckdesigns zu. Puiforcats **Art-déco**-Designs bezeugen auch seinen Sinn für Luxus. Seine Arbeiten wurden 1921 auf dem »Salon des Artistes Décorateurs« sowie 1925 auf der »Exposition Internationale des Arts Décoratifs et Industriels Modernes« gezeigt. Um 1926 war er Gründungsmitglied der Groupe des Cinq und trat 1930 der UAM (Union des Artistes Modernes) bei. Ende der 20er Jahre entwarf sein Schwager Luis Estevez einen modernen Wohnsitz in der Nähe von Saint-Jean-de-Luz für ihn, wo er sich mit Silberdesign befasste, nunmehr von den Untersuchungen der Mathematikerin Matilda Ghyka zum »goldenen Schnitt« beeinflusst. Obwohl Puiforcat überwiegend im Art-déco-Stil arbeitete, gehörte er zu den ersten Silberschmieden, die sich zugunsten klarer Formen von der Oberflächendekoration abwandten.

► Tee- und Kaffeeservice aus Silber und Glas für Puiforcat Orfèvre, 1925

▼ Tee- und Kaffeeservice aus Silber, teils vergoldet, für Puiforcat Orfèvre, ca. 1933

Quasar (Nguyen Manhkhan'n)

geb. 1934 *Hanoi, Vietnam*

Der vietnamesische Designer Nguyen Manhkhan'n, der als Quasar bekannt ist, studierte von 1955 bis 1958 Maschinenbau an der École Nationale des Ponts et Chaussées in Paris. 1959 bis 1960 arbeitete er an dem Estrées Viadukt-Projekt und von 1960 bis 1963 an dem Dammprojekt Manicouagan in Québec. Ein Jahr später entwarf er den Prototyp eines kleinen Stadtautos, einen Würfel aus klarem Acryl auf Rädern. Drei Jahre später wurde der Wagen *Quasar Unipower* in kleiner Stückzahl hergestellt. Mit französischen Gestaltern, darunter Ronald-Cecil Sportes (geb. 1943) und Bernard Quentin (geb. 1923), untersuchte er das Potential aufblasbarer Strukturen, für die die Ausstellung »Les Structures Gonflables« 1967 bei ARC warb. 1966 entwarf er eine Serie aufblasbarer Möbel und 1968 einen kleinen, runden, aufblasbaren Wohnraum. Quasar unterstützte Ende der 60er Jahre **Philippe Starck** beim Entwurf aufblasbarer Strukturen. 1969 gründete er die Herstellerfirma Quasar-France, die Schaumgummi-Sitze und aufblasbare Designs produzierte, darunter die Stühle *Apollo*, *Satellite* und *Venus* sowie die Sofas *Relax* und *Chesterfield*. Stets flexibel, entwarf er 1970 eine Kollektion Herrenbekleidung für Bidermann und neuerdings ein Boot, das *Hydrair KX1*. Quasars aufblasbare Designs waren, so ein Kommentator, »weniger Möbelstücke als vielmehr Lebensstil«, und Ausdruck der aufkommenden Gegenkultur im Paris der späten 60er Jahre.

▾ Quasar, seine Frau Emanuelle und ihre Kinder, Othello und Atlantique, in aufblasbarer Umgebung, 1968

Jens H. Quistgaard war der Sohn des Bildhauers Harald Quistgaard, der an der Kongelige Danske Kunstakademi in Kopenhagen Professor war. Bevor er in der Silberschmiede von **Georg Jensen** eine Lehre absolvierte, wurde er zum Bildhauer, Tischler, Keramiker und Zeichner ausgebildet. Nach dem Zweiten Weltkrieg betätigte er sich als unabhängiger Formgeber. Er produzierte eine Reihe von Produktdesigns, zu denen eine Teekanne aus Steingut mit einem Griff aus Messing und Peddigrohr (1949) gehörte. 1954 erhielt er einen Lunning-Preis. Mit dem amerikanischen Unternehmer Ted Nierenberg gründete er die Herstellerfirma Dansk International Designs, die sie bis 1984 gemeinsam leiteten. In den 30 Jahren entwarf Quistgaard die Mehrzahl der von der Firma ausgeführten Designs. Sie zeichneten sich durch zarte, organische Linien und meisterhafte Handhabung des Materials aus, wie die Kochgeräte aus emailliertem Stahl *Kobenstyle* (1954) oder das Besteck *Fjord* (1954) aus Teakholz und Stahl beispielhaft veranschaulichen. Die skulpturale Form seines Eisbehälters aus Teakholz (1960) war von seinem Studium hölzerner Schiffsrümpfe der Wikinger inspiriert. Der brückenähnliche Griff erinnerte an traditionelle japanische Keramikgefäße. Seit 1984 unterhält Quistgaard ein Atelier in Kopenhagen und entwirft Gebäude, Möbel und Schmuck für europäische und amerikanische Firmen. Seine wohlgestalteten und perfekt ausgeführten Objekte sind für die dänische Moderne typisch.

Jens Quistgaard

geb. 1919 *Kopenhagen*

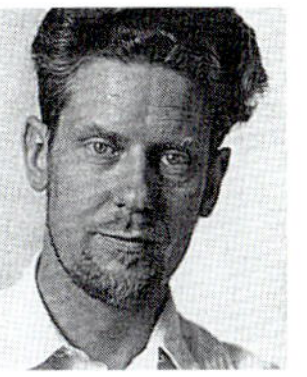

▼ Eisbehälter aus Teakholz für Dansk International Designs, 1960

Ernest Race

1913 Newcastle-upon-Tyne, Großbritannien
1964 London

Ernest Race studierte von 1932 bis 1935 an der Bartlett School of Architecture in London Innenarchitektur. Anschließend arbeitete er als Zeichner für die Beleuchtungsfirma Troughton & Young. 1937 reiste er nach Madras, Indien, um eine Tante zu besuchen, die dort als Missionarin eine Weberei führte. Nach seiner Rückkehr eröffnete er in London ein Geschäft zum Verkauf der Textilien seiner Tante, die nach seinen Entwürfen gewebt wurden. 1945 gründete er mit dem Ingenieur J. W. Noel Jordan die Firma Ernest Race Ltd. zur Serienherstellung preiswerter, zeitgenössischer Möbel aus Materialien, die nach dem **Utility**-Prinzip gestaltet wurden. Zwischen 1945 und 1964 stellten sie über 250 000 seiner Stühle *BA* (1945) aus 850 Tonnen eingeschmolzenem Aluminium aus Kriegsschrott her. Das sehr sachliche Design wurde 1946 in der Ausstellung »Britain Can Make It« gezeigt. 1951 gewann Race auf der IX. Mailänder Triennale eine Goldmedaille. Auch sein Stuhl, Bank und Tisch *Antelope* (1950) und der Stuhl *Springbok* (ca. 1951), zur Benutzung auf den Terrassen der Royal Festival Hall beim »Festival of Britain« 1951 entworfen, waren vom Utility-Prinzip bestimmt. Diese Entwürfe mit ihren Spinnenbeinen, die in Kugelfüßen enden, reflektierten das zeitgenössische Interesse an molekularer Chemie und Kernphysik.

▲ Stuhl und Tisch *Antelope* für Race Furniture, 1950

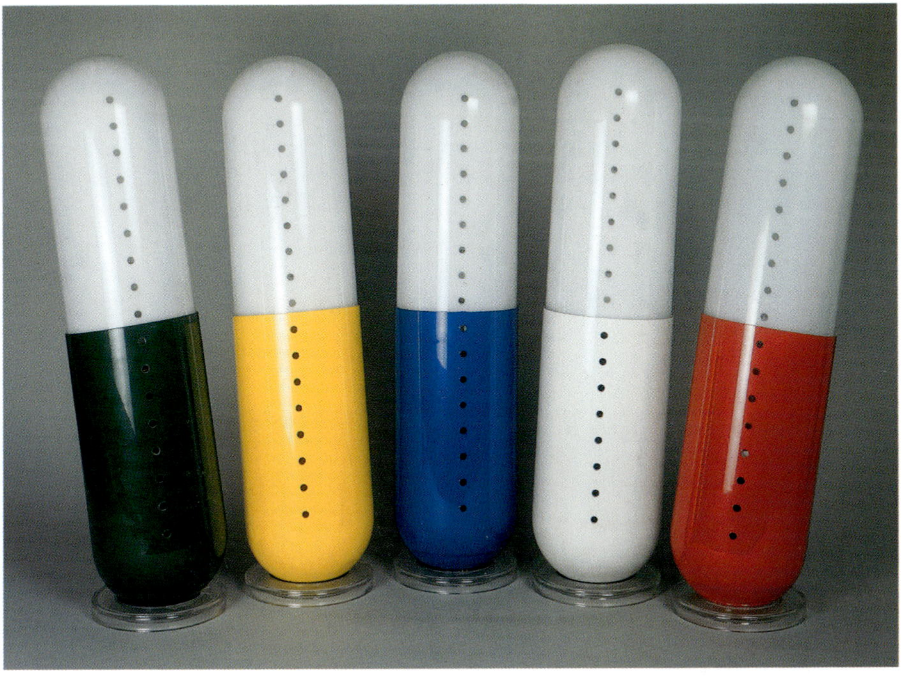

Radical Design

Das Radical Design kam in den späten 60er Jahren in Italien als Reaktion auf das **Gute Design** auf. Obwohl es dem **Anti-Design** ähnelte, war sein Ansatzpunkt theoretischer, politischer und experimenteller. Radical Design versuchte die allgemeine Wahrnehmung der Moderne durch utopische Ideen und Visionen zu verändern. Hauptvertreter des Radical Designs waren die Design- und Architekturgruppen **Superstudio**, **Archizoom**, UFO (gegründet 1967 in Florenz), **Gruppo Strum**, Gruppo 9999 (gegründet 1967 in Florenz), Cavart (gegründet 1973 in Padua) und Libidarch (gegründet 1971 in Turin). Diese Gruppen griffen die Dominanz des »guten Geschmacks« an und veranstalteten subversive Happenings und Installationen, die die Gültigkeit des Rationalismus, der fortschrittlichen Technologie und vor allem des Konsumdenkens in Frage stellten. Radikale Bauvisionen wie Superstudios *Il Monumento Continuo* (1969) und Archizooms *Wind City* (1969) entstanden aus einer Vorstellung von »Architektur als politischem Instrument«. Radikale Entwürfe wie UFOs *Doric Temple* (1972) und Archizooms *Superonda* (1966) waren auf Interaktion mit den Benutzern hin gestaltet. Derart poetische wie irrationale Designs waren der Inbegriff der Gegenkultur der späten 60er Jahre und ein Versuch, die Dominanz der visuellen Ausdrucksformen der

▲ **Cesare Casati & Emanuele Ponzio**, *Pillola*-Lampen für Ponteur, 1968

Moderne zu brechen. 1973 trafen sich die Mitglieder der verschiedenen Radical-Design-Gruppen in den Geschäftsräumen der Zeitschrift *Casabella*, deren Chefredakteur **Alessandro Mendini** war. Das Treffen führte zur Gründung von **Global Tools** im Jahr 1974. Doch wurde diese Schule der radikalen Architektur und Formgebung schon ein Jahr später aufgelöst, und auch die Diskussion über das Radical Design verlor ihren Reiz. Durch die Hinterfragung traditioneller Sichtweisen von Sinn und Zweck des Designs legten radikale Designer wie **Andrea Branzi**, **Riccardo Dalisi** und Lapo Binazzi (geb. 1943) die theoretischen Grundlagen, auf denen sich in den späten 70er und frühen 80er Jahren die **Postmoderne** entwickelte.

◂ **UFO Group (Lapo Binazzi)**, Prototyp *Doric Temple*, 1971

Dieter Rams

geb. 1932 *Wiesbaden*

Schon in jungen Jahren lernte Dieter Rams in der Werkstatt seines Großvaters die Konstruktionsmethoden des Tischlerhandwerks kennen. Er studierte an der Werkkunstschule in Wiesbaden von 1947 bis 1948 Architektur und Innenarchitektur. Während seiner dreijährigen Tischlerlehre in Kelkheim sammelte er praktische Erfahrungen. Dann setzte er sein Studium an der Werkkunstschule fort und machte 1953 seinen Abschluss. Anschließend arbeitete er zwei Jahre lang in Otto Apels Architekturbüro in Frankfurt, das mit der amerikanischen Firma Skidmore, Owings & Merrill in Verbindung stand. 1955 fing er bei **Braun** als Architekt und Innendekorateur an und wurde im darauf folgenden Jahr als Produktdesigner angestellt. Er entwarf mit **Hans Gugelot** die Stereoanlage *Phonosuper SK4* (1956). Andere Entwürfe für Braun-Audiogeräte waren das tragbare Radio *Transistor 1* (1956) und der Phonograph mit Taschenradio (1959), der das praktische und geordnete Gestaltungsprinzip des **Bauhauses** und der **Hochschule für Gestaltung, Ulm**, verkörperte. 1961 wurde Rams zum Leiter der Designabteilung der Firma Braun ernannt. In den 60er Jahren entwarf er die Küchengeräte *KM 2*, das Handrührgerät *M140*, den elektrischen Rasierapparat *Sixtant* und ein zylindrisches Tischfeuerzeug. Moderne Designs wie diese zeichneten sich durch

▲ Plattenspieler *Audio 1* für Braun, 1962

▸ **Dieter Rams & Dietrich Lubs**, Taschenrechner *Control ET22* für Braun, 1977

die konzentrierte Ästhetik des **Funktionalismus** aus und waren für die Eigenschaften des **Guten Designs** prägend. Ebenfalls in den 60er Jahren entwarf Rams für den Möbelhersteller Vitsoe das Regalsystem *606* und die Sitzelementkollektionen *620* und *601/601*, die die rationale Klarheit seiner Produktentwürfe für Braun teilten. 1968 wurde er Direktor für Design bei Braun und im selben Jahr von der Royal Society of Arts in London zum Honorary Designer for Industry ernannt. Die Idee der »Produktästhetik« wurde Ende der 60er Jahre zunehmend angegriffen, da viele sie für ein reines Verkaufsmittel hielten. Rams blieb solcher Kritik gegenüber standhaft, setzte sich weiter für eine moderne, industrielle, antimaterialistische Designästhetik ein und nutzte immer die modernsten Technologien. Er war der Überzeugung, dass die Hauptverantwortlichkeit des Designers in der Ordnung des zeitgenössischen Lebens liege. Dieter Rams zählt zu den einflussreichsten und herausragendsten Produktdesignern der zweiten Hälfte des 20. Jahrhunderts.

▲ Kombination Radio und Plattenspieler *TP2* für Braun, 1958–1960

Omar Ramsden

1873 Sheffield, Großbritannien
1939 London

▲ **Omar Ramsden & Alwyn Carr**, Dose aus Silber mit Emaille für den Ramsden-Carr Workshop, 1902

Omar Ramsden ging bei einem Silberschmied in Sheffield in die Lehre und nahm zugleich Abendkurse an der Sheffield School of Art. Dort lernte er Alwyn Charles Ellison Carr (1872–1940) kennen. Nach einer Studienreise durch Europa gründeten Ramsden und Carr 1898 ihre eigene Silberwerkstatt in London und vollendeten ein Jahr später ihre erste Auftragsarbeit, einen feierlichen Amtsstab für die Stadt Sheffield. Die Werkstatt hatte ein Team von Assistenten angestellt und produzierte Silbergerät im **Arts-&-Crafts**-Stil sowie Waren aus unedlen Metallen. Im Ersten Weltkrieg, als Carr in die Armee eingetreten war, leitete Ramsden die Firma und produzierte viele Kriegsauszeichnungen. Die Firma wurde 1919 aufgelöst, doch Ramsden stellte mit seinen vielen Assistenten weiterhin Silberarbeiten in verschiedenen traditionellen Stilen her, so im Tudor-, Queen-Anne- und Georgian-Stil, einige davon im Drehverfahren in sehr großen Mengen. Um den Eindruck von Handarbeit zu vermitteln, trugen einige Stücke die Inschrift »Omar Ramsden me fecit«. Seine Designs waren kommerzieller als die, die mit der Arts-&-Crafts-Bewegung assoziiert werden. Seine häufig verwendeten verschnörkelten, floralen Motive waren eher für den kontinentaleuropäischen **Art-nouveau**-Stil typisch.

Paul Rand

1914 *New York*
1996 *Norwalk, Connecticut, USA*

Paul Rand studierte in New York am Pratt Institute, der Parsons School of Design und der Art Students League, wo er bei dem Maler George Grosz (1893–1959) ausgebildet wurde und 1934 seinen Abschluss machte. Seine Grafiken, die stark von **László Moholy-Nagys** Buch *The New Vision* (1932) beeinflusst sind, gehörten zu denen, die die Gestaltungsprinzipien der europäischen **Avantgarde** im Grafikdesign anwandten. Er lehnte traditionelle narrative Illustrationen und symmetrische Layouts ab, stattdessen kombinierte er Schrift und Bilder auf dynamische Weise und schuf Arbeiten, die überzeugend, ausdrucksstark und oft humorvoll waren. Zwischen 1936 und 1941 war er Artdirector der Zeitschriften *Esquire* und *Apparel Arts* und gestaltete von 1938 bis 1945 Titelseiten für die zweimonatlich erscheinenden Hefte *Direction*, die wegen ihrer Einbindung von Fotomontagen und historischen Zitaten erwähnenswert sind. Bei der New Yorker Werbefirma William H. Weintraub war Rand von 1941 bis 1954 künstlerischer Leiter und arbeitete dort mit dem Werbetexter Bill Bernbach zusammen. Durch die harmonische Verbindung von Text und Design setzten sie einen neuen Standard in der Werbung. In *Thoughts on Design* (1946) erläuterte Rand seine Ideen über die kommunikative Kraft von Symbolen. Ab 1956 konzentrierte er sich im Wesentlichen auf die Gestaltung von Warenzeichen und **Corporate Identity.** Er war Berater für viele große Unternehmen, so für United Parcel Services, American Broadcasting Company, Cummings Engine Company und IBM. Besonders einflussreich war sein Programm für die Betriebskommunikation von IBM mit kodierten Symbolen und einer zurückhaltenden Typographie. Zu der Zeit war er auch Professor für Grafikdesign an der Yale University in New Haven, Connecticut, und wurde 1972 in die Hall of Fame des Art Directors Club in New York aufgenommen.

▼ Plakat für IBM, 1981

► *Sitzgeiststuhl*, 1927

Heinz & Bodo Rasch

Heinz Rasch
geb. 1902 *Berlin*

Bodo Rasch
geb. 1903 *Berlin*

Heinz Rasch wurde 1916 an der Kunstgewerbeschule in Bromberg ausgebildet und studierte von 1920 bis 1923 an den Technischen Hochschulen in Hannover und Stuttgart. Ein Jahr vor seinem Studienabschluss gründete er mit seinem jüngeren Bruder Bodo Rasch in Stuttgart eine Fabrik zur Produktion von Einrichtungsgegenständen. Der Architekt Heinz Rasch und der Möbeltischler Bodo Rasch stellten gemeinsam technisch fortschrittliche Möbelstücke aus geformtem Sperrholz her, so 1924 ihren ersten Freischwinger, der nur knapp über zwei Kilo wog, und einen Klappstuhl für L. C. Arnold. 1925 wurde Heinz Redaktionsmitglied der Zeitschrift *Baugilde* und lernte **Ludwig Mies van der Rohe** und **Mart Stam** kennen. Die Gebrüder Rasch zeigten später Tische, Kastenmöbel und Stühle in den Modellhäusern von **Peter Behrens** und Mies van der Rohe auf der Ausstellung »Die Wohnung«, die 1927 vom **Deutschen Werkbund** in Stuttgart abgehalten wurde. Zu diesen Designs gehört der Freischwinger *Sitzgeiststuhl*, dessen Name auf ein Gedicht von Christian Morgenstern zurückgeht. 1928 veröffentlichte Heinz Rasch das Buch *Der Stuhl*. In den 80er Jahren war er bei der Einrichtung des Stuhlmuseums Burg Beverungen beteiligt.

Rationalismus bezeichnet im Allgemeinen ein logisches Verständnis von Architektur und Design, bezieht sich aber auch auf eine Form der **Moderne**, die von Baumeistern und Gestaltern in Italien in den späten 20er und 30er Jahren hervorgebracht wurde. Inspiriert von den sozialen und ästhetischen Aspekten der frühen Moderne veröffentlichte die Gruppo Sette (Gruppe Sieben) 1926 in der Zeitschrift *Rassegna* ein vierteiliges Manifest, das die Bewegung des italienischen Rationalismus ins Leben rief. Die Mitglieder der Gruppe, zu denen **Giuseppe Terragni**, Gino Pollini (geb. 1903), Luigi Figini (1903–1984), Adalberto Libera (1903–1963), Carlo Enrico Rava, Sebastiano Larco und Guido Frette gehörten, wandten sich gegen den **Futurismus** und versuchten statt dessen, den **Funktionalismus** der frühen europäischen **Avantgarde** mit den klassischen Traditionen Italiens in Einklang zu bringen. Zu den ersten bemerkenswerten Manifestationen des italienischen Rationalismus in der Architektur gehören die Bar Craja von Luciano Baldessari (1896–1982), Luigi Figini und Gino Pollini in Mailand (1930) sowie Giuseppe Terragnis Casa del Fascio in Como (1933). Die Faschisten, die sich als Vorkämpfer einer neuen Weltordnung sahen, beanspruchten den Rationalismus zuerst für sich, zogen jedoch später den konservativen **Novecento**-Stil vor. Nach dem Zweiten Weltkrieg setzten Designer wie **Franco Albini** die Stiltradition des Rationalismus fort.

Rationalism

Rationalismus

Italien

▲ Konferenzzimmer des Casa del Fascio (später in Casa del Popolo umbenannt) in Como, 1933

Eric Ravilious

1903 *Acton/London*
1942 *Island*

Eric W. Ravilious studierte von 1919 bis 1922 an der Eastbourne School of Art und anschließend drei Jahre am **Royal College of Art, London**. Er war für seine Holzschnitte für die Illustration von Büchern bekannt. Er illustrierte Walter de la Mares *The Elm Angel* (1930), William Shakespeares *Twelfth Night* (1932) und Gilbert Whites *The Natural History of Selborne* (1937), entwarf aber auch gedruckte Dekorzeichnungen für Curwen und London Transport, Werbung für Austin Reed und Dekorationen für die BBC. Von 1928 bis 1929 arbeitete er mit Edward Bawden (geb. 1903) an der Gestaltung von Wandgemälden für das Morley College. In den folgenden neun Jahren unterrichtete er am Royal College of Art. Um 1935 stellte Lady Sempill von Dunbar Hay Ravilious dem Keramikhersteller Thomas Wedgwood vor, für den er Entwürfe geliefert hatte. Seitdem gestaltete er für Wedgwood Dekor für den Umdruck, das auf einfache Tongefäße aufgebracht und mit Emaillefarben ausgemalt wurde. Für Stuart Crystal entwarf er 1935 Glas und zwei Jahre später Wandschmuck für den britischen Pavillon auf der »Exposition Universelle et Internationale« 1937 in Paris. 1940 wurde Ravilious offizieller Kriegskünstler und ist seit 1942 vor der Küste von Island vermisst.

▲ Teeservice *Travel* für Josiah Wedgwood & Sons, 1937

Ab 1908 arbeitete Lilly Reich unter Leitung von **Josef Hoffmann** an der **Wiener Werkstätte**. 1911 kehrte sie nach Berlin zurück, stand mit dem Designtheoretiker Hermann Muthesius (1861–1927) in Verbindung und arbeitete mit Else Oppler-Legband zusammen. 1912 wurde sie Mitglied des **Deutschen Werkbunds** und war die erste Frau, die in den Vorstand der Vereinigung gewählt wurde. Von 1924 bis 1926 produzierte sie Entwürfe für das Atelier für Ausstellungsgestaltung und Mode in Frankfurt. Im Anschluss daran nahm sie ihre langjährige professionelle Zusammenarbeit mit **Ludwig Mies van der Rohe** wieder auf und arbeitete an der Organisation der Ausstellung »Die Wohnung« 1927 in Stuttgart mit. Gemeinsam entwarfen sie viele Möbelstücke, hauptsächlich aus Stahlrohr, die leider häufig Mies allein zugeschrieben wurden. Ebenfalls gemeinsam leiteten sie die »Deutsche Bauausstellung« 1931 und entwickelten Stände für Präsentationen in Berlin in den Jahren 1927, 1931 und 1943. Von 1932 bis 1933 leitete Reich die Werkstatt für Innenarchitektur am **Bauhaus** in Berlin und emigrierte von 1939 bis zum Ende des Zweiten Weltkriegs mit Mies van der Rohe nach Chicago. Nach dem Krieg lehrte sie ein Jahr lang an der Hochschule für Bildende Künste in Berlin.

Lilly Reich

1885 *Berlin*
1947 *Berlin*

▲ **Lilly Reich & Ludwig Mies van der Rohe**, Kleiderschrank und Wandschrank, ca. 1930

▸ Schale aus Steingut mit Sgraffito-Verzierung, ca. 1965

Lucie Rie

1902 *Wien*
1995 *London*

Lucie Rie studierte von 1922 bis 1926 bei Michael Powolny (1871–1954) an der Kunstgewerbeschule in Wien. Nach ihrem Abschluss gründete sie ein eigenes Keramikatelier in Wien. 1938 emigrierte sie nach Großbritannien und richtete ein Jahr später ein neues Keramikatelier mit Werkstatt in den Albion Mews in London ein, wo sie handgeformte Keramikknöpfe herstellte. Der deutsche Auswanderer **Hans Coper** besuchte 1946 die Albion Mews Pottery und arbeitete bald mit Rie zusammen. Beide Atelierkeramiker bevorzugten Steingut. Copers Gefäße hatten skulpturale Formen, während die von Rie vielleicht weniger expressiv, aber von vollendeter Präzision und makelloser Zartheit waren. Gegen Mitte und Ende der 50er Jahre war sie für ihre Tee- und Kaffeeservice bekannt, deren Produktion für viele Atelierkeramiker der Zeit wirtschaftlich eine wichtige Stütze wurden. Form und Glasur von Ries Arbeiten waren von traditionellen chinesischen und japanischen Arbeiten inspiriert. Sie verwendete häufig Rohglasuren, bei denen der Tonkörper in einer einzigen Brennung mit Oxyden reagiert. Dadurch entstehen Keramiken mit interessanten, ungewöhnlichen Oberflächen. In den späten 40er Jahren nahm sie Sgraffito-Dekorationen in ihre Steingutdesigns auf. Gemeinsam mit Coper unterrichtete sie von den 60er Jahren bis 1971 an der Camberwell School of Arts & Crafts in London.

Richard Riemerschmid

1868 *München*
1957 *München*

Richard Riemerschmid studierte von 1888 bis 1890 an der Münchener Akademie der Bildenden Künste Kunst. Anschließend arbeitete er als Maler in München und entwarf 1895 sein eigenes Haus samt Einrichtung. Ein Jahr später gestaltete er ein Plakat für die »Bayerische Ausstellung« in Nürnberg. 1897 zeigte er auf der Ausstellung im Münchener Glaspalast einen Wandbehang, eine Anrichte und Buntglas. Noch im selben Jahr gründete er mit **Hermann Obrist**, **Bernhard Pankok** und **Bruno Paul** in München die **Vereinigten Werkstätten für Kunst im Handwerk** zur Produktion innovativer und sorgfältig ausgeführter Designs.

Ab 1898 entwarf er Möbel für die Werkstätten, beispielsweise einen Eichenstuhl für ein Musikzimmer, der ein Jahr später auf einer Ausstellung in Dresden präsentiert wurde. Im Anschluss daran gestaltete Riemerschmid Möbel für Hermann Obrist und arbeitete mit ihm an einem Zimmer für einen Kunstsammler, das 1900 auf der »Exposition Universelle et Internationale« in Paris ausgestellt wurde. Im folgenden Jahr befasste er sich mit der Innenarchitektur für das Neue Theater in München und leitete von 1903 bis 1905 den Kunstgewerblichen Meisterkurs am Bayerischen Gewerbemuseum in Nürnberg.

Darüber hinaus produzierte er ab 1902 Entwürfe für die **Dresdener Werkstätten für Handwerkskunst**, wobei er sich 1905 die Verfahren der **Standardisie-**

◂▾ Trinkkrug aus Steingut und Zinn für Villeroy & Boch Mettlach, ca. 1901

▾ Krug aus Steingut für Reinhold Merkelbach, ca. 1909

► Standuhr aus Eichenholz und Messing für die Dresdener Werkstätten für Handwerkskunst, 1903

►► Stuhl, entworfen für ein Musikzimmer, für die Vereinigten Werkstätten für Kunst im Handwerk, München, 1898–1899

rung aneignete und eine Möbelkollektion für die Werkstätten gestaltete, die zur Serienherstellung geeignet war. Die revolutionären, als *Maschinenmöbel* bekannten Einrichtungsgegenstände gingen aus der Untersuchung von Herstellungsmethoden für preiswerte Möbel hervor, die Riemerschmid mit seinem Schwager, dem Kunsttischler Karl Schmidt (1873–1948), durchgeführt hatte. Er war 1907 Mitbegründer und anschließend eines der aktivsten Mitglieder des **Deutschen Werkbunds** und beteiligte sich 1914 an der »Werkbund-Ausstellung« in Köln. Von 1907 bis 1913 übernahm er die Planung für die erste deutsche Gartenstadt, Dresden-Hellerau, wo er eine Reihe von Künstlerateliers baute. Er war elf Jahre lang Direktor der Münchener Kunstgewerbeschule, die zu Beginn seiner Amtszeit eine große Ausstellung seiner Bauprojekte abhielt. Von 1918 bis 1919 war er Mitglied des Künstlerrats der Stadt München, von 1921 bis 1926 Vorsitzender des Deutschen Werkbunds und anschließend fünf Jahre lang Leiter der Kölner Werkschulen.

Nach seiner Rückkehr nach München im Jahr 1931 machte Riemerschmid sich als Maler und Architekt selbständig und arbeitete im neoklassizistischen Stil. Seine Designs für die industrielle Produktion, die durch rationale und zugleich elegante Formen auffielen,

hatten großen Einfluss. Sein Gestaltungsprinzip brachte die künstlerischen Ambitionen der **Arts-&-Crafts-Bewegung** mit der industriellen Standardisierung der **Moderne** in Einklang und führte zu qualitativ hochwertigen, jedoch erschwinglichen Produkten.

▼ Schrank für die Dresdener Werkstätten für Handwerkskunst, 1905

▸ Stuhl, *Rot-Blau*
1918–1923

Von seinem zwölften bis zu seinem fünfzehnten Lebensjahr arbeitete Gerrit Rietveld, Sohn eines Tischlers, in der Werkstatt seines Vaters. Von 1904 bis 1913 wurde er in den Goldschmiedewerkstätten C. J. A. Begeer zum Zeichner ausgebildet und nahm ab 1906 an Abendkursen im Fach Bauzeichnen bei P. J. C. Klaarhamer teil. Dort lernte er auch Bart van der Leck (1876–1958) kennen. Von 1911 bis 1912 war er aktives Mitglied der Gruppe Kunstliefde und gründete 1917 seine eigene Möbelwerkstatt in Utrecht. Kurz nachdem er den unbemalten Prototypen des berühmten Stuhls *Rot-Blau* (1918) entworfen hatte, lernte er **Theo van Doesburg** und **Jacobus Johannes Pieter Oud** kennen, die sich mit ähnlich geometrischen Formen befassten. Im Jahr 1919 wurde Rietveld eines der ersten Mitglieder von **De Stijl** und entwarf ein

Gerrit Thomas Rietveld

1888 *Utrecht, Niederlande*
1964 *Utrecht*

► *Beugelstoel* (Bügelstuhl) für Metz & Co., 1927

► Stuhl, *Zig-Zag* für Metz & Co., 1932–1934

Büfett in der Art des von der Bewegung geförderten Neoplastizismus. Die erste bemalte Fassung des Stuhls *Rot/Blau* stellte er 1923 her. Sie wurde in der Zeitschrift *De Stijl* erstmals veröffentlicht und in eine Ausstellung des selben Jahres am Weimarer **Bauhaus** aufgenommen. Zwei Jahre nachdem er sich als unabhängiger Architekt in Utrecht niedergelassen hatte, begann Rietveld 1921 eine Partnerschaft mit Truus Schröder-Schräder, für die er das Haus Schröder (1924–1925) entwarf. Bis 1932 unterhielt er in dem Haus ein Atelier und wohnte dort ab 1958. Zu ihren gemeinsamen Bauprojekten zählen Reihenhäuser in der Erasmuslaan (1934) und das Kino Vreeburg in Utrecht (1936). Darüber hinaus arbeitete er mit seinem De-Stijl-Kollegen **Vilmos Huszár** an einem Entwurf für die »Juryfreie Kunstschau Berlin« von 1923. Seine Werke wurden mit denen anderer De-Stijl-Designer 1923 in Léonce Rosenbergs Galerie L'Effort Moderne in Paris ausgestellt. Rietveld wurde 1928 Mitglied der Congrès Internationaux d'Architecture Moderne (CIAM). Dadurch wurden seine Arbeiten internationaler und er übernahm viele Bauprojekte in den Niederlanden und im Ausland. Ab etwa 1944 unterrichtete er an verschiedenen Universitäten. Er entwarf den niederländischen Pavillon für die Biennale 1954 in Venedig. Seine Möbel waren einflussreicher

► Armlehnstuhl *Crate* für Metz & Co., 1934

als seine Architektur. Die geometrische Formensprache des Stuhls *Rot/Blau* inspirierte **Marcel Breuers** bahnbrechende Möbel aus Stahlrohr, die er in den späten 20er Jahren am Bauhaus entwarf und die wiederum für kurze Zeit Rietvelds Materialwahl beeinflussten, wie an seinem *Beugelstoel* (1927) zu erkennen ist. Die Stühle *Zig-Zag* (1932–1934) und *Crate* (1934) zeigen seine Rückkehr zur elementaren Holzkonstruktion und können als Reaktion auf die Wirtschaftskrise der 30er Jahre gesehen werden. In den 40er und 50er Jahren wurde seinem Werk internationale Anerkennung zuteil. Er entwarf 1958 einen Polstersessel für das UNESCO-Gebäude in Paris. Rietveld war einer der innovativsten Gestalter von Möbeln und Innenausstattungen des 20. Jahrhunderts.

Jens Risom
geb. 1916 *Kopenhagen*

Jens Risom besuchte die Universität Kopenhagen und studierte von 1935 bis 1938 bei **Kaare Klint** Möbeldesign und Innenarchitektur an der Kunsthandwerkschule in Kopenhagen. Von 1937 bis 1939 arbeitete er in Ernst Kuhns Architekturbüro und entwarf Möbel und Innenausstattungen. Risom emigrierte dann in die Vereinigten Staaten, wo er bis 1941 Designdirektor der Firma Dan Cooper in New York war, für die er eine Stoffkollektion entwarf. Im Anschluss daran gestaltete er seinen ersten Stuhl, der von **Knoll** hergestellt wurde und dem mehrere Variationen folgten, die alle aus Überresten an Gurtstoffen der Armee bestanden und die Risom als »sehr schlicht, sehr einfach, preiswert und leicht herzustellen« beschrieb. Außer Sitzmöbeln entwarf er auch Tische, Schränke, Kommoden und Regale für Hans Knoll (1914–1955), mit dem er am Entwurf mehrerer Inneneinrichtungen zusammenarbeitete, darunter zwei, die 1939 auf der Weltausstellung in New York gezeigt wurden. Von 1941 bis 1943 arbeitete Risom als selbständiger Gestalter, vornehmlich für **Georg Jensen**. Von 1946 bis 1973 leitete er die Firma Jens Risom Design in New York, die 1970 von Dictaphone erworben wurde. In den folgenden sechs Jahren war er Vorstandsmitglied der Rhode Island School of Design und wurde 1973 Direktor der neuen Designagentur Design Control in New Canaan, Connecticut. Risoms einfache und doch solide gebaute Möbel sind charakteristisch für die skandinavische Variante der **Moderne**.

► Stuhl *Modell Nr. 666 WSP* für die Hans G. Knoll Furniture Company (später Knoll Associates), 1942 (umgestaltet 1946)

Alexander Rodchenko

Alexander Rodtschenko

1891 *St. Petersburg*
1965 *Moskau*

Alexander Rodtschenko studierte von 1911–1914 an der Kunstschule in Kasan und dann am Stroganow-Institut in Moskau Grafikdesign. Er war vom **Futurismus** inspiriert und schuf abstrakte und kubistische Gemälde. 1915 lernte er **Kasimir Malewitsch** und 1916 **Wladimir Tatlin** kennen und begann sich zu einem der führenden Vertreter des **Konstruktivismus** zu entwickeln. Von Malewitschs Konzept des Suprematismus überzeugt, entwarf Rodtschenko 1917 Arbeiten und Beleuchtungskörper für das Café Pittoresk in Moskau, bei denen sich dynamische Elemente gegenseitig überschnitten. Ab 1918 leitete er gemeinsam mit Olga Rozanowa die Abteilung für angewandte Kunst am Narkompros (Volkskommissariat für Aufklärung) und unterrichtete bis 1926 an der Proletkult-Schule in Moskau. Gemeinsam mit seiner Frau **Warwara Stepanowa** und Alexej Gan veröffentlichte Rodtschenko 1920 *Das Programm der Gruppe der Konstruktivisten* und wurde Mitglied von Inchuk und Professor der vom Obersten Sowjet unterstützten **Wchutemas** (Höhere Staatliche Künstlerisch-Technische Werkstätten). In den 20er Jahren war er überwiegend als Grafikdesigner für die Zeitschriften *LEF* und *Nowyi LEF* tätig und entwarf zahlreiche Plakate, von denen viele aus Fotomontagen bestanden und die expressiven Möglichkeiten der Typographie nutzten.

▾ Plakat für Inga (Theater der Revolution), 1929

Gilbert Rohde

1894 New York
1944 New York

Gilbert Rohde arbeitete ursprünglich als Reporter und politischer Karikaturist für die *Bronx News*. 1927 fand er zum Möbeldesign, reiste nach Paris und ließ sich von der französischen **Avantgarde** inspirieren. Zwei Jahre später eröffnete er ein Büro in New York, das Möbel für Heywood-Wakefield, Thonet und andere entwarf. 1930 schlug er D. J. De Pree vor, seine Firma, **Herman Miller**, solle eine moderne Möbelserie herstellen. Seitdem entwarf Rohde für Herman Miller Möbel in einfachen und soliden Formen, die dem modernen Lebensstil angemessen waren. Zu ihnen gehörten Schränke, ein Sofa aus Einzelelementen und die *Living-Dining Group*. Außerdem entwarf er für Herman Miller die *Executive Office Group* aus 15 Komponenten, die auf 400 unterschiedliche Arten zusammengestellt werden konnte. Auf der Ausstellung »A Century of Progress« 1933 in Chicago zeigte er sein »Design for Living House« und er entwarf Innenausstattungen für die Ausstellung »Machine Art« 1934 im **Museum of Modern Art, New York**. Von 1939 bis 1943 leitete er den Fachbereich für Industriedesign an der School of Architecture der New York University. Rohdes Handhabung des modernen Designs prägte die Firmenphilosophie von Herman Miller und revolutionierte die amerikanische Möbelindustrie.

▲ Kastenmöbel für Herman Miller, 1933, zuerst ausgestellt in Gilbert Rohdes »Design for Living House« bei der »International Exposition – A Century of Progress«, Chicago, 1933

▸ Pflanzenständer aus Kupfer und Eichenholz, 1903

Charles Rohlfs

1853 *New York*
1936 *Buffalo, New York*

Um 1890 gründete Charles Rohlfs in Buffalo eine kleine Werkstatt zur Herstellung von Möbeln im **Arts-&-Crafts**-Stil. Bald schon erhielt er Aufträge aus New York, Philadelphia, London, Paris und Bremen, und das Kaufhaus Marshall Field in Chicago verkaufte seine Designs. Seine Möbelentwürfe unterschieden sich von den populären Möbeln im amerikanischen Arts-&-Crafts-Stil. Sie waren von norwegischen, maurischen, mittelalterlichen und **Art-nouveau**-Stilen inspiriert und wiesen ungewöhnliche Proportionen und prunkvolle Schnitzereien auf. Um 1898 zog Rohlfs mit seiner Werkstatt in größere Räumlichkeiten in Buffalo um und stellte 1902 auf der »Esposizione Internazionale d'Arte Decorativa Moderna« in Turin aus. Danach wurde er Mitglied der Royal Society of Arts in London und erhielt den Auftrag, einige Stühle für den Buckingham Palace zu entwerfen. Außerdem hielt er bei der Kunsthandwerkergemeinschaft **Roycrofters** in East Aurora, New York, Vorträge und wurde einer der führenden Vertreter der amerikanischen Arts-&-Crafts-Bewegung.

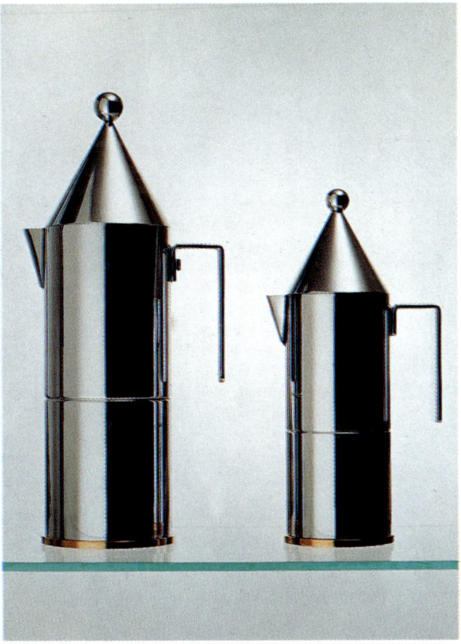

◄▲ Espresso-Kanne *La Conica* für Alessi, 1984

▲ Entwurf für die Espresso-Kanne *La Cupola* für Alessi, 1989

Aldo Rossi

1931 *Mailand*
1997 *Mailand*

Aldo Rossi studierte am Politecnico di Milano Architektur und machte 1959 seinen Abschluss. Während seiner Studienzeit half er in den Büros von Ignazio Gardella und **Marco Zanuso** aus und arbeitete zusätzlich für die Zeitschriften *Il Contemporaneo* und *Casabella-Continuità*, deren Redakteur er von 1961 bis 1964 war. In den 60er Jahren gehörten zu seinen Bauprojekten Entwürfe für die Sanierung des Via-Sarini-Bezirks in Mailand und ein Einkaufszentrum in Turin, die beide das reduktivistische Gestaltungsprinzip seiner Architektur erkennen lassen. 1963 assistierte er Lodovico Quaroni an der Scuola Urbanista in Arezzo und Carlo Aymonino an der Universität Venedig. Mit Luca Meda plante er 1964 die XIII. Mailänder Triennale und veröffentlichte zwei Jahre später sein Buch *L'Architettura della Città*. Fünf Jahre später wurde er Professor am Politecnico di Milano und arbeitete später mit Gianni Braghieri an dem preisgekrönten Entwurf für den Friedhof San Cataldo in Modena (1971). Danach unterrichtete er drei Jahre lang an der Eidgenössischen Technischen Hochschule (ETH) in Zürich. Als führender Architekt der Postmoderne nahm Rossi in den 80er Jahren an **Alessis** Projekt *Tea & Coffee Piazza* teil und entwarf danach weitere Produkte für die Firma, darunter die berühmten Espresso-Kannen *La Conica* (1984) und *La Cupola* (1989), aber auch Teppiche für ARP Studio und Möbel für Molteni, Up & Up und Unifor.

François-Eugène Rousseau

1827 *Paris*
1891 *Paris*

François-Eugène Rousseau erbte eine Werkstatt in der Rue Coquillère in Paris, die Porzellan und Fayencen herstellte. 1866 entwarf er ein Speiseservice nach Zeichnungen von Félix Bracquemond (1833–1914), der von japanischen Holzschnitten, insbesondere denen Hokusais, inspiriert war. Rousseau arbeitete anfangs mit Louis Salon zusammen und gründete 1869 mit Ernest-Baptiste Léveillé eine Partnerschaft und das Geschäft Rousseau-Léveillé, das eigene Glasentwürfe verkaufte, die von den Formen und Dekors der Kunst aus dem Fernen und Mittleren Osten sowie ähnlichen Arbeiten des Glasgestalters Philippe-Joseph Brocard (aktiv 1867–1890) beeinflusst waren. Rousseau wurde für seine Wiedereinführung des Überfangglases und des Craquelés bekannt. Die Technik des Überfangglases stammt aus dem China des 18. Jahrhunderts; dabei wird undurchsichtiges Glas geschliffen, um eine darunter liegende Schicht durchsichtigen Glases freizulegen. Die Technik des Craquelés stammt aus dem Venedig des 16. Jahrhunderts; dabei wird das Glas zwischen den einzelnen Brennvorgängen in kaltes Wasser gegeben. Rousseau war einer der wichtigsten Vertreter der **Ästhetischen Bewegung** in Kontinentaleuropa und seine Entwürfe, die von Eugène Michel und Alphonse-Georges Reyen verziert wurden, ließen nicht nur das Interesse an Schmuckglas wieder aufleben, sondern hatten auch auf den späteren **Art-nouveau**-Stil großen Einfluss.

▲ Fayence-Teller, 1866, Bemalung nach Zeichnungen von Félix Bracquemond

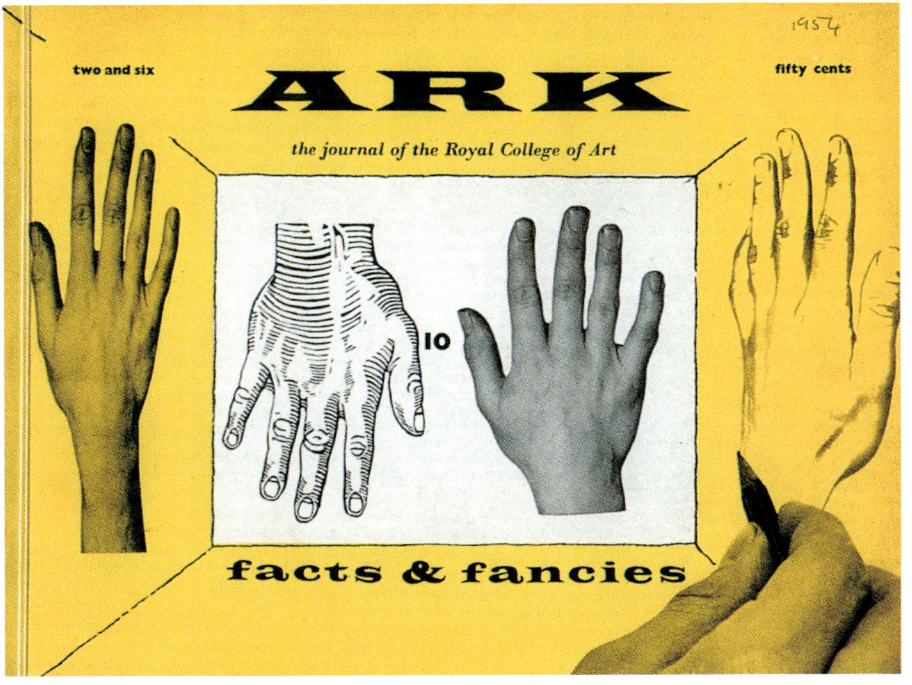

Royal College of Art

gegründet 1837
London

Das als Government School of Design gegründete College befasste sich ursprünglich mit der Ausbildung in der »Grammatik des Ornaments«, denn vom Zeichnen nach der Natur wurde abgeraten. Obgleich 1852 eine Abteilung für praktische Kunst eingerichtet wurde, dauerte es noch bis in die 1890er Jahre, bis die praktische Ausbildung stärker betont wurde. Das Royal College of Art erhielt 1896 seinen heutigen Namen und ein neues Lehrprogramm, bei dem für alle neuen Studenten der Unterricht in Geschichte, Philosophie und Bauzeichnen obligatorisch war. Erst nach diesem Vorkurs wählten die Studenten eines von vier Spezialgebieten: dekorative Malerei, Bildhauerei, Architektur oder Design. Die am Royal College in den 1890er Jahren begonnenen Designreformen wurden später vom **Bauhaus** weiter entwickelt und hatten auf die Entwicklung der **Moderne** direkten Einfluss. Bis in die 50er Jahre war der Lehrplan jedoch eher von der Ausbildung im Kunsthandwerk als von der Designlehre beherrscht. Erst 1959 wurden der Fachbereich für Designforschung und die School of Industrial Design gegründet. Das führte zu einem neuen professionellen Standard, der dem College auf dem Gebiet der Gestaltungspraxis die Führungsrolle sicherte, die es bis heute innehat.

▲ **Len Deighton**, Titelseite der Zeitschrift *Ark*, Nr. 10, Frühjahr 1954

► Tischlampe aus Bleiglas und Kupfer für den Roycrofters Workshop, ca. 1910

Roycrofters Workshop

1895–1938 *East Aurora, New York*

Elbert G. Hubbard (1856–1915) war eine führende Persönlichkeit in der amerikanischen **Arts-&-Crafts-Bewegung**, obwohl er kein Designer, sondern zunächst Vertreter einer Seifenfirma war. 1893 verkaufte er seinen Anteil an diesem Unternehmen und zog nach East Aurora bei Buffalo, New York. Im darauf folgenden Jahr reiste er nach Großbritannien, wo er John Ruskin (1819–1900) und **William Morris** kennenlernte. Er war von Morris' Kelmscott Press so beeindruckt, dass er 1895 eine eigene Druckerei gründete. Die Roycroft Press war nach den britischen Buchbindern Samuel und Thomas Roycroft aus dem 17. Jahrhundert benannt. Anders als die Kelmscott Press war Hubbards Druckerei unverhohlen kommerziell. Kurze Zeit später richtete »Fra Hubbard« in East Aurora eine Buchbinderei mit Lederwerkstatt ein. Damit war die kunsthandwerkliche Gemeinde Roycroft ins Leben gerufen. 1896 wurde eine Möbelwerkstatt zur Herstellung von Einrichtungsgegenständen im Missionsstil und Souvenirs für die Besucher des Roycroft Inn gegründet. Zehn Jahre später hatte die Gemeinde über 400 Mitarbeiter. 1909 wurde eine Metallwerkstatt eröffnet. Nach dem Untergang der Lusitania 1915, bei dem Hubbard und seine Frau umkamen, übernahm ihr Sohn Bert die Aufsicht über die Gemeinschaft, die 1838 aufgelöst wurde.

Jacques-Émile Ruhlmann leitete ab 1907 die Dekorationsfirma seiner Familie. Zu der Kundschaft gehörten auch der Architekt Charles Plumet und der Modeschöpfer Jacques Doucet. Doucet ermutigte Ruhlmann dazu, seine Arbeiten 1911 erstmalig auszustellen. So stellte er seine luxuriösen und eleganten Möbeldesigns auch 1913 auf dem »Salon d'Automne« in Paris aus. Sechs Jahre später gründete Ruhlmann mit Pierre Laurent die Établissements Ruhlmann et Laurent, für die er Teppiche, Stoffe, Leuchten und Möbel entwarf, für die er exotische Hölzer wie Amboina und Makassar-Ebenholz sowie Elfenbein und Schildpatt für Intarsien verwendete. Diese Entwürfe wurden in vielen Publikationen abgebildet, insbesondere aber in einem Artikel der Zeitschrift *Art et Décoration* im Jahr 1920. Die Innenaus-

Jacques-Émile Ruhlmann

1879 *Paris*
1933 *Paris*

▸ Sessel *Défenses* für die Établissements Ruhlmann et Laurent, ca. 1920

▲ Buffet aus Tiroirs-Lack für die Établissements Ruhlmann et Laurent, 1930

stattung seines Hôtel du Collectionneur mit seinen eigenen und den Entwürfen von **Jean-Émile Puiforcat**, **Pierre-Émile Legrain**, Edgar-William Brandt (1880–1960) und Jean Dunand (1877–1942) löste auf der »Exposition Internationale des Arts Décoratifs et Industriels Modernes« 1925 in Paris eine Sensation aus. Im Laufe der 20er Jahre wurden Ruhlmanns Möbel zunehmend monumentaler. Auf dem »Salon des Artistes Décorateurs« 1929 in Paris stellte er sein elegantes *Studier- und Wohnzimmer für einen Kronprinzen* aus. In den 30er Jahren verwendete er immer häufiger verchromtes Metall und Silber für seine Einrichtungsgegenstände und seine Formen wurden zusehends moderner. Er übernahm viele Auftragsarbeiten, darunter die Ausstattung der Teesalons auf dem Linienschiff *Île de France*, verschiedene Räume des Élysée-Palasts in Paris und die Gestaltung von Möbeln für den Palast des Maharadscha von Indoras. Immer strahlten seine Möbel und Innenausstattungen Luxus aus, und zwar nicht nur durch die Ornamentik, sondern auch durch seine meisterhafte Handhabung der Materialien. Seine qualitativ hochwertige Arbeit stand in der französischen Tradition der *décorateurs* und war exemplarisch für die Üppigkeit und Eleganz des französischen **Art déco**.

Gordon Russell

1892 *Cricklewood London*
1980 *Kingcombe/ Chipping Campden, Großbritannien*

Gordon Russell verbrachte seine Kindheit im Hotel seines Vaters, dem Lygon Arms in Broadway in den Cotswolds. Die **Arts-&-Crafts-Bewegung** hatte gute Verbindungen dorthin und Russell begann 1911, in deren Stil Objekte und Einrichtungsgegenstände für das Hotel zu entwerfen. Er war ein besserer Zeichner als Handwerker und fertigte vollendete, detaillierte Skizzen an, die andere zur Herstellung seiner Arbeiten benutzten. Diese klare Unterscheidung von Entwurf und Ausführung erleichterten ihm den Übergang von der kunsthandwerklichen zur industriellen Herstellung. Russell hat im Ersten Weltkrieg an vielen entscheidenden Schlachten teilgenommen, was seine späteren sozialen und politischen Vorstellungen prägte. Während der 20er Jahre gestaltete er weiter Möbel im Arts-&-Crafts-Stil und erhielt 1925 auf der »Exposition Internationale des Arts Décoratifs et Industriels Modernes« in Paris eine Goldmedaille. In den 30er Jahren war Russell der führende Vertreter der britischen **Moderne**. Er eröffnete 1935 eine neue Möbelfabrik in Park Royal, London, die bald 800 Mitarbeiter hatte. 1941 trat er dem Design-Gremium der Möbelkommission **Utility** bei. Von 1947 bis 1959 leitete er das Council of Industrial Design und 1956 eröffnete er ein permanentes Ausstellungszentrum in Haymarket, London.

▲ Schlafzimmermöbel für Russell & Sons, frühe 1920er Jahre

Eero Saarinen

1910 *Kirkkonummi, Finnland*
1961 *Ann Arbor, Michigan, USA*

Eero Saarinen war der Sohn des berühmten finnischen Architekten **Eliel Saarinen**, des ersten Direktors der **Cranbrook Academy of Art** in Bloomfield Hills, Michigan. Saarinen emigrierte 1923 mit seiner Familie in die Vereinigten Staaten. Von 1929 bis 1930 studierte er an der Académie de la Grande Chaumière in Paris Bildhauerei und wurde bis 1934 an der Yale University in New Haven, Connecticut zum Architekten ausgebildet. Dann erhielt er ein Stipendium von der Yale University, das ihm eine einjährige Reise nach Europa ermöglichte. Nach seiner Rückkehr nahm er einen Lehrauftrag an der Cranbrook Academy an und begann 1937 mit **Charles Eames** zusammenzuarbeiten, der ebenfalls in Cranbrook lehrte. Aus der Zusammenarbeit entstand eine Serie sehr progressiver und preisgekrönter Möbelentwürfe für den Wettbewerb »Organic Design in Home Furnishings« von 1940 am **Museum of Modern Art, New York**. Zu ihren Beiträgen gehörten ein sehr rationales System von Kastenmöbeln in Einzelteilen und eine revolutionäre Stuhlgruppe mit Sitzschalen aus geformtem Sperrholz in einem Stück, die das Prinzip des ständigen Kontaktes und der Abstützung weiterentwickelten. Die Stühle gehören zu den wichtigsten Möbelentwürfen des 20. Jahrhunderts und leiteten eine völlig neue Stilrichtung ein. Sie führten direkt zu Saarinens späteren, sehr erfolgreichen Möbelentwürfen für **Knoll**, darunter

◂ Stuhl *Tulip Modell Nr. 150* (Pedestal Group) für Knoll Associates, 1955–1956

► Abflughalle der Trans World Airline am Flughafen John F. Kennedy, New York, 1956–1962

▼ Inneres der Abflughalle der Trans World Airline am Flughafen John F. Kennedy, New York, 1956–1962

◂ Die Kollektion *Womb* für Knoll Associates, 1947–1948

der Stuhl *Womb Nr. 70* (1947–1948), die *Saarinen Collection* von Bürositzmöbeln (1951) sowie die *Pedestal Group* von Stühlen und Tischen (1955–1956). Erklärtes Ziel der *Pedestal Group* war die Reduzierung des »Walds aus Beinen« in Wohnräumen. Saarinens Suche nach organischer Einheit des Designs auf materieller, struktureller und funktioneller Ebene blieb wegen der Grenzen der Materialtechnologie indes erfolglos. Daneben arbeitete er im Architekturbüro seines Vaters in Ann Arbor und gründete 1941 mit J. Robert Swanson eine Partnerschaft. Nach Eliel Saarinens Tod im Jahr 1950 eröffnete er sein eigenes Büro Eero Saarinen & Associates in Birmingham, Michigan. Wie seine Designarbeiten zeichnete sich auch seine Architektur durch expressive, plastische und organische Formen aus. Zu seinen wichtigsten Bauten zählen das Jefferson National Expansion Memorial in St. Louis (1947), die David S. Ingalls Hockey Rink der Yale University (1953–1959) und sein Meisterwerk, die außergewöhnliche Abflughalle von TWA auf dem Flughafen J. F. Kennedy in New York (1956–1962) sowie der Dulles International Airport in Washington, DC (1958–1963). Wie Charles Eames setzte sich Eero Saarinen für eine Humanisierung der **Moderne** ein und war somit einer der wichtigsten Pioniere des **Organischen Designs**.

◄ **Eliel Saarinen, Herman Gesellius & Armas Lindgren**, Entwurf für ein Landhaus in Kirkkonummi, 1902

Gottlieb Eliel Saarinen studierte bis 1897 an der Universität Helsinki Kunst und an der Technischen Hochschule Architektur. Wie sein Bahnhof von Helsinki (1904) erkennen lässt, war er anfangs von der **Glasgow School** und der Wiener **Secession** beeinflusst. Er wurde zu einem führenden Vertreter der nationalen romantischen Bewegung in Finnland und trat 1912 dem **Deutschen Werkbund** bei. Nachdem er 1922 beim Wettbewerb für den Tribune Tower in Chicago den zweiten Preis gewonnen hatte, emigrierte er mit seiner Frau Loja in die Vereinigten Staaten. Er ließ sich zunächst in Evanston, Illinois, nieder und zog dann nach Ann Arbor, wo er Gastprofessor für Architektur an der University of Michigan wurde. 1923 lernte er den Zeitungsmagnaten und Philanthropen George C. Booth kennen, der ihn mit der Planung der Cranbrook Educational Community beauftragte. Deshalb zog Saarinen zwei Jahre später nach Bloomfield Hills um und 1932 wurde die **Cranbrook Academy of Art** mit Saarinen als erstem Direktor offiziell gegründet. Unter seiner Führung wurde die Akademie zur wichtigsten Designinstitution in Amerika, die viele der talentiertesten Gestalter des Landes hervorbrachte.

Eliel Saarinen

1873 Rantasalmi, Finnland
1950 Bloomfield Hills, Michigan, USA

Lino Sabattini

geb. 1925 *Correggio, Italien*

▲ Tee- und Kaffeeservice *Como* für Christofle Orfèvrerie, 1957

Lino Sabattini arbeitete zunächst in einer Messinghandlung, wo er den Keramiker Rolando Hettner kennen lernte, der ihn zutiefst beeindruckte. Als Autodidakt lernte er durch die Lektüre der einflussreichen Zeitschrift *Domus* die Prinzipien des Designs kennen. Einer seiner ersten Entwürfe war eine Teekanne, die von dem deutschen Hersteller W. Wolf produziert wurde. 1955 richtete Sabattini ein eigenes Atelier für Metallarbeiten in Mailand ein und lernte den Architekten und Gestalter **Gio Ponti** kennen. Ponti, der Redakteur von *Domus* war, veröffentlichte 1956 die Metalldesigns von Sabattini in seiner Zeitschrift und organisierte noch im selben Jahr eine Ausstellung seines Werkes in Paris. Von 1956 bis 1963 war Sabattini auch Designdirektor von Christofle Orfèvrerie in Paris und produzierte Metalldesigns mit eleganten, abstrakten, freien Formen, darunter das Tee- und Kaffeeservice *Como* (1957). Zur gleichen Zeit gestaltete er auch Metall- und Glaswaren sowie Keramik für Rosenthal, Nava und Zani & Zani. 1964 gründete er in Bregnano ein Atelier mit einer kleinen Werkstatt, die als Argenteria Sabattini bekannt wurde und seine Entwürfe in kleinen Auflagen herstellte. Unter seinen meist beachteten Produkten waren die Sauciere *Estro* (1977), die Besteckkollektion aus Edelstahl *Instrumenta* (1978), das silberne Vorlegebesteck

▲ Besteck *Instrumenta* aus rostfreiem Stahl für Argenteria Sabattini, 1978

Pale (1973), das Titan-Besteck *Insect Legs* (1986) und die versilberte Vase *Connato*. Er war Mitglied der ADI (Associazione per il Disegno Industriale), und seine Designs wurden regelmäßig auf den Mailänder Triennale-Ausstellungen gezeigt. Zu seinen zahlreichen Auszeichnungen zählen eine Goldmedaille der Ausstellung »Mostra Internazionale dell'Arredamento« 1971 in Monza sowie ein **Compasso d'Oro** des Jahres 1979 für den zylindrischen, versilberten Eisbehälter *Eskimo* 1978. Sabattinis innovative Designs, die traditionelle Kunstfertigkeit mit moderner Form verbinden, verraten ein Gespür für meisterhafte Qualität.

Richard Sapper

geb. 1932 *München*

Richard Sapper studierte von 1952 bis 1954 an der Universität München Maschinenbau und Wirtschaftswissenschaften. Ab 1956 war er ein Jahr in der Entwurfsabteilung von Mercedes Benz in Stuttgart tätig. Dann zog er nach Italien und arbeitete zwei Jahre im Mailänder Atelier von Alberto Rosselli (1921–1976) und **Gio Ponti**. 1959 entwarf er die Tischuhr *Static* für Lorenz, die mit dem **Compasso d'Oro** ausgezeichnet wurde, und arbeitete in den folgenden zwei Jahren als Gestalter für die Designabteilung der Warenhauskette La Rinascente sowie im Atelier von **Marco Zanuso**. 1970 eröffnete er ein eigenes Designbüro in Stuttgart und war Designberater für Fiat und Pirelli. Gemeinsam mit Zanuso, mit dem er bis 1975 zusammenarbeitete, produzierte er eine beeindruckende Serie bahnbrechender Entwürfe: den Stuhl *Lambda* (1963) für Gavina, den stapelbaren Kinderstuhl *Nr. 4999/5* (1961–1964) aus Spritzguss-Polyethylen für **Kartell**, den Fernseher *Doney 14* (1962), das Radio *TS 502* (1965), die tragbaren Fernsehgeräte *Algol* (1965) und *Black Box* (1969) für Brionvega sowie das Klapptelefon *Grillo* (1965) für Siemens. Im Jahr 1972 entwarf er die sehr erfolgreiche Arbeitsleuchte *Tizio* für Artemide, die mit ihrer klaren Designsprache des **High-Tech** in den 80er Jahren zu einem Kultobjekt wurde. Noch im selben Jahr gründete er mit **Gae Aulenti** die Urban Transport Systems Study Group, deren Arbeit zu einer Ausstellung auf der XVIII. Mailänder Triennale von 1979 führte. Sapper ist

► Kessel *Bollitore* für Alessi, 1983

◂ *Tizio*-Lampen für Artemide, 1972

seit 1980 Berater für Produktdesign bei IBM. Seitdem kombinierte er seinen High-Tech-Stil mit der **Postmoderne** und entwarf eine Anzahl bemerkenswerter Designs für **Alessi**, darunter die Kaffeemaschine *Cafetière* (1979), der Wasserkessel *Bollitore* (1983) und die Armbanduhr *Uri Uri* (1988). Darüber hinaus hat er Möbel für **Knoll**, Unifor, Molteni und Castelli entworfen und wurde 1981 Mitglied der ADI (Associazione per il Disegno Industriale).

Timo Sarpaneva studierte von 1941 bis 1948 am Fachbereich für Grafik der Taideteollinen Korkeakoulu in Helsinki und wurde zwei Jahre später Produktdesigner und Leiter der Ausstellungsabteilung der Glasfabrik Karhula-Iittala. Eine seiner ersten technischen Neuerungen bei Iittala bestand in der Einführung eines Dampfblasverfahrens, das bei seinen frühen plastischen Gefäßen zur Anwendung kam, darunter *Kajakki* (1953), *Maailmankaunein* (1954) und *Linnunsilmä* (1953), sowie bei seinen zartfarbigen, dünnen Glasplatten, die als Aquarelle bekannt sind. Mitte der 50er Jahre stellte er seine Kollektion *I-Glass* vor, mit der er versuchte, die Kluft zwischen dem teuren Kunstglas und dem Gebrauchsglas zu überbrücken. Diese industriell hergestellte Glas-Serie bestand aus 17 Objekten, die in verschiedenen Farben erhältlich waren, in Fliedergrau, Blaugrau, Rauchgrau und Grüngrau, und mit unterschiedlicher Wirkung zusammengestellt werden konnten. Auch für die Kollektionen *Ambiente* (1964), *Archipelago* (1978) und *Claritas* (1984) entwickelte Sarpaneva neue Glastechniken. In vielen seiner Entwürfe, darunter die Vasen *Claritas* für Iittala und der gusseiserne Kochtopf mit Holzgriff für Rosenlew (1960), verwendete er geschlossene, »rund-eckige« Formen, die mit den glatten Kieseln des indischen Tantrismus in Zusammenhang stehen, während andere, wie seine großen Glasskulpturen *Lasiaika*, offenere, ausdrucksvollere Formen aufweisen. Ab Mitte der 50er Jahre unterrichtete er an der Schule für Angewandte Kunst in Helsinki und erhielt 1951 und 1957 bei der Mailänder Triennale einen Grand Prix. Er wurde 1963 in London zum Honorary Royal Designer for Industry ernannt und erhielt vier Jahre später einen Ehrendoktortitel des **Royal College of Art** in London. Neben seinen erlesenen Glasentwürfen hat Sarpaneva auch Keramik, Metallarbeiten, Textilien, Bücher und Bühnenbilder gestaltet.

Timo Sarpaneva

geb. 1926 *Helsinki*

◂ Vase *Claritas* für Iittala, 1984

▾ Vase *Orkidea* für Iittala, 1953

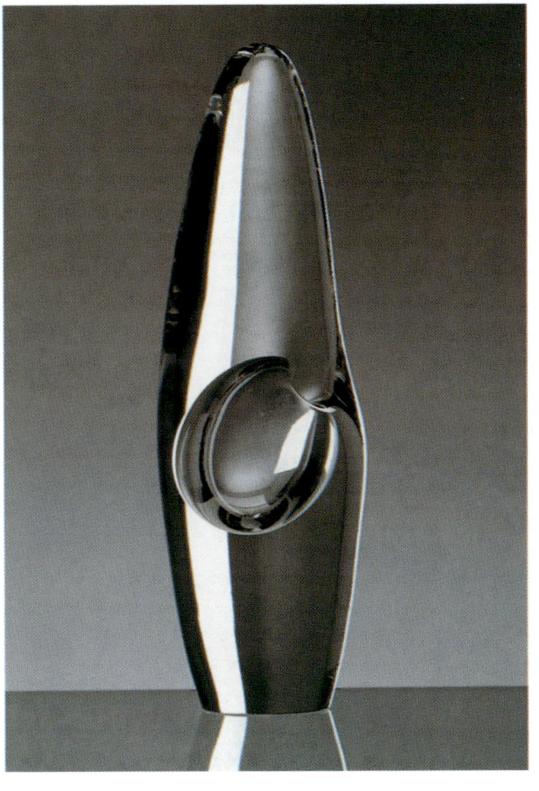

Raymond Savignac

geb. 1907 *Paris*

Raymond Savignac fertigte ab 1922 für die Compagnie des Transports Parisiens Pauszeichnungen und Skizzen an. 1924 wurde er bei der Werbeagentur Lortac als »Mann für Ideen« angestellt und war während dieser Zeit als Assistent von **A. M. Cassandre** tätig. In den 30er Jahren malte er Plakate in Cassandres Stil, die jedoch weniger bildhaft und eher karikaturistisch ausgeführt waren. Er lehnte die moderne Gegenüberstellung verschiedener grafischer Elemente ab und vertrat das Motto: »Ein einziges Bild für eine einzige Idee«. Durch humorvolle Inhalte, häufig von Gags in Filmen von Charlie Chaplin und Buster Keaton oder surrealen Elementen inspiriert, die er »visuelle Skandale« nannte, gelang es ihm, die Aufmerksamkeit des Betrachters zu gewinnen. Durch die Aussagekraft seiner Bilder war wenig oder gar kein Text nötig, um den Gegenstand zu beschreiben, für den geworben wurde. Sein Plakat *Monsavon* von 1949 verlieh ihm den Ruf eines der führenden französischen *affichistes* (Plakatgestalter). Er entwarf auch Plakate für die Firmen Bic, Perrier, Verigoud, Frigéco, Maggi und Citroën, sowie für französische staatliche Unternehmen wie Air France, SNCF und RATP. 1964 erhielt Savignac einen Martini-Preis für sein Werbeplakat *Vite Aspro* für Aspirin. Fünf Jahre später entwarf er die Bühnenbilder und Kostüme für Molières Komödie »L'Avare« (Der Geizige) an der Comédie Française. Er veröffentlichte zwei Bücher: eine Autobiographie im Jahr 1975 und *Savignac de A à Z* im Jahr 1987. Obwohl Savignacs Grafikstil als typisch französisch gelten kann, ist der direkte Humor seiner surrealen Bilder allgemein verständlich.

▾ Plakat für Monsavon-Seife, 1949

▸ Plakat für Air France, 1956

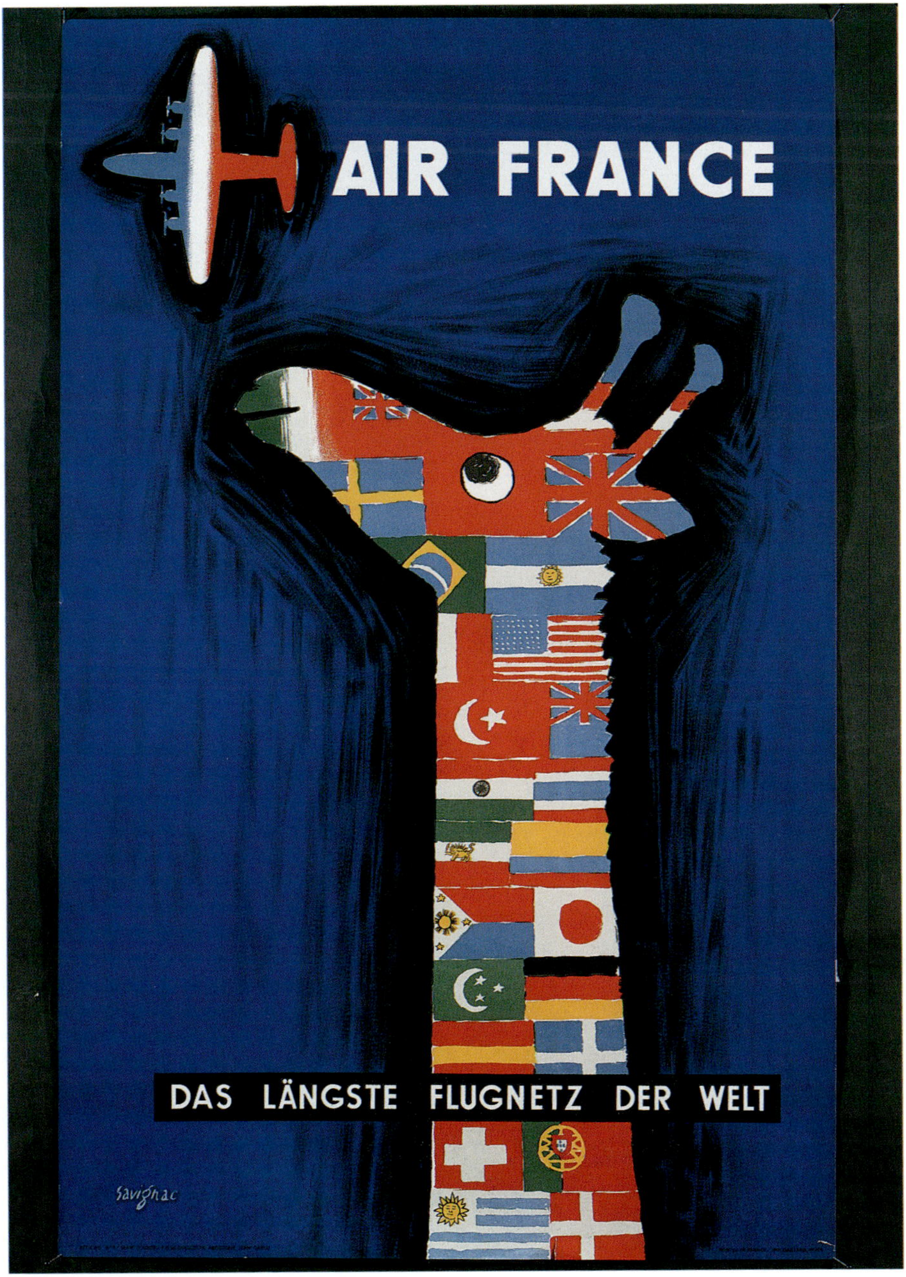
AIR FRANCE
DAS LÄNGSTE FLUGNETZ DER WELT
savignac

◄ Vase *Modell Nr. 3901* für Venini & C., 1938

◄ Stuhl *Modell Nr. 783* für Bernini, 1977

Carlo Scarpa studierte an der Accademia di Belle Arti in Venedig Architektur, machte 1926 seinen Abschluss und eröffnete dort ein Jahr später ein eigenes Büro. Seine Architektur war vom venezianischen Baustil (einer Mischung aus dem byzantinischen Stil und der Gotik), der Wiener **Secession**, vom **De Stijl** und **Frank Lloyd Wright** beeinflusst. Besonders bekannt wurde er durch seine Restaurierungen und Umbauten historischer Gebäude. Darüber hinaus übernahm er das Design vieler Ausstellungs- und Innenarchitekturen, darunter jene für das Haus Ferruccio Asta in Venedig (1931). Aufgrund seiner meisterhaften Fähigkeit, historische mit modernen Elementen zu verbinden und seines geschickten Umgangs mit natürlichem Licht bei der Gestaltung von Innenräumen wurde er besonders für seine Museumsrenovierungen bekannt, wie die Accademia in Venedig (1952), die Galleria Nazionale della Sicilia im Palazzo Abatellis in Palermo (1953–1954) sowie das Museo Castelvecchio in Verona (1956–1964). In Zusammenarbeit mit G. D'Agaro und C. Maschietto entwarf er den Showroom für **Olivetti** in Venedig (1957–1958), der ebenfalls Altes mit Neuem verband. Darüber hinaus gestaltete Scarpa Möbel für Gavina und war in Murano Designberater für die Glaswerke M. V. M. Cappellin & C. (1926–1930) und Venini & C. (1932–1947).

Carlo Scarpa

1906 *Venedig*
1978 *Sendai, Japan*

Tobia & Afra Scarpa

Tobia Scarpa
geb. 1935 *Venedig*

Afra Scarpa
geb. 1937
Montebelluna, Italien

▲ Stuhl *Africa* für B&B Italia, 1975

Tobia Scarpa, der Sohn des Architekten **Carlo Scarpa**, und Afra Bianchin studierten am Istituto Universitario di Architettura in Venedig. Nach ihrer Heirat arbeitete Tobia von 1957 bis 1961 als Glasdesigner bei der Glasfabrik Venini & C. in Murano, manchmal gemeinsam mit seiner Frau Afra. 1960 begannen die Scarpas, Möbel für Gavina zu entwerfen, darunter Sofa und Stuhl *Bastiano* (1961) und das Bett *Vanessa* (1962). Wie bei Carlo Scarpa war ihr Möbeldesign, etwa der Stuhl *925* (1965), von sicherer Materialbeherrschung und einfühlsamem Umgang mit dem traditionellen italienischen Kunsthandwerk bestimmt. 1960 eröffneten sie ihr eigenes Büro in Montebelluna und entwarfen Möbel für B&B Italia, **Knoll**, Stildomus, Company of the Philippines, Maxalto und Molteni & C., sowie Leuchten für Flos und Besteck für San Lorenzo. 1962 gestalteten sie für Benetton ein **Corporate-Identity**-Programm und zwei Jahre später eine Fabrik. Darüber hinaus entwarfen sie die Innenausstattungen des Ausstellungsraums von Cassina in Meda (ca. 1966), die Fabrik von B&B Italia in Novedrate (1967) und den Wohnsitz Villa Benetton in der Nähe von Treviso (1966), die eine gewisse Zurückhaltung und eine sehr raffinierte Raumnutzung aufweisen. In den 80er Jahren restaurierten die Scarpas Plätze im Veneto und in der Emilia.

Alexander »Xanti« Schawinsky studierte in Zürich, Köln und Berlin Malerei und Architektur, bevor er dem Weimarer **Bauhaus** beitrat und mit Oskar Schlemmer (1888–1943) in der Theaterabteilung arbeitete. Als die Schule 1925 nach Dessau übersiedelte, ging Schawinsky mit. Ein Jahr später wurde er in Zwickau als Bühnenbilder angestellt und zog dann nach Magdeburg, wo er von 1929 bis 1931 als Grafikdesigner tätig war. 1933 ging er nach Mailand und entwarf Grafiken mit Fotomontagen, vor allem für **Olivetti** und Motta. Er arbeitete 1936 mit Luigi Figini und Gino Pollini am Design der tragbaren Schreibmaschine *Studio 42* für Olivetti. Noch im selben Jahr emigrierte er auf Einladung von **Josef Albers** nach Amerika, wo er am Black Mountain College in North Carolina unterrichtete und die Innenausstattung des Pennsylvania-Pavillons für die Weltausstellung 1939 in New York gestaltete. Ab 1950 konzentrierte er sich auf die Malerei, errichtete in der Nähe des Lago Maggiore in Italien ein Atelier und verbrachte bis zu seinem Tod 1979 die Hälfte des Jahres dort und die andere Hälfte in New York. Schawinskys kühne Werbeanzeigen aus Fotomontagen enthalten fast keine Werbetexte, sie lassen die Bilder für sich sprechen.

Xanti Schawinsky

1904 *Basel*
1979 *Locarno, Schweiz*

▸ Werbeplakat für Schreibmaschine *MP1* für Olivetti, 1935

► **Josef Maria Olbrich**, Plakat für die II. secessionistische Ausstellung in Wien, 1899, mit Olbrichs Wiener Secessions-Gebäude

▸ **Max Klinger**, Skulptur *Sitzender Beethoven* im Wiener Secessions-Gebäude bei der XIV. secessionistischen Ausstellung, 1902

Secession

Wien

Die Vereinigung bildender Künstler Österreichs-Secession wurde 1897 von den Künstlern Gustav Klimt (1862–1918), Carl Moll (1861–1945) und Josef Engelhart (1864–1941) sowie den Architekten **Josef Maria Olbrich**, **Koloman Moser** und **Josef Hoffmann** als Gegenbewegung zur akademischen Tradition des konservativen Künstlerhauses gegründet. Im Gründungsjahr entwarf Olbrich das berühmte Secessions-Gebäude mit seiner großen, vergoldeten Kuppel aus Lorbeerblättern, ein angemessen majestätisches Motiv für Wien. Das 1898 fertig gestellte Gebäude auf dem Karlsplatz hatte Buntglasfenster und Innenräume, die von Koloman Moser entworfen waren, und trug über dem Eingang eine Inschrift des Kunstkritikers Ludwig Hevesi: »Der Zeit ihre Kunst, der Kunst ihre Freiheit«. Obwohl das Gebäude nicht rechtzeitig zur ersten Secessions-Ausstellung fertig war, die daher im Wiener Gartensaal abgehalten wurde, war es Veranstaltungsort der zweiten Wiener Secessions-Ausstellung sowie aller folgenden Präsentationen der Gruppe. Zur weiteren Unterstützung ihrer Sache gab die Secession ab 1898 auch ihre eigene Zeitschrift *Ver Sacrum* heraus. Die Arbeiten der Gruppe waren zwar zu Anfang im Wesentlichen im **Art-nouveau**-Stil gehalten, wurden jedoch nach der bahnbrechenden VIII. Wiener Secessions-Ausstellung von 1900, die ausschließlich dem Kunstgewerbe gewidmet war, immer geometrischer. Bei dieser Ausstellung waren Installationen von **Charles Rennie Mackintosh**, **Charles Robert Ashbee** und **Henry van de Velde** vertreten. Josef Hoffmanns Sanatorium Purkersdorf (1904–1906) mit seiner streng durchgehaltenen Geometrie, die sich in Koloman Mosers eigens angefertigtem

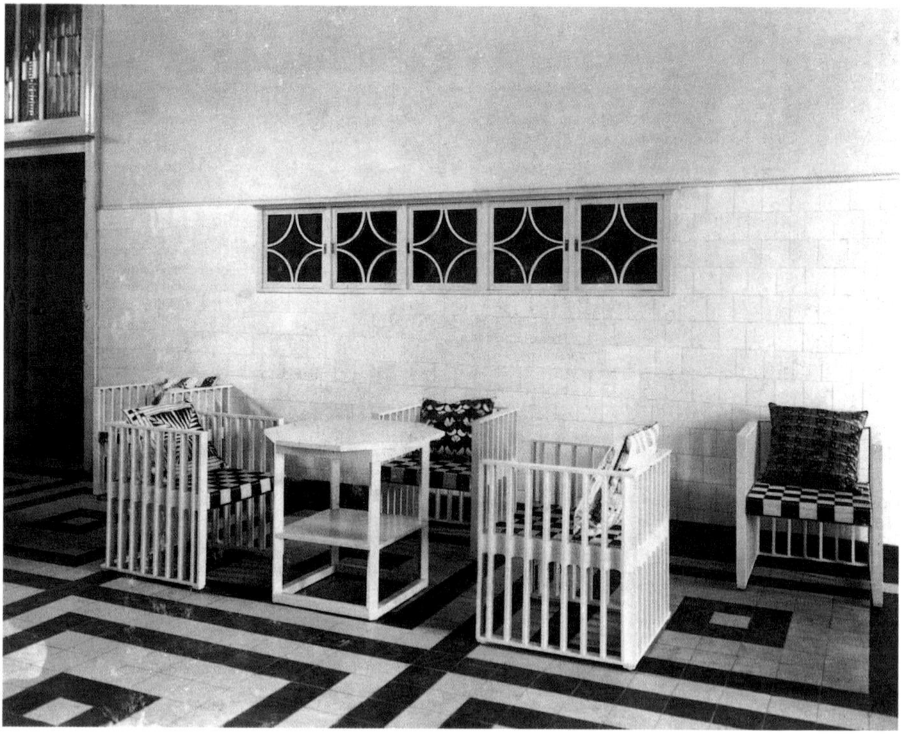

▲ **Josef Hoffmann**, Großer Saal des Sanatoriums Purkersdorf, 1904

► **Koloman Moser**, Armlehnstuhl, entworfen für das Sanatorium Purkersdorf, 1902

schwarzweißen, kubischen Sessel wiederholte, war für den Secessionsstil nach 1900 typisch und nahm die geometrische Abstraktion der **Moderne** vorweg. Inspiriert von Charles Ashbees **Guild of Handicraft** gründeten Hoffmann und Moser gemeinsam mit dem Bankier Fritz Wärndorfer (1869–1939) 1903 die **Wiener Werkstätte** zur Herstellung und zum Verkauf von »Neuer Kunst«-Designs von Mitgliedern der Wiener Secession. Wachsende Spannungen innerhalb der Gruppe, besonders, als 1905 der Künstler Carl Moll von anderen Mitgliedern angegriffen wurde, führten dazu, dass Klimt und seine Anhänger – die als »Stilisten« bekannt waren – und Hoffmann die Gruppe verließen. Die Secession bestand jedoch fort und Franz Messner war von 1919 bis 1920 ihr Vorsitzender. Obwohl die Wiener Secession oft mit dem **Art nouveau** in Verbindung gebracht wird, war sie doch mehr vom Klassizismus beeinflusst als andere reformerische Künstlergruppen in Kontinentaleuropa. Ihre geometrische Formensprache hatte nachhaltigen Einfluss auf die Entwicklung des modernen Designs.

Semiotics
Semiotik

Erstmals von dem englischen Politiker und Philosophen John Locke (1632–1704) in die philosophische Diskussion gebracht, bezieht sich der Begriff Semiotik auf das Studium von Zeichen und Symbolen. Er wird zwar meist in der Linguistik verwandt, kann aber auch für die visuelle Ausdrucksform angewendet werden. Die gesamte Geschichte des Designs hindurch wurden Gebäude, Innenräume und Objekte mit Symbolen verziert, die Bedeutungen oder Werte vermitteln oder Charakter verleihen sollten. Besonders Formgeber, die der **Arts-&-Crafts-Bewegung** nahestanden, darunter **Charles F. A. Voysey** und **Charles Rennie Mackintosh**, produzierten Designs, die geistigen wie funktionalen Bedürfnissen Rechnung trugen, und sie versuchten, ihrem Werk durch die Verwendung symbolträchtiger Motive wie durchstoßenen Herzen, Kreisen und Quadraten, die für Liebe, den Körper und den Geist standen, spirituelle Bedeutung zu verleihen. Auch der Schweizer Psychologe und Psychiater Carl Gustav Jung (1875–1961) führte Studien zur Symboldeutung durch, insbesondere zu solchen aus der Alchemie, die er für verschlüsselte Botschaften des Unbewussten hielt.

Das Studium der Semiotik wurde auch von dem in Österreich geborenen englischen Philosophen Ludwig Wittgenstein (1889–1951) aufgenommen, der in den 20er Jahren seine »Abbildtheorie« entwickelte, die davon ausging, dass Zeichen Bilder der Wirklichkeit sind. Auch der Schweizer Sprachwissenschaftler Ferdinand de Saussure (1857–1913) hielt die Sprache der Zeichen für ein soziales Phänomen und der amerikanische Philosoph Charles Sanders Peirce (1839–1914) war der Ansicht, dass die Semiotik eine logische und »formale Doktrin der Zeichen« sei. Diese analytischen Untersuchungen wollten nicht so sehr die Bedeutung von Zeichen enthüllen, als vielmehr die ihnen zugrunde liegenden Vorstellungen aufdecken. Der amerikanische verhaltenstheoretische Semiotiker Charles Morris teilte 1938 die Semiotik in drei Studiengebiete ein: die Pragmatik (die Art und Weise, wie Zeichen verwendet werden), Semantik (die Bedeutung von Zeichen) und Syntax (die Anordnung von Zeichen). Später wurde sie als Werkzeug zur Analyse der sichtbaren Welt verstanden. Der italienische Schriftsteller und Semiotiker Umberto Eco, der 1976 seine *Einführung in die Semiotik* veröffentlichte, war der erste, der diese Wissenschaft auf die Architektur anwandte. Später lieferte der Franzose Roland Barthes (1915–1980) mit einer Reihe literarischer Werke, darunter auch das berühmte Buch *Mythen des Alltags* (1957), wesentliche Beiträge zur Debatte über die Semiotik, die für die Entwicklung des **Anti-Designs** von großer Bedeutung war.

In den 70er Jahren setzte sich die Ansicht durch, dass die Ästhetik der **Moderne**, die sich auf klare geometrische Abstraktion gründet, zu Entfremdung führe, da durch das Fehlen der Verzierung durch Zeichen und Symbole

ein wesentliches Mittel der kulturellen Kommunikation verloren gegangen sei. Vertreter der Postmoderne wie **Charles Jencks** setzten sich für eine Rückkehr zum Symbolismus in Architektur und Design ein. In den 80er Jahren konnte die Semiotik durch die **Postmoderne** wieder an Bedeutung gewinnen. Heute sehen viele Formgeber die visuelle Kommunikation als wichtigen Aspekt der Designpraxis an und versuchen, ihren Arbeiten durch Anwendung semiotischer Theorien Bedeutung und Charakter zu verleihen.

▲ **Dan Friedman**, Schränkchen *Desire* für Néotù, 1990

Gustave Serrurier-Bovy

1858 *Lüttich*
1910 *Antwerpen*

Gustave Serrurier-Bovy, der Sohn eines Möbeltischlers, studierte an der Académie des Beaux-Arts in Lüttich Architektur und arbeitete dort 1883 als Architekt. Seine Bauten waren von der britischen **Arts-&-Crafts-Bewegung** und dem französischen Baumeister Eugène-Emmanuel Viollet-le-Duc (1814–1879) beeinflusst. Ein Jahr später bereiste er Großbritannien und eröffnete nach seiner Rückkehr ein großes Geschäft in Lüttich, wo er von **Liberty & Co.** gelieferte Möbel, Stoffe und Tapeten sowie persische, japanische und indische Waren verkaufte. Um 1890 produzierte er seinen ersten Katalog mit Einrichtungsgegenständen im Arts-&-Crafts-Stil. Er eröffnete 1896 ein Geschäft in Brüssel und zeigte im selben Jahr seine Entwürfe in der Arts & Crafts Exhibition Society in London. Drei Jahre später eröffnete er in Lüttich eine große Fabrik und, gemeinsam mit dem Architekten René Dulong, einen weiteren Laden in Paris, der als L'Art dans l'Habitation bekannt wurde. Danach folgten weitere Läden in Den Haag (1904) und Nizza (1906). Obwohl er sich 1902 vom Arts-&-Crafts-Stil zugunsten des **Art nouveau** abgewandt hatte, waren Serrurier-Bovys letzte Entwürfe aus der Zeit um 1910 wegen ihrer zunehmend rechtwinkligen Formen besonders bemerkenswert.

▲ Garderobe aus Eichenholz, ca. 1898

► Uhr für den Kaminsims aus Mahagoni, Messing und farbigem Glas, ca. 1905

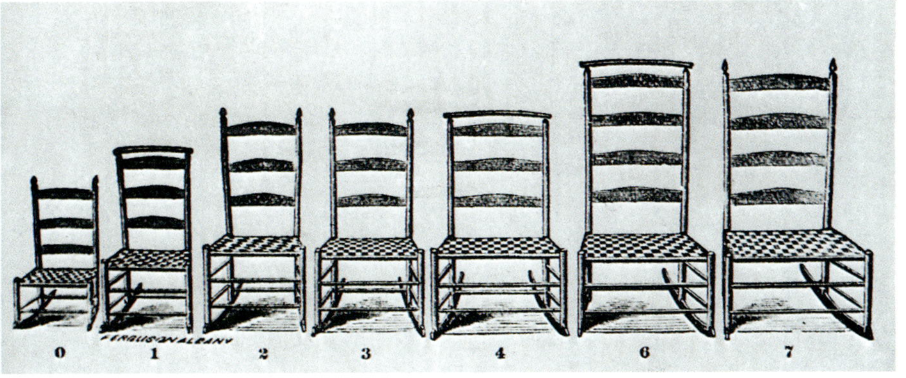

Shaker

USA

Die 1747 in Nordengland gegründete United Society of Believers in Christ's Second Appearance war eine Sekte, zu deren Gottesdienst gemeinschaftlicher Tanz gehörte, und die daher den Spitznamen »Shaking Quakers« oder »Shakers« trug. Die spirituelle Leiterin der Sekte, »Mother« Ann Lee (1736–1884), emigrierte um der Verfolgung zu entfliehen, 1774 nach Amerika, wo sie Anhänger in Neuengland und dem Staat New York fand. 1785 wurde in New Lebanon (1861 in Mount Lebanon umbenannt), New York, die erste Shaker-Gemeinde gegründet. 18 Gemeinschaften in acht Bundesstaaten kamen hinzu. Die Glaubensgemeinschaft setzte sich für eine Abtrennung von der Welt ein und vertrat die Idee des gemeinschaftlichen Besitzes und der Enthaltsamkeit. Sie erstrebte völlige wirtschaftliche Autarkie, daher war körperliche Betätigung ein wichtiges Element des spirituellen Lebens. Das Motto der Gemeinde »Hände zur Arbeit und Herzen zu Gott« bestimmte die täglichen Aufgaben, zu denen auch die Fertigung praktischer, schöner Alltagsobjekte gehörte. Ihre formschönen, klaren und funktionalen Designs reflektierten den Glauben der Sekte an die Moralität des »schlichten und einfachen« Lebens. Im 19. Jahrhundert nahmen die Einkünfte der Shaker-Gemeinden aus der Landwirtschaft ab und sie sahen sich gezwungen, Möbel und andere Gebrauchsgegenstände zum Verkauf herzustellen. 1871 wurde zur Produktion von Stühlen eine Fabrik in Mount Lebanon eröffnet. Den hier in Massenproduktion gefertigten Entwürfen fehlte jedoch die Qualität der früheren Möbel. Sie wurden durch Kataloge landesweit vermarktet. Das Shaker-Design fand in den 1860er und 1870er Jahren große Anerkennung. Aber die Mitgliederzahlen der Sekte nahm immer weiter ab und so lösten sich die Gemeinschaften im späten 19. und frühen 20. Jahrhundert allmählich auf. Als 1947 die letzte Gemeinschaft geschlossen wurde, waren ihre Designs schon zu Sammlerstücken geworden.

▲ Abbildung aus dem Shaker-Katalog mit Stuhlvariationen, 1874

◄ Schaukelstuhl aus gebeiztem Ahorn für die Shaker-Fabrik in New Lebanon, New Hampshire, USA, ca. 1880

Peter Shire

geb. 1947 *Los Angeles*

Der als Keramiker am Chouinard Institute of Art in Los Angeles ausgebildete Peter Shire gründete 1972 sein eigenes Atelier und hatte 1975 seine erste Einzelausstellung in einer Galerie in Hollywood. Seine skulpturalen, bunten Keramiken und Möbeldesigns können als repräsentativ für die »Funk«-Ästhetik gelten, die in den späten 60er Jahren in Kalifornien aufkam. Funk war eine **Anti-Design**-Bewegung, bei der kräftige Farben und skurrile, zweckfremde Formen eingesetzt wurden. Shires Arbeiten fielen **Ettore Sottsass** auf, der ihn einlud, Mitglied der Gruppe **Memphis** zu werden. Seine Möbel, darunter der Stuhl *Bel Air* (1982) und der Tisch *Brazil* (1981) für Memphis mit charakteristisch kräftigen Farben und asymmetrischen skulpturalen Elementen, waren in der Grauzone zwischen Kunst und Design angesiedelt, während seine Keramik, wie die bizarren, unzweckmäßigen Teekannen, von Sottsass wegen ihrer innovativen Konstruktion aus Einzelteilen bewundert wurde. Shires Designs sind mit ihren schrillen, knalligen Farben und ausdrucksstarken Formen für die kalifornische **Postmoderne** beispielhaft.

▲ Tisch *Brazil* für Memphis, 1981

Gustav Siegel

1880 Wien
1970 Wien

Gustav Siegel absolvierte in Wien eine dreijährige Lehre als Möbeltischler und studierte dann von 1897 bis 1901 an der Kunstgewerbeschule in Wien. Dort qualifizierte er sich für die Teilnahme an **Josef Hoffmanns** Architekturunterricht und wurde, obwohl er erst 19 Jahre alt war, 1899 vom Firmenvorsitzenden von **J. &. J. Kohn**, Felix Kohn, zum Leiter der Designabteilung der Firma ernannt. Im folgenden Jahr entwarf Siegel ein Schlafzimmer für die Firma, das bei der »Exposition Universelle et Internationale« 1900 in Paris ausgestellt wurde. Diese Innenausstattung mit Wandverzierungen und Möbeln aus Bugholz hatte einen beherrscht organischen Rhythmus, der für den Wiener Jugendstil typisch war. Siegels Entwürfe für J. & J. Kohn aus der Zeit nach 1900 sind schwer zu identifizieren, da sowohl **Otto Wagner** als auch Josef Hoffmann ähnliche Entwürfe für die Firma geliefert hatten. Doch kann man davon ausgehen, dass die meisten Bugholz-Möbel, die zwischen 1900 und 1914 von J. & J. Kohn produziert wurden, von Siegel stammen. Mehrere der bekannten Designs der Firma, wie die Suite *Modell Nr. 728* (1905–1906), die traditionell Hoffmann zugeschrieben wurden, könnten ebensogut von Siegel ausgeführt worden sein. Unter den zweifellos von Siegel stammenden Entwürfen befindet sich die Möbelgruppe *Nr. 415*, die in der Zeitschrift *The Studio* von 1908 abgebildet war, sowie ein Pflanzenständer, der 1901/1902 bei der Winterausstellung am Österreichischen Museum für Kunst und Industrie in Wien gezeigt wurde. Mehrere Firmenplakate, verschiedene Grafiken sowie Werbung im Ausstellungskatalog der Wiener **Secession** von 1904 und 1908 gehen ebenfalls auf Siegel zurück. Als Leiter der Abteilung für Formgebung bei J. & J. Kohn spielte Siegel bei der Entwicklung von Bugholzmöbeln und der Förderung des secessionistischen Stils eine große Rolle.

▼ Inneneinrichtung, entworfen für den Stand von J. & J. Kohn auf der »Exposition Universelle et Internationale de Paris«, 1900

Jutta Sika

1877 *Linz*
1964 *Wien*

Jutta Sika studierte von 1895 bis 1897 an der Graphischen Lehr- und Versuchsanstalt in Wien und anschließend bis 1902 bei **Koloman Moser** an der Kunstgewerbeschule. Sie war Mitglied des Österreichischen Werkbunds, der Wiener Kunst im Hause sowie der Vereinigung bildender Künstlerinnen Österreichs. Sie präsentierte ihre Arbeiten auf vielen Ausstellungen, darunter die »Exposition Universelle et Internationale« 1900 in Paris, die »Louisiana Purchase Exhibition« 1904 und die »Exposition Internationale des Arts Décoratifs et Industriels Modernes« 1925 in Paris. Neben ihren Entwürfen von Keramik und Postkarten für die **Wiener Werkstätte** gestaltete Sika auch Glas für E. Bakalowits, Weihnachtsbaumschmuck für die Hofkonditorei Demel, Kleidung für den Salon Flöge, Metallutensilien für Argentor und Porzellan für die Wiener Porzellan-Manufaktur Josef Böck, manchmal bemalt mit Blumenmotiven von Antoinette Krasnik. Ihr Tee- und Kaffeeservice (1901–1902) für Böck war in Form und Dekor erstaunlich zukunftsweisend und es wurde in vielen Publikationen abgebildet. Sika lehrte von 1911 bis 1933 an der Gewerblichen Fortbildungsschule in Wien.

▲ Tee- und Kaffeeservice für die Wiener Porzellan-Manufaktur Josef Böck, ca. 1901–1902

Silver Studio

gegründet 1880
London

Arthur Silver (1853–1896) wurde an der Reading School of Art in London ausgebildet und war ab 1873 Assistent des Möbeldesigners der **Ästhetischen Bewegung**, Henry W. Batley. 1880 eröffnete er in West London das Silver Studio, das neben Designs für Tapeten- und Stoffhersteller auch einen Komplettservice für die Innenarchitektur anbot. In den 1880er und 1890er Jahren glich die Mehrzahl der Tapetenmuster des Silver Studios denen von Morris & Co., war jedoch maschinell statt von Hand bedruckt und daher preiswerter. Silver entwarf auch Tapeten im James Adam- und im anglo-japanischen Stil. In den frühen 1890er Jahren traten die Formgeber Harry Napper und John Illingworth Kay der Firma bei und auch **Archibald Knox** und **Charles F. A. Voysey** lieferten später Designs. Von 1895 bis in die ersten Jahre des 20. Jahrhunderts waren die meisten Entwürfe des Silver Studios im **Art-nouveau**-Stil gehalten und erschienen häufig in Illustrierten im Ausland, darunter vor allem in *Der Moderne Stil*. 1901 übernahmen Arthur Silvers Söhne Harry und Rex die Leitung des Studios in Brook Green, London, wo sie in den 30er Jahren bunte, moderne Designs herstellten. 1963 musste die Firma schließen.

▾ **Arthur Silver** (zugeschrieben), Tapete *Poppy* für das Silver Studio, ca. 1895

◂ Tisch *PCSS* für Néotu, 1991

Bořek Šípek

geb. 1949 *Prag*

Bořek Šípek studierte bis 1968 an der Schule für Angewandte Kunst in Prag Möbeldesign. Später studierte er an der Hochschule für Bildende Künste in Hamburg Architektur sowie an der Universität Stuttgart Philosophie und setzte seine Architektenausbildung anschließend an der Technische Hogeschool in Delft fort. Von 1977 bis 1979 arbeitete er als technischer Assistent am Institut für Industriedesign der Universität Hannover und hielt in den folgenden vier Jahren Vorlesungen zur Designtheorie an der Universität Essen. Danach zog er in die Niederlande und gründete 1984 mit David Palterer (geb. 1949) die Designfirma Alterego in Amsterdam. In den 80er Jahren wurde er für seine Möbeldesigns bekannt, so für den Stuhl *Bambi* (1988) mit seinen skurrilen Formen und ungewöhnlichen Materialkombinationen, sowie für seine mundgeblasenen Glaswaren, die in Murano für Sawaya & Moroni und in Novy Bor, in seinem Heimatland Tschechien, hergestellt wurden. Seitdem gestaltet er Möbel für Néotù, Driade, Sawaya & Moroni sowie **Vitra**, Glas für Quartett und Keramik für Sèvres. Šípek arbeitet im postmodernen Stil und lehnt den rationalistischen, industriellen Ansatz ab, da er der Überzeugung ist, dass dieser mit seinem Streben nach technischer Vollendung die »Funktion ignoriert und die Individualität des Menschen missachtet«. Für ihn sollte Design Ausdruck oder Interpretation der Kultur, in der es entsteht, und eher Kunst als Technik sein.

▸ Sessel *Trundling Turk Modell Nr. NF3400* für Tecta, ursprünglich entworfen 1954, neugestaltet 1994

Peter & Alison Smithson studierten von 1944 bis 1949 an der University of Durham in Newcastle-upon-Tyne Architektur. 1950 zogen sie nach London und wurden ein Jahr später Mitglieder des Team X, einer aus jungen Architekten bestehenden Gruppe, die sich von CIAM (Congrès Internationaux d'Architecture Moderne) abgespaltet hatte. In den 50er Jahren wurden die Smithsons international berühmt für ihre Entwürfe von Wohnungen und Stadtplanungen, darunter ihren Entwurf »Hauptstadt in Berlin« (1957–1958), das Gemeindebauprojekt Golden Lane in London sowie das Cluster-Cities-Projekt. Dieser Entwurf stieß auf besondere Resonanz, da er Gemeinden vorsah, die nicht in sich geschlossen, sondern durch ein Autobahnnetz miteinander verbunden waren. Ihre Architektur aus den 50er und 60er Jahren, darunter die Kathedrale von Coventry (1951) und die britische Botschaft in Brasilia (1964), spielte für das Aufkommen des Brutalismus eine wichtige Rolle. Sie waren aktive Mitglieder der **Independent Group**, die 1952 zur Untersuchung der amerikanischen Popkultur gegründet wurde. Gemeinsam mit anderen Mitgliedern nahmen sie an der Ausstellung »This is Tomorrow« 1954 in der Whitechapel Art Gallery in London teil. Im selben Jahr entwarfen sie den blockartigen Stuhl *Trundling Turk* und ein Jahr später den minimalistischen Stuhl *Pogo* aus Stahlrohr und Acryl. 1956 erschien der Kunststoffstuhl *Egg* für ihr »House of Tomorrow«.

Peter & Alison Smithson

Peter Smithson
geb. 1923 *Stocton-on-Tees, Großbritannien*

Alison Smithson
1928 *Sheffield*
1993 *London*

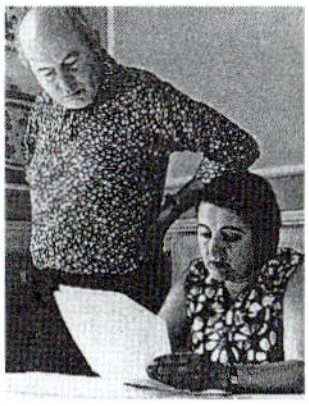

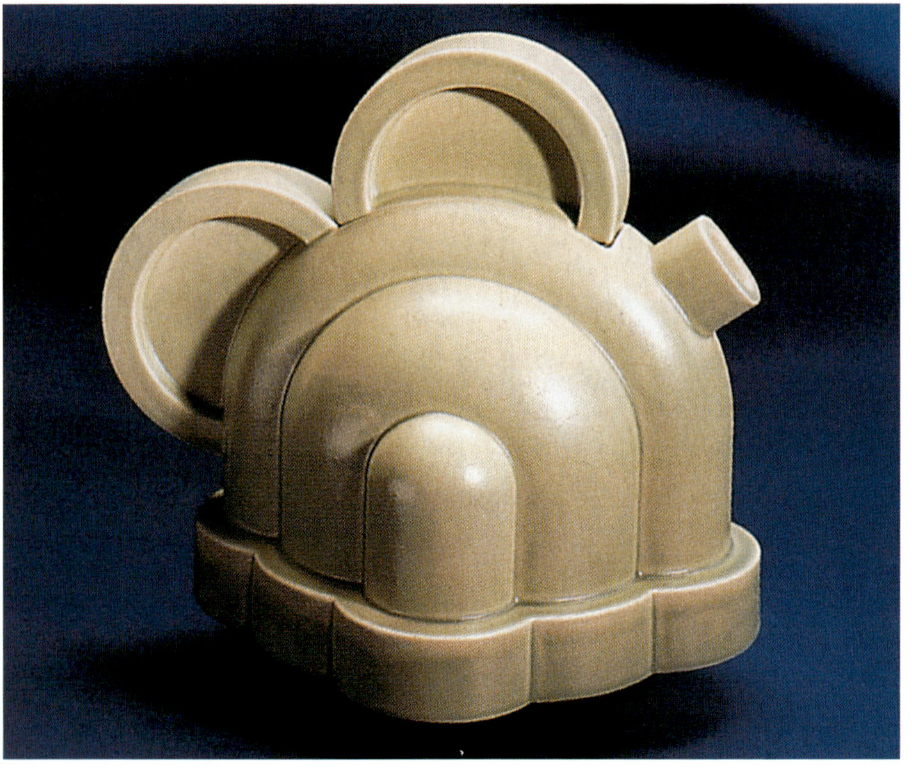

Ettore Sottsass

geb. 1917 *Innsbruck*

▲ Teekanne *Basilico* aus Keramik, 1969

Ettore Sottsass studierte von 1935 bis 1939 an der Technischen Hochschule Turin Architektur und schrieb schon als Student mit dem Turiner Designer Luigi Spazzanpan Artikel über Kunst und Innenarchitektur. Von 1942 bis 1945 diente er in der italienischen Armee und arbeitete nach dem Krieg in der Architektengruppe um **Giuseppe Pagano.** 1947 eröffnete er sein eigenes Büro The Studio in Mailand. 1956 ging er nach Amerika und war für kurze Zeit im Designbüro von **George Nelson** tätig, dem er bei einem System von Produktarchitektur, dem *Experimental House*, assistierte. Nach seiner Rückkehr nach Italien 1957 wurde er zum künstlerischen Leiter von Poltronova ernannt und beteiligte sich an der Gestaltung und Produktion von Möbeln und Leuchten, etwa den Tischen und Stühlen *Mobili Grigi* (1970) aus Glasfaser. Ab 1958 war er Designberater für **Olivetti** und gestaltete eine Reihe bekannter Produkte, so die Rechenmaschine *Logos 27* (1963), die Schreibmaschinen *Tekne 3* und *Praxis 48* (beide 1964) sowie gemeinsam mit **Perry King** die tragbare Schreibmaschine *Valentine* (1969), das Bürosystem *Syn-*

thesis (1973) und die elektrische Schreibmaschine *Lexicon 90* (1975). Sottsass' meist beachtetes Design für Olivetti war jedoch der Entwurf des Großrechners *Elea 9003* von 1959, für den er noch im selben Jahr einen **Compasso d'Oro** erhielt. 1956 hatte er begonnen, für das Geschäft von William Hunter in New York Keramik zu gestalten. Nach einer Indienreise 1961 entwarf er Keramikserien, die von östlichen Formen und der Transzendentalphilosophie inspiriert waren. Dazu gehörten *Ceramiche della Tenebre* (1963), die Serie *Offerta a Shiva* (1964) *Yantra* (1968), *Tantra* (1969) und die riesigen, an Totempfähle erinnernden *Indian Memories* (1972). 1967 veröffentlichte *Domus* eine Fotoserie von Sottsass mit dem Titel *Memoires di panna montata* (Erinnerungen an Schlagsahne), die ein visuelles Dokument des »Swinging London« war. Nach einer langen Vorlesungsreise durch Großbritanniens Universitäten erhielt er 1968 einen Ehrentitel vom **Royal College of Art, London**. Für die Ausstellung »Italy: The New Domestic Landscape« 1972 im **Museum of Modern Art, New York**, schuf er ein »House Environment« mit einem System von Prototypen aus grauen Glasfaser-Wohneinheiten, darunter eine Kochstelle mit Ofen, ein Waschbecken mit Spülmaschine, eine Dusche, eine Toilette, ein Regal mit Schrank, ein Sitz mit Bett sowie Kleiderschrankmodule. Als prominentes Mitglied der **Radical Design**-Bewegung wurde Sottsass 1973 Gründungsmitglied von **Global Tools.** 1976 lud ihn das Cooper Hewitt National Design Museum in New York zu einer Aus-

▾ *Mobili Grigi* für Poltronova, 1970

► Regal *Casablanca* für Memphis, 1981

stellung einer Reihe seiner Fotos von Gebäuden in der Wüste und den Bergen ein, die seine Ideen zu Architektur und Design verdeutlichten. Im selben Jahr organisierte das Internationale Design-Zentrum in Berlin eine große Retrospektive seiner Arbeit, die in Venedig, Paris, Barcelona, Jerusalem und Sydney gezeigt wurde. Die Stadt Berlin bat ihn 1978 um Entwürfe für den Neubau des Museums für Moderne Kunst und er nahm 1979 an **Studio Alchimias** Sammlung *BauHaus I* teil, für die er Möbel mit Kunststofflaminaten entwarf. 1981 baute er zusammen mit Renzo Brugola, Mario und Brunella Godani, Ernesto Gismondi (geb. 1931) und Fausto Celati in dem Versuch, das Radical Design wieder aufleben zu lassen, die Designgruppe **Memphis** auf. Als Anhänger des **Anti-Designs** und erfahrener Publizist wurde Sottsass Wortführer von Memphis, einer Gruppe, die sonst überwiegend aus jungen Designern bestand, die gerade erst ihren Abschluss gemacht hatten. Die erste Memphis-Ausstellung im Jahre 1981 im Ausstellungsraum Arc '74 in Mailand zeigte mehrere monumentale, bunte Entwürfe von Sottsass, darunter die Schrank-Regal-Kombinationen *Casablanca* und *Carlton* (beide 1981). Im selben Jahr gründete er mit anderen Memphis-Mitarbeitern wie Aldo Cibic (geb. 1955), **Matteo Thun** und **Marco Zanini** die Designagentur Sottsass Associati in Mailand. In den 80er Jahren entwarf das Büro die Innenausstattung der Fiorucci-Boutiquen gemeinsam mit **Michele De Lucchi**, der an der Planung der ersten Memphis-Ausstellung mitgearbeitet hatte. Darüber hinaus übernahm die Firma mehrere Bauaufträge, beispielsweise das Haus Wolf in Ridgeway, Colorado (1987–1988), das Esprit-Haus in Wels, Österreich (1987–1988), die Bar Zibibbo in Fukuoka, Japan (1988) und das Haus Cei in Florenz (1989–1992). Noch bis 1985 gestaltete Sottsass Möbel, Metallwaren und Glas für Memphis, löste die Gruppe aber 1988 auf. In den 80er

▼ Bürostuhl *Synthesis 45* für Olivetti, 1973

◂ Regal *Adesso Perro* aus lackiertem Holz und Glas aus der *Rovine Collection* für die Design Gallery Milano, 1992

◂ Keramikvase *Senza Spiegazioni* aus der *Rovine Collection* für die Design Gallery Milano, 1992

Jahren produzierte er auch Designs für andere Firmen, so Schmuck für Cleto Munari, Metallwaren für **Alessi**, Möbel, Glas und Keramik für die Design Gallery Milano und Geschirr für Swid Powell. Sottsass, den seine Partnerin, die Designkritikerin Barbara Radice (geb. 1943), als »Kulturnomaden« beschrieb, hatte während seiner gesamten Karriere einen »anthropologischen« Designansatz. Er nahm Elemente aus der populären Kultur und aus anderen Kulturen auf und ließ sich von seinen eigenen Erfahrungen inspirieren. Er war ein führendes Mitglied des Radical Designs der 70er Jahre und in den 80er Jahren wichtigster Vertreter der **Postmoderne** im Design. Sein Werk reicht vom Poetischen zum überschwänglich Bunten und spiegelt so den faszinierenden Charakter seines Schöpfers wider. Er hinterfragte grundsätzlich alles. Langeweile konnte man ihm nicht vorwerfen. 1994 zeigte das Pariser Centre Georges Pompidou eine große Retrospektive seines Werks und stellte Arbeiten aus seiner gesamten bemerkenswerten und kontroversen Karriere aus, die schon über vierzig Jahre währt.

George Sowden

geb. 1942 *Leeds/ West Yorkshire, Großbritannien*

George James Sowden studierte am Gloucester College of Art Architektur und machte 1968 seinen Abschluss. Er zog 1970 nach Mailand, arbeitete dort im Atelier von **Olivetti** als Berater und entwarf Rechenmaschinen und Computer gemeinsam mit **Ettore Sottsass**, der die Designabteilung der Firma leitete. Mit seiner Frau **Nathalie du Pasquier** eröffnete Sowden 1980 ein Designbüro in Mailand und wurde ein Jahr später Mitbegründer von **Memphis**. Er trug viel zum Design der Gruppe bei, von frühen Arbeiten mit wild gemusterten Laminaten und bunten Stoffen (oft von Nathalie du Pasquier entworfen) – darunter die Vitrine *D'Antibes* (1981), der Küchenschrank *Luxor* (1982), die Uhr *Metropole* (1982), der Stuhl *Mamounia* (1985) und der Tisch *Pierre* (1981) – bis zu späteren, eher zurückhaltenden Holzdesigns im **Craft-Revival**-Stil, darunter die Stühle *Liverpool* und *Gloucester* (beide 1986). Darüber hinaus entwarf Sowden Stoffe für Memphis, so *Quadro* (1983) und *Triangolo* (1983). Nach Auflösung der Gruppe im Jahr 1988 entwarf er teils mit du Pasquier, Tapeten für Rasch, Keramik für Swid Powell und Metall für **Alessi**. Zu den Kunden von Studio Sowden Design Associates gehörten außerdem Olivetti, Italtel und Shizuoka aus Japan. 1990 wurde Sowdens Werk in einer Wanderausstellung gezeigt, die von den Musées des Arts Décoratifs in Bordeaux, Marseille und Lyon organisiert wurde. Sieben Jahre später brachte Alessi seinen Taschenrechner *Dauphine* in kräftigen Farben heraus, der speziell für die Benutzung in der Küche entworfen worden war und mit seinen organischen Formen eine neue Richtung innerhalb seines Werkes bedeutete. Sowden erhielt den Smau-Preis und auch einen **Compasso d'Oro**.

▾ Vitrine *D'Antibes* für Memphis, 1981

▸ Freischwinger aus verschweißten Gasleitungen, 1926 (rekonstruiert von Tecta)

Mart Stam

1899 Purmerend, Niederlande
1986 Goldbach, Schweiz

Martinus Adrianus Stam studierte von 1917 bis 1919 in Amsterdam Bauzeichnen und war anschließend bis 1922 in einer Rotterdamer Baufirma als Zeichner tätig. Dann zog er nach Berlin, wo er mehrere führende **Avantgarde**-Architekten kennenlernte, darunter Hans Poelzig (1869–1936), Bruno Taut (1880–1938) und **El Lissitzky**. 1925 kehrte er über Paris nach Amsterdam zurück und konstruierte ein Jahr später einen Prototypen seines revolutionären Freischwingers aus verschweißten Gasleitungen. Beim Stuttgarter Architektentreffen 1926, bei dem die Ausstellung Weißenhof-Siedlung für 1927 geplant wurde, zeigte Stam Zeichnungen des Prototyps für einen Stuhl, die **Mies van der Rohe** zu seinen Designs – den Stühlen *MR10* und *MR20* (1927) – inspirierten; und **Marcel Breuer** und **Heinz & Bodo Rasch** taten es ihm gleich. 1927 gründete Stam mit seinen Landsleuten **Gerrit Rietveld** und **Hendrik Petrus Berlage** den Congrès Internationaux d'Architecture Moderne (CIAM). Von 1931 bis 1932 arbeitete er als Stadtplaner in Russland und entwarf, seiner sozialistischen Weltanschauung entsprechend, weiterhin funktionalistische Möbel. Der Freischwinger, erfunden von Stam und perfektioniert von Mies van der Rohe und Marcel Breuer, war eine der größten Errungenschaften im Design des 20. Jahrhunderts.

◄▼ Seiten aus dem Katalog »Das Neue Möbel« der Standard Möbel GmbH mit standardisierten Möbeln von Marcel Breuer, 1928

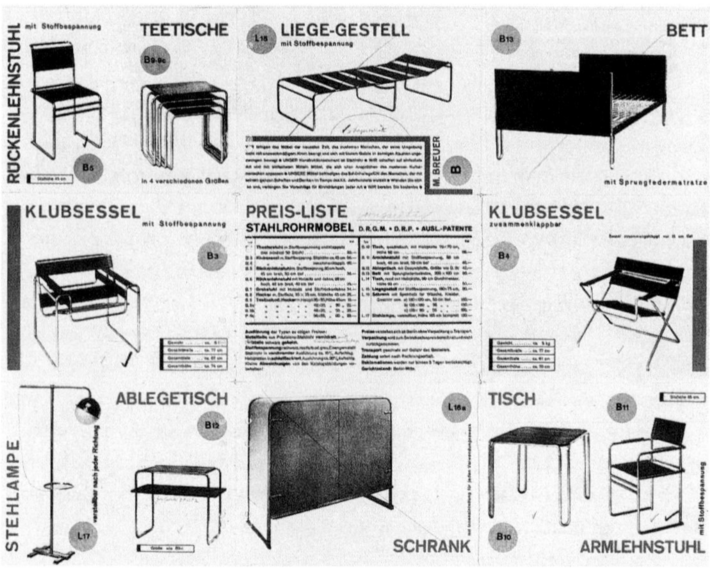

► Katalog von Thonet-Mundus mit standardisierten Möbeln von Marcel Breuer, 1931

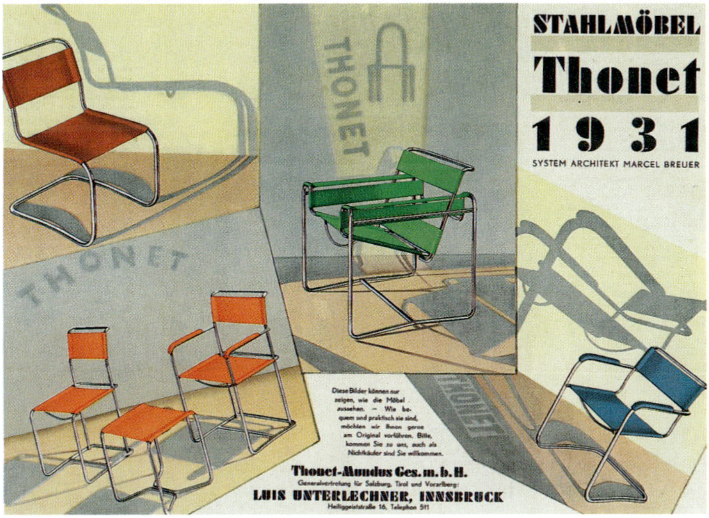

Standardization

Standardisierung

Die Standardisierung ist ein zentraler Aspekt der industriellen Massenproduktion, denn sie erlaubt es, Standardteile ohne große Veränderung zusammenzusetzen und für verschiedene Produkte anzuwenden. Die Vorzüge der Standardisierung sind klar: Sie erhöht die Produktivität und Hersteller können ihre Produkte geradezu »klonen«, was eine bessere Qualitätskontrolle ermöglicht. Mitglieder des **Deutschen Werkbunds**, wie Hermann Muthesius (1861–1927), setzten sich für die Standardisierung ein, denn sie sahen in ihr ein gutes Mittel zur Demokratisierung des Designs. In Deutschland gehörte die **AEG** zu den ersten Firmen, die ein durchgängiges Standardisierungssystem aufbauten. Ihre von **Peter Behrens** gestalteten Produkte ließen auf ein tief gehendes Verständnis moderner Herstellungstechniken schließen. Das **Bauhaus** in Dessau legte später besonderen Wert auf Standardisierung und Gestalter wie **Marcel Breuer**, **Gerhard Marcks** und **Wilhelm Wagenfeld** lieferten standardisierte Designs für die Massenproduktion. In Frankreich entwarf **Le Corbusier** einen standardisierten Wohnblock (1925) und eine Kollektion von Systemmöbeln (1928), zu denen standardisierte Modulschränke gehörten. In der Nachkriegszeit griffen Industriedesigner die Standardisierung erneut auf, da sie optimale Herstellungsmethoden bot und das Design kostengünstiger Produktsysteme ermöglichte. So hatten die Stuhlgruppe aus Kunststoffschalen (1948–1950) von **Charles & Ray Eames** und die Serie *Polyprop* von **Robin Day** (1962–1963) je eine standardisierte Sitzschale, die auf verschiedene Füße aufgesetzt werden konnte.

▸ Stuhl *Costes* für Driade, 1984

Philippe Starck

geb. 1949 *Paris*

▸ *Le paravent de l'autre* für Driade, 1992

Philippe Starck, Sohn eines Flugzeugbauers, studierte an der École Nissim de Camondo in Paris. 1965 gewann er den Möbelwettbewerb La Vilette und erhielt drei Jahre später zuerst von L. Venturi und später von **Quasar** den Auftrag, aufblasbare Möbel zu entwerfen. Noch im selben Jahr gründete er eine eigene Gesellschaft zur Herstellung dieser Einrichtungsgegenstände. 1969 wurde er künstlerischer Leiter des Ateliers Pierre Cardin und schuf 65 Möbeldesigns. In den 70er Jahren arbeitete er als freier Designer und schuf vor allem die Innenausstattungen für die Nachtklubs La Main Bleue in Montreuil (1976) und Les Bains Douches in Paris (1978). Nach einer Weltreise kehrte er nach Paris zurück und gründete 1980 die Herstellungs- und Vertriebsfirma Starck Products zur Kommerzialisierung seiner früheren Designs wie des Stuhls *Francesa Spanish* (1970), *Easy Light* (1977) und des Sofas *Dr. Von Vogelsang* (1978). 1982 erhielt er mit vier weiteren Designern den

Renommee verschaffenden Auftrag, die Neugestaltung der Privatwohnung des Präsidenten im Élysée-Palast zu beaufsichtigen und zwei Jahre später entwarf er die Innenausstattung des Café Costes in Paris. Diese beiden Projekte verhalfen ihm zu internationaler Bekanntheit. Starck gestaltete elegante, üppige Hoteleinrichtungen wie die New Yorker Hotels Royalton (1988) und Paramount (1990), die in der großen französischen Tradition der *décorateurs* stehen. Darüber hinaus stattete er zahlreiche Nachtklubs, Boutiquen (Kansai, Yamamoto, Bocage, Creeks und Hugo Boss) und Restaurants mit Möbeln, Leuchten, Türklinken, Vasen und anderen Objekten aus. Zahlreiche Möbeldesigns machten ihn berühmt, vom dreibeinigen Stuhl *Costes* (1984) und dem Stuhl *Dr. Glob* (1990) aus Spritzguss-Kunststoff bis zu dem eleganten Wannensessel *Lord Yo* (1994) und dem zusammenklappbaren Stuhl *Miss Trip* (1996), für Hersteller wie **Vitra**, Disform, Driade, Baleri, XO und Idée. Wie seinen Möbeln gab Starck auch seinen Leuchten und Produktdesigns sprechende Namen und sinnliche, anziehende Formen. Unter den wirtschaftlich erfolgreichsten Objekten waren die Tischleuchte *Ara* (1988) für Flos, die Zitronenpresse *Juicy Salif* (1990–1991), das Sieb *Max le Chinois* (1990–1991) und der Kessel *Hot Bertaa* (1990–1991) für **Alessi**. Neben dem

▲ *Dr. Glob*-Stühle und -Tisch für Kartell, 1990

◄ Tischleuchte *Ara* für Flos, 1988

▲ Kessel *Hot Bertaa* für Alessi, 1990–1991

►▲ Sieb *Max le Chinois* für Alessi, 1990–1991

► Zitronenpresse *Juicy Salif* für Alessi, 1990–1991

Design von Produkten ist Starck auch als Architekt tätig. Zu seinen Bauten zählen das Gebäude der Asahi-Brauerei in Tokio (1990), das skulpturale Gebäude Nani Nani in Tokio (1989), das Gebäude Le Baron Vert in Osaka (1992) und das Groninger Museum (1988–1993), an dessen Gestaltung er beteiligt war, sowie das Haus Le Moult in Paris (1985–1987), das Formentera-Haus auf den Balearen (1995), das Haus von Placido Arango Jr. in Madrid (1996) und schließlich das hölzerne Starck House (1994), dessen Baupläne von 3 Suisses vertrieben wurden. In dem Versuch, die Technologie menschlicher zu machen, hat Starck in den 90er Jahren Gebrauchselektronik gestaltet. Das Fernsehgerät *Jim Nature* (1994) für Saba nutzt auf innovative Weise für das Gehäuse anstelle von Kunststoff Pressspan. Zudem entwarf er das Motorrad *Moto 6,5* (1995) und den Prototypen eines Motorrollers für Aprilia. Heute räumt Starck ein, dass viele der Designs aus den 80er und frühen 90er Jahren, seine Arbeiten eingeschlossen, narzisstisches »Über-Design« gewesen seien, das von Neuartigkeit und Mode diktiert war. Er setze sich heute viel mehr für die Dauerhaftigkeit von Produkten ein und stelle fest, dass dies im heutigen Design die Hauptsache sei, was nur erreicht werden könne, wenn Moralität, Aufrichtigkeit und Objektivität zum wesentlichen Teil des Designprozesses würden. Darüber hinaus ist er der Ansicht, dass es die Rolle des Formgebers sei, mit weniger Aufwand mehr »Glück« auszulösen.

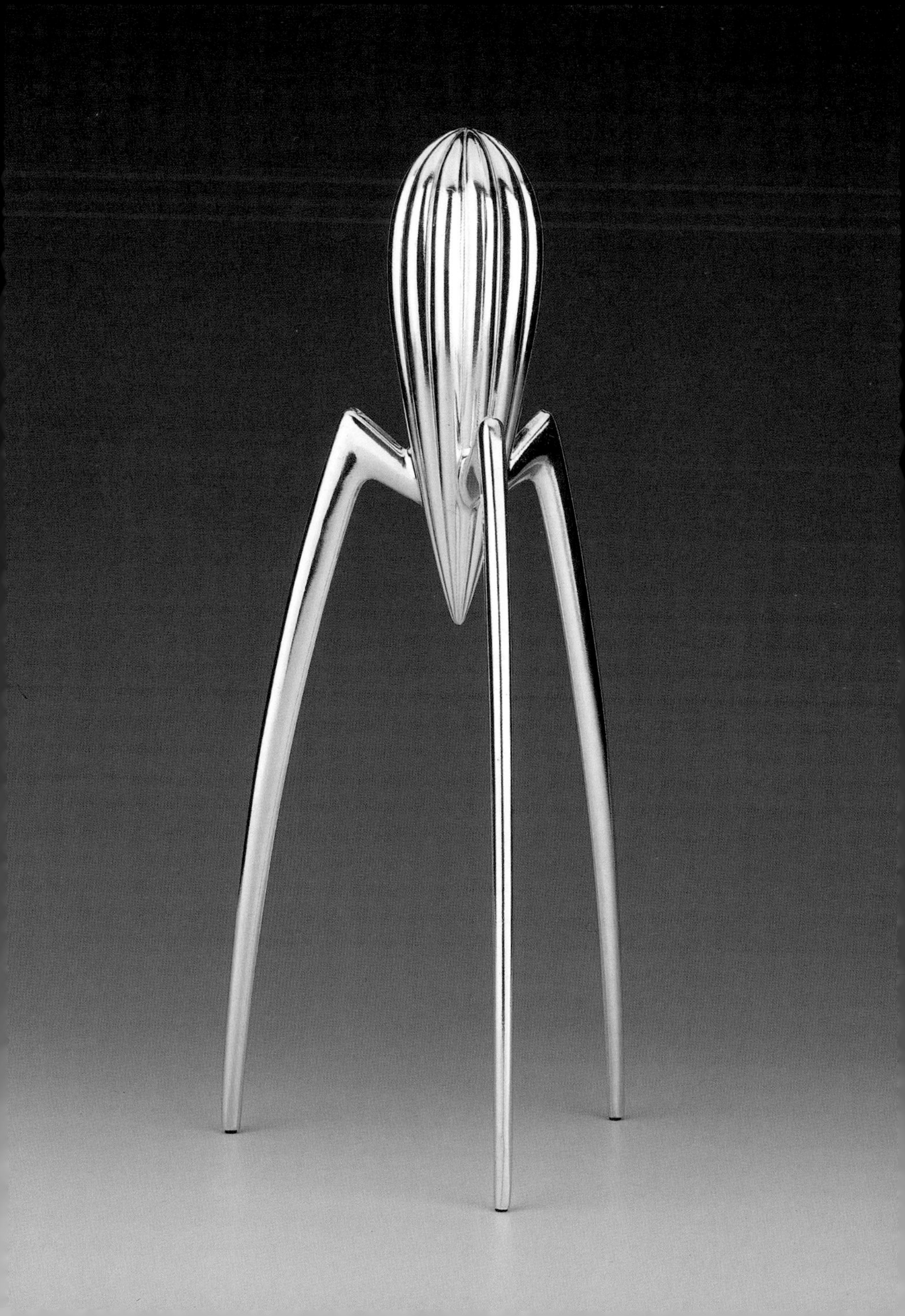

Varvara Stepanova

Warwara Stepanowa

1894 *Kowno, Russland*
1958 *Moskau*

Warwara Stepanowa studierte von 1910 bis 1911 an der Kunstschule in Kasan, zog 1912 nach Moskau um und studierte dort von 1913 bis 1914 an der Stroganoff-Kunstschule. Ab 1918 besuchte sie das Izo NKP (die Kunstabteilung des Narkompros). In Moskau war sie aktives Mitglied der **Avantgarde** und arbeitete als Malerin und Buchillustratorin. 1922 entwarf sie Kostüme für das Theaterstück »Tarelkins Tod«, die für ihr funktionales Modedesign beispielhaft waren. Wie ihr Mann **Alexander Rodtschenko** war sie eine führende Persönlichkeit der konstruktivistischen Bewegung und entwarf von 1923 bis 1924 Textilien für die Erste Staatliche Textildruckfabrik in der Nähe von Moskau. In dieser Zeit entwarf sie 150 ausgesprochen geometrische Stoffe, von denen etwa 25 in die Produktion gingen. Von 1924 bis 1925 war sie bei den **Wchutemas** (Höhere Staatliche Künstlerisch-Technische Werkstätten) Professorin für Textilgestaltung und arbeitete von 1923 bis 1928 auch für die Zeitschriften *LEF* und *Nowyi LEF*. Ab etwa 1925 konzentrierte sich Stepanowa auf die Grafik und arbeitete mit Rodtschenko an der Gestaltung von Plakaten, Büchern, Zeitschriften und Typographien. Gemeinsam waren sie Wegbereiter der Fotomontagetechnik mit expressiven, propagandistischen Bildern. In den 30er Jahren gestaltete sie Entwürfe für die Zeitschrift *UdSSR im Aufbau* und produzierte weiterhin dynamische Fotomontagen, die mit Nachdruck politische Botschaften vermittelten.

▲ Vorsatzpapier für Wladimir Majakowskis Buch *Groznij smech*, 1932

Gustav Stickley

1857 Osceola, Wisconsin, USA
1942 Syracuse, New York

Gustav Stickley lernte bei seinem Vater ab 1869 Steinmetz, emigrierte 1875 nach Amerika und arbeitete in Pennsylvania in der Fabrik seines Onkels, die sich auf die Produktion von Stühlen mit Sitzen aus Rohrgeflecht spezialisiert hatte. 1884 eröffnete er mit seinen Brüdern Albert (1862–1928) und Charles (ca. 1865–1928) die Stickley Brothers Company in Binghampton, New York, und vier Jahre später kamen auch die beiden jüngeren Brüder Leopold (1869–1957) und John George (1871–1921) dazu. Das Unternehmen stellte hauptsächlich Stilmöbel her. Gustav interessierte sich jedoch für die reformerischen Ideen von John Ruskin (1819–1900) und **William Morris** und reiste 1898 nach Europa, wo er **Charles F. A. Voysey** kennen lernte und die Werke anderer Designer der britischen **Arts-&-Crafts-Bewegung** sah. Nach seiner Rückkehr baute er unabhängig die Gustav Stickley Company in Syracuse in der Nähe von Eastwood, New York, auf und erweiterte die Firma 1901 zu United Crafts. Sie sollte ursprünglich als Gilde mit Gewinnbeteiligung der Kunsthandwerker geführt werden, deren Werkstätten mit Holz aus einem eigenen Sägewerk in den Adirondacks versorgt werden sollten. Als der Betrieb wuchs, erhielten die Kunsthandwerker jedoch keine Firmenaktien mehr und das Unternehmen wurde umstrukturiert und in Craftsman Workshops umbenannt. Die Firma war weithin für ihre gut gearbeiteten,

▼ Buffet aus Eichenholz für die Craftsman Workshops, ca. 1902–1903

◂ Leuchter aus Schmiedeeisen und gehämmertem Kupfer für die Craftsman Workshops, ca. 1905

soliden und schlichten Eichenmöbel im Missionsstil bekannt. 1901 gründete Stickley die Zeitschrift *The Craftsman*, um diese Art der Arbeit und die sozialistischen und künstlerischen Ideale der Arts-&-Crafts-Bewegung in Amerika zu verbreiten. Ein Jahr später eröffnete er eine Metallwerkstatt, die Beschläge für die Möbel sowie Leuchter, Vasen, Plaketten und Blumenbänke herstellte. 1903 stieß Harvey Ellis (1852–1904) hinzu und schuf Entwürfe, häufig mit Metalleinlagen, die raffinierter waren als die von Stickley. Die Produkte der Werkstätten wurden durch Kataloge vertrieben und 1913 wurde in New York ein zwölfstöckiges Ausstellungsgebäude eröffnet. Hiermit hatte sich die Firma jedoch übernommen und ging 1915 in Konkurs. Später ging sie in dem Unternehmen L. J. G. Stickley auf.

Gunta Stölzl

1897 München
1983 Küßnacht, Schweiz

Adelgunde »Gunta« Stölzl studierte von 1913 bis 1917 an der Kunstgewerbeschule in München, arbeitete ein Jahr lang in einem Feldlazarett und nahm nach dem Ersten Weltkrieg ihre Studien am Staatlichen **Bauhaus** in Weimar wieder auf. Sie wurde zunächst von Paul Klee (1879–1940) unterrichtet und nahm an **Johannes Ittens** Vorkursen teil. In der Weberei produzierte sie Rücken und Sitz für einen Stuhl von **Marcel Breuer** (1921) und entwarf Stoffe für **Walter Gropius'** Haus Sommerfeld (1921–1922). Um 1923 machte sie ihre Gesellenprüfung und nahm 1924 Kurse in Färbungs- und Produktionsmethoden an der Fachschule für Textil-Industrie in Krefeld. Im selben Jahr eröffnete sie die Webereiwerkstätten Ontos in Herrliberg bei Zürich, die sie neun Monate lang leitete. 1925 ging sie zurück an das Bauhaus und wurde Meisterin in der Weberei, die sie bis 1927 leitete. Während ihrer Amtszeit baute sie Kontakte zu Firmen auf, die die Bauhaus-Stoffe herstellten und verkauften. Nachdem sie 1931 das Bauhaus verlassen hatte, gründete sie mit ihren ehemaligen Schülern Gertrud Preiswerk und Heinrich-Otto Hürlimann die Firma S-P-H-Stoffe in Zürich. Dieses Atelier mit Weberei produzierte Teppiche und Polsterstoffe für Wohnbedarf und für andere Firmen. Ab 1937 führte sie die Werkstatt alleine weiter und beteiligte sich 1939 an der Schweizer Nationalausstellung. In den 50er Jahren stellte sie Gobelins her. Sie schloss ihr Atelier 1967. Stölzl war die wichtigste Textildesignerin am Bauhaus und machte in ihrer Laufbahn den entscheidenden Übergang vom Kunsthandwerk zur industriellen Produktion mit.

◂ Aquarellierter Entwurf für einen Stoff, ca. 1925–1926

Marianne Straub

geb. 1909 *Amriswil, Schweiz*

Marianne Straub lernte schon als Kind weben und wurde von 1928 bis 1931 an der Kunstgewerbeschule in Zürich bei Heinrich-Otto Hürlimann, einem Schüler von **Gunta Stölzl,** ausgebildet. Straub, die sich mehr für industrielle als für kunsthandwerkliche Textilherstellung interessierte, zog dann nach England, wo sie am Bradford Technical College studierte und von 1932 bis 1933 die Arbeit am elektrischen Webstuhl erlernte. Sie arbeitete auch kurz in Ethel Mairets (1872–1952) Werkstatt Gospels in Ditchling, die für ihre handgewebten Stoffe und natürlichen Farben bekannt war. Von 1934 bis 1937 war Straub Designberaterin für das Rural Industries Board, das die Interessen der walisischen Wollfabriken vertrat. Durch ihr technisches Wissen und ihre modernen Designs, zu denen auch Polsterstoffe für **Gordon Russell** gehörten, konnte sie die zurückgehende Webereiindustrie in Wales wieder beleben. 1937 wurde sie zur Chefdesignerin der Textilfirma Helios, einer Tochtergesellschaft von Barlow & Jones in Bolton ernannt. Sie entwarf eine moderne Kollektion bedruckter und gewebter Stoffe für die Firma. 1947 wurde sie Geschäftsführerin von Helios, die 1950 von Warner & Sons übernommen wurde. Sie wurde eingeladen, an dem Festival Pattern Group teilzunehmen, das vom Direktor des Council of Industrial Design, Mark Hartland Thomas, für das Festival of Britain eingerichtet wurde. Das biomorphe Muster ihres Vorhangstoffs *Surrey* aus Rayon und Wolle (1951), das sie speziell für die Ausstellung entworfen hatte, war von den Färbungslinien bestimmter Kristalle inspiriert und reflektierte das weit verbreitete Interesse an Kristallographie und molekularer Chemie. Straub gestaltete auch Stoffe für Heals und Tamesa Fabrics und lehrte am **Royal College of Art** sowie an der Central School of Arts & Crafts in London.

▾ Vorhangstoff *Surrey* für Warner & Sons, 1951

► Streamline-Lampe *Jumo* aus Bakelit für Jumo Brevete, Paris, 1945

Streamlining

Streamlining, die Verwendung abgerundeter, glatt polierter, häufig tropfenartiger Formen, wurde zunächst in der Transporttechnologie des frühen 20. Jahrhunderts für Schiffe, Flugzeuge und Autos angewandt, um die hydrodynamische und aerodynamische Leistung bei hohen Geschwindigkeiten zu verbessern. In den 30er Jahren wurden diese Stromlinienformen nicht mehr nur für funktionale Zwecke verwendet, sondern auch benutzt, um Haushaltsprodukten ein elegantes, anziehenderes Aussehen zu verleihen. In Amerika bedeutete der Zusammenbruch der Börse an der Wall Street im Jahr 1929 und die mit der Weltwirtschaftskrise einhergehende Einführung von Festpreisen durch die National Recovery Acts im Jahr 1932, dass Hersteller auf einem Markt mit starker Konkurrenz arbeiten mussten. Anstatt in die Entwicklung neuer Produkte zu investieren, stellten viele Firmen Designer an, die bereits existierenden Produkten durch Umgestaltung oder »Streamlining« ein neues Aussehen gaben. Das Streamlining

◂ **Ben Bowden**, »Bicycle of the Future« (batteriebetrieben), gezeigt in der Abteilung »Design for the Future« der Ausstellung »Britain Can Make It«, 1946

hatte zum Ziel, ihre Waren von denen der Konkurrenz abzuheben. Jährliche Umgestaltungsprogramme beschleunigten den Lebenszyklus der Güter, wodurch die Verkaufszahlen erhöht wurden. Interessanter Weise hatten viele amerikanische Designer, die für ihre Streamlining-Designs bekannt wurden, vorher als Modezeichner, Bühnenbildner oder Werbegrafiker gearbeitet, so **Raymond Loewy**, **Norman Bel Geddes**, **Henry Dreyfuss** und **Walter Dorwin Teague**. Mit Hilfe von Tonmodellen entwickelten sie stromlinienartige, modern wirkende Formen, die für eine ganze Reihe von Gebrauchsgütern genutzt werden konnten, darunter Kühlschränke, Staubsauger, Radios, Kameras und Telefone. Viele dieser Gehäuse bestanden aus Bakelit, einem Kunststoff, der für Stromlinienformen außerordentlich gut geeignet war. 1934 wurde Loewys stromlinienförmiger Kühlschrank *Coldspot* für Sears das erste Haushaltsgerät, das für sein Aussehen, nicht seine Leistung vermarktet wurde. In den 40er Jahren war das Streamlining weit verbreitet und seine Designer sehr berühmt. Loewy war der erste Designer, dessen Porträt mit dem Begleittext »He streamlines the sales curve« (er macht die Verkaufskurve stromlinienförmig) 1949 auf dem Cover der Zeitschrift *Time* abgebildet wurde. Das Streamlining verlieh den Produkten einen höheren Wert und verhalf der herstellenden Industrie in Amerika über erhöhte Verkaufszahlen zu einer Wiederbelebung und steigenden Gewinnen.

◂ **Bill Stumpf & Don Chadwick**, Bürostuhl *Equa* für Herman Miller, 1984

Bill Stumpf

geb. 1936 *St. Louis, Missouri, USA*

Bill Stumpf wurde an der University of Illinois zum Industriedesigner ausgebildet. Er studierte bis zu seinem Abschluss 1968 an der University of Wisconsin Umweltdesign. **Herman Miller** beauftragte ihn anschließend, einen bequemen, preiswerten Bürostuhl zu entwerfen, der zusammen mit **Robert Propsts** Bürokonzept *Action Office II* verkauft werden sollte. Das Resultat *Ergon* (1970) war einer der ersten Bürostühle, der nach ergonomischen Prinzipien gestaltet war. Von 1970 bis 1973 war Stumpf stellvertretender Leiter der Forschungsabteilung von Herman Miller, dann baute er seine eigene Design-Beraterfirma in Winona, Minnesota auf. 1977 tat er sich mit **Don Chadwick** zusammen. Sie entwarfen gemeinsam die nächste Generation von Bürostühlen für Herman Miller: die Kollektion *Equa* (1984). Im selben Jahr gestaltete Stumpf das offene Bürosystem *Ethospace* und zusammen mit Chadwick 1992 den revolutionären Stuhl *Aeron*, der wegen seiner atmungsaktiven Gittersitzfläche ohne im Herstellungsprozess zeitraubende Polsterung auskommt und daher eine Produktionszeit von nur einer Minute hat. Wie seine Vorgänger **George Nelson** und Robert Propst ist auch Stumpf ein begabter Erfinder, dessen Werk für die Produktpalette von Herman Miller und für Büroeinrichtungen allgemein eine wichtige Rolle spielte.

► Teller (vorrevolutionär), bemalt mit suprematistischem Motiv für die Staatliche Porzellanfabrik in Petrograd, 1923

Nikolai Suetin

1897 *Kalushshaya Gubenia, Russland*
1954 *Leningrad*

Nikolai Michailowitsch Suetin studierte von 1918 bis 1922 bei **Kasimir Malewitsch** an der Kunstschule Witebsk. Er wurde 1920 Mitbegründer von Malewitschs Künstlergruppe Posnowis (später Unowis) und zog 1922 mit einigen anderen Designern nach Petrograd, wo er ab 1923 für die staatliche Porzellanmanufaktur Entwürfe anfertigte. In dieser Zeit gestalteten Suetin und Malewitsch gemeinsam mehrere suprematistische Baukonstruktionen, die als »Architektona« und »Planite« bekannt wurden. Von 1923 bis 1926 leitete Suetin auch die Abteilung für Allgemeine Ideologie des Inchuk (Staatliches Institut für Künstlerische Kultur) in Petrograd. 1925 nahm er an der »Exposition Internationale des Arts Décoratifs et Industriels Modernes« teil und arbeitete von 1927 bis 1930 in den Versuchswerkstätten des Kunstgeschichtlichen Instituts in Leningrad, wo er zahlreiche Entwürfe für Möbel und Bauwerke fertigte. Von 1932 bis 1954 war er künstlerischer Leiter der Staatlichen Prozellanfabrik Lomonosow, wo er erst suprematistische Keramik und später volkstümliche Designs fertigte. Als führender Vertreter der russischen **Avantgarde** entwarf er darüber hinaus die sowjetischen Pavillons für die »Exposition Internationale des Arts et Techniques dans la Vie Moderne« 1937 in Paris und für die Weltausstellung 1939 in New York.

◂ Armlehnstuhl aus gebogenem Sperrholz für die Makers of Simple Furniture, 1933–1934

Gerald Summers

1899 *Alexandria, Ägypten*
1967 *Barnet/London*

Gerald Summers studierte als Teil des Lehrplans am Eltham College Tischlerei und trat, nachdem er die Schule 1915 verlassen hatte, im Alter von 16 Jahren eine einjährige Lehre bei der Maschinenbaufirma Ruston, Proctor & Co. in Lincolnshire an. 1916 meldete er sich freiwillig und begann während des Frankreichfeldzugs, über die »Handhabung von Holz und die Gestaltung mit Holz« nachzudenken. Nach 1918 wurde er einer der Leiter der Field and Air Division von Marconis Wireless Telegraph Co. Ltd. Dort lernte er seine spätere Ehefrau und Kollegin Marjorie Amy Butcher kennen. Auf deren Wunsch nach einer Neugestaltung ihrer Wohnung entwarf Summers eine Frisierkommode und einen Schrank. Dieses Projekt gab ihm neuen Auftrieb und 1932 eröffnete das Paar die Firma Makers of Simple Furniture in der Fitzroy Street in London. Die Firma stellte Möbel aus geformten Sperrholz her, deren Arbeit von Jack Pritchard, dem Besitzer von Isokon, gefördert wurde. 1933 begann Summers mit dünnem, flexiblem Flugzeugschichtmaterial zu experimentieren, das es ihm erlaubte, innovative, organischere Konstruktionen zu schaffen, wie einen Armlehnstuhl aus einem Stück (1933–1934). Aufgrund kriegsbedingter Materialknappheit musste die Firma 1940 geschlossen werden.

► Tisch *Quaderna* für Zanotta, 1971, entwickelt aus Superstudios Projekt »Istogrammi d'architettura« von 1969, bei dem Kunststofflaminate mit Gittermustern von Abet verwendet wurden

Superstudio

gegründet 1966
Florenz

Superstudio wurde im Dezember 1966 von Adolfo Natalini (geb. 1941) und Cristiano Toraldo di Francia (geb. 1941) in Florenz gegründet, ursprünglich für theoretische Forschung zu Stadtplanung und Systemdesign. 1966 war auch das Jahr des großen Arno-Hochwassers. In gewisser Hinsicht symbolisierten beide Ereignisse die Zerstörung der traditionellen Kultur. Superstudio hinterfragte die Gültigkeit des **Rationalismus** im Design und versuchte, die Stadt als System sozialer Hierarchien durch »einen neuen, freien, egalitären Staat« zu ersetzen. Die provokativen Projektionen von »Superstrukturen« wie »Il momento continuo« (1969) präsentierten eine traumartige Welt ohne Konsumgüter, in der Architektur entweder unzweckmäßig und selbstzerstörend wäre, oder aber symbolischen Charakter hätte. Die Gruppe nahm an zwei »Superarchitettura«-Ausstellungen in Pistoia (1966) und Modena (1967) teil und arbeitete 1970 mit der Gruppo 9999 an der Einrichtung der Separate School for Expanded Conceptual Architecture (Sine Space School). In den frühen 70er Jahren traten Alessandro Magris (geb. 1935), Roberto Magris, Gian Pietro Frassisinelli und Alessandro Poli der Gruppe bei und 1972 beteiligte sie sich in der Abteilung »Counterdesign as Postulation« an der Ausstellung »Italy: The New Domestic Landscape« im **Museum of Modern Art, New York**. Superstudios Arbeiten – oft mit gitterartigen Mustern versehen, die die Unendlichkeit symbolisieren sollten – waren für die Entstehung des **Radical Designs** von großer Bedeutung.

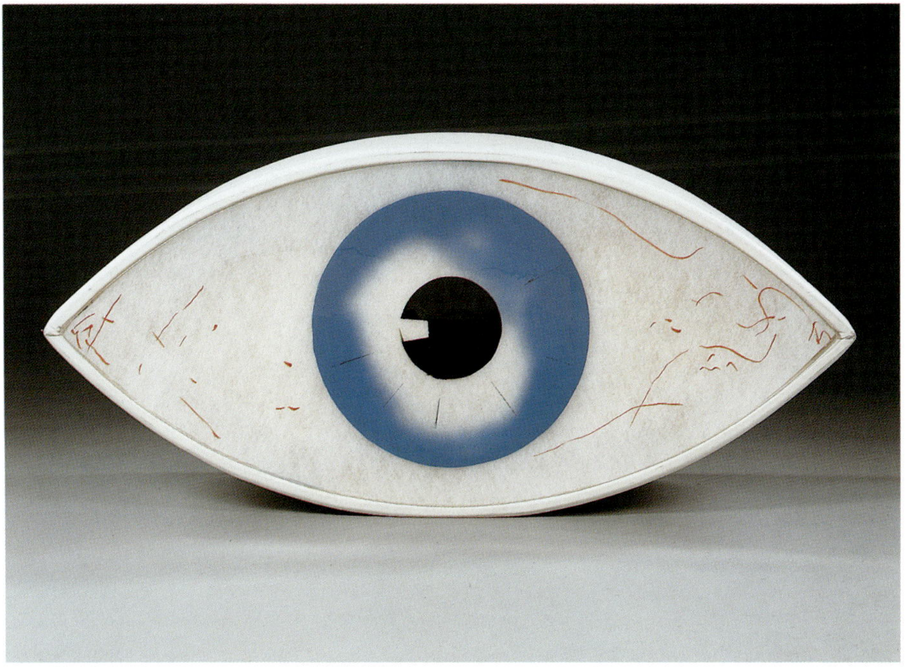

Surrealism

Surrealismus

Der Surrealismus ging direkt aus Sigmund Freuds (1856–1939) Untersuchungen zum Unterbewussten und zur Traumdeutung hervor. Als künstlerische Bewegung kann er auch als Weiterentwicklung von Symbolismus und Dada verstanden werden, die er ablöste. Der Dichter Guillaume Apollinaire (1880–1918) gilt als Erfinder der Bezeichnung im Jahre 1917 und der Dichter André Breton (1896–1966) schrieb 1924 das *Manifeste du Surréalisme*. In diesem Manifest definierte er den Surrealismus als eine rein psychische Automatisierung, durch die der tatsächliche Gedankenvorgang ausgedrückt werden solle. In den 20er Jahren schufen Surrealisten wie Salvador Dalí (1904–1989) und Man Ray (1890–1976) Assemblagen, die Objektivität mit Subjektivität verbinden sollten, Vernunft mit Unsinn und das Bewusstsein mit dem Unterbewussten. Die surrealistische Bewegung wurde in den 30er Jahren immer politischer und viele ihrer Vertreter wurden in der kommunistischen Partei aktiv. Ihr antirationalistischer Ansatz wandte sich gegen das vorherrschende Verständnis dessen, was Kunst oder Design sein könne und verwischte die Unterschiede zwischen beiden. Salvador Dalís Sofa *Mae West* von ca. 1936 kann beispielsweise als funktionales Kunstwerk gesehen werden.

▲ **Man Ray**, Stuhl *Le Témoin* (der Zeuge) für Gavina, 1971

Swiss School

Schweizer Schule

Schweiz

Die Bezeichnung Schweizer Schule bezieht sich auf einen typographischen Stil, der vor und während des Zweiten Weltkriegs in Zürich und Basel entwickelt wurde. Da die Schweiz im Krieg neutral blieb, konnten Schweizer Formgeber die typographischen Theorien weiterverfolgen, die am **Bauhaus** entwickelt worden waren. Ernst Keller (1891–1968), der ab 1918 an der Kunstgewerbeschule in Zürich lehrte, hatte sich schon früh einen nationalen Ruf für hervorragende typographische Qualität aufbauen können. Sein Schüler Theo Ballmer (1902–1965), der am Bauhaus ausgebildet war, verband einen rationalen Ansatz mit Raumprinzipien, die vom **De Stijl** inspiriert waren. Er schuf auch ein Rastersystem für das Layout. Die Grafik der Schweizer Schule aus den 20er Jahren zeichnete sich durch die Verwendung von Fotomontagen und neuen Schriften (serifenlosen Schriften) aus. In den 30er Jahren stellte **Max Bill** der Schweizer Schule eine Form des asymmetrischen Layouts vor, die vom **Konstruktivismus** beeinflusst war. Für die Schweizer Schule war die Verwendung serifenloser Schriften – gelegentlich auch als »Internationaler Grafikstil« bezeichnet – in den 30er und 40er Jahren typisch ebenso wie »weiße Stellen« und »objektive Fotografie« (im Sinne von realistischen Bildern). Die daraus hervorgehende reduktivistische Ästhetik war genau, direkt und klinisch. Die Grafik der Schweizer Schule wurde 1939 auf der »Schweizer Nationalausstellung« gezeigt, und ihr Einfluss verbreitete sich in den 60er Jahren international durch die Zeitschrift *New Graphic Design*, die 1959 gegründet wurde. Der Erfolg der Schriften der Schweizer Schule, wie der von **Adrian Frutiger** 1954 entwickelten *Univers* oder der 1957 von Max Mieddinger (1910–1980) neu gestalteten *Helvetica*, trug viel zu ihrem internationalen Ruf bei. In den 60er Jahren nahmen Karl Gerstner (geb. 1930) und Wolfgang Weingart (geb. 1941) ihre Experimente mit ausdrucksvolleren Kompositionen auf.

▼ **Karl Gerstner**, Plakat *auch Du bist liberal*, 1959

◂◂ Podesttisch *Pi* für Néotu, 1984

◂ Glas *Perrier* für Perrier, 1996

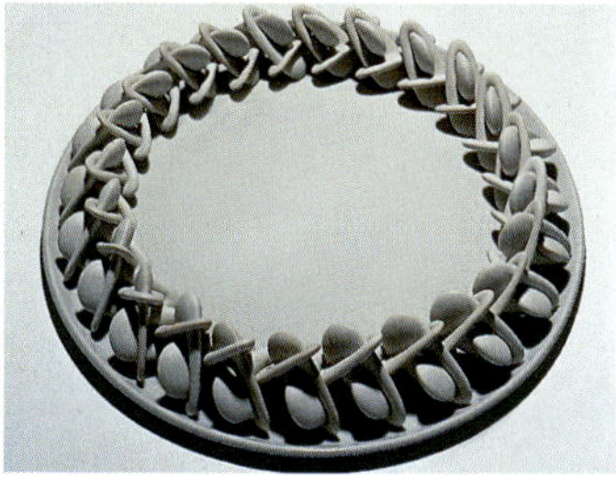

◂◂ Tischdekoration aus Biskuit aus der *Collection Satragno* für CRAFT (Centre de Recherche sur les Arts du Feu et de la Terre) von Limoges, 1994

◂ Aktentasche *Message* für Maroquinerie Delvaux, 1992

Martin Székely

geb. 1956 *Paris*

Martin Székely studierte an der École Estienne und später an der École Boulle in Paris. Im Jahr 1979 wurden 25 der Möbelstücke, die er für Souvagnat entworfen hatte, im Salon du Meuble in Paris ausgestellt. Anschließend gestaltete er 1983 die Chaiselongue *Pi* für VIA. Néotu brachte zwei Jahre später die *Pi*-Kollektion auf den Markt. Diese frühen Entwürfe besaßen stark grafische Eigenschaften und waren der Inbegriff des eleganten Matt Black-Stils. In den späten 80er Jahren wurden Székelys Möbel plastischer und bunter, wie sein Stuhl *Marie-France* für Néotu (1989) deutlich zeigt. Darüber hinaus gestaltete er Inneneinrichtungen für das Musée de Picardie in Amiens (1986–1992), die Boutique Régina Rubens in Paris (1992) und das Commissariat de Police in La Courneuve (1992), das direkte, elementare Formen besitzt. 1992 entwarf er das Podium für die Winterolympiade in Albertville und zwei Jahre später Bänke für **Mario Bottas** Kathedrale von Évry. In den 90er Jahren produzierte er darüber hinaus viel beachtete Industriedesigns, wie eine Kollektion von Straßenmöblierung für JC Decaux, die aus Beleuchtungen, einer Telefonzelle, öffentlichen Informationsständen, Bänken, Pollern und Beschilderungen besteht.

Kazuhide Takahama

geb. 1930 *Mijasaki, Japan*

Kazuhide Takahama studierte bis 1953 an der Universität in Tokio Architektur und machte 1953 seinen Abschluss. Er nahm das funktionalistische Designprinzip der **Moderne** auf, behielt aber eine typisch japanische Sensibilität gegenüber Material und Ästhetik. Bei der X. Mailänder Triennale 1954 lernte er den Möbelhersteller Dino Gavina kennen, der ihn einlud, in Italien für seine Firma zu arbeiten. Takahamas erstes Design für Gavina war das streng geometrische Schlafsofa *Naeko* (1957). Seine modulare Schrankwand *Dadà* (1965) war ebenfalls sehr rational und bestand entweder aus stapelbarem Holz oder Würfeln aus Spritzguss-Kunststoff. 1965 produzierte er die skulpturalen Sitzkollektionen *Suzanne*, *Raymond* und *Marcel*, die nach Marcel Duchamp (1887–1968) und seinen Geschwistern benannt waren und aus Polyurethanschaumblöcken bestanden. Drei Jahre später gestaltete er das System *ESA* (1968) aus achteckigen Polyschaumblöcken, die zu Betten, Sofas oder Sesseln zusammengestellt werden konnten. Außerdem entwarf er Möbel aus einfachen geometrischen Sperrholzelementen mit traditionellen Lackoberflächen, so den Stuhl *Kazuhide* (1968), den Tisch mit herunterklappbaren Seitenteilen *Antella* (1978) und den Schrank *Bramante* (1973). Gleichzeitig entwarf er mehrere innovative Leuchten für Gavina, darunter die Kollektion *Saori* (1973), eine Hommage an den Künstler Lucio Fontana (1899–1968).

▲ Sitzmöbel *Suzanne* für Gavina und Knoll International, 1965

Roger Tallon

geb. 1929 *Paris*

Roger Tallon studierte von 1947 bis 1949 in Paris Elektrotechnik und arbeitete anschließend von 1951 bis 1953 als Formgeber im Studio Avas. Dann lernte er den Industriedesigner und Theoretiker Jacques Viénot (1893–1959) kennen und trat der Designagentur Technès bei, wo er 1960 Forschungsleiter wurde. In dieser Zeit gestaltete er zahlreiche innovative Produkte, z. B eine Kamera für SEM (1957 & 1961), eine Schreibmaschine für Japy (1960), einen tragbaren Fernseher für Téléavia (1963), die Möbelkollektion *Module 400* (1964) und eine aus Komponenten bestehende Wendeltreppe aus poliertem Aluminium für Lacloche (1966), Trinkgläser für Daum (1970) und die Armbanduhr *Chronograph X* für LIP (1973). Daneben arbeitete er als Berater und entwarf von 1957 bis 1964 Frigidaire-Kühlschränke für General Motors. Ab 1963 unterrichtete er an der ENSAD (École Nationale Supérieure des Arts Décoratifs) und eröffnete zehn Jahre später die interdisziplinäre Designagentur Design Programmes SA. Ende der 60er, Anfang der 70er Jahre wurde Tallon international für seine Designs im Transportbereich berühmt. Zu ihnen gehören Entwürfe für die U-Bahn in Mexiko City (1969) und die Lokomotive *Corail* (1977) für die SNCF. Gemeinsam mit **Pierre Paulin** und Michael Schreiber (geb. 1950) gründete er 1983 die Design-Gesellschaft ASDA+Partners und entwarf weiterhin Züge, darunter den Schnellzug *TGV-Atlantique* (1988) für die SNCF und den Pendelzug *Trans-Euro-Star* für Euro-Tunnel (1987). Schon 1973 wurde er zum Honorary Royal Designer for Industry in London ernannt, und er erhielt 1985 den nationalen französischen Grand Prix für Industriedesign. Tallon gehört zu Frankreichs bedeutendsten Industriedesignern. Seine sorgfältig ausgeführten Entwürfe sind sowohl vom Material als auch von der Struktur sehr innovativ.

▾ *Module-400*-Stühle für Éditions Lacloche, 1964

Vladimir Tatlin

Wladimir Tatlin

1885 *Moskau*
1953 *Novodewitschi, Russland*

▾ Modell des *Denkmals für die Dritte Internationale*, 1919–1920

Wladimir Tatlin studierte am Moskauer Institut für Malerei, Bildhauerei und Architektur sowie an der Kunstschule in Pensa. Er arbeitete anfangs als Maler, ab 1911 stand er **Kasimir Malewitsch** nahe. Von 1910 bis 1920 stand Tatlin mit den russischen Futuristen in Verbindung, einer literarischen Gruppe, die die politische und die künstlerische Revolution als voneinander abhängig sahen. Als bekanntes Mitglied der russischen **Avantgarde** arbeitete er mit **Alexander Rodtschenko** und G. Yakulow (1884–1928) am Design konstruktivistischer Möbel für das Café Pittoresk (1917) in Moskau. Nach der Revolution von 1917 wurde er mit der Durchführung von Lenins Plan für monumentale Propaganda beauftragt. Zu diesem Zweck entwarf er ein Denkmal für die Dritte Internationale (1919–1920), von dem ein Modell in Moskau und Petrograd ausgestellt wurde. Diese nicht ausgeführte, wohl auch nicht ausführbare Spiralstruktur sollte aus Stahlträgern bestehen, in die Raumkörper eingelassen waren, die sich drehten. Das Denkmal war von anderen Eisenkonstruktionen wie dem Eiffelturm inspiriert und sollte mit seiner dynamischen, modernen Konstruktion das revolutionäre Bedürfnis nach einer neuen Weltordnung symbolisieren. Sein Gespür für Spannung und Dynamik war für den russischen **Konstruktivismus** typisch. Tatlin wurde 1918 zum Leiter des Iso NKP (Fachbereich für bildende Kunst am Narkompros) in Moskau ernannt. 1921 errichtete er in Petrograd ein Atelier, um sich auf »Volumen, Material und Konstruktion« zu konzentrieren. Zu seinen Entwürfen zählen ein Freischwinger aus Stahlrohr (1927–1928) sowie der Schaukelstuhl *Letatlin* (1932). Er richtete 1921 am Museum für künstlerische Kultur in Petrograd eine Abteilung für »Produktionskunst« ein und unterrichtete an der Wchutemas ab 1927 Industriedesign. Die Faszination, die die »Materialkultur« auf Tatlin ausübte, findet sowohl in seiner Lehre als auch in seinen Arbeiten ihren Ausdruck.

► Tischlampe *Executive Modell Nr. 114* für die Polaroid Corporation, 1939

Von 1903 bis 1907 nahm Walter Dorwin Teague an Abendkursen der Art Students League in New York teil und arbeitete anschließend als Illustrator für einen Versandkatalog und für die Hampton Advertising Agency in New York. Er eröffnete 1912 ein eigenes Atelier und war als freischaffender Typograph und Grafikdesigner tätig. 1926 reiste er nach Paris und wurde dort von **Le Corbusier** beeinflusst. Nach seiner Rückkehr nach New York gründete er eine der ersten Industriedesign-Agenturen und begann, für Eastman Kodak Kameras zu entwerfen, darunter die *Bantam Special* (1936), die benutzerfreundlicher und kompakter war als frühere Modelle. Gemeinsam mit seinem Sohn entwarf Teague 1930 die Karosserie des Autos *Marmon Modell 16*, das mit seiner Stromlinienform weniger Windwiderstand hatte als vergleichbare Automobile der Zeit. Darüber hinaus entwarf er auch andere stromlinienförmige Produkte: Glas für Corning Glass Works und seine Steuben-Abteilung, Kochutensilien für Pyrex, Stifte und Feuerzeuge für

Walter Dorwin Teague

1883 *Decatur, Indiana, USA*
1960 *Flemington, New Jersey, USA*

Scripto, Lampen für Polaroid, Vervielfältigungsapparate für A. B. Dick, Radios für Sparton und das Centennial-Klavier für Steinway. Neben Gebrauchsgegenständen entwarf er auch eine Karosserie aus Plastik für UPS-Laster, Supermärkte für Colonial Stores, Innenausstattungen für das Flugzeug Boeing 707, die Pavillons der Vereinigten Staaten auf mehreren internationalen Handelsmessen, Ausstellungsräume für Ford, Tankstellen für Texaco und eine Reihe von Präsentationen für die Weltausstellung 1939 in New York, darunter die riesige Registrierkasse für die National Cash Register Company. Er veröffentlichte 1940 sein einflussreiches Buch *Design This Day – The Technique of Order in the Machine Age*, das das Potential von Maschinen und den »neuen, aufregenden Stil« des Maschinenzeitalters rühmte. Teagues innovative, zweckmäßige Designs entstanden aus seinem Interesse für Proportion und Symmetrie und aus seiner Kenntnis mechanisierter Produktionsmethoden.

◂ Radio *Bluebird* für die Sparton Corporation, 1934–1936

◄ Stuhl *Follia*, 1934–1936 (neu herausgegeben von Zanotta)

Giuseppe Terragni

1904 *Meda, Italien*
1943 *Como, Italien*

Giuseppe Terragni besuchte die Technische Schule in Como und studierte bis 1926 am Politecnico di Milano Architektur. Noch im selben Jahr wurde er Gründungsmitglied der Gruppo Sette, einer Vereinigung junger rationalistischer Architekten in Mailand. Ein Jahr später gründete er mit seinem Bruder Attilio in Como ein Architekturbüro und entwarf den umstrittenen Wohnblock Novocomum in Como (1927–1928). Als einer der bedeutendsten italienischen Vertreter des **Rationalismus** nahm er an der ersten Ausstellung »Nationale Architektur« 1928 in Rom teil. Er entwarf die Zentrale der faschistischen Partei, die Casa del Fascio (1932–1936) in Como sowie speziell für dieses kastenförmige Gebäude angefertigte Möbel, darunter den Freischwinger *Sant'Elia* aus verchromtem Stahlrohr und Leder (1936) und den Stuhl *Follia* (1934–1936). Zu seinen weiteren Projekten zählen der Kindergarten Asilo Sant'Elia in Como (1936), die Casa Bianca in Seveso (1936–1937), die Casa del Fascio in Lissone (1938–1939) und die Casa Giuliani Frigerio in Como (1939–1940). Bei Ausbruch des Zweiten Weltkrieges trat er der Armee bei, kehrte 1943 nach einem Nervenzusammenbruch von der russischen Front nach Italien zurück und starb wenige Tage später.

► Seite aus dem Katalog der Gebrüder Thonet, 1904

► Armlehnstuhl *Modell Nr. 14* für die Gebrüder Thonet, ca. 1859

Michael Thonet

1796 *Boppard*
1871 *Wien*

In seiner Heimatstadt Boppard errichtete Michael Thonet 1819 eine Möbelwerkstatt, experimentierte ab ungefähr 1830 mit laminiertem Holz und produzierte innovative Stühle im Biedermeier-Stil. Er zeigte sie 1841 in Koblenz und 1842 in Mainz, und ihr Erfolg verleitete Graf Metternich dazu, Thonet nach Wien einzuladen. Der österreichische Hof erteilte ihm ein Patent für sein neues Verfahren zum Formen von Holzlaminaten, und er arbeitete von da an mit dem Wiener Möbeltischler Carl Leister an der Fertigung von Sitzmöbeln für das Palais Liechtenstein. Mit der Unterstützung des Prinzen Liechtenstein sowie des britischen Architekten P. H. Desvignes (1804–1883) eröffnete Thonet mit seinen Söhnen Franz, Michael, August und Joseph im Jahr 1849 eine eigene Möbelwerkstatt. Das Unternehmen war in Gumpendorf, einem Wiener Vorort, ansässig und konzentrierte sich bis 1851 auf die Entwicklung von Techniken zur Massenproduktion von Möbeln, darunter auch das Formen von Massivholz unter Einsatz von Dampf. 1853 war die Firma in Gebrüder Thonet umbenannt worden, in eine größere Unterkunft gezogen und produzierte ihre gesamten Stuhldesigns serienmäßig. Die Formen ihrer Entwürfe waren zwar von der Mode des Neu-Rokoko mit seinen geschwungenen Linien beeinflusst, unterschieden sich jedoch durch die

Louis Comfort Tiffany

1848 *New York*
1933 *New York*

◂ Lampe *Pond Lily* für Tiffany Studios, ca. 1900
▾ Vase *Jack-in-the-Pulpit* für Tiffany Studios, 1907

Louis Comfort Tiffany war der Sohn von Charles Lewis Tiffany (1812–1902), der 1853 die bekannte New Yorker Silberschmiede und Juwelierfirma Tiffany & Co. gründete. Louis Comfort Tiffany studierte 1886 bei George Inness (1825–1894) Malerei und stellte im folgenden Jahr seine Arbeiten an der National Academy of Design in New York aus. 1873 begann er, mit Glas zu experimentieren und eröffnete 1879 mit Candace Wheeler, Lockwood de Forest und Samuel Colman das Dekorationsgeschäft Louis C. Tiffany & Associated Artists, das etliche Aufträge erhielt, darunter auch Innenausstattungen für Mark Twains Haus (1880–1881) sowie einige Räume für Präsident Chester A. Arthur im Weißen Haus (1882–1883). Die Dekorationsfirma wurde 1883 aufgelöst und durch ein neues Unternehmen, die Tiffany Glass Company ersetzt, die ab 1892 Tiffany Glass & Decorating hieß, als Tiffany in Corona, Long Island, eine Glashütte eröffnete. Ein Jahr später begann er mit der Produktion von schimmerndem Favrile-Glas. Auf der »World's Columbian Exposition« in Chicago stellte Tiffany seine »byzantinische« Kapelle aus, eine verwirrende Ansammlung von Buntglasfenstern, Glasmosaiken, elektrischen Lampen aus Pressglas sowie Glasleuchtern. Die Favrile-Vasen, die als »Kunstglas« gedacht waren, waren zu jener Zeit in Amerika einzigartig. **Siegfried Bing** zeigte von 1895 bis 1899 in seiner Galerie Maison L'Art Nouveau in Paris Tiffanys Glaswaren und Bleiverglasungen. Daneben stellte Tiffany bei der »Exposition Universelle« 1900 in Paris aus und benannte im selben Jahr seine Firma in Tiffany Studios um. Nach dem Tod seines Vaters im Jahr 1902 wurde er Leiter des Designs bei Tiffany & Co. und entwarf für diese Firma Schmuck, während Tiffany Studios weiterhin ausgesuchte **Art-nouveau**-Designs produzierte, bis die Glashütte in Corona 1924 geschlossen wurde.

Total Design

gegründet 1963
Niederlande

Total Design wurde 1963 von dem Typographen Wim Crouwel (geb. 1928) und vier Kollegen, darunter Friso Kramer und Benno Wissing, in Amsterdam gegründet. Der Name der Agentur bezieht sich auf ihren interdisziplinären Charakter. Eine ihrer ersten Auftragsarbeiten war die Entwicklung einer neuen **Corporate Identity** für die Ölfirma PAM (1964), bei der es nicht nur um das Design eines Firmenzeichens, sondern auch um die Neugestaltung von Zapfsäulen und Tankstellen ging. 1965 wurde Total Design aufgefordert, Vorschläge für ein neues Leitsystem für den Flughafen Schiphol in Amsterdam einzureichen. Wissing leitete das Projekt (1967), das eines der ersten umfassenden Leitsystem-Programme war. Die optische Klarheit dieses Systems mit seinen serifenlosen Buchstaben und auffälligen Symbolen wurde zum Vorbild für Beschilderungen öffentlicher Transportsysteme auf der ganzen Welt. Total Design wuchs zu einer großen Organisation heran und wurde in verschiedene kreative Teams eingeteilt. Die Agentur entwickelte ein bemerkenswertes standardisiertes Rasterlayout und eine einheitliche Schrift für die Kataloge des Stedelijk Museum und schuf später eine starke Corporate Identity für die niederländische Post, PTT (1978–1979). Die vereinfachte Grafik und Typographie der Firma Total Design war vom Minimalismus der **Schweizer Schule** beeinflusst und brachte wieder Klarheit in das holländische Grafikdesign.

▲ Leitsystem für den Flughafen Schiphol bei Amsterdam, 1967

Jan Tschichold, studierte von 1919 bis 1921 an der Akademie für Graphische Künste und Buchgewerbe in Leipzig Grafikdesign, besuchte 1923 die **Bauhaus**-Ausstellung in Weimar und ließ sich von **László Moholy-Nagys** Grafiken und der »Neuen Typographie« beeinflussen. Er wurde zu einem der führenden Vertreter dieses neuen typographischen Prinzips, das geometrische, ahistorische und serifenlose Schriften und vereinfachte, asymmetrische Layouts verwendete. Sein Manifest *elementare typographie (1925)* legte zehn »elementare« Prinzipien dar, die die funktionalen, sozialen und kommunikativen Aspekte der Typographie hervorhoben. Er sprach sich für die Benutzung der Fotografie aus, wie in seinen Filmplakaten für die Phoebus-Palast-Kinos ersichtlich ist. Ab 1926 unterrichtete er an der Meisterschule für Deutschlands Buchdrucker in München und veröffentlichte 1928 sein bahnbrechendes Buch *Die neue Typographie*. 1933 emigrierte Tschichold in die Schweiz, wo er sich mit »klassischen« typographischen Formen auseinandersetzte. Von 1946 bis 1949 arbeitete er für Penguin Books in England und erfand standardisierte Layouts. Tschichold ist einer der einflussreichsten modernen Typographen, der wichtige Beiträge zur **Schweizer Schule** lieferte.

Jan Tschichold

1902 *Leipzig*
1974 *Locarno, Schweiz*

▲ Plakat für die Ausstellung »der berufsphotograph, sein werkzeug – seine arbeiten«, Basel, 1938

▸ Teekocher aus vernickeltem Messing für die Metallwerkstatt Wolfgang Tümpel, 1927

Wolfgang Tümpel

1903 *Bielefeld*
1978 *Herdecke*

Wolfgang Tümpel machte in der Werkstatt August Schlüter eine Lehre als Gold- und Silberschmied und nahm von 1921 bis 1922 am Unterricht der Kunstgewerbeschule in Bielefeld teil. Die folgenden drei Jahre wurde er am Weimarer **Bauhaus** ausgebildet, wo er am Vorkurs teilnahm und eine Lehre als Silberschmied absolvierte. Dann studierte er bei Karl Müller (1888–1972) Metallarbeit und legte seine Gesellenprüfung 1926 an der Kunstgewerbeschule Burg Giebichenstein in Halle ab. Ein Jahr später wurde er Mitglied der Gesellschaft für Goldschmiedekunst und richtete die Werkstatt für Gefäße-Schmuck-Beleuchtung in Halle ein. Dort führte er standardisierte Designs für die Industrie aus, einschließlich seiner zylindrischen Lampe für Goldschmidt und Schwabe und seines vernickelten Teekochers aus Messing (1927), die auf volumetrischen Formen beruhten. Er zog 1929 nach Köln um und entwarf Metallgegenstände für WMF und Silbergerät für Bruckmann & Söhne. Tümpel leitete von 1934 bis 1950 seine eigene Werkstatt in Bielefeld, lehrte danach bis 1968 an der Landeskunstschule in Hamburg und eröffnete dann in Hamburg-Ahrensburg eine Werkstatt. Tümpels elegantes, funktionelles Design verband die formale Sprache des Bauhauses mit den Prinzipien der **Standardisierung** aus Halle.

◂ **Oscar Tusquets Blanca & Lluís Clotet**, Ausziehleuchte *Campana Diáfana* für B. D. Ediciones de Diseño, 1979

Oscar Tusquets Blanca

geb. 1941 *Barcelona*

Oscar Tusquets Blanca studierte von 1954 bis 1960 an der Escuela de Artes y Oficios de la Llotja in Barcelona Malerei, Architektur und Gestaltung und wurde von 1958 bis 1965 von Oriol Bohigas (geb. 1925) und Frederico Correa an der Escuela Técnica Superior de Arquitectura in Barcelona ausgebildet, während er nebenbei im Bauatelier von Correa und Alfonso Milá arbeitete. 1964 gründete er mit seinen Kommilitonen Pep Bonet (geb. 1941), Cristian Cirici (geb. 1941) und Lluís Clotet (geb. 1941) das Studio PER, das für seine eigenwillige Architektur und die sorgfältige Detaillierung seiner Gebäude, Innenausstattungen und Möbel berühmt wurde. Die Gruppe gründete 1972 eine eigene Herstellerfirma, B. D. Ediciones de Diseño, die viele von Tusquets' Möbel- und Produktdesigns ausführte. Im selben Jahr veröffentlichte Tusquets eine spanische Ausgabe von **Robert Venturis** *Learning from Las Vegas* und entwarf gemeinsam mit Clotet das Gebäude Belvedere Regás, eine der ersten architektonischen Äußerungen der **Postmoderne**. In den 80er Jahren nahm er an **Alessis** Projekt *Tea & Coffee Piazza* (1983) teil und produzierte zahlreiche Möbeldesigns, darunter den Stuhl *Gaulino* (1987), der an die hagere Silhouette von Cervantes' Don Quijote erinnerte. Tusquets hat viele Vorträge gehalten und ist einer der führenden Formgeber Spaniens.

Masanori Umeda

geb. 1941 *Kanagawa, Japan*

▲ Boxring *Tawaraya* für Memphis, 1981 (von links: Aldo Cibic, Andrea Branzi, Michele De Lucchi, Marco Zanini, Nathalie du Pasquier, George Sowden, Martine Bedin, Matteo Thun und Ettore Sottsass)

► Sessel *Getsuen* für Edra, 1990

Masanori Umeda studierte an der Kuwasawa Design-Schule in Tokio und machte 1962 sein Diplom. Er arbeitete von 1967 bis 1969 im Designatelier von **Achille und Pier Giacomo Castiglioni** in Mailand und war in den 70er Jahren Designberater von **Olivetti**, wo er enge Verbindungen zu **Ettore Sottsass** knüpfte. Dieser lud ihn ein, sich an der ersten Kollektion von **Memphis** im Jahr 1981 zu beteiligen. Für diesen Zweck entwarf er seinen berühmten Boxring *Tawaraya* (1981), der das kämpferische Wesen der **Postmoderne** symbolisierte. Er gestaltete aber auch Möbelstücke für Memphis, die ironische Kommentare zur zeitgenössischen japanischen Gesellschaft sein sollten, wie das Regal *Ginza* (1982) in Form eines Roboters. Er entwarf für Memphis außerdem Keramik, so die Vase *Orinoco* (1983) und die Obstschale *Parana* (1983). 1986 eröffnete er sein Designatelier U-Meta Design in Tokio. Seitdem hat er viele Möbelstücke gestaltet: den Beistelltisch *Anthurium* (1990), die Stühle *Getsuen* (1990), *Rose* (1991) und *Orchid* (1991), hergestellt von Edra, die als trockene Kommentare zu den Spannungen zwischen der traditionellen und der gegenwärtigen Kultur Japans verstanden werden können. Umeda ist der Ansicht, dass Japan durch die verantwortungslose Kommerzialisierung die natürliche Schönheit seines Landes zerstört hat. Er hofft, durch die Verwendung floraler Motive zu den Wurzeln japanischer Kultur zurückzufinden. Zu seinen weiteren bemerkenswerten Designs zählen ergonomische Badezimmerprodukte für Sie und Ihn für Xspace (1989) sowie mehrere postmoderne Inneneinrichtungen.

Josef Urban

1872 Wien
1933 New York

Josef Urban studierte von 1890 bis 1993 an der Akademie der Bildenden Künste in Wien und anschließend am Polytechnikum in Wien. Gemeinsam mit seinem Schwager Heinrich Lefler (1863–1919) entwarf er eine Innenausstattung für die Winterausstellung 1897 im Österreichischen Museum für Kunst und Industrie. 1900 war er Gründungsmitglied der Wiener Kunsthandwerkergruppe Hagenbund, deren Präsident er von 1906 bis 1908 war. Urban und Lefler arbeiteten 1902 gemeinsam an Veränderungen und Verzierungen des Hagenbund-Gebäudes, der so genannten Zedlitzhalle. Zwei Jahre später wurde seine kunsthandwerkliche Arbeit im österreichischen Pavillon auf der »Louisiana Purchase Exhibition« in St. Louis ausgestellt. 1911 emigrierte Urban in die Vereinigten Staaten und eröffnete sein eigenes Atelier, das sich auf Theater- und Filmkulissen spezialisierte. 1927 gestaltete er ein Theater für den Kabarettproduzenten Florenz Ziegfeld und schuf für dessen berühmte »Follies« üppige Bühnenbilder. Er war der erste künstlerische Leiter, dessen Filmkulissen im »**Moderne**«-Stil gehalten waren und entwarf 25 Bühnen für die Cosmopolitan-Filmproduktionen von William Randolf Hearst, die den **Art-déco**-Stil vorwegnahmen. Von 1918 bis 1933 war er Chef-Bühnenbildner der Metropolitan Opera in New York und an 55 Produktionen beteiligt. Als er 1921 nach Wien reiste, kam er mit der **Wiener Werkstätte** in Kontakt. In New York richtete er den »Artists Fund« ein, der die Designer der Wiener Werkstätte finanziell unterstützte, die aufgrund der Wirtschaftskrise im Nachkriegseuropa nahezu mittellos waren. Im selben Jahr gründete er die Wiener Werkstätte of America Inc., für die er in der Fifth Avenue einen üppigen Ausstellungsraum gestaltete. Das Unternehmen war jedoch ein finanzieller Misserfolg und er zog sich 1924 davon zurück. Urban baute das erste amerikanische Gebäude im **International Style,** die New School for Social Research (1929–1930) in New York.

▼ Armlehnstuhl aus Walnussholz, ca. 1901

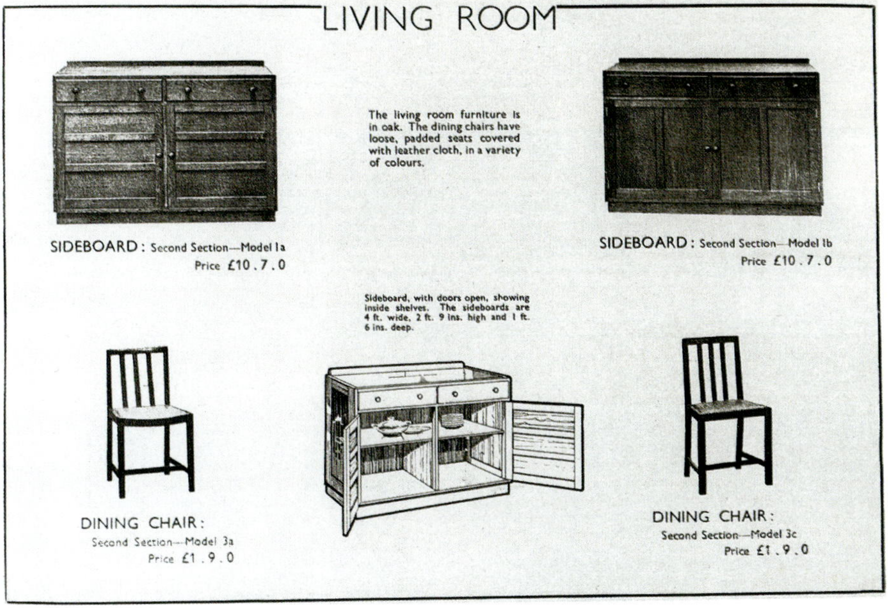

Utility furniture

1943–1952
Großbritannien

Von 1941 bis 1951 unterlag die Konsumgüterproduktion in Großbritannien dem sogenannten Utility Scheme. Die Kriegsanstrengungen erforderten die Umverteilung von Rohstoffen aus dem zivilen in den militärischen Bereich. Utility war gleichermaßen ein Mittel zur Rationierung von Materialien wie eine Ideologie, die aus der Sozialpolitik der Regierung hervorging. Im Februar 1941 wurde das »Standard Emergency Furniture«-Programm begonnen, das ausgebombte Familien mit Möbeln versorgen sollte. Vier Monate später durften Hersteller nur Möbel produzieren, die mit den 20 von der Regierung festgelegten Standardmustern übereinstimmten. Im folgenden Jahr wurde das Utility Furniture Advisory Committee eingerichtet, in dessen Vorstand sich Formgeber wie **Gordon Russell** befanden, und das die Aufsicht über die Entwicklung der ersten Utility-Kollektion übernahm, die von H. J. Cutler und Edwin Clinch gestaltet wurde. Ausgehend von Werten wie Angemessenheit und Aufrichtigkeit im Design, die von der **Arts-&-Crafts-Bewegung** vertreten wurden, zeichneten sich die Utility-Möbel durch einfache Konstruktionen mit unverzierten Oberflächen aus, die im Wesentlichen modern waren. 1948 wurden einige der Materialeinschränkungen zurückgenommen, doch noch bis 1951 wurden erhebliche Steuern auf Möbel erhoben, die nicht dem Utility Scheme entsprachen.

▲ Seite aus dem »Utility Furniture Catalogue«, 1943

▸ Mahagonitisch für die Société Henry van de Velde, Ixelles, ca. 1898

Henry van de Velde

1863 *Antwerpen*
1957 *Zürich*

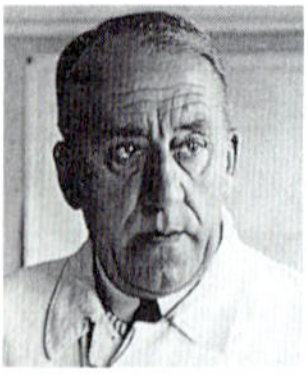

Henry van de Velde studierte von 1881 bis 1884 an der Académie des Beaux-Arts in Antwerpen Malerei und lernte anschließend ein Jahr lang bei Carolus Duran in Paris. 1886 wurde er Mitglied von Als Ik Kan und Mitbegründer von L'Art Indépendent, zwei Kunstgesellschaften in Antwerpen. Zwei Jahre später trat er der progressiven, postimpressionistischen Künstlergruppe Les Vingt bei. Zu dieser Zeit kam er auch in Kontakt mit Georges Seurat (1859–1891) und Paul Signac (1863–1935). 1892 gab er die Malerei zugunsten der Formgebung auf, nachdem er sich von den reformerischen Ideen John Ruskins (1819–1900) und **William Morris** hatte inspirieren lassen. Er stellte im selben Jahr auf dem Salon der Gruppe Les Vingt eine Stickerei aus und entwarf Illustrationen für Bücher und Zeitschriften. 1894 wurde *Déblaiements d'art* veröffentlicht, in dem van de Velde sich für die Einheit der Künste einsetzte. Er begann an der Universität Brüssel »Arts d'Industrie et d'Ornamentation« zu lehren, obwohl er sich im Laufe seiner Karriere gegen die Idee des Industriedesigns einsetzte. Sein erstes Bauprojekt war das Bloemenwerf-Haus (1895) in Uccle bei Brüssel. Sowohl Julius Meier-Graefe (1867–1935), der 1897 die Zeitschrift *Dekorative Kunst* gründete, als auch

◄ Stuhl *Bloemenwerf* für die Société Henry van de Velde, Ixelles, 1894–1895

► Speisezimmer des Bloemenwerf-Hauses in Uccle bei Brüssel, ca. 1895

Siegfried Bing besuchten das Haus, und van de Velde entwarf später die Innenausstattung für vier Räume in Bings Galerie Maison L'Art Nouveau in Paris. 1896 zeigte er eine Raumausstattung auf dem Salon de la Libre Esthétique, und im Jahr darauf gründete er die Werkstatt Société Henry van de Velde in Ixelles bei Brüssel zur Produktion seiner Möbeldesigns, die 1897 auf der »Internationalen Kunstausstellung« in Dresden gezeigt wurden. 1899 entwarf er die Innenräume und die Fassade von Meier-Graefes Pariser Geschäft La Maison Moderne. Seine Entwürfe waren »anglisierter« als die seines Landsmanns **Victor Horta**, dessen Arbeiten im kontinentalen **Art-nouveau**-Stil dem belgischen Geschmack eher entsprachen. Van de Velde zog schließlich nach Berlin, wo seine weniger dekorativen, funktionaleren Designs, die von Wilhelm Hirschwalds Hohenzollern-Kunstgewerbehaus hergestellt wurden, auf besondere Anerkennung stießen. In Berlin entwarf er Innenausstattungen für die Firma Havana (1900) und den Salon des Hofbarbiers François Haby (1901), beide aufgrund der Ausgewogenheit von expressiven Formen und funktionsbezogenen Ansprüchen bemerkenswert. 1902 wurde van de Velde künstlerischer Berater des Großherzogs Wilhelm Ernst in Weimar. Er gestaltete den Eingang und den Lesesaal der Nietzsche-Bibliothek neu (1903) und entwarf die Kunstgewerbeschule (1906) in Weimar. Als führender Vertreter des **Jugendstils** in Weimar wurde er zum Leiter

▼ Vase aus Steingut mit Salzglasur für die Steingutfabrik & Kunsttöpferei Reinhold Hanke, 1902

▼► Schneckengabel, Kaviarmesser und Austerngabel aus Silber und Schildpatt, hergestellt von Koch & Bergfeld für Theodor Müller, 1902

der neuen Schule für Angewandte Kunst ernannt, als sie 1908 ihre Pforten öffnete. Er arbeitete mit mehreren Kunsthandwerkern und Werkstätten der Stadt zusammen, vor allem mit der Tischlerei Scheidemantel und dem Juwelier Theodor Müller, der seine ausgesprochen fließenden Silberentwürfe ausführte. 1903 entwarf er ein elegantes, funktionales Tafelservice für die Staatliche Porzellanmanufaktur Meißen, das er mit abstrahierten, organischen Formen und Motiven dekorierte. Ursprünglich Gründungsmitglied des **Deutschen Werkbunds**, konnte er das Festhalten an der industriellen **Standardisierung** nicht akzeptieren und verließ daher 1914 die Vereinigung. Ein Jahr später musste er seine Lehrposition in Weimar aufgeben und emigrierte 1917 in die Schweiz, wo er als unabhängiger Architekt tätig war. 1926 gründete er das Institut Supérieur d'Architecture (ISAD) in Brüssel und leitete es zehn Jahre. 1947 kehrte er in die Schweiz zurück und veröffentlichte 1956 seine Memoiren. Van de Velde war ein früher und sehr einflussreicher Vertreter der Moderne. Seine Jugendstil-Designs nahmen **Funktionalismus** und Abstraktion, zwei Hauptmerkmale der modernen Formgebung, schon vorweg.

▲ Porzellan-Sauciere für die Staatliche Porzellanmanufaktur Meißen, ca. 1903

Theo van Doesburg

1883 *Utrecht*
1931 *Davos, Schweiz*

Der als Emil Marie Küpper geborene van Doesburg nahm später den Namen seines Stiefvaters Theodorus Doesburg an. Er studierte zunächst an Cateau Essers Schule für Dramatische Kunst in Amsterdam, brachte sich 1912 selbst das Malen bei und begann mit der Veröffentlichung von Kunstkritiken. Von 1914 bis 1916 wurde er zum Militärdienst eingezogen, lernte um diese Zeit den Philosophen Evert Rinsema und den Dichter Anthony Kok kennen und baute Kontakte zu **Vilmos Huszár**, Bart Anthony van der Leck (1876–1958), Piet Mondrian (1872–1944) und **Jacobus Johannes Pieter Oud** auf. 1916 beteiligte er sich an der Gründung der Künstlergruppe De Sphinx. Dann zog er nach Leiden und gründete ein Jahr später mit Huszár, van der Leck, Kok, Oud und Jan Wils (1891–1972) die einflussreiche Zeitschrift *De Stijl*, deren Chefredakteur er war. Sie spielte für die Entwicklung von **De Stijl**, einer Bewegung von Architekten, Formgebern und Künstlern, eine zentrale Rolle. Von 1917 bis 1921 arbeitete van Doesburg auch an verschiedenen Bauprojekten mit Oud, Wils, **Gerrit Rietveld** und Cees Rinks de Boer (1881–1966) und entwarf Wandgemälde und Buntglasfenster mit stark geometrischen Formen und Grundfarben. Seine Unterstützung von De Stijl brachte ihn ab 1920 häufig nach Belgien, Italien, Frankreich und Deutschland. Nach einem Jahr hatte er Kontakte zum **Bauhaus** aufgebaut. Ein Jahr später versuchte er vergeblich am Weimarer Bauhaus Dozent zu werden. Stattdessen gab er einen De-Stijl-Kurs in Karl-Peter Röhls Atelier in Weimar und zeigte seine Arbeiten 1923, nach seinem Umzug nach Paris, gemeinsam mit denen anderer De-Stijl-Mitglieder in Léonce Rosenbergs Galerie L'Effort Moderne. Da Mondrian sich gegen den von van Doesburg vertretenen zunehmenden Internationalismus stellte, verließ er 1925 die Gruppe De Stijl und veröffentlichte sein eigenes Manifest des »Elementarismus«, ein Konzept, das er 1924 entwickelt hatte. Fünf Jahre später gründete er die Zeitschrift *L'Art Concret* und tat sich 1931 mit anderen zu der Künstlergruppe Abstraction-Création in Paris zusammen. Er war Wortführer der De-Stijl-Bewegung und nach seinem Tod wurde die letzte Ausgabe von *De Stijl* als postumer Tribut an ihn veröffentlicht.

▾ **Theo van Doesburg & Kurt Schwitters**, lithographisches Plakat »Kleine Dada Soirée«, 1923

Harold van Doren

1895 *Chicago*
1957 *Philadelphia*

Harold van Doren studierte Sprachen und zog nach Paris, wo er am Musée du Louvre eine Anstellung fand. Er übersetzte Ambrose Vollards Biographien *Paul Cézanne* (1923) und *Jean Renoir* (1934) ins Englische und spielte eine Rolle in Renoirs Film *La fille d'eau*. Nach seiner Rückkehr in die USA war er als Assistent des Direktors am Minneapolis Institute of Arts angestellt. Die Stelle gab er auf, um auf dem neuen Gebiet des Industriedesigns tätig zu werden. Einer seiner ersten Aufträge kam von Hugh Bennett, dem Vorsitzenden der Toledo Scale Company. Er sollte kommerzielle Waagen gestalten. Sein leichtgewichtiges, innovatives Design nutzte den neu entwickelten Kunststoff Plaskon und war eines der ersten Produkte aus einer großen Plastikform. Er entwarf viele stromlinienförmige Produkte für Maytag, Goodyear, Ergy, Philco, Swartzbaugh und DeVilbiss und gestaltete gemeinsam mit J. G. Rideout das häufig abgebildete wolkenkratzerförmige grüne Radio aus Plastik für Air-King Products (1930–1931) sowie einen patentierten Tretroller für Kinder (1936). Van Doren, Wegbereiter der industriellen Designberatung und des **Streamlining**, veröffentlichte 1940 das Buch *Industrial Design: A Practical Guide to Product Design and Development*.

► Foto von Harold van Doren (links) und Hugh Bennett mit van Dorens neugestalteter Waage für die Toledo Scale Company, 1930er Jahre

▸ Lampe aus gehämmertem Kupfer mit Schirm aus Muskovit für den Copper Shop, ca. 1915

Dirk Van Erp

1859 *Leeuwarden, Niederlande*
1933 *San Francisco*

Dirk Van Erp emigrierte 1886 von Holland in die USA und begann vier Jahre später an der Werft der US Navy auf Mare Island in der Nähe von San Francisco zu arbeiten. Dort fertigte er aus verbrauchten Patronenhülsen aus Messing Vasen an, die ab 1906 mit großem Erfolg zum Verkauf angeboten wurden. Zwei Jahre später eröffnete Van Erp seinen Copper Shop in Oakland und produzierte Metallarbeiten, zu denen seine berühmten Kupferlampen mit Muskovitschirmen zählten. Zu der Zeit waren Harry Dixon (1890–1967) und seine Tochter Agatha seine Mitarbeiter. 1910 zog das Geschäft nach San Francisco um und Erp ging für kurze Zeit eine Partnerschaft mit der Designerin D'Arcy Gaw ein, die mehrere der frühen Muskovitlampen der Firma entwarf. Um 1915 produzierte die florierende Werkstatt nicht nur Lampen und Vasen, sondern auch Schalen, Raucherzubehör und Pflanztöpfe, die manchmal mit **Grueby**-Kacheln verziert waren. Die gehämmerten Oberflächen dieser Objekte und ihre offenliegenden Nieten folgten dem Prinzip der »enthüllten Konstruktion« der **Arts-&-Crafts-Bewegung**. 1916 kehrte Van Erp an die Werften zurück, um die Kriegsanstrengungen zu unterstützen und die Werkstatt wurde von seinem Sohn William übernommen. Er setzte sich 1929 zur Ruhe, entwarf aber bis zu seinem Tod ab und zu Metallarbeiten.

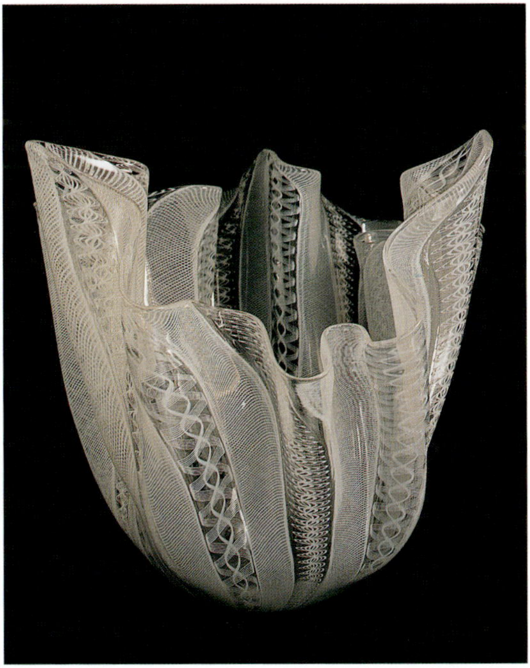

◂ **Fulvio Bianconi & Paolo Venini**, Vase *Fazzoletto* (Taschentuch) für Venini, ca. 1949

Paolo Venini

1895 *Mailand*
1959 *Venedig*

Paolo Venini wurde Rechtsanwalt in Mailand, wo er Giacomo Cappellin (1887–1968) kennen lernte, der ein Glasgeschäft hatte. 1921 gründeten sie gemeinsam mit Andrea Rioda (1878–1921) und Vittorio Zecchin (1878–1947) die Glashütte Vetri Soffiati Muranesi Cappellin, Venini & C. in Venedig. Bis 1925 war Vittorio Zecchin technischer und künstlerischer Leiter des Unternehmens, dann gründete Paolo Venini mit dem Bildhauer Napoleone Martinuzzi (1892–1977) und dem Techniker Francesco Zecchin (1894–1986) seine eigene Fabrik auf Murano. Anfangs produzierten sie Glas nach Vorlagen früherer, klassizistischer Designs von Vittorio Zecchin und neuer Designs von Martinuzzi, zu denen »lebendige« Glasskulpturen und Stücke in archaischem Stil gehörten. Bei seinem Versuch, skulpturalere Gefäße herzustellen, brachte Venini zwischen 1927 und 1928 drei Innovationen hervor: *pasta vitrea opaca* (undurchsichtiges Glas), *vetro incamiciato* (doppelwandiges Glas) und *vetro pulegoso* (Glas mit Bläschen). Gemeinsam mit **Gio Ponti**, **Pietro Chiesa** und Tommaso Buzzi (1900–1981) gründete er die Gruppe Il Labirinto, um die Zusammenarbeit von Herstellern zu fördern und das Kunsthandwerk zu unterstützen. Buzzi wurde 1932 künstlerischer Leiter von Venini und erfand die Glastechnik *vetro laguna*, bei der Blattgold in Glas eingesetzt wurde, um eine gesprenkelte Oberfläche zu erzielen. In den 30er Jahren arbeiteten Paolo Venini und **Carlo Scarpa** an der Reproduktion römischen *murrine*-Glases, bei dem kleine Glasstücke verschmolzen wurden, um eine »Wand« zu bilden. Die Glashütte Venini produzierte in den 50er Jahren Designs von **Fulvio Bianconi** und **Massimo Vignelli** und in den 60er Jahren die Entwürfe von **Tobia Scarpa** und **Tapio Wirkkala**.

▼ *Incalmo*-Flaschen mit Stöpseln für Venini, 1950

◄ **Robert Venturi & Denise Scott-Brown**, Stuhl *Queen Anne* aus der Kollektion *Venturi* für Knoll International, 1984

Robert Venturi

geb. 1925 *Philadelphia, Pennsylvania, USA*

Robert Venturi studierte von 1943 bis 1950 an der Princeton University Architektur und arbeitete später im Büro von **Eero Saarinen** und Louis Kahn (1901–1974). Anschließend erhielt er ein zweijähriges Stipendium für die American Academy in Rom. Nach seiner Rückkehr lehrte er von 1957 bis 1965 an der University of Pennsylvania Architektur. Eine Vortragsreihe am **Museum of Modern Art, New York**, bildete 1966 die Grundlage seines überaus einflussreichen Buches *Complexity and Contradiction in Modern Architecture* (1966), in dem er die kulturelle Armut und visuelle Banalität moderner Gebäude angriff und sich für die **Postmoderne** aussprach. 1972 folgte ein weiteres bahnbrechendes Werk, *Learning from Las Vegas*, verfasst mit Denise Scott-Brown (geb. 1932) und Steven Izenour und beeinflusst von Roland Barthes' Schriften zur **Semiotik**, das sich für eine symbolischere Form der Architektur aussprach, mit der sich Menschen leicht identifizieren konnten. Venturi setzte diese Theorien in die Praxis um und entwarf viele »Misch«-Gebäude, bei denen er Anleihen historischer Stile und der zeitgenössischen Popkultur integrierte. Sein Produktdesign, etwa die *Venturi*-Kollektion für **Knoll** (1984) und sein *Tea & Coffee Piazza* für **Alessi** (1983) waren ähnlich symbolisch und im Wesentlichen postmodern.

Vereinigte Werkstätten für Kunst im Handwerk

gegründet 1897
München

Der Erfolg der Abteilung für Kunsthandwerk auf der Ausstellung im Glaspalast in München 1897 gab den Anstoß zur Gründung der Vereinigten Werkstätten für Kunst im Handwerk. Ihre Teilnehmer, darunter **Bernhard Pankok**, **Hermann Obrist** und **Bruno Paul**, vereinbarten die Gründung einer Gruppe für angewandte Kunst, die ihre reformierten Designs herstellen und verkaufen sollte. Von den Gilden der britischen **Arts-&-Crafts-Bewegung** inspiriert, waren die Vereinigten Werkstätten das erste von später vielen Unternehmen in Deutschland, die das Ziel hatten, »künstlerische« Designs von hoher Qualität herzustellen. Sowohl **Richard Riemerschmid** als auch **Peter Behrens** standen den Werkstätten nahe und entwarfen praktische Alltagsgegenstände für sie. Das Festhalten an der handwerklichen Fertigung bedeutete allerdings, dass ihre **Jugendstil**-Objekte in der Herstellung relativ teuer waren. Die Werkstätten stellten erstmals 1898 auf der Glaspalast-Ausstellung in München aus und zeigten später ihre Designs auf der »Exposition Universelle« 1900 in Paris, der »Louisiana Purchase Exposition« 1904 in St. Louis sowie der »Exposition Universelle et Internationale« 1910 in Brüssel.

▲ **Richard Riemerschmid**, Musikzimmer, gezeigt auf der »Deutschen Kunstausstellung«, Dresden, 1899

Das Victoria & Albert Museum war das erste Museum, das den angewandten Künsten gewidmet war. Sein Ursprung kann bis zu einem Bericht eines parlamentarischen Ausschusses von 1836 zurückverfolgt werden. Im folgenden Jahr wurde die Government School of Design eingerichtet und eine Sammlung von Gegenständen für Bildungszwecke angelegt. Die »Great Exhibition« 1851 regte ein Jahr später zur Gründung eines Museum of Manufactures am Marlborough House an, wo zunächst die Sammlung der Government School sowie Gegenstände gezeigt wurden, die auf der Great Exhibition erworben worden waren. Zum ersten Leiter des Museums wurde der Designreformator Henry Cole (1808–1882) ernannt. Er beaufsichtigte 1857 den Umzug nach South Kensington. Doch es war der erste Verwalter, John Charles Robinson (1824–1913), der für die Bildung der umfangreichen Sammlung zuständig war. Als Königin Victoria 1899 den Grundstein für das heutige von Aston Webb (1849–1930) entworfene Gebäude legte, wurde es in Victoria & Albert Museum umbenannt. Noch heute beherbergt das V & A die größte Studiensammlung von Designobjekten der Welt.

Victoria & Albert Museum

gegründet 1899
London

▲ Glasgalerie des Victoria & Albert Museums mit Danny Lanes Glasgeländer, eröffnet April 1994

► Lampe *Fungo (Pilz)* für Venini, ca. 1955

Massimo Vignelli

geb. 1931 *Mailand*

Massimo Vignelli studierte von 1950 bis 1953 am Politecnico di Milano Architektur und später an der Università di Architettura in Venedig. Ab 1953 entwarf er Glas für **Venini** und lehrte von 1958 bis 1960 am **Institute of Design** in Chicago, während seine Frau, Lella Vignelli (geb. 1934) für die Architekten Skidmore, Owings & Merrill arbeitete. 1960 kehrte das Paar nach Italien zurück und gründete in Mailand ein Atelier, das Lella und Massimo Vignelli Büro für Design und Architektur. Vier Jahre später nahm Massimo Vignelli seine Arbeit für die Container Corporation of America in Chicago auf und entwarf ihr neues Firmenlogo. Gemeinsam mit Bob Noorda (geb. 1927) und Jay Doblin (geb. 1920) gründete er 1965 die Mailänder Designagentur Unimark International. Im selben Jahr emigrierten die Vignellis nach Amerika, und Unimark richtete 1966 ein Büro in New York ein, das sich auf den Entwurf von **Corporate-Identity**-Programmen spezialisierte. 1971 bildeten sie Vignelli Associates und entwarfen die Corporate-Identity-Programme für **Knoll**, American Airlines, Bloomingdale's, Xerox, Lancia, Cinzano und Ford, dazu Möbel für Poltronova, Sunar, Rosenthal und Morphos, Glas für Venini, Steuben und Sasaki sowie Ausstellungsflächen für Artemide und Hauserman. Das Werk der Vignellis zeichnet sich durch klare Linien und reine Farben aus.

◂ **Antonio Citterio & Glen Oliver Löw,**
T-Stuhl für Vitra,
1990

Vitra

gegründet 1950
Weil am Rhein

Willy Fehlbaum gründete 1950 die Möbelfirma Vitra in Weil am Rhein und erwarb eine europäische Lizenz von **Herman Miller**. 1957 brachte die Firma eine Kollektion lizenzierter Möbel von **Charles & Ray Eames** und **George Nelson** heraus und übernahm die Produktionsentwicklung von **Verner Pantons** Stuhl *Panton* (1959–1960), der 1967 vorgestellt wurde. Rolf Fehlbaum löste 1977 seinen Vater als Firmenleiter ab und beauftragte 1981 Nicholas Grimshaw (geb. 1939) mit der Gestaltung einer neuen Fabrik. Weitere Gebäude für den Fabrikkomplex von Vitra wurden von anderen berühmten Architekten entworfen, darunter **Frank O. Gehry**, Tadao Ando (geb. 1941), Zaha M. Hadid (geb. 1950) und Álvaro Siza (geb. 1933). Die *Vitra Edition*, eine Kollektion experimenteller Stühle in begrenzten Auflagen von **Ettore Sottsass**, **Gaetano Pesce**, **Shiro Kuramata** und **Ron Arad** kam 1987 auf den Markt und war als Ergänzung zu Büromöbeln gedacht, die von **Mario Bellini** und **Antonio Citterio** entworfen wurden. Im selben Jahr erwarb Rolf Fehlbaum, der schon eine Sammlung »klassischer« Stühle der Nachkriegszeit besaß, viele weitere Stücke aus der Zeit zwischen 1880 und 1945. Sie bilden die Grundlage der Sammlung, die heute im Vitra Design Museum untergebracht ist, das von Frank O. Gehry entworfen und 1989 eröffnet wurde.

Vkhutemas

Wchutemas

gegründet 1920
Moskau

Das Wchutemas (Höhere Staatliche Künstlerisch-Technische Werkstätten) entstand aus den früheren Swomas (freie staatliche Kunstateliers), die 1918 gegründet worden waren. Unter den Dozenten befanden sich zahlreiche führende Konstruktivisten, **Alexander Rodtschenko**, **Warwara Stepanowa**, **Wladimir Tatlin**, Naum Gabo (1890–1977), Antoine Pevsner (1886–1962), Ljubow Popowa (1889–1924) und Alexander Wesnin (1883–1959). Die Institution unterstützte das Konzept der »Produktionskunst« und baute Kontakte zur Industrie auf. Darüber hinaus entwickelte sie progressive Lehrmethoden und unterhielt enge Verbindungen zum Bauhaus. Wie andere sowjetische Kunstinstitutionen, Inchuk (Institut für künstlerische Kultur) und Iso (Fachbereich Kunst am Narkompros), spielte auch das Wchutemas eine wichtige Rolle bei der Bildung einer künstlerischen Ideologie in der Sowjetunion. Obwohl die russische **Avantgarde** anfänglich vom sowjetischen Regime unterstützt wurde, war sie letztendlich doch der Verfolgung des Zentralkomitees ausgesetzt. So wurden 1932 alle Organisationen für Architektur und Gestaltung, einschließlich des Wchutein (Höheres Staatliches Künstlerisch-Technisches Institut), das 1927 das Wchhutemas abgelöst hatte, zugunsten parteikontrollierter Gewerkschaften abgeschafft.

▲ **Alexander Rodtschenko**, Einrichtung für das Lesezimmer des Arbeiterklubs für den russischen Pavillon bei der »Exposition des Arts Décoratifs«, Paris, 1925

◂ Eichenstühle, wahrscheinlich hergestellt von C. H. B Quennell, 1898

Charles F. A. Voysey

1857 *Hessle/Yorkshire, Großbritannien*
1941 *Winchester, Großbritannien*

Charles F. A. Voysey war der Sohn eines unkonventionellen anglikanischen Geistlichen, der die Theistische Kirche gründete. Wie sein Vater hatte Voysey ausgeprägte moralische Ansichten, die sich in seinem Werk niederschlagen sollten. Obwohl er von **A. W. N. Pugin** beeinflusst war, lehnte er den Historismus ab. Von 1874 bis 1882 ging er bei mehreren progressiven neugotischen Architekten in die Lehre, darunter John Pollard Seddon (1827–1906), Henry Saxon Snell (1830–1904) und George Devey (1820–1886). Er eröffnete 1882 sein eigenes Büro und produzierte Arbeiten in der Tradition des **Arts-&-Crafts**-Stils, der von **William Morris** und **A. H. Mackmurdo** entwickelt wurde. Ab etwa 1888 bis 1914 entwarf er Wohnsitze, die das Gegenteil der »großen Geste« waren: niedrige, informelle Giebelhäuser, als **Gesamtkunstwerke** konzipiert, die sich perfekt an die Umgebung anpassten. Die hellen, bequemen Innenausstattungen im Landhausstil bestanden aus einfachen Eichenmöbeln und schlichten Textilien. Voyseys ahistorisches, informelles Design war für die zweite Phase der Arts-&-Crafts-Bewegung beispielhaft und schlug eine stilistische Brücke vom 19. zum 20. Jahrhundert. Sein Werk war typisch englisch und er war durch seine Integration volkstümlicher Formen und Motive Wegbereiter eines einfachen, typisch englischen Stils.

► Türbeschläge, wahrscheinlich hergestellt von William Bainbridge Reynolds, 1895

◄ Entwurf *The Huntsman* für einen maschinell gewebten Stoff, ca. 1919

Wilhelm Wagenfeld ging bei dem Silberwarenhersteller Koch & Bergfeld in die Lehre und studierte von 1914 bis 1919 an der Kunstgewerbeschule in Bremen. Dann besuchte er drei Jahre lang die Zeichenakademie in Hanau und vollendete seine Ausbildung am **Bauhaus** in Weimar, wo er den Vorkurs belegte und eine Lehre im Fach Metallarbeiten bei **László Moholy-Nagy** absolvierte. Am Bauhaus entwarf er auch seine berühmte Tischleuchte *MT8* (1923–1924), die von der Werkstatt in die Serienproduktion genommen wurde. Nach seiner Gesellenprüfung wurde er Assistent von Richard Winkelmayer an der Metallwerkstatt der Bauhochschule in Weimar, deren Leitung er 1928 übernahm. Seine dort entstandenen funktionellen Objekte, wie der Teewagen *M15* (ca. 1929), hatten geometrische Formen, die weniger streng waren als seine früheren Bauhaus-Designs. Während dieser Zeit entwarf er auch Klinken für S. A. Loevy, Berlin, und eine Reihe von Haushaltsutensilien für Walther & Wagner, Schleiz. Er war für die Jenaer Glaswerke Schott & Gen. als freischaffender Gestalter tätig und gestaltete eine neue Kollektion von Haushaltsglas, darunter die Kaffeemaschine *Sintrax* (1931) und das berühmte Teegeschirr aus Glas (1930). In den späten 30er Jahren wurden Wagenfelds Designs immer industrieller, wie an seinen stapelbaren Glasbehältern *Kubus* (1938) zu erkennen ist, die von den Vereinigten Lausitzer Glaswerken serienmäßig hergestellt wurden. Für sie gestaltete er auch ein

Wilhelm Wagenfeld

1900 *Bremen*
1990 *Stuttgart*

▲ Aufbewahrungsgefäße *Kubus* aus Glas für die Vereinigten Lausitzer Glaswerke, 1938

► Tischleuchte *MT9/ME1* für das Bauhaus Dessau, 1923–1924

Firmenlogo und Werbematerial. Wagenfeld entwarf in den 30er Jahren Keramik für die Porzellanfabriken Fürstenberg und Rosenthal und erläuterte sein Gestaltungsprinzip in Artikeln für Zeitschriften wie *Die Form*. Er unterrichtete von 1931 bis 1935 in Berlin an der Staatlichen Kunsthochschule Grunewaldstraße sowie von 1947 bis 1949 an der Hochschule für Bildende Künste und eröffnete 1954 die Werkstatt Wagenfeld in Stuttgart zur Entwicklung von Produkten für die Industrie darunter ein Bordtablett aus Melamin für Lufthansa (1955). Als gefeierter Bauhaus-Designer machte Wagenfeld auf die moralischen, sozialen und politischen Pflichten von Formgebern aufmerksam und konzentrierte sich auf die Gestaltung preisgünstiger, zweckmäßiger, weithin erhältlicher Produkte.

▸ Schreibtisch und Hocker, entworfen für die Österreichische Postsparkasse, Wien, 1906, hergestellt von den Gebrüdern Thonet

Otto Wagner

1841 Wien-Penzing
1918 Wien

Otto Wagner studierte an der Technischen Hochschule in Wien und an der Bauakademie in Berlin und wurde später von Eduard van der Nüll und August Siccard von Siccardsburg an der Akademie der Bildenden Künste in Wien ausgebildet. 1862 trat er dem Büro des Wiener Baumeisters Ludwig von Förster bei, das er bald übernahm und unter seinem eigenen Namen weiterführte. Seine frühe Architektur bestand hauptsächlich aus Wohnhäusern und Bürogebäuden und hatte historistische Elemente, die vom klassizistischen Stil Karl Friedrich Schinkels (1781–1841) beeinflusst waren. Er wurde um einen Entwurf zur Stadtplanung von Wien gebeten (1892–1893) und gestaltete das System der Stadtbahn neu (1893), ein Projekt mit Viadukten, Brücken und über 30 Haltestellen. Von 1894 bis 1916 war er Professor für Architektur an der Akademie der Bildenden Künste in Wien und **Adolf Loos**, **Josef Hoffmann** und **Josef Maria Olbrich** zählten zu seinen Studenten. Im Jahr seines Amtsantritts bei der Akademie veröffentlichte er das Buch *Moderne Architektur*, das einen Wendepunkt in seiner Baukarriere darstellte, denn seine Bauten wiesen seitdem immer weniger Verzierungen auf. 1899

▲ Vorstandszimmer der Österreichischen Postsparkasse, Wien, 1905–1906

wurde er Mitglied der Wiener **Secession.** Obwohl er den Klassizismus nicht vollständig aufgab, begann er, im **Art-nouveau**-Stil zu arbeiten. Um 1900 hatte sein Büro 70 Mitarbeiter, darunter Olbrich, Hoffmann, Leopold Bauer (1872–1938), Max Fabiani (1865–1962) und Jože Plečnik (1872–1957), und führte Designaufträge sowie Bauentwürfe aus. Sein Meisterwerk, die Österreichische Postsparkasse in Wien (1904–1906), war als **Gesamtkunstwerk** konzipiert und mit speziell entworfenen Aluminiumausstattungen und Bugholzmöbeln eingerichtet, die eine frühe funktionalistische Tendenz aufwiesen. Variationen des Mobiliars der Postsparkasse wurden später von den Gebrüdern **Thonet** und **J. & J. Kohn** hergestellt. Zudem gestaltete er auch Silberarbeiten für J. C. Klinkosch, die in der österreichischen Abteilung auf der »Esposizione Internazionale d'Arte Decorativa Moderna« 1902 in Turin gezeigt wurden. Er verfasste von 1904 bis 1907 Beiträge in der Zeitschrift *Hohe Warte* und wurde später Mitglied des **Deutschen Werkbunds**. Wagner war um die Jahrhundertwende einer der progressivsten Wiener Architekten. Durch seine Lehrtätigkeit an der Akademie der Bildenden Künste in Wien und sein Eintreten für den »Nutzstil« beeinflusste er eine ganze Generation von Baumeistern und Gestaltern.

George Walton, der Sohn eines Ingenieurs und Amateurmalers, nahm an Abendkursen der Glasgow School of Art teil und gründete 1888 sein eigenes Dekorationsgeschäft. Sein älterer Bruder, E. A. Walton (1860–1922), war einer der Glasgow Boys, einer Gruppe postimpressionistischer Maler und seine Kontakte verhalfen dem jüngeren Bruder zu Aufträgen. George Walton stellte 1890 in der Arts & Crafts Society aus und dekorierte mit **Charles Rennie Mackintosh** Catherine Cranstons Teesalons in der Buchanan Street (1896) und der Argyle Street (1897). Seine erfolgreiche Firma wurde 1896 zu einer GmbH und er zog ein Jahr später nach London, wo er den Auftrag erhielt, Möbel und Ladenfassaden für die Ausstellungsräume von Kodak in London, Glasgow, Dublin, Mailand, Brüssel, Wien und Moskau zu entwerfen. Er eröffnete 1898 ein weiteres Büro in Scarborough und erhielt 1901 den ersten von mehreren Bauaufträgen für Privathäuser. Von 1916 bis 1921 gestaltete er Gaststätten für das Central Liquor Traffic Board und entwarf in den 20er Jahren Textilien für Morton Sundour. Obwohl Walton einer der erfolgreichsten Designer der **Glasgow School** war, orientierten sich seine Arbeiten mehr an der englischen **Arts-&-Crafts-Bewegung**.

George Walton

1867 *Glasgow*
1933

▲ Buffet *Brussels* für George Walton & Company, ca. 1900

Kem Weber

1889 *Berlin*
1963 *Santa Barbara, Kalifornien, USA*

Karl Emanuel Martin (Kem) Weber lernte bei Eduard Schultz, einem Hoftischler in Potsdam. Später studierte er an der Kunstgewerbeschule in Berlin bei **Bruno Paul** und assistierte seinem Lehrer bei der Gestaltung und dem Bau des deutschen Pavillons auf der »Exposition Universelle« 1910 in Brüssel. Nach seinem Abschluss 1912 arbeitete er in Pauls Büro am Design der deutschen Abteilung der »Panama-Pacific International Exhibition«, 1915 in San Francisco. Er wurde nach Amerika geschickt, um den Aufbau der Ausstellung zu beaufsichtigen, doch die Arbeit wurde wegen des sich verschlechternden politischen Klimas abgebrochen. Der unmittelbar bevorstehende Ausbruch des Ersten Weltkriegs verhinderte Webers Heimkehr und er blieb in Kalifornien. Nach dem Krieg zog er nach Santa Barbara und gründete ein Atelier, das sich auf Innenausstattungen im spanischen Kolonialstil spezialisierte. In dieser Zeit entwarf er auch mehrere Gebäude, die von Bauten der Mayas und Ägypter sowie vom minoischen Stil und vom Kubismus

▾ Armlehnstuhl *Airline* für die Airline Chair Co., ca. 1934–1935

▲ Digitaluhr *The Zephyr Modell Nr. 305-P40* für Lawson Time Inc., 1934

inspiriert waren. 1921 ließ er sich in Los Angeles nieder und entwarf moderne Möbel, Inneneinrichtungen und Verpackungen für den großen Möbel- und Dekorationsladen Barker Brothers. 1924 wurde er amerikanischer Staatsbürger und künstlerischer Leiter von Barker Brothers, eine Stellung, die er bis 1927 innehatte. Dann gründete er in Hollywood ein Büro für Industriedesign und seine Designs im »**Moderne**«-Stil wurden 1928 auf der zweiten »International Exposition of Art in Industry« von Macy's in New York gezeigt. Dadurch konnte er sich einen Namen als einer der fortschrittlichsten Designer seiner Zeit in Amerika machen. In den 30er Jahren schuf er Entwürfe für verschiedene Möbelhersteller in Grand Rapids, so für Widdicomb, Baker, Berkey & Gay und Mueller, und entwarf Silber für Friedman Silver in New York und Uhren für Lawson Time in Alhambra. Er wandte oft das Konzept des **Streamlining** an, wie sein Stuhl *Airline* (1934–1935) zeigt, den er für die Walt Disney Studios entworfen hatte. Im Zweiten Weltkrieg gestaltete er ein Fertighaussystem für die Douglas Fir Plywood Association in Tacoma und konzentrierte sich nach 1945 auf Bauaufträge, die nach traditionellen und natürlichen Materialien verlangten. Obgleich diese Projekte im modernen Stil ausgeführt waren, entfernten sie sich doch von seinen früheren Gebäuden im **International Style**. Webers Arbeit ist für die weniger strenge Moderne der amerikanischen Westküste typisch.

Hans J. Wegner

geb. 1914 *Tønder, Dänemark*

▾ Stuhl *Valet Modell Nr. JH 250* für Johannes Hansen, 1953 (neu herausgegeben von PP Møbler)

Hans J. Wegner, der Sohn eines Schuhmachers, lernte schon früh die Kunstfertigkeit zu schätzen. Er machte in H. F. Stahlbergs Werkstatt eine Tischlerlehre und studierte nach dem Militärdienst von 1936 bis 1938 am Teknologisk Institut in Kopenhagen. Später lernte er bei der Möbeldesignerin Orla Mølegaard Nielsen (geb. 1907) an der Kunsthandwerkschule. 1938 war er in Århus für die Architekten Erik Møller und Flemming Lassen tätig und arbeitete ab 1940 mit Møller und **Arne Jacobsen** an der Gestaltung des Rathauses in Århus, für das er einfache, aber sorgfältig ausgeführte Möbel lieferte. Von 1943 bis 1946 leitete er sein eigenes Designatelier in Århus und war anschließend für zwei Jahre in einer Partnerschaft mit dem Architekten Palle Suenson in Kopenhagen tätig, wo er schon bald ein eigenes Büro eröffnete. Wegner arbeitete auch mit dem Möbeltischler und Vorsitzenden der Tischlergilde, Johannes Hansen, zusammen und entwarf zahlreiche Stühle für dessen Herstellungsfirma, darunter den Stuhl *Round* (1949), der als *The Chair* oder *Classic Chair* bekannt wurde. In den 50er Jahren war er einer der führenden Vertreter des skandinavischen Designs und für seine meist aus Massivholz bestehenden Stühle von meisterhafter Kunstfertigkeit und Ausgeglichenheit international berühmt, die von Johannes Hansen, Fritz Hansen, Andreas Tuck, Getama, A. P. Stolen, Carl Hansen & Søn und PP Møbler hergestellt wurden. Wegners typisch skandinavisches, organisches Gestaltungsprinzip, das man an den Stühlen *Chinese* (1943), *Peacock* (1947), *Y* (1950) und *Valet* (1953) erkennen kann, wandte sich gegen den geometrischen Formalismus der **Moderne**. Als begabter Gestalter und Kunsthandwerker vereinfachte Wegner Form und Konstruktion, um faszinierende moderne Überarbeitungen traditioneller Möbeltypen zu schaffen.

▲▲ Armlehnstuhl *Peacock Modell Nr. JH 50* für Johannes Hansen, 1947 (neu herausgegeben von PP Møbler)

▲ Klappstuhl *Modell Nr. JH 512* für Johannes Hansen, 1949 (neu herausgegeben von PP Møbler)

▲▲ Armlehnstuhl *Round Modell Nr. JH 501* für Johannes Hansen, 1949 (auch bekannt als *The Chair* oder *Classic Chair*, neu herausgebracht von PP Møbler)

▲ Stuhl *Y Modell Nr. 24* für Carl Hansen, 1950

◂ Büroschränkchen
Modell Nr. B290
für die Gebrüder
Thonet, 1928–1929

Bruno Weil

Lebensdaten
unbekannt
Österreich

Bruno Weil studierte Architektur, bevor er Leiter von Thonet Frères in Paris wurde. Während seiner Amtszeit von 1928 bis 1933 entwarf er unter dem Pseudonym Béwé, nach seinen Initialen. Zu seinen Stahlrohrmöbeln gehörten der Büroschrank *B290* (1928–1929), der Stapelstuhl *B256* (1932), die Tische *B143 / 144* (1932), die Liege *B267* (1935) und das innovative Schreibtischsystem aus Einzelteilen *B287* (1935). Unter seiner Führung stellten Thonet Frères nicht nur Möbel von deutschen Formgebern wie **Ludwig Mies van der Rohe** und **Marcel Breuer** her, sondern produzierten auch Entwürfe fortschrittlicher französischer Architekten wie André Lurçat (1894–1970), **Le Corbusier**, **Pierre Jeanneret** und **Charlotte Perriand**. Weil emigrierte 1939 in die Vereinigten Staaten, wo er sein Sitzmöbelprogramm *Bentply* (1943) entwarf, das frühere Sperrholzprototypen für Stühle von **Charles Eames** und **Eero Saarinen** zum Vorbild hatte.

Daniel Weil

geb. 1953 *Buenos Aires*

Daniel Weil studierte an der Universität von Buenos Aires Architektur, machte 1977 seinen Abschluss und wurde dann von 1978 bis 1981 am **Royal College of Art** in London zum Industriedesigner ausgebildet. Danach entwarf er eine Kollektion von Radios, Leuchten und Digitaluhren, die in Plastikhüllen eingeschlossen und im Siebdruckverfahren verziert waren, um damit »eine neue Metaphorik für Elektronikgeräte zu entwickeln, die die mechanische Bildersymbolik des Kastens vermeidet«. Diese dekonstruierten Designs, zu denen auch *Bag Radio* (1981–1983) gehörte, hatten offenliegende Drähte und elektronische Teile und wurden von 1982 bis 1990 von Weils eigener Herstellerfirma Parenthesis Limited produziert. Von 1985 bis 1991 arbeitete er in einer Partnerschaft mit Gerard Taylor (geb. 1955) und entwarf Produkte, Möbel und Inneneinrichtungen für **Alessi**, **Knoll** und Esprit. 1992 wurde er Partner der interdisziplinären Designagentur **Pentagram** und arbeitete in dieser Eigenschaft für viele Geschäftskunden, darunter EMI Records, Swatch, Granada Hospitality und das Crafts Council of Great Britain. Weil war von 1983 bis 1986 »Unit Master« der Architectural Association in London und wurde fünf Jahre danach Professor und Kursleiter für Industrie- und Fahrzeuggestaltung am Royal College of Art.

▲ *Bag Radio* für Parenthesis, 1981–1983

Wiener Werkstätte

1903–1932 *Wien*

▸ **Josef Hoffmann**, geschliffene Glasvase, hergestellt von Ludwig Moser & Söhne für die Wiener Werkstätte, ca. 1920

▾ **Dagobert Peche**, Plakat für die Modeabteilung der Wiener Werkstätte, 1920

Die Wiener Werkstätte wurde im Juni 1903 offiziell von den secessionistischen Designern **Josef Hoffmann** und **Koloman Moser** sowie dem wohlhabenden Bankier Fritz Wärndorfer (1869–1939) gegründet. Die Genossenschaft war bahnbrechenden britischen Organisationen wie **Charles Ashbees Guild of Handicraft** nachempfunden und erstrebte auf ähnliche Weise künstlerischen Ausdruck im Kunsthandwerk. Im Oktober 1903 gab es schon mehrere Werkstätten: für Silber- und Goldschmiedekunst, Metallarbeiten, Buchbinderei, Lederbearbeitung und Tischlerei sowie ein Architekturbüro (vormals Hoffmanns) und ein Gestaltungsatelier. Die Wiener Werkstätten waren bekannt für ihre Sauberkeit, Helligkeit und vorbildliche Behandlung der Arbeiter: Die Mitarbeiter in der Tischlereiwerkstatt erhielten beispielsweise einen für diese Zeit unerhörten bezahlten Urlaub von ein bis zwei Wochen. Die an der Werkstätte produzierten Designs trugen nicht nur die Monogramme der Gestalter, sondern auch die der Handwerkskünstler, die sie ausführten. Dies reflektiert das Bestreben der Organisation, Künstler und Kunsthandwerker gleich zu behandeln. Ihre Mitglieder, vor allem Hoffmann, lehnten es ab, zugunsten der Erschwinglichkeit auf Qualität zu verzichten und bestanden auf der Verwendung der besten erhältlichen Materialien. Dieser Ansatz brachte zwar zuverlässige Qualität mit sich, verhinderte aber finanziellen Erfolg und bedeutete, dass der demokratisierende Einfluss der Werkstätte nicht so stark war, wie er hätte sein können. Sie löste dennoch 1905 die **Secession** als führende kunstgewerbliche Organisation in Wien ab und hatte zu diesem Zeitpunkt über 100 Mitarbeiter. Ihre Arbeiten wurden in Zeitschriften wie *Deutsche Kunst und Dekoration* und *The Studio* veröffentlicht. Sie erreichte eine breitere Öffentlichkeit mit eigenen Präsentationen (Berlin 1904, Wien und

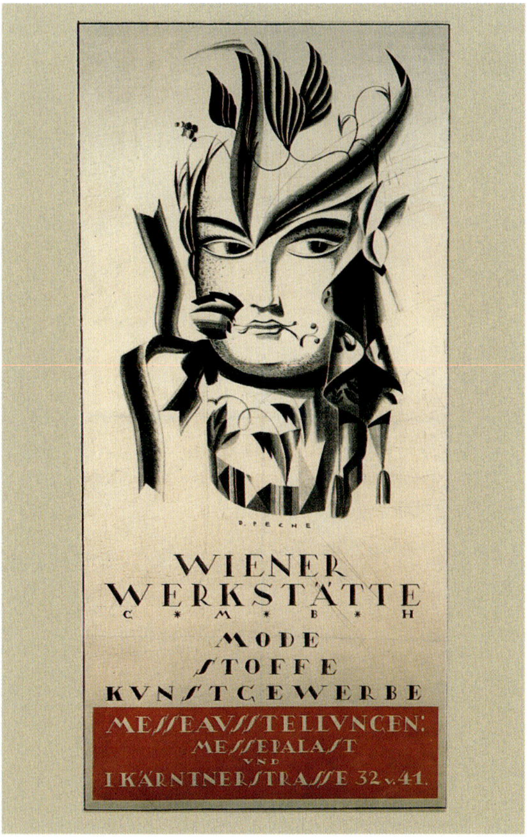

▲ **Josef Hoffmann**, silberne Teekanne für die Wiener Werkstätte, 1903–1904

► **Josef Hoffmann**, silberne Vase mit Glaseinsatz für die Wiener Werkstätte, 1906

Brünn 1905, Hagen 1906) und durch die Teilnahme an verschiedenen internationalen Ausstellungen wie der »Werkbund-Ausstellung« 1914 in Köln und der »Exposition Internationale des Arts Décoratifs« 1925 in Paris. Von 1903 bis 1932 produzierte die Wiener Werkstätte Möbel, Glas- und Metallarbeiten, Stoffe, Schmuck, Kleidung, Tapeten, Keramik und Grafiken von über 200 Designern, darunter **Otto Prutscher**, **Jutta Sika**, Michael Powolny (1871–1954), Carl Otto Czeschka (1878–1960), Berthold Löffler (1874–1960) und Emmanuel Josef Margold (1889–1962). Darüber hinaus übernahm sie einige beachtenswerte **Gesamtkunstwerk**-Projekte: ihr eigenes Theater, das Cabaret Fledermaus (1907), Josef Hoffmanns Sanatorium Purkersdorf (1904–1906) und das Palais Stoclet (1905–1911) in Brüssel, das typisch für den frühen secessionistischen Stil der Werkstätte ist, der sich durch strenge Klarheit, komplizierte Konstruktionen und luxuriöse Materialien auszeichnete. Nach Fritz Wärndorfers Emigration nach Amerika im Jahr 1914 begann die Werkstätte, unter der Leitung ihres neuen Förderers Otto Primavesi, weniger exklusive Produkte herzustellen, die abgerundeter und stilistisch eklektischer waren. Für sie ist das Werk von **Dagobert Peche** typisch. Obgleich 1921 in New York und 1929 in Berlin Filialen eröffnet wurden, ging die Wiener Werkstätte 1932 in Konkurs.

734 · Tapio Wirkkala

Tapio Wirkkala studierte an der Taideteollinen Korkeakoulu (Zentrale Schule für Industriedesign) in Helsinki von 1933 bis 1936 Bildhauerei und arbeitete später als Bildhauer und Grafikdesigner. 1947 teilte er mit **Kaj Frank** den ersten Preis bei einem von Iittala organisierten Wettbewerb für Gläser und produzierte anschließend freiberuflich Entwürfe für die Glashütte. Seine Vasen *Kantarelli* (1946) aus mundgeblasenem Glas, deren Formen von Pfifferlingen inspiriert waren, sind beispielhaft für die skandinavische Moderne: ausdrucksstarke, organische Formen verbunden mit traditioneller Kunstfertigkeit. Diese Vasenserie, die zwischen 1947 und 1960 produziert wurde, verhalf ihm zu internationaler Anerkennung. Zudem war er für seine blattförmigen Schalen und Möbel aus laminiertem Holz berühmt. Die bunten Schichtholzlaminate wurden von ihm hergestellt, anschließend geschnitten und ausgehöhlt, was einen Streifeneffekt ergab. Wirkkalas Entwürfe wurden 1951 und 1954 auf den Mailänder Triennale-Ausstellungen gezeigt und prämiert. Während dieser Zeit war er künstlerischer Leiter der Zentralen Schule für Industriedesign in Helsinki. Er arbeitete von 1955 bis 1956 in **Raymond Loewys** Büro in New York. Darüber hinaus entwarf er Glas für Venini, Keramik für Rosenthal, Messer für Hackman und Leuchten für Airam. Er verband ausgewogene Kunstfertigkeit mit industriellen Techniken und schuf exquisite, funktionelle Objekte für den Wohnbereich.

Tapio Wirkkala

1915 *Hanko, Finnland*
1985 *Esbo, Finnland*

▲ *Kantarelli*-Vasen für Iittala, 1946

◄ Stuhl aus beschichtetem Holz für Asko, ca. 1955

Frank Lloyd Wright studierte an der University of Wisconsin von 1885 bis 1887 Maschinenbau, zog dann nach Chicago, wo er dem Architekturbüro Adler & Sullivan beitrat. 1889 baute er sein eigenes Haus in Oak Park, Illinois, und ein Jahr später wurde ihm bei Adler & Sullivan die Aufgabe zugewiesen, alle Aufträge für Privathäuser zu bearbeiten. Aufgrund einer Meinungsverschiedenheit bezüglich einiger geheimer Aufträge, die er bearbeitet hatte, verließ er 1892 die Firma und eröffnete im folgenden Jahr ein eigenes Architekturbüro in Chicago. Im ersten Jahrzehnt des 20. Jahrhunderts entwarf Wright rund 50 Wohnsitze, die als »Prairie Houses« bekannt wurden und vornehmlich aus natürlichen Materialien – Stein, Backstein und Holz – bestanden. Sie sollten die natürliche Schönheit der umliegenden Prärie des mittleren Westens betonen, wobei die niedrigen Firsthöhen und sanft geneigten Dächer die Horizontale unterstrichen. Die innovativen, großzügigen Innenräume, die sich ebenfalls im Einklang mit der Natur befanden, hatten Stellwände mit zarten, natürlichen Farben, die die Wirkung des Lichtes maximierten. Viele dieser Wohnsitze waren wie spätere Gebäude von

Frank Lloyd Wright

1867 Richland Center, Wisconsin, USA
1959 Phoenix, Arizona, USA

◄ Stoff für F. Schumacher & Co., 1955

◄ Stühle für das Isabel-Roberts-Haus und das Francis-W.-Little-Haus, 1908 & 1902

Wright als **Gesamtkunstwerke** konzipiert und schlossen eignes angefertigte Möbel und Einrichtungen ein, die teilweise fest eingebaut waren. Wie seine Präriehäuser waren auch seine späteren Bürohäuser und öffentlichen Gebäude, wie das Verwaltungsgebäude der Larkin Company in Buffalo (1903–1905), innovativ geplant und boten eine so angenehme Atmosphäre wie möglich. Der revolutionäre Grundriss des Larkin Building war beispielsweise nicht nur von der Funktion her effektiv, sondern strahlte mit seinen offenen Galerien und dem lichtdurchfluteten Innenhof das Gefühl von »Familie« aus, da alle Angestellten gemeinsam arbeiteten, nicht in getrennten Einzelbüros. Seine geradlinigen Büromöbel aus Stahl waren eigens für dieses Projekt entworfen und sowohl funktionell als auch visuell mit ihrer Umgebung im Einklang. Ähnlich wie das Larkin Building war auch der Unity Temple in Oak Park (1904–1907) von außen geometrisch-massiv und täuschte dadurch über den erstaunlichen Sinn für Raum und Licht in seinem Innern hinweg. Die innovative Konstruktion des Gebäudes mit einem frei tragenden Dach und nichttragenden Stellwänden – aus Mauerwerk, Holz, Beton oder Glas – markierte einen Wendepunkt in Wrights Œuvre in Richtung auf das, was er die »Zerstörung des Kastens« nannte. Er entfernte sich zunehmend von seinen Ursprüngen in der **Arts-&-Crafts-Bewegung** und untersuchte nunmehr das strukturelle und dekorative Potential »industrieller« Betonblöcke, die er mit großer Wirkung im Imperial Hotel in Tokio (1915–1922) und bei vier Privathäusern in Los Angeles aus den frühen 20er Jahren einsetzte. Während der Weltwirtschaftskrise der 30er Jahre, als Aufträge knapp waren, gründete Wright die Bildungsgemeinschaft Taliesin Fellowship und veröffentlichte 1932 seine Autobiographie. Zwei wichtige Aufträge konnten seine stagnierende Karriere wiederbeleben: das Verwaltungsgebäude von S. C. Johnson & Son (1936–1939) und das Wohnhaus für Edgar J. Kaufmann, Falling

◂ Kaffee- und Speiseservice für das Imperial Hotel in Tokio, hergestellt von Noritake of Japan, ca. 1922

▾ Stuhl *Peacock*, entworfen für das Imperial Hotel in Tokio, ca. 1921–1922

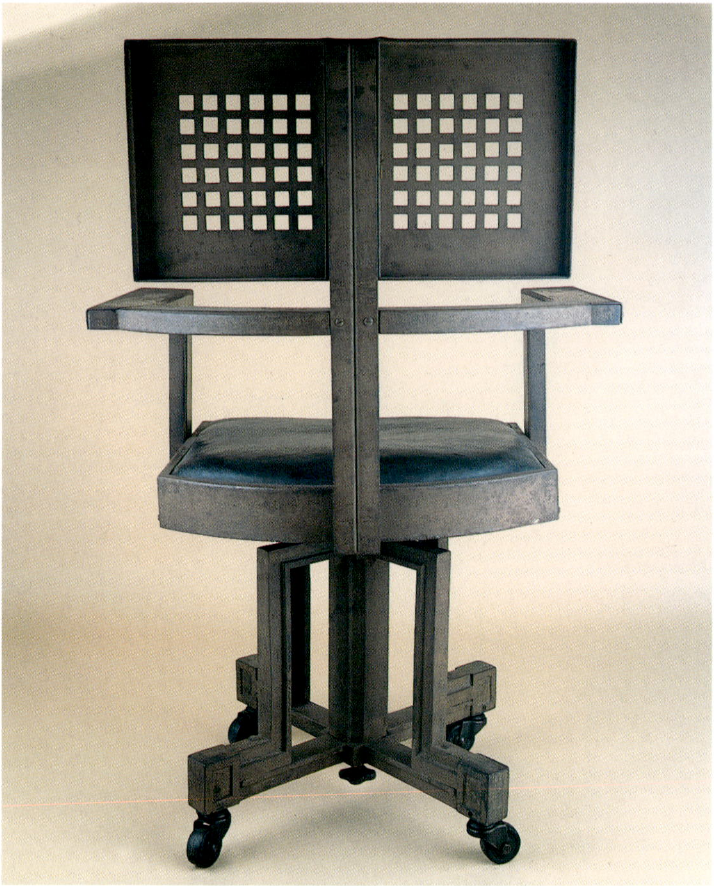

◂ Drehstuhl für die Büros des Verwaltungsgebäudes der Larkin Company, ca. 1904

▸ Inneneinrichtung des Verwaltungsgebäudes von S. C. Johnson & Son, 1936–1939

Water genannt (1935–1939). Diese Projekte bestanden wie das Guggenheim Museum (1943–1946 & 1955–1959) in New York aus armiertem Beton und frei tragenden Konstruktionen und leiteten einen völlig neuen, befreiten Baustil ein. Alle Projekte von Wright, ob aus natürlichen oder künstlichen Materialien, mit abgerundeten oder eckigen Formen, drücken seine Bewunderung für die Natur aus und seinen unerschütterlichen Glauben an die Priorität der »Menschlichkeit«. Wright erklärte, dass »Schönheit nur das Leuchten des menschlichen Lichtes (der Seele)« sei. Sein bahnbrechendes **Organisches Design** versuchte, das geistige Wesen von Mensch und Natur zu symbolisieren. Wright war weder Historist noch Modernist, er war vor allem Humanist.

▲ Arbeitsplatz für das Verwaltungsgebäude von S. C. Johnson & Son, ca. 1937 (hergestellt von der Metal Office Furniture Company)

◂ Tafelgeschirr *American Modern* für die Steubenville Pottery, ca. 1937

Russel Wright

1904 *Lebanon, Ohio, USA*
1976 *New York*

Russel Wright studierte an der Cincinnati Art Academy Malerei und an der Art Students' League in New York Bildhauerei. 1924 boten ihm **Norman Bel Geddes** und der Dramatiker Thornton Wilder eine Stelle als Bühnenbildner an und er begann, plastische Karikaturmasken herzustellen. Er entwarf außerdem eine Kollektion von Barzubehör aus gesponnenem Aluminium, die ebenso erfolgreich war und den Beginn seiner Karriere als Industriedesigner markierte. 1930 gründete er in New York eine eigene Werkstatt und gestaltete Metallwaren, wie Mixbecher für Cocktails, Teeservice und Krüge. Seine Produkte im »**Moderne**«-Stil, die **Funktionalismus**, **Art-déco**-Stil und »Missionsstil« verbanden, wurden 1934 auf der Ausstellung »Machine Age« im **Museum of Modern Art, New York**, gezeigt. Seine Designs wie die Möbel *Modern Living* aus hellem Ahornholz für Conant-Ball (1935) waren sehr populär, da sie günstiger waren als die aus Europa importierten modernen Produkte und dem amerikanischen Geschmack eher entsprachen. Sein legeres Gestaltungsprinzip des »American Way« drückte sich vor allem in seinem bekannten Tafelgeschirr *American Modern* aus (1937). Der schon zu Lebzeiten berühmte Wright war der erste Gestalter von Haushaltswaren, dessen Name in der Herstellerwerbung genannt wurde.

▸ Hocker *Butterfly* für Tendo Mokko, 1954

Sori Yanagi

geb. 1915 *Tokio*

Sori Yanagi studierte bis 1940 an der Schule für bildende Kunst in Tokio Malerei und Architektur. Er arbeitete anschließend für zwei Jahre als Assistent in **Charlotte Perriands** Gestaltungsbüro in Tokio, während sie als Beraterin im Bereich Kunst und Kunsthandwerk für das japanische Handelsministerium tätig war. 1951 erhielt er den ersten Preis bei dem neu eingeführten »Japanischen Wettbewerb für Industriedesign« und gründete ein Jahr später das Yanagi Industrial Design Institute. Seine Entwürfe, wie der Hocker *Butterfly* (1954) aus geformtem Sperrholz, der von Tendo Mokko hergestellt wurde, verbanden auf elegante und harmonische Weise östliche und westliche Kultur sowie traditionelle Kunstfertigkeit mit industrieller Technologie. Sein beinahe spiritueller Ansatz war sehr orientalisch und er erklärte: »Grundlegende Konzepte und schöne Formen entstehen nicht allein am Reißbrett«. Yanagi wurde 1977 Direktor des Japanischen Museums für Volkskunst in Tokio und nahm 1982 an der Ausstellung »Contemporary Vessels: How to Pour« im Nationalmuseum für Moderne Kunst in Tokio teil.

Marco Zanini

geb. 1954 *Trient, Italien*

Marco Zanini studierte bei Adolfo Natalini (geb. 1941) an der Università di Firenze Architektur und lernte während seines Aufenthaltes in Florenz 1975 bei einem von **Global Tools** organisierten Workshop **Ettore Sottsass** kennen. In den beiden folgenden Jahren war er für die Argonaut Company in Los Angeles und als freischaffender Designer in San Francisco tätig. Nach seinem Studienabschluss im Jahr 1978 begann Zanini in Sottsass' Mailänder Büro als Assistent und trat zwei Jahre später der neu gegründeten Designagentur Sottsass Associati bei. Noch im selben Jahr war er Mitbegründer von **Memphis** und gestaltete Möbel für die Gruppe, darunter das Sofa *Dublin* (1981) und das Bücherregal *Union* (1983). Außerdem entwarf er Glasartikel für Memphis, die Deckelschüssel *Rigel* (1982), die Trinkgläser *Arturo* und *Vega* (1982) sowie bizarr geformte, bunte Keramiken wie die Teekannen *Colorado* und *Mississippi* (1983) oder die Vasen *Victoria*, *Baykal* und *Tanganyika* (1983). Gemeinsam mit Sottsass gestaltete er eine Rauminstallation, die 1984 auf der Ausstellung»Italienisches Design« in Tokio gezeigt wurde und wegen ihrer markanten geometrischen Formen und bunten Laminate mit Siebdruckmotiven Aufsehen erregte. Außerdem beteiligte er sich an der Gestaltung von Gebrauchselektronik für Enorme.

▲ Teekannen *Colorado, Sepik & Mississippi*, hergestellt von Ceramiche Flavia für Memphis, 1983

▸ Sessel *Antropus* für Arflex, 1949

Marco Zanuso Sr.

geb. 1916 *Mailand*

Marco Zanuso Sr. studierte am Politecnico di Milano Architektur und machte 1939 seinen Abschluss. Er eröffnete 1945 ein Büro in Mailand, das Gestaltungsaufträge für Produkte und Möbel sowie Bau- und Stadtplanungsprojekte übernahm. Als einer der führenden italienischen Designer der Nachkriegszeit war Zanuso von 1946 bis 1947 mit Ernesto Rogers (1909–1969) als Redakteur der Zeitschrift *Domus* tätig und anschließend bis 1949 Redakteur bei *Casabella*. Die Firma Pirelli erteilte ihm 1948 den Auftrag, die Möglichkeiten von Latexschaum als Polstermaterial zu untersuchen. Sein Sessel *Antropus* (1949) war das erste Sitzmöbel von Arflex, einer eigens von Pirelli eingerichteten Herstellerfirma. Weitere Polstermöbel aus Latexschaum folgten, darunter der Sessel *Lady* (1951) und das Sofa *Triennale* (1951), die bei der IX. Mailänder Triennale erstmalig ausgestellt wurden und für die Zanuso einen Grand Prix und zwei Goldmedaillen erhielt. 1956 wurde er für seine Nähmaschine *Modell 1100/2* für Borletti mit einem **Compasso d'Oro** ausgezeichnet, deren zugleich rationale und skulpturale Form ein gutes Beispiel seiner Arbeit ist. Darüber hinaus übernahm er mehrere Bauaufträge: die Fabrikationsstätten der **Olivetti-Werke** in São Paulo (1955) und Buenos Aires (1955–1957) in Brasilien und die Fabrik von Necchi in Pavia (1961–1962), die

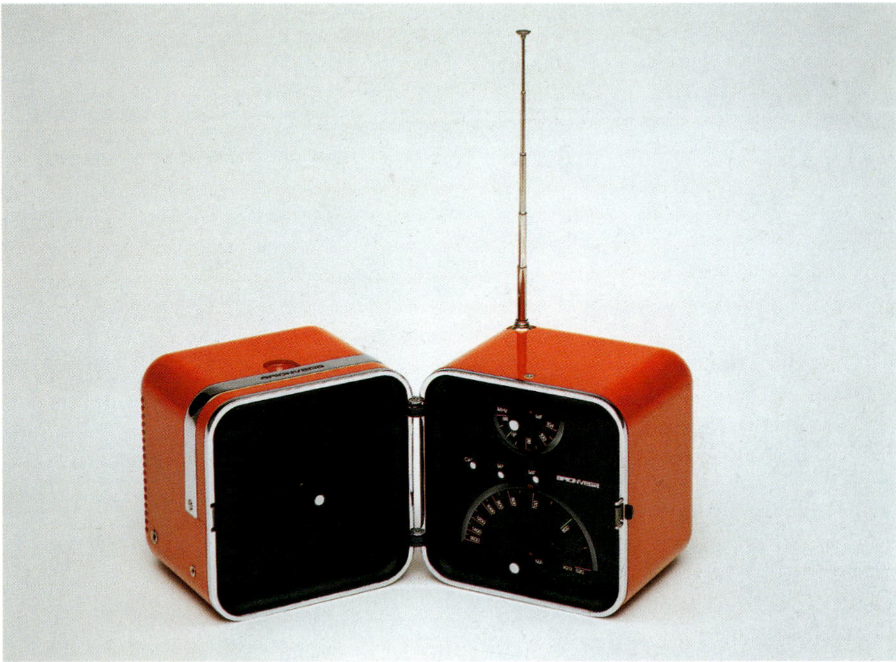

▲ **Marco Zanuso & Richard Sapper**, Radio *TS502* für Brionvega, 1964

sein Interesse an »Produktarchitektur« und Fertigbauten zeigen. Von 1958 bis 1977 arbeitete Zanuso an zahlreichen bahnbrechenden Produkten und Möbeldesigns mit **Richard Sapper**. Dazu gehören der emaillierte, leichtgewichtige Stuhl *Lambda* aus gestanztem Stahl für Gavina (1959–1964), der stapelbare Kinderstuhl *Nr. 4999/5* für **Kartell** (1961–1964), das erste Sitzmöbel, das aus Spritzguss-Polyethylen bestand, die Fernsehgeräte *Doney 14* (1964) und *Black 201* (1969) für Brionvega, die wegen ihrer winzigen Elektronikteile beachtenswert waren, das Telefon *Grillo* für Siemens (1966) mit seiner innovativen Klappform und schließlich die Küchenwaage *2000* für Terraillon (1970). Zanuso wurde 1956 Mitglied der CIAM (Congrès Internationaux d'Architecture Moderne) und des INU (Istituto Nazionale Urbanista). Im selben Jahr war er auch Mitbegründer der Associazione di Disegno Industriale (ADI) und war von 1966 bis 1969 ihr Präsident. Von 1956 bis 1960 saß er im Stadtrat von Mailand und wurde 1961 Mitglied der Stadtplanungskommission. Während seiner gesamten Karriere experimentierte er mit neuen Materialien und Technologien und entwarf elegante funktionale Produkte zur industriellen Herstellung, die oftmals das formale Potential existierender Typen neu definierten.

◄ Sessel *Lady* für Arflex, 1951

▲ **Marco Zanuso & Richard Sapper**, Fernseher *Black 201* für Brionvega, 1969

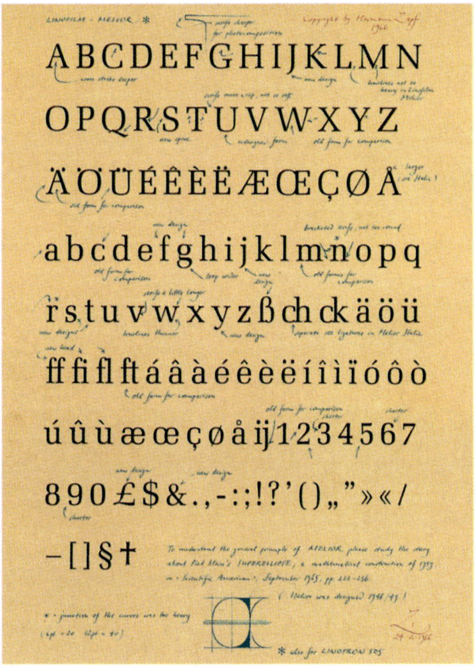

◂ Korrigierter Entwurf für die Schrift *Melior* (1949), 1966

Hermann Zapf
geb. 1918 *Nürnberg*

Hermann Zapf begann seine berufliche Laufbahn in der Gießerei von Paul Koch in Frankfurt 1938. Drei Jahre später gab die Gießerei Stempel eine limitierte Auflage seines kalligraphischen Buchstabenbuches *Feder und Stichel* heraus. Nach seinem Militärdienst war er für Stempel tätig und 1947 bis 1956 künstlerischer Leiter der Firma. Seine bemerkenswertesten Schriftarten für das Unternehmen waren 1950 die *Palatino*, die auf einer Vorlage aus der Renaissance beruhte, und die elegante *Optima* (1952–1955), die er als serifenlose lateinische Schrift bezeichnete, da sie von römischen Inschriften inspiriert war. In dieser Zeit verfasste er *Das Blumen ABC* (1948) und das *Manuale Typographicum* (1954). Von 1957 bis 1974 war er Berater bei der Mergenthaler Linotype Company in New York. Zapf lehrte von 1972 bis 1981 an der Technischen Hochschule in Darmstadt Typographie und war 1977 bis 1987 Professor für typographische Computer-Programme am Institute of Technology in Rochester, New York, wo er auf dem Gebiet der digitalen Schriften Pionierarbeit leistete, die Kursive *Zapf Chancery* (1979) entwarf und viele existierende Schriften für den digitalen Satz überarbeitete. Zapf brachte als einer der einflussreichsten Typographen des 20. Jahrhunderts neue kalligraphische Schönheit in die Schriftgestaltung.

Eva Zeisel

geb. 1906 *Budapest*

▲ Terrine aus Steingut für die Majolika-Fabrik Schramberg, ca. 1930

Eva Zeisel studierte an der Königlichen Kunstakademie in Budapest von 1923 bis 1924 Malerei. Im Anschluss daran machte sie eine Töpferlehre und eröffnete dann eine Werkstatt an der Kispest Keramikfabrik in Budapest, wo sie Prototypen entwickelte. Ab 1927 war sie für die Hamburger Firma Hansa Kunstkeramik tätig und entwarf von 1928 bis 1930 Waren im konstruktivistischen Stil für die Majolika-Fabrik Schramberg. Sie hielt sich von 1930 bis 1932 in Berlin auf und führte für Christian Carstens Keramikdesigns aus. Als sie später in der Sowjetunion lebte, gestaltete sie Keramik für die staatlichen Porzellanfabriken Lomonosow und Dulewo. 1935 wurde sie zur künstlerischen Leiterin der Porzellanindustrie der Sowjetunion ernannt, ein Jahr darauf jedoch aus politischen Gründen inhaftiert. Nach ihrer Freilassung im Jahr 1937 kehrte sie nach Budapest zurück und floh im folgenden Jahr über die Schweiz und England in die Vereinigten Staaten, um der Besatzung durch die Nationalsozialisten zu entkommen. In Amerika gestaltete sie weiter praktisches, modernes Tafelgeschirr, darunter die Kollektion *Museum White* (1942–1945), die in Zusammenarbeit mit dem **Museum of Modern Art, New York**, entwickelt wurde, und unterrichtete nebenbei am Pratt Institute, New York, sowie an der Rhode Island School of Design in Providence.

Die Töpferei Zsolnay wurde 1862 von Ignaz Zsolnay im ungarischen Pécs gegründet. Drei Jahre später wurde Vilmos Zsolnay (1828–1900) Leiter der Töpferei und die Firma wuchs in den 1870er Jahren rapide an, wodurch sie zum größten Hersteller von Keramik in Österreich-Ungarn wurde. Im Jahr 1883 hatte die Fabrik 450 Angestellte. Diese Zahl war 1900 auf 1 000 angestiegen. Die frühen Steingutdesigns der Firma mit ihren folkloristischen Dekorationen wurden in den 1870er Jahren von der Lüsterkeramik abgelöst, die von Renaissanceentwürfen und polychromen Stücken im Iznik-Stil (Fayencen) inspiriert waren. Die Fabrik erteilte einigen bekannten Gestaltern und Künstlern Aufträge für Keramikdesigns, darunter dem Maler József Rippl-Rónai (1861–1930), der der **Arts-&-Crafts-Bewegung** in Ungarn nahe stand und zahlreiche Entwürfe für bemalte Gegenstände im **Art-nouveau**-Stil lieferte. Lajos Makk (1876–1916) gestaltete ebenfalls erstaunlich zukunftsweisende Glanzkeramik für die Fabrik. Außer Haushaltswaren stellte Zsolnay Keramik für Industrie und Bauwesen her, beispielsweise für Elektroinstallationen und Kacheln aus Porzellan, die sich bei secessionistischen Gebäuden, die von Architekten wie Ödön Lechner in Ungarn entworfen worden waren, zu einem eigenständigen Stilelement entwickelten. Vilmos Zsolnays Sohn Miklós (1857–1925) übernahm die Leitung der Firma von seinem Vater. Nach dem Ersten Weltkrieg ging es mit der Fabrik bergab. Obwohl das Unternehmen noch heute existiert, ist es am bekanntesten für seine bahnbrechenden künstlerischen Waren, die es um die Jahrhundertwende herstellte.

Zsolnay

gegründet 1862
Pécs, Ungarn

▼ **Vilmos Zsolnay & Lajos Makk**, Vase aus Lüster-Steingut für die Töpferei Zsolnay, ca. 1900

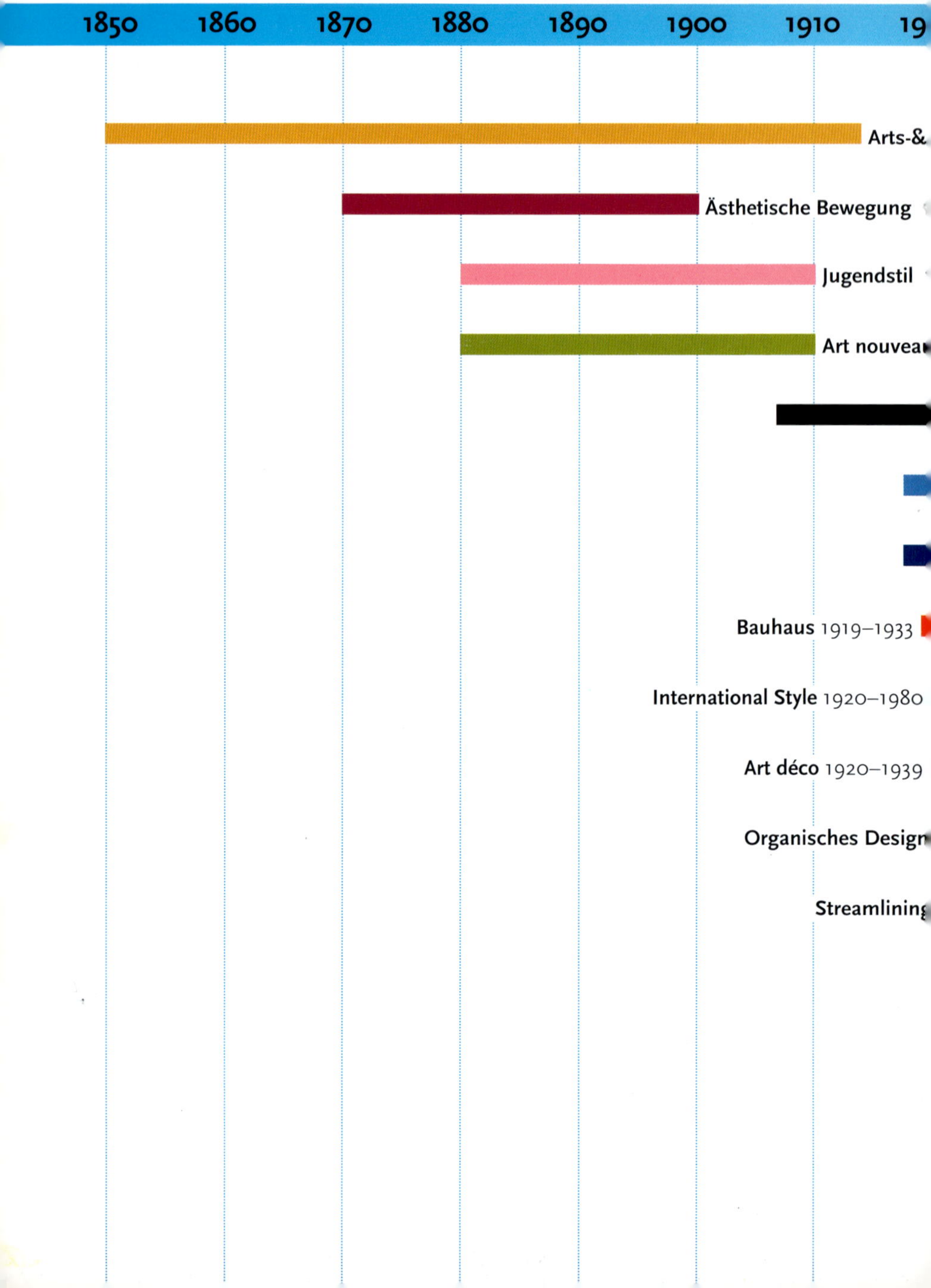
1850
1860
1870
1880
1890
1900
1910
Arts-&
Ästhetische Bewegung
Jugendstil
Art nouvea
Bauhaus 1919–1933
International Style 1920–1980
Art déco 1920–1939
Organisches Design
Streamlinin

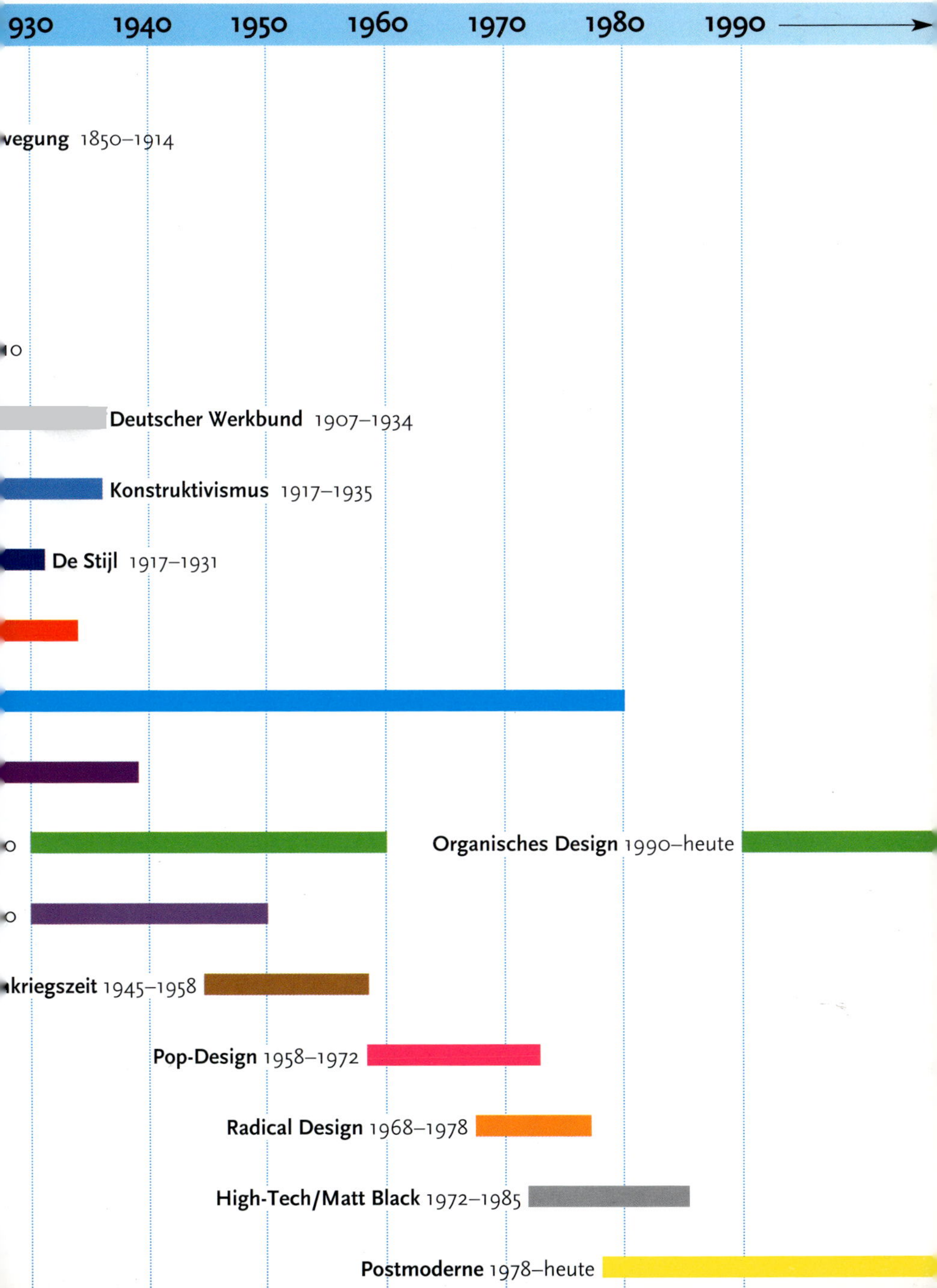
930
1940
1950
1960
1970
1980
1990
vegung 1850–1914
10
Deutscher Werkbund 1907–1934
Konstruktivismus 1917–1935
De Stijl 1917–1931
0
Organisches Design 1990–heute
0
kriegszeit 1945–1958
Pop-Design 1958–1972
Radical Design 1968–1978
High-Tech/Matt Black 1972–1985
Postmoderne 1978–heute

1903 Wiener Werkstätte gegründet

1908 Olivetti gegründet

1914 Deutsche Werkbund-Ausstellung in Köln

1918–23 Gerrit Rietveld *Stuhl Rot – Blau*

1924 Marianne Brandt *Aschenbecher für die Metallwerkstatt am Bauhaus*

1924 Wilhelm Wagenfeld *MT9/M1 Tischlampe für das Bauhaus*

1929 Ludwig Mies van der Rohe *Stuhl Barcelona*

1931 Eric Gill *An Essay on Typography*

1936 Alvar Aalto *Vase Savoy*

1937 Frank Lloyd Wrig *Arbeitsplatz*

1942 Raymond Loewy *Neugestaltung der Verpackung von Lucky-Strike-Zigaretten*

1945 Charles & Ray Eames *Stuhl LCW*

1900 1910 1920 1930 1940

1904 **Georg Jensen** *Silberschmiedewerkstatt*

1907 **Peter Behrens entwirft** *Corporate Identity für die AEG*

1907 **Deutscher Werkbund**

1909 **Futuristisches Manifest**

1913 **Monotype produziert** *Imprint*, **die erste Schrift für den Maschinensatz**

1915 **Kasimir Malewitsch führt den** *Suprematismus* **ein**

1917 **De Stijl gegründet**
Aufkommen des *Konstruktivismus* **in Russland**

1919 **Bauhaus gegründet**

1920 **Wchutemas**

1925 *Exposition des Arts Décoratifs et Industriels* **in Paris**

1925 **Marcel Breuer** *Sessel Wassily*

1927 *Weißenhofsiedlung*, **Stuttgart**

1929 **Museum of Modern Art, New York, eröffnet**

1931 **PEL**

1937 *Exposition Universelle*, **Paris**

1940 **Ch. Eames & E. Saarinen gewinnen den Wettbewerb** *Organic Design in Home Furnishings*, **MoMA**

1941 **Utility furniture**

1943 **IKEA**

1958 Richard Buckminster Fuller *Geodätische Kuppel in Seattle*

1951 Arne Jacobsen *Stühle Ant*

1954 Max Bill *Ulmer Hocker*

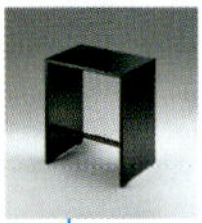

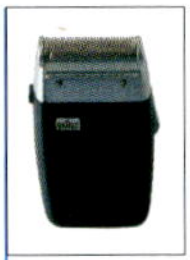

1962 Hans Gugelot & Gerd A. Müller *Elektrorasierer Sixtant SM31*

1969 Joe Colombo *Central living block*

1970 Shiro Kuramata *Kommode Furniture in Irregular Forms*

1972 Otl Aicher *Piktogramme für die Olympischen Spiele in München*

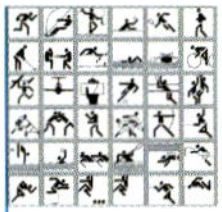

1976 Studio Alchimia gegründet

1981 Memphis gegründet

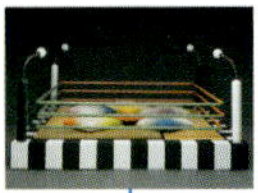

1985 Michael Graves *Kessel*

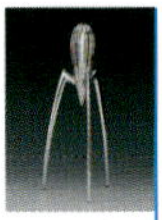

1990 Philippe Starck *Zitronenpresse Juicy Salif*

1995 Stefano Giovannoni *Behälter Mary Biscuit*

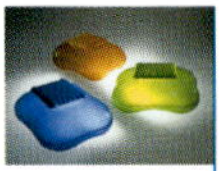

1996 Tom Dixon *Leuchten Jack*

1995–1999 Ross Lovegrove & Stephen Peart *Bürosystem für Herman Miller*

1960 1970 1980 1990

1951 **Festival of Britain**

1953 **Hochschule für Gestaltung, Ulm gegründet**

1954 **Adrian Frutiger entwirft die Schrift** *Universe*

1955/56 **Eero Saarinen** *Stuhl Tulip*

1963 **Total Design, Amsterdam**

1966 **Archizoom Associati, Florenz, gegründet**

1968 **Verner Panton** *Stuhl Panton* **geht in Serie**

1972 *Ausstellung Italy: The New Domestic Landscape*, **New York**

1972 **Pentagram, London, gegründet**

1974 **Global Tools, Florenz**

1979 **Ergonomi Design Gruppen, Schweden**

1980 **California New Wave, USA**

1983 **Swatch, Schweiz**

1989 **Design Museum, London**

1989 **Vitra Design Museum, Weil am Rhein**

1992 **Expo '92 Sevilla**

Anhang

Bibliographie (Auswahl)

Abercrombie, S., *George Nelson, The Design of Modern Design*, MIT Press, Cambridge, Massachusetts 1995

Anscombe, I., *Arts & Crafts Style*, Phaidon Press, London 1991

Anscombe, I. & Gere, C., *Arts & Crafts in Britain & America*, Academy Editions, London 1978

Arwas, V., *Glas: vom Jugendstil zur Art déco.* Klett-Cotta, Stuttgart 1987

Bangert, A., *Italienisches Möbeldesign. Klassiker von 1945 bis 1985*, Bangert Verlag, München 1985

Banham, R., *Die Revolution der Architektur: Theorie und Gestaltung im ersten Maschinenzeitalter*, Vieweg, Braunschweig 1990

Bayley, S., *The Conran Directory of Design*, Conran Octopus, London 1985

Bernsen, J., *Hans J. Wegner*, Dansk Design Center, Kopenhagen 1994

Blackwell, L., *Twentieth-Century Type*, Laurence King, London 1992

Börnsen-Holtmann, N., *Italian Design*, Benedikt Taschen Verlag, Köln 1994

Branzi, A., *Il design italiano, 1964–1990*, Electa, Mailand 1996

Branzi, A., *The Hot House: Italian New Wave Design*, Thames & Hudson, London 1984

Brino, G., *Carlo Mollino, Architecture as Autobiography*, Thames & Hudson, London 1987

Bröhan, T. & Berg, T., *Avantgarde Design 1880–1930*, Benedikt Taschen Verlag, Köln 1994

Bruchhäuser, A., *Der Kragstuhl*, Stuhlmuseum Burg Beverungen, Alexander Verlag, Berlin 1986

Brunhammer, Y., *André Arbus, architecte-décorateur des années 40*, Éditions Norma, Paris 1996

Brunhammer, Y., *Les styles des années 30 à 50*, Baschet & Cie, Paris 1987

Byars, M. (Hrsg.), *The Design Encyclopedia, 1880 to the present*, Klinkhardt und Biermann, München 1994

Carruthers, A. & Greensted, M., *Good Citizen's Furniture: The Arts and Crafts Collection at Cheltenham*, Lund Humphries, London 1994

Collins, M. & Papadakis, A., *Design und Postmoderne*, Droemer und Knaur, München 1990

Conway, H., *Ernest Race*, Design Council, London 1982

Cumming, E. & Kaplan, W., *The Arts & Crafts Movement*, Thames & Hudson, London 1991

De Bonneville, F., *Jean Puiforcat*, Éditions du Regard, Paris 1986

Dietz, M. & Mönninger, M., *Japanese Design*, Benedikt Taschen Verlag, Köln 1994

Dietz, M. & Mönninger, M., 300 *Lights, Leuchten, Lampes*, Benedikt Taschen Verlag, Köln 1993

Droste, M. & Bauhaus Archiv, *Bauhaus 1919–1933*, Benedikt Taschen Verlag, Köln 1990

Droste, M., Ludewig, M. & Bauhaus Archiv, *Marcel Breuer*, Benedikt Taschen Verlag, Köln 1992

Du Pree, H., *Business as Unusual, The People and Principles at Herman Miller*, Herman Miller Inc., Zeeland, Michigan 1986

Duncan, A., *Louis Majorelle, Meister des Art-Nouveau-Design*, München, Heyne 1991

Eidelberg, M., (Hrsg.), *Design 1935–1960: What Modern Was*, Musée des Arts Décoratifs, Montreal/Harry N. Abrams, New York 1991

Eidelberg, M. (Hrsg.), *Designed for Delight, Alternative Aspects of Twentieth-Century Decorative Arts*, Musée des Arts Décoratifs, Montreal/Flammarion, New York/ Paris 1997

Fahr-Becker, G., *Wiener Werkstätte 1903–1932*, Benedikt Taschen Verlag, Köln 1994
Favata, I., *Joe Colombo and Italian Design of the Sixties*, Thames & Hudson, London 1988
Fehrman, C. & K., *Postwar Interior Design: 1945–1960*, Van Nostrand Reinhold, New York 1987
Ferrari, F., *Carlo Mollino Cronaca*, Stamperia Artistica Nazionale Editrice, Turin 1985
Fiell, C. & P., *Charles Rennie Mackintosh*, Benedikt Taschen Verlag, Köln 1997
Fiell, C. & P., *Modern Chairs*, Benedikt Taschen Verlag, Köln 1993
Fiell, C. & P., *Die modernen Klassiker. Das Möbeldesign seit 1945*, Edition Stemmle, Schaffhausen 1991
Fiell, C. & P., *1000 Chairs*, Benedikt Taschen Verlag, Köln 1997
Fiell, C. & P., *William Morris (1834–1896)*, Benedikt Taschen Verlag, Köln 1999
Fleming, J., Honour, H. & Pevsner, N., *Lexikon der Weltarchitektur*, Prestel, München 1987
Forty, A., *Objects of Desire, Design and Society 1750–1980*, Thames & Hudson, London 1986
Friedman, M. & Bock, M., *De Stijl, 1917–1931: Visions of Utopia*, Phaidon, Oxford 1982

Garner, P., *Eileen Gray, Design and Architecture*, Benedikt Taschen Verlag, Köln 1993
Garner, P., *Sixties Design*, Benedikt Taschen Verlag, Köln 1996
Geddes, N. B., *Horizons*, Little Brown, Boston 1932
Gere, C. & Whiteway, M., *Nineteenth-Century Design: From Pugin to Mackintosh*, Weidenfeld & Nicolson, London 1993
Giedion, S., *Die Herrschaft der Mechanisierung. Ein Beitrag zur anonymen Geschichte*, Europäische Verlags-Anstalt, Frankfurt a. M. 1982
Gössel, P. & Leuthäuser, G., *Architektur des 20. Jahrhunderts*, Benedikt Taschen Verlag, Köln 1991
Greenhalgh, P. (Hrsg.), *Modernism in Design*, Reaktion Books, London 1990
Greenhalgh, P. (Hrsg.), *Quotations and Sources on Design and the Decorative Arts*, Manchester University Press, Manchester 1993

Hall, G. & Snowman, M. R., *Avant Premiere, Contemporary French Furniture*, VIA/Editions Eprouve, Paris/London 1988
Heskett, J., *Industrial Design*, Thames & Hudson, London 1980
Hiesinger, K. & Marcus, G. (Hrsg.), *Design Since 1945*, Thames & Hudson, London 1983
Hiesinger, K. & Marcus, G., *Landmarks of Twentieth-Century Design, An Illustrated Handbook*, Abbeville Press, New York 1993
Hollis, Richard, *Graphic Design – A Concise History*, Thames & Hudson, London 1994
Hufnagl, F. (Hrsg.), *Einblicke – Ausblicke: Für ein Museum von morgen*, Die Neue Sammlung, Staatliches Museum für Angewandte Kunst, Arnold, Stuttgart 1996

Jervis, S., *The Penguin Dictionary of Design and Designers*, Penguin Books, Harmondsworth 1984
Jodidio, P., *Sir Norman Foster*, Benedikt Taschen Verlag, Köln 1997
Jodidio, P., *Richard Meier*, Benedikt Taschen Verlag, Köln 1995

Katz, S., *Plastics – Designs and Materials*, Studio Vista, London 1978

Larrabee, E. & Vignelli, M., *Knoll Design*, Harry N. Abrams, New York 1981
Le Corbusier, *L'art décoratif d'aujourd'hui*, G. Grès, Paris 1925
Le Corbusier, *Ausblick auf eine Architektur*, Vieweg, Braunschweig 1995 (erstm. Paris 1922)
Licitra Ponti, L., *Gio Ponti, The Complete Work*, Thames & Hudson, London 1990
Loos, A., *Ins Leere gesprochen 1897–1900*, Prachner, Wien 1987
Loos, A., *Trotzdem 1900–1930*, Prachner, Wien 1988
Los, S., *Carlo Scarpa*, Benedikt Taschen Verlag, Köln 1999

Margolin, V. (Hrsg.), *Design Discourse: History, Theory, Criticism*, University of Chicago Press, Chicago 1989
Margolin, V. & Buchanan, R. (Hrsg.), *Discovering Design, Explorations in Design Studies*, University of Chicago Press, Chicago 1995
Margolin, V. & Buchanan, R. (Hrsg.), *The Idea of Design*, MIT Press, Cambridge, Mass. 1995
Mastropietro, M., *An Industry for Design: The Research, Designers and Corporate Image of B&B Italia*, Edizioni Lybra Immagine, Mailand 1986
Mauriès, P., *Fornasetti, Designer of Dreams*, Thames & Hudson, London 1992
McDermott, C., *The Design Museum Book of 20th Century Design*, Carlton Books, London 1997
McDermott, C., *Essential Design*, Bloomsbury, London 1992
Morgan, A. L. (Hrsg.), *Contemporary Designers*, St. James Press, London 1985
Mumford, L., *Technics and Civilization*, Harcourt Brace, New York 1934
Myerson, J., *Gordon Russell, Designer of Furniture*, Design Council/Gordon Russell Ltd., London 1992
Myerson, J., *Makepeace, A Spirit of Adventure in Craft & Design*, Conran Octopus, London 1995

Nelson, G., *George Nelson on Design*, The Architectural Press, London 1979
Neuhart, J. & M. & Eames, R., *Eames Design: The Work of the Office of Charles & Ray Eames*, Ernst, Berlin 1989

Ostergard, D., *Bent Wood and Metal Furniture: 1850–1946*, University of Washington Press, Seattle 1987

Pevsner, N., *Wegbereiter moderner Formgebung: Von Morris bis Gropius*, DuMont, Köln 1996
Pevsner, N., *Der Beginn der modernen Architektur und des Design*, DuMont, Köln 1975
Pfeiffer, B. B., *Frank Lloyd Wright*, Benedikt Taschen Verlag, Köln 1991

Radice, B., *Memphis: Research, Experiences, Results, Failures and Successes of New Design*, Thames & Hudson, London 1985
Rieman, T., *Shaker, The Art of Craftsmanship*, Art Services International, Alexandria, Virginia 1995

Schaefer, H., *The Roots of Modern Design, Functional Tradition in the 19th Century*, Studio Vista, London 1970
Schweiger, W., *Wiener Werkstätte, Kunst und Handwerk, 1903–1932*, Brandstätter, Wien 1983
Sembach, K-J., *Jugendstil. Die Utopie der Versöhnung*, Benedikt Taschen Verlag, Köln 1990
Sembach, K-J., Leuthäuser, G. & Gössel, P., *Möbeldesign des 20. Jahrhunderts*, Benedikt Taschen Verlag, Köln 1993
Sottsass Associati, DVA, Stuttgart 1988
Sparke, P., *Italienisches Design. Von 1870 bis heute,* Westermann, Braunschweig 1989
Sparke, P. (Hrsg.), *The Plastics Age. From Modernity to Post-Modernity*, Victoria & Albert Museum, London 1990
Starck, Benedikt Taschen Verlag, Köln 2000

Taylor, B. B., *Pierre Chareau. Designer and Architect*, Benedikt Taschen Verlag, Köln 1998
Triggs, T. (Hrsg.), *Communicating Design, Essays in Visual Communication*, B. T. Batsford, London 1995

van Geest, J., *Jean Prouvé*, Benedikt Taschen Verlag, Köln 1991
Vanlaethem, F., *Gaetano Pesce, archaisches Design,* Bangert, München 1989
Vegesack, A. von, *Deutsche Stahlrohr-Möbel: 650 Modelle aus Katalogen*, Bangert Verlag, München 1986
Vercelloni, V., *Das Abenteuer des Design: Gavina*, Jaca, Mailand 1987

Walker, J., *Designgeschichte: Perspektiven einer wissenschaftlichen Disziplin,* Scaneg, München 1992
Warncke, C-P., *Das Ideal als Kunst: De Stijl 1917–1931*, Benedikt Taschen Verlag, Köln 1994
Whiteley, N., *Design for Society*, Reaktion Books, London 1993
Whiteley, N., *Pop Design; Modernism to Mod*, Design Council, London 1987
Wichmann, S., *Jugendstil floral, funktional, in Deutschland und Österreich und den Einflußgebieten.* Atlantis, Zürich 1988
Woodham, J., *Twentieth-Century Design*, Oxford University Press, Oxford 1997

Zerbst, R., *Antoni Gaudí*, Benedikt Taschen Verlag, Köln 1993

Ausstellungskataloge:

Arts Council of Great Britain, *Thirties, British Art & Design before the War*, Hayward Gallery, London 1979/80

Barry Friedman Ltd., *Gerrit Rietveld: A Centenary Exhibition. Craftsman and Visionary*, New York 1988

Centre Georges Pompidou, *Design français 1960–1990, trois décennies*, A. P.C. I./Centre Georges Pompidou, Paris 1988
Centre Georges Pompidou, *Ettore Sottsass*, Éditions du Centre Georges Pompidou, Paris 1994
Centrokappa, *Il design italiano degli anni '50*, Ricerche Design Editrice, Mailand 1985

The Detroit Institute of Arts & The Metropolitan Museum of Art, *Design in America, The Cranbrook Vision*, 1925–1950, Harry N. Abrams, New York 1983

Fisher Fine Art, *Pioneers of Modern Furniture*, Lund Humphries, London 1991

Library of Congress and Vitra Design Museum, *The Work of Charles and Ray Eames: A Legacy of Invention*, Harry N. Abrams, New York 1997

Museum of Modern Art, *Italy: The New Domestic Landscape, Achievements and Problems of Italian Design,* Museum of Modern Art, New York 1972
Museum of Modern Art, *The Modern Poster*, Museum of Modern Art, New York 1988
Museum of Modern Art, *Mutant Materials in Contemporary Design*, Museum of Modern Art/Harry N. Abrams, New York 1995

Singer Museum, Laren, *Jan Eisenloeffel 1876–1957*, Waanders, Zwolle 1996

Tada Architectural Studio, *Finn Juhl Memorial Exhibition*, Tada Architectural Studio, Osaka 1990

Victoria & Albert Museum, *Art & Design in Europe and America 1800–1900*, The Herbert Press, London 1987
Victoria & Albert Museum, *British Art & Design 1900–1960. A Collection in the Making*, Victoria & Albert Museum, London 1983
Vitra Design Museum, *100 Masterpieces from the Vitra Design Collection*, Vitra Design Museum, Weil am Rhein 1996

The Whitechapel Art Gallery, *Modern Chairs 1918–1970*, Lund Humphries, London 1970

Danksagung

Wir möchten uns herzlich bei den Mitarbeitern des Benedikt Taschen Verlags, die bei diesem Buch mitgeholfen haben, für ihre harte Arbeit im Team bedanken, allen voran den Abteilungen Lektorat, Produktion und Grafik. Außerdem sind wir zahlreichen Herstellern, Vertriebsorganisationen und Designagenturen zu Dank verpflichtet, sowie den vielen Auktionshäusern und öffentlichen Institutionen, die uns bei diesem Projekt zur Seite gestanden haben. Insbesondere danken wir Barry Friedman für den Zugang zu seinem Fotoarchiv und für seine Geduld. Nicht zuletzt möchten wir auch unseren Familien für Mithilfe und Ermutigung danken, sowie unseren Töchtern Emelia und Clementine für ihre Unterstützung und ihr Verständnis.

Besonderer Dank gebührt:

Bauhaus-Archiv, Berlin
Thomas Berg, Bonn
Christina und Bruno Bischofsberger, Zürich
Torsten Bröhan GmbH, Düsseldorf – Torsten Bröhan
Bonhams, London – Alex Payne
Bridgeman Art Library, London
Christies Images, London – Camilla Young
Fine Art Society, London
Fischer Fine Art, Wien
Barry Friedman Ltd., New York
Haslam & Whiteway, London – Michael Whiteway
Hunterian Art Gallery, Glasgow
International Design Press Agency, Barcelona
Knoll International, New York – Carl Magnusson
Herman Miller, Zeeland – Bob Viol
Mithra Neuman, Exeter
Musée des Arts Décoratifs, Montreal
Museum of Modern Art, New York
Die Neue Sammlung, München – Dr. Josef Strasser
The Daniel Ostroff Agency, Los Angeles – Daniel Ostroff
Sotheby's, London – Philippe Garner
Studio X, London – Ross and Miska Lovegrove
Stuhlmuseum Burg Beverungen, Beverungen
John Toomey Gallery, Oak Park – John Toomey
Victoria & Albert Museum, London
Vitra Design Museum, Weil am Rhein

Bildnachweis

Wir sind allen Einzelpersonen und Institutionen zu Dank verpflichtet, die uns die Reproduktion von Fotos gestattet haben. Dabei war es uns leider nicht immer möglich, die ursprünglichen Inhaber des Urheberrechts von Abbildungen aus früheren Publikationen zu ermitteln.
Dank gebührt auch den zahlreichen Gestaltern, Herstellern und Institutionen, die uns freundlicherweise Porträtaufnahmen zur Verfügung gestellt haben. Der Verlag hat sich bemüht, alle Rechte Dritter zu berücksichtigen, und wenn solche Rechte in Einzelfällen übersehen wurden, werden wir uns bemühen, den Fehler zu beheben.
Die Mehrzahl der historischen Aufnahmen stammt aus folgenden Archiven: Thomas Berg Kunsthandel, Bonn, Fiell International Ltd., London und Benedikt Taschen Verlag, Köln.

Adelta, Dinslaken: 19
Airbourne International, Montreuil-sous-Bois: 496
Studio Alchimia, Mailand: 32, 33, 40, 194
Alessi, Crusinallo: 36, 153, 168, 283, 295 (Foto: William Taylor), 360, 448, 459, 573, 576, 613 (links), 613 (rechts), 626, 666, 667 (links), 667 (rechts)
Alias, Grumello del Monte: 124
AMX Studio, London: 274
Karl Andersson & Söhner, Huskvarna: 484
Arflex, Mailand: 30, 96 (links), 96 (rechts), 121, 745, 746
Artek, Helsinki: 16 (oben), 16 (unten), 17, 531
Artemide, Mailand: 627
Artery, New York: 743
B&B Italia, Novedrate: 565, 634
Fred Baier, GB: 183
Bang & Olufsen, London: 365
Ch. Bastin & J. Evrard, Brüssel: 57
Bauhaus Archiv, Berlin: 353 (Foto: Atelier Schneider), 443
Bayer, Leverkusen: 170–171, 545
Bernini, Mailand: 633
Galerie Bischofsberger, Zürich: 563
Bonhams, London: 42, 43, 179, 373, 415, 543, 547, 556, 557, 575
Braun, Frankfurt: 131, 132, 133
BRF, Siena: 349
Bridgeman Art Library, London: 146
Neville Brody, London: 140, 141
Torsten Bröhan, Düsseldorf: 15, 22, 23, 26, 29, 92, 99, 101, 102, 107, 122, 126, 176, 177, 206, 213, 257, 264, 346, 447, 492, 523, 605, 696, 704 (links), 704 (rechts), 719, 720, 732, 737
Buckminster Fuller Archives, USA: 262
Cappellini, Mailand: 399, 491
Casabella, Mailand: 288
Cassina, Mailand: 104, 205, 347, 382, 411, 412, 562
Cathers & Dembrosky, New York: 67, 241, 612, 708
Chermayeff & Geismar, New York: 159, 181

Christies Images, London: 47, 50 (unten), 60, 69, 81, 189, 190, 256, 270, 275, 306, 323, 416, 455, 468 (oben), 475, 502, 521, 616, 642, 669, 670, 700, 740
Luigi Colani, Köln: 166
The Corning Museum of Glass, Corning: 54
Riccardo Dalisi, Italien: 289
Michele De Lucchi, Mailand: 195 (alle Aufnahmen)
Fortunato Depero Museum, Rovereto: 266, 267
Design Council/DHRC, University of Sussex: 120, 292
Design Gallery Milano, Mailand: 656, 657
Di Palma – Arteluce, Bovezzo: 379, 380
Draenert Studio, Frankfurt: 572, 574
Driade, Mailand: 662, 663
Ecart, Paris: 254
Erco, London: 27
Ergonomi Design Gruppen, Stockholm: 244
L. M. Ericsson, Stockholm: 245
Eurolounge, London: 217
Fiell International, London: (Fotos: Paul Chave): 154, 192, 228, 355, 384, 398, 401, 410, 438, 559, 588, 620, 682, (Fotos: Peter Hodsoll): 110, 225, 337, 501, 506, 509, (Foto: James Barlow): 172, 689, (Mithra Neuman Collection): 226, 233, 505, (Archiv): 272, 463
Fifty/50, New York: 366
Fine Arts Society, London: 71
Fischer Fine Art, Wien: 14, 452, 728
Flos, Bovezzo: 148, 149, 664
Fontana Arte, Corsico: 75, 160
Frederica Stolefabrik, Frederica: 216
Barry Friedman, New York: 13, 50 (oben), 51, 52, 53, 56, 70, 84, 85, 90, 91, 95, 118, 119, 127, 136, 142, 156, 157, 201, 202, 203 (oben), 203 (unten), 206, 208, 209, 221, 237, 240, 269, 271, 313, 314, 315, 335, 345 (oben), 371, 391, 394, 409 (oben), 418, 419, 429, 433, 435, 440, 472, 474, 476, 487, 493 (unten), 494, 546, 548, 560, 584, 585 (oben), 599, 602, 604, 606, 607, 608, 639, 643, 648, 671, 676, 677, 703 (oben), 705, 719, 739
Frogdesign, Altensteig: 258, 259
Fusital, Italien: 302
Studio Gavina, Savena: 79
April Greiman, Los Angeles: 77, 143, 303
Gufram, Balangero: 38, 39, 307
Habitat, London: 175
Carl Hansen, Odense: 727 (unten rechts)
Fritz Hansen, Allerød: 4–5, 354
Zaha Hadid, London: 204
Haslam & Whiteway, London: 25, 62, 63, 65, 78, 197, 220, 234, 281, 312, 317, 489, 524, 583, 614, 718 (oben), 718 (unten), 723, (The Birkenhead Collection): 24, 64, 196
H. D., USA: 425, 594
Michael Hopkins & Partners, London: 330 (Foto: Tim Street-Porter)
Hunterian Art Gallery – University of Glasgow, Glasgow: 434 (Foto: Antony Oliver)
IDPA, Barcelona: 424, 697

Iittala, Helsinki: 253, 628, 629, 735
Italiana Luce, Mailand: 570
Georg Jensen, Kopenhagen: 357, 361, 362, 363 (links), 363 (rechts), 364
Kartell, Mailand: 147, 167, 375, 376, 665
Lillian Kiesler, New York: 378
Klikki, Helsinki: 519 (Foto: Ilmari Kostianinen)
Knoll International, New York: 31, 215, 350, 387, 388, 622
Michael Koetzle, München: 247
Kunstgewerbemuseum, Berlin: 174 (Foto: Saturia Linke)
Kreo, Boulogne: 681 (vier Bilder)
Krueger, Greenbay: 37
Kunsthalle, Tübingen: 342 (Sammlung G. F. Zundel)
Landor Associates, New York: 181
Ligne Roset, Paris: 516
Pearson Lloyd, London: 389 (oben), 389 (unten)
Raymond Loewy Associates, London: 181, 426
London Transport Museum, London: 98
Luceplan, Mailand: 458
B. Lux, Berrut Bizkaia: 551
Luxo Italiana, Presezzo: 358, 577 (unten)
John Makepeace, Beaminster: 182, 442
Institut Mathildenhöhe, Darmstadt: 187
Ingo Mauer, München: 457
David Mellor, London: 460
Memphis, Mailand: 461, 462, 466, 652, 655, 698
Alessandro Mendini, Mailand: 467
MetaDesign, Berlin: 470
Metz & Co. Archiv, Amsterdam: 537
Herman Miller, Zeeland, Michigan: 155, 227, 229, 230, 232, 324, 325, 326 (unten), 327, 328, 508, 578, 611, 675
P. P. Møbler, Allerød: 726 (Foto: Schakenburg & Brahl), 727 (oben links – Foto: Schakenburg & Brahl), 727 (oben rechts – Foto: Schakenburg & Brahl), 727 (unten links – Foto: Schakenburg & Brahl)
Museé des Arts Décoratifs de Montreal, Montreal: The Liliane and David M. Stewart Collection: 12, 222, 397, 486 (Fotos: Schecter Lee), 34, 44, 46, 112, 152, 249, 374, 402, 422, 449, 539 (Fotos: Giles Rivest), 351, 428, 485, 507, 742 (Fotos: Richard P. Goodbody); Gift of Susan A. Chalom: 566 (Foto: Giles Rivest); Anonymous gift: 73, 420, 585 unten (Fotos: Giles Rivest); Gift of Dr. Luc Martin: 111 (Foto: Richard P. Goodbody); Gift of Artemide S. p.A.: 125 (Foto: Giles Rivest); Gift of Paul Leblanc: 129 (Foto: Giles Rivest), 377 (Foto: Richard P. Goodbody); Gift of Geoffrey N. Bradfield: 223, 609 (Fotos: Giles Rivest), 587 (Foto: Richard P. Goodbody), 724 (Foto: Schecter Lee); Gift of Geoffrey N. Bradfield/©Eames Office: 231 (Foto: Richard P. Goodbody); Gift of the Société des Décorateurs Emsembliers du Québec: 224 (Foto: Giles Rivest); Gift of Herman Miller Inc.: 283 (Foto: Richard P. Goodbody); Gift of Mr. and Mrs. Roger Labbé: 334 (Foto: Giles Rivest); Gift of Jack Lenor Larsen: 406 (Foto: Giles Rivest); Gift of Louise Armstrong in memory of Harris Armstrong: 453 (Foto: Giles Rivest); Gift of Dr. Arthur Cooperberg: 507 (Foto: Richard P. Goodbody); Gift of Fifty/50 Gallery, New York: 507 (Foto: Giles